U0852484

陈兴良刑法学
CHEN XINGLIANG CRIMINAL LAW

● 陈兴良 /著

教义刑法学（第三版）

Dogmatic Criminal Law

中国人民大学出版社
·北京·

总　　序

一个人开始对自己的学术生涯进行总结的时候，也就是学术创造力衰竭的时候。“陈兴良刑法学”这一作品集就是对我的刑法学研究生涯的一个总结，因此也是我的学术创造力衰竭的明证。

刑法学研究是我毕生从事的事业。与刑法学的结缘，始于1978年，这年2月我以77级学生的身份入读北京大学法律学系。1978年被称为中国改革开放的元年，这一年12月召开的中国共产党第十一届三中全会确定了改革开放的方针。至于说到法制的恢复重建，是以1979年7月1日刑法等7部法律通过为标志的。从1949年到1979年，在这30年的时间里我国是没有刑法，也没有民法的，更不要说行政法。1979年刑法是社会主义中国的第一部刑法，从1950年开始起草，共计33稿，至1979年仓促颁布。这部刑法的起草经历了我国与苏联的政治蜜月期，虽然此后我国与苏联在政治上决裂，但刑法仍然保留了明显的苏俄痕迹。同时，从1950年代成长起来的我国刑法学家，基本上都是接受苏俄刑法学的学术训练，他们在荒废了20年以后回到大学重新执教，恢复的是苏俄刑法学的学术传统，我们是他们的第一批正规学生。1979年7月1日通过的刑法，生效日期是1980年1月1日。而根据课程安排，我们这个年级从1979年9月开始学习刑法这门课程。也就是说，我们是在刑法尚未生效的时候开始学习刑法的，课程一直延续到 1980 年 7 月。一年时间，学完了刑法的总则与分则。对于刑法，我们只是粗略地掌握了法条，对其中的法理则不知其然，更不用说知其所以然。至于司法实务，更是因为刑法刚开始实施，许多罪名还没有实际案例的发生，所以不甚了然。大学期间，我国学术百废待兴，刚从“文化大革命”中走出来，受到摧残最为严重的法学学科几乎是一片废墟，我们经历了这个过程。现在很难想象，我们在整个大学四年时间里，每一门课程都没有正式的教科书，我们是在没有教科书的情况下完成学业的。也正是如此，我们阅读了大量非法学的书籍，基于本人的兴趣，我更是阅读了当时在图书馆所能借阅的大量哲学著作，主要是西方 17 世纪以来的，包括英国、法国、德国的哲学著作，对康德、黑格尔的德国古典哲学尤其着迷。因为原来就有一定的马克思主义哲学的基础，所以我对于马克思主义来源之一的德国古典哲学理解起来较为容易。这段阅读经历，在一定程度上培养了我的哲学气质，也对我此后的刑法研究产生了重大影响，我在 1980 年代后期至 1990 年代初期的刑法哲学研究，就是这段读书经历的衍生物。我在 1981 年年底完成的学士论文题目是《论犯罪的本质》，这就是一个具有本体论性质的题目。从这个题目也可以看出当时我的学术偏好。但这篇论文很不成功，只是重复了马克思主义关于犯罪的阶级性等政治话语，缺乏应有的学术性。因此，论文的成绩是良好而没有达到优秀。我的本科刑法考试成绩也只是良好，当时我的兴趣并不在刑法，后来只是因为一个偶然的原因才走上刑法的学术道路。

在我 1982 年 2 月大学毕业的时候，正是社会需要人才的时候，我们班级的大部分同学被分配到最高人民法院、最高人民检察院和中央机关，也有部分同学回到各省的高级法院和检察院，还有部分同学到各个高校担任教师，从事学术研究。而我们这些较为年轻的同学则考上了硕士研究生，继续在大学学习。我考上了中国人民大学法律系（从 1988 年开始改称法学院）研究生，师从我国著名的刑法学家高铭暄教授和王作富教授，开始了我的刑法学习生涯。

1982年2月，我从北京大学来到中国人民大学。中国人民大学成为我接受法学教育的第二所大学。正是在这里，我接受了最为经典的带有明显苏俄痕迹的刑法学的学术训练。我的硕士论文是王作富教授指导的，题目是《论我国刑法中的正当防卫》，这是一篇贴近司法实务的论文，也是我最初的论文写作。该文答辩时是4万字，后来扩充到20余万字，于1987年以《正当防卫论》为书名在中国人民大学出版社出版，成为我的第一部个人专著。到1988年3月获得法学博士学位的时候，我娴熟地掌握了已经在中国本土化的苏俄刑法学，这成为我的刑法学的学术底色。

1984年12月，我在硕士毕业的时候就已经办理了在中国人民大学法律系留校任教的手续，因此博士学位相当于是在职攻读。当然，当时课时量较少，没有影响博士阶段的学习。1988年3月博士论文答辩获得通过，论文是高铭暄教授指导的，题目是《共同犯罪论》，有28万字。这是我第一次完成篇幅较大的论文。博士论文虽然以我国刑法关于共同犯罪的规定为基本线索，但汲取了民国时期所著、所译的作品，例如较多的是日本20世纪30、40年代的作品，试图将这些学术观点嫁接到我国刑法关于共同犯罪的理论当中。其中，以正犯与共犯二元区分为中心的理论模型就被我用来塑造我国刑法中的共同犯罪的理论形象。后来，我的博士论文被扩充到50余万字，于1992年在中国社会科学出版社出版。以上在硕士论文和博士论文基础上修改而成的两部著作，是我早期学习以苏俄刑法学为基础的刑法知识的产物，由此奠定了我的学术根基。

从1984年开始，我在中国人民大学法学院任教，从事刑法的学术研究。在中国人民大学法学院，我完成了从助教到教授的教职晋升：1984年12月任助教、1987年12月任讲师、1989年9月任副教授、1993年6月任教授、1994年任博士生导师。及至1998年1月，我回到母校——北京大学法学院任教。在大学担任教职，培养学生当然是主业。但对于研究型大学的教师来说，学术研究也是其使命之所在、声誉之所系。因此，我将相当的精力投入刑法的学术研究，见证了我国刑事法治的演进过程，也参与了我国刑法学术的发展进程。在我自己看来，我在提升我国刑法研究的学术水平与拓展我国刑法研究的理论疆域这两方面作出了努力，有所贡献。我的研究领域主要在以下五个面向：

（一）刑法哲学

1992年由中国政法大学出版社出版的《刑法哲学》一书，可以说是当时篇幅最大的一部刑法著作，也是我的成名作，这一年我35岁，距离大学本科毕业正好10年。《刑法哲学》一书可以说是我对过去10年学习与研究刑法的总结之作，完成了我对以苏俄刑法学为源头的我国刑法学的理论提升与反思，并且确定了我进一步研究的学术方向。这是我国整个法学界第一部采用哲学方法研究部门法的著作，因而受到瞩目。在《刑法哲学》的基础上，我于1996年在中国方正出版社出版了《刑法的人性基础》一书，并于1998年在中国人民大学出版社出版了《刑法的价值构造》一书。以上三部著作构成了我的刑法哲学研究三部曲，成为我的刑法学术研究的一个独特面向。

我的刑法哲学研究是在一种十分独特的学术生态环境下进行的，也是我在极度贫乏的我国刑法学中试图突破，寻求前途的一种学术能力。如前所述，当我在1980年代中期进入刑法学术界的时候，我国刑法理论还是苏俄刑法学的“拷贝”，当然也结合刚刚颁布的我国刑法进行了一些阐述。但从总体上来说，我国当时的刑法理论是十分肤浅的，这对于正处于知识饥渴阶段的我来说，是很不解渴的。1988年当我获得博士学位的时候，现有的刑法知识我已经完全掌握了。当时我国学术尚未对外开放，在一个自闭的学术环境中，我基于对拘泥于法条的低水平解释的刑法理论现状的不满，以为刑法理论的出路在于从刑法解释学提升为刑法哲学。因此，在刑法哲学的名义下，我对现有的刑法知识进行了体系化的整理，并试图探索我国刑法学的出路。在刑法哲学的三部曲中，《刑法哲学》一书是在对苏俄刑法知识的系统化叙述的基础上，以罪刑关系为中心建构了一个刑法学的理论体系，可以看作是对苏俄刑法知识的哲理化改造。如果说，《刑法哲学》一书还是以叙述刑法本身的知识为主的，那么，《刑法的人性基础》与《刑法的价值构造》两书则是对刑法的形而上的研究，实际上可以归属于法理学著作而非刑法学著作。这是在学术境况晦暗不明的情况下，从哲学以及其他学科汲取知识，寻求刑法学的突破的一种努力。刑法哲学的研究从1990年持续到1996年，这是我从33岁到38岁这样一段生命中的黄金季节。尽管刑法哲学的研究给我带来了较高的声誉，但这只是我进入真正的刑法学研究的学术训练期。正是刑法哲学的研究使我能够把握刑法的精神与哲理，从思想的高度鸟瞰刑法学术。

（二）刑法教义学

1997年我国完成了一次大规模的刑法修订，从这时起，我将学术目光转向刑法条文本身。1997年3月，我在40岁的时候于中国人民公安大学出版社出版了《刑法疏议》一书，这是一部以法条为中心的注释性的刑法著作，是我从刑法哲学向刑法解释学的回归。《刑法疏议》一书中的“疏议”一词，是一个特定的用语，不仅仅具有解释的意思，而且具有疏通的含义。我国唐代有一部著名的著作，称为《唐律疏议》，流传千古，被认为是我国古代最为重要的律学著作。《刑法疏议》这个书名就带有明显的模仿《唐律疏议》的色彩，这也表明我试图从我国古代律学中汲取有益的知识。我国古代的律学，是一门专门的学问。律学与现在的法学还是有所不同的，法学是清末从国外移植的学术，主要是从日本，以及通过日本而吸收德国的刑法知识。因为该书是对刑法条文的逐条注释，随着时间的推移，该书的内容很快就过时了。该书成为我的著作中唯一一部没有修订再版的著作，这次也同样没有收入“陈兴良刑法学”作品集。

2001年我在商务印书馆出版了《本体刑法学》一书，这是继《刑法疏议》之后又一部关注刑法本身的著作。但《本体刑法学》完全不同于《刑法疏议》：后者是逐条逐句地注释刑法条文的著作；前者则是没有一个刑法条文，而以刑法法理为阐述客体的著作。《本体刑法学》是《刑法疏议》的后续之作，力图完成从法条到法理的提炼与升华。《本体刑法学》这个书名中的“本体”一词来自康德哲学，具有物自体之义。我将法条视为物之表象，把法理看作是隐藏在法条背后的物自体。因此，《本体刑法学》是纯粹的刑法之法理的叙述之作。这里应该指出，在整个1980年代我国刑法学还是在一种与世隔绝的状态下进行学术研究的。只是从1990年代初开始，随着我国对外开放，与国外的学术交流也随之展开。尤其是英美、德日的刑法学译著在我国的出版，为我国刑法学者打开了一扇学术之窗。从刑法的对外学术交流来看，最初是与日本的交流，后来是与德国的交流，这些都在相当程度上为我国的刑法学研究提供了学术资源。刑法学界开始对我国传统的刑法学进行反思，由此开启了我国当代的刑法知识的转型之路。

2003年我在中国政法大学出版社出版了《规范刑法学》一书，这是我的第一本刑法教科书，或者也可以称为刑法体系书。该书以我国的刑法条文为中心线索，完整地展开对刑法总论和刑法各论的知识铺陈，以适应课堂教学的需要。该书到目前已经出版了第三版，篇幅也做了较大规模的扩充。《规范刑法学》对于刑法总则的法理阐述是较为简单的，其重点是对刑法分则的分析。我国刑法是一部所谓统一的刑法典，所有罪名都规定在一部刑法之中，有近500个罪名，其他法律中都不能设立罪名。《规范刑法学》对这些罪名逐个进行了构成要件的分析。对于重点罪名分析得尤为详细，这对于正确把握这些犯罪的法律特征，具有一定的参考价值。除了刑法规定以外，我国还存在司法解释制度，即最高人民法院和最高人民检察院可以就审判与检察中涉及的法律适用问题作出解释。这种解释本身就有法律效力，可以在判决书中援引。自从刑法实施以来，最高人民法院和最高人民检察院作出了大量的司法解释，这种解释实际上成为一种准法律规范。《规范刑法学》一书中所称的“规范”，不仅包括刑法规定，而且包括司法解释。因此，《规范刑法学》尽可能地将司法解释融合到法理叙述当中，并且随着司法解释的不断颁布该书也不断进行修订。

2010年我在中国人民大学出版社出版了《教义刑法学》一书，这是一部以三阶层的犯罪论体系为中心线索，并对比四要件的犯罪论体系，系统地叙述德日刑法知识的著作。该书所称的教义刑法学，是指教义学的刑法学。该书以教义或曰信条（Dogma）为核心意念，以三阶层的犯罪论体系为逻辑框架，在相当的深度与广度上，体系性地叙述了刑法教义的基本原理，充分展示了以教义学为内容的刑法学的学术魅力。该书对三阶层的犯罪论体系和四要件的犯罪构成理论进行了比较研究，是对三阶层的犯罪论体系的本土化的知识转换，为引入三阶层的犯罪论体系清理地基创造条件。该书是我为推动我国当代刑法知识的转型，以德日刑法知识取代以苏俄刑法学为底色的刑法知识所做的一种学术努力。

（三）刑事法治

1998 年对于我来说又是人生道路上的一个转折点，这一年 1 月我回到了母校——北京大学法学院任教。与此同时，从 1997 年到 1999 年我在北京市海淀区人民检察院兼职担任副检察长，这段挂职经历使我进一步了解司法实务工作，尤其是对于我国刑事诉讼程序的实际运作情况有了切身的了解，这对于我此后进行的刑事法治研究具有重要助益。这也在一定程度上使我的学术视野超出刑法学，建立了刑事一体化，即整体刑法学的观念，从而开阔了理论视域。2007 年我在中国人民大学出版社出版的《刑事法治论》一书，就是这一方向的努力成果。这是一部面向法治现实之作，而且是以刑事司法实际运作为结构，贯穿了刑事司法体制改革的中心线索。该书讨论了刑事法治的一般性原理，基于刑事法治的理念，我对警察权、检察权、辩护权和审判权都进行了法理探究：寻求这些权力（利）的理性基础，描述这些权力（利）的运作机理，探讨这些权力（利）的科学设置。同时，我还对劳动教养和社区矫正这两种制度进行了研究。尤其是劳动教养，它是中国独特的一种带有一定的保安处分性质的制度。但由于保安处分的决定权被公安机关所独占，其被滥用日甚一日。我在该部分内容中明确提出了分解劳动教养，使其司法化的改革设想。

刑事法治，是我在过去 20 多年时间里始终关注的一个现实问题，也是基于对我国的社会现状所进行的刑事法的理论思考，为推进这个领域的法治建设所做的一份学术贡献。尽管现实与理想之间存在巨大的差距，这种差距难免使我们失望，但学术努力仍然是值得的。我国目前正处在一个法治国家建设的关键时刻，既需要改革的勇气，也需要改革的思想。

（四）刑法知识论

2000年我在《法学研究》第1期发表了《社会危害性理论：一个反思性检讨》一文，这是我对深受苏俄影响的我国刑法学反思的开始。社会危害性是苏俄刑法学中的一个核心概念，被认为是犯罪的本质特征。正是在社会危害性的基础之上，建构了苏俄刑法学的理论体系。我国刑法学也承继了社会危害性理论，以及在此基础上的四要件的犯罪构成体系，由此形成我国刑法学的基本理论框架。对社会危害性理论的批判，成为我对苏俄刑法学的学术清算的切入口。2006年我在《政法论坛》第5期发表《刑法知识的去苏俄化》一文，明确地提出了去除苏俄刑法知识的命题，从知识社会学的角度展开对苏俄刑法学的批判，并对我国刑法知识的走向进行了探讨。其结论反映在我发表在《法学研究》2011年第6期的《刑法知识的教义学化》一文当中，这就是吸收德日刑法知识，建构我国的刑法教义学知识体系。在这当中，完成从苏俄的四要件到德日的三阶层的转变，可以说是当务之急。当然，我国的知识转型并没有完成，四要件的犯罪构成体系仍然占据着通说的地位，但三阶层的犯罪论体系已经开始普及，走向课堂，走向司法。围绕着以上问题的思考，我于2012年在中国人民大学出版社出版了《刑法的知识转型（学术史）》和《刑法的知识转型（方法论）》两书，为10年来我对我国刑法知识的研究画上了一个句号。刑法知识论的研究，使我从具体的刑法规范与刑法法理中抽身而出，反躬面向刑法学的方法论与学术史。这是一个刑法学的元科学问题，也是我的刑法学研究的最终归宿。

（五）判例刑法学

在我的刑法研究中还有一个独特的领域，这就是判例刑法学。我国传统的刑法学研究都是以刑法的法条为中心的，这与我国存在司法解释制度但没有判例制度具有一定的关联性。然而，判例对于法律适用的重要性是不言而喻的。因此，深入的刑法学研究必然会把理论的触须伸向判例。前些年，我国虽然没有判例制度，但最高人民法院公报以及最高人民法院刑事审判庭出版的案例选编等司法实际素材，为刑法的判例研究提供了可能性。我在法学院一直为刑法专业的硕士生开设案例刑法研究的课程，作为刑法总论与刑法各论学习的补充，受到学生的欢迎。在这种情况下，我以最高人民法院刑事审判庭出版的有关案例为素材，进行判例刑法学的研究，于2009年在中国人民大学出版社出版了《判例刑法学》（上下卷）一书。该书从案例切入，展开法理叙述，将案例分析与法理研究融为一体，成为刑法学研究的一个新面向。

2010年中国正式建立了判例制度，这是一种具有中国特色的判例制度，称为案例指导制度。这种判例制度完全不同于德日国家的判例制度，它是以最高人民法院不定期颁布指导性案例的方式运行的。最高人民法院颁布的指导性案例在下级法院审判过程中具有参照的效力。这里的参照，既非具有完全的拘束力，又不是完全没有拘束力，而是具有较弱的拘束力。这些指导性案例虽不能在判决书中援引，但判决与指导性案例存在冲突的，可以作为上诉的理由。尽管这一案例指导制度仍然具有较强的行政性，它是以颁布的方式呈现的，而不是在审判过程中自发形成的规则秩序；但它毕竟是一种新的规则提供方式，对于我国司法实践具有重要的意义。判例制度的关键功用在于通过具体判例形成具有可操作性的司法裁判规则，因此，对于裁判规则的提炼是一项重要的工作。我作为首席专家，从2010年开始承担了《中国案例指导制度》的国家社科重大项目，并于2013年年初在北京大学出版社出版了《人民法院刑事指导案例裁判要旨通纂》（上下卷）一书。该书在对既有的刑事指导案例进行遴选的基础上，提炼出对于刑事审判具有指导意义的裁判要旨，并对裁判要旨进行了法理阐述，以此为司法机关提供参考。

刑法学属于部门法学，它与公民权利具有密切的联系。因此，刑法学者不仅是一个法条主义者，更应该是一个社会思想家；既要有对于国家法治的理想，又要有对于公民社会的憧憬；既要有对于被害人的关爱之情，又要有对于被告人的悲悯之心。

罪刑法定主义是我所认知的刑法学的核心命题：它是刑法的出发点，同时也是刑法的归宿。在我的刑法理论研究中，罪刑法定主义占据着极为重要的位置。

中国1979年刑法并没有规定罪刑法定原则，反而在刑法中规定了类推制度。及至1997年刑法修订，废弃了类推制度，规定了罪刑法定原则，由此而使中国刑法走上了罪刑法定之路。在我国刑法规定罪刑法定原则的前后，我先后撰文对罪刑法定主义进行了法理上的深入探讨。这些论文编入《罪刑法定主义》一书，由中国法制出版社于2010年出版。在该书的封底，我写了这样一句题记，表达了我对罪刑法定主义的认知："罪刑法定主义：正义之所归，法理之所至。"罪刑法定主义应当成为刑法的一种思维方式，并且贯穿于整个刑法体系。我国刑法虽然规定了罪刑法定原则，但这只是一个开端，还会经历一段罪刑法定司法化的艰难进程。在相当一个时期，我国刑法学者还要为实现罪刑法定原则而奋斗。

整体刑法学的研究也是值得提倡的。李斯特提出了整体刑法学的命题，这对于今天我国的刑法学研究仍然具有指导意义。北京大学法学院教授、我的前辈学者储槐植教授提出了刑事一体化的思想，追求刑法的内在结构合理（横向协调）与刑法运行前后制约（纵向协调）。作为一种方法论，刑事一体化强调各种刑法关系的深度融合。应该说，整体刑法学与刑事一体化都是从系统论的角度看待刑法，反对孤立地研究刑法，提倡把刑法置于整个法律体系与社会关系中进行分析。对于这样一种刑法研究的方法论，我是十分赞同的。因为刑法本身的研究领域是较为狭窄的，必须拓宽刑法的研究领域，并且加深刑法的研究层次。对于刑法，应当以教义学为中心而展开。如果说，刑法教义学是在刑法之中研究刑法，那么，还需要在刑法之上研究刑法的刑法哲学、在刑法之外研究刑法的刑法社会学、在刑法之下研究刑法的判例刑法学，等等。除了对刑法的学理研究以外，刑法学者还应当关注社会现实，关注国家法治建设。只有这样，才能使刑法学不仅是一种法教义学，而且具有经世致用的功效。

刑法是具有国别的，刑法效力是具有国界的；然而，刑法知识与刑法理论是具有普世性的，是可以跨越国界的。因此，我始终认为我国刑法学应当融入世界刑法学的知识体系中去，而不是游离于世界刑法学之外。在这种情况下，我国应当向德、日、英、美等法治发达国家学习先进的刑法理论。相对而言，由于历史的原因，我国借鉴的是大陆法系的法律制度，包括法律技术与思维方法。因此，吸收与汲取德日刑法知识是更为便利的。从 1980 年代以来中国刑法学演进的路径来看，其也是在学术上的对外开放当中发展起来的。最初是引进日本的刑法知识，后来是引进德国的刑法知识；开始是以引进刑法总论知识为主，后来逐渐引进刑法各论知识；从翻译出版刑法体系书（教科书），到后来翻译出版刑法学专著，经历了一个发展过程。这些来自德日的刑法知识对于中国刑法学的发展起到了重要的促进作用，推动了我国刑法学的发展。我国学者将这些舶来的刑法知识用于解决中国刑事立法与刑事司法中的问题，其实践功能也是十分明显的。可以说，我国刑法学正在融入德日刑法知识的体系之中。

“陈兴良刑法学”作品集将对已经出版的个人著作进行修订整理，陆续出版。我的著作初期散落在各个出版社，首先要对各个出版社的编辑在我的著作出版过程中付出的辛勤劳动，表示衷心感谢。自 2006 年起，我的著作列入中国人民大学出版社的“中国当代法学家文库”，出版了 20 余种。现在，我的个人专著以“陈兴良刑法学”的名义修订出版，作为本人学术生涯的一个总结。对于中国人民大学出版社的编辑在我的著作出版过程中的敬业、细致和认真的职业精神，表示敬意。30 年来以学术为旨归，以写作为志业，虽劳人筋骨，伤人心志，亦执着以求，守职不废。这对于一个学者来说，当然是本分。然此盈彼亏，心思用于学问多，则亏欠家人亦多。因此，对于夫人蒋莺女士长久以来对我的理解与襄助，深表谢意。

自从 1987 年我在中国人民大学出版社出版第一本个人专著《正当防卫论》以来，正好 30 年过去了。这 30 年是我学术研究的黄金时节，在此期间，出版了数十种个人专著，主编了数十种著作以及两种连续出版物，即《刑事法评论》（40 卷）和《刑事法判解》（9 卷），发表了数百篇论文。收入“陈兴良刑法学”的，是我在这 30 年间出版的个人专著，共计以下 14 种，分为 18 卷（册），计一千余万字：

1.《刑法哲学》

2.《刑法的人性基础》

3.《刑法的价值构造》

4.《刑法的知识转型（方法论）》

5.《刑法的知识转型（学术史）》

6.《刑事法治论》

7.《正当防卫论》

8.《共同犯罪论》

9.《刑法适用总论》（上卷）

10.《刑法适用总论》（下卷）

11.《规范刑法学》（上册）

12.《规范刑法学》（下册）

13.《判例刑法学》（上卷）

14.《判例刑法学》（下卷）

15.《本体刑法学》

16.《教义刑法学》

17.《口授刑法学》（上册）

18.《口授刑法学》（下册）

学术是一个逐渐累积的过程，每个人都只是一门学科所形成的知识链中的一个节点。我作为从20世纪80年代开始登上我国刑法学术舞台的学者，学术生命能够延续到21世纪20年代，正好伴随着我国刑事法治的恢复重建和刑法学科的起死回生，以及刑法知识的整合转型，何其幸也。“陈兴良刑法学”所收入的这些作品在刑法学术史上，都只不过是“匆匆过客”。这些作品的当下学术意义日渐消解，而其学术史的意义日渐增加，总有一天，它们会成为刑法学术博物馆中的古董摆设，这就是历史的宿命。

在“陈兴良刑法学”作品集的编辑过程中，总有一种“人书俱老”的感叹。

我知道，这里的“书”并不是一般意义上的书，而是指书法的“书”。但在与“人”的对应意义上，无论对这里的“书”作何种理解都不重要，而对“俱老”的意识和体悟才是最为真实和深刻的。对于一个写作者来说，还有什么比亲笔所写的书，伴随着自己一天天老去，更令人激动的呢？

最后，我还要感谢中国人民大学出版社对我的厚爱。如前所述，我的第一本专著《正当防卫论》就是1987年在中国人民大学出版社出版的。从2006年开始人大出版社将“陈兴良刑法研究系列”纳入“中国当代法学家文库”，这次又专门为我出版“陈兴良刑法学”作品集。我还要感谢北京冠衡刑辩研究院院长刘卫东律师为作品集的出版慷慨解囊，提供资助。作为我指导的法律硕士，刘卫东在律师从业生涯中践行法治，成为业界翘楚。为师者，我感到十分荣幸。

是为序。

陈兴良

谨识于北京海淀锦秋知春寓所

2017年9月1日

第三版出版说明

《教义刑法学》2010年初版，2014年出版第二版，此为第三版。本书从书名上看似一本刑法体系书，其实不然，还是以犯罪论体系为内容的专题性著作。本书是我以刑法教义学为号召的一部作品，对于教义学的研究方法的倡导之意昭然若揭。近年来，在我国法理学界存在所谓社科法学与法教义学的争论。当然，也有学者认为这是虚构的争议。① 还有学者认为社科法学与法教义学之争乃是德国法学传统和美国法学传统在中国法学界的狭路相逢，这是一场"不在场的在场"的外国法学理论通过其中国代理人的学术演练②，如此等等。由此可见，即使是对于所谓社科法学与法教义学之争的存在本身，也都存在着不同解读，更何况是这场争议的理论意义。我还是比较赞同社科法学与法教义学之争乃是不同方法论之争、不同知识形态之争，以及不同法学流派之争的观点，不能断然否定这一争

---

① 参见戴艳玲：《虚构的争议：法教义学与社科法学争论初探》，载《广西民族大学学报（哲学社会科学版）》，2016（3）。

② 参见尤陈俊：《不在场的在场：社科法学和法教义学之争的背后》，载《光明日报》，2014-08-13，16版。

议的理论意义。当然，我认为社科法学与法教义学之争主要发生在法理学领域，而与部门法学关系不大。如果把社科法学与法教义学之争扩展到部门法学，那就有虚幻之意。之所以说社科法学与法教义学之争应当被限制在法理学领域，这是因为法理学并不以具体法条为研究对象，所以所谓法教义学是指一种法学研究的方法论，它对于部门法学的研究具有指导意义。在法理学中，是以法律价值为导向进行社科法学的研究，还是以法律适用方法论为中心从事法教义学的研究，这当然是一个值得关注的问题。毫无疑问，这里的社科法学与法教义学都是必要的，而不是互相对立的。在这个意义上说，社科法学与法教义学的对立是虚构的，这个命题是可以成立的。但在优先进行社科法学研究还是优先从事法教义学研究这个问题上，可能会存在不同观点，由此而引发社科法学与法教义学之争。因此，这种争论本身是存在的而不能说是虚构的。就部门法学而言，无疑应当以部门法教义学为主要的知识形态，而部门法学的社科法学研究知识则起到补充作用。在这个意义上说，社科法学与法教义学之争在部门法领域是虚幻的口号。当然，不能排除不同的部门法因法律发展阶段的不同，而在一个特定时期或是以社科法学研究为主，或是以法教义学研究为主，这是因不同的部门法而有所差异的。例如，某个部门法在以立法为中心任务的情况下，当然会以社科法学为主要研究方法。例如我国当前的刑事诉讼法领域，虽然法典已经颁布，但处于频繁的修订当中。尤其是在司法改革的背景下，刑事司法制度建设仍然是当务之急。在这种情况下，在刑事诉讼法研究中，以价值为导向的社科法学研究还是占主导地位的，而法教义学研究则发展迟缓。反之，虽然近年来随着《刑法修正案》的不断颁布，我国刑法法律规范的修订不可谓不频繁，但学者的主要精力还是在于对刑法进行法教义学的研究，因此，刑法教义学就成为我国刑法学的主流。可以预想，《民法总则》的颁布与实施，也必将推动我国民法教义学的深入研究。因此，在部门法学中，根本就不存在所谓社科法学与法教义学之争，而只有与各个部门法立法发展状态相适应的社科法学或者法教义学的研究重点的选择。

我的前期著作，例如《刑法哲学》《刑法的人性基础》和《刑法的价值构造》

大体上属于社科法学的研究成果；而近些年来，我已经从所谓社科法学的研究中抽身而出，投身于刑法教义学的研究。这是我个人学术方向的一种调整，也是学术兴趣的一种转移。我认为，在刑法以及其他部门法学中，法教义学研究是更为重要的，也是构成该学科知识形态的主体。而社科法学在部门法学中，是对法律规范背后的价值性内容的揭示，对于推进部门法学的研究当然也是具有重要意义的，只不过在更多情况下，它只能起到辅助性的功能。

《教义刑法学》是一部采用教义学方法对犯罪论体系中的重要主题进行研究的作品，当然属于刑法教义学的范畴。本书表明我在刑法教义学领域的学术取向，因而值得称道。

陈兴良

谨识于北京海淀锦秋知春寓所

2017 年 6 月 5 日

第二版前言

《教义刑法学》（中国人民大学出版社 2010 年版）第一版自 2010 年出版以来，已经过去四年。随着时间的推移，我发现原作中有些表述需要纠正，有些内容需要调整，有些错别字需要改正。因此，利用修订之机，对本书进行了局部的修改，由此形成本书的第二版。《教义刑法学》一书是我近作中较为满意的一部作品，也反映了我近年来对刑法学的最新感受与领悟。从某种程度上可以说，《教义刑法学》一书是我在吸收德日刑法知识的基础上，试图将其融入我国刑法学，作为推进刑法学术发展的一种尝试。

《教义刑法学》的核心是“教义”，即德文 Dogma。对于 Dogma 一词的中文译法，王世洲教授力主翻译为“信条”，并对此进行了深入的论证。[①] 王世洲教授在论证 Dogma 应当翻译为“信条”而非“教义”时认为，除了历史原因以外，一个重要理论就是：“信条”是非宗教的，而“教义”一词来自日本的转译，本身具有较为浓厚的宗教色彩。其实，“信条”与“教义”相同，也都具有宗教背

① 参见［德］克劳斯·罗克辛：《德国刑法学总论》（第 2 卷），王世洲主译，主译者后记，701～703 页，北京，法律出版社，2013。

景。例如，“百度知道”对“信条”的解释为：（1）宗教信仰的条文或体系；（2）可指普遍相信的任何原则或主张。[①] 由此可见，“信条”一词在德文中也许与宗教无关或者如同王世洲教授所说的，是平行发展的。但在汉语中，“信条”一词的宗教色彩与“教义”一样，都是十分强烈的。即使“信条”一词没有宗教色彩，我也认为“教义”一词是更为合适的。因为，教义刑法学中的教义，是以对刑法法条先验地假设其正确为前提的，根据康德的话语，教义学是对自身能力未先予批判的纯粹理性的独断过程。[②] 而这恰恰就是一种宗教的态度。因此，刑法教义学中包含了一种对待刑法法条的宗教信仰般的学术情怀。正如冯军教授指出的：

> 在传统上，刑法教义学将现行刑法视为信仰的来源，现行刑法的规定既是刑法教义学者的解释对象，也是解释根据。在解释刑法时，不允许以非法律的东西为基础。对刑法教义学者而言，现行刑法就是《圣经》。因此，人民把根据现行刑法的规定对现行刑法进行阐释的学问，称为刑法教义学。[③]

在刑法教义学的语境中，刑法法条是解释的对象而不是价值判断的对象。有教义的刑法学与无教义的刑法学之间的区分，恰如有宗教信仰的人与无宗教信仰的人之间的区分。以往我国的刑法学是一种没有教义的刑法学，因此，这种刑法学缺乏内在逻辑的自洽性，缺乏整体知识的体系性，缺乏基本立场的一致性。

当然，刑法教义学与刑法解释学具有性质上的相同性。刑法教义学只是与刑事政策学、犯罪学、刑罚学以及刑法沿革学之间具有区隔性，但与刑法解释学则是一词二义而已。因此，并不存在一种刑法解释学之外的刑法教义学。在这一点

---

① 见 http：//zhidao.baidu.com/link？url＝oCW4QZBqkYpOV0KI2LwF0_WREqiNYn3bm-RWvYh4FsXsEfTx3Ro6sgeJP9bBJMji7jmlf-1REoJXh4ftvUQqh_，2014-04-18。

② 转引自［德］阿图尔·考夫曼、温弗里德·哈斯默尔主编：《当代法哲学和法律理论导论》，郑永流译，4页，北京，法律出版社，2002。

③ 冯军：《刑法教义学的立场和方法》，载《中外法学》，2014（1）。

上，应当听取张明楷教授的忠告：

不要试图在刑法解释学之外再建立一门刑法教义学。[①]

不过，我宁可将张明楷教授的这句话反过来说。这就是：

不要试图在刑法教义学之外再建立一门刑法解释学。

这就是我对刑法教义学与刑法解释学之间关系的态度。

此为第二版前言。

陈兴良

谨识于北京海淀锦秋知春寓所

2014 年 4 月 18 日

① 张明楷：《也论刑法教义学的立场》，载《中外法学》，2014（2）。

代　　序

走向教义学的刑法学

《教义刑法学》是一门为刑法专业法学硕士研究生开设的刑法课程，以讲授刑法总论，尤其是犯罪论为主。本课程的预设前提是：听课的同学已经在本科阶段系统地学习过刑法，通常是一学年的刑法，包括刑法总论与刑法各论。同学们已经在本科阶段听过一次刑法课了，那么，为什么在研究生阶段还要再听一次刑法课呢？概言之，研究生的刑法课程与本科生的刑法课程之间，在内容上究竟存在什么区别呢？这里涉及本科生与研究生在培养目标上的差异，故有必要略加说明。我认为，本科生与研究生的区别在于博与专。

本科生阶段是打基础，广泛地学习法学各学科的基本知识，因而本科生的刑法课程以讲授基础性质的刑法知识为主。而研究生阶段是攻读专业，所谓术业有专攻，因而对刑法知识要有更为专深的掌握，并且从学习向研究转变，从知识向学术转变。假设所有刑法知识的总量为 100，同时假设一名刑法教授应该掌握的刑法知识是 100%，那么，大体上而论，一名本科生应该掌握的刑法知识是 30%，一名硕士生应该掌握的刑法知识是 50%，一名博士生应该掌握的刑法知识是 70%，一名副教授（包括博士后）应该掌握的刑法知识是 90%。应当指出，这里的“是”是“应当是”而不是“实际是”。当然，刑法知识是一个变量或者说是增量，它不是一种“死”的知识而是一种“活”的知识。

本科生以学习为主，基本上是知识的消费者，还谈不上对知识增长有所贡献。而研究生已经开始从学习转向研究，因而开始从知识的纯消费者转为偶尔的生产者。从理论上来说，学者是知识的主要生产者，尤其是博士论文对知识的增长贡献较大，因为博士生思想活跃，极具创新欲望。而有些人一旦评上教授，就丧失了学术的创新能力了。

那么，学习与研究之间存在什么差别呢？从本科生到研究生，角色如何调整？我认为，这里面有一个对学术性的理解问题。因为研究是指从事学术研究，那么什么是“学术”呢？我们经常说，这篇论文写得差，那篇论文写得好，这里的“差”与“好”如何区别呢？我认为，这种区别就在于是否具有学术性以及学术含量的大小。

学术性是一个十分抽象的标准，我试图用文学性来加以比喻，因为文学性可能更容易理解一些。我们说中学生的作文与文学作品是有区别的，其中的区别就在于是否具有文学性。对于文学性的有无与高低，我们无法从理论上进行界定，就用鲁迅在《秋夜》一文中的第一句话来加以说明。第一句话是什么呢？第一句话是：

> 句 1：“在我的后园可以看见墙外有两株树，一株是枣树，还有一株也是枣树。”

这是一句颇具文学性的描写。当然也有人不以为然，认为这是一句废话。那么，这句话的文学性体现在什么地方呢？我们在上面这句话的基础上，可以改写出以下两句话：

> 句 2：“在我的后园，可以看见墙外有两株枣树。”
>
> 句 3：“在我的后园，可以看见有两株树，两株都是枣树。”

我们比较一下上述三句话之间的区别。从提供事实性信息来说，上面三句话提供的信息都是一样的：窗外有两株枣树。从这个意义上，句 2 最为简洁，句 1

确实是一句废话。但句2的信息只限于事实性，没有任何其他人文性信息，所以句2不具有文学性，可以用于说明书之类的文体。而句3则在表述事实以外，增加了一点文学性，即单调生活的情绪溢出，“两株都是枣树”多么单调。为什么不是“一株是枣树，还有一株是桃树”呢？由此可见，作者已经不限于在表述事实，而在于通过对一个事实的描述渲染某种情绪。当然，句1在渲染情绪上远远强于句3，“两株都是枣树”是同时说出的，而“一株是枣树，还有一株也是枣树”则是先后说出。同时说出（都是）与先后说出（也是）有什么不同？当说“两株都是枣树”的时候，听这句话的人同时获得两株枣树这一信息，虽然有“都是”这一句式，稍微泄露出一丝单调情绪，但仍然接近于句2。而当说“一株是枣树”的时候，听这句话的人根据一般的心理预期，就会认为另外一株不是枣树。因此，当说出“还有一株也是枣树”的时候，有些出乎意外的效果。在这种情况下，第一句制造了一个悬念，第二句抖了一个包袱。因此，句1不仅具有文学性，而且已经出现了戏剧性。这句话的效果在于吸引听者参与其间，从而引起共鸣。如果遽然说出“两株都是枣树”而不是渐次说出“一株是枣树，还有一株也是枣树”，读者将无法体味那种站在后园里缓慢转移目光，逐一审视两株枣树的况味。这难道不是文学性吗？鲁迅先生不愧为大文豪。

文学是以语言表达某种观点，其特点是将抽象的观点通过具象的情节刻画出来。比如，表达单相思的恋情，一个单相思的人大喊大叫“我痛苦啊，我要自杀”，这肯定不是文学；但《诗经·国风·周南》说“关关雎鸠，在河之洲。窈窕淑女，君子好逑……求之不得……辗转反侧”的时候，文学性就出来了：辗转反侧，晚上被相思的痛苦折磨得睡不着觉，在床上翻来覆去，其相思的恋情跃然纸上。抽象的相思恋情通过辗转反侧这一具体动作活生生地表现出来。当然，因为单相思而睡不着觉，这样的表达虽然具有一定的文学性，但是比较俗气。也就是说，大多数人都会这么说，因为太通俗，因而也就太庸俗。

我们再来欣赏一首现代诗人戴望舒的诗，同样是表达相思的恋情。戴望舒流传甚广的是一首题为《雨巷》的朦胧诗，据说诗中的丁香确有其人，戴望舒还为她自杀过，但终究就此别过，有情人未成眷属。戴望舒有这样一首诗：

烦忧

说是寂寞的秋的清愁，
说是辽远的海的相思。
假如有人问我的烦忧，
我不敢说出你的名字。

我不敢说出你的名字，
假如有人问我的烦忧。
说是辽远的海的相思，
说是寂寞的秋的清愁。

这首诗的好，我就不说了，大家可以去体会，尤其是这首诗所表达出来的相思之情与辗转反侧的差别应当是十分明显的吧。

还是从文学性回到学术性。在学术概念的界定当中，首先涉及科学的概念，学术与科学之间到底是什么关系呢？我以为，学术与科学具有基本相同的含义，但科学与学术又有一些细微的差别。一般在自然科学中更多地采用科学一词，而在人文哲学领域，尽管也有社会科学的提法，但社会科学之科学显然不同于自然科学之科学，尽管近代自然主义与实证主义思潮曾经侵入人文哲学领域。在人文哲学中，更多地采用的是学术一词。那么，如何界定学术呢？我以为，对于学术的把握应当注意以下四点：

第一，学术区别于政治。

学术经常与政治相对应，学术独立、学术自由就是防止政治干预学术。但学术又经常与政治有着千丝万缕的联系，它往往离不开政治，甚至学术在很多情况下是为政治服务的。应该说，学术与政治是两个不同的范畴，遵循的是不同的规则。学术是一种说理性的精神活动，而政治作为一种权力的运作，它以暴力为后盾，在专制社会里，政治往往是强词夺理的。即使是在民主政体之下，学术也不应该沦为政治的奴婢，而应当保持与政治的一定区隔，这样才能使学术与政治各得其所。

第二，学术也区别于思想。

尽管学术当中包含思想，但思想性与学术性又是有所不同的。有些思想是学术，但有些思想并不是学术。孔子的《论语》是思想，但不是学术。毛泽东思想当然是思想，除《矛盾论》、《实践论》等论文具有学术性以外，大多是思想而不是学术。马克思的《资本论》则是思想与学术的完美结合，该书从社会细胞——商品切入，抽丝剥茧地展开对资本主义社会的细致剖析。在某种意义上说，思想是学术的内容，学术研究一定追求思想性。但我们也不能把学术与思想完全等同起来，而是要看到两者之间的差别，可以说，思想性只是衡量学术的一个指标，而不是唯一的指标，我们一定要尊重学术自身的规律。

第三，学术还区别于技术。

技术是一种技能，具有实用性，而学术不具有直接的实用性，属于论证的范畴。当然，法律的制定及适用本身也具有一定的技术性，例如立法技术与司法技术等，尤其是司法技术更是十分丰富的，在法学研究中也往往以此为研究对象。但是，并不能由此否认学术与技术之间的区别。因为技术本身不具有学术性，但对技术的研究可能是具有学术性的，这两者之间并不矛盾。学术与技术的区别就在于技术仅仅是一种技艺，而学术是一种说理，是一个论证过程，更是一个知识体系。

第四，学术更区别于宗教。

宗教是一种信仰体系，宗教信仰一旦形成，会对人的思想形成某种禁锢，并且不容异见，不能置疑。而学术是可以批评的，当然也可以反批评。学术不是自说自话，必须能够引起讨论，可以传承。因此，现在往往把引证率作为学术评价的主要指标之一。一篇论文具有较高的引证率，无论是肯定性引证还是否定性引证，都表明这篇论文引起了较大社会反响，具有较高的学术关注度。当然，现在的自然科学还引入一个概念，称为影响因子，这是对刊物的评价，类似于我们的核心刊物与非核心刊物的区别。在影响因子较大的刊物发表论文，这篇论文的学术影响力也会较大。如此等等。这里还应当指出，学术不同于宗教，但对宗教的研究却是一种学术；而且，在法学研究中可以吸收对宗教的研究方法，例如把法条视为一种信条的教义学方法。

以上我们讨论了学术的一些基本特征，例如独立性、说理性、反思性等。那么，如何做学术呢？这个问题和你如何写诗、如何作文一样，实在是不好回答。简单地说，所谓做学术就是用一些材料来证明一个观点，这个观点是论点，这些材料是论据。这个意义上的做学术，就等同于如何写论文。学术成果当然需要通过写作表达出来，但学术又不完全是写出来的，写作只不过是学术的表达形式，在写作之前必须进行学术研究，通过学术研究获得学术成果，包括思想、观点等，然后才把学术成果表达出来。因此，从事学术是指研究与表达两个方面，这两个方面同样重要。

我在《刑事法学研究丛书》的总序[①]中，提出了学术功底、问题意识、研究方法这样三个与学术紧密相关的问题，其中，我以为问题意识是十分重要的。做学术就是一个发现问题、思考问题、质疑问题、把握问题、解决问题的过程。我在总序中倡导小题大做。小题大做不仅是一种研究方法，也是一种写作方法。尤其是学术入门者，必须从小题大做做起。具有相当的学术积累以后，才能有鸿篇巨制。

那么，什么是小题大做？为什么小题大做应当成为学术入门者的一种研究方法呢？我举一个例子，有位历史学的博士生要写一篇博士论文，其研究方向是古罗马社会制度。如果以"论古罗马社会制度"为博士论文题目，那么别指望通过博士论文答辩，因为古罗马社会制度这样的题目太大了，非一篇博士论文所能容纳。后来，缩小一点，博士论文题目改为"论古罗马军事制度"，这个题目虽然小了一些，但还是不好掌握。再缩小，博士论文题目改为"论古罗

① 参见陈兴良：《书外说书——陈兴良序跋集 II》，35 页，北京，法律出版社，2004。

马的军衔制度”，这个题目大小合适：军衔制度是军事制度的重要组成部分，从中可以探究古罗马军事制度的特性。经过进一步研究，再把题目缩小，最后将博士论文的题目定为“论古罗马军队的徽章”。而徽章是军衔的一个标记，它比军衔制度包含的内容还要小，这才是一个真正的小题。这个小题可以大做：通过徽章的质地可以研究古罗马的制造业；通过徽章的造型可以研究古罗马的艺术；通过徽章的类型可以研究古罗马军队的等级制度，如此等等，足以以小见大。实际上，徽章只不过是一个切入点，通过它透视整个古罗马的经济制度、政治制度和军事制度。

博士论文的题目大小，往往可以反映一个国家的学术研究的深入程度。我在1988年答辩通过的博士论文，题目是《共同犯罪论》（第2版，中国人民大学出版社，2006），属于刑法教科书的一级标题，因为当时我国关于共同犯罪的研究刚刚起步，处于较低的水平，因此以此为题还是可行的。近年来对于共同犯罪的研究不断深入，这从博士论文的选题也可以清晰地看出来。例如，2007年出版了《论共犯与身份》（阎二鹏著，中国检察出版社，2007）的博士论文，属于刑法教科书的二级标题。2008年出版了《共犯的处罚根据》（杨金彪著，中国人民公安大学出版社，2008）的博士论文，属于刑法教科书的三级标题。2009年出版了《诱惑侦查论》（金星著，法律出版社，2009）的博士论文，诱惑侦查也称为陷阱理论，一般在教唆犯中论及，因而属于刑法教科书的四级标题。

小题大做当然是有难度的，关键是能否以小见大，如果不能以小见大，而是以小见小，那么就是小题小作而不是小题大做。做学问难在入门，而入门又难在选题，只有选好一个具有研究价值的问题，才有学术可言。这里还应当指出，我们现在的博士论文基本上都不是论文，不具备论文的基本要素，主要是没有命题与论证，也就是缺乏论文的“骨髓”与“皮囊”①。现在的博士论文更多的是当

① 刘南平：《法学博士论文的“骨髓”和“皮囊”：兼谈我国法学研究流弊》，载《中外法学》，2000（1）。

做专著甚至是教科书来写的，其学术性大打折扣。

我们这门课程讲授的是刑法教义，可以说是教义学的刑法学，简称为教义刑法学。刑法教义是我们主要讲授的内容，这里的教义性就意味着刑法的学术性。只有掌握了刑法的教义学，才能踏入刑法学的理论殿堂，慢慢走上刑法的学术研究之路。因此，可以把我们这堂课的中心思想归纳为以下这句话：

走向教义学的刑法学。

目　录

第1章

刑法方法论

法学教育，主要是一种法学方法论的训练，或者说是通过传授法学知识所进行的方法论的训练。其中，法学知识是鱼，法学方法是渔：授人以鱼，不如授人以渔。对此，美国著名法官卡多佐曾经告诫法学院的学生：你们学到的更为主要的东西是以法律方式思考问题的能力……对司法过程借以运行的方法和技术的理解力。[①] 此言甚是。刑法学也是如此，同时又具有自身的特殊性。在某种意义上可以说，刑法总论，尤其是犯罪论，实质上就是刑法方法的载体；刑法各论则是将刑法方法运用于各罪的一种应用性训练。因此，我们学习刑法，首先应当掌握刑法方法论。本章拟对刑法方法论中的一些基本问题进行探讨，侧重于刑法的思维方法。

一、立法论的思考与司法论的思考

韦伯在《以学术为志业》一文中，对法学作了以下描述：

① 参见［美］卡多佐：《法律的生长》，刘培峰译，155页，贵阳，贵州人民出版社，2003。

> 根据法学思想的原则，人们制定了精确的法典，它部分地受到逻辑力量的限制，部分地受到传统中既定法律规范的限制，当某些合法的规则和某些解释方法被认为有约束性时，法律思考就出现了。是否应当有法，以及人们是否应当恰当建立这些法律规范——这些问题是法学回答不了的。它只能声称：如果人们希望有这种结果，根据我们的法律思想规范，这种规范是达到这一目的的合适手段。①

韦伯的上述论断，提出了一个基本的法学思维方法论问题：关于法律的思维与根据法律的思维。这个问题，对于法学的学术研究具有重大意义，在刑法学中也是如此。因此，我们首先讨论刑法方法论之一：立法论的思考与司法论的思考。

立法论的思考是指关于法律（about law）的思考，而司法论的思考是指根据法律（by law）的思考。在上述两种思维过程中，法律所处的地位是不同的：在立法论中，法律是思考的客体；而在司法论中，法律是思考的根据。当然，韦伯所说的法学，是指司法论，即法教义学。因为韦伯说那些是否应当有法，以及人们是否应当恰当遵守这些法律规范等问题，法学是回答不了的。这些问题都是关于法律的思考，属于法哲学的范畴，是对法的形而上的思考。

在刑法学中，可以分为立法论与司法论，而司法论也称为解释论。以此为标准，可以将刑法学分为立法的刑法学与司法的刑法学，前者是广义上的刑法学，后者是狭义上的刑法学。日本大谷实教授十分形象地把刑法解释学称为临床医学，而基础刑法学则是基础医学。当然，大谷实教授并没有进一步指出刑法解释学与基础刑法学的区别。② 而且，我国台湾地区学者黄荣坚教授把自己的刑法体系书称为《基础刑法学》，而这恰恰是一部刑法解释学的著作。

我认为，刑法解释学与基础刑法学的区别，主要在于思维方法上的差异，即

---

① ［德］马克斯·韦伯：《社会科学方法论》，杨富斌译，19～20页，北京，华夏出版社，1999。

② 参见［日］大谷实：《刑法讲义总论》，新版2版，黎宏译，11～12页，北京，中国人民大学出版社，2008。

刑法解释学采用司法论思考方法，即根据法律的思考，而基础刑法学是采用立法论思考方法，即关于法律的思考。上述区分，究其根源来自休谟及康德的自为与当为、实然与应然、事实与价值的二元区分论。根据休谟的观点，“是”与“不是”是一种事实判断，是一个存在论的问题；而“应当”与“不应当”是一种价值判断，是一个价值论的问题，两者应当严格加以区分，即，从“是”与“不是”的关系中不能推论出“应当”与“不应当”的关系。康德接受了休谟的这一思想，从中引申出事实科学与规范科学的区分：事实科学探讨的是自然法则，而规范科学探讨的是道德法则。自然法则是一个“是”与“不是”的问题，服从于实然律；道德法则是一个“应当”与“不应当”的问题，服从于应然律。可以说，立法论的思考是一个“应当”与“不应当”的问题，而司法论的思考是一个“是”与“不是”的问题。前者是对法的正当性与合理性的评判，而后者则是以法律为逻辑起点的推理。应该说，这两种思考方法的规则是不同的，但我们往往混淆，即使是受过专业训练的法律工作者对于这两者都会混为一谈，更何况社会公众。

案例1—1　贵州习水嫖宿幼女案

2007年10月至2008年6月，被告人袁荣会（女，无业）指示、教唆未成年人刘某某、袁某某采取威胁手段，先后强行将3名幼女、7名少女多次带到袁荣会家中，由袁荣会联系被告人冯支洋等7人嫖宿。

对于该案，检察机关以嫖宿幼女罪对冯支洋等人起诉，在媒体上被披露以后，引起轩然大波，许多网民认为对冯支洋等人的行为不应当定嫖宿幼女罪，而应当定奸淫幼女罪，因为奸淫幼女罪重于嫖宿幼女罪。甚至个别律师也主张定奸淫幼女罪。该案几经波折，于2009年7月24日作出了终审判决，认定被告人冯支洋等人的行为构成嫖宿幼女罪，分别判处7年至14年不等的有期徒刑。

在判决之后，我受邀就该判决撰写了一篇两千余字的短文加以法理的阐述，意在疏导民意。我是从立法论与司法论相区别的角度切入的，因为社会公众并不关注法律是怎么规定的，而只是用自己朴素的感情对判决作出评价，因而其结论有时会出现偏颇。对此，需要引入立法论与司法论的不同视角，为法院作一些解脱。我的短文刊登在 2009 年 7 月 27 日的《贵州日报》上，全文如下：

贵州习水嫖宿幼女案，经过法院审理，日前作出了一审判决：被告人袁荣会犯强迫卖淫罪，被判处无期徒刑；被告人冯支洋等 7 人（其中 5 人系公职人员）犯嫖宿幼女罪，被判处 7 年至 14 年不等的有期徒刑。上述判决未能对有关公职人员以强奸罪论处，也许与公众对本案判决结果的期许之间存在一定的落差。引起我关注的问题在于：这种落差是如何产生的？我以为这里存在一个司法的逻辑与个案的公正之间的关系问题，值得从法理上加以探究。

在贵州习水嫖宿幼女案被媒体披露以后，对于有关公职人员通过金钱交易与幼女发生性关系的行为到底应当如何定罪——是定嫖宿幼女罪还是定强奸罪，从一开始就指向了嫖宿幼女罪的立法合理性问题。换言之，从司法的逻辑来看，有关公职人员的行为具有嫖宿幼女的性质，这一点是不可否认的。我国刑法对以性交易为特征的卖淫行为与一般的性行为作了法律上的区分：对于采用暴力、威胁或者其他手段强迫妇女卖淫的，虽然其行为具有迫使妇女违背意志与他人发生性交的性质，但并不定强奸罪的教唆犯；对于明知妇女被强迫卖淫而与之嫖宿的行为，也不以强奸罪论处。同时，刑法第三百五十八条还把强迫不满 14 周岁的幼女卖淫，规定为强迫卖淫罪的加重处罚事由之一，而不是作为以奸淫幼女构成强奸罪的教唆犯。与之对应，刑法第三百五十九条第二款又规定了引诱幼女卖淫罪，将引诱幼女卖淫的行为同引诱幼女与行为人或者其他特定人发生性交的行为加以区分：前者构成引诱幼女卖淫罪，后者构成强奸罪。此外，刑法第三百六十条第二款规定了嫖宿幼女罪，这里的嫖宿幼女是指明知对方是不满 14 周岁的幼女而进行嫖宿的行为。在我国刑法中，在一般情况下卖淫嫖娼行为并不构成犯罪，只有在明知自己患有梅毒、淋病等严重性病的情况下卖淫嫖娼的，才构成传播性病罪。另外，就是嫖宿幼女的行为构成嫖宿幼女罪。嫖宿幼女可以分为三种情形：一是幼女主动卖淫。这种情况极为罕见。二是幼女被引诱而卖淫。行为人明知是被引诱卖淫的幼女而与之嫖宿的，构成嫖宿幼女罪。三是幼女被强迫卖淫。行为人虽然明知幼女被强迫卖淫，但只要没有实施当场的强迫行为，换言之，幼女同意行为人嫖宿的，也构成嫖宿幼女罪。当然，如果在特定场合卖淫的妇女或者幼女不同意，行为人使用暴力、胁迫或者其他手段强行与之发生性交的，则构成强奸罪。

在本案中，被告人袁荣会授意袁某某、刘某某采用威胁等手段迫使多名幼女、少女卖淫，其行为构成强迫卖淫罪。而被告人冯支洋等 7 人在袁荣会的安排下，对幼女进行嫖宿并支付了对价。从判决认定的事实来看，尚无证据证明冯支洋等人具有当场的强迫行为，因而其行为属于嫖宿幼女。法院对冯支洋等人以嫖宿幼女罪论处，是司法逻辑演绎的必然结论。

现在的问题是：在刑法中把嫖宿幼女（包括强迫、引诱幼女卖淫）的行为从强奸罪及其共犯中分离出来，另设罪名，并且规定了较轻的法定刑，这一立法本身是否具有合理性？这实际上是一个立法论的问题，对此当然是可以展开讨论的。应当指出，在 1991 年 9 月 4 日全国人民代表大会常务委员会通过的《关于严禁卖淫嫖娼的决定》第五条第二款曾经规定："嫖宿不满十四岁的幼女的，依照刑法关于强奸罪的规定处罚。"根据这一规定，嫖宿不满 14 周岁的幼女，应以强奸罪论处。但在 1997 年刑法修订中，考虑到在嫖宿幼女的情况下，幼女具有卖淫的目的，因而单设嫖宿幼女罪。在这种情况下，嫖宿幼女罪的行为不再以强奸罪论处，而是构成嫖宿幼女罪。无论这一修改是否合理，司法机关只能按照修改后的刑法规定处理嫖宿幼女案件，这是罪刑法定原则的应有之义。

司法是以现行法的存在为前提的逻辑演绎，它不能质疑法律，更不能指责法律，而只能将既定的法律适用于个案。如果司法不以法律为依归，而是以司法者的意志为处理个案的依据，定罪量刑出入于法律之外，那么刑事法治必将荡然无存，公民个人的权利与自由也必将因司法权的滥用而遭受侵害。在这个意义上，个案的公正只能是一种法律的公正。尤其是，在对个案进行法律上评判的时候，我们应当严格区分立法论与适用论，而不应把两者混为一谈。立法论是对法律的价值评判。在一个民主社会，法律当然是可以批评的，并且可以通过立法程序加以完善。在个案处理中，也会暴露出某些法律的缺陷，有待于从立法层面上加以解决。而适用论是一种司法活动，必须以法律规定为出发点，严格地遵循司法的逻辑进行演绎推理。尽管在司法活动中，可以通过法律解释等方法在一定限度内克服法律的缺陷，但受制于司法的本质，司法判决结论不可能完全超越法律规定，更不能置法律于不顾。就贵州习水嫖宿幼女案而言，冯支洋等人为满足个人性欲，采用性交易的方式嫖宿幼女，其行为的性质是极其恶劣的。贵州司法机关严格依照刑法规定，对冯支洋等人以嫖宿幼女罪论处，根据情节轻重，分别处以轻重不等的刑罚，并在法定刑幅度内予以从重处罚。这一判决结果是符合刑法规定的，也是在现行刑法条件下所能获得的个案公正。

上述短文在新华网法制频道转载以后，被不少网站转载。我上网查看了一下网友的评论，虽然仍有个别谩骂性留言，但还是将人们的视线从司法转向立法。

不仅社会公众往往混淆立法论与司法论的思考，而且我们学者有时也会犯同样的错误。在《刑法知识论》一书中我曾说过以下这段话：

> 在一些刑法著作中，时常发生语境的转换，由此带来理论混乱。例如，为证明某一理论观点正确，常引用某一法条作为证据；为证明某一法条正确，又常引用某一理论观点作为证据。这种在理论与法条之间的灵活跳跃，完全是一种为我所用的态度。问题在于：在刑法解释学的语境中，法律永远是正确的，需要通过理论去阐述法条。而在刑法法理学的语境中，法理是优先的，是法条存在的根据，因而可以评判法条。如果这两种语境错位，则只能使刑法法理学与刑法解释学两败俱伤。①

① 陈兴良：《刑法知识论》，26 页，北京，中国人民大学出版社，2007。

法教义学的逻辑前提可以概括为一句话：法律永远是正确的。由此可以引申出一句法律格言：法律不是嘲笑的对象。对于这一法律格言，张明楷教授做过以下阐述：

> 法律不是嘲笑的对象（Lex non debetesse ludibrio），而是法学研究的对象；法律不应受裁判（Non sunt judicondoe leges），而是裁判的标准，我并不倡导主张恶法亦法（Duralex，sed lex），但也不一概赞成非正义的法律不是法律（Lex injusta non est lex），而是主张信仰法律，因为“法律必须被信仰，否则它将形同虚设”①。既然信仰法律，就不要随意批评法律，不要随意主张修改法律，而应当对法律进行合理的解释，将“不理想”的法律条文解释为“理想”的法律规定。对于法学者如此，对于裁判者更应当如此。“裁判者只有适用法律的职务，却没有批评法律的权能。裁判者只能说这法律是怎样怎样，却不能主张法律应该是怎样；所以立法的良恶在原则上是不劳裁判者来批评的……要晓得法律的良与不良，是法律的改造问题，并不是法律的适用问题。”②③

我注意到在该书第3页注①中，张明楷教授说：“在过去的十多年里，刑法学实际上演变为刑事立法学，而不是刑法解释学。”该书是1999年版的，过去十年是指从1989年到1999年这十年间。大家知道，我国1997年进行了刑法修改，从1989年以后我国刑法学基本上是以刑法的修改、完善为中心议题，从而形成了刑法立法学的研究局面，立法论思考大行其道，司法论思考受到遮蔽，刑法解释学没有更大进展。在2000年以后，我国才开始真正进行刑法解释学的研究。由此可见，刑法解释学是刑法学研究的主流，在某种意义上，刑法学就是刑法解释学。奥地利著名法学家凯尔森创立了纯粹法学派，其所谓纯粹法学就是采用司法论思考方法的法学，绝对排斥在法学中的形而上的思考。凯尔森指出：

---

① ［美］伯尔曼：《法律与宗教》，梁治平译，28页，北京，三联书店，1991。
② 朱采真编：《现代法学通论》，93页，上海，世界书局，1935。
③ 张明楷：《刑法格言的展开》，2版，3页，北京，法律出版社，2003。

纯粹法理论之旨趣唯在于认知其研究对策。换言之，其试图回答“何谓法律”或“法律从何而来”，而无意于对“法律应当如何”或“法律应如何制定”等问题作解释。本理论乃是法律科学而非法律政策。①

凯尔森之所谓法律科学与法律政策的区分，就相当于在刑法学中刑法解释学与其他刑法学的区别。刑法解释学，从字面上看，就是对刑法进行解释而形成的学问。长期以来，我国学界对解释或者注释存在某种误解，因此，刑法解释学一词名声不太好。其实，在德国刑法学中另有一个概念，就是刑法教义学（也有翻译为刑法信条学的，我则称为教义刑法学），似乎更为恰当地揭示了这一学科的性质。德国学者考夫曼曾经对法哲学与法教义学作了区分，并阐述了法教义学的内容，指出：

法哲学并非法学，更非法律教义学。据康德，教义学是“对自身能力未先予批判的解释理性的独特过程”，教义学者从某些未加检验就当做真实的先予的前提出发，法律教义学者不问法究竟是什么、法律认识在何种情况下、在何种范围中、以何种方式存在。这不是指法律教义学必然诱使无批判，但即便是在批判，如对法律规范进行批判性审视，这总是在系统内部论证，并不触及现存的体制。在法律教义学的定式里，这种态度完全正确。只是当它把法哲学和法律理论的非教义学（超教义学）思维方式，当做不必要、“纯理论”甚至非科学的东西加以拒绝时，危险便显示出来。②

考夫曼认为，法哲学与法教义学同样重要，不可互相取代，它们属于不同种类的关系。那么，什么是教义或者信条呢？对此可能会有不同的理解。这里主要涉及教义与法律、信条与法条的关系。教义能否等同于法律？信条能否等同于法条？德国学者罗克辛指出：

① ［奥］凯尔森：《纯粹法理论》，张书友译，37页，北京，中国法制出版社，2008。

② ［德］阿尔图·考夫曼、温弗里德·哈斯穆尔主编：《当代法哲学和法律理论导论》，郑永流译，4页，北京，法律出版社，2002。

> 刑法信条学是研究刑法领域中各种法律规定和各种学术观点的解释、体系化和进一步发展的学科。[①]

值得注意的是，在该书注①中，罗克辛对信条一词作了以下解释：

> “信条（Dogma）”是一个希腊词，意思很多，例如“观点（Meinung）”，“指令（Verfügung）”，“理论原则（Lehrsatz）”。

由此可见，信条并不能等同于法律或者法条。教义学是一种对待法律的态度，就像对待宗教戒律一样来对待法律，因而它包含了对法律的信仰，摒除了对法律批评的可能性，例如德国学者拉伦茨认为教义一词本身具有“先验”的特征。教义学还是一个以法律为逻辑起点演绎而形成的知识体系，它包含法律，并不限于法律。法律是其中的基本框架与脉络，通过教义学的方法，使之形成一个有血有肉的理论体系。因此，教义学不是立法的产物，而是法学研究的成果。法官不仅受法律的约束，而且受教义学的约束。例如，德国学者温弗里德·哈斯穆尔提出了对法官通过法律教义学的约束的命题，指出：

> 这关涉到法律教义学，它在法学的支持下，将法官规则系统化，指出并修正了法官规则的概念，还在规则体系中学习了这一概念。在法律与案件判决间中等抽象程度上，法律教义学阐释了判决规则，当法律教义学被贯彻之时，它同样事实上约束着法官。法律教义学也不仅作为法律的具体化来理解，而且以它这方面根据法律的含义和法律的内容，建构自己（变化）的标准。它至少事实上实现了对法官的约束，这归功于它的稳定化和区别化功能：它使得问题变得可决定，途径为，它缩小了可能的判决选择的圈子，刻画了问题的特征，并将之系统化，确定了相关性，提供了论证模式。只有利用法律教义学的帮助工具，法官才能坚实地处理法律，才能察觉不同，并将法律分门别类。[②]

---

① ［德］克劳斯·罗克辛：《德国刑法学总论》，第1卷，王世洲译，117页，北京，法律出版社，2005。

② ［德］阿尔图·考夫曼、温弗里德·哈斯穆尔主编：《当代法哲学和法律理论导论》，郑永流译，284～285页，北京，法律出版社，2002。

法教义学方法之所以重要，我认为是法律规范先天的不周延性、不圆满性与不明确性造成的。任何法律都是抽象的、概括的，当它适用于个案的时候，都难免会出现法律所不及的情形。在这种情况下，法律不能为裁判提供所有规则，而只有法教义学才能承担这一职责。法教义学本身具有逻辑推理的含义，它以现有的法律规范作为逻辑推理的起点，经过司法的推理活动，使法律更加周延、更加圆满、更加明确，从而满足司法对规则的需求。可以说，只知法律而不懂法教义学是无法承担司法职责的。法学教育就在于为法科学生提供法教义学知识，法科学生与其说是学习法律，不如说是学习法教义学方法。因此，法教义学对于法学教育的重要性无论如何强调都不会过分。从一定意义上说，法教义学也是衡量一个人的法律知识水平的标志之一。我认为，法教义学主要具有以下功能：

（一）拓展法律外延，为司法适用提供裁判规则

立法的主要使命是为司法提供裁判规则，然而由于立法的有限性与案件的具体性，立法难以独自地完成提供规则的职责。而法教义学可以在现有的、有限的法律基础上，采用适当的方法，无限地扩展法律的外延。在这个意义上说，法教义相对于立法的有形之法与有限之法而言，是无形之法，甚至是无限之法。法教义学为找法活动提供径路，是司法活动的有效工具。例如，我国刑法第 196 条第 1 款规定了信用卡诈骗罪，其中第 3 项行为是“冒用他人信用卡”。该条第 3 款规定：

盗窃信用卡并使用的，依照本法第二百六十四条的规定定罪处罚。

刑法第 264 条是关于盗窃罪的规定，因此，盗窃信用卡并使用的，应以盗窃罪论处。在上述情形中，存在两个行为：一是盗窃信用卡，二是使用盗窃的信用卡，这也就是刑法第 196 条第 1 款第 3 项规定的“冒用他人信用卡”的情形。根据刑法规定，对于上述情形，应定盗窃罪。刑法规定了盗窃信用卡并使用的，定盗窃罪。那么，诈骗信用卡并使用的、抢劫信用卡并使用的、抢夺信用卡并使用的、

捡拾信用卡并使用的，应当如何定罪？对此刑法并无规定。在这种情况下，应当把刑法第196条第3款的规定推而广之，因而得出诈骗信用卡并使用的、抢劫信用卡并使用的、抢夺信用卡并使用的、捡拾信用卡并使用的，都应当以信用卡取得行为定罪的结论。这表明，在我国刑法中信用卡作为一种财产凭证，是刑法关于侵犯财产罪的保护客体。但2008年4月18日，最高人民检察院《关于拾得他人信用卡并在自动柜员机（ATM机）上使用的行为如何定性问题的批复》规定：

> 拾得他人信用卡并在自动柜员机（ATM机）上使用的行为，属于刑法第一百九十六条第一款第（三）项规定的“冒用他人信用卡”的情形，构成犯罪的，以信用卡诈骗罪追究刑事责任。

上述司法解释与上述教义学原理是相悖的，但法律与司法解释的明文规定的效力大于法教义学原理，因而，对于这种拾得他人信用卡使用的行为，应定信用卡诈骗罪，这是一个特别规定。以上就是一个法教义学的推理过程，通过这种逻辑推理活动，拓展了法律的外延，使法律规定更加周延。

（二）建构理论模型，为定罪活动创造工具理性

法律适用活动并不是在自动购货机上投入硬币获得商品这么简单，而是一个复杂的思维过程。为体现司法思维的正确性，需要创制一些理论模型，这些理论模型当然不是法律规定的，但却是适用法律的必要工具。在刑法学中，以构成要件为中心的犯罪论体系，就是一个定罪的理论模型。它是德国学者创造的刑法教义学的成果，产生了重大影响。例如，德国学者通过对犯罪论体系演变过程的叙述，作出了以下结论：

> 一个清楚的刑法信条学，对于理论、实践和法安全都是十分重要的。在信条学中，关键是要看到规定的真正对象所具有的结构和实质，因为借助单纯的理论虚构的形象或者关键词，人民并不能得出一般有效的结论。在这些结论从“行为刑法”和“罪责刑法”的基本原则中，模

式性地为犯罪的一般案件，塑造由此产生的各种体系性结论时，就有可能在这个中心领域成为一种通用的刑法科学。这种刑法科学就可以为国内的立法者和法院阐明，应当如何合乎逻辑地看待总则的法律形象；并由此提供明确的和具有归类功能的概念。这样，通过科学地建立的方法，这种刑法科学就为法安全和正义作出了贡献。①

犯罪论体系为定罪活动提供了一整套严密的思维步骤，使依照刑法规定的定罪活动成为一种理性的思维活动。因为定罪问题在刑法中居于首要地位，所以，犯罪论体系的水平往往是一个国家的刑法教义学水平的指数。在犯罪论体系中采用的一系列概念，如构成要件、违法阻却、罪责等，都是刑法所没有规定的。刑法只是规定了行为、客体、结果、正当防卫、故意与过失等内容，而犯罪论体系将这些刑法规定在一个思想（idea）下形成一个统一的知识体系，为定罪活动提供理性工具。

（三）设定教义规则，为价值判断发挥引导作用

法教义学对于法律本身不作价值判断，因而容易产生误解，认为法教义学与价值判断是互相排斥的。其实不然，法教义规则天生就包含了价值判断，这是一种对社会生活的价值判断，它是实现价值理性的所谓工具理性。当然，这种对社会生活的价值判断与对法律的价值判断之间是存在区别的。在论及法教义学与价值判断的关系时，我国学者指出：

作为总结，在规则与价值判断的二元区分的必要性上，拉茨（Raz）的观点深值赞同：从价值判断到判决结论，需经过两层推理。第一层推理是通过立法或司法活动（考虑到判例法或权威判决之影响力）将价值

① ［德］汉斯·约阿希姆·希尔施：《关于德国现代刑法信条学的现状》，王世洲、苏颖霞译，载《北大德国研究》，第 2 卷，187 页，北京，北京大学出版社，2007。

判断转化为法律规范，并通过法教义学将这些规范整合为完整一致的体系；第二层次再经过法教义学将这些规范具体适用到案件审理中。法律义务本身便是其应当被遵守的唯一理由（exclusionary reasons），在此以外，法律适用者无须再搜寻其他理由。在此情形下，当然存在严格按照法律规范裁判导致有违价值判断的可能，但必须要认识到“法律应当无条件遵守”的要求正是规则得以实行的基本条件，而且本身也是一个重要的价值。①

法律规定本身就是立法者的一种价值判断，即以规则作为一种价值内容的物质载体。因此，司法者依照法律规则处理个案，这种规则适用本身就是价值内容的实现。可以说，法律规则是在价值判断问题上所能达成的最大妥协和共识。因此，正如法律是最低限度的道德，法律也是最低限度的价值。当然，为了避免过于信赖法律规则所带来的对个别公正的破坏，立法者通过一般条款、例外条款、概然条款等方式，赋予司法者在一定限度内进行直接价值判断的权力。在这些情形中，法教义学能够起到重要引导作用，因为法教义学具有再创造（reproductive）的功能，它可以使一般的价值内容实体化。

二、体系性的思考与问题性的思考

1957年德国学者韦登博格（Wurtenberger）提出在学术研究中存在着体系性的思考（system-denken）与问题性的思考（problem-denken）之间的对立，并且认为德国刑法学几乎是偏重于体系的思考。② 自此，“体系性思考还是问题性思考”、“从体系性思考到问题性思考”之类的话题屡被提及。在《德国刑法学总论》一书中，德国学者罗克辛也提出了“刑法信条学的体系性思考与问题

① 许德风：《论法教义学与价值判断：以民法方法为重点》，载《中外法学》，2008（2）。

② 参见［日］平野龙一：《刑法的基础》，247页，东京，东京大学出版社，1966。

性思考”的命题，但对于什么是体系性思考、什么是问题性思考，罗克辛并没有作出具体的界定，罗克辛只是泛泛地指出：体系性思考是与体系相联系的刑法思考方法，而问题性思考是从具体问题出发从中提供解决个别问题的刑法思考方法。我注意到，罗克辛在关于体系性思考与问题性思考的论述中，给出了以下这样一个注释，对于我们理解体系性思考与问题性思考具有重要价值：

在这种体系性思考也包含这些问题并且解决具体问题的范围内，这个表述是不准确的。实际上，这个区别存在于这里：在问题性思考中，这种解决方法不是从体系中，而是从关于具体的案件状况的讨论和同意中获得的。①

罗克辛的意思是，体系性思考和问题性思考都是解决问题的，不能误以为只有问题性思考才解决问题而体系性思考不解决问题，只不过解决问题的方法不同而已：体系性思考是从体系中获得解决问题的方法，而问题性思考是从具体案件中获得解决问题的方法。实际上，问题性思考是一种个别性的判断，是具体问题具体分析的方法。例如，罗克辛认为，对于一个位于体系化之前的、需要使用理论和辩论术来填补的不确定概念和一般性条款，都适用问题性思考。② 当然，对于法教义学来说，体系性思考是更为重要的，也是问题性思考所不能取代的。

体系性思考是以存在一个体系为前提的，没有体系，也就没有体系性思考。罗克辛说过一句令人深思的话：

体系是一个法治国刑法不可放弃的因素。③

---

① ［德］克劳斯·罗克辛：《德国刑法学总论》，第1卷，王世洲译，131页，注㊼，北京，法律出版社，2005。

② 参见［德］克劳斯·罗克辛：《德国刑法学总论》，第1卷，王世洲译，132页，北京，法律出版社，2005。

③ ［德］克劳斯·罗克辛：《德国犯罪原理的发展与现代趋势》，王世洲译，载梁根林主编：《犯罪论体系》，3页，北京，北京大学出版社，2007。

这里的体系，是指关于犯罪成立条件的体系化安排。犯罪论体系提供了体系性思考的基本方法。对此，德国学者罗克辛指出：

> 一个体系，就像我们伟大的哲学家康德所说的那样，是一个“根据各种原则组织起来的知识整体”。因此，一般犯罪原理的体系，就是试图把可受刑事惩罚的举止行为的条件，在一个逻辑顺序中，作出适用于所有犯罪的说明。对法定规则的系统化和对学术和司法判决所发现的知识进行系统化的科学，就是刑法信条学。①

这种体系性思考可以分为两个方面：一是对犯罪论体系进行的思考，二是根据犯罪论体系进行的思考。在体系性思考中，包含了对犯罪论体系本身的反思。例如，我们经常发现这样的题目：××的体系性地位。以此为题的论文，我就写过好几篇，例如，《期待可能性的体系性地位——以罪责构造的变动为线索的考察》[载《中国法学》，2008（5）]，就是通过期待可能性对犯罪论体系的逻辑结构本身的探讨。当然，体系性思考更多的是根据一定的犯罪论体系进行的推论，它能够更为有效地解决定罪中的疑难问题。德国学者论述了体系性思考与问题性思考对个案问题的解决的作用：

> 犯罪论试图通过创立一般特征，将犯罪行为作为一个整体，从理论上进行研究。这种尝试需要找到一个正确的理由，因为在不同的犯罪类型及其组成部分情况下，直接进行研究似乎更容易理解些。可罚性之先决条件从个别犯罪构成要件中是不可能研究透彻的。犯罪概念的重要因素并不在于分则对犯罪的描述中，而是被前移了。
>
> 例如，在著名的*Mignonette*案件中，一英国法院对两个海员的犯罪行为进行了裁判。该两名海员是一海难的遇难者，在经过长时间忍饥挨饿之后，在困境中他们将行将死亡的同船难友杀而食之，在他们被营

① ［德］克劳斯·罗克辛：《德国刑法学总论》，第1卷，王世洲译，132页，北京，法律出版社，2005。

救之前仅以此而保住了生命。他们被判处死刑。该死刑判决后来由法院以紧急避险为由，通过赦免途径被改判为6个月的自由刑。大概是出于这样的考虑，行为人的行为被肯定为紧急避险而被合法化，不是——如《德国刑法典》第35条所规定的那样——构成减轻罪责事由。

如果不将犯罪概念划分为构成犯罪体系适当性、违法性和罪责，和与之相关的其他区别，如合法化的紧急避险与减轻罪责的紧急避险的区别，该案件的解决还是不确定的。犯罪论中所概括的犯罪概念的一般特征，使合理的、与事实相适应的和均衡的判决成为可能，而且它对于维护法安全是起到很大作用的。但人们也不得忽视落入非常抽象的程式化的刑法解释学（Stafrechtsdogmaik）的危险，该危险存在于法官机械地信赖理论上的概念，从而忽视具体案件的特殊性。重要的是要解决实际问题，如果专业问题（Sachfrage）以迄今为止的体系不能适当地加以解决，那么，进一步发展该体系就是十分必要的。①

以上论断涉及体系性思考与问题性思考之间的紧密联系：体系性思考旨在解决一般性问题，但如果过于倚重体系性方法，可能会忽视具体案件的特殊性。而问题性思考旨在解决个别性问题，但如果过于倚重问题性思考，可能会影响司法判决的可期待性。像德国学者所举的*Mignonette*案，如果根据体系性思考，在德国刑法学中，区分违法阻却的紧急避险与责任阻却的紧急避险，责任阻却的紧急避险又分别免除责任与减轻罪责这两种情形。对于*Mignonette*案，如果对号入座，就很容易得出处理结论。但如果没有这样一种体系性安排，对该案的解决是不确定的，它可能会取决于法官的个人判断，尤其是通过赦免等非法定途径解决，增加了司法成本。

德国学者罗克辛对体系性思考的利弊曾经作过十分深入的分析，认为体系性

① ［德］汉斯·海因里希·耶赛克、托马斯·魏根特：《德国刑法教科书》，徐久生译，241～242页，北京，中国法制出版社，2001。

思考的优点在于以下四点：一是减少审查案件的难度，二是体系性秩序作为平等和有区别地适用法律的条件，三是法律的简化与更好的操作性，四是体系性联系作为深化法学的路标。[①] 总结以上优点，我认为主要是以下两点：一是逻辑性，二是实用性。

体系性思考的逻辑性是指提供了依逻辑关系建立起来的知识体系，各个部分的知识之间具有兼容性。因此，正如我国台湾地区学者许玉秀所说，体系化等于精致化：

> 固然犯罪判断最终所在意的是要不要处罚行为人，但是弄清楚是否予以处罚的理由何在，处罚轻重的理由何在，才真正能决定处罚的成效。当一个人不真正知道为什么被处罚，那么他也无从知道如何能免于被处罚，无从知道将来如何行为。犯罪原理论提供的犯罪判断阶层构造，从分析和定位构成要件要素，可以提供一个精确判断犯罪成立与否以及处罚与否的步骤，借以确保刑罚制裁制度的合理和有效。[②]

三阶层犯罪论体系的精致化程度是相当之高的，这主要表现在出罪事由的多元化，以及对各种不同的出罪事由的详尽区分。这一点，在一般人看来会大不以为然：无罪就是无罪，结论是相同的，关于理由为什么还要做那么细致的区分，以至于有人认为是智力游戏，过于烦琐。我不这么认为，因为刑法关乎公民的生杀予夺，因此需要精确与精细。正如王世洲教授在为罗克辛的《德国刑法学总论》所做的译者序中指出：

> 刑法的本身的性质，要求刑法学应当是精确的法律科学，关于这一点，现在恐怕不会再有疑义了。因为人们已经认识到，含糊的刑法无异于否定罪刑法定原则以及否定刑法存在的价值。显然，最精确的刑法，只能来自最精确的刑法学，因为刑法学是研究和构造刑法领域的思维方

---

① 参见［德］克劳斯·罗克辛：《德国刑法学总论》，第1卷，王世洲译，127页以下，北京，法律出版社，2005。

② 许玉秀：《当代刑法思潮》，59页，北京，中国民主法制出版社，2005。

式的，刑法的条文乃至刑法典不过是这种思维的结晶，甚至司法判决也是自觉不自觉地适用这种或者那种思维方式所得出的结论。很难想象，一个不严谨、不精确的思维方式能够产生和支持一部严谨的精确的刑法。但是可以预见，在不严谨、不精确的思维方式支持下，那些严谨、精确的刑法规定在实际运用中又可能产生什么样的效果！①

体系性思考的实用性是指体系化的犯罪论体系为司法认定提供了基本规则，减少了司法者的判断难度。这个优点对于体系性思考来说也是十分明显的：在体系化过程中，学者已经把各种复杂性问题的处理方案都整理好了，对于各种可能出现的状况都预先想好了应对之策。这对司法者来说是极大地提供了便利，因而体系性思考方法具有实用性。尽管法学思维与自然科学思维还是不同的，但两者之间并非没有任何可比性。例如，在自然科学中存在大量公式，这些公式为我们解决问题提供了程式化的途径。如果没有这些公式的辅助，我们的求解要困难得多。这些公式正是前人的劳动成果，就像为他人铺路一样，使对世界奥秘的探索可持续地进行下去。尽管法学不能建立起严密的公式体系，但那些法教义，就如同公式一样，这些公式彼此在逻辑上能够兼容，按照这些公式来做判断，可以节省大量审查的精力，可以说是一种快捷的方式。

尽管体系性思考具有以上种种优点，罗克辛同时也提出了体系性思考的危险。这里的危险是指弊端，主要有以下四点：一是忽略具体案件中的正义性，二是减少解决问题的可能性，三是不能在刑事政策上确认为合法的体系性引导，四是对抽象概念的使用。② 在以上体系性思考的弊端中，凸显了抽象性与具体性之间的矛盾。体系性思考具有对抽象性的偏好，而这些抽象概念使用时是存在一定危险的：它可能难以顾及个别的、特别的情形。例如，建立一个统一的犯罪论体

① 王世洲：《刑法学是最精确的科学》，载［德］克劳斯·罗克辛：《德国刑法学总论》，第 1 卷，王世洲译，译者序，1 页，北京，法律出版社，2005。

② 参见［德］克劳斯·罗克辛：《德国刑法学总论》，第 1 卷，王世洲译，128 页以下，北京，法律出版社，2005。

系，这是体系方法的必然诉求。这样一个统一的犯罪论体系应当适用于各种犯罪，然而，这样一个统一的犯罪论体系难以兼顾不作为犯与过失犯的特殊性，因而德国刑法学中出现了对故意的作为犯、过失的作为犯和（故意或过失的）不作为犯三种情形分别讨论其犯罪构成的体系性安排。例如，德国学者指出：

> 刑法中的应受处罚的行为有三种基本形式：故意的作为犯、过失的作为犯和（故意或过失的）不作为犯。如果说行为概念包括了所有刑法上重要的态度形式，那么，该三种态度形式在不法的构成要件和罪责特征的结构上的区别是非常明显的。基于此种划分，下面分三个方面来论述。①

这样一种体系性安排，则走向另一个极端，这就是照顾到了特殊性，而在一定程度上牺牲了体系性。体系性思考的弊端恰恰是问题性思考的优势，因此，从总体来看，应当把体系性思考与问题性思考结合起来，但仍应当坚持以体系性思考为主，以问题性思考为辅。

就我国而言，目前还没有建立起一套合理的犯罪论体系，因而最为缺乏的就是体系性思考。从苏俄引入的四要件的犯罪构成理论充满了内在的逻辑缺陷，不能为体系性思考提供坐标，而只有引入三阶层的犯罪论体系，才能展开我国刑法学的体系性思考。因此，如果说德国刑法学因为过度的体系化，需要从体系性思考向问题性思考转变，那么，我国刑法学现在缺乏的正是体系性思考，因而更需要强调的是体系性思考。

三、类型性的思考与个别性的思考

在刑法的体系性思考中，类型性的思考方法也许是最为重要的，而与类型性

① ［德］汉斯·海因里希·耶赛克、托马斯·魏根特：《德国刑法教科书》，徐久生译，286页，北京，中国法制出版社，2001。

的思考方法相对应的是个别性的思考方法。法教义学是一种概念法学，而这里的概念本身就是一种类型，当然，概念与类型还是有所不同的，人们常常引用康德的一句话：

> 概念没有类型是空洞的，类型没有概念是盲目的。

德国学者考夫曼在《法律哲学》一书中，对概念与类型之间的关系作过以下论述：

> 类型是建立在一般及特别间的中间高度，它是一种相对具体，一种在事物中的普遍性。类型一方面与抽象一般概念相异，一般概念，透过一个有限数量独立的“特征”被加以“定义”（被限制），并因此—依Kant的意思，与直观相对的。类型在它与真实接近的以及可直观性、有对象性来看，是相对的，不可以被定义，而只能被“描述”。它虽然有一个确定的核心，但却没有确定的界限，以至于一个类型存在的特征“轮廓”或多或少有所缺少。而这却会造成对于一定事实类型化的困难。概念（在这里一直被理解为抽象一般的概念），当做一种种类概念或分类概念是封闭的，而类型则是开放的。概念只认识一种区隔性的思考，而类型（次序概念、功能概念和意义概念）相反，让自己在“或多或少”多样的真实中存在。①

以上考夫曼对概念与类型的区别作了论述，论及概念的可定义性与类型的不可定义性但可描述性、概念的封闭性与类型的开放性、概念的区隔性与类型的涵摄性。对于概念与类型的区分，我国台湾地区学者概括为以下五点②：

> 1. 概念是封闭的，只有所有特征都具备时概念才存在；类型是开放的，其特征中某一个或几个特征可以舍弃，并不影响类型的存在。
>
> 2. 概念与类型在其对事实对象的“归类程度”上也不同。前者只

---

① ［德］考夫曼：《法律哲学》，刘幸义等译，190～191页，北京，法律出版社，2004。

② 参见吴从周：《论法学上之类型思维》，载《法理学论丛——纪念杨自然教授》，306页，台北，月旦出版社，1997。

能够以“either……or”（是或者不是）方式，将某一事实涵摄（Sulsumtion）于概念之下；后者则可以“more or less”（或多或少）的方式，将某一事实归类（zuordnen）于类型之下。

3. 概念适用于事实时，要求概念特征具有同一性；类型适用于事实时，只要求彼此具有相似性即可。

4. 概念具有可定义性，即透过穷尽地列举对象特征的方式加以定义；类型则无法加以定义，只具有描述性，即通过一连串不同维度的特征加以描述。

5. 概念特征的数目与概念范围成反比例（概念的内涵特征越少，概念的适用范围越多；内涵特征越多，适用范围越小）；类型不能够适用该逻辑规则。

应该说以上区分的论述对于我们正确地厘清概念与类型的关系具有一定的帮助。当然，类型本身是一个适用十分广泛的概念，一般认为类型可以分为经验类型、规范类型与理想类型。考夫曼还指出在法教义学中的类型是指“规范类型”，它区别于韦伯的“理想类型”。考夫曼对法律适用有一个十分生动的描述：

在法律的实现过程中，我们等于是不断地在将一种法律的概念关闭、开放，并再度关闭。我们几乎可以称它是一种“概念法学”及“利益法学”的辩证统一（透过它，必须承认两者各拥有一种正确的观点）。①

这里的概念法学，是指因概念的封闭性而使法律规范形成对司法者的某种限制，以保证一般正义的实现；而利益法学是指通过打开封闭的概念，纳入利益平衡的因素，从而实现个别正义。当然，考夫曼对于概念与类型在立法与司法中的作用作了说明，他认为立法者的任务是对类型加以描述。如何描述呢？就是用概念加以描述，因而立法是类型概念化。但立法时将类型完全概念化是不可能的，

① ［德］考夫曼：《法律哲学》，刘幸义等译，143页，北京，法律出版社，2004。

因而在司法适用时，又要到类型中去发现法律。如何发现法律呢？通过“事物的本质”去发现法律。考夫曼另有一本著作，名为《类推与事物本质——兼论类型理论》。在该书中，考夫曼提出：

> “事物本质”是一种观点，在该观点中存在与当为对应互相遭遇。它是现实与价值相互联系（“对应”）的方法论所在。因此，从事实推论到规范或由规范推论至事实，一直是一种有关“事物本质”的推论。事物的本质是类推（类似推理）的关键点，它不仅是立法，也是法律发现之类推过程的基础。因此，它是事物正义与规范正义之间的中间点，而且本身是在所有法律认识中均会关系到的、客观法律主义的固有负载者。①

以上考夫曼关于事物本质的论述较为晦涩难懂。显然，事物的本质不是一种规范判断与形式判断，它是一种实质判断。当然，事物的本质也不是一种价值判断，而是一种存在论的判断。通过事物本质发现法律，是对于通过法律解释发现法律的一种不得已的补充。在这种事物本质的思考中采取的是类型性思考方法。

在刑法学中，类型性思考方法也是广泛地被采用的，教义刑法学所建构的犯罪论体系，就是类型性思考的杰作。例如，贝林提出了“类型性”是一个犯罪要素的本质的命题，而构成要件就是犯罪类型性要素的载体。贝林提出：

> 关键是，需要更严格地分清“犯罪类型”与法律构成要件概念的关系，随即还需要解释构成要件符合性与构成要件的关系以及与“类型性”之关系。②

此后，贝林又提出了观念形象或者指导形象的概念，以此来界定构成要件，因为构成要件只是犯罪的事实性的要素，不能直接等同于犯罪类型。贝林指出：

---

① ［德］考夫曼：《法律哲学》，刘幸义等译，143页，北京，法律出版社，2004。

② ［德］恩施特·贝林：《构成要件理论》，王安异译，2页，北京，中国人民公安大学出版社，2006。

每个法定构成要件肯定表现一个“类型”，如“杀人”类型、“窃取他人财物”类型，但是，并不意味着这种——纯粹“构成要件”的——类型与犯罪类型是一样的。二者明显不同，构成要件类型绝不可以被理解为犯罪类型的组成部分，而应被理解为观念形象（Vorstellingsgebild），其只能是规律性的，有助于理解的东西，这在逻辑上先于其所属的犯罪类型。①

构成要件是一种类型，而不是一个概念，这种类型为认定犯罪提供了指导形象。构成要件有所谓封闭的构成要件与开放的构成要件之分，只有作为一种类型，构成要件才可能是开放的；如果是一个概念，则不存在开放性，即没有开放的概念。上述构成要件这一类型，可以涵括有关案件事实。因此，类型性思考就表现为逻辑上的涵摄（subsumierbar）。涵摄，最初译为包摄，是指将一定的事实通过演绎、推理的逻辑方法纳入一定的类型。因而，法律适用就逻辑实质而言是一个涵摄的过程。考夫曼比较了法律适用的涵摄模式与等置模式：等置模式是比较的思维方法，即把案件事实与构成要件的含义进行对比，如果两者一致，则可将案件事实归入某一构成要件；而涵摄模式是采用演绎推理的方法加以推断。以上两种方法是有所不同的，涵摄推理更依赖于逻辑的力量，而等置模式比较则包含了某种决断。一般认为，涵摄更具有必然性，而等置更具有或然性。但考夫曼并不同意这种观点，认为对抽象的逻辑推理应当保持一定的警惕，人们应当谨防过度的“逻辑的”推论。考夫曼引述了 Salocia Landman 所举的一个例子，以证明“举轻明重”的推理可能带来的荒谬。这是一个犹太人与拉比师傅的对话：

犹太人：我可以跟我太太睡觉吗？

拉比师傅：这是当然。

犹太人：我的邻居可以和他的太太睡觉吗？

---

① ［德］恩施特·贝林：《构成要件理论》，王安异译，5页，北京，中国人民公安大学出版社，2006。

拉比师傅：可以。

犹太人：我的邻居可以和我太太睡觉吗？

拉比师傅：绝对不行。

犹太人：我可以和他太太睡觉吗？

拉比师傅：绝对不行。

犹太人：拉比，这其中的逻辑何在？当我可以和一个我的邻居不可以一起睡觉的女人睡觉时，要到什么程度我才可以和一个我的邻居可以一起睡觉的女人睡觉？①

以上对话的最后一句翻译得不好，我重新编排了一下：

我可以和一个我的邻居不可以一起睡觉的女人睡觉，我为什么不可以和一个我的邻居可以一起睡觉的女人睡觉呢？

这是从正确的前提推导出错误的结论。但我认为这并不是逻辑推理本身的错误，而是没有遵循逻辑推理规则所发生的错误。在上述对话中，逻辑错误之所以发生，是因为没有理解能否与一个女人睡觉的根据在于是否存在婚姻关系。而婚姻关系是一个事实问题，它不是靠逻辑推理所能够解决的。尽管如此，也不能由此而否认逻辑推理的重要性。

考夫曼在《法律哲学》一书中讨论了德国历史上十分有名的盐酸案。

案例 1—2　盐酸案

×携带盐酸泼洒于一名女会计的脸上，进而抢走她的钱包。在联邦法院的判决书中，涉及的问题在于：×是否违反了加重强盗罪？根据行为当时有效的刑法第 250 条的规定，加重强盗罪的构成在于“当行为人……携带武器实施了本行为，而以武力或以武力胁迫，防止或压制他人的反抗时”。因此必须判断的是在该案中使用的盐酸是否为一种“武器”。联邦法院肯定了这点。因为这个判决相

① ［德］考夫曼：《法律哲学》，刘幸义等译，144～145 页，北京，法律出版社，2004。

当有争议，并且多数人认为应该被否定，所以立法者相应地修改了刑法第 250 条，现在的规定是："携带武器或其他器械或方法实施了本条行为，而……"现在不再有争论了。但这个案件关于方法论的观点仍然相当具有教育意义。①

上述案件涉及的法律问题是：能否把盐酸看作是"武器"？对于这个问题，当然会存在不同理解。对于盐酸案，德国联邦法院是将盐酸看作为武器的，但从后来修法来看，立法者似乎又是否认盐酸是武器的解释的。考夫曼并不在乎哪一种结论正确，而是关注某一种结论是如何得出来的，即思考方法。考夫曼指出：

> "武器"在加重强盗罪中并不是一种"概念"，而是一种"类型"。当然这里，而且正是这里，会提出的问题是：在如何范围内，此种类型概念可以被打开，以及在如何范围内，抽象普遍的概念必须被划定界限。②

考夫曼的意思是说，只有把"武器"理解为一种类型而不是一种概念，才更容易把盐酸归入"武器"一词之中。

对于上述盐酸案，德国学者罗克辛作出了另外的解释：

> 因为口语中承认"化学武器"的概念，文字意思并不要求将武器的概念限制在机械性作用的工具上。另外，法律的目的也指出，对特别危险的伤害方法应当给予更严厉的惩罚，从而支持在武器的概念中包括化学手段；用盐酸造成的伤害甚至比用例如棍棒的一击还要严重。③

尽管对于"盐酸"是否为"武器"这个问题存在争议，但考夫曼的类型性思考方法对于我们具有重大的启迪。类型性思考不是简单的逻辑推理，而是一种十分复杂的认知过程与判断过程。我国学者杜宇教授对刑法的类型化思维方法进行

① ［德］考夫曼：《法律哲学》，刘幸义等译，107 页，北京，法律出版社，2004。

② ［德］考夫曼：《法律哲学》，刘幸义等译，142 页，北京，法律出版社，2004。

③ ［德］克劳斯·罗克辛：《德国刑法学总论》，第 1 卷，王世洲译，85 页，北京，法律出版社，2005。

了深入研究，指出：

刑法类型的意义，并非如传统理论所认为的那样，仅隐藏在类型或规范本身，仅仅隐藏在法条的规定之中。相反，为了探寻这种意义，我们必须回到某些直观的事物，回溯到有关的具体案件事实。刑法类型的真实意蕴只有在这些事实之中才能开放，才能完整而清晰地呈现。同样，案件事实的意义，也并非可以从事实本身分析得出，只有以类型为观照，才能显现出其规范性的意义与价值。这样一来，刑法类型与案件事实的遭遇，便呈现出“诠释学循环”的关系：一方面必须针对生活事实来认识类型，另一方面必须针对类型来认识生活事实。按照 Engisch 的说法，上述“诠释学循环”便是一个“目光不断往返于规范与事实”之间的过程[①]，是一个类型与素材之间不断互相开放和交互作用的过程。更为本质地讲，这一过程绝非将案件事实简单概括和归属于刑法规范，而是一种逐步进行的，从事实的领域探索前进至类型的领域，以及从类型的领域探索前进至事实的领域的过程，是一种在素材中对类型的再认识，以及在类型中对素材的再认识之过程。我看更为形象地讲，是一个类型唤醒事实、事实唤醒类型的互相“呼唤”过程，是一个类型让素材说话、素材令类型发言的互相“启发”的过程。[②]

在以上论断中，杜宇教授对类型的刑法意义作出了十分深刻的揭示。当然，类型性思考与个别性思考是相对应的，也是互相补充的。如果说，在定罪过程中，尤其是在构成要件该当性的认定中，是以类型性思考为主，那么，在量刑过程中，就是以个别性思考为主。贝林在论及犯罪类型时曾经指出：

基本意义上的犯罪类型的划分根据是：立法者一方面使法定刑与犯罪类型相适应，另一方面又使法定刑在原有法定犯罪类型的基础上有所

① ［德］拉伦兹：《法学方法论》，陈爱娥译，98页，台北，五南图书出版公司，1996。

② 杜宇：《再论刑法上之“类型化”思维——一种基于“方法论”的扩展性思考》，载《法制与社会发展》，2005（6）。

> 波动，从而表现为不同的刑罚幅度。在体系上，罪刑相适应构建了刑法的“分则”，在此基础上对刑法中的犯罪进行了分类和再分类；在此意义上的罪刑相适应，类型是独立的（sui generis），即从某类型出发一条直线笔直通向特定的法定刑。而量刑中的罪刑相适应，虽然关键仍然是有责不法的“类型化”行为，但它并不能直线通达法定刑，而必须首先越过这个或那个量刑的因素以及该因素所包含的不同类型，才能确定适当的刑罚。这种“形态”可被理解为非独立的犯罪类型、非关键特征的类型、类型性的附属形象，本身并不可直接适用，只有与独立类型同时启用时才能予以利用。①

以上这段话如果不深入推究有些难懂。贝林的意思是：定罪是以类型性的构成要件为根据的，但量刑则要考虑非类型性的因素。因此，定罪是类型性思考，量刑是个别性思考。任何新闻都有五要素，即五“W”：何人（who）、何时（when）、何地（where）、何因（why）、何事（what）。完整的案件事实也同样要求具备以上五要素，例如，已满14周岁不满16周岁的张三（who）于五一节那天（when）在大庭广众之下（where），因为李四骂了他一句（why），就一拳击中李四的胸部，李四倒在地上后死亡（what）。这样一个案情，在构成要件该当性阶层，不考虑其他四个“W”，只考虑what，该行为符合杀人（致人死亡）的类型。这是纯正的类型性判断。在违法性阶层中，考察辱骂是否足以阻却违法，仍然是一种类型性思考，但要根据本案具体情况判断，因而这已经是一种不纯正的类型性判断。如果认定为过失致人死亡罪，即过失杀人，则定罪阶段结束。在量刑阶段，基于刑罚个别化原则，主体的未成年（who）、五一节（when）、当众（where）、被辱骂（why）这些因素才被作为量刑的法定情节或者酌定情节而予以考虑。由此可见，从定罪到量刑是一个从类型性走向个别性的

---

① ［德］恩施特·贝林：《构成要件理论》，王安异译，2～3页，北京，中国人民公安大学出版社，2006。

过程，思维方法亦应随之而调整。

思考题：

试论刑法教义学方法论的基本内容。

参考书目：

1. 陈兴良主编. 刑法方法论研究. 北京：清华大学出版社，2009
2. ［德］卡尔·拉伦茨. 法学方法论. 陈爱娥译. 北京：商务印书馆，2003
3. 曾粤兴．刑法学方法的一般理论．北京：人民出版社，2005
4. 陈航．刑法论证方法研究．北京：中国人民公安大学出版社，2008

第 2 章

罪刑法定主义

我国刑法规定了三个刑法基本原则，这就是罪刑法定、罪刑均衡、罪刑平等。在这三个刑法基本原则中，罪刑法定原则是最重要的原则，也可以说是原则中的原则。实际上，世界各国一般都只规定罪刑法定这一个原则，在刑法理论上称为罪刑法定主义。可以说，罪刑法定是刑事法治的内在精神。如果说，在刑法中选一个关键词，那么非罪刑法定莫属。

一、罪刑法定主义的价值蕴含

罪刑法定主义的基本含义是“法无明文规定不为罪，法无明文规定不处罚”。从世界各国刑法典的表述来看，尽管文字上存在一些差别，但句式几乎如出一辙，都是强调在法律没有明文规定的情况下不能定罪、不能处罚。罪刑法定主义包含了价值理念、法律原则与适用方法等多重内容。在这当中，价值理念最为重要，它是罪刑法定主义的理论基础。我认为，罪刑法定主义的价值蕴含可以从以下三个方面理解：

（一）形式理性

形式理性是相对于实质理性而言的。这里的理性，与正义、平等、自由、人道这些所谓人类的普世价值是同等层次的概念。理性，实际上就是指合理性。德国学者马克斯·韦伯将合理性（rationality）作为分析社会结构的一个基本范畴。当他把合理性的概念用于分析社会结构时，作出了形式合理性和实质合理性的区分。韦伯认为，形式合理性具有事实的性质，是一种客观合理性与手段合理性。而实质合理性具有价值的性质，是一种主观合理性与目的合理性。韦伯认为，形式合理性与实质合理性之间处于一种永远无法消解的紧张对立关系之中。在法理学中，同样地也存在这种形式合理性与实质合理性的对立。韦伯指出：

> 法逻辑的抽象的形式主义和通过法来满足实质要求的需要之间存在无法避免的矛盾。①

应该说，立法与司法的性质是有所不同的：立法的使命是将实质合理性转化为法律规范，进而转化为形式合理性。而司法的职责是将法律规范适用于个案，因而应当恪守形式合理性。由于立法的局限性与司法的被动性，在实质合理性与形式合理性之间不可避免地存在一定的矛盾和冲突。这种矛盾和冲突是法律本身所存在的悖论，也是法律的宿命。中国古人云：

> 人之情无穷，而法之意有限。

社会生活的现象是无穷无尽的，但法律规定是有限的，因此：

> 以有限之法而御无穷之情，则法之所以不及人情也。

这一论断揭示了法的有限性与情的无穷性之间的矛盾，可以简单地归结为以下这一命题：

> 情无穷，法有限。

---

① ［德］韦伯：《经济与社会》，下卷，林荣远译，401页，北京，商务印书馆，1997。

因此，情的无穷性与法的有限性之间的矛盾实际上就是形式合理性与实质合理性的矛盾在法律领域的反映。

在刑法当中，也存在着“情无穷，法有限”的现象。这主要体现在立法能力的有限性与犯罪行为的无穷性以及刑法典的稳定性与犯罪现象的变动性之间的矛盾。一方面，社会生活中存在的危害社会行为是无穷无尽的，而立法能力是有限的，立法者不可能将社会当中所有应当受到刑罚处罚的行为都毫无遗漏地规定在刑法当中，而必然是挂一漏万。另一方面，刑法典具有稳定性的要求，不可能朝令夕改。而犯罪现象是随着社会生活的发展而处于变动之中的，这就要求立法者随着犯罪现象的变动而不断地修改刑法。在这个意义上说，刑法总是滞后于犯罪现象的发展，刑法所规定的犯罪只是我们社会生活中应当受到刑罚处罚的一部分，甚至是一小部分。在这种情况下，就出现了形式合理性与实质合理性的矛盾。对此，到底是选择形式合理性还是实质合理性？罪刑法定主义所倡导的就是形式合理性：只有法律规定为犯罪行为的，才能定罪处刑；法律没有规定为犯罪行为的，无论该行为具有多么严重的社会危害性，都不能定罪处刑。也就是说，为获得形式合理性，在某些情况下，我们不能不以丧失实质合理性为必要的代价。

形式理性，是罪刑法定主义对刑法思维所带来的最为深刻的影响。从某种意义上说，是否具有形式理性的思维，是法律人与一般社会公众之间在思维方式上的根本区别。根据罪刑法定主义进行形式理性的思维，是刑法专业思维的根本特征。可以说，形式理性是刑事法治的逻辑基础。

应该说，中国在历史上以人治著称而没有法治的传统，因此也不存在法逻辑的思维方式。可以说，中国人自古以来始终是具有实质合理性的巨大冲动而却没有形式理性的思维习惯。我国刑法学中的社会危害性概念本身具有超规范性，因此在社会危害性主导下的刑法理论，天然地具有实质理性的性质，它对刑事法治起着反作用。在我国刑法引入罪刑法定主义以后，罪刑法定主义所倡导的形式理性与社会危害性理论所具有的实质理性之间，在观念上发生了巨大的碰撞。在这种情况下，我们应当从罪刑法定主义出发，对社会危害性理论进行反思性清理，这对于形式理性的确立是具有重要意义的。因此，我认为罪刑法定主义并不仅仅是一个法律原则，它在我国刑法中的确立必将对我国的司法理念带来深刻的变革，对传统的以社会危害性为中心的刑法理论带来重大的挑战。

（二）权力制衡

罪刑法定主义是以限制国家的刑罚权为内容的。它建立在孟德斯鸠的三权分立的学说基础之上。按照孟德斯鸠的观点，国家权力应当分为三种，这就是立法权、行政权和司法权。这三种权力应当由三个不同的机关来分别行使，并且使这三种权力之间形成某种制衡关系。只有这样，才能防止权力滥用，才能有效地保障公民个人的权利与自由。如果立法权与司法权掌握在同一机关手里，它就可以制定暴虐的法律，并且暴虐地实施法律，那么，公民的自由就没有了。罪刑法定主义的限制机能，就是通过权力制衡以保障公民个人的权利和自由。

1. 对司法权的限制

罪刑法定主义的限制机能，首先表现在对司法权的限制。“法无明文规定不为罪，法无明文规定不处罚”，从这一罪刑法定主义的基本含义的精神来看，就是要将司法机关惩治犯罪的权利限制在法律明文规定的范围之内，超出法律规定的制裁，是不必要的，就是擅权，就是专制。法律的明文规定，成为司法权的一个明确边界。正是在这个意义上，罪刑法定是刑事政策不可逾越的樊篱。

罪刑法定主义对司法的限制，存在一个从绝对限制到相对限制的转变过程。绝对罪刑法定主义主张对司法权加以严格限制，法官没有对法律的解释权，甚至主张取消法官的自由裁量权。法律对什么行为是犯罪，犯罪应当受到何种刑罚处罚都已经作了明确规定，法官只要进行“大前提（法律规定）—小前提（案件事实）—结论（有罪还是无罪）”这样一种司法三段论的逻辑推理。这种绝对罪刑法定主义是立法中心主义，具有理性主义色彩。事实上，刑法本身不可能尽善尽美，它不可能将社会生活中的所有犯罪都毫无遗留地加以规定。为了在人权保障与惩治犯罪之间获得某种平衡，相对罪刑法定主义应运而生。相对罪刑法定主义虽然仍然对司法权加以限制，但赋予了司法机关一定的自由裁量权。目前世界各国刑法中的罪刑法定主义都采相对罪刑法定主义，使司法权具有一定的能动性，从而应对复杂的犯罪现象。我国罪刑法定主义尚处于初始阶段，尤其是刑法的稳定性与转型社会犯罪的变动性之间的矛盾极为突出，加上我国刑事立法经验尚不足，在这种情况下，我国罪刑法定主义也是相对的，给司法机关的自由裁量留下了广阔的空间。在我国刑法中，概括条款比比皆是，例如我国刑法第48条第1款规定：

> 死刑只适用于罪行极其严重的犯罪分子。对于应当判处死刑的犯罪分子，如果不是必须立即执行的，可以判处死刑同时宣告缓期二年执行。

在这一规定中，“罪行极其严重”、“不是必须立即执行”都是一些盖然性规定，它实际上是授权给司法机关根据具体案情进行裁量。因此，我国刑法虽然实行罪刑法定主义，但对司法权的限制还是较为宽松的。

2. 对立法权的限制

罪刑法定主义的限制机能不仅表现在对司法权的限制，而且表现在对立法权的限制。这种对立法权的限制主要体现在两个方面：

一是对立法范围的限制，即立法者不能随心所欲地把任何一种行为规定为犯罪，只有那些具有社会危害性的行为才能规定为犯罪。例如在美国宪法中存在“行使宪法保护的权利不得定为犯罪”的原则，主要体现在美国宪法第一修正案，这是刑事立法的特别限制。[①] 此外，美国刑法中还经常讨论死刑的违宪性问题，即刑法规定的死刑是否符合宪法，国家有没有剥夺一个公民生命的权力？因为美国宪法第八修正案规定禁止残酷而非常的刑罚（a cruel and unusual punishment）。因此，美国刑法学界关于刑法的讨论就集中在死刑是否属于宪法所禁止

① 参见储槐植：《美国刑法》，2版，35～36页，北京，北京大学出版社，1996。

的残酷而非常的刑罚这一问题上。因此，罪刑法定主义在某种意义上说是一个宪法原则。在某些国家也确实将罪刑法定主义作为宪法原则加以规定。在很大程度上，罪刑法定主义是一个宪法问题。

二是对立法方式的限制，罪刑法定主义具有对罪状的明确性要求，不明确则无效。根据罪刑法定的要求，可以对刑法规定进行违宪审查。如果立法者制定的某一刑罚规范不符合罪刑法定主义，就可以宣告其违宪，取消其效力。当然，这一做法以存在违宪审查制度为前提。例如，《意大利刑法典》第 603 条将“用使人完全服从自己的方式将他人置于自己权力之下的行为”，规定为犯罪行为。意大利宪法法院在 1981 年第 96 号判决中认为：

> 该条规定的内容不符合宪法规定的明确性原则。因为“无论从行为或者结果的角度来看，都既无法确定也无法区分什么样的行为可能使他人处于完全服从的状态，不可能为完全服从制定一个客观的标准，立法中规定的‘完全’在司法中从未得到证实”①。

刑法规定“使他人处于完全服从的状态”是一种含糊的表述。什么叫“完全服从”在立法中没有提供明确的标准，在司法中也无从得到证实。因此，上述规定不具有明确性，被宣告违宪。我国尚未建立违宪审查制度，当然也不可能对刑法规定进行违宪审查。即使是对司法解释也只有备案制度，谈不上进行实质性的审查。从这个意义上说，罪刑法定主义对立法权的限制，在我国还无从谈起。

3. 立法权与司法权的互相制衡

最后，罪刑法定主义的限制机能还表现在使立法权与司法权之间形成某种制衡关系，互相牵制。立法机关行使刑事立法权，什么行为是犯罪应当受到何种刑罚处罚，由立法机关在刑法典中明文规定。而司法机关只能按照刑法规定认定犯罪、惩治犯罪。两者之间存在明确的分工，各有其权力的边界，由此形成立法权

---

① ［意］杜里奥·帕多瓦尼：《意大利刑法学原理》（注评版），陈忠林译评，34 页，北京，中国人民大学出版社，2004。

与司法权之间的制衡，从而达到保障公民个人的权利和自由的目的，这也是罪刑法定主义的题中之意。

（三）人权保障

人权保障是罪刑法定主义所追求的终极价值。以上所讲的形式理性与权力制衡，其根本目的都在于实现人权保障的机能。

我国实现了人权入宪，将保障人权作为宪法的职责。可以说，各个部门法都具有人权保障的使命。当然，不同性质的法律在实现人权保障的机能上发挥着不同的作用。就刑法而言，其根本职责就是保障犯罪嫌疑人、被告人和犯罪人的人权，使刑法成为犯罪人的大宪章。这是刑法中的人权保障的基本含义，对于了解罪刑法定主义的价值蕴含具有重要意义。

刑法的人权保障机能主要是通过罪刑法定主义实现的，正如刑事诉讼法的人权保障机能是通过无罪推定原则实现的。罪刑法定主义实际上是在国家权力和公民个人的权利与自由之间划出了一条明确的界限：国家的立法机关只能将确属严重危害社会的行为规定为犯罪，而不得将公民行使宪法基本权利的行为规定为犯罪；司法机关只能在法律规定的范围内认定犯罪，惩治犯罪。任何法外刑，都是被绝对禁止的。而公民个人享有充分的权利与自由，只有当其行为触犯刑律构成犯罪的时候，才应受到刑事追究。正是罪刑法定主义使刑法规范具有了某种契约性，因而使刑法建立在宪政的基础之上。在罪刑法定主义下，刑法规范具有行为规范与裁判规范的双重属性。一方面，刑法是一种行为规范，刑法具有对公民行为的引导功能：凡是刑法所禁止的，公民就不能去做。如果做了，就会受到刑罚的制裁。从这个意义上说，刑法具有约束公民行为的机能。另一方面，刑法又是一种裁判规范，刑法是司法机关定罪量刑的法律准则：司法机关认定一个行为是否构成犯罪，以及对于一个犯罪行为处以何种刑罚，都应当以刑法为准绳。从这个意义上说，刑法不仅是用来约束公民个人行为的，更为重要的是，刑法还是用来规范司法机关定罪量刑活动的一种法律准则。

刑法是否把人权保障放在首要位置，是法治社会刑罚与专制社会刑罚的根本区别之所在。因此，罪刑法定主义也是上述两种刑法的根本分野。这里涉及一个根本性的问题：一个社会里为什么要有刑法？刑法存在的正当性根据何在？对于这个问题我们的一种本能回答是：一个社会之所以要有刑法，是因为在这个社会存在犯罪。正因为存在犯罪，所以才需要动用刑罚对犯罪加以惩治。因此，我们往往把惩治犯罪当作刑法存在的正当性根据。对于这个问题，李海东博士作出了完全不同的回答，指出：

> 一个国家对付犯罪并不需要刑事法律，没有刑法也并不妨碍国家对犯罪的有效镇压与打击，而且，没有立法的犯罪打击可能是更加及时、有效、灵活和便利的。如果从这个角度讲，刑法本身是多余和伪善的，它除了在宣传和标榜上有美化国家权力的作用外，起的主要作用是束缚国家机器面对犯罪的反应速度和灵敏度。
>
> 那么人类为什么要有刑法？
>
> 这个问题在三百年前欧洲启蒙思想家作出了回答：刑事法律要遏制的不是犯罪人，而是国家。也就是说，尽管刑法规范的是犯罪及其刑罚，但它针对的对象都是国家，这就是罪刑法定主义的实质，也是它的全部内容。①

诚哉斯言。这一内容，也就是我们今天所说的人权保障。人权保障，正是罪刑法定主义的精髓之所在。

二、罪刑法定主义的派生原则

罪刑法定主义的价值蕴含对于正确地理解罪刑法定主义具有重要意义。但价

① 李海东：《刑法原理入门（犯罪论基础）》，代自序，3～4 页，北京，法律出版社，1998。

值蕴含本身还是较为抽象的，仅此还不能全面地掌握罪刑法定主义的内容。为此，我们还应当对罪刑法定主义进行一种规范的考察，更为具体地掌握罪刑法定主义的精神实质。

关于罪刑法定原则的内容，我国学者从日本引入罪刑法定原则的形式侧面与实质侧面的说法，认为罪刑法定原则的形式侧面体现形式法治的要求，是对司法权的限制，内容包括法官不得溯及既往、不得类推解释法律、不得宣告不定期刑等。而罪刑法定原则的实质侧面体现实质法治的要求，是对立法权的限制，内容包括刑罚法规的明确性原则、刑罚法规内容的适正原则。[①] 以上表述本身并无问题，但罪刑法定原则的形式侧面与实质侧面之分，尤其是有些学者将罪刑法定原则的形式侧面等同于形式的罪刑法定原则，而又把罪刑法定原则的实质侧面等同于实质的罪刑法定原则，由此形成贬低形式的罪刑法定原则、褒扬实质的罪刑法定原则的观点[②]，或者夸大在罪刑法定原则的形式侧面与实质侧面之间存在冲突的认识[③]，我认为都是容易对罪刑法定原则产生误解的。因此，我并不赞成罪刑法定原则的形式侧面与实质侧面的提法，而赞成将罪刑法定原则的内容称为其派生原则，这些派生原则具有不同的功能，都应当得到同等重视。罪刑法定主义的派生原则，就是从罪刑法定主义中引申出来，对于刑法具有指导意义的一些操作规则，它可以使我们全面地理解罪刑法定主义。在刑法理论上，一般认为罪刑法定主义具有以下四个派生原则：

（一）禁止类推：严格的罪刑法定

罪刑法定主义的首要含义是禁止类推，可以说，在罪刑法定主义与类推之间是存在逻辑上的矛盾的。

---

① 参见张明楷：《罪刑法定与刑法解释》，27、46～47页，北京，北京大学出版社，2009。

② 参见刘艳红：《实质刑法观》，67～68页，北京，中国人民大学出版社，2009。

③ 参见张明楷：《罪刑法定与刑法解释》，68页，北京，北京大学出版社，2009。

类推是一种法律适用方法，从一开始就是为弥补成文法之不足而发明出来的。它的存在使成文法成为一种开放的规则体系。荀子曾经指出：

有法者以法行，无法者以类举。

在很大程度上，类推扩大了成文法的涵扩面，它使法律不仅适用于法律有明文规定的案件事实，而且适用于法律没有明文规定、但与法律规定之间具有最相类似的关系的案件事实。依法处理是建立在法律规定与案件事实之间在内容上具有同一性的基础之上的，而类推是建立在法律规定与案件事实之间在内容上具有类似性的基础之上的。在我国古代，类推是一种在刑法中广泛适用的制度，它以“比”、“附”、“援”、“引”的形式存在。中国古人早就认识到了成文法的局限性，指出：

法之设文有限，民之犯罪无穷，为法立文，不能网罗诸多，民之所犯不必正与法同，自然有危疑之理。①

先王立法置条，皆备犯事之情也。然人之情无穷，而法之意有限，以有限之法御无穷之情，则法之不及人情也。②

正是为了弥补成文法的不足，我国古人才创制了刑法中的类推制度。例如《唐律》中就有以下规定：

诸断罪无正条，其应出罪者则举重以明轻，其应入罪者则举轻以明重。

上述规定针对的是在法无正条的情况下，如何定罪的问题。按照现代的罪刑法定主义，法无明文规定不为罪，既然法无明文规定当然就不应该定罪。《唐律》则规定：法无明文规定并非皆为无罪，而是要进行轻重相比：若重行为被法律规定为无罪的，则轻行为亦无罪，即出罪者举重以明轻；若轻行为被法律规定为有罪的，则重行为亦有罪，即入罪者举轻以明重。这一规定本身在很大程度上扩张了犯罪的外延，显然是不利于国民的。

---

① 孔颖达疏：《左传・昭公六年》。

② 佚名：《别本刑统赋解》，13 页，载《枕碧楼丛书》。

在民法或其他部门法中，类推被认为是一种正当的法律适用方法。诚实信用是民法的基本原则，该原则具有“成文法局限性之克服”的功能。那么，民法基本原则如何克服成文法的局限性呢？我国学者徐国栋揭示了民法基本原则的功能，其中功能之一是授权司法机关进行创造性的司法活动，他指出：

> 民法基本原则的不确定规定和衡平性规定性质，具有授权司法机关进行创造性司法活动的客观作用，民法基本原则中的法律补充原则，更是直接授权司法机关在一定范围内创造补充性规则的权力。通过这些途径，民法基本原则起到克服法律规定的有限性与社会关系的无限性的矛盾、法律的相对稳定性与社会生活的变幻不居性的矛盾、法律的争议性与法律具体规定在特殊情况下适用的非正义性的矛盾的作用。①

因此，民法基本原则为类推适用提供了法律根据，类推对民法起到补充性作用。刑法却与之不同，罪刑法定主义是绝对禁止类推的，它严格禁止将法无明文规定的行为入罪。之所以如此，主要是由刑法的性质所决定的。因为刑法涉及对公民的生杀予夺，所以必须要有法律的明文规定，否则将使公民的个人权利和自由处于一种十分危险的境地。

罪刑法定主义之禁止类推，主要应当划清类推与解释之间的界限。解释是以一定的文本为对象的，是对文本含义的揭示与阐述，因而具有对文本的依附性。法律解释也是如此，它不得超越法律文本，以法律文本的可能语义为边界。而类推是法律的续造，它以法律没有明文规定为前提，是一种扩大法律文本的蕴含、填补法律漏洞的方法。当然，即便在罪刑法定原则的语境中，扩张解释也是允许的，但如何区分扩张解释与类推，这本身就是一大难题。② 以至于有人说，表面上禁止类推，实际上是在扩张解释的名义下悄悄地进行类推。例如，德国学者耶

---

① 徐国栋：《民法基本原则解释——成文法局限性的克服》，增订本，17页，北京，中国政法大学出版社，2004。

② 关于扩张解释与类推的区分，参见郑泽善：《刑法总论争议问题比较研究Ⅰ》，18～34页，北京，人民出版社，2008。

赛克、魏根特指出：

> 法律的意思只能从条文的词义中找到。条文的词义是解释的要素，因此在任何情况下，必须将“可能的词义”视为最宽的界限。该界限的另一端是什么意思，已经是法适用问题，已不能从方法上再称之为解释。从法治国家理念出发，可能的词义标准是不可缺少的，因此它提供了唯一的在客观上可检验的特征，而该特征可从能达到的可靠性上来加以认识，由此使得法官对自己创造的法律开始负责任。①

上述德国学者以“可能的语义”作为法律允许的解释与法律不允许的类推之间的界限。因为，扩张解释是从法律文本的核心语义扩大到边缘语义，并没有超出可能语义的范围，而类推则已经超出可能语义的边界。但是，德国学者考夫曼却认为“可能的语义”本身就是类推，指出：

> 超过“扩张的”、“客观目的论”的解释及主要是“可能的字义”范围时，我们便进入了一个与类推相差无几的制定法的扩张中。“可能的字义”无非就是类推，它只是法律适用者虚拟的一个另类名称，以免触及刑法上的禁止类推。当人们将盐酸视为“武器”时，其实我们已经进入禁止的类推中了。②

因此，考夫曼是主张类推的，认为类推并不必然与罪刑法定主义相违背。当然，考夫曼是把类推作为一种通过对比进行推理的方法，即类比推理。尤其是考夫曼对语义解释作了严格的限制，因此，对考夫曼的类推主张我们不必大惊小怪。另外，德国的通说是以“可能的语义”作为区分扩张解释与类推的界限，若不能被“可能的语义”所涵括的，就是超出了法律的界限。相对来说，德国的法律解释的界限是较为严格的。这可能与德语有关。例如，德国学者罗克辛曾经以下面的例子来说明“法律没有规定就没有犯罪的原理”：

---

① ［德］汉斯·海因里希·耶赛克、托马斯·魏根特：《德国刑法教科书》，徐久生译，197 页，北京，中国法制出版社，2001。

② ［德］考夫曼：《法律哲学》，刘幸义等译，74 页，北京，法律出版社，2004。

> 人们在1871年刑法典公布时，还不认识自动售货机，当自动售货机出现时，有些人就对这种机器（例如投币电话机或投币称重器）的设立者造成了损害。他们向投币口投入的不是真正的硬币，而是与硬币形状类似的金属片，用这种不花钱的方式来使自动售货机为自己服务。但是这些人是不能受到刑事惩罚的。因为根据第263条的原文文字，诈骗罪的行为构成是以引起错误和维持错误为条件的，而一个机器是不可能被骗的。[①]

罗克辛认为，在上述自动售货机的案件中，就不能类推适用诈骗罪的条文进行刑事惩罚，而只能宣告行为人无罪。但这些行为为什么不能认定为盗窃罪呢？这是令人疑惑的。当然，德国刑法典第265条a增加了滥用自动机器的条文解决了这个问题。又如，关于窃电的问题，1900年德国帝国法院的判决拒绝了将未经许可使用电力能源的行为作为盗窃（第242条）加以惩罚，因为电是不能成为（物质性的）物品的。[②] 为什么电不能解释为“财物”呢？对此，Baumann指出：

> 对德国刑法第242条中“物”（Sache）的概念，不可以做一个宽泛到可以包含电能的解释。以大众对于德文语词“Sache”的日常使用来说，如果要说“Sache”包括电，会是一个相当罕见的用法。因此如果当初帝国法院将电视为一种物质标的，那么现在物的概念将会模糊到漫无边际的地步。[③]

但在法国刑法中，窃电的问题就是通过判例加以解决的。1810年法国刑法典在规定对盗窃罪进行惩处时，并未对直接与电力公司的输电网搭接连线进行“偷电”的行为作出规定，但判例并没有因此而对采取这些方法窃电的人不适用

---

① ［德］克劳斯·罗克辛：《德国刑法学总论》，第1卷，王世洲译，78页，北京，法律出版社，2005。

② 参见［德］克劳斯·罗克辛：《德国刑法学总论》，第1卷，王世洲译，86页，北京，法律出版社，2005。

③ 徐育安：《刑法上类推禁止的生与死》，122页，台北，元照出版公司，1998。

法国刑法典第 379 条的规定，并且法院认为“电是一种可以占有的动产物品”。对此，法国法院还认为，使用金属投币或塑料投币的行为，被看成是实现诈骗而采用的欺诈手段。[①] 对此，法国学者指出：

> 刑法“严格解释原则”并不强制刑事法官仅限于对立法者有规定的各种可能的情形适用刑法。只要所发生的情形属于法定形式范围之内，法官均可将立法者有规定的情形扩张至并无规定的情形。[②]

从上面德国与法国之间的对比，我们可以看出其间的差距何其之大哉。这到底是罪刑法定主义的观念上的差别，还是德语与法语之间的差别所致，不得而知。

（二）禁止习惯法：书面的罪刑法定

罪刑法定主义是以成文法为前提的。没有法律就没有犯罪，也就没有刑罚。这一格言中的法律，都是指成文法，这是没有疑问的。因此，罪刑法定主义应当是书面的罪刑法定。当然，罪刑法定主义以成文法为前提并不意味着只要有成文法，就有罪刑法定主义。因为罪刑法定主义是以限制国家刑罚权，保障公民个人的权利和自由为精神的，因而在我国封建社会虽然存在十分发达的成文法，但不能认为存在罪刑法定主义。

书面的罪刑法定是排斥习惯法的。习惯法是在人类社会生活中形成的一种不成文的社会规则，由此可见，习惯法是与国家制定的正式法相对应的。它具有约定俗成的性质，并且具有不成文性，是书写在社会生活中的法律。而且，各个地域、民族、风俗不同，习惯法的内容也会有所不同，甚至各个行业也具有自己的

---

① 参见［法］卡斯东·斯特法尼等：《法国刑法总论精义》，罗结珍译，143 页，北京，中国政法大学出版社，1998。

② ［法］卡斯东·斯特法尼等：《法国刑法总论精义》，罗结珍译，143 页，北京，中国政法大学出版社，1998。

习惯法。例如，我国学者认为中国传统社会的习惯法可以分为依靠宗法家族而形成的宗族习惯法、基于地缘关系形成的村落习惯法、依据神权而形成的宗教寺院习惯法、由于业缘关系而形成的行业习惯法和行会习惯法、依据秘密社会组织而形成的秘密社会习惯法，以及在少数民族中通行的少数民族习惯法。[①] 由此可见，习惯法具有分散性的特征。应当指出，习惯法在其他部门法，尤其是在民法中，可以作为国家制定法的补充，在民事司法中作为补充性的法源。但在刑法中则是被排斥的。即司法机关不得依据习惯法对一个人定罪处刑。因为在法治国家，习惯法不得被承认为刑法的法源。

在我国的现实生活中，随着法治建设的发展，国家法律虽然逐渐深入社会生活的各个方面，但是习惯法仍然在某些区域、某种程度地存在着，这是不可否认的客观现象。其中，在少数民族地区，民族习惯法仍具有较强的生命力。例如，赔命价就是颇具代表性的一个例子。赔命价习惯法是生活在青藏高原地区的藏族、蒙古族、土族等我国部分少数民族习惯法的重要组成部分。赔命价又称作偿付杀人命价，是指发生杀人案件后，由原部落头人及其子弟、宗教人士出面调解，由被告人向被害人家属赔偿相当数额的金钱和财物，从而达到平息诉讼和免除刑罚处罚的方法。这种民族习惯法与汉族的杀人者死的观念是存在重大差别的，而我国刑法关于杀人罪的处罚是建立在杀人者死的思想基础之上的。在这种情况下，国家刑事制定法与民族习惯法之间就会发生冲突，因而出现了我国学者所称的双重司法的局面，即在受到刑法制裁的同时又受到民族习惯法的制裁。[②] 在这种情况下，如何看待罪刑法定原则与习惯法的关系，确实是一个值得深入研究的问题。

我国学者对在罪刑法定主义框架下习惯法的机能释放进行了具有新意的探讨，认为习惯法在构成要件解释、违法性判断、有责性判断及刑罚量定等各个方

① 参见高其才：《中国习惯法论》，12页以下，长沙，湖南出版社，1995。

② 参见苏永生：《论罪刑法定原则与民族习惯法》，载《法制与社会发展》，2009（5）。

面都存在正面的功能和价值。[①] 对此，我是赞同的。此外，我国学者还对民族习惯法与罪刑法定原则的关系作了以下具体论述，指出：

> 在罪刑法定原则下，民族习惯法的合理性主要表现在“出罪”方面。具体而言：当民族习惯法认为某一行为具有严重的社会危害性并应当受到刑罚处罚，而该行为依据国家刑事制定法并不成立犯罪时，不能依据民族习惯法将该行为确定为犯罪并判处刑罚；当民族习惯法认为某一行为不具有处罚的必要性与合理性或者虽然成立犯罪但处罚较轻，而该行为依据国家刑事制定法成立犯罪时，完全可以照顾民族习惯法的要求而进行非罪化或者轻罪化处理。[②]

我认为，以上观点是完全正确的。我们不能将罪刑法定原则与习惯法绝对地对立起来，而是要在有利于被告人的原则之下，采信习惯法。从这个意义上说，罪刑法定主义之排斥习惯法，是指不得以习惯法作为入罪的根据。基于罪刑法定主义，对一个公民定罪，在任何情况下都必须遵循成文法。然而，以习惯法作为出罪根据，罪刑法定主义是并不排斥的。换言之，习惯法吸纳某些社会道德观念和日常生活规则，消解成文法的僵硬性，使一个案件的处理更加合乎情理，这样一种出罪功能是值得肯定的。因为这种对成文法的消解作用是有利于被告人的，因而这个意义上的习惯法并不为罪刑法定主义所排斥。

（三）禁止事后法：事先的罪刑法定

罪刑法定主义要求对一个人定罪处刑必须依行为时生效的法律，即刑法不具有溯及既往的效力，在古代社会法律没有严格的形式与内容，因而具有极大的随意性。所谓言出法随、临事议制不预设法等，都是罪刑擅断的表现。在一个法治

① 参见杜宇：《重拾一种被放逐的知识传统——刑法视域中“习惯法”的初步考察》，175 页以下，北京，北京大学出版社，2005。

② 苏永生：《论罪刑法定原则与民族习惯法》，载《法制与社会发展》，2009（5）。

社会，法律对于公民来说具有可预见性，从而体现法的安定性。[①]

禁止事后法，首先是对立法权的一种限制。根据罪刑法定主义，立法机关不得制定事后法，即其立法对象是指向未然的行为，而非针对已然的行为。由此避免国家对已经发生的行为制定暴虐的法律并暴虐地加以适用，从而侵犯公民个人的权利和自由。

禁止事后法，其次是对司法权的一种限制。根据罪刑法定主义，司法机关不得将法律适用于生效以前的行为，即刑法不具有溯及既往的效力。现在世界各国都采用从旧兼从轻原则，我国亦不例外。所谓从旧兼从轻，是指刑法原则上不具有溯及力，即适用行为时法（旧法），但审判时法（新法）更轻的，则适用审判时法，即在有利于被告人的前提下，有限度地承认刑法的溯及力。

我国刑法的溯及力问题稍微复杂一些。除了刑法的溯及力问题以外，还涉及司法解释的溯及力问题。根据 2001 年 12 月 17 日起施行的最高人民法院、最高人民检察院《关于适用刑事司法解释时间效力问题的规定》，因为司法解释是对具有法律效力的法律在具体应用时的解释，因而其本身不具有独立的效力，其效力适用于法律的施行期间。但对于新、旧司法解释，应当按照从旧兼从轻原则处理其效力问题。

（四）禁止不确定的刑法：确定的罪刑法定

禁止不确定的刑法，也称为刑法的明确性原则。不确定与确定是相对应的。罪刑法定主义要求刑法规定具有确定性，这里的确定性具有两层含义：一是构成要件明确，二是刑罚效果确定。

构成要件明确，主要是指罪状的明确。罪状是对犯罪构成要件的描述，也是

① 关于法不溯及既往原则的价值探讨，参见孙晓红：《法的溯及力问题研究》，60 页以下，北京，中国法制出版社，2008。

定罪的直接依据。如果罪状不明确，则使犯罪成立条件模糊不清，因而容易出入人罪。例如，我国《唐律·杂律》关于“不应得为罪”的规定，可谓是罪状不明确的典型：

诸不应得为而为之者，笞四十；（谓律、令五条，理不可为者。）事理重者，杖八十。

［疏］议曰：杂犯轻罪，触类弘多，金科玉条，包罗难尽。其有在律在令无有正条，若不轻重相明，无文可以比附。临时处断，量情为罪，庶补遗阙，故立此条。

这一规定比类推更甚。类推还需有最相类似条文可以比附，而不应得为罪则对那些连类推都构不上的行为规定以犯罪论处。从这一规定可以看出，如果没有明确性的要求，罪刑法定主义只是一句空话。当然，罪状的明确也是相对的。禁止不确定的刑法这一派生原则并不排斥在刑法中采用空白罪状、概然性规定等立法方式。当然。对于这些立法方式应当加以必要的限制，防止滥用。

法律效果的确定，主要是指法定刑的确定。法定刑的确定，是指禁止绝对不确定刑。法定刑有绝对确定刑与绝对不确定刑之分：绝对不确定刑是指在刑法中没有对刑罚种类和幅度作出具体规定，而完全授权司法机关根据案情进行裁量。这种绝对不确定刑违反了罪刑法定主义，是应当禁止的。当然，罪刑法定主义也并不要求绝对确定的法定刑，而只要求相对确定的法定刑。相对确定的法定刑给司法机关的自由裁量留下了一定空间，因而为各国刑法所采用。

三、罪刑法定主义的中国命运

我国 1979 年刑法第 79 条规定了类推制度，直到 1997 年刑法修订时才废除了类推，确立了罪刑法定原则。罪刑法定原则在我国刑法中的确立，具有里程碑式的意义，是我国刑法法治化的重要标志。当然，罪刑法定主义在刑法中的确立，还只是一个开端，为避免罪刑法定主义沦落为一句法律口号或者一条法律标语，就必须推动罪刑法定的司法化。罪刑法定的司法化涉及司法体制、司法理念和司法技术等因素①，是我国刑事法治进程中的一个重要论题。

（一）法律文本的解读

各国刑法关于罪刑法定主义一般表述为“法无明文规定不为罪，法无明文规定不处罚”。我国刑法的表述是极为例外的，刑法第3条规定：

> 法律明文规定为犯罪行为的，依照法律定罪处刑；法律没有明文规定为犯罪行为的，不得定罪处刑。

以上规定可以明显地分为前后两段，我国学者将前段称为积极的罪刑法定原则，将后段称为消极的罪刑法定原则。② 应该说，积极规定与消极规定这一概括是恰当的，但对于所谓积极的罪刑法定原则如何理解则是值得商榷的。那么，什么是积极的罪刑法定原则呢？我国学者认为，积极的罪刑法定原则是从扩张刑罚权的方面，积极地运用刑罚，惩罚犯罪，保护社会。③ 因此，积极的罪刑法定原则是倾向于扩张刑罚权的，它与倾向于限制刑罚权的消极的罪刑法定原则是对应的。对于这两者的关系，我国学者作了以下阐述：

> 从这个意义来说，正确运用刑罚权，惩罚犯罪，保护人民，这是第一位的；而防止刑罚权的滥用，以保障人权，则是第二位的。但是两者都是非常重要的，二者是密切联系，不可分割的。它们是罪刑法定原则的两个方面，就像一个银币的两面一样。④

如果把罪刑法定比喻为银币，其他国家的银币正反两面都是一样的，我国的

① 参见陈兴良、周光权：《刑法学的现代展开》，57页以下，北京，中国人民大学出版社，2006。

② 参见何秉松主编：《刑法教科书》（2000年修订·上卷），63页，北京，中国法制出版社，2000。

③ 参见曲新久：《刑法学》，2版，35页，北京，中国政法大学出版社，2009。

④ 何秉松主编：《刑法教科书》（2000年修订·上卷），67页，北京，中国法制出版社，2000。

银币正反两面是不同的，这其实是一枚具有中国特色的银币。到底应该如何来看待我国刑法的这一规定，我国学者曲新久教授指出：

罪刑法定的历史以及蕴含于历史之中的防止刑罚权滥用以保障人权的意义告诉我们，罪刑法定原则显然不包括所谓的积极的罪刑法定原则。但是，我国刑法学界一些刑法学教科书借此否定我国《刑法》第3条关于罪刑法定的观点，则是不妥当的。从刑法解释学上讲，《刑法》第3条明显地是将罪刑法定原则区分为两个基本方面，即积极的罪刑法定和消极的罪刑法定，这是《刑法》第3条的实然状况。我们可以说立法者误读历史，错误地表述了罪刑法定原则，可以批评、嘲讽这一规定，可以建议修改这一违反逻辑的规定。但是，无论是作为立法者的原意解释，还是作为法律的文本解释，既不可以混淆应然与实然，是什么就是什么，也不可以闭起眼睛假装没有看到第3条前半部分的规定。①

曲新久教授提醒我们，对法律不能批评、不能嘲笑。当然，对法律是可以解释的。按照张明楷教授的说法，可以把坏的法律解释成好的法律。由此可见，解释的余地是很大的。尽管曲新久教授承认存在积极的罪刑法定原则与消极的罪刑法定原则之分，但在两者的关系上作出了不同的解释，认为积极的罪刑法定原则和消极的罪刑法定原则并非不可分割的两个基本方面，这两个基本方面是对立统一的关系。尤其应注意以下这段话：

当罪刑法定原则的积极方面与消极方面发生冲突的时候，也就是刑法的社会保护机能与人权保障机能之间出现对立的时候，应当以罪刑法定的消极方面为优先考虑，在此前提下寻求个人自由与社会秩序的统一。②

显然，在曲新久教授看来，积极的罪刑法定原则与消极的罪刑法定原则不再

① 曲新久：《刑法学》，2版，35页，北京，中国政法大学出版社，2009。

② 曲新久：《刑法学》，2版，36页，北京，中国政法大学出版社，2009。

是一枚银币的两面，而是两枚银币：积极的罪刑法定原则是壹分的银币，而消极的罪刑法定原则是伍分的银币，后者的价值大于前者。当然，也许我曲解了曲教授的观点。因为只有在发生冲突的情况下，消极的罪刑法定原则的价值才优先于积极的罪刑法定原则。如果不发生冲突，则两者的价值又是相同的。因此，两枚价值不同的银币的比喻似乎是蹩脚的。

如果按照积极的罪刑法定原则的理解，它是要为司法机关扩张刑罚权提供法律根据，只要刑法规定为犯罪的，就应当追究，定罪处刑，即所谓有罪必罚，否则就是有法不依，执法不严。那么，如今的刑事和解，难道不正是在一定条件下的有罪不罚吗？这样说来刑事和解是违反积极罪刑法定原则的。积极的罪刑法定原则难道真是一条错误的法律？我认为，从一定意义上说，法律本身无所谓对错，关键是如何解释。其实，积极的罪刑法定与消极的罪刑法定之关系是互为反向解释。对此，我国学者指出：

> “法无明文规定不为罪”的反向解释是，“只有法律才能规定犯罪”；“法无明文规定不处罚”的反向解释是，“只有法律才能规定刑罚”。其核心内容在于禁止没有法律规定的处罚，保障个人不受法外之刑。而如果把“法无明文规定不为罪，法无明文规定不处罚”的反向解释理解成“必须用法律对犯罪作出规定，必须对犯罪作出处罚”，则是对罪刑法定原则的错误理解，因为这种理解强调了对刑罚权的促进，而不是限制，实际上等于剔除了罪刑法定的内核，而只保留了“罪刑法定”的皮囊。[①]

应该说，这一解读是合理的。[②] 当然，所谓积极的罪刑法定是对一般意义上的罪刑法定，也就是所谓消极罪刑法定的另一种反向解释，这也是不可否认的。关键问题在于，积极的罪刑法定是否符合法律文本的含义。那么对所谓积极的罪

① 周少华：《刑法理性与规范技术——刑法功能的发生机理》，266页，北京，中国法制出版社，2007。

② 关于我国刑法第3条的进一步解读，参见劳东燕：《罪刑法定本土化的法治叙事》，173页以下，北京，北京大学出版社，2010。

刑法定原则究竟应当如何评判呢？我们先来看一下立法机关对此的解释：

> 本条规定的罪刑法定的内容有两个方面：一方面是只有法律将某一种行为明文规定为犯罪的，才能对这种行为定罪处刑，而且必须依照法律规定定罪处刑。另一方面，凡是法律对某一种行为没有规定为犯罪的，对这种行为就不能定罪判刑。这是一个问题的两个方面。①

那么，这里的“一个问题的两个方面”是否等同于“一个银币的两面”呢？我们再来听一下直接执笔撰写这一条文的郎胜（时为全国人大常委会法工委刑法室副主任，现为全国人大常委会法工委副主任）的说法：

> 其实，我前面讲话的时候，并不很赞成将《刑法》第 3 条前半句理解为积极意义上的罪刑法定原则，为什么呢？因为如果按照积极意义上的罪刑法定和消极意义上的罪刑法定，那么罪刑法定应当这样表述：法律明文规定为犯罪的，应当定罪处刑；法律没有明文规定的，不得定罪处刑。这样，才能说前半句是积极的，后半句是消极的。而我国《刑法》第 3 条前半句恰恰讲的不是这个，而讲的是法律明文规定为犯罪行为的，依照法律定罪处刑，因此，它强调的是“依法”，而不是所谓的积极意义上的“应当”②。

以上是郎胜对我国刑法第 3 条规定如何正确理解的一个解答。因此，“法律明文规定为犯罪的，依照法律定罪处刑”的含义是指：

> 只有法律明文规定为犯罪行为的，才能依法定罪处刑。

这一含义与后半段相比，是完全相同的，都是为了限制国家的刑罚权。当然，这一条文的表述如果作以下调整，也许更为明确：

> 法律没有规定为犯罪行为的，不得定罪处罚；法律明文规定为犯罪行为的，依照法律定罪处刑。

---

① 胡康生、郎胜主编：《中华人民共和国刑法释义》，3 版，4 页，北京，法律出版社，2006。

② 张军等：《刑法纵横谈（总则部分）》，修订版，19 页，北京，北京大学出版社，2008。

以上我对刑法第3条关于罪刑法定原则的规定，从文本角度作了解读。由此可见，我国刑法关于罪刑法定原则的表述虽然不同于其他国家，但其基本精神是完全一致的，即通过限制国家刑罚权，尤其是司法机关的定罪量刑权，从而保障公民个人的权利与自由。

（二）解释方法的辨正

根据罪刑法定原则，类推当然是禁止的。在解释法律的时候，应当以法律文本为对象，以可能的语义为界限。但是，在如何理解法律文本的可能语义问题上，我国刑法学界存在形式解释论与实质解释论之争。

形式解释论与实质解释论存在各自以及对方的各种不同立场描述，在这当中也不乏误读与误解。我认为，抛开那些枝节问题不谈，形式解释论与实质解释论之间的分歧焦点在于：能否通过实质解释将实质上值得科处刑罚但又缺乏形式规定的行为入罪？对此，形式解释论是持坚决的否定态度的，但实质解释论则持肯定的态度。在此，以下三个问题需要加以讨论：

1. 法律缺乏形式规定的界定

罪刑法定原则要求法律具有明文规定作为入罪的根据。那么，实质解释论所说的法律缺乏形式规定的情形，到底是属于法律有规定还是属于法律没有规定？对此，实质解释论并没有给予正面回答。显然，实质解释论是把法律规定分为形式规定与实质规定。所谓法律没有形式规定，其背后的含义是法律还有实质规定。

我认为，法律规定可以分为显性规定与隐性规定。法律的显性规定是指法律文本的字面含义所显示的规定。法律文本是以语言为载体的，在通常情况下，通过对字面含义的解读，就可以确定某一事项是否属于法律有规定。在这种情况下，法律规定是通过语言分析方法确定的。法律的隐性规定是指虽然没有法律字面规定，但通过对相关法条的逻辑推理可以确定某一事项是否属于法律有规定。

在这种情况下，法律规定是通过逻辑分析方法确定的。例如走私黄金进口的行为，我国刑法第151条第2款规定的走私贵重金属罪，是指走私国家禁止出口的黄金、白银和其他贵重金属，因此只包括走私黄金出口但并不包括黄金进口，走私黄金进口的行为不符合刑法关于走私贵重金属罪的规定。这仅是说，走私黄金进口的行为属于法律没有显性规定的情形。那么，走私黄金进口的行为是否属于法律有隐性规定的情形呢？我国刑法第153条规定的走私普通货物、物品罪是指走私该法第151条、第152条、第347条规定以外的货物、物品的行为。对于这里的“走私本法第151条、第152条、第347条规定以外的货物、物品”，不能理解为只要刑法第151条、第152条、第347条有规定的货物、物品，就不属于普通货物、物品，而是指根据刑法第151条、第152条、第347条的规定，构成走私犯罪的物品、物品。黄金虽然属于刑法第151条所规定的货物、物品，但只有走私黄金出口行为构成走私贵重金属罪，而走私黄金进口行为并不构成走私贵重金属罪。因此，走私黄金进口行为涵括在刑法第153条走私普通货物、物品罪之中，属于法律有隐性规定的情形。

那么，法律的显性规定与隐性规定能否对应于法律的形式规定与实质规定呢？对此，我认为需要确定形式规定与实质规定的含义。张明楷教授没有正面论及形式规定与实质规定的含义，但从相关论述中可以把握其精神。例如，张明楷教授揭示了罪刑法定原则的形式侧面与实质侧面的以下两个方面的冲突：

> 一是成文法的局限性决定了刑法不可能对所有犯罪作出毫无遗漏的规定，即存在实质上值得科处刑罚，但缺乏形式规定的行为；二是成文法的特点决定了刑法条文可能包含了不值得科处刑罚的行为，即存在符合刑法的文字表述，实质上却不值得处罚的行为。[①]

从以上论述中，我们很容易得出结论，张明楷教授所说的缺乏形式规定是指不符合刑法的文字表述，基于成文法的局限性而没有规定的情形。而具有实质规

① 张明楷：《罪刑法定与刑法解释》，68页，北京，北京大学出版社，2009。

定的行为是指实质上值得科处刑罚的情形。因此，通过实质解释将虽然没有法律形式规定但实质上值得科处刑罚的行为入罪，实际上具有法律续造的性质，其与罪刑法定原则的抵牾显而易见。

2. 实质上值得科处刑罚的判断

在实质解释论的语境中，所谓实质判断就是指实质上值得科处刑罚的判断，即处罚必要性的判断。显然，实质判断是根据法益侵害性及其程度所作出的一种价值判断，它不同于以法律文本为依据所作出的规范判断。在刑法解释以及法律适用中，当然需要实质判断。形式解释论绝不否认实质判断的重要性。关键在于：形式判断与实质判断之间是否存在位阶性。形式解释论认为，在刑法解释的时候首先应当对法律是否具有明文规定作形式判断，凡是根据形式判断排除在法律之外的行为，就不得再作实质判断，因而形式判断具有对实质判断的制约性。只有根据形式判断能够被法律规定所涵摄的行为，才能进行实质判断。如果虽然属于法律有规定，但实质上不值得科处刑罚，即没有处罚必要性的行为，则不能认定为犯罪。但是，如果像实质解释论所主张的那样，对于没有法律的形式规定但实质上值得刑罚处罚的，也应当视为具有实质规定而予以入罪，这显然具有违反罪刑法定原则之嫌。

实质解释论虽然也认为犯罪是形式违法性与实质违法性的统一，但在实际判断上，把实质上是否具有处罚必要性放到了一个重要位置上，由此造成了对法律规定的突破。例如张明楷教授在论及故意毁坏财物罪时指出：

> 之所以认为将他人的戒指扔入大海与毁坏他人财物相对应，是因为刑法规定故意毁坏财物罪的目的在于保护他人财产，保护的方式是禁止毁坏他人财物；而将他人的戒指扔入大海的行为本质，是毁坏了他人财产。如果不是从这一“事物本质”出发，毁坏他人财物的构成要件与将他人戒指扔入大海的行为，是难以相对应的。①

① 张明楷：《罪刑法定与刑法解释》，96页，北京，北京大学出版社，2009。

以上论述充分表露出实质解释论是如何把处罚必要性置于法律规定之上的。根据对毁坏一词的形式解释，是无论如何也不可能包含扔入大海这一内容的。因此，张明楷教授所说如果不从“事物本质”出发，难以使毁坏他人财物的构成要件与将他人戒指扔入大海的行为相对应，就是指将他人戒指扔入大海不能解释为刑法规定的毁坏，属于法律没有明文规定的情形。但根据毁坏财物行为是使他人财物受损失这一事物本质，可以把将他人戒指扔入大海行为认定为故意毁坏财物罪，这难道不是一种超越法律规定，根据实质上的处罚必要性入罪吗？其效果等同于类推入罪，因而有悖于罪刑法定原则。

3. 可能语义的认定

可能语义是划分解释与类推之间的界限：在可能语义范围内的属于解释，超出可能语义范围的则是类推。形式解释论认为，可能语义的边界是相对客观存在的，它是语义的最远射程。在对法律规定进行解释的时候，核心含义与边缘含义都属于法律语义，但无论如何也不能超越可能语义的边界。实质解释论虽然也承认可能语义，但在一定程度上使可能语义的边界虚无化，使之取决于处罚必要性。例如张明楷教授指出：

> 不能只考虑行为与刑法用语核心含义的距离远近，也要考虑行为对法益侵害的程度；因此，处罚的必要性越高，对与刑法用语核心距离的要求就越缓和，作出扩大解释的可能性就越大。①

在此，张明楷教授提出了决定可能语义边界的一个重要因素，这就是处罚必要性，并援引日本学者前田雅英的以下公式：

> 解释容许范围＝处罚必要性/核心语义的距离

以上公式可以概括为：解释容许范围与处罚必要性成正比，而与核心含义的距离成反比。在这种情况下，可能语义是随着处罚必要性的增大而不断扩张的，因而成为一条不设防的边界，亦即实质解释根本没有预测可能性可言。诚然，张

① 张明楷：《罪刑法定与刑法解释》，69 页，北京，北京大学出版社，2009。

明楷教授也强调，如果行为超出了刑法用语可能具有的含义，则不管处罚的必要性有多高，也不得解释为犯罪。[①] 但在实际解释上，却往往超出可能语义的边界。例如张明楷教授在论及真正的军警人员显示军警人员身份进行抢劫时能否以冒充军警人员抢劫论处时，指出：

> 从实质上说，军警人员显示其真实身份抢劫比冒充军警人员抢劫，更具有提升法定刑的理由。刑法使用的是"冒充"一词，给人们的印象是排除了真正的军警人员显示真实身份抢劫的情形。但是，刑法也有条文使用了"假冒"一词，故或许可以认为，冒充不等于假冒。换言之，"冒充"包括了假冒与充当，其实质是使被害人得知行为人为军警人员，故军警人员显示其身份抢劫的，应当认定为冒充军警人员抢劫。[②]

冒充一词的基本含义是以假充真，冒充军警人员抢劫就是指非军警人员假冒军警人员抢劫。而军警人员显示其身份抢劫，是军警人员抢劫，无论如何也不能解释为冒充军警人员抢劫。由此可见，在这种处罚必要性的主导下，实质解释论已经使扩大解释演变为类推，因而有悖于罪刑法定原则。

（三）司法活动的贯彻

在司法活动中如何贯彻罪刑法定原则，这是一个罪刑法定原则司法化的问题。我国的司法解释是一种十分独特的制度，在罪刑法定原则司法化过程中，司法解释发挥着重要作用，可以说是以制定法形式体现出来的司法规则，也可以说是一种准法律或者亚律。我国有学者将司法解释称为副法体系，指出：

> 作为一种附属性的规范体系，刑事司法解释不应替代刑法成为司法的规范主体，而现实的状况恰恰是整个刑事司法是以刑事司法解释为核

① 参见张明楷：《罪刑法定与刑法解释》，120页，北京，北京大学出版社，2009。

② 张明楷：《刑法学》，4版，864页，北京，法律出版社，2011。

心建构起来的体系。这一方面表现在，客观上存在着刑事司法解释成为一种独立性极强的副法体系，另一方面，主观上司法人员一旦遇到疑难问题，均希望能够找到对应的刑事司法解释予以解决问题或者期待相应刑事司法解释的出台。刑事司法解释已不仅是一个附属物，而是同刑法一起成为司法活动的依据。因而，刑事司法解释已经不仅仅成为对刑法的解释这样一种附属性的工作，而是作为一种相对独立的规范体系而存在，即副法体系。事实上，按照目前的情况，如果离开刑事司法解释，整个刑法实践将会陷入混乱，刑事司法权将可以想象地无法正当、及时行使，刑事司法解释在很大程度上替代刑法主导了刑事司法。①

作为一种副法体系而存在的司法解释对罪刑法定的司法化带来了深刻的影响。尤其是我国，不仅最高人民法院享有司法解释权，而且最高人民检察院也享有司法解释权。在法律上，只有最高司法机关才享有司法解释权，但在事实上，高级人民法院和中级人民法院也在制定规范性文件，以指导其辖区的司法活动。这些规范性文件虽无司法解释之名，但有司法解释之实。目前的司法解释存在以下问题：

1. 司法解释的越权

当司法解释越权时，司法解释与刑法规定之间形成冲突，在这种情况下，到底是遵循刑法规定还是遵循司法解释？这成为我国罪刑法定主义司法化的一个难题。例如，我国刑法第 145 条规定的生产、销售不符合标准的医用器材罪，其构成要件的行为是生产、销售，但 2001 年 4 月 9 日最高人民法院、最高人民检察院《关于办理生产、销售伪劣商品刑事案件具体应用法律若干问题的解释》第 6 条规定：

医疗机构或者个人，知道或者应当知道是不符合保障人体健康的国家标准、行业标准的医疗器械、医用卫生材料而购买、使用，对人体健

① 林维：《刑法解释的权力分析》，441 页，北京，中国人民公安大学出版社，2006。

康造成严重危害的，以销售不符合标准的医用器材罪定罪处罚。

上述规定，把购买、使用也解释为生产、销售不符合标准的医用器材罪的行为。如果说，将有偿性的一次性使用解释为销售还沾边的话，其他情形则与生产、销售毫不相干，这显然是一种越权解释，实际上具有一种补充立法的性质，这是司法解释对罪刑法定主义的破坏。

2. 司法解释的冲突

根据我国的司法解释体制，“两高”分别享有司法解释权。在某些情况下，“两高”采取联合解释的方式，可以避免“两高”司法解释之间的冲突。但在个别情况下，“两高”分别进行的司法解释之间存在冲突，由此而给地方司法机关适用法律造成一些困惑。例如，关于刑法第30条单位犯罪负刑事责任的范围，刑法的表述是“法律规定为单位犯罪的，应当负刑事责任”。这里应当负刑事责任的主体是单位。因此，在法律没有规定为单位犯罪的情况下，单位当然不负刑事责任。对此，在理解上没有争议。问题在于：在法律没有规定单位犯罪的情况下，单位直接负责的主管人员和其他直接责任人员是否应当负刑事责任？对此，“两高”的司法解释作出了不同的规定。2001年1月21日最高人民法院《全国法院审理金融犯罪案件工作座谈会纪要》规定：

> 根据刑法第三十条和第一百九十三条的规定，单位不构成贷款诈骗罪。对于单位实施的贷款诈骗行为，不能以贷款诈骗罪定罪处罚，也不能以贷款诈骗罪追究直接负责的主管人员和其他直接责任人员的刑事责任。

但2002年8月9日最高人民检察院《关于单位有关人员组织实施盗窃行为如何使用法律问题的批复》规定：

> 单位有关人员为谋取单位利益组织实施盗窃行为，情节严重的，应当依照刑法第二百六十四条的规定以盗窃罪追究直接责任人员的刑事责任。

上述两个司法解释，对刑法第30条作出了矛盾的解释：最高人民法院的司法解释认为，根据刑法第30条的规定，在法律没有规定为单位犯罪的情况下，不仅不能追究单位的刑事责任，而且不能追究单位的直接负责的主管人员和其他直接责任人员的刑事责任。但最高人民检察院的司法解释则认为，根据刑法第30条的规定，在法律没有规定为单位犯罪的情况下，不能追究单位的刑事责任，但可以追究单位的直接负责的主管人员和其他直接责任人员的刑事责任。值得注意的是，对于"两高"对刑法第30条在理解上的矛盾，2014年4月24日全国人大常委会颁布了《关于〈中华人民共和国刑法〉第三十条的解释》，该立法解释规定："公司、企业、事业单位、机关、团体等单位实施刑法规定的危害社会的行为，刑法分则和其他法律未规定追究单位的刑事责任的，对组织、策划、实施该危害社会行为的人依法追究刑事责任。"该立法解释对于消弭"两高"司法解释的冲突具有积极意义。

3．司法解释的混乱

最高人民法院曾经明令禁止地方司法机关制定规范性文件，但实际上是禁而不止，地方司法解释成为指导司法活动的一种主要方式。对此，我国并没有建立起纠正机制，导致各地在法律适用上各行其是，形成法律规则上的某种混乱状态，这不利于法制统一。例如，2009年8月21日浙江省高级人民法院制定了《关于审理交通肇事刑事案件的若干意见》，其中第2条第1款规定：

> 交通肇事后报警并保护事故现场，是道路交通安全法规定的被告人交通肇事后必须履行的义务。人民法院依法不应将交通肇事后报警并在肇事现场等候处理的行为重复评价为自动投案，从而认定被告人自首。

这一规定是否违背刑法与司法解释的规定，引发了争议。交通肇事后报警并在现场等候处理，这是交通管理法规设定的一种义务。履行这一义务是否可以同时构成自首？对于这个问题，我国刑法学界的通说认为，对交通肇事罪自首的认定，应当以刑法的有关规定为根据，而不能受有关交通管理法规的约束。① 因

① 参见周加海：《自首制度研究》，188页，北京，中国人民公安大学出版社，2004。

此，上述地方司法解释确有与刑法规定相背离之嫌。如果以此类推，那么刑事诉讼法规定犯罪嫌疑人、被告人有如实供述的义务，因而其如实交代的行为也因不得重复评价为自首成立条件中的如实供述犯罪事实，从而不能认定为刑法第 67 条第 2 款规定的特殊自首。果真如此的话，刑法中的特殊自首就不复存在了。之所以出现上述背离罪刑法定的观点，主要是对重复评价的错误理解所致。法律上的重复评价是指同一法律对同一行为或者同一事实的再次评价，不同法律对同一行为或者同一事实的评价并不属于重复评价。因此，交通肇事后履行交通安全法规定的义务的行为，同样也可以认定为自首中的自动投案。

值得注意的是，2010 年 12 月 22 日最高人民法院《关于处理自首和立功若干具体问题的意见》对这一问题作了不同于浙江省高级人民法院的规定，指出：

> 交通肇事后保护现场、抢救伤者，并向公安机关报告的，应认定为自动投案，构成自首的，因上述行为同时系犯罪嫌疑人的法定义务，对其是否从宽、从宽幅度要适当从严掌握。

我认为，最高人民法院的上述司法解释是正确的。在上述地方司法解释与最高人民法院司法解释相矛盾的情况下，理所当然地应当适用后者。

以上种种情形促使我们思考一个问题：司法解释是否属于罪刑法定主义中的“法”？这是一个法律专属性的问题。意大利学者认为，法律专属性原则是罪刑法定的首要内容，并对法律的概念进行了深入探讨，明确地排除了行政法规和地方性法律成为刑法的渊源。[①] 在我国，行政法规和地方性法规不能成为刑法的渊源，这也是没有问题的。关键是司法解释是否属于罪刑法定主义之“法”？对此的回答是否定的，因为我国刑法第 3 条的表述是：

> 法律明文规定为犯罪行为的，依照法律定罪处刑；法律没有明文规定为犯罪行为的，不得定罪处刑。

---

① 参见［意］杜里奥·帕多瓦尼：《意大利刑法学原理》（注评版），陈忠林译评，18 页以下，北京，中国人民大学出版社，2004。

这里的“法律”明显是不包括司法解释的，更不包括地方司法解释。那么，在司法解释越权的情况下，法官如何进行选择呢？这个问题在我国没有得到有效解决，因而成为罪刑法定司法化的一个重大障碍。我认为，应当逐渐地以判例制度取代司法解释的功能。判例具有个别性，并且法官可以在对比中进行规则的选择，因而更有利于罪刑法定主义的实现。

值得注意的是，2010 年 11 月 26 日和 7 月 29 日最高人民法院和最高人民检察院分别通过并颁布了《关于案例指导工作的规定》，标志着案例指导制度在我国的正式建立。案例指导制度中的案例，又称为指导性案例，其实就是具有中国特色的判例。2010 年 12 月 31 日最高人民检察院颁发了第一批三个指导性案例，2011 年 12 月 31 日最高人民法院颁发了第一批四个指导性案例。这些指导性案例都为司法活动提供了规则，在一定程度上能够弥补司法解释之不足。

在法律适用中，存在一个找法活动。在疑难案件中，找法是尤其困难的。正确地找法，直接关系到罪刑法定主义在个案中的贯彻。找法，实际上是解决一个法律是否有明文规定的问题。在 2008 年国家司法考试中，卷四题七涉及罪刑法定原则①，考核的就是考生对于法律规定的理解。

案例 2—1　张某网上裸聊案

2005 年 9 月 15 日，B 市的家庭主妇张某在家中利用计算机 ADSL 拨号上网，以 E 话通的方式，使用视频与多人共同进行“裸聊”，被公安机关查获。对于本案，B 市 S 区检察院以聚众淫乱罪向 S 区法院提起公诉，后又撤回起诉。

案例 2—2　方某网上有偿裸聊案

从 2006 年 11 月到 2007 年 5 月，Z 省 L 县的无业女子方某在网上从事有偿

① 参见司法部国家司法考试中心组编：《2008 年国家司法考试试题解析》，384 页以下，北京，法律出版社，2008。

“裸聊”，“裸聊”对象遍及全国22个省、自治区、直辖市，在电脑上查获的聊天记录就有300多人，网上银行汇款记录1 000余次，获利2.4万元。对于本案，Z省L县检察院以传播淫秽物品牟利罪起诉，L县法院以传播淫秽物品牟利罪判处方某有期徒刑6个月，缓刑1年，并处罚金5 000元。

关于上述两个网上“裸聊”案，在司法机关处理过程中，对于张某和方某的行为如何定罪存在以下三种意见：第一种意见认为应定传播淫秽物品罪（张某）或者传播淫秽物品牟利罪（方某）；第二种意见认为应定聚众淫乱罪；第三种意见认为“裸聊”不构成犯罪。

问题1：

以上述两个网上“裸聊”案为例，从法理学的角度阐述法律对个人自由干预的正当性及其限度。

问题2：

根据罪刑法定原则，评述上述两个网上“裸聊”案的处理结果。

答题要求：

1. 在综合分析基础上，提出观点并运用法学知识阐述理由；

2. 观点明确，论证充分，逻辑严谨，文字通顺；

3. 不少于500字，不必重复案情。

答案：

本题是论述题，提供两份材料，给出两个题目，其中一个是法理题，另一个是刑法题，供考生选择，考核考生对法学理论的综合水平。

问题1：本题是法理题，以题干给出的两个网上“裸聊”案为切入点，从法理学的角度对法律对个人自由干预的正当性及其限度这样一个法理问题进行论述。

本题的第一个层面是“裸聊”行为是否构成犯罪，当然是一个刑法问题，但关于“裸聊”行为是否构成犯罪的讨论，往往涉及个人自由问题。对于“裸聊”，有人认为是个人自由，法律不应干预；也有人认为已经超过了个人自由的限度，法律应当干预。那么是否个人自由法律就一定不能干预呢？法律对个人自由的干预具有正当性，个人自由只有在不损害他人利益和公共利益的情况下才能受法律保护，否则法律就会进行干预。就法律对个人自由干预的正当性而言，考生可以从个人与社会、个人利益与公共利益等多个层面加以论证。

本题的第二个层面是法律对个人自由干预的限度。法律只有对那些损害社会利益的个人自由才能进行干预，并且干预的目的是维护公共利益。因此，应当强调法律对个人自由干预的必要限度。凡是超过这一限度，就是不正当的。

在以上两个层面问题的讨论中，应当结合裸聊案加以讨论，以便贴近题目。在裸聊中，对哪些属于个人自由，哪些损害了公共利益，可以加以区分。题干提供的两个“裸聊”案，分别是非牟利的与牟利的，是否也应当区别对待，这些问题都可以在论述中展开讨论。

问题 2：本题是刑法题，并且提供了相关法条，便于考生使用，减轻考生压力。本题要求考生根据罪刑法定原则，对两个“裸聊”案的处理结果进行评述。

第一个“裸聊”案，检察机关撤回起诉，不作犯罪处理，这一处理结果是否正确，从罪刑法定原则来分析，关键是看这种非牟利的“裸聊”行为是否在刑法中有明文规定。考生可以结合刑法第 301 条关于聚众淫乱罪的规定，进行具体分析。例如网上聚集三人以上“裸聊”是否属于聚众，“裸聊”是否属于淫乱等。考生可以根据自己对刑法的理解，发表对这些问题的见解。

第二个“裸聊”案，法院以传播淫秽物品牟利罪定罪判刑。在该案中，存在牟利目的，但裸聊视频是否属于淫秽物品，网上传播如何理解，也可以进行论述。

本题的问题是对两个“裸聊”案的处理结果进行评述，因此应当围绕裸聊案的处理结果展开分析，以便使论述的主题集中。

论述题是开放性的题目，没有标准答案，考生可以运用法律知识进行充分论述，只要围绕主题，言之有理，自圆其说，就算成功。

上述司考题，实际上涉及罪刑法定主义的理解。在遇到这样一个问题的时候，我们首先应当考虑的是这种网上“裸聊”行为在刑法中有无明文规定，同时还涉及两个案例之间在案件事实上的差别及其对行为定性带来的影响。在这个基础上，再考虑对于这种行为刑法是否应当干预，这就涉及第一个法理问题。对于这样一个问题，找法活动的结果，直接关系到“裸聊行为”能否定罪。

在司法实践中，找法的结果往往是存在争议的。正是这种争议使得某些案件成为疑难案件。例如，李宁组织卖淫案就是一个典型案例。

案例2—3　李宁组织卖淫案

2003年1月至8月，被告人李宁以营利为目的，先后与刘超、冷成宝等人预谋，采取张贴广告、登报的方式招聘男青年做公关人员，并制定了《公关人员管理制度》。李宁指使刘超、冷成宝对“公关先生”进行管理，在其经营的“金麒麟”、“廊桥”及“正麒”酒吧内将多名“公关先生”多次介绍给男性顾客，由男性顾客带至南京市“新富城”大酒店等处从事同性卖淫活动。①

本案的争议问题是：同性之间的性交易是否构成刑法中的卖淫？换言之，组织男性之间进行性交易的行为能否适用刑法关于组织卖淫罪的规定。对此，控辩审各方存在不同观点。围绕李宁组织卖淫案而展开的争议，实际上是一个在罪刑法定司法化过程中如何找法的问题。对于这个案件，最高人民法院有关业务庭室的裁判理由指出：

我们认为，“卖淫”，就其常态而言，虽是指女性以营利为目的，与不特定男性从事性交易的行为；但随着立法的变迁，对男性以营利为目的，与不特定女性从事性交易的行为，也应认定为“卖淫”；而随着时代的发展、社会生活状况的变化，“卖淫”的外延还可以、也应当进一步扩大，亦即还应当包括以营利为目的，与不特定同性从事性交易的行为（为论述方便，以下简称此种卖淫行为为“同性卖淫”）。对“卖淫”作如上界定，并不违背刑法解释原理和罪刑法定原则，

① 最高人民法院编：《刑事审判参考》，第38辑，137～138页，北京，法律出版社，2004。

相反，是刑法立法精神的当然要求，主要理由是：

（一）如上所述，至今，刑法本身及相关立法、司法解释均未曾对刑法中“卖淫”一词的内涵作出过明确界定，均未曾明确限定“卖淫”仅限于异性之间的性交易行为。鉴此，认为“卖淫”也包括同性卖淫，并不与现行立法和有效刑法解释相抵触；或者说，至少在形式上并不违背罪刑法定原则。

（二）由于种种原因，辞典，尤其是非专业性辞典对某一刑法用语的解释，往往与我们对该刑法用语所作的规范解释不尽一致，有的甚至与刑法本身规定相冲突。例如，根据有关辞典的解释，“卖淫”是指“妇女出卖肉体”，而如上所述，在《关于严禁卖淫嫖娼的决定》作出后，刑法中的“卖淫”已明显不只限于妇女出卖肉体，也包括男性出卖肉体。再如，根据有关辞典的解释，“抢劫”是指“以暴力把别人的东西夺过来，据为己有”，这一解释，不仅明显与刑法第二百六十三条关于抢劫是“以暴力、胁迫或者其他方法”强行劫取公私财物的规定不尽一致，同时也模糊了抢劫与抢夺之间的界限，等等。此种状况表明，辞典对刑法用语的解释不能成为我们办理具体案件的“法律依据”；不能以辞典的解释取代我们对刑法用语的规范解释；对刑法用语作出不同于辞典解释的专业解释并不必然违背罪刑法定原则，相反，在有些场合下，是坚持罪刑法定原则的当然要求。

（三）我们认为，刑法所规定的“卖淫”的本质特征在于，其是以营利为目的，向不特定的人出卖肉体的行为。至于行为人的性别是男是女，以及其对象是异性还是同性，均不是判断、决定行为人的行为是否构成“卖淫”所要考察的因素。之所以这样理解，是因为无论是女性卖淫还是男性卖淫，无论是异性卖淫还是同性卖淫，均违反了基本伦理道德规范，毒害了社会风气，败坏了社会良好风尚。从此角度看，将同性卖淫归入“卖淫”范畴，以组织卖淫罪追究组织同性卖淫的行为人的刑事责任，并不违背而完全符合刑法有关卖淫嫖娼犯罪规定的立法精神。

（四）根据刑法解释原理，对刑法用语，应当适应社会发展，结合现实语境，作出符合同时代一般社会观念和刑法精神的解释。这并不违背罪刑法定原则，相反是贯彻罪刑法定的当然要求。因为：其一，一个词的通常的意义是在逐渐发展的，在事实的不断再现中形成的；法律制定以后，其所使用的文字还会不断产生新的含义；任何一种解释如果试图用最终的、权威性的解释取代基本文本的开放性，都会过早地吞噬文本的生命；在解释刑法时，必须正视刑法文本的开放性，适应社会生活事实的发展变化科学界定法律用语的准确含义，不能将"熟悉与必须"相混淆，否则便会人为窒息刑法的生命，使刑法惩治犯罪、保护法益的功能无法有效实现。其二，坚持罪刑法定原则不仅要求做到"法无明文规定不为罪，法无明文规定不处罚"，也要求做到"法有明文规定应为罪，法有明文规定应处罚"；同时，将罪刑法定原则中的"法无明文规定"曲解为"法无明确规定"是教条的、错误的，在有的场合下，甚至可以说在很多场合下，即使刑法本身及有权刑法解释对某些行为（实质是某些刑法用语）未作出明确、具体的规定，但若能在准确把握刑法精神、科学运用刑法解释原理的前提下，将该行为解释进刑法的明文规定之中，则对该行为进行定罪处罚就并不违反罪刑法定原则，相反，恰恰是贯彻罪刑法定原则的当然要求。据此，结合目前社会生活事实的发展变化——已出现同性卖淫行为；现时代一般社会观念对男性之间以营利为目的的性交易行为的认识——人们已习惯用同性"卖淫"来指称这种现象；以及刑法精神——禁止任何有伤风化的淫媒行为，以组织卖淫罪追究本案被告人李宁的刑事责任，是符合罪刑法定原则的。①

上述裁判理由明确了在找法的时候应当坚持客观解释论的立场，这对于判断一个行为是否属于法律有明文规定具有重要参考价值。这种客观解释论的立场，主要体现在以下三个方面：

1. 从法律文本寻找立法原意

立法原意是找法活动的终极目的。那么什么是法律原意？法律原意是存在于立法者那里，还是在法律文本之中？对这个问题的回答，形成客观解释论与主观

① 最高人民法院编：《刑事审判参考》，第38辑，140～142页，北京，法律出版社，2004。

解释论之间的根本分野。客观解释论是主张从法律文本中寻找立法原意，通过法律解释使法律文本适应社会生活的变动。

2. 以专业用语界定立法原意

法条本身是随着社会生活的发展而变动的，法律文本作为一种专业用语也是以变动的社会生活为其描述客体的。当日常用语滞后于社会生活的时候，应当以专业用语而非日常用语作为界定立法原意的依据。例如“卖淫”一词就是如此。传统意义上的卖淫确实是妇女向男性出卖肉体，在大多数情况下，“卖淫”一词的日常含义仍然是妇女向男性出卖肉体。但法律上已经把男性向妇女出卖肉体的意思纳入“卖淫”一词。在这种情况下，卖淫实际上是性交易的日常表述。因此，根据专业用语的含义，将同性之间的性交易认定为卖淫，并不违反罪刑法定主义。

3. 采历史态度对待法律原意

法律原意并不是凝固的，而是随着社会生活的变动而发展的。因此需要说明的是，法律文本本身具有某种开放性，由此而给法律解释留下一定的空间。对待法律原意，应当采取一种历史态度。只有这样，才能通过法律解释使法律不断地生长。

思考题：

如何理解我国刑法关于罪刑法定原则的规定？

参考书目：

1. 陈兴良．罪刑法定主义．北京：中国法制出版社，2010

2. 李洁．论罪刑法定的实现．北京：清华大学出版社，2006

3. 王瑞君．罪刑法定：理念、规范与方法．济南：山东大学出版社，2006

4. 彭凤莲．中国罪刑法定原则的百年变迁研究．北京：中国人民公安大学出版社，2007

5. 张明楷．罪刑法定与刑法解释．北京：北京大学出版社，2009

6. 劳东燕．罪刑法定本土化的法治叙事．北京：北京大学出版社，2010

第3章 行为论

犯罪是什么，这就是行为论所要解决的问题。在我国目前的刑法学中，这个问题主要是通过犯罪概念论而不是行为论解决的。我国刑法学将犯罪界定为具有社会危害性、刑事违法性和应受刑罚处罚性的行为。虽然这一犯罪概念将犯罪的实体性内容落脚在行为，但它关注的始终是犯罪的特征，尤其是犯罪的本质特征——社会危害性，而恰恰没有对行为本身进行深入研究。而在德日刑法学中，犯罪是指构成要件该当、违法、有责的行为。在这一犯罪概念中，主要研究刑法中的行为。而构成要件该当性、违法性和有责性则作为行为构成犯罪的要件，在犯罪论体系中加以研究。本章拟从犯罪概念出发，重点对行为论进行探讨。

一、行为论概述

如何正确理解行为，尤其是如何界定行为在犯罪论体系中的地位，是一个值得研究的问题，也是行为论的基础。

（一）行为的概念

“无行为则无犯罪”，这一法律格言已经昭示了行为之于犯罪的重要性。就此而言，行为在犯罪论中的核心地位似乎是不可撼动的。然而实际上并非如此，例如在刑法学中长期以来存在着行为刑法与行为人刑法之争。关于这个问题，德国学者罗克辛做过专门研究，指出：

> 人们理解的行为刑法（Tatstrafrecht）概念，是一种法定的规则。根据这个规则，刑事可罚性是与在行为构成方面加以限定的单一行为（或者可能情况下的多个行为）相联系的。同时，惩罚权仅表现为对单个行为的反应，而不是表现为对行为人整体生活导向的反应，更不是表现为对一种行为人所期待的未来危险的反应。行为人刑法（Täterstrafrecht）则相反，刑罚是与行为人的人格性（Persönlichkeit）相联系的。同时，刑罚是由行为人对社会的危害及其程度决定的。“行为人不是因为实施了一个行为而有罪，而是因为他是‘一个这样的人’而成为法定责难（Tadel）的对象”，“因为，与具体行为的有无以及如何实施不同，属于刑罚威胁的条件要求的更多，并且，需要进一步从行为人的个人特征方面寻求答案。在这种情况下，刑罚就适用于行为人本身”①。

行为刑法与行为人刑法之区分，就是客观主义刑法与主观主义刑法之区分。在刑法中，行为与行为人这两个要素都是不可或缺的，予以绝对的分离并对立也是不可取的。但在一部刑法中，在行为与行为人之间是有所偏重的，例如罗克辛就认为，德国现行刑法是一种行为刑法，但也存在着有限的行为人刑法的影响。② 甚至

---

① ［德］克劳斯·罗克辛：《德国刑法学总论》，第 1 卷，王世洲译，105～106 页，北京，法律出版社，2005。

② 参见［德］克劳斯·罗克辛：《德国刑法学总论》，第 1 卷，王世洲译，110～111 页，北京，法律出版社，2005。

可以说，在定罪与量刑这两个司法环节，行为刑法与行为人刑法的影响也是不同的。在定罪环节，基本上采用行为刑法。在量刑环节，则行为人刑法具有较大的影响。我国学者提出了人格刑法学的主张，指出：

> 我们所提倡的人格刑法学，是指顺应刑法的发展思潮，将行为刑法与行为人刑法既作了结合，又作了发展。结合表现在，以客观行为为前提，以犯罪人格这一主观性质的事物为补充，形成客观的危害社会行为十主观的犯罪人格这样一种二元的定罪量刑机制；对犯罪人格的考虑，并非仅为了从理论上改变犯罪处罚的根据，或仅主张犯罪人格之于量刑的意义，而是在于，突破现行以行为为中心的定罪机制，将犯罪人格由以往的量刑阶段推进到定罪阶段。在量刑阶段，仍然保持现行的以行为及人格为考察点的二元机制。这种将犯罪行为与犯罪人格并重，以犯罪行为与犯罪人格二元因素为定罪与量刑机制的刑法观，我们称之为人格刑法学，以区分于单一以行为为中心的行为刑法和以行为人为中心的行为人刑法。①

上述人格刑法学的构想具有理想的色彩，由于犯罪人格的可测量性问题并没有得到科学的解决，因而在定罪中引入行为人因素并不可取。因此，在目前的情况下，犯罪是一种行为这一命题仍然是难以撼动的。日本学者大塚仁提出了“作为犯罪概念的基底的行为”的命题，指出：

> 处于犯罪概念基底的，首先是行为（Handlung；Tat；Verhalten；acte；act）。是直视其现实意义来把握行为，还是认为行为具有行为人性格的征表意义，暂且不论。古典学派、近代学派从来都赋予行为在确定犯罪概念上以重要意义。在今日的刑法学上，无疑也必须以行为观念为核心来确立犯罪概念。上述的犯罪定义中以“符合构成要件的违法而且有责的行为”为犯罪，刑罚法规规定的各犯罪都由一定的行为来赋予

---

① 张文等：《人格刑法学导论》，67页，北京，法律出版社，2005。

特征，例如，在杀人罪中以“杀人”行为为内容（第199条）、在窃盗罪中以“窃取他人的财物”的行为（第235条）为内容。[①]

因此，行为是犯罪概念的基础，也是犯罪的本体性要素。只有在这个意义上，我们才能真正领悟“无行为则无犯罪”这一法律格言的深刻蕴含。

我国刑法第13条关于犯罪的法定概念，将犯罪界定为危害社会的、依照法律应当受刑罚处罚的行为。可以说，这一犯罪概念具有行为刑法的特征，它承认行为是犯罪的本体性要素。在我国关于犯罪概念的理论中，虽然个别学者论及犯罪的属概念是“人的行为”[②]，因而关切到犯罪概念中所隐含着的行为要素，但大多数学者在讨论犯罪的特征，尤其是犯罪本质特征的时候，完全忽略了对行为这一犯罪的本体性要素的考察。在此基础上形成与犯罪构成理论相对应的所谓犯罪概念理论，两者并不完全对接，造成两败俱伤的理论格局。

对于是否在犯罪构成体系以外专门对行为进行研究，我国学者是持否定态度的，认为把行为论独立于犯罪构成之外，并无多大实际意义。[③] 而在犯罪概念中，行为得不到真正的研究，由此而造成我国刑法学中行为论研究的空白。我认为在犯罪概念中真正应当研究的是行为，犯罪概念论应当向行为论转变，这是我国刑法学学术径路的应然取向。

作为犯罪概念基底的行为，并不是刑法规范意义上的行为概念，它是刑法的评价对象而不是评价结果。这样一个行为概念，也可以说是一种“裸”的行为概念。这个意义上的行为，是指行为人的身体举止。因此，行为的主体是行为人，行为是行为人的行为。并且，行为表现为行为人的一种身体举止，身体举止是行为的客观形式。德国学者罗克辛对行为作了以下描述：

> 这样，一个人事先实施了一个行为这种说法，就是对一个人必须能

---

① ［日］大塚仁：《刑法概说（总论）》，3版，冯军译，94～95页，北京，中国人民大学出版社，2003。

② 李居全：《犯罪概念论》，203页，北京，中国社会科学出版社，2000。

③ 参见熊选国：《刑法中行为论》，44页，北京，人民法院出版社，1992。

够把由他发生的一种事件或者一种不做（ein Nichttun）作为他的举止行为而归责于他这个内容，进行了一种价值评价的结果。因此，对一个行为的定义，不是通过那种根据经验可以找到的东西（除非因果关系，有意志的举止或者目的性）来决定的，而是通过价值评价方面的同一性认识来决定的。当人们能够把一种确定的由人而发生或者也是因他而不发生的作用，归咎于他这个人，就是他这个有思想的活动中心，从而使人能够谈论一种“做（Tun）”或者“让做（Lassen）”，或者谈论与此有关的一种“人格表现”的时候，一个人就已经行为了。尽管对一种行为的肯定还（也仅仅是暂时性的）没有与否定性的价值体系相联系（社会需要的具有危害性的举止方式也同样是行为），但是，在这个范畴之后还存在着一个刑事政策的目的，通过当做无行为（Nichthandlung）的评价来排除的是，与外部表现和人的存在的因果结果无关的，从一开始就不为刑法的许可范畴或者禁止范畴所决定的一切。①

在以上关于行为的论述中，以下三点对于我们理解行为的概念具有重要意义：

1. 行为是行为人的作品

行为当然是一种客观存在，但行为并不是一种无主语的宾语。行为是人的作品，它可以归责于行为人。行为这一概念，建立了行为人与外部世界的客观联系，从而使某种结果归属于行为人。当我们说某一结果是由行为造成的时候，就已经把这一结果从自然现象中分别出来了。对于自然原因造成的损害结果，我们称之为天灾，这是无可奈何的。在刑法史上，曾经将自然现象，或者动物造成的损害都归之为犯罪，但现今已经不再通行这一观念。只有人的行为造成的危害结果，我们称之为人祸，才是值得予以刑事追究的。因此，行为是行为人的作品，

① ［德］克劳斯·罗克辛：《德国刑法学总论》，第1卷，王世洲译，133～134页，北京，法律出版社，2005。

是行为概念的首要之义。

2. 行为是价值评价的结果

行为不是根据经验认知的，而是通过价值评价的同一性而被把握的。罗克辛对行为性质的这一揭示，强调了行为概念的价值性。那么，这与作为犯罪概念基底的行为是一种“裸”的行为这一命题是否存在逻辑上的矛盾呢？对于这个问题，需要进行细致的分析。所谓行为是“裸”的，也就是未经规范评价的，主要是指行为是刑法评价的客体而非刑法评价的结果，从而使行为与构成要件该当的行为加以区分。但这并不意味着，作为刑法评价客体的行为是纯物理、纯事实而未经任何价值评判的实体。实际上，行为作为人的身体动静，其本身是具有社会意义的。在刑法评价以前，已经经过了社会规范的评价，由此才能呈现在我们的面前。因此，行为具有价值评价的性质是不容否认的，只是应当把这种价值评价与刑法评价区分开来。

3. 行为是刑事政策的载体

行为本身包含了某种刑事政策的目的，因而是一种刑事政策的载体。这表明行为不是一个自在的概念，而是一个自为的概念，在行为概念中具有某种功利性目的。罗克辛认为，行为具有排除“无行为”或者“非行为”的作用，这对于我们理解行为的机能是十分重要的。行为概念本身就具有界定机能，因而它是一种具有刑事政策目的的能动性存在，而不仅仅是一种没有实际作用的概念。

（二）行为的体系性地位

刑法中的行为是作为犯罪概念的基底性要素而存在的。论及行为论，首先涉及行为的体系性地位问题。质言之，行为论与犯罪论体系的关系如何处理，这是我们首先需要面对的一个问题。关于行为是否属于犯罪论体系的独立要素，存在三分说与四分说之争。日本学者大谷实曾经作过以下描述：

> 成立犯罪，必须具有行为、构成要件、违法性以及有责性这四种要

素或要件。对这些要素或要件的相互关系进行系统讨论，就是犯罪要素体系化的课题。关于犯罪要素的体系化，有（1）将行为作为犯罪论的基础，把构成要件符合性、违法性、责任作为犯罪的成立要件的三分说的立场；（2）因为构成要件符合性的判断与违法性不可分割开来，因此，将构成要件放入违法性之内，主张采取行为、违法性（不法）、责任的三分说的立场；（3）赋予行为独立的体系性地位主张采取行为、构成要件符合性、违法性、责任的四分说的立场之间的对立。①

以上三种观点，都主张行为论是刑法学的重要内容，但对于行为是否纳入犯罪论体系，存在肯定说与否定说。肯定说主张将行为纳入犯罪论体系。其中又有不同的处理方法：四分说将行为与构成要件该当性、违法性与有责性并列，形成四阶层的犯罪论体系。三分说把行为纳入构成要件该当性，形成构成要件该当性（包括行为）、违法性与有责性的三阶层的犯罪论体系；或者将构成要件并入违法性，形成行为、违法性与有责性的三阶层的犯罪论体系。而否定说则将行为论与犯罪论体系并列，将行为作为犯罪概念的基底性要素加以讨论，而犯罪论则坚持构成要件该当性（不包括行为）、违法性与有责性的三阶层的犯罪论体系。

对于行为是否纳入犯罪论体系，在德日刑法学中始终存在争议。古典派学者贝林是主张在构成要件之前讨论行为的，他指出：

> 在方法论上，人们按照合目的的方式提出了六个有此特征的犯罪要素，其顺序和结构为："构成要件符合性"需要置于"行为"之后，然后依次就是"违法性"—"有责性"—"相应的法定刑罚威慑"—"刑罚威慑处罚的条件"②。

① ［日］大谷实：《刑法讲义总论》，新版 2 版，黎宏译，86 页，北京，中国人民大学出版社，2008。

② ［德］恩施特·贝林：《构成要件理论》，王安异译，62～63 页，北京，中国人民公安大学出版社，2006。

在贝林看来，行为是犯罪的基底，是构成要件的评价对象。在确定存在刑法中的行为以后，再进行构成要件该当性的判断。德国学者对古典派的犯罪论体系所采取的方法论作了以下评论：

> 古典犯罪概念是从法学实证主义（rechtswissenschaftlicher Positivismus）的法学思考方式出发的。对此人们理解一种被严格限制于制定法及其解释的见解，该见解试图解决所有具有概念一体系论点的法问题，而哲学评价、心理学认识和社会学事实应当被排除于法解释之外。这就产生了人的行为特征的一个极端形式的画面，该人的行为特征是在犯罪概念构成中需要考虑的。自然主义理解的行为、客观一叙述性理解的构成要件、客观一规范限制的违法性界定和主观一叙述性理解的罪责之间应当加以区分。①

因此，古典派的犯罪论体系是将行为作为前置性要素加以确定的。此后，新古典派的犯罪论体系、目的行为论的犯罪论体系虽然在违法与责任等要件的内容上作了重大调整，但始终还是把行为作为犯罪的基础概念。在这种情况下，行为论是与犯罪论并列的，在逻辑上是前置于犯罪论的，并将行为概念贯穿犯罪论体系。对这一行为的体系性地位提出批评的是日本学者小野清一郎，他不赞同把行为当作法律的构成要件的评价之前的东西来考虑，认为这是行为论历来的一种通病，是一种“纯粹”行为论。小野清一郎在论及构成要件与行为论的关系时指出：

> 在刑法上所考虑的行为，是构成要件的行为，这种行为也是伦理性质的行为。刑法学也不能不把这一点作为构成要件中的核心要素来提出问题。与构成要件无关的行为，在刑法学中也没有考虑的必要。历来的刑法学者几乎都是先于构成要件的（纯粹的）行为论出发，而与忽视行

① ［德］汉斯·海因里希·耶赛克、托马斯·魏根特：《德国刑法教科书》，徐久生译，251～252 页，北京，中国法制出版社，2001。

为的伦理意义和法的意义的实证主义和自然主义思想相结合，不仅如此，在体系上也陷于失误。①

这样，小野清一郎就将行为纳入构成要件论，从而把行为论意义上的行为与构成要件意义上的实行行为合二为一。这样一种体系性安排虽然具有简便性，但在逻辑上存在难以贯通之处。实际上，行为论是行为存在论，而犯罪论是行为属性论，正如我国学者所指出的那样，行为的存在与行为的属性是截然可分的。②行为的存在论涉及的是行为有还是没有的问题，从而为刑法评价提供客体；而行为的属性论涉及的是行为是否构成犯罪的问题，从而完成定罪的使命。例如罗克辛认为，行为是全部应受到刑事惩罚的举止行为的表现形式的上位概念，它贯穿于整个定罪过程。罗克辛指出：

行为应该与具体的犯罪范畴相互联系，从而使行为在犯罪构造的每一个阶段重新出现，并且通过附加的属性成为一个更加准确的标志。然后，行为就作为这种标志被确定，并且作为具有行为构成符合性、违法性、有罪责性和应受刑事惩罚的行为，被更加丰富的价值称谓所修饰。行为的概念，应当就这样贯穿于整个刑法体系之中，并且在一定程度上成为这个体系的支柱。③

在罗克辛看来，行为是主语，而构成要件该当性、违法性和有责性都是用来定义行为的，使行为的价值内容更加丰富，是行为的修饰语。根据以上我对行为的体系性地位的理解，可以对我国刑法规定的意外事件与不可抗力的体系性地位作出法教义学的分析。我国刑法第 16 条规定：

行为在客观上虽然造成了损害结果，但是不是出于故意或者过失，

---

① ［日］小野清一郎：《犯罪构成要件理论》，王泰译，84 页，北京，中国人民公安大学出版社，2004。

② 参见王充：《中日犯罪论体系的比较与重构——以行为论与犯罪论的关系为视角》，载《中国法学》，2006（6）。

③ ［德］克劳斯·罗克辛：《德国刑法学总论》，第 1 卷，王世洲译，147 页，北京，法律出版社，2005。

而是由于不能抗拒或者不能预见的原因所引起的，不是犯罪。

这一法律规定的内容是十分明确的：只要是不能抗拒的原因或者不能预见的原因所引起的损害结果，行为人就不负刑事责任。因此，对于司法实务来说，立法本意是清楚的。但教义刑法学不能满足于结论，而且要给出理由。那么，在教义刑法学中如何对意外事件和不可抗力的出罪根据进行分析呢？

关于意外事件，不仅我国刑法有规定，其他国家刑法也有规定。例如《意大利刑法典》第 45 条明文规定因意外事件而实施行为的，不受处罚。在刑法理论上，意大利学者认为“意外事件”（il caso fortuito）在刑法体系中一直是一个“无家可归的流浪者”。因为它在刑法体系中究竟属于何种范畴，刑法学界从来没有定论。在意大利刑法学界，关于意外事件的体系性地位，主要存在以下三种观点：

> 第一种观点主张意外事件应属于因果关系研究的问题。第二种观点认为意外事件应属于研究行为是否出于主体意志与意识时所探讨的范畴。第三种观点，也是占统治地位的观点，认为意外事件是从一个侧面界定过失的标准，因为意外事件就等于“不可预见性”①。

由此可见，对于意外事件在刑法体系中的地位是存在较大争议的，这个问题主要涉及过失行为、过失犯的因果关系以及过失的心理内容等重大理论问题。一般而言，过失行为主要表现为客观注意义务的违反。就此而言，意外事件与过失行为具有共同性，因而难以将其从行为范畴中予以排除。进入构成要件以后，从客观上来看，构成要件该当的行为、结果及其因果关系都是存在的，只能将意外事件看作是因不能预见，即没有主观注意义务的违反而排除过失的情形。由此可见，意外事件是一个在具备了行为，进入构成要件以后，是否存在过失的判断问题。

---

① ［意］杜里奥·帕多瓦尼：《意大利刑法学原理》（注评版），陈忠林译评，263 页，北京，中国人民大学出版社，2004。

不可抗力则与之不同。不可抗力是由不能抗拒的原因所引起的。那么，什么是不可抗力呢？不可抗力是指非人力所能抗拒的力量，包括自然力的控制和人力的强制。《意大利刑法典》第45条也规定对因不可抗力而实施的行为，不受处罚。《意大利刑法典》第46条还对身体强制作了规定：

> 因遭受他人采用的、不可抗拒的或者不能比其他方式避免的暴力而被迫实施行为的，不受处罚。在此种情况下，采用暴力的人对受强迫者实施的行为负责。

在意大利刑法理论上，一般认为身体强制也是一种不可抗力，属于广义上的不可抗力。尽管《意大利刑法典》是在同一条文中规定意外事件与不可抗力的，但在意大利刑法学体系中，意外事件与不可抗力分别在罪过与典型事实中加以讨论。在典型事实中涉及行为中的意识与意志问题。意识与意志是刑法中行为成立的条件，而不可抗力（forza maggivre）和身体受强制（constringimento fisico），被认为是两种典型的排除意识与意志因素的情况。不可抗力是一种外在的自然力，它决定主体的身体不可能用其他方式行动。因此，所谓不可抗力就是不允许主体选择行为的自然力量（如山崩、突遇狂风等）。身体受强制，实际上也是一种不可抗力，它与前者的区别在于，这种力量是一种由他人实施的物质性暴力。[①] 因此，在意大利刑法学中，不可抗力是在典型事实中讨论，它是一个没有典型行为的问题。

意大利刑法理论中的典型行为，相当于德日刑法学中的构成要件行为，即实行行为。但如果把行为论放在犯罪论之前研究，不可抗力则是一种没有行为的问题，它根本就不应进入构成要件该当性的判断。因为构成要件该当性是指在一个行为已经成立的前提下，考察这一行为与刑法分则所规定的具体犯罪的构成要件之间是否具有同一性，这是一种规范判断。

---

① 参见［意］杜里奥·帕多瓦尼：《意大利刑法学原理》（注评版），陈忠林译评，131页，北京，中国人民大学出版社，2004。

(三) 行为的机能

在刑法学中，一般认为行为概念具有以下三种机能：

1. 基本要素的机能

行为的基本要素的机能，是指逻辑意义的机能，即在刑法判断的范围内，作为论述性确认或者规范性评价而考虑的所有宾语和附加语，都必须回溯到行为这一共同概念之上。[①] 简言之，行为是主语，而主语是宾语和状语以及其他语存在的逻辑前提。“无行为则无犯罪”这一法律格言就是对行为概念所具有的基本要素机能的绝佳概括。

2. 结合要素的机能

行为的结合要素的机能，是指体系意义的机能，即在构筑犯罪论体系时，把违法、有责、可罚性这种无价值判断结合在一起。[②] 因此，行为概念是构成要件、违法、责任这些要件的连接因素。行为概念就像一根红线，将构成要件、违法、责任等要件串联起来，形成一个犯罪论体系，并且在一定程度上成为这个体系的支柱。就此而言，行为概念对于犯罪成立条件起到了一种统合作用，这也是行为概念所具有的体系化意义。

3. 界定要素的机能

行为的界定要素的机能，是指实际意义的机能，即把刑法上完全不重要的形式不视为行为，一开始就将其置于刑法考察的范围外。[③] 如果说，前两个机能主要是理论意义的机能，那么，行为的界定要素机能就是具有实际功效的机能，通过这个机能，把“非行为”排除在刑法评价范围之外。这些“非行为”，包括动物引起的事件、单纯的思想、痉挛性发作等情形。

---

①②③　参见［日］大塚仁：《刑法概说（总论）》，3 版，冯军译，95 页，北京，中国人民大学出版社，2003。

二、行为的理论

关于行为的理论，在刑法学中也称为行为论，是刑法学的重要内容之一。从历史上来看，行为论经历了从存在论的行为论到价值论的行为论的演进。其中，因果行为论、目的行为论、社会行为论和人格行为论，可以说是行为论发展史上的四座里程碑。我国学者揭示了行为理论从存在论到价值论的发展脉络，指出：

> 从行为理论在20世纪以来的演进过程中可以看到，行为观念中的物理因素在逐渐消解，或者说逐渐成为讨论内部的对象要素，而规范要素、评价因素则逐渐增多，行为概念的解释力也随之逐渐提高。从自然行为论、因果行为论直至目的行为论、社会行为论及人格行为论，行为成立的着眼点依“身体性”、“意思性”、“目的性”而至“社会重要性”及“人格性”的脉络而发展，由行为的事实存在及至行为的价值评价，颇清晰地形成一条由存在论的行为论——自然行为论、因果行为论及目的行为论，至价值行为论的行为论——社会行为论和人格行为论的发展轨迹。前者从物理空间的实证意义上认识行为，而后者则从一定的价值意义上来界定行为。前者从行为的外部特征或内在特征判断行为，仅局限于行为本体；后者则在理解刑法中的行为时需在人之外引入价值评价或者规范评价因素。这条轨迹同时也表征了科学主义（初期的自然主义）与人文主义在刑法学行为理论上的纠缠。[①]

从存在论的行为论到价值论的行为论，这是一个对行为的认识逐渐深化的过程。存在论与价值论，就成为观察行为的两种方法论。

---

① 方泉：《犯罪论体系的演变——自“科学技术世纪”至“风险技术社会”的一种叙述和解读》，130页，北京，中国人民公安大学出版社，2008。

（一）因果行为论

古典学派信奉的是经验主义与实证主义，亦即自然主义。它在行为论中引入自然主义的方法，注重对行为的物理分析。例如日本学者小野清一郎曾经引述威尔泽尔的评论，指出：

> 19 世纪的刑法学对行为——其他也如此——的认识是自然科学的、实证主义的、自然主义的。在这个问题上，不仅是新派刑法学，就是旧派刑法学也没有摆脱这种倾向。[①]

这里所说的新派刑法学，就是指李斯特的学说。李斯特强调行为的举止性，指出：

> 行为（Handlung）是相对于外部世界的任意举止（willkuerliches Verhalten）。具体地讲，这一任意行为能够改变外部世界，不论是造成某种改变的作为（Tun），还是造成某种改变的不作为（Unterlassen）。[②]

在上述行为概念中，李斯特强调行为在客观上的举止性与主观上的有意性，并且把外部世界的变动纳入行为概念，把有意性与外部世界的变动性之间的关系描述为一个因果历程，因而称为因果行为论。在自然主义的道路上，李斯特是走得相当远的。在 1913 年为德国刑法典所提的建议中，李斯特把侮辱行为描述为“一连串的喉结抖动，血脉贲张，引致他人不愉快的情绪”。在这种情况下，侮辱行为只剩下喉结抖动、血脉贲张等生物特征，而没有任何价值判断。对于李斯特的这一行为理论，德国学者作了十分深刻的评论，指出：

> 在德国，自世纪变更起为通说所主张的实证主义的古典犯罪概念，表明了其简单明了的、具有教育上的优势的体系。该体系的基础便是行为概念，贝林和冯·李斯特仍然将行为概念，从纯自然主义的角度理解

① ［日］小野清一郎：《犯罪构成要件理论》，王泰译，74 页，北京，中国人民公安大学出版社，2004。
② ［德］李斯特：《德国刑法教科书》，修订译本，徐久生译，176～177 页，北京，法律出版社，2006。

> 为身体运动（狭义的行为）和外部世界的改变（结果），两者由因果关系链联系着，根据“相当理论”（Aequivalenztheorie），该因果关系看起来排除了在构成要件形成中的所有实质上的区别。该种最表面的考察方法的弱点在于对不作为犯罪无法解释，而不作为犯罪在刑法中是与积极的作为一样被列入行为概念的，但不作为并不是身体的运动，而是恰恰相反。冯·李斯特第一个将不作为犯罪的本质没有看作是身体活动，而是从精神上看到其社会意义，即法秩序期待着一个特定的行为。由此，自然主义的行为概念的基底被放弃了。①

上述论断一针见血地点中了因果行为论的死穴：对于不作为缺乏合理的解释。在行为概念中，李斯特是把不作为解释为身体活动之静止的。贝林也把不作为定义为肌肉静止，以便与肌肉运动相对应。② 从自然主义的角度来看，不作为主要是一种精神活动，但从身体活动上来说，不作为是“无”。由此可见，因果行为论是具有局限性的。

（二）目的行为论

目的行为论也是一种存在论的行为论，只不过它对行为的关注从客观外在的身体举止转移到了主观内在的目的活动。在因果行为论中，虽然也强调行为的有意性，将意志活动作为行为的出发点，但因果行为论是注重结果的，即外部世界的变动，因而具有客观主义的性质。而目的行为论则将行为的中心返还到人的目的性，主要是目的对于行为的支配性。正如德国学者指出的：

> 目的行为论认为，人的行为不单纯是由意志支配的因果过程，而是有目的的活动。目的性（Finalitaet）是以人的能力为基础的。该能力是

① ［德］汉斯·海因里希·耶赛克、托马斯·魏根特：《德国刑法教科书》，徐久生译，250页，北京，中国法制出版社，2001。

② 参见［德］恩施特·贝林：《构成要件理论》，王安异译，65页，北京，中国人民公安大学出版社，2006。

在一定程度上预见其因果行为的结果，并使用手段有计划地操纵向既定目标前进的过程。因此，引导因果事件的意志是“目的行为的支柱”，是“决定外部因果事件的操纵因素”。对行为的符合目的的操纵分为三个阶段：首先思想上要有目标，其次要选择实现目标所必须的行为方法，最后在现实事件的世界里实现行为意志。[①]

如果说因果行为论还具有一定的机械性，那么，目的行为论则充满了主观能动性，使行为论从客观主义转向主观主义。相对于因果行为论，目的行为论强调目的性因素对于行为的支配意义，对于行为的把握是更为深刻的，在一定程度上克服了因果行为论的机械性。当然，作为一种存在论的目的行为论，遇到了与因果行为论同样的困境，就是难以解释某些犯罪类型。如果说，因果行为论对不作为的行为性在解释上无能为力，那么，目的行为论对过失行为，尤其是疏忽大意的过失行为在解释上也是苍白无力的。因为在过失的情况下，行为人并没有某种目的性，所以过失行为就不能判断为刑法上的行为。为了自圆其说，目的行为论对行为目的作了重新解释。威尔泽尔提出了现实目的与潜在目的，认为故意的行为是被现实的目的性（aktuelle Finalität）所支配的，在过失的情形下则是潜在的目的性（potentielle Finalität），以此来说明过失行为仍然是行为。[②] 这里所谓潜在的目的，指的就是盲目，因而就会得出结论：盲目就是目的。没有目的本身就是一种目的，这显然是一种强词夺理。因此，从存在论的角度来看，所谓潜在目的性是不能成立的。后来，威尔泽尔接受了批评，修正了自己的观点，又提出了指向构成要件性结果的目的性与指向构成要件性结果以外的结果的目的性，认为故意的行为是指向构成要件性结果的目的性行为，过失行为则是指向构成要件性结果以外的结果的目的性，或者说具有指向在法律上不重要的结果的目的性。

① ［德］汉斯・海因里希・耶赛克、托马斯・魏根特：《德国刑法教科书》，徐久生译，270～271 页，北京，中国法制出版社，2001。

② 参见［日］大塚仁：《犯罪论的基本问题》，冯军译，29 页，北京，中国政法大学出版社，1993。

因此，过失行为仍然是目的性行为。[①] 例如，甲驾驶汽车过失撞倒了乙，他虽然不具有撞倒乙的目的，但如果他是驾驶汽车想回家的话，则具有为了回家而驾驶汽车的目的；又如丙在擦枪时碰到扳机误伤了旁边的丁，丙虽不具有伤害丁的目的，但是擦枪行为本身是有目的的。因此，过失行为都可以看成是目的性行为。此外，在不作为问题上，目的行为论试图在作为与不作为之上提出人的行态（menschliches Verhalten）的概念，说明作为和不作为都是由目的性行动力（finale Tatmacht），即能够适应行为人的目的统制其意思的能力所支配的行为，以此作为作为和不作为的上位概念。[②] 但行为能力与行为本身是不同的，两者不能混为一谈。由此可见，目的行为论对于过失行为与不作为在解释上捉襟见肘，首尾难顾。对此，日本学者作了如下评价：

> 目的行为论强调行为的目的性时，出于过失的情形下，严密地看不是相当于行为的范畴吗？以构成要件的结果以外的结果为目标的目的性和以法上不重要的结果为目标的目的性，本来是不应该视为刑法的对象。因为在日常生活的用语例中，在刑法的意义中，过失行为都是指有缺点的人的行为本身，而不是积极的目的的志向性行为。过失行为的主观面，不应从目的性而应从仅仅产生其态度的主观心情上求得。而且，因为因果行为论重视了行为的存在论意义，不得不把不具有存在性的不作为从行为中排除出去，与自然行为论一样，是有问题的。在这个立场上，它最终不能使行为观念发挥界限机能。[③]

（三）社会行为论

因果行为论和目的行为论都存在解释力不强的缺陷，这一缺陷盖源自其存在

---

① 参见［日］大塚仁：《犯罪论的基本问题》，冯军译，29页，北京，中国政法大学出版社，1993。

② 参见［日］大塚仁：《犯罪论的基本问题》，冯军译，30页，北京，中国政法大学出版社，1993。

③ ［日］大塚仁：《刑法概说（总论）》，3版，冯军译，99页，北京，中国人民大学出版社，2003。

论的性质。因为存在论以一种自然主义的眼光来看待客观世界，把事物看作是一种自在之物。由此出发观察行为，只看到了行为的物理层面，因而难以对行为作出合理说明，这样的一种行为概念连贝林自己也称为“无血的幽灵”[①]。在这种情况下，价值论的行为论之提出，在一定程度上弥补了存在论的行为论的不足之处。

价值论是新康德主义的哲学观点，其代表人物是文德尔班。文德尔班论证了哲学的中心概念是“价值”。哲学只能作为具有普遍适用性的价值科学而存在；不仅伦理学、美学的原则是价值判断，认识论的问题实际上也是价值论（Axiology）的问题。真理是逻辑判断的价值，真理不但是事实判断，而且是应该这样思维的价值判断，是思想的规范。[②] 价值论的提出意味着一场方法论的革命：存在论关注的是“是”与“不是”，而价值论强调的是“应”与“不应”。存在论的行为论只是从“是不是”的角度观察行为，看到了行为事实存在的一面，但没有看到行为规范存在的另一面，因而是片面的。而价值论的行为论则从“应不应”的角度观察行为，在行为概念中引入了规范评价要素，由此较好地解释了不作为的行为性。

在价值论的行为论中，社会行为论是一种较为有力的行为理论。可以说，社会行为论并不是建立在对因果行为论和目的行为论的全然否定的基础之上的，而是以规范要素弥补存在论的行为论之不足。这里应当指出，社会行为论尤其与因果行为论之间具有渊源关系。因为社会行为论的首倡者施密特是李斯特的亲炙弟子，并且是在修订李斯特的刑法教科书时在行为定义中引入了社会性要素，由此发展成为社会行为论。[③] 社会行为论受到刑法学界的肯定，例如德国学者耶赛克

① ［德］克劳斯·罗克辛：《德国刑法学总论》，第1卷，王世洲译，151页，北京，法律出版社，2005。

② 参见赵敦华：《现代西方哲学新编》，39页，北京，北京大学出版社，2001。

③ 参见方泉：《犯罪论体系的演变——自“科学技术世纪”至“风险技术社会”的一种叙述和解读》，125页，北京，中国人民公安大学出版社，2008。

就主张社会行为论，指出：

社会的行为概念包括了所有的对刑法判断有意义的人类的行为方式。此外，它还包括不仅仅是抽象的轮廓，而且包括对行为的存在进行具体描述的定义，此等定义可因构成要件适当性、违法性和罪责的一般之犯罪特征而派生出更加详细的规定。最后，可将对刑法判断没有意义的行为方式予以排除。①

根据社会行为论，刑法中的行为不再是一种纯自然的现象，而是具有社会重要性的现象，这种社会重要性是根据规范来加以界定的。对于不作为来说，虽然在存在论的意义上是“无”，但从社会观念上观察，是没有实施规范所期待的行为，因而在价值论意义上是“有”。社会行为论给作为与不作为提供的上位概念是人的态度。德国学者指出：

人与其环境产生的矛盾形式（在积极的作为情况下的目的性和在不作为情况下的可操作性），从本体论层面来看是不可结合的，因为不作为本身并不是目的，其原因在于期待的目的性之投入在不作为情况下恰恰是不存在的。如果能找到一个评价种类的上位观点，该观点使在存在领域不可结合的要素在规范领域结合，那么，就可以将作为和不作为置于统一的行为概念之下。这种结合法必须在人的态度对环境的关系中去寻找。这是社会行为概念（sozialer Handlungsbegriff）的意义。根据该行为概念，行为是对社会有意义的人的态度。②

因此，社会行为论在界定行为的时候，有两个关键词：一是社会重要性，二是人的态度。其中，社会重要性是规范要素，人的态度是实体要素。当然，社会行为论不像因果行为论那样具有客观的确定性，例如社会意义作为一种价值判

① ［德］汉斯·海因里希·耶赛克、托马斯·魏根特：《德国刑法教科书》，徐久生译，276页，北京，中国法制出版社，2001。

② ［德］汉斯·海因里希·耶赛克、托马斯·魏根特：《德国刑法教科书》，徐久生译，275页，北京，中国法制出版社，2001。

断，本身就是相对的。甲认为具有社会意义，而乙则认为不具有社会意义。尤其是，社会意义能否作为行为的本质属性也是值得怀疑的。因为它界定的不是行为而是行为的性质。正如罗克辛指出的：

根据这种认识，存在的就不仅有社会重要性的行为，而且当然也有无社会重要性的行为。因此，社会重要意义就是一种行为所具有的或者不具有的性质。缺少它，取消的不是行为，而仅仅是其社会意义。①

由此可见，社会行为论也并非完美无瑕。在采用社会行为概念的时候，价值评价要素与实体性存在要素如何协调，这还真是一个值得推敲的问题。

（四）人格行为论

相对于社会行为论是对因果行为论的价值补充，较为偏向于刑法客观主义；人格行为论是对目的行为论的价值补充，较为偏向于刑法主观主义。应该说，人格行为论也是在德日刑法学界具有较大影响的一种行为论。例如德国学者罗克辛就坚决主张人格行为论。此外，日本学者大塚仁也主张人格行为论，甚至以人格行为概念为基础形成了人格刑法学。

人格行为论把行为看作是人格的外在化，是对行为起支配作用的东西。那么，什么是人格呢？人格是一个心理学的概念，心理学家指出：

人格（Personality）一词来自拉丁文面具（Persona）。面具是在戏台上扮演角色所戴上的特殊脸目，它表现剧中人物的身份。把面具指义为人格，实际上说明两层意思：(1) 一个人在生活舞台上演出的种种行为；(2) 一个人真实的自我。把人格说成是面具那样的东西，说明人格就是表现于外的，在公众场合上的自我。我们把自己显示于世界的就是

① ［德］克劳斯·罗克辛：《德国刑法学总论》，第 1 卷，王世洲译，156 页，北京，法律出版社，2005。

我们的人格，这种说法正好表明人还有由于某些原因不显示的，蕴藏起来的东西。面具一词经过心理学界和其他有关领域的多种应用并产生了不少演变之后，瑞士心理学家荣格将它采用于自己的学说之中，其含义指自我的外延。①

因此，人格是真实的自我，它隐藏在人的背后，对人的行为举止起到某种支配性。就人格与行为的关系而言，可以说，人格是行为的内在根源，而行为是人格的外在显现。如果不从人格上揭示行为的性质，对行为的把握无疑是十分肤浅的。因此，对行为进行追根溯源式的考察，就涉及行为背后、对行为起支配作用的人格要素。

从对行为分析的逻辑上说，人格行为论与目的行为论是存在共通之处的，都是不满足于对行为之外在特征的描述，而力图揭示隐藏在行为的客观外表背后的支配性要素，而在人格行为论那里则是人格性。大塚仁指出：

人格行为论把作为行为人主体性的表现的行为作为问题，可以说，是考虑到行为作为刑法评价的对象，不仅要受到构成要件符合性的判断、违法性的判断，而且也要受到最终的责任判断，这是立足于行为论的学说史发展方向所体现的适当理论志向。虽然作为刑法评价对象的行为必须是能够成为犯罪的行为，但是，关于犯罪成立与否的最终阶段的评价，是能否将责任归于行为人的判断。如后所述，所谓责任，是就其行为对行为人进行的道义非难，必须以能够负担这种道义非难的行为人自身的主体性为前提。②

值得注意的是，大塚仁认为，人格行为论是一种存在论的行为论，它所强调的是作为事实性行为的人格行为。正是在这个意义上，大塚仁反对社会行为论，认为它是经过某种刑法评价的规范性行为。但在这一问题上，同样是赞成人格行

① 陈仲庚等：《人格心理学》，1～2页，沈阳，辽宁人民出版社，1986。

② ［日］大塚仁：《刑法概说（总论）》，3版，冯军译，100～101页，北京，中国人民大学出版社，2003。

为论的德国学者罗克辛具有不同见解，罗克辛承认人格行为论具有规范性，属于价值论的行为论。罗克辛指出：

> 在这里发展起来的人格行为的概念，因此，——不同于自然的和目的的概念，但是与社会的和否定的概念有一致性——是一种规范的概念。这个概念是规范性的，其中，人格表现的标准从一开始就表明了决定性的评价方面。在行为的审查中，这个方面在法律上是必须具有的。这个概念在边界范围内，是根据一种与评价观点相适应的法律决定安排的，在这个意义上，这个概念也是规范性的。但是，这个概念不是规范主义的，因为它最准确地使生活的真实性一目了然，并且在任何时候都能够注意到最新的经验性研究的知识。①

人格行为论到底是一种存在论的行为概念，还是一种价值论的行为概念，这涉及对人格本身的理解。人格当然是一种心理结构，因而具有事实性，这一点是不可否认的。但是人格这种事实与肌肉运动与静止（因果行为论）或者目的活动（目的行为论）相比，在人格中当然更多地包含了规范评价要素。从这个意义上，毋宁说，人格是一种规范性的事实要素，同时具有事实性与规范性。但如果按照这个标准，社会行为论也是以事实性要素为基础的，同时不能否认其具有事实性与规范性。相对于只有事实性没有规范性的因果行为论与目的行为论而言，人格行为论与社会行为论一样，还是一种价值论的行为论。

（五）规范行为论

规范行为论，也称为否定的行为概念。这里的否定，是指对事实性要素的否定。因为行为本来是一个事实性概念，没有事实性要素的行为就不是行为，因而

① ［德］克劳斯·罗克辛：《德国刑法学总论》，第 1 卷，王世洲译，170 页，北京，法律出版社，2005。

这里的否定也是对行为本身的否定。从这个意义上说，否定的行为概念是一种没有行为的行为概念。否定的行为概念虽然对行为的事实性要素完全否定，但对行为的规范性要素则完全肯定。因此，否定的行为概念是一种规范性的行为论，甚至是纯粹的规范行为论。罗克辛指出：

> 最近一段时间，有许多学者开始从各种角度进行努力，争取通过发展一个“否定的行为概念”，为犯罪理论提供一个新的基础。在所有这些理论中，决定性的观点可以简要表达为“可避免原则”。它的第一个有影响的表达方式是卡尔斯提出来的：“如果一个行为人能够避免一个结果的发生，并且法律也要求他避免这个结果的发生，那么，只要他不避免而使这个结果发生的，就应当将这个后果归责于这个行为人。”然而，当卡尔斯在可避免性中仅仅看到一种行为构成的归责原则时，赫茨贝格就将这个原则第一次用作他表明为“否定的”，同时包容了作为和不作为的行为概念的基础。刑法的行为是在保障地位上所作的可以避免的不避免。①

罗克辛把否定的行为概念的核心观念称为可避免原则，即应当避免而不避免，就是行为。与此十分类似的是英美刑法中的控制原则。美国学者对控制原则的内容作了以下说明：

> 一个人，如果他不能防止事情的发生，就是对事态不能控制。如果事态是行为，他应该能不为该行为；如果是后果，他应该能防止其发生；如果是意图，他应该能不具有这个意图；等等。②

美国学者认为控制原则更加清晰地表达了包含在犯罪行为要件中的正确含义，并用这个原则去取代犯罪行为要件。控制原则与上述否定的行为概念如出一

① ［德］克劳斯·罗克辛：《德国刑法学总论》，第1卷，王世洲译，156页，北京，法律出版社，2005。

② ［美］道格拉斯·N·胡萨克：《刑法哲学》，谢望原等译，103页，北京，中国人民公安大学出版社，1994。

辙，都是从否定事实性要素的意义上论证行为的内容。我们将规范行为论与因果行为论相比就会发现：这两种行为理论处于存在与价值的两个极端。因果行为论是彻底的存在论立场，完全否定行为的规范性。而规范行为论则是完全的价值论立场，彻底否定行为的事实性。规范行为论消解了行为的事实性，虽然具有较强的解释力，但它使“无行为则无犯罪”的法律格言流于形式，潜藏着对法治的破坏，因而是不能接受的。由此可见，在行为论的选择上，本身就是包含某种价值取向的。

通过对以上行为论的分析可以看出，刑法上的行为论始终在事实与价值之间纠缠不清。当然，从行为论之发展趋势上来说，以事实性要素为主，以价值性要素为补充的综合行为论，例如社会行为论与人格行为论，是更有说服力的。

行为论是刑法学的一个重要学术领域，也是犯罪论体系的基石范畴。德日刑法学对行为概念进行了长达百年的探索，历经各种行为论的演进，至今也不能说已经找到了一个完美无缺的行为概念，其中客观上的身体运动和主观上的意志支配、事实上的实体性要素与价值上的规范性要素互相交叉。从发展趋势上看，纯粹的存在论的行为论与彻底的价值论的行为论都难以成立，而综合上述客观要素与主观要素、事实要素与价值要素的复合行为论，也许是更有前景的一种行为理论。

三、行为的构造

刑法中的行为是一个专业性的概念，它不同于日常生活中的行为概念。因此，在行为论中应当对行为的构造加以论述。我认为行为具有以下两个方面的要素：

（一）体素

行为的体素，是指行为的举止性，它主要表现为身体动静。行为的体素，是从客观层面上考察行为。应当指出，行为的体素不能简单地归结为行为的物理要素。因果行为论曾经强调行为的有体性，认为有体性是指行为人在主观意思的支配下，导致身体的运动，并引起外界的客观变动。这种有体性是单纯地从物理意义上把握人的行为，追求行为的事实性存在。我认为，行为的体素不完全表现为行为的有体性。不可否认，在具有有体性的情况下，行为性是容易获得证明的；而在缺乏有体性的情况下，行为性则较难证明。当然，较难证明不等于不能证明。体素是行为的客观要素，它对于标记行为来说，具有重要意义。尽管在不作为与过失的情况下，体素具有特殊表现形式，但还是不能否定行为的体素对于行为构造的重要性。

在刑法学中，经常讨论所谓行为性的问题。那么，什么是这里的行为性？我认为，这里的行为性并不是有体性，而是指具备行为的体素。行为的体素，应当从事实和价值这两个方面加以论证。在身体运动的情况下，这种运动本身就具有行为的体素。而在身体静止的情况下，其行为的体素只有通过规范评价才能显现出来。

以下，我对不作为、过失行为，尤其是过失的不作为的行为性加以论述，并根据体素将思想、言论的行为性予以排除或者界定。

1. 不作为的行为性

关于不作为的行为性，曾经存在一种否定性的观点，认为不作为不具有行为性，因而不作为根本就不是行为。例如德国学者拉德布鲁赫指出：

> 不作为与作为是“静”与“动”之关系，恰如A与非A之关系，或肯定与否定之关系，不能具有共通之上位概念，因而应将不作为与行为并列。①

当然，这是一种十分极端也是极为个别的观点。基于“无行为则无犯罪”的观点，不作为只有解释为行为才能为犯罪提供基底。因此，各种行为论都试图对

① 转引自洪福增：《刑法理论之基础》，61页，台北，三民书局，1977。

不作为的行为性作出合理的说明，但并不都是成功的。从总体上来说，存在论的行为论对不作为的行为性都不能合理地给出解释，而价值论的行为论则能够较为圆满地为不作为的行为性提供理由。

如前所述，不作为的行为性在证明上的困难源自它是身体的静止，即不像作为那样存在身体的外部动作，在单纯物理意义上是一种“无”的状态。因果行为论因为强调行为的有体性，因而难以对不作为的行为性作出有效说明。为使不作为归之于行为，在因果行为论中，或者是像贝林那样，放弃行为概念中的意思限定要素，将行为概念变通为没有内容的抽象物——人的意志；或者是像李斯特那样，放弃行为概念的有体性，强调行为中的意思作用同结果之间的因果关系。但在这种情况下，已经难以坚守其因果行为论的基本立场。

目的行为论立足于人的主观目的，消解行为的机械性，对于理解行为的本质具有一定的意义。但目的行为论主要适用于对故意的解释，对于不作为的行为性则难以作出科学论证。为此，目的行为论提出人的形态（menschliches Verhalten）的概念，在此基础上引申出目的行动力（finale Tatmacht）以联结作为与不作为，使之共同归属于行为。这种以目的为出发点的行为理论，在目的行动力的范围内，对于故意的作为与不作为尚能作出解释，对于过失行为，尤其是过失的不作为（例如忘却犯）仍然难以作出圆满的解释。

社会行为论引入规范评价的立场，摆脱了存在论的限制，为不作为的行为性的解释带来了希望。在物理意义上，不作为是“无”，但在社会意义上，只要具有社会重要性，不作为仍然可以评价为“有”。当然，过于倚重于社会的规范评价，完全脱离行为的物理基础，也会使行为概念泛化，消解行为的界定机能。

至于人格行为论，也对不作为的行为性具有较强的解释力，但同样存在过于泛化的缺陷。因为人格本身是一个不确定的概念，采用人格来确定行为范围的标准，具有相当程度的模糊性。

规范行为论，也就是否定的行为概念或者控制原则，以事态是否可为行为人所控制作为衡量标准，因而作为与不作为的区分就没有任何必要，这对于行为的定型性是一个重大的冲击，将在一定程度上瓦解刑法的根基。因此，尽管规范行为论从根本上使不作为的行为性不成其为问题，我还是不予认同。

对于不作为的行为性的解释，不能拘泥于某一方面，而应当采取一种综合的解释论。其中，社会的规范评价与行为人的态度这两个方面是至关重要的。在一定的社会中，人与人结成一定的社会关系，这种社会关系经由法律确认而形成以权利义务关系为核心的法律关系。权利和义务是同一法律关系的两个不同侧面，两者互相依赖又互相转化。承担一定的法律义务实际上就是他人的权利得以实现的前提，而行使本人的权利也必须以他人履行一定的义务为基础。因此，作为是一种必然侵犯他人权利的行为，不履行自己应当并且能够履行的义务的不作为同样是一种侵犯他人权利的行为。在这个意义上，不作为与作为具有等价性，即在否定的价值上是相同的，这是由社会的规范评价所得出的必然结论。

不仅如此，不作为虽然在物理意义上是“无”，但这种“无”的状态本身是受行为人的主观意志所支配的，因而从人的态度上来判断则是一种“有”。根据以上论述，我认为不作为具有行为性，它是刑法中行为的一种特殊形式。而且，在日常生活中，不作为的观念也是被承认的。例如一个小学生在学校里打人，回家以后受到家长的批评，他无言以对只得乖乖认错。如果这个小学生没有完成老师布置的作业，家长批评他，那么，他会不会说：“我又没有做错什么（作为），为什么还要批评我?”不会，他同样会乖乖地低头认错，因为他也知道没有做作业（不作为）本身也是一个错误。由此可见，连一个小学生也具有不作为的观念，这是一种社会常识。

2. 过失行为的行为性

除了不作为在体素上具有特殊性之外，过失行为在体素上也具有特殊性，因而过失的行为性也同样是一个值得研究的问题。当然，对于忘却犯的行为性的论证是过失行为的行为性的一个重要问题。因为忘却犯是过失的不作为，其行为性问题是行为论上的一个难题。

德国学者宾丁说过一句话：

> 忘却犯在犯罪领域中可以说是小之又小的，却能够给予最大的荣誉。[①]

忘却犯为什么能得到最大的荣誉呢？因为忘却犯是各种行为论的试金石：凡是能够合理地解释忘却犯的行为论就是可以成立的，否则就是不能成立的。忘却犯，顾名思义是因忘却而构成的犯罪。在一般情况下，忘却怎么可能构成犯罪呢？只有因忘却而没有履行法律所规定的作为义务，并且造成法益侵害结果的情况下才可能构成犯罪。因此，忘却犯实际上是过失的不作为犯。例如，扳道工在铁路道口上班时，因为睡着了而忘了给信号，由此而使火车发生倾覆事故。那么，忘却犯是否存在刑法上的行为呢？下面，我采用上述五种行为论分别对忘却犯的行为性加以论证。

根据因果行为论分析忘却犯，不作为本来在身体活动上就是一种静止，之所以能够视为行为，是因为主观上的意志支配，也就是这种身体活动上的静止状态恰恰是行为人主观上精神控制的结果。这一对不作为的解释本来就已经十分勉强了，在忘却犯的问题上，连这一勉强的解释都难以自圆其说。因为在忘却犯中，连精神上的控制都没有，怎么能说存在行为呢？所以，根据因果行为论的行为概念，应当将忘却犯从行为范畴中予以排除。因此，因果行为论不能对忘却犯的行为性作出合理解释。

根据目的行为论，目的性是行为的统合要素。在忘却犯的情况下，忘却履行义务的行为本身当然是不具有目的的，例如扳道工并不是有意要使火车颠覆。但忘却行为本身可能有其他动机，例如睡觉或者想家等，但并不能把这种导致忘却的心理动因视为目的。因此，即使以构成要件的结果以外的结果为目标的目的性，在忘却犯中也难以找到。由此可见，目的行为论对忘却犯的行为性缺乏解释力。

---

① 转引自［日］木村龟二主编：《刑法学词典》，顾肖荣、郑树周译校，109 页，上海，上海翻译出版公司，1991。

根据社会行为论，行为是具有社会意义的人的态度。把忘却犯理解为具有社会意义，这一点并没有问题。但大塚仁认为基于无认识过失的不作为犯因为缺乏有意性，因而人的态度也是不存在的。在这种情况下，社会行为论与自然行为论无异。[①] 但我认为，忘却行为本身就表明了行为人对于其业务活动的一种不负责任的态度。从这个意义上说，社会行为论能够解释忘却犯的行为性。

根据人格行为论，忘却犯因为是与本人的主体性人格态度相结合的不作为，仍然是行为。[②] 人格行为论把行为视为人格的主体性现实化，对于忘却犯，可以从行为人的人格态度中找到对于不作为的支配因素，而这就是忘却犯的行为性。

根据规范行为论，在忘却犯的情况下，行为人是因忘却而没有履行法定义务，而这一履行法定义务的行为是法律所期待，并且也是行为人能够实行的行为。可以说，规范行为论因为完全不用顾虑行为的事实性要素，所以从价值评价角度能够为忘却犯提供行为性。

由此可见，忘却犯的行为性是一个较为复杂的问题，它在有体性与有意性都缺乏的情况下如何获得行为性，确实是对各种行为论的考验。

3. 思想犯罪的排除

思想犯罪，又称为主观归罪，是指根据人的主观心理活动而入罪。因为主观心理活动是难以被客观地证明的，所以思想犯罪成为罪刑擅断的必然结果。在古代及中世纪存在追究思想犯罪的立法例，例如中国古代就有所谓腹诽罪。《史记》中有魏其侯等人“腹诽而心谤”的记载，《汉书》中有颜异“不入言而腹诽，论死”的记载，为我们留下了古代思想犯罪的著名史实。在西方中世纪也有这种思想犯罪的案例，例如孟德斯鸠在《论法的精神》一书中记载，马尔西亚斯做梦割

---

① 参见［日］大塚仁：《刑法概说（总论）》，3版，冯军译，97页，北京，中国人民大学出版社，2003。

② 参见［日］大塚仁：《刑法概说（总论）》，3版，冯军译，100页，北京，中国人民大学出版社，2003。

断了狄欧尼西乌斯的咽喉，狄欧尼西乌斯因此将其处死，理由是：如果白天不这样想夜里就不会做这样的梦，也就是我们所说的“日有所思，夜有所梦”。这不仅是思想犯罪，而且是以梦定罪。对此，孟德斯鸠指出：

> 这是大暴政，因为即使他曾经这样想，他并没有实际行动过。法律的责任只是惩罚外部的行动。①

以上这种以梦定罪的案例在我国法治遭受破坏的时期也发生过，当时一个男青年被定为梦奸罪。

案例 3—1　梦奸案

一位农村的男青年因爱慕一位女青年，对该女青年单相思，某夜做梦与该女青年发生了性关系。激动之余，第二天将这一梦中做爱之事告诉了他人，遂使这一隐私广为流传。因为当时人的思想还比较保守，女青年听说这一消息以后不堪忍辱而上吊自杀。后来，这个男青年被抓起来。当时没有刑法典，对这个男青年怎么定罪呢？经过研究，最终以梦奸罪将之定罪判刑。

其实，这个男青年的罪行不在于梦中做爱，而在于散布流言。如果他是以侮辱他人人格为目的而散布这一隐私，导致女青年死亡，对其以侮辱罪论处其实是恰当的。公元 20 世纪的梦奸罪与公元 1 世纪（汉朝）的腹诽罪，相得益彰，而成绝配。只是两千年的时光流逝，居然不能阻隔今人与古人的心灵相通，可见追究思想犯罪的巨大历史惯性。

对思想犯罪的清理，是从贝卡利亚开始的。贝卡利亚批判了以意图衡量犯罪的标尺与以罪孽作为处罚根据的专制刑法制度，强调法律不处罚犯意，不过问行为的内在恶意②，由此确立了刑法客观主义理论。这一思想被刑事古典学派所接受，产生了广泛的影响。青年马克思曾经对追究思想犯罪的普鲁士制度进行了深

① ［法］孟德斯鸠：《论法的精神》（上册），张雁深译，197 页，北京，商务印书馆，1961。

② 参见［意］贝卡利亚：《论犯罪与刑罚》，黄风译，96 页，北京，中国大百科全书出版社，1993。

刻的批判，认为凡是不以行为本身而以当事人的思想方式作为重要标准的法律，无非是对非法行为的公开认可。马克思还有一句至今在刑法教科书中被反复引用的名言：

> 只是由于我表现自己，只是由于我踏入现实的领域，我才进入受立法者支配的范围。对于法律来说，除了我的行为以外，我是根本不存在的，我根本不是法律的对象。①

马克思的上述论断，充分强调了行为在刑法中的重要性，也为行为刑法提供了理论根据。古典的犯罪论体系是主张刑法客观主义的，认为只有行为才能成为刑事追究的基础，并且坚决摈弃思想犯罪的刑法专制主义。例如，德国著名刑法学家李斯特指出：

> 不得为了公共利益而无原则地牺牲个人自由。尽管保护个人自由因不同历史时期人们对国家和法的任务的认识不同而有所不同，但是，有一点是一致的，即在法制国家，只有当行为人的敌对思想以明文规定的行为表现出来，始可科处行为人刑罚。犯罪行为的界限应尽可能地从客观方面来划定，该原则也适用于未遂犯罪和共同犯罪。只有这样，才能保证准确无误地区别应受处罚的行为和不受处罚的行为。②

由此可见，任何一个法治社会的刑法都是排斥思想犯罪的，而行为的体素就成为排斥思想犯罪的第一道门坎。

4. 言论犯罪的界定

言论犯罪，是指以言入罪，即仅仅根据一个人的言论就予以定罪。言论犯罪与思想犯罪具有一定的联系，但又有所不同，因为与思想相比，言论毕竟具有一定的物质载体。当然，言论是否构成犯罪，是一个比思想犯罪更为复杂的问题。对于言论是否可以入罪，孟德斯鸠曾经指出：

---

① 《马克思恩格斯全集》，2版，第1卷，121页，北京，人民出版社，1995。

② ［德］李斯特：《德国刑法教科书》，修订译本，徐久生译，23页，北京，法律出版社，2006。

> 言语并不构成“罪体”。它们仅仅栖息在思想里。在大多数场合，它们本身并没有什么意思，而是通过说话的口气表达意思的。常常相同的一些话语，意思却不同，它们的意思是依据它们和其他事物的联系来确定的。有时候沉默不言比一切言语表示的意义还要多。没有比这一切更含混不清的了。那么，怎能把它当做大逆罪呢？无论什么地方制定这么一项法律，不但不再有自由可言，即连自由的影子也看不见了。①

言论自由是公民的宪法权利，基于宪法权利不能入罪的原则，言论不能构成犯罪，即禁止以言入罪。但是，也不能简单地认为言语一概不能成为罪体。日本学者小野清一郎曾经从佛经中引出“三业”的概念，即“意业”、“语业”和“身业”。意业是指主观上的表象、思想、感情或意志决断；语业是指言语；身业是指身体举止动作。小野清一郎指出：

> 在法律领域，单有“意业”是不予问津的，只有当其发展为“语业”或“身业”时，亦即变为客观化了的行为时，才开始当做问题。并且“语业”只是在损毁名誉、伪证等少数表示犯中成为问题，大多数都是“身业”②。

在小野清一郎看来，宗教的根本是“意业”，因为“意业”涉及人的精神世界，是与信仰有关的。而法律则只管“身业”，即规范人的外部行为。其实，不仅宗教指涉人的精神，道德也是指涉人的内心的。正是在这一点上，道德与调整外部行为的法律，尤其是刑法存在根本区分。因此，存在这样一个命题：

> 道德是主观的，法律是客观的。

也可以说，道德是内在的，法律是外在的。而言语则要加以区分：如果是单纯地思想表露，则言论不能入罪。从这个意义上说，如果言论入罪，就是变相的

---

① ［法］孟德斯鸠：《论法的精神》（上册），张雁深译，198页，北京，商务印书馆，1961。

② ［日］小野清一郎：《犯罪构成要件理论》，王泰译，85页，北京，中国人民公安大学出版社，2004。

思想入罪。但如果言语侵犯了他人的权利，例如言词侮辱或者诽谤，或者言语教唆他人犯罪，在某些情况下以言论煽动等，则言语可以成为罪体。因此，言语与纯粹的内心思想还是有所不同的，它本身具有外在形式。

即使言语在某些例外情况下可以入罪，也应当十分小心地根据法律规定加以认定，否则极易出入人罪。过去曾经发生过这样一个近乎天方夜谭的案件。

案例 3—2　骂翻汽车案

一位老农住在偏僻山乡，一天起了个大早走了 20 多里山路来到公路旁，想坐 9 点多钟路过此处的班车去 100 里外的县城。这位老农刚到公路旁，眼看班车开走了，十分着急，就追赶着让班车停下来，结果班车没停，气得老农在汽车后面大骂："破车，到前面准掉山沟里去。"老农没赶上班车，悻悻地回家了。没想到，班车开出 10 多里路果然翻到了山沟里，车毁人亡。没几天，警方来到老农家，把老农抓走了，因为警方接到举报说老农对着班车咒骂。这个案件起诉到法院，最后给定了个骂翻汽车罪的罪名。

这是一个典型的言语入罪的案件，汽车能被骂翻吗？能把汽车骂翻，这个老农就不是人而是神了。现在当然不会出现如此拙劣的以言入罪的案件，但却出现了另一类案件，称为网上诽谤案。你输入"网上诽谤案"这一关键词，随便百度一下，就会出现王帅诽谤案、吴保全诽谤案、高唐诽谤案、汉中诽谤案等信息。其中，王帅网上诽谤案以戏剧性效果收场。

案例 3—3　王帅网上诽谤案

2009 年 4 月 8 日，《中国青年报》以《一篇帖子换来被囚八日》为题报道，面对家乡被违法征用的土地，身在上海的河南灵宝青年王帅多次通过正常渠道反映无效，遂于 2009 年 2 月 12 日在天涯论坛发布帖子《河南灵宝老农的抗旱绝招》。3 月 6 日，河南灵宝警方以诽谤罪为名远赴上海将其刑拘，8 天之后才取保候审。《中国青年报》报道后，4 月 16 日灵宝市政府在致函《中国青年报》时称，“公安部门执法是有过错的。市委、市政府负有领导责任”。4 月 17 日，灵宝市公安局局长宋中奎等赴上海向王帅道歉并发放了国家赔偿款 783.93 元。同日，灵宝市委宣传部转发的处理意见显示，相关办案人员和责任领导受到停职等追究。

另一起发生在内蒙古的吴保全网上诽谤案，结果是诽谤人锒铛入狱。

案例 3—4　吴保全网上诽谤案

2007 年 9 月 6 日，吴保全与鄂尔多斯市康巴什村民康树林电话聊天时得知，康巴什一些村民对政府征地补偿有意见，吴保全认为有利可图，他当即表示可以在网络上发帖。9 月 7 日，吴保全在异地以“找我吗”为网名，在互联网上发出题为《××，你要杀你的农民姐弟?》的帖子，诽谤当时的市委主要领导。帖子在网上发表后，被国内多家网站转载。之后，吴保全亲自到康巴什村充当农民代言人，先后收取康巴什村民现金 29.5 万元。法院认为，被告人吴保全作为具有完全刑事责任能力的自然人，第一次因发帖侮辱诽谤他人被公安机关行政拘留后，已明知这种行为属违法行为，仍继续在网上连续多次发表相同内容的帖子，其行为表现证明其主观上是故意的；在客观方面，被告人吴保全采用捏造、歪曲、虚构事实的方法对他人进行诽谤，并在网络上公开散布，传播范围广、速度快，严重侵害了受害人的人格尊严和个人名誉，情节严重，同时，也严重危害了当地社会秩序。被告人吴保全的行为已构成诽谤罪，依法判处其有期徒刑 1 年 6 个月。

网上诽谤案的频频发生，值得我们警惕。在这些网上诽谤案中，诽谤对象都是当地党政主要领导。诽谤罪本身是以言入罪，其罪与非罪的界限必须严格把握。否则，将使言论自由受到不当限制。

(二)心素

行为的心素，是指行为的有意性，主要表现为主观意思。行为的心素，是从主观层面上考察行为。应当指出，行为的心素与罪过心理是有所不同的。行为的心素是指行为是基于行为人的意志自由，不受任何限制，因而可以把某一行为归责于行为人。而罪过心理是指对构成要件结果的故意或者过失。故意或者过失虽然以行为人的意志自由为前提，但两者存在根本区别，不能混为一谈。

在刑法理论上，对于行为是否包括心素，即刑法上的行为是否仅限于有意识的行为，存在以下三种观点：

> 一是身体动作说，认为行为是一种单纯的身体运动或静止，人的主观意思不是行为的构成要素。二是有意行为说，认为刑法上的行为必须是有意识的行为，人的意思是行为的必备要素。如果只是单纯的身体动作而缺乏意思要素，不论其造成何种危害，都不是刑法上的行为。三是目的行为说，认为刑法上的行为不仅是一种有意识的举动，而且是一种有目的的举动。这种目的性表现为，行为首先是确立一定的目标，然后选择相应的手段，进而支配和调节人的身体活动，最后实现预定的目的。①

在以上三种观点中，我赞同有意行为说。有意性是行为不可或缺的一部分。行为的构成必须具备心素。当然，这种心素并非一定具有目的性，而只要是基于行为人的意识与意志的支配而实施一定的行为，就应认为具备了行为的心素。通过心素这一要素，可以将不具有有意性的行为排除在刑法中的行为概念之外。这些行为是：

---

① 马克昌、鲍遂献：《略论我国刑法上行为的概念》，载《法学研究》，1991（2）。

1. 无意识参与作用的反射动作。

2. 受他人之力的直接强制（vis absoluta），在完全无法抗拒，而其意思决定与意思活动完全被排除或被支配的情况下的机械动作。例如遭到他人猛力一推，身体重心失控，致跌倒而撞坏东西。

3. 睡眠中或无意识中的行动或静止，例如睡觉中的翻身动作，或梦游等。

4. 因病发作的抽搐，或因触电或神经注射而发生的痉挛。

5. 手脚被捆绑而欠缺行动可能性的静止等。[①]

上述行为之所以不能认为是刑法中的行为，是因为在上述情况下，行为人缺乏心素，因而不能将这些行为看作是行为人的作品，也不能使行为人对这些行为所造成的后果承担法律上的责任。

案例 3—5　夏某被强制杀人案

2008 年 10 月某天晚上 10 时许，女大学生王某独自行走时，一辆面包车悄悄地跟在其身后，8 名犯罪嫌疑人组成的犯罪团伙强行将其拉入车中。为敲诈1 000万元财物，犯罪团伙劫持了检察官夏某，强迫其与女大学生王某发生性关系，并逼迫夏某用绳子勒死王某。犯罪团伙对该过程拍照后试图敲诈夏某。直到 2008 年 11 月 8 日，警方才在一个 50 多米深的废弃矿井内发现王某的尸体。案发后，该犯罪团伙的 8 名犯罪嫌疑人被警方抓获。经过侦查，证实整个过程夏某都是被蒙着眼，强暴时也是有人按着他进行的。夏某被逼迫勒王某的脖子时，夏某的脖子也被绳子套着，后面有两个人勒他。据犯罪嫌疑人交代，如果夏某不勒王某，就要勒死夏某。夏某当时由于眼睛被蒙，不知道王某是否死亡，认为当时可能把王某勒晕了，但结果是王某被勒致死。[②]

---

① 林山田：《刑法通论》（上册），增订 10 版，118 页，北京，北京大学出版社，2012。

② 《河南平顶山一团伙劫持检察人员，逼其强暴女生》，载《新京报》，2009-07-22。

本案在媒体披露以后，引起社会的广泛关注。对于检察官夏某的行为是否构成犯罪，存在较大争议：

第一种意见认为夏某由于被胁迫参与犯罪，应以胁从犯论处；第二种意见认为夏某属于紧急避险，不负刑事责任；第三种意见认为夏某属于不可抗力，不负刑事责任。①

在以上三种意见中，胁从犯和紧急避险都是以存在刑法中的行为为前提的，紧急避险是在具备构成要件该当性以后，阻却违法而不构成犯罪的情形。在紧急避险的情况下，虽然存在紧迫性，对于行为人的意志自由存在一定的影响，但并不能认为完全丧失了意志自由。而胁从犯则已经构成犯罪，只不过因被胁迫参与犯罪，可以减免刑事责任而已。在胁从犯的情况下，虽然存在被胁迫的情节，但这一胁迫并没有使行为人完全丧失意志自由，因而应当承担刑事责任。只有在不可抗力的情况下，行为人受到外力作用，完全丧失了意志自由，因而不存在刑法中的行为，从而不构成犯罪。我认为在上述案件中，检察官夏某是在他人死亡的即时威胁下实施强奸及杀人行为的，当时他已经丧失了意志自由，成为犯罪人的犯罪工具，因而属于不可抗力，不负刑事责任。

应当指出，在关于本案的议论中，往往论及道义、良心、职责甚至天理等大词，但这一切与刑法无关，刑法是最低限度的道德，法不强人所难，这才是刑法的真正道德。由此可见，夏某的行为之所以不构成犯罪，是因为缺乏心素，根本不存在刑法中的行为。也就是说，还没有进入构成要件该当性，就被出罪。这也说明，我们不仅应当正确地作出无罪的结论，而且还应当给出无罪的确切理由。结论正确不能说明一切，理由才是最重要的。

在某些情况下，行为是否具有有意性，在认定上会发生各种疑难。我认为，

① 网上调查显示，在 6 000 多名网友中，5 284名网友认为夏某应该受责罚，占投票总数的 83.9%，802 名网友认为不应被究责，占投票总数的 12.7%，210 名网友表示了依情可宥，依法应究，很难评判，占投票总数的 3.3%。参见《检察官“被逼强奸”调查，逾八成网友认为应负刑责》，见人民网，http://leaders.people.com.cn/GB/9726302.html，2009-07-27。

只要行为是没有外力作用或者内因导致其丧失意志自由的情况下，就应当推定行为是具有有责性的。因此，下述三种情形，仍属于刑法上的行为：

1. 自动化的行为

日常生活中自动化的行为，例如开车的操纵驾驶盘，或变换排挡，或踩油门加油起跑，或加速前驰、举步走路、端碗饮食，等等，这些行为系一种经过学习或训练而定型自动化的行动方式，每次身体的运动无须以积极意思加以支配，其形成意思的过程系在潜意识下进行的，故与身体的反射动作不同，而属意思决定与意思活动所支配的行为。

2. 冲动行为

冲动行为，包括情感冲动下的情绪行为与未加考虑而在极短时间内立即做成决定的即决行为。这些行为均系在行为人意识参与支配下而有意思主宰的行动，故亦为刑法概念上的行为。

3. 受到间接强制的行为

受他人力量的间接强制（vis compulsiva），致其意思决定与意思活动受影响而为的特定行为。例如受到他人殴打，而屈从他人意思而为的行为。①

当然，正如罗克辛所言，行为与非行为的区分有时是相当困难的。尤其是一些处于边缘性的情形，例如反射性动作、不由意志控制的自动动作、高度冲动中的行为或者“无意识的”心醉神迷状态中的行为等。② 在这种情况下，为不使行为概念负荷过重，将其纳入犯罪论中加以讨论，也是完全可以的。因为在某些情形中，行为与非行为之间并没有一条截然可分的界限。

① 林山田：《刑法通论》（上册），增订 10 版，118～119 页，北京，北京大学出版社，2012。

② 参见［德］克劳斯·罗克辛：《德国刑法学总论》，第 1 卷，王世洲译，167 页，北京，法律出版社，2005。

思考题：

试论行为论与构成要件论的关系。

参考书目：

1. 熊选国. 刑法中行为论. 北京：人民法院出版社，1992

2. 刘士心. 刑法中的行为理论研究. 北京：人民出版社，2012

第 4 章

犯罪论体系

犯罪论体系是刑法的核心问题，可以说是教义刑法学中最具有理论魅力的篇章，当然也是最令人迷惑的单元。我国目前采用的是从苏俄引入的四要件的犯罪构成体系，而三阶层的犯罪论体系正成为我国犯罪成立条件理论的有力竞争者，并就此展开了学术论争，这必将在极大程度上推动我国刑法知识的转型。本章以德日刑法学的三阶层的犯罪论体系为中心线索，并对四要件的犯罪构成体系进行对比性考察。

一、三阶层的犯罪论体系

任何一种犯罪成立，都必须具备一定的条件，这些条件在一般情况下是由法律规定的。因此，定罪的根据是法律而不是理论，这是毫无疑问的。事实上，肇始于德国的古典派的犯罪论体系（贝林—李斯特体系），如果以 1906 年贝林出版《犯罪论》一书为标志，至今（2014 年）也不过只有 108 年；如果以李斯特 1881 年出版《刑法教科书》一书为标志，至今也才 133 年。但人类的定罪活动却已经有数千年的历史了，数千年的定罪活动，都是在没有犯罪论体系的情况下进行的。因此，我们对犯罪论体系的功能应该有一个正确的认识。在我看来，犯罪论体系作为犯罪成立条件的总和，它是一种定罪的思维方法，是一种定罪的操作规程。自从古典派的犯罪论体系诞生以后，随着人类社会的发展和哲学思潮的变迁，犯罪论体系也随之更新，先后经历了以下四种犯罪论体系的演进。

（一）古典的犯罪论体系

古典的犯罪论体系以德国刑法学家贝林和李斯特为代表，因而这一体系也称为贝林—李斯特体系。应当指出，犯罪论体系学术史上的古典体系，与刑法学派之争意义上的刑事古典学派是两个完全不同的概念。对此，苏俄学者曾经混淆，我们切不可重蹈覆辙。就李斯特而言，在刑法学派之争的意义上，他是刑事实证学派，也就是新派的代表人物，是与刑事古典学派相对立的。但在犯罪论体系上，李斯特又属于古典派。李斯特在 1881 年出版的《刑法教科书》中就区分了违法性与罪责的概念，明确了违法性与罪责之间的位阶关系：

> 在任何一个刑法制度中，罪责只能在违法性之后来探讨，而不可能反过来先探讨罪责后探讨违法性。①

这一逻辑关系为此后的犯罪论体系奠定了基础，也是李斯特对犯罪论体系作出的重大贡献。李斯特将犯罪描述为是符合犯罪构成的、违法的和有责的行为。在犯罪的特征的名目下，李斯特分别以作为行为的犯罪、作为违法行为的犯罪和作为有责行为的犯罪这样三个维度对犯罪成立条件进行了体系性的探讨。② 值得注意的是，李斯特在犯罪概念中虽有犯罪构成这个用语，但实际上李斯特并没有真正形成构成要件的概念，而在犯罪成立的第一个条件中，李斯特讨论的是行为

① ［德］李斯特：《德国刑法教科书》，修订译本，徐久生译，168 页，北京，法律出版社，2006。

② 参见［德］李斯特：《德国刑法教科书》，修订译本，徐久生译，169 页以下，北京，法律出版社，2006。

概念。因此，李斯特的犯罪论体系，没有构成要件论而只有行为论。由此可见，李斯特在很大程度上没有区分行为论与构成要件论。

以构成要件为中心建立犯罪论体系的，首推德国学者贝林。在 1906 年出版的《犯罪论》一书中，贝林构造了构成要件理论，从而为犯罪论体系奠定了基础。在早期著作中，贝林把构成要件等同于犯罪类型。但在晚期著作中，贝林对构成要件与犯罪类型的关系进行了重新定位，指出：

> 犯罪类型不是法定构成要件，法定构成要件是犯罪类型先行存在的指导形象（vorgelagertes Leitbild）。在我的《犯罪论》中，我已经提到：当前的刑法已经压缩在类型之中，即是说，“类型性”是犯罪的一个概念性要素。这（作为犯罪类型的指示）是正确的，是应予确定的。不可以把构成要件符合性（或构成要件相关性）当做犯罪类型的同义词。[①]

这样，贝林就把构成要件与犯罪类型加以区隔，构成要件只是犯罪成立的一个条件。在这里，贝林将构成要件形象地比喻为指导形象。所谓指导形象就是一种客观轮廓，它对于犯罪的形象构造起着关键作用。贝林曾经以盗窃罪为例加以说明：

> 如“盗窃罪”的类型，其所有的要素，包括客观的或心理的要素，都反映出“取走他人财产”之指导形象。因为盗窃罪要存在，则必须：(1)“取走他人动产”之行为实际上已得以实施；(2) 该行为已为行为人主观故意所包含；(3) 以该行为为落足点而引申出来的类型性要素即“占有目的”，在此，该要素也同样与被取走的他人财物相关。这样，“取走他人动产”概念支配着所有盗窃罪的类型性要素，这些要素以不同的方式与该概念联系着，该概念奠定了该类型的共性（Zusammengehoerigkeit）。[②]

① ［德］恩施特·贝林：《构成要件理论》，王安异译，27 页，北京，中国人民公安大学出版社，2006。

② ［德］恩施特·贝林：《构成要件理论》，王安异译，4 页，北京，中国人民公安大学出版社，2006。

盗窃罪存在各种各样的成立条件，包括主观的与客观的、主体的与客体的，等等。但在这些成立条件中，唯有“取走他人动产”即“秘密窃取”这一概念具有统合各种要素的功能，其他要素都是依附于它而存在的。因此，“取走他人动产”这一概念是盗窃罪的构成要件，它决定着盗窃罪的犯罪类型，被贝林称为“指导形象”。

贝林把犯罪定义为符合构成要件的、违法的、有责的行为。这一犯罪概念与李斯特的犯罪概念几乎相同。犯罪概念是构成要件的出发点，构成要件是从犯罪概念的共同要素中提炼出来的，通过构成要件这个分析工具，可以实体性把握犯罪概念。贝林形象地把构成要件比喻为一个钩子，指出：

> 实务中，法官首先会在犯罪种类（独立的犯罪类型）范畴内一如既往地考察，某行为可以构成哪些犯罪类型。法官相当于有了一个钩子，他可以把案件悬挂在这样一个钩子上面。因为，所有犯罪类型（独立、直接的或者附属、间接的）都离不开一个行为指导形象的法定构成要件。然后分别进行排除，即客观方面的相关行为是否充足（genügen）法定构成要件（一般称为构成要件符合性）。这是由揭示犯罪形态而与构成要件建立联系的问题，也即是处于优先考虑地位的问题。因为所有后续研究都有赖于该问题的解决，该问题本身相对于其解决的答案则具有独立性。这里可能让人想到“法定构成要件”的概念，并且直接谈到了它的内容，也即根据“杀害某人”、“取走他人动产”等不同而对相关犯罪类型有不同的指导形象功能。如果具体行为与相关法定构成要件的结合并没有得出任何关于构成要件的结论，那么就可以通过最短的路程结束案件的处理，即否定其行为的刑罚可罚性。[①]

在以上这段话中，贝林已经把构成要件在定罪过程中的作用讲得再清楚不过了。一个犯罪的成立虽然存在各种要件，但如果每一个都考察一遍最后才决定是

---

① ［德］恩施特·贝林：《构成要件理论》，王安异译，30页，北京，中国人民公安大学出版社，2006。

否构成这个犯罪，那岂不浪费司法资源。贝林给我们提供了一个捷径：首先考察是否具备构成要件，如果构成要件都没有，那么定罪过程就可以终止了，不必再费力地考察其他要素。这就是构成要件的指导形象功能。

构成要件的这一指导形象功能，我们可以打个比方来说明，就像征婚广告。征婚广告要求文字简洁，把最核心的诉求表达出来，因为广告是要付费的。征婚广告内容对理想伴侣的描述分为软条件与硬条件这两个部分：软条件是白马王子、天生丽质之类对外在形象的要求。硬条件往往是：有车有房，无者免谈。当然，这是女性对男性的要求。在这种情况下，如果我是一个征婚者，我就会先看硬条件：是否有车有房。如果无车无房，那已经免谈了，还看什么软条件？只有硬条件具备了，再看是否具备软条件。如果虽然具备硬条件，但软条件不具备，那还是不成。如果先看软条件，一看自己是白马王子，一切外在条件都具备，满心欢喜。最后一看硬条件，自己无房无车，属于"非诚勿扰"之列，空欢喜一场，这岂不浪费感情。构成要件就是定罪的硬条件，只有具备了这个条件我们才能进一步考察其他条件是否具备。因此，可以说是"没有构成要件，免谈"。这就是贝林的构成要件论的贡献，这一贡献也主要在于方法论。

贝林在构成要件的基础上，形成了一个犯罪要素体系，指出：

> 在方法论上，人们按照合目的的方式提出了六个有此特征的犯罪要素，其顺序和结构为："构成要件符合性"，需要置于"行为"之后，然后依次就是"违法性"—"有责性"—"相应的法定刑罚威慑"—"刑罚威慑处罚的条件"。构成要件符合性应当是先于违法性和有责性的，这样后续其他概念才能完全定义于刑法意义上。①

在上述犯罪的六个要素中，第一个要素——行为，是行为论所要研究的，用于排除非行为。第二至第四个要素，即构成要件该当性、违法性与有责性，是我

① ［德］恩施特·贝林：《构成要件理论》，王安异译，62～63 页，北京，中国人民公安大学出版社，2006。

们称为犯罪论体系的要件，对于犯罪成立具有决定性意义。至于第五和第六个要素，即相应的法定刑罚威慑和刑罚威慑处罚的条件，不是犯罪成立条件，而是刑罚处罚条件，贝林称之为构成要件的辅助形象。①

贝林对教义刑法学的贡献就在于以构成要件概念为基础提出了一个行为评价的架构，德国的犯罪论体系就是在构成要件概念的基础上形成的，而犯罪论体系又成为德国刑法学引以为傲的学术资产。对于贝林，我们不能不表示由衷的学术敬意。

古典的犯罪论体系是德国犯罪论体系的发端，当时的刑法学在政治上受自由主义的影响，强调罪刑法定主义，可以说构成要件就是罪刑法定主义的技术保障。在哲学上，当时的刑法学受实证主义的影响，力图使犯罪论体系成为一个合目的的应用公式（贝林语）或者演示公式（鲍姆加腾语），以此保证定罪的准确性。当然，草创时期的古典的犯罪论体系还存在种种不足，但它为犯罪论体系的进一步发展指明了一个正确的方向。

（二）新古典的犯罪论体系

新古典的犯罪论体系，是在对古典的犯罪论体系进行局部改良的基础上形成的，其代表人物是德国学者麦耶、迈兹格和弗兰克。因此，在新古典的犯罪论体系和古典的犯罪论体系之间，可以看到明显的连续性，只不过个别观念有所创新而已。

麦耶在 1915 年出版的《刑法论》一书中，揭示了构成要件中的规范要素和主观要素，例如伪证罪中的伪证和侮辱罪中的侮辱。这些犯罪的构成要件本身具有规范性和主观性，从而动摇了古典的犯罪论体系关于构成要件乃中性、无色的

---

① 参见［德］恩施特·贝林：《构成要件理论》，王安异译，63 页，北京，中国人民公安大学出版社，2006。

纯客观命题。贝林主张：构成要件是纯事实的，不关涉价值判断的概念。但麦耶认为并非如此，在某些情况下，脱离了规范要素与主观要素，构成要件的性质是不能确认的。正如德国学者指出：

> 构成要件纯粹描述性的和价值自由的观点，因发现规范特征而受到了动摇，该规范特征因法官所给予的评价内容而赢得了可适用意义。同样，对于构成要件的纯客观的、仅由外界决定的观点的想象，因发现主观构成要件特征而变得不可能。
>
> 例如，一名大学生晚间在法律研究室拿走一本书，准备在使用后改日再送还。这里，该大学生缺乏占有目的，同样也就缺乏盗窃的构成要件。一个纯客观的从占有目的中抽象出来的盗窃概念是没有意义的，因为典型的盗窃犯罪只有在具备下列条件时才能构成，即某人想长期对他人之物施加影响，而不是暂时占有该物。因此，占有目的属于盗窃之构成要件，而不属于罪责。①

按照麦耶的观点，在大多数情况下，构成要件是纯事实与价值无涉、纯客观与主观无关的。例如杀人行为，就是致使他人死亡。至于主观要素，是在责任阶层考虑：如果是故意，就认定为故意杀人罪；如果是过失，就认定为过失杀人罪（我国刑法称为过失致人死亡）。但是，对于有些犯罪，如果不考虑主观要素，其行为性质无从确定。这些主观要素是必须在构成要件阶层考虑的。这就是主观违法要素，例如盗窃罪的非法占有目的。当然，对于这一点也还存在争议。例如日本学者小野清一郎对贝林的思想与麦耶的思想作了以下对比性讨论，指出：

> 按照贝林的想法，构成要件是纯客观的、记叙性的，也就是说，构成要件是刑罚法规所规定的行为的类型，但这种类型专门体现在行为的客观方面，而暂且与规范意义无关。构成要件相符性与违法性和责任完

---

① ［德］汉斯·海因里希·耶赛克、托马斯·魏根特：《德国刑法教科书》，徐久生译，250 页，北京，中国法制出版社，2001。

全没有关系。一件事符合构成要件，而它是否违法或是否有责任，则完全是另外一个问题。规范的违法性和主观的责任问题，应与构成要件相符性分别审查。构成要件充其量不过是记叙性的、客观的东西，这就是贝林的观点。

以上是小野清一郎对贝林关于构成要件观点的概括。以下是对麦耶观点的评论：

就是在麦耶那里，这一观点也没有多大的变化。但是，麦耶也承认在法律上的构成要件中，有规范性要素和主观性要素。然而麦耶这里所说的规范要素，如盗窃“他人的财物”、陈述“虚伪的事实”，并不是真正的构成要件要素，实际上只不过是违法性的要素。还有，他看作是主观要素的，如年轻的医生以猥亵的目的去抱住妇女的腰，也是应当看做违法性要素的东西（它必须与责任要素加以区别）。结果，麦耶一方面笼统地承认法律上的构成要件中有规范性要素和主观性要素，另一方面，实际上却又提出一些不属于构成要件而应属于违法性的东西来，仍然维持了构成要件只具有无价值的记叙性和客观性的观点。①

小野清一郎的以上论述涉及贝林关于构成要件的规范性与主观性的有关观点，尤其是规范要素与主观要素发现以后对犯罪论体系带来的影响，需要加以深入分析。

1. 关于构成要件的规范性

首先来看规范性问题。贝林的观点来自宾丁的规范论。宾丁认为，应当把刑法规范与刑罚法规加以严格区分。一个行为必须符合刑罚法规才能违反刑法规范，刑法规范是立于刑罚法规背后的，相当于刑法通过惩罚犯罪所要确立的一般国民必须遵守的行为规范。例如，杀人，一个行为首先要符合杀人罪的刑罚法

① ［日］小野清一郎：《犯罪构成要件理论》，王泰译，22～23页，北京，中国人民公安大学出版社，2004。

规。杀人罪所违反的是“禁止杀人”的刑法规范。因此，对于刑法中的违法这个概念必须严密地界定。刑法中的违法不是违反刑罚法规，恰恰相反，行为只有符合刑罚法规才能构成刑法中的违法。由此可见，刑法中的违法是指违反刑法所确定的行为规范。因此，贝林说构成要件是中性、无色、未经价值判断的，是指构成要件与违法性是应当加以区分的，但构成要件中性、无色并不等于在构成要件中不存在规范要素。

事实上，在行为论中纯自然地描述行为已经不可能，价值论的行为论已经在行为论中引入了规范要素。当然，这一意义上的规范要素与构成要件的规范要件又是不同的，行为概念中的规范要素是行为的构成要素，例如过失行为，如果不是从违反客观注意义务这一规范要素出发，就不能在法律上建构过失行为这一概念。

构成要件的规范要素是行为的法律属性，这些行为在被刑法评价以前，已经包裹着规范的外衣。离开了规范，包括法律规范与文化规范，甚至习惯，某些行为或者客体是完全不可理解的。例如侮辱行为，侮辱不是像李斯特所说的那样是“对空气震动的激发和在被攻击者的神经系统中推动了心理过程”[①]，而是一种被社会文化规范所确认的行为。例如在足球场上，运动员对裁判不满，做了一个食指朝下的动作。这在西方文化中是一个侮辱动作，正如我们竖起大拇指是一个夸奖动作一样。但那个侮辱动作也只有在西方知道它的侮辱含义的人群中才能被认定为侮辱。在不知道这个动作的侮辱含义的人群中不会有人觉得受到了侮辱。因此，侮辱是一个具有文化意蕴、含有规范要素的行为。对此，贝林也是承认的，贝林指出：

> 所有法律概念都是“披上了规范的绸缎”（拉斯克 Lask 语）。尽管只有其中的部分概念表达了其法律评价（如责任概念），多数概念只是法律规定的对象，因而本身没有自己的“规范性”特征。虽然如此，但

① ［德］克劳斯·罗克辛：《德国刑法学总论》，第 1 卷，王世洲译，151 页，北京，法律出版社，2005。

> 在所有法律条款中表现为规定对象的概念中，法官也必须考察，法律执行者规定须是在何种意义上理解、把握法律的这些概念，如“狗”、“铁路”、“毒品”，在法律条文中意味着什么，并不是只有动物学家、铁路工程师、化学家才能回答。法学必须考察的是：法律编纂者（Redlasorder）是否打算采纳或放弃某种观念，在何种范围内做些打算？这样，澄清法定构成要件的内容，还需要深入研究不法类型（Unrechtstypen）。[①]

贝林的意思是说，作为法律评价对象的规范性与法律评价的违法性是不同的。因此，行为的规范性问题可以是以下三个层次：

（1）行为论：作为行为要素的规范性；

（2）构成要件论：作为行为属性的规范性；

（3）违法论：作为行为评价的规范性。

新古典的犯罪论体系在构成要件中发现的规范要素，大体上属于上述第二个层次，即作为行为属性的规范性。麦耶发现了这一规范的构成要件要素，但基于贝林的构成要件是中性、无色的这一教条，麦耶又把这一规范的构成要件要素称为不真正的构成要件要素。由此可见，麦耶受贝林的束缚还是较大的，没有能够真正突破构成要件要素中性、无色的观念。正是在这个意义上，麦耶认为盗窃“他人之财物”的他人性判断、陈述“虚假的事实”的虚假性判断中的规范性要素，不是真正的构成要件要素，而是真正的违法性要素，它具有规范的构成要件要素与客观的违法要素的双重属性。但把这种规范要素称为违法性要素，又有将上述第二层次的规范性与第三层次的规范性相混淆之嫌。

2. 关于构成要件的主观性

我们再来看主观性问题。贝林认为构成要件是纯客观的，而麦耶则认为构成要件中包含主观违法要素，例如目的犯之目的、倾向犯之倾向等。主观违法要素

---

① ［德］恩施特·贝林：《构成要件理论》，王安异译，13～14页，北京，中国人民公安大学出版社，2006。

的提出，确实是新古典的犯罪论体系的一个贡献。

那么，主观违法要素到底是构成要件要素、违法性要素，还是责任要素呢？这是一个主观违法要素的体系性地位问题：主观违法要素是放在构成要件中加以讨论，还是放在违法性中或者放在有责性中加以讨论。从主观违法要素这一用语上来说，将其归入违法性要件中，似乎是顺理成章的。目的犯的目的是主观违法要素，应当归入违法性；那么，客观构成要件难道不是客观违法要素，是不是也应当归入违法性呢？如果是的话，构成要件与违法性就合二为一了，这也正是日本学者西原春夫的观点，把构成要件看作是违法性的凭证。[①] 但这种观点只是个别说，而非通说。

麦耶在构成要件上恪守贝林的客观构成要件论，在违法性上则贯彻客观违法论。这样，就把主观违法要素看作是一个责任问题，纳入有责性进行讨论。正如我国学者所指出的，就主观因素在构成要件中的地位而言，麦耶的立场是不够坚定的。[②] 例如小野清一郎所举的例子，年轻的医生以猥亵的目的去抱住妇女的腰，这里的猥亵目的是主观的违法要素。如果这一目的是构成要件要素，则没有这一目的，猥亵行为不成立。如果这一目的是违法性要素，则在没有这一目的的情况下，具备猥亵罪的构成要件，只是因不具有这一目的而阻却违法而已。这样，把没有猥亵目的的抱妇女腰的行为也看作是构成要件该当的行为，就使构成要件承载过多。如果把这一目的看作是责任要素，即坚持客观违法性论，则医生在没有猥亵目的的情况下抱妇女的腰的行为不仅是构成要件该当，而且是违法的行为，只是因为没有猥亵目的，不能归责而已，这显然是荒唐的。由此可见，麦耶虽然提出了主观违法要素的概念，但并没有真正解决其体系性地位问题。

新古典的犯罪论体系除在构成要件上提出了规范要素与主观违法要素以外，迈兹格在 1926 年发表的《刑法构成要件的意义》一文中，还首次将不法引入构

---

① 参见［日］西原春夫：《犯罪实行行为论》，戴波、江溯译，46 页以下，北京，北京大学出版社，2006。

② 参见付立庆：《主观违法要素理论——以目的犯为中心的展开》，28 页，北京，中国人民大学出版社，2008。

成要件概念。迈兹格认为构成要件是可罚的违法行为而由刑法加以类型性的记述，凡行为与构成要件相符合的，除了例外的情形有阻却违法原因者外，均系具有违法性。因为刑事立法对于构成要件该当的行为规定刑罚效果，就是为了明确显示该行为的违法性。因此，构成要件的作用在于：(1) 表明一定的法律禁止对象，从而建立客观生活秩序。(2) 表明评价规范作为法律准绳。迈兹格反对贝林所主张的构成要件中性、无色的见解，将客观的构成要件与违法性相结合，形成客观的违法性论，成为其学说的一大特点。

迈兹格认为，在客观方面，犯罪乃构成要件的违法，亦即构成要件的违法行为，而不是该当于构成要件并且违法的行为。因此，迈兹格不同意贝林将构成要件该当性视为犯罪成立之第一属性的观点，认为构成要件该当性并非独立的犯罪成立要件，而只是限制、修饰各种成立要件的概念，例如构成要件该当的行为、构成要件该当的违法以及构成要件该当的责任，而行为、违法、责任三者构成其犯罪论的核心。迈兹格虽然形式上扩张了构成要件的适用范围，但就其实质而言，是使构成要件泛化为一般意义上的犯罪成立条件，使构成要件的指导形象机能不复存在。实际上，行为经过构成要件该当性的检验以后成为实行行为，已经具有了构成要件的特征。在这种情况下，再经过违法性与有责性这两个阶层对构成要件该当行为的检验，就将构成要件的性质得以承袭。在这种情况下，构成要件该当的违法与构成要件该当的责任其实是并无意义的。因此，扩张构成要件的适用范围，甚至将构成要件等同于犯罪成立条件的总和的思路，表面上似乎强调了构成要件的作用，实际上则是消解了构成要件的特殊机能。

弗兰克在责任论中提出了非难可能性的概念，使罪责观念从心理责任论向规范责任论转变，这也是新古典的犯罪论体系的重要贡献。基于“违法是客观的，责任是主观的”命题，古典的犯罪论体系把责任能力视为责任前提，而把责任(Schuld) 看作是故意和过失的属概念。但弗兰克则认为，为了能够根据某人的违法的态度 (Verhalten) 对该人进行谴责，就要具备三个不同的前提：(1) 归属能力 (Zurechnungsfähigkeit)，即责任能力。(2) 心理联系，即故意或者过失。

(3) 行为人在其中行动的各种状况具有通常的性质。上述 (3) 是弗兰克首先提出来的，也就是我们现在称为期待可能性的要素。弗兰克指出：

> 如果某一具有归属能力的人即使看清了或者能够看清楚行为的影响范围却仍然实施了某种违法的事情，那么，根据立法者的看法，就通常能够谴责该人。如果各种附随状况本身包含着对行为人或者也许也是对第三人而言的危险，正恰是被禁止的行为会从危险中救助他，那么，可谴责性就会消失。①

这里使可谴责性消失的，就是缺乏期待可能性。因此，期待可能性是一种责任要素，由于它表现为行为时的一种状况，因而也称为客观责任要素。期待可能性的提出，为心理责任论向规范责任论的转变提供了突破口。尽管在弗兰克的犯罪论体系中，责任要素中仍然包含故意与过失，但这已经为此后的目的主义的犯罪论体系将故意与过失逐出责任要件开辟了道路。

(三) 目的主义的犯罪论体系

如果说，古典的犯罪论体系和新古典的犯罪论体系在内容与结构上基本上是一致的，只是大同小异，那么，目的主义的犯罪论体系就是在犯罪论体系上的一场革命。目的主义的犯罪论体系是由德国学者威尔泽尔创立的，威尔泽尔在目的行为论基础上，对犯罪论体系进行了结构性调整。德国学者认为，目的主义的犯罪论体系在犯罪论的以下三个方面发生了根本变化：

> 第一，违法性意识现在必须从故意中分离出来，因为故意是纯意志的实现，并变成罪责概念的中心要素。因为，如果行为人在认识到违法性后仍决定实施犯罪行为，有缺陷的意志构成尤其应当受到责难。

---

① ［德］弗兰克：《论责任概念的构造》，冯军译，载冯军主编：《比较刑法研究》，137 页，北京，中国人民大学出版社，2007。

第二，对错误情况以不同于迄今为止的模式（事实—法律错误）加以划分。根据新的理论，一方面有构成要件错误（Tatbestandsirrtum），它排除了故意和可罚性，因为没有故意就不可能实现构成要件，另一方面还有禁止错误（Verbotsirrtum），它否定违法性意识。

第三，共犯（教唆犯和帮助犯）只有在故意之主行为情况下才会被考虑，因为如果没有故意，主行为的构成将会被否定。①

在以上三点变动中，第一点是最重要的结构性调整：将古典的犯罪论体系当作责任的要素——故意或者过失视为违法性的主观化，纳入构成要件，而责任要素是违法性认识和期待可能性，我国台湾学者林东茂举例说明了这种在定罪上的差别。

案例 4—1　穿短裙女孩引起骑士死亡案

设有穿短裙女孩伫立路旁，风吹掀起衣裙，机车（指摩托车——引者注）骑士贪看，撞电线杆死亡。依条件说，骑士死亡是因为女孩出现路旁，而且穿了迷人的短裙，所以，穿短裙的女孩是骑士死亡的条件。在这里，我们被迫得出了一个结论：女孩实施了杀人的行为，欠缺法定的阻却违法事由，女孩做了一件不法行为（构成要件该当的违法行为）。古典体系在进入了罪责判断的层次，才否定女孩的行为构成犯罪。最终的结论固然不违背法律的专业判断，也与社会大众的法感吻合，但已经认定了女孩曾为不法之事。问题是，女孩做错了什么？为什么不能穿短裙上街？这恐怕是古典体系的致命伤。

再以前述穿短裙女孩的例子，目的体系在客观要件的判断上，采条件说，认为女孩穿短裙在路旁亮相，是机车骑士死亡的条件。但在主观构成要件的判断上，目的体系认为，女孩对于骑士贪看自己的身材，并且死亡的结果，无法作有目的的操控，所以女孩没有实施杀人的行为，女孩也没有做错任何事。这判断既

① ［德］汉斯·海因里希·耶赛克、托马斯·魏根特：《德国刑法教科书》，徐久生译，260～261 页，北京，中国法制出版社，2001。

圆满合理，也符合思考经济的原则（不必进入违法性与罪责的检验）。故意属于构成要件，是目的体系的革命性的看法。①

上述例子中的女孩，根据目的主义的犯罪论体系，究竟是因没有杀人故意出罪，还是没有杀人行为出罪，似乎还有些含糊。实际上，是因没有故意而出罪，也就是说，根据目的主义的犯罪论体系，引起他人死亡的行为还是有的。只有到了目的理性的犯罪论体系，根据客观归责理论，上述女孩才因没有行为而出罪。

（四）目的理性的犯罪论体系

当代德国占主导地位的犯罪论体系，是组合新古典和目的主义的犯罪论体系，其中以德国学者罗克辛的目的理性的犯罪论体系为代表。罗克辛认为，目的理性的犯罪论体系具有特别重要的两个部分，指出：

> 第一点是客观行为构成的归责理论。目的理性的角度使得对客观行为构成的一种结果归责，取决于"在行为构成的作用范围内实现了一种不可允许的危险"，并且，在这里第一次使用一种以法律评价为导向的规则性工作（Regelwerk），来代替因果关系所具有的自然科学的即逻辑的范畴。
>
> 第二个核心创新，形成了把"罪责"扩展为"责任"的范畴。在这里，对于罪责这个各种刑罚必不可少的条件，总还必须补充进刑事惩罚的（特殊或者一般）预防的必要性。因此，罪责和预防性需要是相互限制的，然后才能共同产生引起刑罚的行为人个人的"责任"。这种把传统的罪责范畴与预防性目标设定相结合的做法，对许多问题的解释有重要意义。②

---

① 林东茂：《一个知识论上的刑法学思考》，增订版，20、24 页，北京，中国人民大学出版社，2009。

② ［德］克劳斯·罗克辛：《德国刑法学总论》，第 1 卷，王世洲译，124～125 页，北京，法律出版社，2005。

以上两个创新，使犯罪论体系将应罚性与需罚性有机地统一起来，从而更具有刑事政策的意蕴。

尽管犯罪论体系经过上述四个发展阶段，但三阶层——构成要件该当性、违法性与有责性成为基本的逻辑框架，并没有根本变化。虽然二阶层或者四阶层的犯罪论体系亦有人主张，但三阶层仍然处于通说地位。三阶层的犯罪论体系为我们考察犯罪提供了一个基本的分析工具，具有逻辑性与实用性。对此应当充分予以肯定。我国学者陈忠林曾经指出，德国99%的法官是不会用犯罪构成理论的。[①] 但这一说法并不符合实际。我们可以看一份德国波恩法院关于一起故意杀人未遂案的判决书[②]，该判决书就是按照构成要件该当性、违法性与有责性这样一个三阶层的思路叙述的，真实地反映了三阶层的犯罪论体系在德国司法实践中的实际运用情况。

二、四要件的犯罪构成体系

四要件的犯罪构成体系是苏俄学者创立的，对于四要件的犯罪构成体系的理论渊源，现在存在不同的见解。传统的理解是认为，四要件的犯罪构成体系是对德国三阶层的犯罪论体系进行批判性改造的结果。例如我国学者指出：

> 前苏联犯罪构成理论，是在借鉴吸收和批判大陆法系国家的犯罪构成理论的基础上建立、并在以马克思列宁主义哲学为指导、以推进社会主义法制为动力的基础上不断发展完善的。[③]

现在，上述观点受到了某些学者的质疑。这些学者更倾向于从沙俄刑法学中去寻找四要件的犯罪构成体系的理论渊源。尤其是沙俄刑法学家塔甘采夫的影响

---

① 参见梁根林主编：《犯罪论体系》，451～452页，北京，北京大学出版社，2007。

② 参见冯军主编：《比较刑法研究》，443页以下，北京，中国人民大学出版社，2007。

③ 肖中华：《犯罪构成及其关系论》，28页，北京，中国人民大学出版社，2000。

更是受到肯定。例如我国学者指出：

> 20 世纪俄罗斯的犯罪构成理论和德国的构成要件理论都是以费尔巴哈的 Tatbestand 理论为基础发展起来的。但是，却形成了两种完全不同的理论体系。原因何在？除了历史背景、民族文化特点等原因外，从具体的原因来说，就是从 20 世纪初期开始，德国犯罪论体系是以贝林的学说为基础发展起来的，而俄国犯罪论体系的发展，则是以塔甘采夫为代表的俄罗斯学说为基础。两者的区别在于：塔甘采夫保持了费尔巴哈犯罪构成理论的完整性和统一性，而贝林则对它进行切割，把主观要素与评价要素从犯罪构成中切除。①

以上论述，试图在费尔巴哈之后建立犯罪构成发展的两条线索。并且认为，以塔甘采夫为代表的俄国的犯罪构成理论在俄国（以及苏联）得到继承和发展。在此，涉及对费尔巴哈的 Tatbestand 一词的评价。Tatbestand 这一概念确实是费尔巴哈提出来的。但在费尔巴哈时代，Tatbestand 是指客观的、特别的构成要件。这一点与贝林的古典的犯罪论体系对构成要件的理解是完全一致的。但是，费尔巴哈并没有建立起犯罪构成理论体系，这一点也是十分明显的。至于塔甘采夫虽然也采用了犯罪构成这个概念，但他把犯罪构成按照法律关系的模式，分为以下三个要件：（1）行为人——实施犯罪行为的人；（2）犯罪人的行为所指向的东西——侵害的客体或对象；（3）应当从形式上和实质上受到审理的犯罪的侵害行为本身。② 由此可见，塔甘采夫并没有建立起四要件的犯罪构成体系。

应该说，四要件的犯罪构成体系是以 A. H. 特拉伊宁为代表的苏俄刑法学家经过长期努力建构的。虽然犯罪构成一词来源于费尔巴哈的构成要件，但经过改造之后，形成了自身的特点。

---

① 何秉松、［俄］科米萨罗夫、科罗别耶夫主编：《中国与俄罗斯犯罪构成理论比较研究》，217～218 页，北京，法律出版社，2008。

② 参见［苏］A. H. 特拉伊宁：《犯罪构成的一般学说》，王作富等译，5 页，注②，北京，中国人民大学出版社，1958。

苏俄学者认为资产阶级的构成要件论是主观与客观相分离的，而苏维埃刑法理论，从马克思列宁主义关于犯罪的阶级性这一基本原理出发，主张把犯罪构成要件的客观因素和主观因素辩证地统一起来。而近代资产阶级的犯罪构成要件论，却总是纠缠在究竟犯罪构成要件的两种结构——客观结构与主观结构——当中何者占据优势地位的问题上。在苏维埃刑法体系中，刑事责任不是与主观要素和客观要素处于对立和分裂的地位，而是以其所具有的客观性质作为一切标志的。也就是说，必须根据犯罪主体与犯罪的所有情况，辩证地研究犯罪行为。这种主观与客观相结合的犯罪构成就成为刑事责任的唯一根据。因此，特拉伊宁指出：

> 犯罪构成本身所包含的一切要件（因素），都是立法者认为其总和对于评定该作为（或不作为）为危害社会主义国家，因而应受惩罚的行为所必要的。由此可见，犯罪构成乃是苏维埃法律认为决定具体的、危害社会主义国家的作为（或不作为）为犯罪的一切客观要件和主观要件（因素）的总和。①

苏俄刑法学把犯罪构成分为四个要件：犯罪客体、犯罪客观方面、犯罪主体、犯罪主观方面，这就是四要件的犯罪构成。四要件的犯罪构成的特点是，赋予犯罪构成以社会政治的实质内容，在社会危害性的基础上建构犯罪构成，使犯罪构成成为社会危害性的构成。

我国犯罪构成理论是参照苏俄模式建立起来的。早在1957年前我国就已经开始犯罪构成的理论研究，例如当时出版的有关刑法论著阐述了犯罪构成理论的重要性，并且犯罪构成理论在司法实践中对于区分罪与非罪的界限起到了积极的作用。但在1957年以后，随着政治形势的变化，法律虚无主义的泛滥，犯罪构成理论遭到了批判，甚至连犯罪构成一词也讳莫如深，被打入冷宫，犯罪构成各

① ［苏］A.H.特拉伊宁：《犯罪构成的一般学说》，王作富等译，48～49页，北京，中国人民大学出版社，1958。

个要件也不能再分析了，由此导致理论与实践的混乱。及至 1979 年我国第一部刑法颁布，犯罪构成理论开始恢复，四要件的犯罪构成在我国刑法理论与司法实践中占主要地位。但从 20 世纪 80 年代中期开始，我国学者就对四要件的犯罪构成进行了反思与重构，对于犯罪客体、犯罪主体是否属于犯罪构成要件进行了探讨。随着 20 世纪 90 年代以后，英美双层次的犯罪构成与德日三阶层的犯罪构成传入我国，对于四要件的犯罪构成的批判之声愈演愈烈，各种具有独创性的犯罪构成体系不断提出。[①] 所有这些，对于推动我国犯罪构成理论的发展起到了积极作用。我认为，四要件的犯罪构成存在以下四个方面的根本缺陷。

（一）没有构成要件的犯罪构成

三阶层的犯罪论体系是以构成要件（Tatbestand）一词为中心而建构起来的。关于构成要件，存在一个从 Constare de delicti（犯罪的确证）到 Corpus delicti（犯罪的事实），再到 Tatbestand（构成要件）的逐渐演变过程，俄罗斯学者将 Corpus delicti 称为 Tatbestand 的“胎痣”，是极为传神的一种比喻。[②] 构成要件之引入刑法学，也还只不过一百多年的历史。这一历史基本上是从事实意义上的概念到法律意义上的概念、从诉讼法的概念到实体法的概念的转变过程。日本学者小野清一郎把构成要件看成是一个具体的、特殊的、类型化的概念。[③] 在这里，尤其需要强调的是构成要件本身所具有的类型性特征，它所体现的是一种类型化的思维方法。例如贝林揭示了类型性是犯罪的一个本质要素，而构成要件是一种观念形象，也称为指导形象。该观念形象表达了该犯罪类型的共性，如果没

① 参见陈兴良：《犯罪构成论：从四要件到三阶层——一个学术史的考察》，载《中外法学》，2010 (1)。

② 参见［日］小野清一郎：《犯罪构成要件理论》，王泰译，6 页，北京，中国人民公安大学出版社，2004。

③ 参见何秉松、［俄］科米萨罗夫、科罗别耶夫主编：《中国与俄罗斯犯罪构成理论比较研究》，4 页，北京，法律出版社，2008。

有该观念形象，这些要素就会失去其作为类型性要素的意味。在论及作为一种指导形象的构成要件与犯罪类型的关系时，贝林指出：

> 每个法定构成要件肯定表现为一个“类型”，如“杀人”类型、“窃取他人财物”类型等。但是，并不是意味着这种——纯粹“构成要件”的——类型与犯罪类型是一样的。二者明显不同，构成要件类型绝不可以被理解为犯罪类型的组成部分，而应被理解为观念形象（Vorstellungsgebild），其只能是规律性的、有助于理解的东西，逻辑上先于其所属的犯罪类型。[1]

我以为，贝林对构成要件之类型性的理解是极为深刻的，它将杂乱的犯罪要素凝聚成为一个体系化的犯罪模型，为犯罪认定提供某种引导，因而使构成要件的概念特定化。古典的犯罪论体系之所以坚持构成要件的客观性与叙述性，就是担心将过多的内容装入构成要件，容易破坏它的框架性，使之一般化。

在苏俄刑法学中，当 Tatbestand 一词引入以后，它就在广义上被解释为犯罪成立的客观要件与主观要件，苏俄学者承袭了这一对 Tatbestand 的理解。在这种情况下，构成要件丧失了特定化，同时也就丧失了类型性，演变成为犯罪成立条件总和意义上的犯罪构成。日本学者把这种犯罪构成理论称为“全构成要件”的理论[2]，是十分妥切的。实际上，构成要件与犯罪构成，绝不是一个称谓的问题，而是一个思维方法的问题。我国学者曾经对刑法学的类型化方法进行了探讨，将刑法类型化方法追溯到构成要件的观念，真正为类型化观念提供思想契机的是构成要件理论的发展。我国学者指出：

> 从贝林到小野清一郎，构成要件理论从萌芽发展到极致。伴随构成要件理论的成熟，构成要件“类型化”的思维亦逐步成熟。无论是行为

① ［德］恩施特·贝林：《构成要件理论》，王安异译，5～6页，北京，中国人民公安大学出版社，2006。

② 参见［日］松宫孝明：《犯罪论体系再考》，张小宁译，载《中外法学》，2008（4）。

类型、违法类型抑或责任类型，无论是犯罪的外部轮廓抑或价值定型，无疑都是一种类型化思维的过程和结果……可见，刑法上类型化观念的生成与拓展，在实质意义上倚赖于构成要件理论的催生。脱离了构成要件，刑法类型化的观念就根本性缺乏了藉以萌生的思想资源与理论契机，从而无由产生。因此，无论怎样评价构成要件理论在“刑法类型观”发生学上的意义，都不为过。①

可以说，现代刑法学之区别于前现代刑法学，在思维方法上的根本标志就是类型化方法之于刑法学中的采用，而这又以构成要件为基本载体。没有构成要件，也就没有刑法学中的类型化观念。而在苏俄四要件的犯罪构成体系中，随着构成要件改为犯罪构成，成为一个犯罪成立条件总和概念，类型化观念也就随之丧失。

随着构成要件演变为犯罪构成所带来的类型化观念与方法的缺失，因而也消解了构成要件的应有之义与特定之义，我国学者对此并没有深刻地体认，反而心安理得，由此引申出一些荒谬的结论。例如我国学者对前资本主义国家是否存在犯罪构成这一问题进行了讨论，指出：

奴隶制和封建制国家有没有作为犯罪规格的犯罪构成呢？回答应当是肯定的。当然，当时没有也不可能有资产阶级法学家所说的犯罪构成。如果硬说当时有资产阶级的犯罪构成，那不是历史唯物主义。同样，如果硬说当时不存在任何构成犯罪的规格（犯罪构成），也未必是历史唯物主义。因为这不符合历史资料所表明的历史事实。在两三千年的人类历史上定罪处刑毫无规格，这是不可想象的。②

以上论述，把构成要件等同于犯罪构成，然后又把犯罪构成等同于犯罪规格，同时又把构成要件理论等同于犯罪成立条件的法律规定，由此而得出了奴隶

---

① 张文、杜宇：《刑法视域中“类型化”方法的初步考察》，载《中外法学》，2002（4）。

② 樊凤林主编：《犯罪构成论》，335 页，北京，法律出版社，1987。

社会与封建社会也存在犯罪构成的结论。在犯罪成立条件的意义上肯定奴隶社会与封建社会存在犯罪构成当然没有问题，但在构成要件论的意义上，奴隶社会与封建社会显然是不存在犯罪构成的。这个问题，如同奴隶社会与封建社会是否存在罪刑法定原则一样，如果把罪刑法定原则泛化为对犯罪与刑罚有法律规定，则只要存在成文化的刑法就存在罪刑法定原则。但如果把罪刑法定原则理解为通过法律对立法权与司法权加以限制从而保障公民个人的权利与自由的思想观念，则奴隶社会与封建社会是不存在罪刑法定原则的。构成要件也是如此，在其被泛化以后，其独特的价值内容与方法论意义被阉割，构成要件也就死亡了。因此，我才把苏俄及我国四要件的犯罪构成称为“没有构成要件的犯罪构成”[①]。这个问题，不是对犯罪构成要件的增删所能解决的，必须回归以构成要件为前置条件的三阶层的犯罪论体系，构成要件的独特功能才能得以实现。

（二）没有出罪事由的犯罪构成

在三阶层的犯罪论体系中，违法性起着实质的价值判断的作用，在构成要件该当的基础上，将正当防卫、紧急避险等情形从犯罪中予以排除。因此，违法阻却事由成为违法性中讨论的主要内容。构成要件具有违法推定机能，因为构成要件本身是一种不法类型，由此保证了构成要件与违法性之间的衔接与协调。在德日刑法学中，主张合并构成要件与违法性这两个要件的学者大有人在，例如消极的构成要件论，就认为构成要件不能仅包括对犯罪来说是典型的情况，而是要包括所有涉及违法性的情况。这里，合法化事由的先决条件被理解为消极的构成要件特征。它之所以被纳入构成要件，是因为只有当缺少它时，关于行为违法性的最终的判断才有可能。构成要件特征和合法化事由的先决条件以该方式被统一到总构成要件（Gesamttatbestand）之中，并被体系化地置于同一层面。对此，德

① 陈兴良：《四要件：没有构成要件的犯罪构成》，载《法学家》，2010（1）。

国学者明确地提出了“我们必须拒绝消极的构成要件理论”的命题，指出：

> 构成要件特征与合法化事由特征简单地互换是不恰当的。两者的区别更多地受到实体条件的限制。欠缺构成要件的行为之所以不受处罚，是因为它不具有刑法上的重要性，而虽然符合构成要件，但被合法化的行为之所以不受处罚，则是因为尽管行为对受保护的法益造成了损害，但例外地不是实质的不法。对一般预防（Generalpraevention）重要的构成要件的呼吁功能（Appellfunktion）正是建立在此等价值差别上的。[①]

有鉴于此，德日刑法学界的通说仍然是三阶层而非二阶层。但在四要件的犯罪构成体系中，却不讨论正当防卫、紧急避险等问题。对此，特拉伊宁指出：

> 在犯罪构成学说的范围内，没有必要而且也不可能对正当防卫和紧急避险这两个问题作详细的研究。在社会主义刑法的理论和现行的刑事立法中，正当防卫和紧急避险的状态免除刑事责任这一点，是大家所公认了的。[②]

如果把犯罪构成理解为构成要件，正当防卫和紧急避险当然没有必要在构成要件中讨论。但是，在犯罪构成是犯罪成立条件总和的情况下，正当防卫和紧急避险不在犯罪构成中予以排除，则必然会出现犯罪构成形式化的现象，即行为符合犯罪构成却还不一定构成犯罪，从而又否定了犯罪构成作为犯罪成立条件总和之性质。之所以会出现这样的逻辑漏洞，是由于在四要件的犯罪构成体系中，没有正确处理好社会危害性与违法性的关系。在四要件的犯罪构成体系中，以社会危害性取代三阶层的犯罪论体系中的违法性，承担实质的价值评判功能。但基于对社会危害性在犯罪构成体系中至尊地位的推崇，又没有把它当作犯罪构成的一个具体要件。例如苏俄学者指出：

---

① ［德］汉斯·海因里希·耶赛克、托马斯·魏根特：《德国刑法教科书》，徐久生译，309～310 页，北京，中国法制出版社，2001。

② ［苏］A. H. 特拉伊宁：《犯罪构成的一般学说》，王作富等译，272 页，北京，中国人民大学出版社，1958。

既然社会危害性及违法性是对整个行为的评定，也就是说，对整个犯罪构成的评定，那么，它们就不能同时又与其他特征并列而作为这一整体的犯罪构成的个别特征了。①

在这种情况下，就出现了两种在形式上符合犯罪构成，但由于没有社会危害性，因而不构成犯罪的情形：一是犯罪概念的但书规定，二是正当防卫、紧急避险等情形。犯罪概念的但书规定，是在犯罪概念中讨论的，在犯罪构成中并没有涉及。而正当防卫、紧急避险也是在犯罪构成以外讨论的，在犯罪构成体系中没有解决。苏俄学者认为这是一些例外情形。但这些例外情形的存在，极大地动摇了犯罪构成是刑事责任的唯一根据的原则，在逻辑上难以自圆其说。

我国学者也看到了犯罪构成与排除犯罪性事由之间的这种脱节，提出的解决方案是：对于排除犯罪性事由在犯罪构成要件中考察，但在犯罪构成以外加以集中论述，指出：

从我国犯罪构成要件是实质要件、而非如大陆法系国家刑法中那样仅是形式的要件这种特点来看，我国刑法中的犯罪构成要件之认定，积极和消极层面的评价实际上是合而为一的。即实践中对某一行为是否符合某个犯罪的构成要件之审查，是同时从正面和负面、肯定和否定两个方面进行的。如果在要件之外单独考察是否具有“排除犯罪性行为”，没有可能性。

将每一个排除犯罪性事由融合在构成要件中研究，诚然存在形式上的理论脱节现象——一方面要将排除犯罪性事由理论作为犯罪论的单独“一块”置于犯罪构成理论之外论述，另一方面在考察是否存在排除犯罪性行为时又要将之内涵于“要件的审查”中。但是，这种形式上的脱节，乃我国犯罪构成理论特征使然：排除犯罪性行为具有与其他引致犯

① ［苏］采列捷里、马卡什维里：《犯罪构成是刑事责任的基础》，高铭暄译，载《苏维埃刑法论文选译》，第1辑，66页，北京，中国人民大学出版社，1955。

罪不成立的因素所不同的特点，需要在理论上将这一类行为集中研究；但这一类行为作为阻却犯罪成立的事由，在具体案件的审查中只能融合于要件之中，而无独立存在的余地，因为要件之外是没有东西具有影响犯罪成立与否的功能。①

这一想法当然是好的，但现在的问题是：排除犯罪性行为是否属于犯罪构成要件。将排除犯罪性行为放在积极要件之外加以集中讨论是可以的。例如周光权教授主张把犯罪成立要件分为犯罪客观要件、犯罪主观要件、犯罪阻却事由三个阶层，由此形成“新三阶层论”，指出：

根据犯罪客观要件、犯罪主观要件、犯罪阻却事由三阶层体系，对行为的定性，首先是通过犯罪客观要件展示行为客观上符合构成要件且违法的侧面。然后由犯罪主观要件展示责任的侧面。最后，再例外地考虑是否存在足以排除犯罪的特殊情况……犯罪客观要件、犯罪主观要件、犯罪阻却事由之阶层理论体系虽然与构成要件符合性、违法性、责任的构造在形式上不同，但仍然满足了前田雅英教授所提倡的对犯罪成立与否的判断必须从客观到主观、从原则到例外的“阶层式”思考问题的方法，对于刑事司法实践的需要给予了积极回应。②

在周光权教授的三阶层中，犯罪阻却事由是在犯罪客观要件与犯罪主观要件以外研究的。但在逻辑上，犯罪阻却事由是犯罪成立的一个要件。而四要件的犯罪构成体系，即使主张在犯罪构成要件中考察排除犯罪性行为，在犯罪构成以外集中论述排除犯罪行为，只要不承认排除犯罪性行为是犯罪构成的一个要件，则其逻辑矛盾仍然没有克服。如果承认排除犯罪性行为是犯罪构成的一个要件，则四要件的犯罪构成体系随之破局。对于四要件的犯罪构成体系的辩护来说，这是一个难以逾越的两难悖论。

① 肖中华：《犯罪构成及其关系论》，230 页，北京，中国人民大学出版社，2000。
② 周光权：《刑法总论》，104～105 页，北京，中国人民大学出版社，2007。

（三）没有归责的犯罪构成

美国学者乔治·弗莱彻教授曾经在评价苏联的四要件的犯罪构成理论时，提出过一个命题："没有归责的罪过"，认为苏联曾经努力培植一种"无归责的罪过"的理论，此后随着德国归责的规范理论的影响，对没有归责的罪过提出了挑战。弗莱彻教授指出：

> 我们知道，1950年至1955年间，苏联曾经就罪过和罪责的概念进行过一场大讨论。今天看来，这场大讨论弥漫着泛政治的基调，但还是给人留下了深刻印象，因为基本立场不同的观点终于可以在苏联的学术著作中公开表态了。
>
> 这场大讨论的背景中包含着两种重要的文化力量。首先是德国刑法理论的知识影响，特别是规范归责论的影响，这种理论在20世纪40年代晚期的德国学术界得到深刻阐明。无论德国和苏联的政治关系如何，德国法律理论在俄罗斯知识界一直享有崇高的声誉。这场大讨论的诱因是乌特夫斯基教授出版的《苏联刑法中的罪过》一书，与其他一些20世纪50年代出版的著作一起，促使苏联理论界采纳了关于罪责的归责的规范论。①

弗莱彻教授在上述论断中论及的归责的规范论，是指规范责任论。20世纪30年代后期，德国完成了从心理责任论向规范责任论的转变，由此对构成要件与有责性这两个要件的内容产生了重大影响。规范责任论传入苏联，苏俄学者乌特夫斯基教授作了理论上的回应，提出对四要件的犯罪构成体系中的罪过（故意与过失）概念加以改造，弗莱彻教授在转述乌特夫斯基教授的观点时指出：

> 乌特夫斯基所雄辩主张的是一种比较广义的观点，不仅指罪责的基

① ［美］乔治·弗莱彻：《反思刑法》，邓子滨译，364～365页，北京，华夏出版社，2008。

本要件，而且这一要件必须被概念化，以作为对故意或过失行为可责难性的规范判断。当罪责的概念像这样从故意和过失行为中抽象出来时，它就成为关于归责的基础理论。[①]

乌特夫斯基教授将罪过内容分为两个部分：一是故意过失心理，二是以社会主义国家名义对所有这些情况作出否定的社会（道德—政治）的评价。[②] 这一观点，在苏俄刑法学中称为罪过评价论，受到猛烈的批判。例如苏俄学者指出：

> 唯心主义的罪过“评价”理论，也是为破坏犯罪构成服务的。根据这种“理论”，法院对被告人行为的否定评价，和对被告人行为谴责，被认为是罪过。罪过的评价概念是以新康德主义的“存在”和“当为”的对立为前提的。新康德派刑法学者们否认人的罪过是实际现实世界的确定的事实。按照他们的“理论”，当法院认为某人的行为应受谴责时，法院就可以以自己否定的评断，创造出该人在实施犯罪中的罪过。主观唯心主义的罪过评价理论，使得资产阶级的法官们可以任意对所有他们认为危险的人宣布有罪。[③]

这一对罪过评价论的批判，作者敏锐地看到了在罪过中引入评价性的归责要素可能对四要件的犯罪构成体系产生的颠覆性后果。因为四要件的犯罪构成是一种“没有归责的犯罪构成”，归责要素的缺失，使苏俄刑法学的罪过理论在很大程度上还停留在心理责任论阶段。为了在维持四要件的犯罪构成体系的前提下，在一定程度上容纳归责理论，特拉伊宁教授在《犯罪构成的一般学说》1951 年第 2 版中，提出了“罪过在社会主义刑法中以两种品格出现：作为犯罪构成要件和作为刑事责任的根据”[④]。除罪过以外，特拉伊宁还把因果关系并列为刑事责

---

① ［美］乔治·弗莱彻：《反思刑法》，邓子滨译，366 页，北京，华夏出版社，2008。

② 参见［苏］A. A. 皮昂特科夫斯基等：《苏联刑法科学史》，曹子丹等译，75 页，北京，法律出版社，1984。

③ ［苏］A. A. 皮昂特科夫斯基：《社会主义法制的巩固与犯罪构成学说的基本问题》，孔钊译，载《苏维埃刑法论文选译》，第 1 辑，77 页，北京，中国人民大学出版社，1955。

④ ［苏］A. A. 皮昂特科夫斯基等：《苏联刑法科学史》，曹子丹等译，44 页，北京，法律出版社，1984。

任的唯一根据，这一观点受到当时苏俄刑法学界的批判，因而特拉伊宁在《犯罪构成的一般学说》第3版中，又回归到“犯罪构成是刑事责任的唯一根据”这一命题上来。但在20世纪60年代以后的苏俄刑法学中，在四要件的犯罪构成体系之外发展出一种刑事责任理论，它不同于作为犯罪成立要件之一的三阶层的犯罪论体系中的有责性，而被认为是介乎于犯罪与刑罚之间的一个概念。我国学者甚至认为应当在犯罪论与刑罚论之间增加刑事责任论，以形成罪—责—刑的刑法学体系。[①] 但这一刑事责任理论在刑法学中的体系性地位的确立，并不能改变四要件的犯罪构成没有归责这一现实。而且，正如我国学者指出：

> 由于犯罪构成论的体系决定，在认定犯罪的过程中，刑事责任实际上并不是一个举足轻重的范畴，它可以说生存于犯罪与刑罚的夹缝中，空洞无物的特性决定了其地位无关紧要甚至变得十分卑微。[②]

四要件的犯罪构成体系不仅没有主观归责，而且没有客观归责，因而在这一体系中也难以容纳客观归责理论。对此，我国学者指出：

> 目前，也有许多学者认识到我国刑事责任理论存在的致命缺陷，大多数还将其进行了宏观的改造，把刑罚理论纳入了刑事责任理论中，但是，这种构建仍然没有解决罪责问题。当然，我们这里所说的“罪责”，是指主观归责的问题，还要解决客观归责的问题。我们的犯罪构成理论已到了不可不改的地步了，是全盘引进大陆法系的三阶层犯罪构成体系，还是建立我们的新体系，也是我们下一步要研究的重要问题。[③]

这个问题的提出是发人深省的。四要件的犯罪构成体系没有很好地解决归责问题，是一个“没有归责的犯罪构成”。只有三阶层的犯罪论体系，把责任作为

---

① 参见敬大力：《刑事责任一般理论研究——理论的批判与批判的理论》，21～22页，载赵秉志等：《全国刑法硕士论文荟萃（1981届—1988届）》，北京，中国人民公安大学出版社，1989。

② 肖中华：《我国现行犯罪构成（成立）理论总置评——为我国现行犯罪构成（成立）理论的辩护》，113页，载刘宪权主编：《刑法学》，第4卷，北京，北京大学出版社，2007。

③ 王扬、丁芝华：《客观归责理论研究》，187页，北京，中国人民公安大学出版社，2006。

犯罪成立的要件之一，在犯罪构成体系内解决归责问题，包括客观归责与主观归责，才能使犯罪构成合理化。

（四）没有阶层的犯罪构成

四要件的犯罪构成体系的平面性与三阶层的犯罪论体系的阶层性之间形成强烈的对照。犯罪构成体系没有阶层性是否可行？对此，我国为四要件的犯罪构成体系辩护的学者指出：

> 有的学者认为，我国犯罪构成理论体系逻辑上存在所谓"要件位阶关系"（或者阶层关系）的缺失。笔者认为，如果说要件的阶层关系对于任何一个国家的犯罪构成理论体系来说，都是必不可少的，那么，毫无疑问，我国犯罪构成理论体系的确存在根本性的缺陷，必须被推倒。问题是，体系不属于阶层，本身并不是缺陷，这是我国体系在形式上的特点。换个角度，我们也不能因为大陆法系国家犯罪成立理论体系中不存在要件平面关系、没有直接将行为分解为要件要素，就指责阶层的犯罪论体系存在"平面关系的缺失"，因为这种差别正是与我国犯罪构成理论的形式比较结果，形式的差别就是划分要件方法、组合要件途径的差别。重要的是，形式上要件不具备阶层关系的体系是否意味着其在逻辑上是不能自立的？在形式背后，是否存在因为形式属于要件平面关系而产生的根本的实用性缺陷？①

这里的问题是：阶层是什么？对于犯罪成立条件来说，阶层是否必不可少？只有令人信服地回答了这些问题，才能使四要件的犯罪构成体系与三阶层的犯罪论体系之间的优劣利弊得以凸显。因为阶层性，恰恰是两种犯罪成立条件理论之

---

① 肖中华：《我国现行犯罪构成（成立）理论总置评——为我国现行犯罪构成（成立）理论的辩护》，108～109 页，载刘宪权主编：《刑法学研究》，第 4 卷，北京，北京大学出版社，2007。

间的根本区别之所在。

我国刑法学界对于阶层存在一些误读与误解。例如，在论及阶层时，我国学者指出：

德日体系的所谓阶层递进，只是一些学者们的一种想象式理解。如果将德日体系理解为是一种递进路径，那中国体系又有何理由不能如此相称呢——从客体递进到客观方面，再递进到主体，最后达到主观方面——呈一种较德日体系更为清晰、更为合理的递进理路。①

我以为，上述论断是把阶层与顺序相混淆，从而得出四要件的犯罪构成体系也存在递进理路的结论。其实，阶层，又称为位阶，是指一种不可变更的顺序关系。因此，阶层关系或者位阶关系，虽然也是一种顺序，但由于各阶层之间的内在关系所决定，这种顺序是固定而不可变动的。例如在因果关系中，原因在前，结果在后，两者之间存在前后不可变更的顺序关系，不能倒果为因。在阶层关系的情况下，各个犯罪成立条件之间呈现出这样一种递进关系：前者的存在不以后者为前提，而后者的存在则必然以前者为前提。概言之，没有前者必然没有后者，反之则不然。在构成要件该当性、违法性与有责性这三个要件之间，没有构成要件该当性，就不可能有违法性，因而违法性以构成要件该当性为前提。但具有构成要件该当性未必就有违法性，例如存在违法阻却事由的情形就是如此。再进一步推进，没有违法性，就不可能有有责性，因而有责性以违法性为前提。但具有违法性未必就有有责性，例如存在责任阻却事由的情形就是如此。在这种情况下，三个要件之间因存在违法阻却事由、责任阻却事由而中断。这样一种阶层式的犯罪论体系安排，体现了客观判断先于主观判断、形式判断先于实质判断、类型判断先于个别判断的定罪思维方法。正如日本学者指出：

犯罪论体系通过阶段性的深入，即由形式性判断进入实质性判断、由对客观性要素的判断进入对主观性要素的判断，从而为图确保裁判官

① 冯亚东：《中德（日）犯罪成立体系比较分析》，载《法学家》，2009（2）。

> 判断的正确、适当。根据上述解释，可以说，对于控制裁判官的思考过程，进而将刑法的适用限定于适当正确的范围之内，构成要件该当性、违法性、有责性这种犯罪论体系是一种行之有效的做法。①

阶层式的思维方法，对于保证定罪的司法过程合乎逻辑是十分重要的。是否采用阶层式的思维方法，在很大程度上是一个是否接受过刑法专业训练的问题，因而阶层式的思维方法在某种意义上也可以说是刑法所特有的一种思维方法。如果不是采用阶层式的思维方法，对某些较为复杂疑难的刑法问题就会发生逻辑上的混乱。例如在关于奸淫幼女构成强奸罪是否以明知对方是不满 14 周岁的幼女为要件的司法解释的讨论中，苏力教授从逻辑上进行了批评，指出：

> 如果强调男性行为人对不满 14 周岁幼女的"年龄认知"，由此势必推断或认定 14 周岁以下的幼女在同确实不知其年龄的男子发生性关系时的"自愿"意思表示是法律上认为有效的（valid）自愿，因此可以豁免行为男子的罪责或罪错；而当她同一位知道或应当知道其年龄的男子发生性关系时的"自愿"意思表示则在法律上是非自愿，因此不能豁免该男子的刑事责任。这两个推断在逻辑上不可避免，但在社会规范层面上是无法成立的。因为这很可能导致，同样是与 14 周岁以下幼女发生性行为，行为人对不足 14 周岁这一点的"知"（或"应当知"）与"不知"就可能决定他的命运相当甚至完全不同——当他"知"或"应当知"时，他的最高刑有可能是死刑，而当他"确实不知"时，他的这一行为甚至不认为是犯罪。仅仅这样一个有关年龄的认知就决定了同样的行为可能穿越从无罪到死刑的全部刑事惩罚的跨度，如此巨大的差别，我想没有一位刑事法律人能够接受。②

---

① ［日］西田典之：《日本刑法总论》，刘明祥、王昭武译，45 页，北京，中国人民大学出版社，2007。

② 苏力：《司法解释、公共政策和最高法院——从最高人民法院有关"奸淫幼女"的司法解释切入》，载《法学》，2003（8）。

以上论述，似乎逻辑严谨，按照一般的逻辑方法很难驳倒。但是，如果按照阶层式的思维方法，我们马上就可以发现其破绽之所在。问题在于：幼女自愿的有效还是无效果真取决于行为男子对幼女年龄的知还是不知吗？阶层式思维方法给出的答案是完全否定的。按照阶层式的思维方法，我们首先应当确定自愿与年龄认知的体系性地位，即属于哪一个阶层：显然，自愿与否是构成要件该当性的问题。在强奸罪的构成要件中，如果是成年妇女，则只有在非自愿，即违背妇女意志的情况下，男子与其发生性关系才具备构成要件该当性。如果成年妇女自愿与男子发生性关系，则强奸罪的构成要件该当性不具备，定罪过程即告中断。由此可见，成年妇女对于性关系存在一个自愿的有效性问题。但是，对于不满 14 周岁的幼女，因为缺乏性承诺能力，因而无论其是否同意，与之发生性关系都具备强奸罪的构成要件该当性，根本不存在不满 14 周岁幼女存在特定情况下的自愿有效性问题。我们再来看明知对方是不满 14 周岁的幼女这一要件，它属于责任要素。在法律要求明知的情况下，如果不明知则因缺乏故意而出罪。由此可见，无论对幼女年龄是知还是不知，都与幼女自愿的有效还是无效问题毫无关联。在行为男子因不知对方是不满 14 周岁的幼女的情况下无罪，并不否认强奸罪的构成要件该当性的具备。因此，无罪的理由根本不是幼女自愿的有效性，而是因缺乏明知而不成立故意。在此，根本不存在苏力所称的令人可怕的论心定罪，而恰恰是避免了令人可怕的客观归罪。因此，苏力的思维混乱就在于违反阶层式的思维方法，把构成要件该当性的问题与有责性的问题混为一谈了。这里需要说明一点，按照目的主义的犯罪论体系，即使把故意与过失前移至构成要件该当性中，在构成要件该当的行为与构成要件该当的故意与过失之间，仍然存在着逻辑上的位阶关系，仍然应当坚持阶层式的思维方法。

可以说，阶层性是德日犯罪论体系的精华之所在。无论是二阶层、三阶层还是四阶层，只要犯罪成立条件之间存在逻辑上的位阶关系，则可以保证定罪的正确性。那么，在四要件的犯罪构成体系中，各个要件之间是否存在上述位阶关系呢？回答是否定的。四要件之间是一种共存关系，即一有俱有、一无俱无。[①] 虽然四要件通常是按照犯罪客体—犯罪客观方面—犯罪主体—犯罪主观方面这样一种顺序排列的，但这种顺序不是不可变更的，而是可以随意排列的。例如，除上述通行的排列顺序以外，至少还存在以下三种排列顺序[②]：一是犯罪主体—犯罪客体—犯罪主观方面—犯罪客观方面。二是犯罪客观方面—犯罪客体—犯罪主观方面—犯罪主体。三是犯罪主体—犯罪主观方面—犯罪客观方面—犯罪客体。以上这些对四要件的不同排列组合表明：四要件之间不存在逻辑上的位阶关系，各要件之间的顺序可以随意打乱。其结果是：主观判断往往先于客观判断、实质判断往往先于形式判断、个别判断往往先于类型判断，由此造成定罪错误。

案例 4—2　赵金明等伤害案[③]

在赵金明等故意伤害案中，被告人赵金明等人持刀追赶被害人，被害人跳入河中溺水而亡。法院判决认为：被告人赵金明等人为报复被害人，主观上有故意伤害他人身体的故意，客观上实施了持刀追赶他人的行为，并致被害人死亡后果的发生，其行为均已构成故意伤害（致人死亡）罪。

裁判理由在论证时指出：

> 赵金明等人持刀追赶被害人马国超时已具有伤害的故意，且已着手实施犯罪，该伤害行为本身具有致人死亡的高度危险，其持刀追砍的行为与被害人死亡结果之间具有刑法意义上的因果关系。根据主客观相一致的定罪原则，可以对赵金明等人以故意伤害罪处罚。[④]

在上述裁判理由中，作者是按照伤害故意→伤害行为→造成死亡结果→因果

---

① 参见陈兴良：《刑法哲学》，修订 3 版，598 页，北京，中国政法大学出版社，2004。

② 参见赵秉志：《论犯罪构成要件的逻辑顺序》，载《政法论坛》，2003（6）。

③ 参见最高人民法院编：《刑事审判参考》，第 55 辑，21～22 页，北京，法律出版社，2007。

④ 最高人民法院编：《刑事审判参考》，第 55 辑，26 页，北京，法律出版社，2007。

关系这样一种顺序进行判断的，表现为主观判断先于客观判断。把持刀追赶人的主观心理界定为伤害故意，然后推导出伤害行为等其他要件，这是一种较易入人以罪的思维方法。按照三阶层的犯罪论体系，定罪过程应当按照以下顺序递进：是否存在伤害行为→是否存在伤害结果→伤害行为与伤害结果之间是否存在因果关系→是否存在伤害故意。这是客观判断先于主观判断的思维逻辑，因为伤害行为的存在不以伤害故意为前提，而伤害故意则以伤害行为前提，这就是伤害行为与伤害故意之间的位阶关系。并且，在定罪过程中，任何一个环节得出否定性判断，定罪过程就告中断。按照这样一种定罪思维方法，对于赵金明案，首先要判断的是：是否存在伤害行为？赵金明等人持刀追赶被害人能否认定为伤害行为？这里的关键是如何判断伤害行为的着手。追赶行为是为了伤害，但其本身还不能认定为伤害，因为追赶并不会造成他人的人身损伤。在这种情况下，不存在故意伤害罪的构成要件行为，故意伤害罪的定罪进程就结束了，本案不能认定为故意伤害罪。通过对赵金明等故意伤害案采用四要件与三阶层两种不同的犯罪成立条件理论加以分析，得出了完全不同的结论。结论之所以不同，就是由于四要件的犯罪构成体系缺乏阶层性造成的，这难道不是一种实用性缺陷吗？

我国学者认识到了四要件的犯罪构成体系存在缺乏阶层性的缺陷，因而提出在现有的犯罪构成体系上，贯彻客观优先的阶层递进理念，因而认为犯罪构成体系不必重构。[①] 我认为，阶层关系是通过犯罪论体系加以确定的，犯罪论体系是阶层关系的一种制度性安排。如果犯罪成立条件之间不存在逻辑上的位阶关系，即使倡导客观优先的阶层递进理念，也是无济于事的。因而，正如我国学者指出的：

> 刑法学的通说认为，坚持从客观到主观认定犯罪是人类社会的进步成果和科学经验，并意图在犯罪构成要件的排列顺序上，加以具体落实

① 参见黎宏：《我国犯罪构成体系不必重构》，载《法学研究》，2006（1）。

和说明。遗憾的是，由于受各种因素的影响，这种观念在其对具体问题的说明当中，并没有得到充分的展现。[①]

事实已经证明：没有阶层的犯罪构成并不能为在定罪过程中适用客观判断先于主观判断、形式判断先于实质判断、类型判断先于个别判断这些人类社会的进步成果和科学经验，提供制度性保障。

三、犯罪成立条件的逻辑关系

无论是三阶层的犯罪论体系还是四要件的犯罪构成体系，都是为犯罪成立提供条件，因而可以称为犯罪成立条件理论。犯罪成立需要具备各种条件，这些条件本身是法律规定的。犯罪成立条件理论就是将法律规定的犯罪成立条件加以体系化，使之具有内在的逻辑关系。因此，评价一个犯罪成立条件理论是否科学，关键是要看其是否具有逻辑性。我认为，犯罪成立条件的逻辑性主要体现为以下四个原则：

（一）事实判断先于价值判断

在定罪过程中，同时存在事实判断与价值判断，这实际上涉及如何处理事实与价值的关系问题。事实与价值是有所不同的：事实是认知对象。因此，事实判断是人对世界、主体对客体的认识与把握，其实质在于把握客体的真实面目。因此，事实判断是以客体为取向的，是一种真理性的判断。而价值是评价对象。因此，价值判断是某一主体关于主、客体之间客观价值关系的评价，它依主体不同而不同，是以主体为取向或尺度的。[②] 本来，事实判断和价值判断是适用于不同

① 黎宏：《刑法总论问题思考》，64～65 页，北京，中国人民大学出版社，2007。

② 参见孙伟平：《事实与价值》，154 页，北京，中国社会科学出版社，2000。

领域的，并不涉及两者的关系。但在定罪活动中，既存在事实判断又存在价值判断，因而涉及到底是先进行事实判断还是先进行价值判断的问题。

定罪过程中的事实判断，是指某一事实（客观事实与主观事实）是否存在的认定。例如，某一行为是否实施，这就是一个事实判断问题。由于事实可以分为客观事实与主观事实，因而事实判断又可以分为客观判断与主观判断。而价值判断，是指某一行为的危害性或者违法性的认定。价值判断有评价判断与规范判断之分。评价判断是对客观的价值现象，即一定主、客体之间的价值关系的描述，而规范判断是根据规范所作的价值判断。可以说，评价判断是一种实质判断，而规范判断是一种形式判断。

在定罪活动中，应当遵循事实判断先于价值判断的原则。也就是说，价值判断必须以一定的事实为前提，因此先要进行事实判断。如果这一事实本身并不存在，那么价值判断也就丧失了其存在的前提。例如在三阶层的犯罪论体系中，行为论、构成要件论与违法论是加以区分的：行为论是对行为的事实判断，确认行为本身是否存在。构成要件论是在存在行为的前提下对行为进行规范判断，确认某一行为是否具有构成要件该当性。违法论是对具有构成要件该当的行为进行评价判断，确认某一构成要件该当的行为是否具有实质上的法益侵害性。这样一种体系性安排，体现了事实判断先于价值判断的原则。但在四要件的犯罪构成中，根本不存在行为论，一上来就讨论危害行为。在危害行为这一概念中，是否存在行为，这是事实判断；行为是否具有危害性，这是价值判断。我国刑法学没有严格地区分事实判断与价值判断，更没有确立事实判断先于价值判断的原则，因而就会出现事实判断与价值判断的混淆，甚至以价值判断取代事实判断的情形。

（二）客观判断先于主观判断

任何犯罪成立，都必须同时具备客观条件与主观条件，因而主、客观要求统一。那么，在定罪过程中，对主、客观的判断是否存在依次性呢？回答是肯定的，这就是客观判断先于主观判断。对此，德国学者贝林曾经作过以下论述：

> 如果确定一个行为是违法的，如杀人行为是违法地杀害某人，那么事先就得考虑是否存在一个相应故意或过失的问题。相反，如果首先考虑行为人之观念等问题，以图肯定行为人有谋杀的故意，然后才进一步考虑是否出现了相应的实行行为，那么在考察心理时就会只关注一个未来的、依照考察状况而被假设的外在事象，这种思考只有将“客观的要素”确定为已发生事象时才是清楚的。从主观到客观的适用，司法上并不是以此为基本考察，该考察虽符合对人们行为的道德考察，而不符合法律的本意，法律在社会生活中是直接规范外在要素，只是外在要素才间接考虑内在心理要素。①

贝林的以上论述十分明确地指出了只有先考察客观要素，才能在此基础上再考察主观因素。这里存在一个道德的评判与法律的评判之间，在思维方法上的重大差别。因为道德是主观的，所以道德的评判更关注人的内在心理，从主观到客观地考察方法符合道德的评判规律。但法律是客观的，因此法律的评判更注重人的外在行为，从客观到主观符合法律的评判规律。在三阶层的犯罪论体系中，阶层性决定了客观判断必须先于主观判断。古典的犯罪论体系把构成要件定性为纯客观的，而把故意与过失等主观要素纳入有责性，当然是体现客观判断先于主观判断原则的。即使随着新古典的犯罪论体系发现了主观违法要素，此后的目的主义的犯罪论体系干脆把主观要素直接植入构成要件，使构成要件成为客观构成要件要素与主观构成要件要素的统一。尽管如此，客观判断先于主观判断这一原则仍然是应坚持的，这主要是由客观构成要素的故意规范机能所决定的。在论及构成要件的机能时，日本学者大谷实认为构成要件具有个别化的机能，正是在构成要件的个别化机能的相关意义上，大谷实指出：

---

① ［德］恩施特·贝林：《构成要件理论》，王安异译，31 页，北京，中国人民公安大学出版社，2006。

和个别化有关，还具有规制故意内容的机能。犯罪原则上必须出于故意，但是，由于故意的内容是对符合构成要件的客观事实的认识和实现的意思，因此，在结局上，决定成立故意所必要事实范围的还是构成要件。构成要件具有规制故意内容的机能。这一机能被称为故意规制机能。①

以上论述中的构成要件是指客观的构成要件，基于构成要件的故意规制机能，客观判断必然先于主观判断。

在四要件的犯罪构成中，虽然客观方面要件通常是排列在主观方面要件前面的，但这种构成要件的顺序是可以颠倒的。例如我国学者认为犯罪成立的逻辑顺序应该是这样的：符合犯罪主体要件的人，在其犯罪心理态度的支配下，实施一定的犯罪行为，危害一定的客体即社会主义的社会关系。② 因此，四要件的犯罪构成要件的顺序是：犯罪主体—犯罪主观方面—犯罪客观方面—犯罪客体。按照这一四要件的犯罪构成，主观判断先于客观判断。

从犯罪发生的逻辑关系来说，先有犯罪主体，然后有犯罪动机，在犯罪动机的支配下实施犯罪行为，犯罪行为对犯罪客体造成危害，似乎是合乎实际情况的。但所谓犯罪行为是犯罪心理的外化，作为犯罪主观要件排列在客观要件之前的理由真的能够成立吗？我的回答是否定的。这里的犯罪心理是犯罪故意或者过失吗？实际上，这里的犯罪心理是指犯罪动机。从时间顺序上来说，犯罪动机确实产生在犯罪行为之前。但犯罪故意是指支配着犯罪人行为的主观心理状态。因此，在时间上，犯罪的客观要件与主观要件具有共时性。至于过失犯罪，根本就不存在犯罪心理的外化问题，因为过失犯罪没有犯罪动机。既然犯罪的客观要件与主观要件具有共时性，那么，为什么应当坚持客观判断先于主观判断，而不是相反呢？我认为，这是由客观要件与主观要件的性质所决定

① ［日］大谷实：《刑法讲义总论》，新版2版，黎宏译，103页，北京，中国人民大学出版社，2008。

② 参见赵秉志：《论犯罪构成要件的逻辑顺序》，载《政法论坛》，2003（6）。

的：客观要件具有对各种犯罪成立条件的整合机能，并且具有对犯罪故意的规制机能。在认定客观要件的基础上判断主观要件，在某些情况下可以推定故意的存在；在另外一些情况下可以限制故意的范围，从而为故意认定创造条件，因而是符合司法逻辑的。相反，如果主观判断先于客观判断，则有可能使无罪行为入罪。

案例4—3 吴某谋杀案

吴某（男，45岁）为减少继承父亲遗产的法定人数，以便分得更多的遗产，便极力怂恿其兄乘坐飞机出差。为达到此目的，吴某自己掏钱为其兄购买飞机票。因为最近一段时间，民航客机频繁失事，吴某便期望通过让其兄乘坐飞机失事，达到致其兄死亡的目的。其兄为吴某表面的热情所打动，遂乘坐飞机外出。果然，飞机因遇到强烈风暴坠毁，其兄死于空难，吴某遂得以独占遗产。

对这起案件，根据四要件的犯罪构成往往容易得出有罪的结论，其逻辑思维过程大体如此：在本案中，吴某有故意杀人的主观心理，为达这一目的而给其兄买飞机票，致其坠机死亡，吴某的这一行为与其兄死亡结果之间存在因果关系。所以，吴某的行为符合故意杀人罪的犯罪构成。在这一有罪的论证过程中，明显地呈现出从主观判断到客观判断这样一种逻辑进程。如果根据三阶层的犯罪论体系，基于客观判断先于主观判断的原则，本案被告人吴某能否定罪，首先需要解决的是其行为是否属于杀人的构成要件行为的问题。按照德日刑法理论，杀人的行为本身必须包含引起被害人死亡结果的现实危险性。[①] 而吴某怂恿其兄乘坐飞机的行为本身没有造成他人死亡的现实危险性，因而杀人行为不存在，定罪过程遂告中断。这样，客观判断对主观判断起到了限制作用。因为主观要素是依附于

① 参见［日］大塚仁：《刑法概说（各论）》，冯军译，30页，北京，中国人民大学出版社，2003。

客观要素而存在的。没有杀人行为，怎么可能会有杀人故意呢？杀人行为在逻辑位阶上是先于杀人故意的。而在认定杀人故意的时候，客观要件如果不发生规制机能，就会把期望他人死亡的故意理解为杀人故意。显然，期望他人死亡的故意与杀人故意是完全不同的，只有通过杀人手段而达致期望他人死亡的结果，才是杀人故意。由此可见，只有采用客观判断先于主观判断原则，才能保证定罪的正确性。在我国司法实践中，由于不能正确地把握客观判断先于主观判断的原则，因而有时会在疑难案例的分析中体现出来。

案例 4—4　成俊斌等诈骗案①

2006 年 2 月至 11 月期间，被告人成俊斌、黄承基使用假身份证和驾驶证在佛山市各地的一些工厂应聘司机一职。进厂后即利用外出送货之机将被害单位的车辆开走，并将部分赃车销售给被告人唐海斌。综上，被告人成俊斌共侵占财物价值 27 万余元，被告人黄承基参与侵占财物价值 22 万余元，被告人唐海斌收购赃物价值 13 万余元。

佛山市海南区人民检察院指控被告人成俊斌、黄承基犯诈骗罪，被告人唐海斌犯收购赃物罪，于 2007 年向佛山市海南区人民法院提起公诉。佛山市海南区人民法院经审理认为，被告人成俊斌身为被害单位的司机，利用职务上的便利，伙同被告人黄承基将被害单位的财物非法占为己有，数额较大，其行为均已构成职务侵占罪；被告人唐海斌明知是犯罪所得的赃物而予以收购，其行为已构成收购赃物罪。佛山市海南区人民法院以职务侵占罪判处被告人成俊斌有期徒刑 3 年 6 个月、黄承基有期徒刑 2 年；以收购赃物罪判处唐海斌有期徒刑 1 年，并处罚金 1 000 元。

一审宣判后，佛山市海南区人民检察院抗诉及佛山市人民检察院支持抗诉

---

① 参见陈兴良、张军、胡云腾主编：《人民法院刑事指导案例裁判要旨通纂》（下卷），814～816 页，北京，北京大学出版社，2013。

称：一审判决对原审被告人成俊斌、黄承基的行为定性有误。理由是：主观上，原审被告人成俊斌、黄承基在进入各被害单位之前就已具有骗取被害单位车辆的犯罪故意；客观上，两被告人在意图占有被害单位车辆的思想驱使下，首先使用假身份证和驾驶证到职介所登记，再去被害单位应聘，既虚构了其身份及其遵纪守法的事实，又隐瞒了其“并非想从事司机职务”及其曾经诈骗其他单位车辆的真相，骗取了被害人的信任，使被害人陷于错误认识，“自愿”将车辆交其保管，从而实现其非法占有被害单位财物的目的。综上，原审被告人成俊斌、黄承基的行为已构成诈骗罪，且诈骗数额巨大。一审判决将原审被告人成俊斌、黄承基的行为定性为职务侵占罪，脱离了两原审被告人主观上具有诈骗犯罪故意的事实，割裂了两原审被告人实施诈骗犯罪行为的整体性，忽视了本案作为整体对社会的危害程度，从而直接造成了量刑畸轻的结果。

佛山市中级人民法院经审理认为，原审被告人成俊斌伙同原审被告人黄承基，以非法占有为目的，虚构事实、隐瞒真相、骗取他人财物，数额巨大，其行为均已构成诈骗罪。原审被告人唐海斌明知是犯罪所得而予以收购，其行为已构成掩饰、隐瞒犯罪所得罪。在共同犯罪中，原审被告人成俊斌起主要作用，系主犯，依法应当按照其所参加的全部犯罪处罚；原审被告人黄承基起辅助作用，是从犯，依法应当减轻处罚。原审被告人成俊斌因涉嫌犯罪被抓获后，如实供述公安机关尚未掌握的同种较重罪行，依据有关司法解释，一般应当从轻处罚。原审被告人黄承基归案后，协助公安机关抓捕其他同案犯，依据有关司法解释，应当认定为有立功表现，依法可以从轻处罚。广东省佛山市南海区人民检察院及广东省佛山市人民检察院认为，原审被告人成俊斌、黄承基的行为应定性为诈骗罪的抗诉及支持抗诉意见有事实和法律依据，予以采纳。对于原审被告人成俊斌的辩护人提出原审被告人成俊斌的行为应构成职务侵占罪的辩护意见，经查，原审被告人成俊斌伙同原审被告人黄承基，以非法占有为目的，使用假身份证和驾驶证骗取被害单位招聘成俊斌作司机，后成俊斌利用给被告单位送货之机，伙同黄承基将被害单位的车辆方法占为已有；成俊斌没有为被告单位作司机的主观愿望，其骗取的司机一职只是其骗取被害单位财物的一种手段，原审被告人成俊斌、黄承基的行为已构成诈骗罪。故对原审被告人成俊斌的辩护人提出原审被告人成俊斌的行为构成职务侵占罪的辩护意见不予采纳。据此，佛山市中级人民法院二审以被告人成俊斌犯诈骗罪，判处有期徒刑4年，并处罚金人民币4 000元。被告人黄承基犯诈骗罪，判处有期徒刑2年，并处罚金人民币2 000元。被告人唐海斌犯掩饰、隐瞒犯罪所得罪，判处有期徒刑1年，并处罚金人民币1 000元。

在以上案例中，对于被告人成俊斌等人的行为如何定性，司法机关之间存在分歧意见：检察机关认定为诈骗罪，一审法院认定为职务侵占罪。本案经检察机关抗诉以后，二审法院采纳了抗诉意见，对本案最终改判为诈骗罪。由此可见，在我国司法实践中，类似案件以诈骗罪论处的意见还占有相当的比例。在刑法理论上，对于以虚假身份应聘司机开走单位汽车如何定性也展开了讨论。例如许少宇的《以虚假身份应聘司机开走单位汽车如何定性》（载《检察日报》，2009-10-14）一文，对王某职务侵占案进行了讨论，支持该行为构成诈骗罪。该案的案情与成俊斌案基本相同，是否系根据成俊斌案改写，不得而知。我曾经发表《定罪的四个规则》（载《检察日报》，2009-11-05）一文，对该行为构成诈骗罪的观点提出了质疑，认为应当构成职务侵占罪。

对于以虚假身份应聘司机开走单位汽车如何定性问题进行考察的时候，我认为这取决于被告人使用虚假身份证件应聘取得司机职位的性质，即这一身份能否因为是采用欺骗手段获得的因而无效？对此，2004年4月30日最高人民法院研究室《关于对行为人通过伪造国家机关公文、证件担任国家工作人员职务并利用职务上的便利侵占本单位财物、收受贿赂、挪用本单位资金等行为如何适用法律问题的答复》（以下简称《答复》）规定：

> 行为人通过伪造国家机关公文、证件担任国家工作人员职务后，又利用职务上的便利实施侵占本单位财物、收受贿赂、挪用本单位资金等行为，构成犯罪的，应当分别以伪造国家机关公文、证件罪和相应的贪

污罪、受贿罪、挪用公款罪等追究刑事责任，实行数罪并罚。

由此可见，采用欺骗手段获得的职位，并且利用这一职位上的便利侵占本单位财物，如果骗取的是国家工作人员的职位，则定贪污罪；如果骗取的是公司、企业或者其他单位工作人员的职位，则定职务侵占罪。因此，按照这一司法解释，对以虚假身份应聘司机开走单位汽车行为认定为职务侵占罪是没有任何问题的。但在成俊斌案的裁判理由中，认为对于本案不能机械比照适用前引答复。该答复中侵占本单位财物行为是随机的，即行为人骗取身份时并不具有侵占本单位财物的故意，行为人的侵占行为与骗取身份、伪造证件行为是难以形成牵连关系的。[①] 这里所谓随机性，是指骗取身份与侵占行为之间并无预先设定性，但这种主观要素并不能凌驾于客观行为之上，成为否定本案应定职务侵占罪的理由。

对于成俊斌案，如果从客观上来分析，从成俊斌实施的行为入手，就会发现成俊斌实施了先后衔接的两个行为：第一个是骗取司机职位的行为，第二个是利用骗取的司机职务上的便利，非法占有公司车辆的行为。前一个行为，如果存在伪造证件等犯罪的，应当依法认定。后一个行为，明显就是一种职务侵占行为。那么，为什么会把成俊斌的行为认定为诈骗罪呢？我认为，这与没有遵循客观判断先于主观判断原则有着直接的关系。例如，论者在对王某职务侵占案进行分析时指出：

> 王某的行为应当以诈骗罪论处，理由如下：
>
> 首先，王某诈骗犯罪的故意贯穿全案始终。王某非法占有的主观故意产生于获取驾驶员职务之前，其在虚构事实、隐瞒真相的掩护下，带着“骗走财物”的主观故意，实施了“应聘—任职—接近财物—获取财物”等一系列行为，其目标明确、行动周密，行为过程中贯穿着明确的诈骗故意。
>
> 其次，王某在客观方面的表现符合诈骗犯罪的特征。正是因为王某

① 参见陈兴良、张军、胡云腾主编：《人民法院刑事指导案例裁判要旨通纂》（下卷），817 页，北京，北京大学出版社，2013。

所采取的隐瞒真相、虚构事实手段，让被害人陷入错误认识，从而自愿交付、处分财物，才使得王某犯罪目的得以顺利实现，这一客观表现行为完全符合诈骗犯罪的特征。而这里的财物处分不能仅理解为是对财物所有权的处分，还应当包括财物占有权、支配权的处分，而且，在司法实践中，只要实施了转移财物的行为，很多诈骗案件的被害人就已经在实质上面临丧失财物的巨大风险，且被害人在交付时一般不会认为自己是在交付财物的所有权。①

在以上论述中，论者采取了从主观判断到客观判断的次序。问题在于：没有认定其行为是诈骗之前，怎么可以将行为人的主观故意认定为诈骗故意？事实上，诈骗故意是依附于诈骗行为而存在的，是行为人在实施诈骗行为时的主观心理状态。从论者的分析来看，所谓诈骗故意是指占有公司财物的意图，这是王某使用虚假身份应聘的动机。由此可见，论者是把行为人的动机与犯罪故意混为一谈了。如果按照客观判断先于主观判断的原则，这样的错误本来是可以避免的。当然，由于四要件的犯罪构成理论在客观要件与主观要件之间并不存在逻辑上的位阶关系，所以，出现上述差错也是可以理解的。

（三）形式判断先于实质判断

在定罪过程中，既存在形式判断又存在实质判断。例如，一个行为是否符合构成要件，这就是一种形式判断。这种形式判断本身就是规范判断，即根据一定的法律规范对既存事实进行是否合乎规范的判断。而实质判断，是指评价性判断。例如一个行为是否具有法益侵害性，这就是一种实质判断。形式判断与实质判断，都是根据一定标准所进行的价值性判断。在形式判断中，价值标准已经转化为法律规范，因而规范判断具有客观性。而在实质判断中，价值标准在很大程

① 许少宇：《以虚假身份应聘司机开走单位汽车如何定性》，载《检察日报》，2009-10-14。

度上取决于判断者的价值取向，因而评价判断具有一定的主观性。只有坚持形式判断先于实质判断的原则，才能通过形式判断的客观性来限制实质判断的主观性，从而避免将无罪的行为入罪。

在三阶层的犯罪论体系中，古典的犯罪论体系将构成要件与违法性的关系处理为形式要件与实质要件之间的关系，通过两者之间的位阶关系保证形式判断先于实质判断。此后，构成要件的实质化运动兴起，尤其是客观归责理论被认为是实质的构成要件理论。[①] 但客观归责恰恰是以形式的实行行为概念与形式的因果关系理论（条件说）为前提的，仍然坚守了形式判断先于实质判断的原则。

而在四要件的犯罪构成中，由于在犯罪的实质概念中把社会危害性当作犯罪的本质特征，在这种社会危害性理论的指导下，在定罪过程中往往把实质判断放在一个优先考虑的位置上，这已经成为一种思维定势。所以，根据四要件的犯罪构成，不是形式判断先于实质判断，而是恰恰相反。

案例 4—5　朱建勇故意毁坏财物案[②]

2002 年 4 月 29 日至 5 月 10 日，被告人朱建勇利用事先获悉的账号和密码，侵入被害人陆正辉、赵佩花夫妇在证券营业部开设的股票交易账户，然后篡改了密码，并使用陆、赵夫妇的资金和股票，采用高进低出的方法进行股票交易。5 月 16 日，朱建勇再次作案时被当场发现。按照股票成交平均价计算，用首次作案时该账户内的股票与资金余额，减去案发时留有的股票与资金余额，朱建勇共给陆、赵夫妇的账户造成资金损失 19.7 万余元。

对于本案，法官作出以下判断：

被告人朱建勇为泄私愤，秘密侵入他人的账户操纵他人股票的进出，短短十

① 参见许玉秀：《主观与客观之间——主观理论与客观归责》，206 页，北京，法律出版社，2008。
② 参见《最高人民法院公报》（2004 年卷），304 页，北京，人民法院出版社，2005。

余日内，已故意造成他人账户内的资金损失 19.7 万余元。这种行为，侵犯公民的私人财产所有权，扰乱社会经济秩序，社会危害性是明显的，依照刑法第 275 条的规定，已构成故意毁坏财物罪，应当受刑罚处罚。[①]

这是一种典型的实质判断思维，根本没有顾及这一行为是否具备故意毁坏财物罪的构成要件该当性，因而不仅实质判断先于形式判断，甚至以实质判断取代形式判断，这显然是有悖于罪刑法定主义精神的。罪刑法定主义倡导的是形式理性，它要求在定罪过程中形式判断先于实质判断，以形式判断限制实质判断，使实质判断只有出罪功能而没有独立于形式判断之外的入罪功能。但是，法官即使在判断上述被告人朱建勇的行为是否属于毁坏时，也是按照实质判断先于形式判断的思路进行的，指出：

> 使财物的价值减低或者丧失是故意毁坏财物的本质特征。所谓“毁坏”，就是指毁灭或者损坏。这种行为的本质就是使其侵害的对象全部或部分丧失其价值或使用价值。[②]

在以上这段论述中，论者力图揭示毁坏行为的本质，也确实正确地揭示了毁坏的本质特征。但问题在于：毁坏行为的本质是使财物的价值减低或者丧失，那么，只要符合这一本质特征的行为就是毁坏吗？非也。使财物的价值减低或者丧失的方法是多种多样的，毁坏只是其中的一种方法。根据我国刑法的规定，只有采用毁坏方法使他人财物的价值减低或者丧失的，才构成故意毁坏财物罪。在此，我们需要首先解析毁坏的形式特征，在此基础上才能进行实质判断。

（四）定型判断先于个别判断

刑法判断还可以分为定型判断和个别判断。一般认为，在定罪过程中的判

---

① 《最高人民法院公报》（2004 年卷），305 页，北京，人民法院出版社，2005。

② 卢方主编：《经济、财产犯罪案例精选》，416 页，上海，上海人民出版社，2008。

断，一般都是定型判断，当然也会以个别判断作为补充。而量刑过程中的判断，主要是个别判断。因为定罪的思维主要是类型性思维。犯罪成立条件都是定型性要件，根据这种定型性要件所作的判断，就是定型判断。在类型性的思维过程中，我们关注的是事物的本质，从而把大量的个别性与表象性的要素给舍弃了。例如，杀人是一种行为类型，其实我们并没有看到过抽象的杀人，我们看见的都是具体的杀人。但在对杀人行为定罪的时候，从形形色色的杀人案件中提炼出杀人的本质特征，认定杀人行为就是一个定型判断的过程。在杀人案件中的一些具体要素，对定罪没有影响，而对量刑具有一定影响。从这个意义上说，量刑更多的是个别判断。但也不能说定罪都是定型判断，有时也需要以个别判断作为补充。例如存在开放的构成要件，这种开放的构成要件就需要通过个别判断加以填补。

对于定罪来说，定型判断与个别判断都是必要的，关键在于：定型判断必须先于个别判断。因为类型性要件相对于个别性要件，是容易把握的，并且类型性要件往往对个别性要件起到某种限制作用。在定型判断以后再进行个别判断，就能确保个别判断的适当，从而实现刑法的人权保障机能。

思考题：

试述四要件犯罪构成理论的根本缺陷。

参考书目：

1. ［苏］A. H. 特拉伊宁. 犯罪构成的一般学说. 王作富等译. 北京：中国人民大学出版社，1958

2. 陈兴良主编. 犯罪论体系研究. 北京：清华大学出版社，2005

3. 肖中华. 犯罪构成及其关系论. 北京：中国人民大学出版社，2000

4. 方泉. 犯罪论体系的演变——自“科学技术世纪”至“风险技术社会”的一种叙述和解读. 北京：中国人民公安大学出版社，2008

5. 周光权. 犯罪论体系的改造. 北京：中国法制出版社，2009

第5章

构成要件论

构成要件是教义刑法学中最重要的概念之一，也是犯罪论体系的基石范畴。苏俄刑法学将构成要件改造成为犯罪成立要件以后，构成要件本身所具有的界定机能荡然无存。即使是在德日刑法学中，构成要件也面临着越来越大的挑战。本章对构成要件进行历史与逻辑的展开，力图建构构成要件的理想图景。

一、构成要件概述

构成要件一词，顾名思义是指成立条件，因此，把犯罪的构成要件理解为犯罪成立条件，从语义上来说本来是没有错误的。正如小野清一郎指出的，构成要件是一个一般法学的概念，甚至在哲学、心理学等文献中偶尔也采用构成要件一词。在一般法学上，由于一定的法律效果发生，而将法律上所必要的事实条件的总体，称为“法律上的构成要件”[①]。但在刑法学中，将构成要件望文生义地理

① ［日］小野清一郎：《犯罪构成要件理论》，王泰译，5页，北京，中国人民公安大学出版社，2004。

解为犯罪成立条件，恰恰是错误的。

在苏俄及我国刑法学中，都存在着对构成要件的误读，即把构成要件等同于犯罪构成，从而在刑法学上造成了一起学术冤案。这一学术冤案的制造者，可以追溯到四要件犯罪构成要件理论的创始人特拉伊宁。我国学者在清理这一段历史时指出：

> 特拉伊宁在“犯罪成立”的意义上使用“犯罪构成”（在其著作中所用的“全部”“犯罪构成”一语中，这一点都可以得到证明），并在这一意义上用“犯罪构成”取代费尔巴哈或者施就别尔学说观点中的 Tatbestand（构成要件或犯罪事实）。特拉伊宁或是把费尔巴哈对 Tatbestand 的定义看成是对“犯罪构成”即犯罪成立所下的定义，或是以自己所创立的作为“犯罪成立所必须具备的诸要件的总和”的“犯罪构成”这样一个概念标准，去驳斥费尔巴哈学说中作为犯罪外在事实的 Tatbestand，指出其存在所谓的割裂犯罪构成的统一概念的错误。特拉伊宁的结论是无比让人赞同的，因为他在问题的出发点上就偷换了概念。①

偷换概念的指责当然是十分严厉的。但对于特拉伊宁来说，又确实是难以洗冤的。当然较为平和的说法是：特拉伊宁把构成要件改造成为犯罪构成。问题在于：如果是改造的话，就不能把构成要件与犯罪构成等同起来，应当承认两个概念之间的转化。但特拉伊宁却以犯罪构成的观念去指责、批评费尔巴哈、施就别尔（Stübel）等人的构成要件的观念，说他们是在人为地割裂犯罪构成的统一的概念。② 这就不仅仅是误读，而是指鹿为马了。就像在西汉张骞出使西域以后才逐渐将新疆划入中国版图，在此之前史书记载的中国领土都不包含新疆（西域）。司马迁的《史记》就有西域三十六国的记载。那么，能否站在我们今天的立场上指责司马迁分裂国家呢？当然不能。这种指责无疑是缺乏历史根据的。而特拉伊

---

① 肖中华：《犯罪构成及其关系论》，4～5 页，北京，中国人民大学出版社，2000。

② 参见［苏］A. H. 特拉伊宁：《犯罪构成的一般学说》，王作富等译，15 页，北京，中国人民大学出版社，1958。

宁就是这么指责费尔巴哈、施就别尔的。当然，特拉伊宁关于犯罪构成的论述中始终存在挥之不去的构成要件的阴影。对此，我国学者指出：

> 在作为刑事责任根据的广义的、实质的犯罪构成概念和分则特殊的、法律的、狭义的构成要件概念之间，是特拉伊宁在西方之要件论与苏俄刑法传统和制度上左右摇摆的表现之一。[①]

我国学者敏锐地看到了特拉伊宁本人在构成要件与犯罪构成这两个概念之间左右摇摆，从而大大地削弱了其犯罪构成思想的科学性。为了便于对构成要件一词有更为深刻的把握，我们还是对构成要件的起源进行一些梳理。一般认为，构成要件一词经历了以下三个演变过程：

（一）从程序法的概念到实体法的概念

构成要件最初是一个程序法上的概念，其起源可以追溯到 13 世纪的意大利，当时的历史文献中出现过“constare de delicit”（犯罪的确证）这一概念。它是中世纪意大利纠问式诉讼程序中使用的概念，指在对犯罪人进行刑事追究前必须首先证明犯罪事实的存在（一般纠问），在得到犯罪的“确证”以后，再对特定的嫌疑人进行纠问（特殊纠问）。1581 年，意大利学者法利斯从犯罪确证中引申出“Corpus delicti”（犯罪事实）的概念，用以表示已被证明的犯罪事实。1746 年德国学者克莱因将“Corpus delicti”译成德语“Tatbestand”（构成要件），当时仍然只有程序法的意义。直至施就别尔和费尔巴哈之后，它才变成实体法的概念。[②] 由此可见，构成要件从程序法的概念演变为实体法的概念，就经历了差不多六个世纪。

值得一提的是，构成要件的概念虽然起源于意大利中世纪，但刑法学意义上

---

① 阮其林：《评特拉伊宁的犯罪构成论——兼论建构犯罪构成体系的思路》，载陈兴良主编：《刑事法评论》，第 13 卷，11 页，北京，中国政法大学出版社，2003。

② 参见［日］小野清一郎：《犯罪构成要件理论》，王泰译，3～4 页，北京，中国人民公安大学出版社，2004。

的构成要件纯粹是德国刑法学的产物，与意大利已经无关。甚至在现在的意大利刑法学中，根本不采用构成要件一词。现在意大利刑法学采用的是“il fatto tipico”，我国学者陈忠林将其译为“典型事实”，陈忠林在评注中指出：

> 原文“fatto tipico”，是意大利刑法学家 Delitala 受德国刑法理论影响提出来的一个概念，大致相当于德国刑法中的“tatbestand”（构成要件）。其中，“fatto”一词在意大利语中有多重含义，既可表示“事实”，又可表示“行为”。鉴于意大利刑法学界的通说认为犯罪是一种（包括行为、结果以及其他基本条件的）“事实”而不仅是“行为”，故译为“典型事实”①。

当然，“典型事实”一词中的“事实”是较为容易引起误解的。因为构成要件已经不再是一个事实的概念，而是一个法律模型的概念。

（二）从事实的概念到模型的概念

构成要件最初是从犯罪事实中引申出来的，因而在其原型中具有事实性的基因。直到费尔巴哈将“Tatbestand”引入刑法学，而被当作判断犯罪成立的法律要件使用，并且特指犯罪成立的客观条件。显然，从事实到法律要件，在性质上是完全不同的。例如，小野清一郎曾经把法律学上的构成要件与心理学上的构成要件做过比较，指出：

> 按照一般法学的用法，构成要件一词仅仅意味着法律上的、抽象的观念性的概念。与此相反，在心理学等方面，在使用“Tatbestand”一词时，基本上指的是事实性的东西。②

---

① ［意］杜里奥·帕多瓦尼：《意大利刑法学原理》（注评版），陈忠林译评，113～114 页，北京，中国人民大学出版社，2004。

② ［日］小野清一郎：《犯罪构成要件理论》，王泰译，113～114 页，北京，中国人民公安大学出版社，2004。

为了说明这种差别，小野清一郎认为，莫如说法学上的构成要件是从古时的主要是诉讼法意义上的用法那里沿袭下来的，而哲学家和心理学家所使用的不是法学上的构成要件这个概念。[①] 这种解释并不具有充分的说服力，因为诉讼法意义上的构成要件也是在事实意义上使用的概念，只是到了14世纪引入实体法以后才演变为法律要件的概念。

构成要件作为一般意义上的法律要件虽然已经脱离了事实性概念，成为一个规范性概念，但这个意义上的构成要件与规范使用的构成要件还是不同。现在的构成要件是指犯罪的一种法律模型，是一个类型性的概念。这一意义上的构成要件是贝林开创的。正如我国学者在复述贝林的构成要件概念时指出的：

> 在贝林看来，“构成要件应被定义为犯罪类型的轮廓”，是“一个并无独立意义的纯粹概念”，“永恒（zeitlos）普遍（raumlos）而无相（existenzlos）”，若“绾之以违法有责的行为，则可成立犯罪”。构成要件是“犯罪概念的中心（Mittelpunkt），缩结了犯罪其他要素，梳理五彩纷呈的生活事实而为特色形象即特定类型的生活事实，非此则无刑法后果”[②]。

因此，构成要件不仅是一个规范性概念，而且是一个类型性概念，成为犯罪的客观轮廓与指导形象。

应当指出，构成要件与构成事实是不同的。构成要件是某种规范性的模型，而构成事实则是指符合上述规范性的模型。这两者之间的关系正如模具于产品的关系。产品是按照模具生产出来的，具有模具的外在形状，但它并不能等同于模具。当然，构成要件与构成事实之间的关系较之模具与产品的关系更为复杂。问题在于：构成要件本身又是从犯罪的行为类型中提炼而形成的，然

---

① 参见［日］小野清一郎：《犯罪构成要件理论》，王泰译，5～6页，北京，中国人民公安大学出版社，2004。

② 王安异：《贝林的生平及其刑法思想》，载［德］恩施特·贝林：《构成要件理论》，王安异译，9页，北京，中国人民公安大学出版社，2006。

后反过来又以构成要件作为标准去认定犯罪。对于这样一种复杂关系，贝林曾经指出：

> “杀人”的观念形象系从与此相对应的真实事实中推导出来，那么逻辑上可以明确：该观念形象不仅不同于其涵摄（subsumierbar）的犯罪事实（Vorkommennisse），而且在该形象未出现于犯罪事实中的时候还保留着其内容。由此可知，谋杀概念的首要要件不是“杀人”，而是实施杀人的行为。易言之，犯罪类型的首要构成要素不是法定构成要件，而是行为的构成要件符合性，法定构成要件只是规定了这种首要的构成要素。①

在以上论述中，贝林揭示了杀人的构成要件与杀人事实本身的区别，并且杀人的构成要件与杀人的犯罪类型之间也存在区别。当然，在德语当中，“Tatbestand”一词是具有事实含义的，因为它本身就经历了一个复杂的语义演变过程。对此，小野清一郎作过以下说明：

> 构成要件，是一种将社会生活中出现的事实加以类型化的观念形象，并且进而将其抽象为法律上的概念。如此一来，它就不是具体的事实。德语中的 Tatbestand 一词不仅来表示法律上的构成要件，也有符合要件的事实的意思。这是因为在历史上它曾经作为诉讼法上的用语，主要指的是事实性的东西。因此，在学说中，为了将它明确起来，贝林主张把一种叫做“概念性的”Tatbestand，其他的叫做“具体性的”Tatbestand。麦耶则主张，把一种称为“法律性的”Tatbestand，其他的叫做“具体性的”Tatbestand。在日本语中，为了避免混淆而把一个叫做构成要件，其他的叫做构成事实。把构成要件这一事物故意地叫成构成事实，即使不错，起码也是不恰当的。构成要素一词在这时没有使用，但是，Tatbestand 是一种观念形象，虽然它是由各个概念性的要素

① ［德］恩施特·贝林：《构成要件理论》，王安异译，6 页，北京，中国人民公安大学出版社，2006。

组成，但却是一种将这些要素整体化了的观念。所以我认为，表述这一观念还是使用“构成要件”一词较为妥当，尽管它也并不是十全十美的。①

由于历史的原因，在德语中采用“Tatbestand”一词容易将其混同为一个事实性的概念，这是历史的魔法在作祟。这种情况，在汉语语境中并没有发生。也就是说，在汉语中，构成要件作为一个观念性、规范性与类型性的概念是没有疑问的，它不会与构成事实相混淆。而且，构成要件一词，在我国民国时期著作中就已被广泛采用。例如民国学者郗朝俊就把犯罪成立之一般的要素称为构成要件。② 当然，这里的构成要件与贝林的构成要件是完全不同的，相当于苏俄刑法学中的犯罪构成。应当指出，王世洲教授在翻译罗克辛的《德国刑法学总论》一书中，把“Tatbestand”译为“行为构成”，从而在罗克辛一书中不见了构成要件的踪影。在我看来，构成要件一词比行为构成更为确切地反映了它所具有的对事实性要素的超越，因而不宜轻易改译他词。

（三）从分则性概念到总则性概念

构成要件曾经被区分为一般构成要件和特殊构成要件。在整个 14 世纪，“Tatbestand”一词限于在犯罪事实或法律上制约着成立犯罪诸要件的意义上加以使用，而且它又被分成了一般构成要件和特殊构成要件，或是主观构成要件和客观构成要件。例如小野清一郎曾经引述弗兰克的《注释书》中对一般构成要件和特殊构成要件的记述，指出：

所谓一般构成要件，是指成立犯罪所必需的要素的总和；所谓特殊构成要件，则是指各种犯罪特有的要素。作为一般构成要件，有人的一

① ［日］小野清一郎：《犯罪构成要件理论》，王泰译，11～12 页，北京，中国人民公安大学出版社，2004。

② 参见郗朝俊：《刑法原理》，123 页，上海，商务印书馆，1930。

定态度在内，并且它必须是有意志的行为或者有责任的行为。而有责任，往往说的是主观的构成要件，是与客观的外部的构成要件相对立的。弗兰克的上述观点，被认为是中世纪的通说。[①]

上述意义上的一般构成要件包含了犯罪成立的客观构成要件与主观构成要件，似乎与四要件的犯罪构成概念是较为接近的，但小野清一郎明确地说，在这个时期，虽有构成要件的概念，但并没有考虑它的特殊理论机能，所以，还不是今天这种意义上的构成要件理论。由此可见，构成要件理论中的构成要件与犯罪成立条件是两个不同的概念，小野清一郎特别提到了构成要件的特殊理论机能。那么，什么是构成要件的特殊理论机能呢？小野清一郎指出：

关于贝林和麦耶的理论，已经屡次三番地被讨论过。我认为，其重点在于必须把握住刑法分则中被特殊化（具体化）的构成要件，并且成立犯罪必须符合这种意义上的构成要件（构成要件相符性）；不仅如此，刑法总论中的诸问题，如违法性、责任、未遂犯、共犯、一罪和数罪等方面的理论，也应与构成要件的概念联系起来加以解决。我认为，这就是构成要件概念的意义或理论机能。应当以此为基石，构筑犯罪一般理论的体系。[②]

由此可见，小野清一郎所说的构成要件的特殊理论机能，是指构成要件不仅是犯罪成立条件，而且成为构筑刑法总论即刑法一般理论体系的基石。这样，构成要件就从刑法的分则性概念转变为总则性概念，从而成为犯罪论体系的基石。应当指出，这一转变是从贝林开始，由麦耶大体上完成的。

正是通过以上三个转变，构成要件的概念成为近代刑法学中最为重要的一个概念，为罪刑法定主义提供了制度保障。就此而言，对构成要件在刑法学中的地

① ［日］小野清一郎：《犯罪构成要件理论》，王泰译，4～5 页，北京，中国人民公安大学出版社，2004。

② ［日］小野清一郎：《犯罪构成要件理论》，王泰译，6～7 页，北京，中国人民公安大学出版社，2004。

位如何评价都不为过。

在刑法理论上，一般认为构成要件具有以下四个机能：

1. 人权保障机能

构成要件的人权保障，是指构成要件严格限定了犯罪的客观范围，是罪刑法定原则得以实现的有效保证，因而对于保障公民的权利和自由具有重要意义。罪刑法定原则与构成要件理论之间存在紧密联系，罪刑法定原则对犯罪的明文规定，就是通过构成要件实现的。同时，司法机关也只有对符合构成要件的行为才能进一步根据是否存在违法性与有责性而进行定罪，构成要件由此形成对国家刑罚权的限制。

2. 个别化机能

构成要件主要是刑法分则对个罪设置的客观成立条件，对于区分此罪与彼罪，从而揭示犯罪的个别性特征具有重要意义。在通常情况下，犯罪之间都是通过构成要件而加以区分的，例如杀人罪与伤害罪、盗窃罪与诈骗罪等。只有少数故意与过失同时处罚的犯罪，例如放火罪与失火罪，在构成要件上是相同的，主要通过责任要素加以区别，因此，构成要件具有个别化机能。

3. 违法推定机能

构成要件是一种违法类型，立法者将那些违法可罚的行为以构成要件的形式加以规定，因而构成要件具有违法推定机能。构成要件的违法推定机能，使得通过构成要件来完成违法性的实质判断。凡是符合构成要件的行为，在一般情况下都具有违法性，只有在具有正当防卫、紧急避险等违法阻却的情况下，才能否定违法性之存在。

4. 故意规制机能

构成要件是犯罪的客观要素，凡是构成要件的要素，都是故意的认识内容。在这种情况下，构成要件在一定程度上限定了故意的认识要素与意志要素，对于犯罪的故意与过失的认定具有重要意义。因此，构成要件具有故意规制机能。

二、构成要件的性质

在犯罪论体系中，构成要件作为一个核心概念，承载了相当多的内容。对此，日本学者西原春夫曾经作过以下评价：

> 综观德国与日本构成要件论发展的历史，简直就是构成要件论向违法论靠近的历史。它只不过就是原本价值无涉的、客观的描述性构成要件逐渐开始承载价值、逐渐开始包含大量的主观性和规范性这两种要素的历史。在我看来，构成要件至少在德国已经能够快到达发展的终点了。如果构成要件论可以取得更大的发展，那么，在此我看到的或许是由于内容过于丰富并且承载了过多的价值，因此反而淹没在价值之中，变得空洞无物并且丧失了其固有机能的构成要件论。①

西原春夫对构成要件论的态度是悲观的，认为构成要件论的历史就是构成要件论崩溃的历史。在西原刑法学中，构成要件论也确实丧失了其在犯罪论体系中的独立地位，作为违法性的印记被并入违法性。当然，在德日刑法学的通说中，构成要件仍然是犯罪成立的首要条件，具有重要的地位。以下，我从三个方面对构成要件的性质进行讨论。

（一）构成要件的客观性与主观性

正如我在犯罪论体系一章所述，构成要件存在一个从客观到主观的转变过程。在古典的犯罪论体系中，构成要件是纯客观的，新古典的犯罪论体系发现了主观违法要素，但仍然维持构成要件的客观性。及至目的主义的犯罪论体系完成

① ［日］西原春夫：《犯罪实行行为论》，戴波、江溯译，1 页，北京，北京大学出版社，2006。

了构成要件从客观向主观的转变，将构成要件区分为客观的构成要件与主观的构成要件。当然，这一转变是与责任主义的变动有关的。对此，我将在责任论中进一步加以说明。

构成要件从客观到主观的转变，在构成要件论的缔造者贝林的有生之年就已经完成了。贝林面对兴起的主观的构成要件论，在其晚年不得不修改其构成要件论。在早期，贝林曾经把构成要件定义为犯罪类型的外部轮廓，把行为的主观方面专门作为责任问题来对待，并把它排除在构成要件之外。后来，麦耶、迈兹格等刑法学家已经注意到了在刑法分则关于具体犯罪规定中的主观要素的存在。在此基础上逐渐确定了主观构成要件论。面对这一挑战，贝林对其早期关于构成要件是犯罪类型的外部轮廓的命题作了修改，指出：

> 犯罪类型不是法定构成要件，法定构成要件是犯罪类型存在的指导形象（vorgelagertes Leitbild）。不可以把构成要件该当性（或构成要件相关性）当做犯罪类型的同义词。①

从犯罪类型的外部轮廓到犯罪类型的指导形象，这是对构成要件与犯罪类型关系的重新界定，贝林试图以此维系构成要件的客观性。贝林虽然也承认主观要素的客观存在，但并不主张将主观要素纳入构成要件的范畴。对于构成要件的主观化，贝林提出了“一个方法论的歧途”的警告。贝林指出：

> 如果硬要把“内在要素”从行为人精神层面塞入构成要件之中，那么就会陷入一个方法论的歧途。因为这种不纯粹的构成要件根本不可能再发挥其作为客观方面和主观方面共同指导形象的功能。果真如此，则不仅心理因素会混迹于实行行为中也即在客观行为方面出现了，而且主观方面也就成了一个完全受压迫的形象而受到挤对，责任也必须扩张，直至所有的犯罪成立要素责任必须同等扩展到一个责任自己的构成要素上面。②

① ［德］恩施特·贝林：《构成要件理论》，王安异译，27页，北京，中国人民公安大学出版社，2006。

② ［德］恩施特·贝林：《构成要件理论》，王安异译，16～17页，北京，中国人民公安大学出版社，2006。

贝林从维护“方法论上的明确性”出发，为构成要件的客观性辩护。也就是说，在构成要件中考察的是客观要素，而主观要素则在责任中考察。如果在构成要件论中同时考察客观要素与主观要素，那么责任中再考察主观要素，就会变成同义反复。并且，如果照此推理，责任的内容也必须扩张，使所有犯罪成立要素都硬塞进构成要件这个概念之中，这就会使所有方法论上的明确性荡然无存。应该说，这一辩护是以心理责任论为前提的。在心理责任论的逻辑架构中，主观要素是责任形式，如果将主观要素同时又作为构成要件的内容考虑，则主观要素既是构成要件的内容，同时又是责任的内容，这就会混淆构成要件与责任之间的关系。但在规范责任论出现以后，主观要素不再是责任内容，责任内容是责任能力与归责要素（违法性认识和期待可能性）。在这种情况下，将主观要素划入构成要件就不会出现贝林所担忧的方法论上的混乱。

实际上，构成要件是否包含主观要素，涉及的是构成要件是一种行为类型还是一种违法类型，抑或是一种责任类型的问题。对此，存在以下三种观点①：

1. 行为类型说

行为类型说是在行为论的范畴内理解构成要件，认为构成要件只是一种行为类型。基于行为类型说，则构成要件该当性属于形式性判断，从构成要件并不能推定行为的违法性与有责性，因而构成要件并不具有违法推定机能。

2. 违法行为类型说

违法类型说认为构成要件是一种违法的行为类型，该当构成要件的行为当然是违法的，因而构成要件具有违法推定机能。在这种情况下，构成要件该当性的判断不仅是一种形式判断，而且包含着实质判断。正因为构成要件具有违法推定机能，则使违法性的判断成为违法阻却的消极判断。这种观点又可以分为以下两说：一是结果无价值说，认为故意与过失属于责任要素，并不包含在

① 参见［日］西田典之：《日本刑法总论》，刘明祥、王昭武译，51～53 页，北京，中国人民大学出版社，2007。

构成要件之内。二是行为无价值说，认为故意与过失是违法要素的构成要件要素。

3. 违法·有责行为类型说

违法·有责行为类型说认为构成要件该当性的判断不仅是违法的判断，而且是有责的判断。构成要件不仅具有违法推定机能，而且具有责任的推定机能。在这种情况下，构成要件就不仅包含客观要素，而且包含主观要素。因此，具备构成要件，就具备了犯罪构成的主、客观的事实要素，违法性成为违法阻却的消极判断，有责性也成为责任阻却的消极判断。因为构成要件具有违法与有责的推定机能，因而违法与有责的积极判断已经在构成要件该当性的判断中完成。当然，在这种观点中，也有个别学者虽然对责任构成要件持肯定态度，但又认为故意与过失不是一般的责任要素，因而并不包含在构成要件之内。

在以上三种学说中，行为类型说使构成要件该当性与违法性之间产生了一个空隙，即在具备构成要件以后，还需要在构成要件以外再进行违法性的积极判断。在这种情况下，构成要件该当性只是一种形式判断，而将实质判断的功能完全由违法性要件来承担。其结果是使过多的非罪行为具备构成要件该当性，从而使构成要件的违法推定机能缺失。因此，行为类型说并不正确。

违法·有责行为类型说涉及对构成要件内容的理解。在行为类型说中，构成要件是指客观的构成要素，充其量指包含目的犯之目的、倾向犯之倾向等主观的构成要素，并不包含故意与过失等主观要素。因此，构成要件该当性的判断与有责性的判断是两种不同性质的判断，只有在完成构成要件该当性、违法性的判断以后，再进行以主观要素为主的有责性的判断。但违法·有责行为类型说则认为，构成要件的内容包括客观要素与主观要素，故意与过失既是构成要件要素，又是责任要素。在这种情况下，就存在混淆构成要件要素与责任要素之虞。因此，违法·有责行为类型说也不可取。

我认为，违法行为类型说是正确的。因为违法行为类型说坚持了构成要件的客观性，在此基础上，使构成要件具有违法推定机能，并且正确地厘清了违法性与有责性的关系。当然，目的犯的目的等主观责任违法要素应当归入构成要件，它是违法性的前置性主观事实基础。

（二）构成要件的记述性与规范性

构成要件的记述性，是指对构成要件事实要素所作的客观描述。贝林认为，构成要件是“纯粹记述性的”。贝林在解释这里的记述性时指出：

> 人的行为只是通过构成要件把握其特有类型而对其进行特征化处理，而不是已经被规定为违法。为了对某一行为进行特征化处理，立法者可以采取下述各种可能的标准：身体举止、行为产生的生活状况、行为时的各种情状、各种行为结果。因此，运用行为之合法性关系构造犯罪类型（如刑法第 242 条的“他人”财物、第 288 条的“自有”财物、第 113 条的“合法”执行公务等），无可置疑；只要该合法性关系有助于构成要件界定相关犯罪之行为，则仍不失其“记述性”，而无关其特殊的情事（Umstaende）问题，也即无关记述性行为的违法性问题。当然，也不能阻止立法者利用行为与类型性形象的关系来处理。对立法者而言，只要这些类型性形象有助于概括相关犯罪类型意义上的共同行为，它们就保留着其“记述性”功能，而没有提前介入到那些性质特别的情节（Umstaende）问题中，这种记述的行为是否被规定为违法，与那些情节无关。[①]

贝林的以上论断具有为构成要件的记述性这一命题进行辩解的意味。因为在贝林提出构成要件的记述性特征以后，麦耶发现了所谓规范的构成要件要素，例如盗窃罪中的他人“动产”、诽谤罪中“有害”他人名誉的不实事实。这里的

① ［德］恩施特·贝林：《构成要件理论》，王安异译，16～17 页，北京，中国人民公安大学出版社，2006。

“动产”与“有害”等概念，都是非纯记述性的，而是与一定的规范评价相关的。尽管贝林对构成要件的记述性命题作了辩解，但构成要件中的规范要素的发现，对于如何处理构成要件与违法性的关系带来了一定的冲击。

构成要件与违法性到底能不能区分，这是构成要件论必须面对的一个问题。这个问题直接关系到构成要件存在的必要性。显然，贝林认为构成要件与违法性是可以区分的。正如杀人是构成要件该当的行为，但它并非不法类型，只有非法杀人才是不法类型。因此，是否杀人这是在构成要件中所要解决的问题，在此基础上才能进一步地解决是否属于非法杀人的问题。

即使是目的行为论的倡导者威尔泽尔也从与贝林不同的理由出发，赞同构成要件与违法性之间的区分。在威尔泽尔看来，一方面，构成要件客观地描述了什么是刑法所禁止的东西，从而构成禁止的素材（Verbotsmaterie）。因此，构成要件该当性意味着规范（禁止）违反性。但是，另一方面，法秩序不只是由规范所构成的，而且由容许命题（Erlaubnissatz）构成，因此，构成要件符合性并不直接意味着违法性，而是要等到确定了是否符合容许命题即合法化事由之后，它才能成为违法性。[1] 因此，威尔泽尔是以禁止规范与允许规范这样一个分析框架来考察构成要件与违法性之间关系的：构成要件该当性记述的是一种被规范所禁止的行为。但这种规范违反性还不能等同于违法性，如果存在允许规范，则允许规范具有高于禁止规范的效力，可以抵消禁止规范。因此，允许规范就成为违法阻却事由，也是一种合法化或者正当化。

对于威尔泽尔的这一观点，日本学者西原春夫显然是不赞同的，西原春夫认为允许规范本身就是禁止规范的一部分。法律并非“禁止杀人”，而是禁止“无故杀人”。因此，威尔泽尔所谓的命题，仍然是（禁止）规范的一部分，它是与构成要件一道决定作为规范违反性的违法性的法律命题。西原春夫指出：如果从这种立场

---

① 参见［日］西原春夫：《犯罪实行行为论》，戴波、江溯译，47页，北京，北京大学出版社，2006。

出发，我们就无法赞同威尔泽尔的这种体系了。这里所谓的“这种体系”，是指构成要件与违法性相区分的犯罪论体系。西原春夫的体系采取并不承认构成要件或构成要件符合性是独立的犯罪要素的立场。换言之，西原春夫采取的是行为、违法、责任这种三要素的犯罪论体系，构成要件并入违法性，成为违法性认定的根据。

西原春夫这种观点是从构成要件的规范性出发，使构成要件成为违法性的一部分，将构成要件与违法性这两个要件合而为一，这对于我们理解某些具体犯罪构成的要件具有启发意义。例如侵入住宅罪，我国刑法第 245 条规定：

> 非法侵入他人住宅的，处三年以下有期徒刑或者拘役。

这里的非法，是指无权或者无正当理由进入他人住宅而强行闯入或拒不退出。日本刑法典第 130 条规定：

> 无正当理由侵入他人的住宅的，处三年以下拘役或者十万日元以下罚金。

这里的“无正当理由”与我国刑法规定的“非法”在含义上基本相同，都是犯罪成立要件中的规范要素。问题在于：这里的“非法”与“无正当理由”到底是构成要件要素还是违法性的要素。对此，无论是我国学者还是日本学者都将之解释为违法性要素。例如我国学者张明楷在论述侵入行为的非法性时指出：

> 法令行为、紧急避险行为，阻却违法性。例如，司法工作人员基于法令，以扣押、搜查等目的，进入他人住宅的；警察为了执行逮捕令，进入嫌疑人住宅逮捕嫌疑人的；为了避免狂犬等的袭击而侵入他人住宅的；这些都具有违法性。[①]

日本学者也认为：

> “无正当理由”，是指无阻却违法的事由。有正当理由的，即使违反居住权人的意思，也不构成本罪。[②]

---

① 张明楷：《刑法学》，3 版，674 页，北京，法律出版社，2007。

② ［日］西田典之：《日本刑法总论》，刘明祥、王昭武译，80 页，北京，中国人民大学出版社，2007。

如果根据这种解释，侵入住宅是构成要件，非法或者无正当理由是违法要素。但西原春夫则把它称为规范的构成要件，因此把构成要件称为违法类型。西原春夫指出：

> 虽然对于侵入住宅罪的“无正当理由”这一要件的性质仍存在争议，但是，学说上基本一致的看法是，这并不意味着它是一般的违法阻却事由，而是具有对于社会生活中经常发生的此类行为，从最初就在类型上进行可罚性限定的注意性特征。因此，在侵入住宅罪的场合，仅仅在外形上有侵入住宅的行为，构成要件的符合性和违法性均无法确定，只有在“无正当理由”侵入的场合，才能够加以确定。但是，自不待言，这里的“无正当理由”要素，是在外部不可能决定的评价性因素，即规范性构成要件要素。①

因此，西原春夫认为，侵入住宅罪的构成要件行为并非侵入住宅，而是“无正当理由”侵入住宅，“无正当理由”既是构成要件的要素，又是违法性判断的根据。正是在这个意义上，在作出违法判断以前，无法对构成要件性作出判断。这一命题也存在可疑之处：是否侵入住宅还是可以独立于并且先于是否“非法”侵入住宅进行判断。当然，对于这一观点我是赞同的。非法侵入住宅罪的“非法”，从正面说是构成要件的要素，即规范的构成要件；从欠缺这一要素则认为无违法性这一意义上说，又是违法性判断的根据。

构成要件中的规范要素如何与违法性相区分，这确实是一个值得研究的问题。在贝林时代，刑法中占主导地位的是自然犯。在自然犯的构成要件中，其行为一般是具有伦理上的违反性的，因而无须更多的规范要素便可确定这种行为的犯罪性。例如杀人行为百分之九十九是犯罪，具备杀人行为一般即可推定其行为的违法性。具备违法阻却事由的杀人只是例外，可以通过违法性判断加以排除。但当今刑法中的法定犯的数量越来越多，甚至超过了自然犯。法定犯具有双重违

---

① ［日］西原春夫：《犯罪实行行为论》，戴波、江溯译，57～58页，北京，北京大学出版社，2006。

法性：首先是违反经济行政法规范，然后才是违反刑法规范。例如，我国刑法第225条规定的非法经营罪，是指违反国家规定，非法经营，扰乱市场秩序，情节严重的行为。对于非法经营罪来说，违反国家规定是构成犯罪的前提。显然，它和杀人罪有所不同：在杀人罪中，杀人行为就是构成要件的行为，至于杀人是否违法，这是在违法性判断中完成的。但在非法经营罪中，违反国家规定的经营行为才是构成要件的行为，而不能认为经营行为是构成要件行为。因为经营行为在百分之九十九的情况下是正常的经济行为，只有极个别是非法的经营行为，因而不能直接从经营行为中推定其违法性。因此，在法定犯的构成要件中，规范要素是其行为称为构成要件行为的逻辑前提。就此而言，构成要件的规范要素与违法性是有所不同的。

缺乏构成要件的规范要素就不存在构成要件，当然也就不存在违法性。那么，具备了构成要件的规范要素是否就不需要进行违法性判断了呢？例如，在认定非法经营行为以后，是否还要进一步通过违法性的判断以确定是否存在违法阻却事由？这个问题是值得思考的。我认为，法定犯中的规范要素表明了违法性的判断提前到构成要件该当性中进行，这就使构成要件的规范要素与违法性的功能逐渐重合。在这个意义上，西原春夫关于严格区分构成要件该当性与违法性的主张——至少一部分已经崩溃的命题是可以成立的。我认为，这里的一部分是指法定犯而言的。随着法定犯数量的增加，构成要件与违法性的关系确实应当重新审视。

（三）构成要件的形式性与实质性

西原春夫从违法类型论出发，将构成要件作为违法类型加以把握，将构成要件并入违法性，由此构成要件丧失了在犯罪论体系中独立存在的地位，由此而印证了西原春夫关于“构成要件发展的历史，实际上同时是构成要件崩溃的历史”的命题。曾根威彦教授在评论西原春夫教授的构成要件论时指出：

> 在这种对于构成要件理论史的理解之下，作者（西原春夫教授——引者注，下同）认为有两条道路可供现代刑法学选择：第一，像作者那

样，积极地接受构成要件论的发展过程，在违法性的内部论述构成要件符合性（实质的构成要件）；第二，回到构成要件论的原点，将价值性、规范性的要素排除在构成要件概念之外，追求构成要件独立于违法性的独有地位和机能（形式上的构成要件）。作者坚决拒绝了后者的立场。这是因为，在作者看来，构成要件之所以与具有价值性的违法性之间存在表里关系，乃是由本来内在于构成要件概念的本质属性所决定的，构成要件论崩溃的历史乃是一种必然的趋势。①

在此，曾根威彦，实际上是西原春夫，指出了构成要件发展的两条道路：形式的构成要件与实质的构成要件。而实质的构成要件又等同于违法性，因而使构成要件失去存在的价值。当然，我们也看到另一种使构成要件实质化，并将违法性并入构成要件的学术努力，这就是日本刑法学家前田雅英的实质的犯罪论。前田雅英认为，行为成立犯罪必须符合两个实质要件：一是存在值得处罚的恶害，二是行为对行为人具有非难可能性。前田雅英反对形式的构成要件论，而主张构成要件包含成立犯罪的实质内容，并使符合主、客观构成要件的行为原则上成立犯罪，只是在具有违法或阻却事由时，才例外地不成立犯罪。② 我们可以看到，前田雅英和西原春夫都主张构成要件的实质化，但从相同的立场出发却得出了截然相反的犯罪论体系，这是令我们深思的。

我国犯罪构成理论是从苏俄传入的，而在苏俄刑法学中，犯罪构成这一概念是在改造构成要件这一概念的基础上形成的，改造的方向也是使构成要件实质化，最终成为犯罪成立要件的总和。苏俄刑法学家特拉伊宁指出：

犯罪构成乃是苏维埃法律认为决定具体的、危害社会主义国家的作为（或不作为）为犯罪的一切客观要件和主观要件的总合。③

---

① ［日］曾根威彦：《西原刑法学与犯罪实行行为论》，载［日］西原春夫：《犯罪实行行为论》，戴波、江溯译，295 页，北京，北京大学出版社，2006。

② 参见李海东主编：《日本刑法学者》（下），329 页，中国法律出版社、日本成文堂，1999。

③ ［苏］A. H. 特拉伊宁：《犯罪构成的一般学说》，王作富等译，48～49 页，北京，中国人民大学出版社，1958。

在苏俄构成要件概念的实质化过程中，存在明显的政治化和意识形态化的倾向，例如强调犯罪的阶级性等。同时构成要件实质化过程中，基于主、客观相统一的命题，将主观要件也纳入犯罪构成要件，在这一点上承认了主观的构成要件。这里尤其需要指出的是，对于违法性这一要件的处理，是苏俄犯罪构成要件理论处理得最为失败的一个问题。由于苏俄刑法典规定了犯罪的实质概念，曾经否认违法性是犯罪的形式特征，违法性的命运由此可见一斑。在犯罪的实质概念中确立了犯罪的本质特征是行为的社会危害性，因而社会危害性就起到了实质的违法性要件的功能。但在苏俄犯罪构成理论中，社会危害性又不是犯罪成立的一个具体要件，而是每一个要件所具有的性质。换言之，具体的构成要件及要素与社会危害性是合为一体的，例如行为是具有社会危害性的行为、结果是具有社会危害性的结果、故意是明知行为具有危害社会性而有意实施的主观心理状态。可以说，苏俄犯罪构成理论中的社会危害性，其功能相当于大陆法系犯罪论体系中的违法性。但作为排除社会危害性的情形，正当防卫和紧急避险又不是在犯罪构成中解决的。对此，特拉伊宁指出：

> 在犯罪构成学说的范围内，没有必要而且也不可能对正当防卫和紧急避险这两个问题作详细的研究。①

这一说法似乎有些武断，为什么没有必要？又为什么不可能？尽管特拉伊宁揭示了正当防卫排除的是行为的社会危害性，而紧急避险排除的是行为的违法性，因而这两种行为的性质是有所不同的。② 但这些论述都没有科学地解决正当防卫与紧急避险和犯罪构成之间的关系，以至于出现犯罪构成解决什么行为构成犯罪，排除社会危害性行为解决什么行为不构成犯罪这样一种分离的状态，使犯罪构成出现形式化之虞。

---

① ［苏］A. H. 特拉伊宁：《犯罪构成的一般学说》，王作富等译，272 页，北京，中国人民大学出版社，1958。

② 参见［苏］A. H. 特拉伊宁：《犯罪构成的一般学说》，王作富等译，4 页，北京，中国人民大学出版社，1958。

这里提出了一个构成要件的形式性与实质性的问题。贝林的构成要件是具有形式化特征的，实质考察是在违法性中完成的。贝林的构成要件的形式性是一种客观的、事实的形式性。到威尔泽尔的目的行为论，虽然责任论发生了变化，构成要件的内容也变成主观与客观的事实要素的统一，但仍然维持了构成要件的形式性。以后，随着犯罪论体系的流变，构成要件的实质化趋势越来越明显，西原春夫选取的当然是一种较为极端的学术径路，直接取消了构成要件的独立地位，将其作为违法性的实质判断的一部分。

特拉伊宁又是另外一个极端。使构成要件完全实质化，作为犯罪成立条件的代名词，尽管在逻辑上是不圆满的，因为没有将正当防卫、紧急避险纳入犯罪构成体系中考察，但特拉伊宁把构成要件转换成犯罪构成，这一构成要件的实质化过程，也就是构成要件丧失自我的过程。

当然，在上述两种极端的径路以外，也还有另一种较为中庸的构成要件实质性安排，这就是罗克辛的目的理性的犯罪论体系。罗克辛在论及构成要件的演进时指出：

> 构成要件，对于古典体系来说，详细阐述了构成要件的内容，对于新古典体系的草案来说，仅仅补充了主观性的构成要素，对目的性主义则是补充了故意。在所有这三个体系性方案中，构成要件在结果性犯罪上，基本都减少为坚持在纯粹的因果关系上。与此同时，目的理性的角度使得对构成要件的一种结果归责，取决于“在构成要件的作用范围内实现了一种不可允许的风险”，并且在这里第一次适用一种以法律评价为导向的规则性工作（Regelwerk）来代替因果关系所具有的自然科学的即逻辑的范畴。①

换言之，构成要件从形式上的归因功能转变为具有实质意义的归责功能，这

① ［德］克劳斯·罗克辛：《德国刑法学总论》，第1卷，王世洲译，124～125页，北京，法律出版社，2005。

就是在构成要件中引入客观归责理论，从而在一定程度上实现了构成要件的实质化。

构成要件实质化以后，如何处理构成要件与违法性的关系，这是一个关系到构成要件的体系性地位的问题。按照西原春夫的观点，违法性本来就是要解决构成要件的实质评价问题，因而构成要件的审查与违法性的审查是重合的，并且违法性是构成要件判断的前提。西原春夫指出：

> 如果不从实质的违法性出发，就很难确定行为（特别是公然猥亵、名誉毁损、过失、不作为等）是否符合构成要件，构成要件该当性的判断必须与违法性的判断同时进行，构成要件该当性不是独立的犯罪要素，而是存在于违法这一要素之内，因此根据法令实施的行为等本来不是违法的，没有必要像通说那样先肯定其构成要件该当性并推定其具有违法性之后再说它具有正当事由被排除了违法性。[①]

根据西原春夫的这一观点，构成要件的认定与违法性的排除，是完全同一的思维过程。当然，更多的德国刑法学家虽然主张构成要件的实质化，但仍然将违法性作为犯罪成立的独立要件。在违法性中更多的是处理违法阻却事由，因为正面的违法审查已经转移到构成要件当中去了。

在我国目前的四要件的犯罪构成理论中，从构成要件抽象概括而形成的犯罪构成概念，已经成为犯罪成立要件的总和。在犯罪构成中又区分为客观方面的要件与主观方面的要件，我认为这种主、客观要件的区分本身是合理的，关键是如何解决主、客观要件中的事实与评价以及主、客观要件互相之间的对应关系。从苏俄引入的四要件的犯罪构成理论，虽然在我国司法实践中曾经发挥过重要作用，但由于它没有处理好事实与价值、主观与客观、类型与个别等要件或要素之间的位阶关系，存在一定程度的逻辑混乱，因而主张对传统的犯罪构成理论加以改造，以及直接引入大陆法系的递进式的三阶层理论的呼声越来越高。在这种情

① 转引自李海东主编：《日本刑法学者》（下），126页，中国法律出版社、日本成文堂，1999。

况下，我国学者提出了犯罪构成的三阶层理论的本土化的命题。[①] 当然本土化并不意味着概念术语的简单转换，更不是要件增删合并的文字游戏，而是应当在领悟犯罪论体系的精髓的基础上，采用适合于中国人思维的表述。当然，在这当中，构成要件这一概念的本原含义应加以恢复。

三、构成要件的类型

在刑法理论上，构成要件可以分为各种类型。例如日本学者大塚仁分为：(1) 基本的构成要件和被修正的构成要件；(2) 积极的构成要件和消极的构成要件；(3) 完结的构成要件和需要补充的构成要件。[②] 在此，我拟对以下三种特殊的构成要件的类型加以探讨：

(一) 主观的构成要件

主观的构成要件是相对于客观的构成要件而言的，是指主观的违法要素。在对称的意义上，客观的构成要件也是客观的违法要素，这是违法行为类型的必然结论。也就是说，客观的构成要件与所谓主观违法要素一样，是为违法性的判断提供事实基础。它们都是违法性判断的客体。主观违法要素之所以不同于故意与过失等主观责任要素，就在于主观违法要素与违法性有关，而主观责任要素则与违法性无关。

在我国刑法分则条文中，罪状大多是对客观构成要素的描述，只是在少数情况下涉及主观要素，这些主观要素除了故意与过失以外，涉及两种情形：一是明

① 参见李立众：《犯罪成立理论研究——一个域外方向的尝试》，177 页，北京，法律出版社，2006。

② 参见［日］大塚仁：《刑法概说（总论）》，3 版，冯军译，132 页以下，北京，中国人民大学出版社，2003。

知；二是目的。

1. 明知

我国刑法中存在两种明知：第一种是刑法分则规定的明知，这是一种主观构成要件要素，也是主观违法要素。第二种是故意中的明知，这是一种故意的认识因素。应该指出，这两种明知是有所不同的，不可混为一谈。对于故意中的明知，将在故意论中研究。在此，我主要讨论作为主观构成要件要素的明知。我国刑法分则规定的明知，主要有以下情形：

（1）刑法第 138 条规定的教育设施重大安全事故罪，其构成要件是明知校舍或者教育教学设施有危险，而不采取措施或者不及时报告，致使发生重大伤亡事故。其中，对校舍或者教育教学设施危险的明知，是本罪的主观构成要件要素。

（2）刑法第 144 条规定的销售有毒、有害食品罪，其构成要件是销售明知掺有有毒、有害的非食品原料的食品。其中，对掺有有毒、有害的非食品原料的明知，是本罪的主观构成要件要素。

（3）刑法第 145 条规定的销售不符合标准的医用器材罪，其构成要件是销售明知是不符合保障人体健康的国家标准、行业标准的医疗器械、医用卫生材料，足以严重危害人体健康。其中，对不符合保障人体健康的国家标准、行业标准的医疗器材、医用卫生材料的明知，是本罪的主观构成要件要素。

（4）刑法第 146 条规定的销售不符合安全标准的产品罪，其构成要件是销售明知是不符合保障人身、财产安全的国家标准、行业标准的电器、压力容器、易燃易爆产品或者其他产品，造成严重后果。其中，对不符合保障人身、财产安全的国家标准、行业标准的电器、压力容器、易燃易爆产品或者其他产品的明知，是本罪的主观构成要件要素。

（5）刑法第 147 条规定的销售伪劣农药、兽药、化肥、种子罪，其构成要件是销售明知是假的或者失去使用效能的农药、兽药、化肥、种子。其中，对假的或者失去使用效能的农药、兽药、化肥、种子的明知，是本罪的主观构成要件要素。

(6) 刑法第 148 条规定的销售不符合卫生标准的化妆品罪，其构成要件是销售明知是不符合卫生标准的化妆品，造成严重后果。其中，对不符合卫生标准的化妆品的明知，是本罪的主观构成要件要素。

(7) 刑法第 171 条规定的运输假币罪，其构成要件是明知是伪造的货币而运输。其中，对伪造的货币的明知，是本罪的主观构成要件要素。

(8) 刑法第 172 条规定的持有、使用假币罪，其构成要件是明知是伪造的货币而持有、使用。其中，对伪造的货币的明知，是本罪的主观构成要件要素。

(9) 刑法第 191 条规定的洗钱罪，其构成要件是明知是毒品犯罪、黑社会性质的组织犯罪、恐怖活动犯罪、走私犯罪、贪污贿赂犯罪、破坏金融管理秩序犯罪、金融诈骗犯罪的所得及其产生的收益，而掩饰、隐瞒其来源和性质。其中，对毒品犯罪、黑社会性质的组织犯罪、恐怖活动犯罪、走私犯罪、贪污贿赂犯罪、破坏金融管理秩序犯罪、金融诈骗犯罪的所得及其产生的收益的明知，是本罪的主观构成要件要素。

(10) 刑法第 214 条规定的销售假冒注册商标的商品罪，其构成要件是销售明知是假冒注册商标的商品。其中，对假冒注册商标的商品的明知，是本罪的主观构成要件要素。

(11) 刑法第 258 条规定的重婚罪，其构成要件包括明知他人有配偶而与之结婚。其中，对他人有配偶的明知，是本罪的主观构成要件要素。

(12) 刑法第 259 条规定的破坏军婚罪，其构成要件是明知是现役军人的配偶而与之同居或者结婚。其中，对现役军人配偶的明知，是本罪的主观构成要件要素。

(13) 刑法第 310 条规定的窝藏、包庇罪，其构成要件是明知是犯罪的人而为其提供隐藏住所、财物，帮助其逃匿或者作假的证明包庇的。其中，对犯罪的人的明知，是本罪的主观构成要件要素。

(14) 刑法第 311 条规定的拒绝提供间谍犯罪证据罪，其构成要件是明知他人有间谍犯罪行为，在国家安全机关向其调查有关情况、收集有关证据时拒绝提供。其中，对他人有间谍犯罪行为的明知，是本罪的主观构成要件要素。

（15）刑法第 312 条规定的掩饰、隐瞒犯罪所得、犯罪所得收益罪，其构成要件是明知是犯罪所得及其产生的收益而予以窝藏、转移、收购、代为销售或者以其他方法掩饰、隐瞒。其中，对犯罪所得及其产生的收益的明知，是本罪的主观构成要件要素。

（16）刑法第 345 条第 3 款规定的非法收购、运输盗伐、滥伐的林木罪，其构成要件是非法收购、运输明知是盗伐、滥伐的林木。其中，对盗伐、滥伐的林木的明知，是本罪的主观构成要件要素。

（17）刑法第 360 条第 1 款规定的传播性病罪，其构成要件是明知自己患有梅毒、淋病等严重性病卖淫、嫖娼。其中，对自己患有梅毒、淋病等严重性病，是本罪的主观构成要件要素。

（18）刑法第 370 条第 1 款规定的故意提供不合格武器装备、军事设施罪，其构成要件是明知是不合格的武器装备、军事设施而提供给武装部队。其中，对不合格的武器装备、军事设施的明知，是本罪的主观构成要件要素。

（19）刑法第 373 条规定的雇佣逃离部队军人罪，其构成要紧是明知是逃离部队的军人而雇佣。其中，对逃离部队的军人的明知，是本罪的主观构成要件要素。

（20）刑法第 379 条规定的战时窝藏逃离部队军人罪，其构成要件是战时明知是逃离部队的军人而为其提供隐蔽处所、财物。其中，对逃离部队的军人的明知，是本罪的主观构成要件要素。

（21）刑法第 399 条第 1 款规定的徇私枉法罪，其构成要件是司法工作人员徇私枉法、徇情枉法，对明知是无罪的人而使他受追诉、对明知是有罪的人而故意包庇不使他受追诉，或者在刑事审判活动中故意违背事实和法律作枉法裁判。其中，对无罪的人或者有罪的人的明知，是本罪的主观构成要件要素。

（22）刑法第 415 条规定的办理偷越国（边）境人员出入境证件罪，其构成要件是负责办理护照、签证以及其他出入境证件的国家机关工作人员，对明知是企图偷越国（边）境的人员，予以办理出入境证件。其中，对企图偷越国（边）境的人员的明知，是本罪的主观构成要件要素。

（23）刑法第415条规定的放行偷越国（边）境人员罪，其构成要件是边防、海关等国家机关工作人员，对明知是偷越国（边）境的人员，予以放行。其中，对偷越国（边）境人员的明知，是本罪的主观构成要件要素。

（24）刑法第429条规定的拒不救援友邻部队罪，其构成要件是在战场上明知友邻部队处境危急请求救援，能救援而不救援，致使友邻部队遭受重大损失。其中，对友邻部队处境危急的明知，是本罪的主观构成要件要素。

以上所列举的明知，在绝大多数情况下都是对行为客体的明知，如果没有这一明知，则其行为不属于某一犯罪的构成要件，因而这种明知具有确定违法的功能，是主观违法要素。故意中的明知，同样也是对行为客体的明知，这种明知并不对行为的违法性发生影响，而是确定责任的要素。因此，这两种明知形似而实非。例如在关于破坏军婚罪的构成要件中，包括对现役军人的配偶的明知，如果不明知是军人的配偶，则即使与之同居或者结婚也不具备破坏军婚罪的构成要件该当性。在这个意义上，明知是军人的配偶是破坏军婚罪的主观构成要件要素。但刑法第348条规定的非法持有毒品罪，刑法并未将明知是毒品规定为非法持有毒品罪的主观构成要件要素，因此只要非法持有毒品，即具备了本罪的构成要件该当性。至于对毒品的明知，是故意要素，这是一个有责性的问题。由此可见，作为主观构成要件要素的明知与作为责任要素的明知，在三阶层的犯罪论体系中的功能是不同的，因而对于定罪具有不同的意义。

2. 目的

我国刑法中存在两种目的，第一种是刑法分则规定的目的，这是一种主观构成要件要素，也是一种主观违法要素。第二种是直接故意中的目的，这是一种直接故意的意志因素。应该指出，这两种目的是有所不同的，不能混为一谈。对于直接故意中的目的，将在故意论中研究。在此，我主要讨论作为主观构成要件要素的目的。我国刑法分则规定的目的，主要有以下情形：

（1）刑法第 126 条规定的违规制造、销售枪支罪，包括以下两种行为：一是以非法销售为目的，超过限额或者不按照规定的品种制造、配售枪支；二是以非法销售为目的，制造无号、重号、假号的枪支。其中，以非法销售为目的是本罪的主观构成要件要素。

（2）刑法第 152 条规定的走私淫秽物品罪，其构成要件是以牟利或者传播为目的，走私淫秽的影片、录像带、录音带、图片、书刊或者其他淫秽物品。其中，牟利或者传播目的，是本罪的主观构成要件要素。

（3）刑法第 175 条规定的高利转贷罪，其构成要件是以转贷牟利为目的，套取金融机构信贷资金高利转贷他人。其中，转贷牟利目的是本罪的主观构成要件要素。

（4）刑法第 192 条规定的集资诈骗罪，其构成要件是以非法占有为目的，使用诈骗方法非法集资。其中，非法占有目的是本罪的主观构成要件要素。

（5）刑法第 193 条规定的贷款诈骗罪，其构成要件是以非法占有为目的，诈骗银行或者其他金融机构的贷款。其中，非法占有目的是本罪的主观构成要件要素。

（6）刑法第 217 条规定的侵犯著作权罪，其构成要件是以营利为目的，侵犯著作权。其中，营利目的是本罪的主观构成要件要素。

（7）刑法第 218 条规定的销售侵权复制品罪，其构成要件是 以营利为目的，销售侵权复制品。其中，营利目的是本罪的主观构成要件要素。

（8）刑法第 224 条规定的合同诈骗罪，其构成要件是以非法占有为目的，在签订、履行合同过程中，骗取对方当事人财物。其中，非法占有目的是本罪的主观构成要件要素。

（9）刑法第 228 条规定的非法转让、倒卖土地使用权罪，其构成要件是以牟利为目的，违反土地管理法规，非法转让、倒卖土地使用权。其中，牟利目的是本罪的主观构成要件要素。

（10）刑法第 239 条规定的绑架罪，包括以下两种情形：一是以勒索财物为目的绑架他人；二是以勒索财物为目的偷盗婴幼儿。其中，勒索财物目的是本罪的主观构成要件要素。

（11）刑法第 240 条规定的拐卖妇女、儿童罪，其构成要件是以出卖为目的，有拐骗、绑架、收买、贩卖、接送、中转妇女、儿童的行为。其中，出卖目的是本罪的构成要件要素。

（12）刑法第 265 条规定的盗窃罪，其构成要件是以牟利为目的，盗接他人通信线路、复制他人电信号码或者明知是盗接、复制的电信设备、设施而使用。其中，牟利目的是本罪的主观构成要件要素。

（13）刑法第 303 条第 1 款规定的赌博罪，其构成要件是以营利为目的，聚众赌博或者以赌博为业。其中，营利目的是本罪的主观构成要件要素。

（14）刑法第 326 条规定的倒卖文物罪，其构成要件是以牟利为目的，倒卖国家禁止经营的文物。其中，牟利目的是本罪的主观构成要件要素。

（15）刑法第 363 条第 1 款规定的制作、复制、出版、贩卖、传播淫秽物品罪，其构成要件是以牟利为目的，制作、复制、出版、贩卖、传播淫秽物品。其中，牟利目的是本罪的主观构成要件要素。

以上列举的目的是主观构成要件要素，也是主观违法要素，由此而构成的犯罪，在刑法理论上称为目的犯。应当指出，作为主观构成要件要素的目的不同于直接故意中的目的。前者对于行为的违法性具有影响，后者则是责任要素，它是包含在直接故意之中的。例如故意杀人罪中的杀人目的，是杀人的直接故意的应有之义。如果没有杀人目的，也就没有杀人的直接故意。

我国刑法除了明确以某种特定的目的作为主观的构成要件要素以外，还规定以某种意图作为主观的构成要件要素，例如刑法第 243 条诬告陷害罪中的“意图使他人受刑事追究”、第 305 条伪证罪中的“意图陷害他人”。除了上述两种情形以外，还有一种较为特殊的规定，就是刑法中没有写明“目的”或者“意图”，但规定了该意图支配下的行为的，这是一种隐型的目的犯。例如刑法第 389 条规定：

为谋取不正当利益，给予国家工作人员以财物的，是行贿罪。

这里的为谋取不正当利益，就是指意图谋取不正当利益。又如，刑法第 385 条规定：

国家工作人员利用职务上的便利，索取他人财物的，或者非法收受他人财物，为他人谋取利益的，是受贿罪。

这里的为他人谋取利益，到底是犯罪构成的主观要件还是客观要件，在刑法理论上存在争论。① 从刑法规定本身来看，其性质是不够明确的，在刑法理论上引起争议也在情理之中。2003 年 11 月 13 日最高人民法院《全国法院审理经济犯罪案件工作座谈会纪要》第 2 条在论及刑法规定的为他人谋取利益这一要件时指出：

为他人谋取利益包括承诺、实施和实现三个阶段的行为。只要具有其中一个阶段的行为就具备了为他人谋取利益的要件。

从上述表述中，为他人谋取利益似乎是行为，属于客观要件。我认为，为他人谋取利益应当理解为意图为他人谋取利益，承诺、实施和实现都是这一意图的客观表现。对于构成受贿罪来说，只要具有为他人谋取利益的意图即可。因此，为他人谋取利益是受贿罪的主观要素，受贿罪应当理解为目的犯。

除刑法明文规定的目的犯与隐含的目的犯以外，是否存在非法定的目的犯，也是一个值得研究的问题。我国刑法学者把这种非法定的目的犯称为不成文的目的犯，指出：

有些犯罪，刑法分则条文虽然没有规定构成该罪必须具备某种特定犯罪目的，但从司法实践和刑法理论上看，则必须具备某种特定犯罪目的才能构成该犯罪，即所谓不成文的构成要件。对于这类尚未被立法成文化的事实上的目的犯，尤需注意。为免于犯罪认定发生困难，我国刑

① 参见王作富主编：《刑法分则实务研究》（下），3 版，1757 页，北京，中国方正出版社，2007。

法对这类不成文的目的犯有将其成文的必要。①

在我国刑法中，引起讨论的是以下三个罪名：

第一，伪造货币罪。

关于伪造货币罪，外国刑法一般将其规定为目的犯。例如日本刑法典第148条规定伪造货币须以行使为目的，德国刑法典第146条规定伪造货币罪须具有行使或者进入流通的意图。但我国刑法第170条规定的伪造货币罪，并未规定以行使为目的或者意图流通。在这种情况下，伪造货币罪是否必须以行使为目的呢?对此，我国刑法学者之间存在分歧。

> 否定说认为，我国刑法鉴于伪造货币行为的严重危害程度，没有要求行为人主观上具有特定目的。而且，对仅伪造货币并不使用伪造货币的行为，也以本罪论处。事实上不以使用为目的而伪造货币的行为，也会侵犯货币的公共信用。因此，从解释论上而言，不应认为本罪为目的犯。②

> 肯定说则认为，在刑法解释论上应当要求有行使、流通的意思（目的犯)，即将假币作为真币置于市场上流通，从而危害货币的公共信用。单纯为了便于教学、艺术表演、私人收藏或展览而设计、伪造货币的，不认为具有行使目的，欠缺本罪故意，不构成本罪。③

显然，伪造货币是否以行使为目的，是一个刑法解释论上的问题。否定说是一种文义解释，其逻辑是：既然刑法没有规定以行使为目的，那么伪造货币罪的构成就不需要此特定目的。这一解释当然有其根据。当然，以伪造货币并不使用也以本罪论处作为本罪不需要以行使为目的作推断，则在逻辑上难以成立。因为主观上是否具有行使的目的与客观上是否实际行使是两个不同的问题。即使客观上没有行使也不能否定主观上是具有行使的目的的。至于肯定说，是对刑法规定

① 陈立：《略论中国刑法中的目的犯》，载《法学杂志》，1989（4）。

② 张明楷：《刑法学》，3版，577页，北京，法律出版社，2007。

③ 周光权：《刑法各论讲义》，274页，北京，清华大学出版社，2003。

作出的限制解释。刑法没有规定伪造货币罪须以行使为目的，但从刑事政策出发对此作出限制解释，将没有行使目的的伪造货币行为从犯罪中排除出去，在刑法解释上也是可以成立的。当然，从不具有行使目的并不能得出没有伪造货币的故意的结论，因为行使目的并非伪造货币故意的内容。

我个人是赞同肯定说的，因而也主张非法定的目的犯这个概念。当然予以法定化则更好。这里涉及伪造货币罪侵犯的法益。日本刑法学者认为，伪造货币罪侵犯的法益，是社会对货币的信用，以及由此而产生的交易安全。伪造货币罪侵犯的法益经历了一个从制造或发行货币以及批准权到货币信用的变迁过程。① 如果伪造货币罪侵犯的法益是货币制造或发行权，则只要制作了货币就应构成伪造货币罪。而如果伪造货币罪侵犯的法益是货币信用，则没有行使目的很难说就会侵犯到货币信用。我国刑法理论以往把伪造货币罪的客体理解为货币管理制度，但这一说法过于宽泛，而新近的著作则都把伪造货币罪侵犯的客体理解为货币的公共信用。② 在这种情况下，要求伪造货币罪须以行使为目的是符合伪造货币罪的本质特征的。

第二，虚开增值税专用发票、用于骗取出口退税、抵扣税款发票罪。

对于虚开增值税专用发票、用于骗取出口退税、抵扣税款发票罪，刑法第205 条并未规定以骗取税款为目的的。因此，对于本罪是否以骗取税款为目的，在刑法理论上同样存在否定说与肯定说之争。

> 否定说认为，一般来说，行为人主观上都是以营利为目的，但法律上并未规定“以营利为目的”是构成本罪在主观方面的必备要件。因此，如果以其他目的虚开增值税专用发票的，也构成本罪。③

---

① 参见［日］木村龟二主编：《刑法学词典》，顾肖荣、郑树周译校，572～573 页，上海，上海翻译出版公司，1991。

② 参见周光权：《刑法各论讲义》，272 页，北京，清华大学出版社，2003。

③ 周道鸾、张军主编：《刑法罪名精释》，3 版，346 页，北京，人民法院出版社，2007。

肯定说则认为，本罪具有谋取非法利益的目的。[①]

显然，根据否定说，本罪并非目的犯。而根据肯定说，则本罪就是目的犯。在现实生活中，绝大多数虚开增值税专用发票、用于骗取出口退税、抵扣税款发票的行为人主观上都具有骗取税款的目的。但也不能排除，在个别情况下，行为人虽然实施了虚开行为，但主观上并非为骗取税款。例如某上市公司为虚增业绩，其两家下属公司互相虚开增值税专用发票，但并未骗取税款，主观上也没有骗取税款的目的。这种情况下，根据否定说，构成本罪；根据肯定说，则不构成本罪。在刑法颁行之初，这种不以骗取税款为目的的虚开行为尚未出现，因此理论上的分歧尚未出现。随着此类案件的出现，本罪是否以骗取税款为目的的问题才引起关注。

案例 5—1　福建省泉州市松苑锦涤实业有限公司等虚开增值税专用发票案[②]

2000 年 5 月间，林建基在福建省泉州市松苑锦涤实业有限公司（以下简称松苑公司）向陈松柏（松苑公司董事长兼总经理）推销节能器材过程中，得悉陈松柏为提高公司现有设备价格，以显示公司经济实力，欲购买一些伪造的票据来美化公司账目，林建基当即表示愿意提供。陈松柏提出虚开票据数额为 3 700 余万元人民币，双方商定，由陈松柏按虚开面额千分之五的比例支付酬金给林建基，并向林建基提供了 3 张松苑公司向其他公司购买设备所开具的增值税专用发票作为样式。施维昌（松苑公司副总经理）在陈松柏的授意下，根据该公司现有设备虚列了一张价格 3 700 余万元人民币的设备清单。林建基则根据陈松柏提供的发票样式和施维昌提供的设备清单，从他处买来伪造的增值税专用发票 942 份，以及发票专用章 12 枚，并以松苑公司为受票人开具发票 326 份，面额总计 37 087 001.15 元，税额 5 388 709.57 元。同年 6 月 23 日，林建基将开具的 326

① 周光权：《刑法各论讲义》，329 页，北京，清华大学出版社，2003。

② 本案载《人民司法·案例》，2008（22）。

份伪造的增值税专用发票拿到松苑公司，经施维昌核对后交由陈松柏，陈松柏付款人民币 18.54 万元给林建基。案发后，公安机关在林建基家中搜出开错税率及空白的伪造增值税专用发票和伪造的印章 12 枚。

福建省泉州市人民检察院以被告人林建基犯虚开增值税专用发票罪、购买伪造的增值税专用发票罪，被告单位松苑公司、被告人陈松柏和施维昌犯虚开增值税专用发票罪向福建省泉州市中级人民法院提起公诉。

福建省泉州市中级人民法院经审理认为，被告人林建基违反国家对增值税专用发票的管理规定，为牟取非法利益，购买伪造的增值税专用发票，虚开数额巨大，其行为已构成虚开增值税专用发票罪及购买伪造的增值税专用发票罪；被告人陈松柏、施维昌分别是松苑公司的法定代表人和副总经理，为公司牟取非法利益，故意让他人以公司的名义虚开增值税专用发票，且虚开的税款数额巨大，其中被告人陈松柏系直接负责的主管人员，被告人施维昌系直接责任人员。被告单位松苑公司及被告人陈松柏、施维昌均已构成虚开增值税专用发票罪。

一审宣判后，被告单位松苑公司及被告人林建基、陈松柏、施维昌均不服，提出上诉。

福建省高级人民法院二审查明的案件事实与一审认定的案件事实基本一致，认为：上诉人林建基违反国家对增值税专用发票管理规定，为牟取私利，受人之托，从他人处购买了伪造的增值税专用发票 942 份，从中出售给松苑公司 326 份，其行为已构成出售伪造的增值税专用发票罪。因其购买时即明知不是为了抵扣税款，也没有将抵扣联交给买方，未给国家税款造成损失，综合考虑本案的情节及后果，对林建基可予从轻处罚。上诉单位松苑公司和上诉人陈松柏、施维昌向他人购买伪造的增值税专用发票的行为，不是以抵扣税款为目的，而是为了提高购进设备价值，显示公司实力，以达到在与他人合作谈判中处于有利地位的目的。根据国家税法的规定，注明为固定资产的增值税专用发票不能抵扣税款，且陈松柏也没有要抵扣联，国家税款不会因其行为而受损失，松苑公司、陈松柏、施维昌的行为不具有严重的社会危害性，因此不构成犯罪。原审以虚开增值税专用发票罪对松苑公司、陈松柏、施维昌定罪处刑不当，应予撤销。原审认定上诉人林建基出售伪造的增值税专用发票的事实清楚，但定罪不当。最终，福建省高级人民法院撤销原审刑事判决，判决上诉人林建基犯出售伪造的增值税专用发票罪，并宣告上诉单位松苑公司、上诉人陈松柏和施维昌无罪。

本案从一审判决被告单位松苑公司等构成虚开增值税专用发票罪，到二审判决不构成虚开增值税专用发票罪，关键在于：虚开增值税专用发票罪是否以骗取税款为目的？对此，在二审过程中，福建省高级人民法院就本案向最高人民法院请示，2001 年最高人民法院在对福建省高级人民法院请示的松苑公司等虚开增值税专用发票案的答复中，明确指出：该案被告单位不以抵扣税款为目的，而是为了显示公司实力以达到与外商谈判中处于有利地位而虚开增值税发票。因此，该公司的行为不构成虚开增值税专用发票罪。

上述判例和最高人民法院答复确认了虚开增值税专用发票、用于骗取出口退税、抵扣税款发票罪须以骗取税款为目的这一定罪规则，实际上确认了本罪为目的犯。对于这一观点，我深表赞同。由此可见，尽管刑法没有规定，但可以通过限制解释将某些犯罪确认为目的犯，这就是非法定的目的犯。

第三，诈骗罪。

我国刑法规定的财产犯罪，例如盗窃罪、抢夺罪和诈骗罪，在法条上都没有规定以非法占有为目的，但在我国刑法理论上，一般都认为非法占有目的是上述财产犯罪的主观要素。然而，在诈骗罪问题上，情况较为复杂，因为我国刑法设立了 9 种特别的诈骗罪，其中 3 种（集资诈骗罪、贷款诈骗罪、合同诈骗罪）规定了以非法占有为目的，其余 6 种（票据诈骗罪、金融凭证诈骗罪、信用证诈骗罪、信用卡诈骗罪[①]、有价证券诈骗罪、保险诈骗罪）则未规定以非法占有为目的。在这种情况下，这些刑法未规定以非法占有为目的的特别诈骗罪，是否要求

① 刑法第 196 条规定了 4 种信用卡诈骗的行为方式，其中第 4 种恶意透支的，刑法明文规定以非法占有为目的。

以非法占有为目的，即是否属于非法定的目的犯？对此，在我国刑法学界是存在争议的。这种争议往往表现为对以下问题的讨论上：诈欺型犯罪能否由间接故意构成？因为根据我国刑法理论，直接故意才具有犯罪目的，间接故意不具有犯罪目的。因此，以上讨论还是围绕诈骗犯罪是否以非法占有为目的而展开的。[①] 我国通说还是认为诈骗罪应当具有非法占有目的，并且认为刑法没有明文规定以非法占有为目的的诈骗犯罪，属于不成文的目的犯。例如张明楷教授指出：

> 非法占有目的既可能是刑法明文规定的，也可能是刑法没有明文规定的，所以，目的犯，可以分为明文的目的犯与不成文的目的犯。前者是指刑法分则条文明文将目的规定为主观构成要件要素的犯罪。不成文的目的犯，是指刑法分则条文虽然没有明文将某种目的规定为主观构成要件要素（可谓有意的省略），但根据犯罪的特点、条文对客观要件的表述以及条文之间的关系，犯罪的成立以具有特定目的为前提的情形。不能以刑法没有明文规定非法占有目的为由，否认非法占有目的是诈骗罪的主观要件要素。[②]

我认为，以上见解是正确的。对于诈骗罪，无论是普通诈骗罪，还是特别诈骗罪，在非法占有目的上应当作同一理解。因此，我国刑法中规定的诈骗罪，既有法定的目的犯，也有非法定的目的犯，这是一种较为特殊的立法现象。

关于目的犯，在刑法理论上，目的犯分为两种：一种是其目的通过行为人的构成要件行为本身或者作为其附随现象，自然被实现，不需要为其实现实施新的行为，这就是所谓断绝的结果犯（kupierte Erfolgsdelikte）。另一种是为了实现目的，需要行为人或者第三者实施与其构成要件行为不同的行为，这就是所谓的短缩的二行为犯（verkürmmert zweiaktige Delikte）。[③] 应当指出，以上两种情形

① 关于这个问题的讨论，参见王晨：《诈骗犯罪研究》，15 页以下，北京，人民法院出版社，2003。

② 张明楷：《诈骗罪与金融诈骗罪研究》，289～290 页，北京，清华大学出版社，2006。

③ 参见［日］大塚仁：《刑法概说（总论）》，3 版，冯军译，124 页，北京，中国人民大学出版社，2003。

在性质上是有所不同的，有必要加以分析。

断绝的结果犯，从实质上来看是行为犯而不是结果犯。但这种行为犯不同于一般的行为犯，从客观上看，它本身是具有结果的，只不过法律并不将这种结果作为犯罪构成的要素。例如，在阴谋犯的情况下，从客观上来说是以阴谋策划行为作为客观构成要素的，行为人对于这一阴谋行为具有故意。不仅如此，法律要求该阴谋行为还必须是达到另一结果的一个步骤，因此主观要求具有对这一结果的目的。

我国刑法中没有阴谋犯之设，但存在行为犯的断绝的结果犯的立法例。例如，我国刑法第 243 条规定的诬告陷害罪，其客观行为是捏造事实诬告陷害他人，其主观意图是使他人受到刑事追究。使他人受刑事追究本来是诬告陷害的一种可能发生的结果。如果以此为结果，则诬告陷害罪就是结果犯。在这种情况下，行为人实施了诬告陷害行为但没有发生他人受到刑事追究的结果，就是本罪的未遂。但法律并不要求具有这种结果，因而本罪就不是结果犯而是行为犯。行为人只要实施了捏造事实诬告他人的行为，就构成本罪的既遂。如果是这样的话，那么诬告陷害罪就是行为犯。但立法者虽然不要求使他人受到刑事追究的结果，却要求对这一结果具有意图使其发生的目的，因而成为断绝的结果犯。

在断绝的结果犯的情况下，其目的是否发生属于主观的超过要素，不可一概而论：对于阴谋犯来说，其目的属于超过的主观要素，因为该目的是阴谋行为所实现不了的，只有在阴谋的基础上发展成为实行行为，目的才能实现。但对于行为犯来说，其目的不属于超过的主观要素，因为该目的是行为本身可能实现的，只不过法律并不要求该目的的实现而已。我国学者指出：

> 这里的意图属于犯罪故意之外的主观要素，其不要求存在客观上的相应要素与之对应。[①]

① 付立庆：《主观违法要素理论——以目的犯为中心的展开》，208 页，北京，中国人民大学出版社，2008。

但这里的客观上的相应要素，是指结果要素而非行为要素，因而其目的仍然属于主观故意的内容。就如同杀人罪，现行刑法中的杀人罪是结果犯，如果设置为断绝的结果犯，对于杀人罪既遂的成立不要求死亡结果发生，此时行为人主观故意仍然是杀人故意，包含致人死亡的目的，这一目的被杀人故意所包含，不是超过的主观要素。

短缩的二行为犯，又称短缩的行为犯。从实质上来看，短缩的二行为犯是单行为犯而不是复行为犯。从犯罪构成理论分析，短缩的二行为犯的目的是故意以外的主观要素，它与故意之内的目的是有所不同的，对此应当加以区分。

为表述方便，我们姑且将故意之内的犯罪目的称为目的Ⅰ，而把故意之外的犯罪目的称为目的Ⅱ。在我国刑法理论上，目的Ⅰ是指犯罪人希望通过实施犯罪行为达到某种危害社会结果的心理态度，也就是危害结果在犯罪人主观上的表现。因此，目的Ⅰ与犯罪结果具有密切联系，它是主观预期的犯罪结果，这种目的的客观化就转化为一定的犯罪结果。例如，故意杀人的目的是非法剥夺他人的生命，这一目的的实现就是他人生命被非法剥夺，也即发生了死亡结果。而这一结果正是行为人所希望其发生，这也表明目的Ⅰ只存在于直接故意之中，间接故意则不存在犯罪目的。目的Ⅱ则不同于目的Ⅰ，它与本罪的犯罪结果并无必然联系，它是与目的Ⅰ并存的另外一种主观心理要素。例如刑法第 152 条规定的走私淫秽物品罪，其目的Ⅰ是淫秽物品得以非法入境，目的Ⅱ是牟利或者传播。前一目的是包含在走私淫秽物品故意之内的，即使没有后一目的，走私淫秽物品的故意仍然是客观存在的。而后一目的则并不包含在走私淫秽物品故意之内，它是可以独立存在的。我认为只有对目的作上述明确区分，才能正确界定短缩的二行为犯的目的。

短缩的二行为犯的目的与客观行为之关系，也是一个值得研究的问题。我国刑法坚持主观与客观相统一的定罪原则。这里的主观，是指主观罪过，而客观是指客观行为。因此，主观与客观的两个分析视角，在刑法理论上是极为常见的。然而犯罪是一个整体，将其一分为二，区分主观要件与客观要件，只是一种刑法理论上的建构。就主观罪过与客观行为两者的关系而言，实际上是紧密相连、不可分割的。因此，犯罪的客观行为是受主观罪过支配的。例如杀人行为与杀人故意，不仅在时间上具有同在性，而且在内容上具有同一性。目的Ⅰ由于包含在故意之内，因而与客观行为同样是存在对应关系的。而目的Ⅱ则与此不同，从目的Ⅱ与客观行为的关系来看，不存在对应关系，若要实现这一目的尚须进一步实施一定的行为。我们如果把本罪的构成要件行为称为行为Ⅰ，那么，实现目的犯之目的所需实施的行为就是行为Ⅱ。例如，在受贿罪中，利用职务上的便利收受他人财物是本罪的构成要件行为，即行为Ⅰ，而为他人谋取利益之意图的实现行为就是行为Ⅱ。行为Ⅱ并非本罪的构成要件，行为人只要主观上具有为他人谋取利益的意图即可，并非一定要将这一意图付诸实施。在这个意义上说，这种短缩的二行为犯的目的是一种超过的主观要素。在超过的主观要素的情况下，主观与客观是不统一的，在刑法理论上成为主、客观不相符的构成要件。正如我国台湾地区学者指出的：

> 立法者在设定若干犯罪类型的构成要件时，时常使用所谓“不一致的构成要件（inkongruente Tatbestände）”，即在此种构成要件中，主观要件的内容，较客观要件所规定者为多。而对于此种犯罪类型，一般上对于涵盖客观要件的主观要件，亦以故意要求之，但对于超出客观要件规定范围的主观要件则称之为“意图”或“超出的内在倾向”（überschiessende Innentendenz）①。

在这种“不一致的构成要件”的情况下，虽然主观与客观之间不存在严格的对应关系，因而主观与客观并不完全统一，但它并不违反主观与客观相统一的定罪原则。这是因为就本罪的构成要件的行为（行为Ⅰ）而言，行为人主观上是存在罪过的，在这个意义上主观与客观是相统一的。只是对于目的Ⅱ而言，与之相对应的行为Ⅱ并非构成要件的必要条件，因而目的Ⅱ是一种超过的主观要素。这

① 柯耀程：《变动中的刑法思想》，250页，北京，中国政法大学出版社，2003。

种主观要素对于定罪来说，提出了更为严格的要求。

行为Ⅱ对于目的犯的构成来说，是不必要的，但在现实生活中，行为人往往不仅实施了行为Ⅰ，而且实施了行为Ⅱ。这个问题在刑法理论上称为“意图实现”。那么，行为Ⅱ对于定罪会产生什么影响呢？换言之，行为Ⅱ与行为Ⅰ的关系如何加以界定？这也是一个值得研究的问题。我认为，行为Ⅱ与行为Ⅰ的关系存在以下两种情形：一是行为Ⅱ作为行为Ⅰ所构成之罪的不可罚的事后行为。例如，刑法第 170 条规定的伪造货币罪是一种非法定的目的犯，其目的是行使。而刑法第 172 条规定了使用伪造货币的行为。这里的使用伪造的货币是一种不可罚的事后行为。二是行为Ⅱ与行为Ⅰ之间存在牵连关系，因而构成牵连犯。在行为Ⅱ构成犯罪的情况下，它与行为Ⅰ就存在牵连关系，因而目的犯与牵连犯颇有学理上的联系。正如我国台湾地区学者指出的：

> 意图犯的结构关系及其意图实现所生的形态，系一种新的连结关系，其所涉及者可能有两个不同构成要件。实应以“方法一结果”的关系来认定。“意图实现”问题根本上即为牵连关系的典型适用形态，且应将刑法牵连关系的适用范围之一设定在针对意图犯意图实现的问题上。①

例如，我国刑法中的受贿罪，在以收受他人财物为构成要件的情况下，刑法又要求以为他人谋取利益为要件。这里的为他人谋取利益，既包括合法利益又包括非法利益。当为他人谋取非法利益时，其谋利行为就可能构成其他犯罪。例如，司法工作人员收受财物之后贪赃枉法，其行为Ⅰ构成受贿罪，其行为Ⅱ构成徇私枉法罪，两者之间存在牵连关系，系牵连犯。对于这种牵连犯，刑法明文规定按照处罚较重的规定定罪处罚。因此，在短缩的二行为犯中，不仅应当研究行为Ⅰ，而且应当论及行为Ⅱ。

---

① 柯耀程：《变动中的刑法思想》，254 页，北京，中国政法大学出版社，2003。

（二）开放的构成要件

开放的构成要件是相对于封闭的构成要件而言的，封闭的构成要件是指刑法对某一犯罪的构成要件作了确切规定。此时，内容只需依照刑法条文的规定，而无须另外加以补充。因此，封闭的构成要件也称为完结的构成要件。而开放的构成要件是指刑法对某一犯罪的构成要件只作了抽象或者概括规定。在这种情况下，需要对构成要件进行内容补充。开放的构成要件理论，是德国学者威尔泽尔所创立的。我国学者在论及威尔泽尔关于开放的构成要件理论时指出：

> 威尔泽尔认为，犯罪的构成要件不仅仅是“封闭的”。许多情况下，立法者对构成要件中的禁止内容没能“通过物本质（即行为本身）、客观具体的要素（sachlich-gegenständliche Merkmale）的描述竭尽所能地予以规定”。当我们说一个构成要件是“开放的”，那就是说，禁止行为各要素并没有通过对物本质客观具体要素详细描述竭尽所能地标明，有构成要件该当性，但不能表征违法性。结果是，在封闭性构成要件情形，法官通常只需通过“消极程序（negative Verfahrens）”来查明违法性，即确定没有违法阻却事由便可确定行为的违法性；而在开放的构成要件情形下，他必须通过对违法性的“积极查明”（positiv ermitteln），即判断法律规范中的违法性要素的存在，来确定行为的违法性。①

由此可见，开放的构成要件是从构成要件与违法性的关系上提出来的，它与构成要件论存在密切关系。关于构成要件论，贝林主张的是行为类型说，并不认为构成要件具有违法推定机能。违法性是需要另作判断的。但此后麦耶提出了违法行为类型说，肯定了构成要件具有违法推定机能，如果不存在违法阻却事由，具有构成要件该当性的行为可以推定为具有违法性。威尔泽尔大体上是赞同违法

① 刘艳红：《开放的犯罪构成要件理论研究》，9页，北京，中国政法大学出版社，2002。

行为类型说的，甚至主张违法有责类型说，同样承认构成要件的违法推定机能。但威尔泽尔认为，只有在封闭的构成要件的情况下，构成要件才具有违法推定机能。对此，张明楷教授指出：

> 开放的构成要件，意味着构成要件对其所禁止的犯罪行为的具体要素没有全部规定下来，因而不能直接根据构成要件符合性规定违法性。其中又包含两种情形：一种是像不作为犯、过失犯这样的犯罪，法官使用“保证人的地位”、“社会生活上必要的注意”的指导原则补充立法者的记述确定构成要件后，通过确认符合构成要件的行为，通过确认符合构成要件的行为不存在违法阻却事由便可推定违法性；另一种是像德国刑法第 240 条强制罪那样，由于立法者没有确立禁止何种行为的基准，而由法官通过自己的独立价值判断来积极地确定其违法性，故这种构成要件不具有违法性推定机能。[①]

威尔泽尔所称开放的构成要件，主要是指过失犯、不纯正不作为犯，以及概然性规定的构成要件等情形。对于过失犯、不纯正不作为犯，由其构造特征所决定，只能采取开放的构成要件的立法形式，授权法官加以内容补充。例如我国刑法关于疏忽大意的过失的定义中，规定了“应当预见”这一过失要件。显然，“应当预见”只是一种框架式规定，在什么情况下应当预见有待于法官作出个案性判断。除此之外，像德国刑法典第 240 条强制罪那样，构成要件不明确，具有价值补充余地的构成要件，在立法中是应当尽量避免的，这里涉及一个罪刑法定主义的问题。

在我国刑法分则中，某些规定在性质上类似于开放的构成要件。这些规定往往是以盖然性规定的形式出现的，例如刑法第 236 条强奸罪中的“其他手段”、刑法第 263 条抢劫罪中的“其他方法”等。尤其是刑法第 225 条第 4 项规定的非法经营罪中的“其他严重扰乱市场秩序的非法经营行为”，更是以空

① 张明楷：《刑法的基本立场》，99～100 页，北京，中国法制出版社，2002。

白性的构成要件形式出现的开放的构成要件。对于这一规定，我认为应当加以严格解释，即只有当法律、法规或者司法解释具有明文规定的情况下，才能认定为“其他非法经营行为”。类似开放的构成要件在我国刑法中的存在，表明我国刑法虽然实行罪刑法定主义，但刑法的明确性程度仍然是有限的，还存在大量的盖然性的、抽象性的，甚至是模糊性的规定。这些规定从根本上来说是与罪刑法定主义相抵触的，它会消解罪刑法定主义的限制机能。对于开放的构成要件，我认为应当例外地、个别地采用，而不能一般地予以赞扬与肯定。值得注意的是，对于开放的构成要件，在我国刑法学界存在肯定与否定两种截然不同的观点。其中，对开放的构成要件大力倡导的是刘艳红教授。刘艳红教授主张一种实用主义的刑法观，并将开放的构成要件理论作为实用主义刑法观的具体内容之一，指出：

> 通过开放的构成要件理论，立法者及最高司法机关应该清楚，构成要件的明确性只能是相对的，绝对的明确不现实，绝对的明确反而是不明确。全封闭式的构成要件只是一种全然的幻想。封闭与开放的构成要件的区分本身就是相对的。任何构成要件都只能做到一定程度的明确，而不可能极端明确。因此，无论是刑事立法者还是最高司法机关都要放弃对构成要件明确性的无止境的追求，树立开放性构成要件的观念。同时，立法者和司法者还应当明确开放的犯罪构成所具有的灵活性、时代性、多样性与实用性，使法官能及时根据实际案例予以决断，不仅辅助了刑法、补充了刑法而且还可以矫正刑法，发展刑法，并最终推动刑法内容的完善。因为明确与不明确区分的相对性，也为了适应社会生活的实际需要，开放的构成要件及其观念不应该受到反对，相反应该在一定范围内肯定并在一定程度上提倡。①

在以上论述中，开放的构成要件这一概念已经距离威尔泽尔的本义相去甚

① 刘艳红：《开放的犯罪构成要件理论研究》，389页，北京，中国政法大学出版社，2002。

远。如前所述，威尔泽尔提出开放的构成要件，是基于构成要件的违法性推定机能，即否认开放的构成要件具有违法性推定机能。在开放的构成要件中，违法性不能从构成要件本身消极获得，而是应当从违法性中积极获得。而正是在这一点上，正如张明楷教授指出：

> 开放的犯罪构成概念，现在基本上已被否定。首先，如果肯定开放的犯罪构成，就意味着否定犯罪构成的违法性推定机能，这导致犯罪构成的形式化。其次，如果在犯罪构成之外寻找违法性的根据，必然损害犯罪构成的机能。最后，开放的犯罪构成理论，实际上是将需要补充的构成要件要素，从构成要件转移到违法性中去，从而将其排除在故意的认识对象之外。但这并不妥当。所以，大体上可以说只存在开放的刑罚法规，不存在开放的犯罪构成。[①]

应该说，以上对开放的构成要件的理解是较为接近威尔泽尔的本义的。其实，现在的过失犯、不纯正不作为犯以及盖然性规定，其开放性内容的填补已经不再像威尔泽尔所主张的那样，到构成要件之外去寻找积极的违法性，而是把它看作是一个构成要件补充的问题，因而在完成这一填补以后，仍然应该承认构成要件的违法性推定机能。在这个意义上可以说，威尔泽尔的开放的构成要件概念已经不复存在了。但作为一个描述性的概念，开放的构成要件所指称的刑法规定的构成要件要素并不完备，需要法官加以补充这一法律现象，仍然还是应当承认的，只不过不能予以大力推广，因为它只是个别情况，而且是立法上应当竭力避免的。

（三）规范的构成要件

规范的构成要件是相对于记述的构成要件而言的，记述的构成要件是指其所描述的构成要件要素只需要进行事实判断即可以认定的情形。例如杀人这一构成

① 张明楷：《刑法学》，3 版，105 页，北京，法律出版社，2007。

要件，它所描述的就是将人杀死这一客观事实，因而属于记述的构成要件。与之不同的是规范的构成要件。它指构成要件内容需要法官的规范评价活动予以补充的情形。规范的构成要件是德国学者麦耶提出的，因为规范要素需要通过评价予以价值补充，因而不同于价值中立的记述要素。当然，规范要素也并不是与事实要素完全无关的。对此，德国学者指出：

> 规范的构成要件要素（normative Tatbestandsmerkmale）是“针对仅在符合规范的逻辑条件下才被设想和考虑的事实”。属于规范性构成要件要素的有本来的法概念，与评价有关的概念和与意识有关的概念。不言而喻，规范要素通常具有从意义上易理解的现实要素，以至于规范要素也具有对事实的关联性。①

规范的构成要件因为其规范要素是有待于法官进行价值补充的，因而其与开放的构成要件具有一定的类似性，两者的关系到底是互相对立还是相互竞合？对此存在不同观点，我国学者指出：

> 依照德、日刑法理论的传统认识，规范构成要件要素需要法官的价值评价，那么，就像有的学者所认为的，威尔泽尔所认可的特殊违法性要素确实是规范的构成要件要素，一般的违法性要素同样也是规范性构成要件要素，并且它当然也同样是开放的构成要件中的一种情形。开放的构成要件中需要补充的部分，一般是规范性要素，而且是没有写出的规范性构成要件要素。这样一来，在德、日的刑法理论中，可以说规范构成要件要素的存在范围基本上涉及开放的构成要件存续的空间，两者在内容上基本上是相等同的。也就是说，开放的构成要件即是规范构成要件要素存在的界限。②

① ［德］汉斯·海因里希·耶赛克、托马斯·魏根特：《德国刑法教科书》，徐久生译，330页，北京，中国法制出版社，2001。

② 王昭振：《犯罪构成视野下规范的构成要件要素基础理论研究》，67～68页，北京，中国检察出版社，2008。

以上论述还是强调了规范的构成要件与开放的构成要件相同的一面。就需要价值补充而言，规范的构成要件与开放的构成要件具有相似性，但我们又不能把规范的构成要件与开放的构成要件完全等同起来。因为规范的构成要件需要填补的是规范内容，而开放的构成要件需要补充的不仅是规范内容，而且包含了事实内容。例如属于规范构成要件的法概念，诸如婚姻、公务员等，应该不属于开放的构成要件，而属于开放的构成要件的“其他手段”或者“其他方法”，也不属于规范的构成要件。因此，我认为对规范的构成要件与开放的构成要件，还是应该加以区分。

值得注意的是，我国学者在将规范的构成要件引入我国刑法学以后，在界定规范的构成要件要素的时候，一般仍然主张三分法，即分为法律的评价要素、经验法则的评价要素和社会的评价要素。① 但与上述要素相比，我国刑法分则中存在大量“非法”、“违反国家规定”以及“违反××法律规定”等形式出现的罪状。一般认为这些都属于法定犯的范畴。②

我国刑法分则规定的规范要素，是指以非法或者违反国家规定或者违反××法律规定的形式存在的，主要具有以下情形：

1. 第125条第1款规定的非法制造、买卖、运输、邮寄、储存枪支、弹药、爆炸物，第2款规定的非法制造、买卖、运输、储存危险物质罪，包含了“非法”的要素。

2. 第126条规定的违规制造、销售枪支罪中的“违反枪支管理规定”的要素。

3. 第128条第1款规定的非法持有、私藏枪支、弹药罪中的“违反枪支管理规定”的要素。第2款规定的非法出租、出借枪支罪中的“非法”要素。

4. 第130条规定的非法携带枪支、炸药、管制刀具、危险物品危及公共安

① 参见张明楷：《规范的构成要件要素》，载《法学研究》，2007（6）。

② 参见郭晶：《刑事领域中法定犯问题研究》，87页以下，哈尔滨，黑龙江人民出版社，2009。

全罪中的“非法”的要素。

5. 第 133 条规定的交通肇事罪中的“违反交通运输管理法规”的要素。

6. 第 139 条规定的消防责任事故罪中的“违反消防管理法规”的要素。

7. 第 159 条规定的虚假出资、抽逃出资罪中的“违反公司法的规定”的要素。

8. 第 176 条规定的非法吸收公众存款罪中的“非法”的要素。

9. 第 192 条规定的集资诈骗罪中的“非法”的要素。

10. 第 207 条规定的非法出售增值税专用发票罪中的“非法”的要素。

11. 第 208 条第 1 款规定的非法购买增值税专用发票、购买伪造的增值税专用发票罪中的“非法”的要素。

12. 第 209 条第 3 款规定的非法出售用于骗取出口退税、抵扣税款发票罪中的“非法”的要素，第 4 款规定的非法出售发票罪中的“非法”的要素。

13. 第 225 条规定的非法经营罪中的“非法”的要素。

14. 第 228 条规定的非法转让、倒卖土地使用权罪中的“违反土地管理法规”的要素。

15. 第 230 条规定的逃避商检罪中的“违反进出口商品检验法的规定”的要素。

16. 第 238 条规定的非法拘禁罪中的“非法”的要素。

17. 第 244 条规定的强迫职工劳动罪中的“违反劳动管理法规”的要素。

18. 第 244 条之一规定的雇佣童工从事危重劳动罪中的“违反劳动管理法规”的要素。

19. 第 245 条规定的非法搜查罪、非法侵入住宅罪中的“非法”的要素。

20. 第 251 条规定的非法剥夺公民宗教信仰自由罪中的“非法”的要素。

21. 第 252 条规定的侵犯通信自由罪中的“非法”的要素。

22. 第 281 条规定的非法生产、买卖警用装备罪中的“非法”的要素。

23. 第 282 条第 1 款规定的非法获取国家秘密罪中的“非法”的要素，第

2 款规定的非法持有国家绝密、机密文件、资料、物品罪中的“非法”的要素。

24. 第 283 条规定的非法生产、销售间谍专用器材罪中的“非法”的要素。

25. 第 284 条规定的非法使用窃听、窃照专用器材罪中的“非法”的要素。

26. 第 327 条规定的非法出售、私赠文物藏品罪中的“违反文物保护法规”的要素。

27. 第 329 条第 2 款规定的擅自出卖、转让国有档案罪中的“违反档案法的规定”的要素。

28. 第 330 条规定的妨害传染病防治罪中的“违反传染病防治法的规定”的要素。

29. 第 334 条第 1 款规定的非法采集、供应血液、制作、供应血液制品罪中的“非法”的要素。

30. 第 336 条规定的非法行医罪中的“非法”的要素。

31. 第 337 条规定的妨害动植物防疫、检疫罪中的“违反有关动植物防疫、检疫的国家规定”的要素。

32. 第 340 条规定的非法捕捞水产品罪中的“违反保护水资源法规”的要素。

33. 第 341 条第 1 款规定的非法捕猎、杀害珍贵、濒危野生动物罪、非法收购、运输、出售珍贵、濒危野生动物、珍贵、濒危野生动物制品罪中的“非法”的要素，第 2 款规定的非法狩猎罪中的“违反狩猎法规”的要素。

34. 第 342 条规定的非法占用农用地罪中的“违反土地管理法规”的要素。

35. 第 343 第 1 款规定的非法采矿罪中的“违反矿产资源法的规定”的要素，第 2 款规定的破坏性采矿罪中的“违反矿产资源法的规定”的要素。

36. 第 344 条规定的非法采伐、毁坏国家重点保护植物罪，非法收购、运输、加工、出售国家重点保护植物、国家重点保护植物制品罪中的“非法”的要素。

37. 第 345 条第 2 款规定的滥伐林木罪中的“违反森林法的规定”的要素，

第 3 款规定的非法收购、运输盗伐、滥伐林木罪中的“非法”的要素。

38. 第 348 条规定的非法持有毒品罪中的“非法”的要素。

39. 第 350 条规定的走私制毒物品罪、非法买卖制毒物品罪中的“非法”的要素。

40. 第 351 条规定的非法种植毒品原植物罪中的“非法”的要素。

41. 第 352 条规定的非法买卖、运输、携带、持有毒品原植物种子、幼苗罪中的“非法”的要素。

42. 第 375 条第 2 款规定的非法生产、买卖武装部队制式服装罪中的“非法”的要素。

43. 第 398 条规定的故意泄露国家秘密罪、过失泄露国家秘密罪中的“违反国家秘密法的规定”的要素。

44. 第 405 条第 1 款规定的徇私舞弊发售发票、抵扣税款、出口退税罪中的“违反法律、行政法规的规定”的要素。

45. 第 407 条规定的违法发放林木采伐许可证罪中的“违反森林法的规定”的要素。

46. 第 410 条规定的非法批准征用、占用土地罪、非法低价出让国有土地使用权罪中的“违反土地管理法规”的要素。

47. 第 431 条第 1 款规定的非法获取军事秘密罪中的“非法”的要素，第 2 款规定的非法提供军事秘密罪中的“非法”的要素。

48. 第 432 条规定的故意泄露军事秘密罪、过失泄露军事秘密罪中的“违反保守国家秘密法规”的要素。

49. 第 435 条规定的逃离部队罪中的“违反兵役法规”的要素。

50. 第 439 条规定的非法出卖、转让武器装备罪中的“非法”的要素。

以上列举我国刑法分则关于“违法”的规定，都是狭义上的。广义上的违法，包括刑法分则规定的“违反国家规定”，则上述清单还要长得多。这里的“违反国家规定”实际上也是指违法，例如刑法总则第 96 条明确规定：“本法所称违反国家规定，是指违反全国人民代表大会及其常务委员会制定的法律和决定，国务院制定的行政法规、规定的行政措施、发布的决定和命令。”

应当指出，我国刑法中规定的违法要素，分别属于以下两种性质不同的规范要素：

第一种是需要补充的规范要素。例如我国刑法第 133 条交通肇事罪中的“违反交通运输管理法规”，是对交通肇事行为的描述，立法者并没有明文列举交通肇事行为，而是参照交通运输管理法规予以确认。因此，在交通肇事罪的司法认定中，首先需要根据交通运输管理法规确认存在违章行为。

第二种是不需补充的规范要素。例如我国刑法第 336 条规定的非法行医罪，其行为是“未取得医生执业资格的人非法行医”。这里的“非法”指的就是“未取得医生执业资格”，因此在条文表述中，即使排除“非法”二字，也不影响其含义。在这种情况下，非法行医行为的非法性认定，就看是否取得医生执业资格。因此，在非法行医罪的司法认定中，“非法”这一规范要素并不需要法官加以内容补充。

上述两种要素，第一种要素中的法律规定是不周延、不自足、待补充的，因而属于规范的构成要件。而第二种要素中的法律规定是周延、自足、无须补充的。如果从规定的内容上来说，它不同于事实要素，在这个意义上可以视为是构成要件中的规范性要素。但这种规范性要素又可以分为待补充的与不需补充的两种情形。如果狭义上理解规范的构成要件，即在有需要填充的构成要件中才是规范的构成要件，那么，不需要补充的规范性构成要件要素就可以等同于记述的构成要件要素，而不属于规范的构成要素。而待补充的规范的构成要件，往往是以空白罪状形式出现的，因而在一定意义上可以归入开放的构成要件的范畴。

思考题：

试论构成要件与犯罪构成的区别。

参考书目：

1. [德] 恩施特·贝林. 构成要件理论. 王安异译. 北京：中国人民公安大学出版社，2006

2. [日] 小野清一郎. 犯罪构成要件理论. 王泰译. 北京：中国人民公安大学出版社，2004

3. 刘艳红. 开放的犯罪构成要件理论研究. 北京：中国政法大学出版社，2002

4. 王昭振. 犯罪构成视野下规范的构成要件要素基础理论研究. 北京：中国检察出版社，2008

5. 李立众. 犯罪成立理论研究——一个域外方向的尝试. 北京：法律出版社，2006

6. 付立庆. 主观违法要素理论——以目的犯为中心的展开. 北京：中国人民大学出版社，2008

第6章

实行行为论

实行行为是指构成要件该当、具有法益侵害危险的行为。我们在讨论了构成要件以后，接下来要对构成要件的具体内容加以考察，这些具体内容被称为构成要件要素。其中，实行行为是首要的构成要件要素。本章拟在对实行行为的一般原理加以论述的基础上，对间接正犯的实行行为、原因上自由行为的实行行为和过失的实行行为加以探讨。至于不作为的实行行为，鉴于其重要性，本书另设专章单独加以考察。

一、实行行为概述

实行行为是犯罪类型的一种指导形象，是一种违法行为类型。我们在理解实行行为的时候，应当从下述视角加以考察：

（一）实行行为的行为性

实行行为是一种行为，这是没有疑问的。关于什么是行为，我在行为论一章已经专门加以讨论。那么，为什么已经在行为论中讨论了行为，在这里还要讨论实行行为呢？换言之，实行行为与行为之间存在什么区分？我认为，行为论是解决行为性的问题，通过行为的界定机能，将“无行为”与“非行为”等情形从行为的概念中予以排除，从而为犯罪概念提供基底，因为行为是犯罪概念的基底。而实行行为是以行为的成立为前提的，在此基础上进一步讨论行为的法律性质。如果说，行为论讨论的是“裸”的行为，那么，实行行为讨论的是“规范”意义上的行为。例如不作为，在行为论中解决不作为的行为性问题，即不作为到底是不是一种行为。而在实行行为论中，讨论的是不作为的实行性问题，即它的构成要件该当性问题。应该指出，这是两个不同层次的问题。在体系性思考方式中，这两种层次的考察是容易区分的，但在四要件的犯罪构成体系中则往往混为一谈。

（二）实行行为的规范性

实行行为不仅是一种行为，而且是一种构成要件该当的行为。通过实行行为，把不具有构成要件该当性的行为从实行行为中排除出去。就此而言，实行行为具有规范性。那么，实行行为与构成要件是一种什么关系呢？我认为，实行行为是构成要件的具体要素，并且是核心要素。而构成要件是实行行为的上位概念，行为通过构成要件的筛选与检验而成为实行行为。因此，实行行为从属于构成要件而存在。

在理解实行行为与构成要件之间关系的时候，不能把实行行为理解为是符合构成要件的事实。实行行为本身还不是事实，因为实行行为是基于法律规定建构的一种行为模型，它与符合这一模型的具体的行为事实是不同的。例如，杀人罪的实行行为，即杀人行为，这是一个类型性概念，它是抽象的杀人罪的模型，而符合这一杀人罪模型的具体杀人行为，才具有事实性。就两者关系而言，先有作为模型的杀人事实，然后才有符合这一模型的杀人事实。因此，我们应当区分作为模型的实行行为与具体犯罪的实行行为。前者是规范，后者是规范性事实。实行行为与构成要件虽然都是模型，两者又存在一定的区分，这种区分在于构成要件是实行行为的上位概念，而实行行为是构成要件的具体要素。离开了实行行为，构成要件就是空洞的；而离开了构成要件，实行行为就是无所归依的。

（三）实行行为的法定性

实行行为是刑法分则规定的构成要件行为，也称为正犯行为。因此，实行行为与一般意义上的犯罪行为也是不同的。在刑法总则关于犯罪概念的规定中，都有关于犯罪行为的总则性规定，也可以说是一般性规定。但犯罪并不是一般地存在着的，在现实生活中我们并没有看到过抽象的犯罪，犯罪都是具体的，例如杀人罪、盗窃罪等。因此，只有刑法分则具体规定的犯罪行为才是实行行为。

在论及刑法分则对犯罪具体规定的时候，存在一个刑法分则的立法模式问题。刑法理论一般认为，刑法分则是以一人犯一个既遂罪为标本的，这里的一人犯一个既遂罪就是指实行行为，它排除了共犯行为、预备行为以及未遂行为。这样一种刑法分则的立法模式被称为是限制的正犯概念与犯罪的既遂模式。基于这一界定，实行行为是既遂的正犯行为。

应当指出，在刑法理论上存在扩张的正犯概念和犯罪的成立模式。扩张的正犯概念认为，刑法分则规定的行为不仅指狭义上的正犯行为，而且包括共犯行为，例如教唆行为、帮助行为等。这种理论否定正犯与共犯的区分，称为单一正犯体系。① 显然，单一正犯体系大大地扩张了正犯概念，因而也扩张了实行行为的范围。犯罪的成立模式认为，刑法分则规定的构成要件并不是以既遂为模式的，而是包括了犯罪的预备、未遂和中止。② 而犯罪的预备、未遂和中止都属于

---

① 参见江溯：《犯罪参与体系研究——以单一正犯体系为视角》，116 页以下，北京，北京大学出版社，2009。

② 参见张明楷：《犯罪论原理》，468 页，武汉，武汉大学出版社，1991。

犯罪成立形态，因而称为犯罪的成立模式。犯罪的成立模式将犯罪的预备行为也视为构成要件行为，同样也是扩张了实行行为的范围。关于扩张的正犯概念与犯罪的既遂模式，涉及共犯与未遂犯等犯罪特殊形态，将在有关章节中讨论，在此不赘。我认为，对于实行行为应当按照限制的正犯概念和犯罪的既遂模式来理解，以此才能正确地界定实行行为的范围。

实行行为具有正犯性或者实行性，是刑法分则所规定的犯罪的行为类型。当然，我们也必须看到，在我国刑法分则中确实存在将共犯行为或者预备行为、未遂行为规定为实行行为的情形。这种情形，我国学者称为拟制的实行行为，并将其与普通的实行行为相对应，我认为这种观点是可取的。我国学者指出：

> 普通的实行行为，或原始的实行行为，是指刑法分则将在一般社会观念上具有实行性质的行为规定在刑法分则中成为特定犯罪实行行为的情形。
>
> 所谓拟制的实行行为，是指某些本来并不属于犯罪的实行行为，而是属于共同犯罪的组织行为、教唆行为、帮助行为以及犯罪阶段性形态中的预备行为，由于刑法分则的特别规定而成为另一犯罪的实行行为的情形。①

在我国刑法分则规定中，拟制的实行行为占有一定的比例。现将各种拟制的实行行为列举如下：

1. 组织行为拟制为实行行为

组织行为拟制为实行行为，是指将社会观念上的组织行为拟制为实行行为。这里的组织行为可以分为两种情形：一种情形是将犯罪的组织行为拟制为实行行为。我国刑法第 120 条规定的组织、领导恐怖组织罪和刑法第 294 条规定的组织、领导黑社会性质组织罪，就是把本应作为恐怖组织犯罪活动或者黑社会性质组织犯罪活动的组织犯处理的行为，单独规定为犯罪，由此拟制为实行行为。另

① 何荣功：《实行行为研究》，81 页，武汉，武汉大学出版社，2007。

一种情形是将非犯罪的组织行为拟制为实行行为。例如在我国刑法中，卖淫行为本身不是犯罪，但刑法第 358 条第 1 款规定了组织卖淫罪，将非犯罪的组织行为拟制为实行行为。

2. 教唆行为拟制为实行行为

教唆行为拟制为实行行为，是指将社会观念上的教唆行为拟制为实行行为。这里的教唆行为可以分为两种情形：一种情形是将犯罪的教唆行为拟制为实行行为。例如我国刑法第 435 条规定了逃离部队罪，教唆军人逃离部队行为本应构成逃离部队罪的教唆犯，但我国刑法第 373 条规定了煽动军人逃离部队罪，将这种逃离部队罪的教唆行为拟制为实行行为。另一种情形是将非犯罪的教唆行为拟制为实行行为。例如在我国，吸毒行为本身不是犯罪，但刑法第 353 条规定了教唆他人吸毒罪，将非犯罪的吸毒的教唆行为拟制为实行行为。

3. 帮助行为拟制为实行行为

帮助行为拟制为实行行为，是指将社会观念上的帮助行为拟制为实行行为。这里的帮助行为可以分为两种情形：一种情形是将犯罪的帮助行为拟制为实行行为。例如我国刑法第 358 条第 1 款规定了组织卖淫罪，协助组织他人卖淫行为本来是组织卖淫罪的帮助行为，但我国刑法第 358 条第 3 款规定了协助组织卖淫罪，将这种犯罪的帮助行为拟制为实行行为。另一种情形是将非犯罪的帮助行为拟制为实行行为。例如在我国刑法中，当事人本人毁灭、伪造证据是不构成犯罪的，但刑法第 307 条第 2 款规定了帮助毁灭、伪造证据罪，将帮助当事人毁灭、伪造证据的行为拟制为实行行为。

4. 预备行为拟制为实行行为

预备行为拟制为实行行为，是指将社会观念上的预备行为拟制为实行行为。例如我国刑法第 174 条第 1 款规定的擅自设立金融机构罪，擅自设立金融机构本来是金融诈骗罪或者非法吸收公众存款罪的预备行为，但刑法将其拟制为实行行为。

5. 未遂的实行行为拟制为既遂的实行行为

我国刑法分则规定的实行行为，是以既遂为标本的，但在某些情况下，我国刑法将未遂的实行行为拟制为既遂的实行行为。例如我国刑法第 115 条规定了放火罪等犯罪的实害犯，刑法第 114 条规定了放火罪等犯罪的危险犯，后者本来是前者的未遂犯。在这种情况下，放火罪等犯罪的未遂行为就被拟制为既遂的实行行为。在这种情况下，放火罪等犯罪本身又存在未遂，可谓未遂犯之未遂犯。

从以上情况来看，实行行为的实行性虽然可以根据社会观念加以确认，但由于实行行为本身具有规范性，法律规定对于实行行为的性质具有制约作用，这对于理解实行行为具有重要意义。

（四）实行行为的侵害性

实行行为具有形式与实质两个侧面，因此不仅应当从形式侧面把握实行行为，而且应当从实质侧面把握实行行为。对于实行行为的这一实质内容，日本学者西原春夫指出：

> 每个实行行为必须包含法益侵害之危险的内容。虽然杀人的实行行为并不包含人的死亡这一结果，但是，它必须包含足以引起这种结果的危险性，而且只要有这种危险性就足够了。关于其危险性是哪一种程度的危险性，正如不能犯论中所激烈争论的那样，通说是以具体危险的存在，即以一般人能认识到的情况或者行为人特别认识到的情况为基础的；与此同时，从一般人的立场来看会感到危险，这是必要的。而且，具备这些要素就足够了。①

法益侵害的危险性是实行行为的实质内容，这一实质内容是以形式上具备构成要件该当性为前提的，因而坚持了形式判断先于实质判断的原则。

实行行为的法益侵害性对于理解实行行为具有十分重要的意义，可以说，实行行为机能的实现，都与实行行为的法益侵害性这一实质内容相关。在刑法理论

① ［日］西原春夫：《犯罪实行行为论》，戴波、江溯译，13 页，北京，北京大学出版社，2006。

上，一般认为实行行为具有以下三个功能：

> 一是限定因果关系起点行为的功能，即实行行为是具有既遂结果发生的一定程度以上的客观危险的行为。刑法中的因果关系只是限定于该实行行为与结果的因果关系，所以，如果行为只具有结果发生的极其轻微的危险，那么即使该行为引起了既遂结果，只要否定其“实行行为性”就可以否定构成要件该当性，而没有必要再判断因果关系的存否。
>
> 二是确定未遂犯成立时期的功能。实行行为的着手，就是区别未遂犯与预备犯的标准。
>
> 三是区别正犯与共犯（指狭义的共犯，即教唆犯与帮助犯）的功能。[①]

在上述三个机能中，因果关系起点的限定机能，实际上也是实行行为存否的标志。例如在下雨天指使他人到森林散步意图使其被雷击死的行为，这一指使行为即使引起了他人死亡的结果，也不能认为是杀人罪的实行行为。因为这一指使行为只具有结果发生的极其轻微的危险，尚不具备杀人罪实行行为的实质内容，该行为并非造成他人死亡的实际原因，因而应当否定杀人罪的实行行为性。当然，这种危险性应当根据客观情形与一般人的认识加以判断。就客观情形而言，在很大程度上取决于结果发生的概率。例如指派他人到偶尔出现老虎的森林伐木，意图使其被老虎吃掉与指派他人到老虎出没的森林伐木意图使其被老虎吃掉，死亡结果发生的概率大小是不同的，这就决定了危险性大小的不同，因而前者不具备杀人罪的实行行为性，后者则具备杀人罪的实行行为性。

二、间接正犯的实行行为

间接正犯是相对于直接正犯而言的，如果说直接正犯实施的是直接实行行

① 金光旭：《日本刑法中的实行行为》，载《中外法学》，2008（2）。

为，那么间接正犯实施的就是间接实行行为。间接正犯，顾名思义就是间接实行犯罪的人，以区别于直接实行犯罪的人。例如教唆精神病人杀人，就是间接正犯的适例。在这种情形中，人是精神病人杀死的，但教唆者按照社会观念同样应当对这一死亡结果承担刑事责任，这是没有疑问的。这里涉及共犯从属性说。按照该说，共犯是从属于正犯而成立的，共犯具有对正犯的从属性，被称为从属犯。共犯的从属性程度可以分为以下四种情形：（1）最小从属形式，认为只要正犯具备构成要件该当性，共犯即可成立。（2）限制从属形式，认为只要正犯具备构成要件该当性和违法性，共犯即可成立。（3）极端从属形式，认为正犯具备构成要件该当性、违法性、有责性，共犯才能成立。（4）夸张从属形式，认为正犯除了具备构成要件该当性、违法性、有责性以外，进而必须具备一定的可罚条件。以上从属性程度不同，对于共犯成立具有重要影响。间接正犯的概念就是在极端从属形式的情况下出现的一个法教义学概念。对此，日本学者大塚仁指出：

> 间接正犯的概念，不是刑法典上的东西，而是近代刑法理论的产物。下面还要谈到的所谓限制的正犯概念。只把亲自动手实现了犯罪的人解释为正犯，而所谓共犯的极端从属形态承认只在正犯违法、有责地实行了符合构成要件的行为时才成立对其的教唆犯、从犯，为了避免从这种立场产生的不可罚的不合适，作为第二次的、补充的东西，想出了间接正犯概念作为弥补办法。即，在将无责任能力的他人作为工具加以利用实现犯罪时，虽然因为没有亲自动手而不是正犯，而且，因为是针对不负责任的人行为的，所以，不是教唆犯、从犯，但是，视其为不可罚则违反法感情，因此，要作为间接正犯来处罚。①

现在德日刑法学在从属性问题上采限制从属形式，因而相应地扩大了共犯的范围而限缩了间接正犯的范围。例如，利用无责任能力人犯罪的，教唆者是构成

① ［日］大塚仁：《刑法概说（总论）》，3版，冯军译，142页，北京，中国人民大学出版社，2003。

间接正犯还是构成教唆犯，需要根据无责任能力者是否具有是非辨别能力而确定：当无责任能力者，例如幼儿和高度的精神病者，其精神状态在成熟性和健全性方面都有显著的缺陷，利用者构成间接正犯。但如果无责任能力者能够辨别是非、能够亲自实施实行行为，则利用者构成教唆犯。例如，日本学者高桥则夫在论及间接正犯时援引了 2001 年 10 月 25 日刑集 55 卷 6 号 519 页刊登的日本最高法院的母亲指使不满 14 周岁儿子抢劫案的判例：

案例 6—1　母亲指使不满 14 周岁儿子抢劫案

母亲指示、命令 12 岁零 10 个月的长子实施抢劫行为，对此，判决判定既不构成抢劫罪的间接正犯也不构成抢劫罪的教唆犯，而是构成共同正犯。在本案中，该长子本身具有是非辨别能力，母亲的指示、命令也不足以压制长子的意思，长子是基于自己的意思而决意实施抢劫行为，并且还随机应变地处理问题而最终完成了抢劫。判例正是以此为理由而判定构成共同正犯。①

高桥则夫在评论这一判例时指出：

> 指示型、支配型的共谋共同正犯与意思压制型的间接正犯之间的区别非常微小。理论上，对共同正犯采用限制从属性说的观点（违法连带性说），对可能构成刑事法上的未成年人的共同正犯持肯定态度。但由于对共同正犯是适用“部分实行全部责任之法理”，因而，从这一角度考虑，就有必要对刑事法上的未成年人作实质的判断。②

上述母亲之所以被认定为共同正犯而非教唆犯，是因为日本刑法学中存在共谋共同正犯的概念，对于那些参与共谋但未亲自实行者，也认定为共同正犯。但

---

① ［日］高桥则夫：《间接正犯》，王昭武译，载马克昌、莫洪宪主编：《中日共同犯罪比较研究》，79～80 页，武汉，武汉大学出版社，2003。

② ［日］高桥则夫：《间接正犯》，王昭武译，载马克昌、莫洪宪主编：《中日共同犯罪比较研究》，79 页，武汉，武汉大学出版社，2003。

我国刑法学不承认共谋共同正犯，只承认实行共同正犯，即只有共同参与实行者才能构成共同正犯。因此，如果母亲构成共犯，也不是共同正犯而只能是教唆犯。但由于我国刑法学目前的四要件的犯罪构成不存在阶层性，因而不存在共犯对正犯的从属性程度，或者说只能是极端的从属形式：只有正犯构成犯罪，利用者才构成教唆犯，否则就是间接正犯。由此可见，根据四要件的犯罪构成所确定的间接正犯的范围要大于三阶层的犯罪论体系。对于上述案件，在我国司法实践中，母亲构成间接正犯。以下是我国最高人民法院讨论的一个审判实务疑难问题①：

案例 6—2 母亲利用不满 14 周岁女儿投毒杀人案

[问题]

被告人刘某因与丈夫金某不和，离家出走。一天，其女（时龄 12 周岁）前来刘某住处，刘某指使其女用家中的鼠药毒死金某。其女回家后，即将鼠药拌入金某的饭碗，金某食用后中毒死亡。因其女没有达到刑事责任年龄，对被告人刘某的行为如何定罪，有不同的意见：一种意见认为，被告人刘某授意本无犯意的未成年人投毒杀人，是典型的教唆杀人行为，根据刑法第 29 条“教唆不满十八周岁的人犯罪的，应当从重处罚”的规定，对被告人刘某应按教唆犯的有关规定来处理；另一种意见认为，被告人刘某授意未成年人以投毒的方法杀人，属于故意向他人传授犯罪方法，同时，由于被授意人未达到刑事责任年龄，不负刑事责任，因此对被告人刘某应单独以传播犯罪方法罪论处。

[释疑]

根据刑法第 29 条第 1 款的规定，教唆犯是故意教唆他人犯罪的人，应当按照他在共同犯罪中所起的作用处罚。构成教唆犯，必须具备主客观两方面的要件：在客观方面，必须有教唆他人犯罪的教唆行为，并且这一教唆行为同被教唆

① 参见最高人民法院编：《刑事审判参考》，第 16 辑，74～76 页，北京，法律出版社，2001。

人实行的犯罪行为之间具有因果关系；在主观方面必须有教唆他人实施犯罪的故意。从这两个特征可以看出，教唆犯是共同犯罪人的一种，与被教唆人是一种共同犯罪关系。根据刑法第25条的规定，共同犯罪是指“二人以上共同故意犯罪”，即两个以上都达到刑事责任年龄，具有刑事责任能力的人共同故意犯罪。因此，构成教唆犯也必然要求教唆人和被教唆人都达到一定的刑事责任年龄，具备刑事责任能力。达到一定的刑事责任年龄，具备刑事责任能力的人，指使、利用未达到刑事责任年龄的人（如本案刘某的女儿）或精神病人实施某种犯罪行为，是不符合共同犯罪的特征的。因为在这种情况下，就指使者而言，实质上是在利用未达到刑事责任年龄的人或精神病人作为犯罪工具实施犯罪。就被指使者而言，由于其不具有独立的意志，或者缺乏辨别能力，实际上是教唆者的犯罪工具。有刑事责任能力的人指使、利用未达到刑事责任年龄的人或者精神病人实施犯罪，在刑法理论上称之为“间接正犯”或“间接的实行犯”。“间接正犯”不属于共同犯罪的范畴。因被指使、利用者不负刑事责任，其实施的犯罪行为应视为指使、利用者自己实施，故指使、利用者应对被指使、利用人所实施的犯罪承担全部责任，也就是说，对指使、利用未达到刑事责任年龄的人或精神病人犯罪的人，应按照被指使、利用者实行的行为定罪处罚。本案被告人刘某唆使不满十四周岁的人投毒杀人，由于被唆使人不具有刑事责任能力，因此唆使人与被唆使人不能形成共犯关系，被告人刘某非教唆犯，而是“间接正犯”，故对刘某不能直接援引有关教唆犯的条款来处理，而应按其女实行的故意杀人行为定罪处刑。

本案被告人刘某的行为也不符合传授犯罪方法罪的特征。传授犯罪方法罪是指把实施某种犯罪的具体经验和技能故意传授给他人的行为。就传授的内容而言，即“实施某种犯罪的具体经验和技能”，一般是被传授人先前所不知悉的，需要行为人特别的传授和被传授人的学习才掌握的，如传授怎样扒窃、制造毒品等的具体技能。鼠药可以毒死人，应当是一种常识，被告人刘某指使其女用鼠药毒杀金某，只是指明可利用的犯罪手段，同指使他人用刀或用枪杀死被害人没有什么区别，并非传授具体的犯罪方法。另外，传授犯罪方法仅是将某种或者某些犯罪方法传授于人，并不包括唆使他人去实施某种犯罪的行为。而教唆行为的本质特点，是将教唆者自己的犯罪意图灌输给本来没有犯意或者虽有犯意但不坚定的人，使他人决意实施教唆者所唆使的犯罪。本案被告人刘某授意其女投毒杀害自己的丈夫，并非传授具体的方法，而是要将自己杀夫的犯罪意图灌输给本来没有犯罪意图的自己的女儿，促使其女决意实施自己所指使的犯罪行为。因此，对被告人刘某的行为不应定传授犯罪方法罪，只能定故意杀人罪。

从以上讨论情况来看，我国司法机关也是采用间接正犯这一概念的，只是在四要件的犯罪构成体系中，间接正犯的范围有所扩张，这可以看作是间接正犯作为三阶层的犯罪论体系的概念引入四要件的犯罪构成体系以后产生的某种变形。

如何理解间接正犯的本质，在刑法理论上存在各种不同见解。[①] 其中较为重要的，我认为是以下三说：

一是工具说，该说认为间接正犯是利用他人犯罪，被利用者只不过是间接正犯的工具而已。

二是构成要件说，认为实行符合构成要件定型性的行为均为正犯行为，间接正犯只不过是实行的方式而已。

三是支配说，认为间接正犯在利用他人犯罪中，起着支配作用，即间接正犯在整个犯罪过程中都居于支配的地位。

间接正犯的本质是要解决间接正犯与直接正犯的等价值性问题，也就是所谓间接正犯的正犯性。在以上三说当中，构成要件说从构成要件的定型性出发论证间接正犯的正犯性，但在形式上，利用行为并不具有实行行为的类型性特征，何以将该利用行为理解为实行行为，并没有作出合理说明。工具说则有一定道理，尤其是在被利用者完全不知道或者缺乏对自己行为的辨别能力的情况下，其工具性极为明显。但在利用具有故意能力的工具的情况下，工具说还是有些牵强。支

① 参见林维：《间接正犯研究》，62页以下，北京，中国政法大学出版社，1998。

配说从利用者对被利用者实质的支配关系上论证间接正犯的正犯性，是较为可取的一种学说。例如德国学者罗克辛认为正犯是具体行为事件的核心人物，具有对结果的支配关系，在这个意义上构成的正犯是支配犯。我国学者指出：

> 支配犯的核心人物是拥有犯罪支配的人，但犯罪支配不表现为单一的抽象标准，也不要求亲自实施完整的构成要件行为，而是同样有待借助各构成要件的样态和行为事实进一步确定其概念内涵。正犯的一般样态有三种：直接正犯、间接正犯和共同正犯，罗克辛教授认为，直接正犯的正犯特质在于，行为人亲自实施了构成要件所规定之行为，因而拥有行为支配（Handlungsherrschaft）；间接正犯的正犯特质在于，行为人虽未亲自实施构成要件行为，但利用自己的意志力量支配了犯罪的因果流程，因而拥有意志支配（Willensherrschaft），其又表现为通过强制（Nötigung）、通过被利用人的错误（Irrtums）和通过有组织的权力机构（organisatorische Machtapparate）等；共同正犯的正犯特质则在于，行为人通过和其他犯罪人的分工合作，机能性地支配了犯罪，因而拥有机能的犯罪支配（funktionelle Tatherrschaft）。三种支配形式共同展现了作为支配犯正犯准则的犯罪支配原则的现实内容。①

基于以上犯罪支配理论，间接正犯是意志支配，这对于理解间接正犯的正犯性是具有重要意义的。正是在这个意义上，间接正犯可以称为正犯背后的正犯。

在刑法理论上，间接正犯的表现形式也存在各种不同的归纳，例如德国学者将其分为行为工具与犯罪工具两大类②，而我国台湾地区学者则将其分为工具适格与错误支配两大类。③ 我认为，根据行为论与犯罪论的顺序，可以对间接正犯的表

---

① 何庆仁：《德国刑法中的义务犯理论》，载陈兴良主编：《刑事法评论》，第 24 卷，242 页，北京，北京大学出版社，2009。

② 参见［德］汉斯·海因里希·耶赛克、托马斯·魏根特：《德国刑法教科书》，徐久生译，804 页以下，北京，中国法制出版社，2001。

③ 参见黄常仁：《间接正犯与正犯后正犯》，22 页以下，台北，汉兴书局有限公司，1998。

现形式作以下列举：

1. 行为缺乏的间接正犯

行为缺乏的间接正犯是指他人是在利用者的暴力强制下实施某一构成要件的行为。例如在暴力逼迫下杀害他人，逼迫者构成杀人罪的间接正犯。在这种情况下，刑法中的行为本身不存在。

2. 构成要件缺乏的间接正犯

构成要件缺乏的间接正犯是指虽然存在刑法中的行为，但不存在构成要件的行为。在这种情况下，利用者构成间接正犯。例如使他人在被胁迫或者不知不觉的情况下实行不具有构成要件该当性的自伤行为或者自杀行为，以实现伤害或者杀人的犯意。利用者应对伤害与死亡的结果承担间接正犯的刑事责任。

3. 合法的行为工具

合法的行为工具是指利用正当防卫、紧急避险而实现犯罪意图。例如利用正当防卫造成他人的人身或者财产损失，就属于这种情形。被利用者是违法阻却的行为，不负刑事责任。利用者构成间接正犯，对合法行为造成的法益侵害结果承担刑事责任。

4. 无责任能力的犯罪工具

无责任能力的犯罪工具是指利用儿童、醉酒者、精神病人来实施犯罪行为。在这种形式中，只有幕后操纵者对于无责任能力者具有意志支配，行为人才构成间接正犯，否则构成教唆犯或者共同正犯。至于是否存在行为支配，应当根据案情进行个别性的实质判断。例如，利用幼儿投放毒物，幼儿对于是非缺乏辨认能力，利用者构成间接正犯。但指使 12 岁的少年实施抢劫行为，少年对于抢劫犯罪具有辨认能力，因而指使者不构成间接正犯。

5. 过失的行为工具

过失的行为工具是指形式上的构成要件行为是在被欺骗下实施的。例如将一张名画伪称是印刷品，指使他人将其烧毁，指使者就是毁坏财物罪的间接正犯。在某些情况下，被指使者构成过失犯罪。例如甲为杀乙，将一把装有子弹的枪交给丙，谎称枪中没有子弹，让丙对着乙扣动扳机吓唬乙，结果将乙打死。在这种情况下，丙构成过失致人死亡罪，甲则构成杀人罪的间接正犯。

6. 利用有故意（无目的或者无身份）的工具

利用有故意的工具是指被利用者具有犯罪故意，但利用者属于目的犯或者身份犯，被利用者没有这一目的或者这种身份，因而被利用者只构成无目的或者无身份之罪，而利用者则构成目的犯或者身份犯的间接正犯。

7. 不可避免的禁止错误的犯罪工具

不可避免的禁止错误的犯罪工具是指幕后操纵者有意造成他人不可避免的禁止错误，以此作为犯罪工具。例如士兵遵照命令实施犯罪行为，但士兵既没有也不可能认识到其行为具有违法性，在这种情况下，利用者构成间接正犯。

以上情形的特点都是幕后操纵者对他人的行为具有支配性，而他人的行为或者不构成犯罪，或者不与幕后操纵者构成共犯，因而幕后操纵者应以间接正犯论处。

在刑法理论上，存在一个与间接正犯相对应的概念，称为亲手犯，或自手犯。它是指不可能以间接正犯形式所犯之罪。也就是说，某些犯罪，必须行为人亲自实施而不可能利用他人实施，因而亲手犯限制了间接正犯的范围。例如日本学者指出：

> 可以把自手犯区别为两种，一种是在犯罪性质上要求行为的主体与行为之间具有密不可分的关联性，只能把由一定主体进行的行为解释为实行行为，这是实质的自手犯；另一种是，由刑罚法规在形式上表明了把间接正犯除外的趣旨，这是形式的自手犯。前者的例子是伪证罪（第169条）等，后者的例子是制作虚假公文书罪（第156条）等。[①]

间接正犯不同于直接正犯之处在于：直接正犯的实行行为是本人实施的，而间接正犯的实行行为在形式上是由他人实施的。因此，间接正犯存在一个正犯

① ［日］大塚仁：《刑法概说（总论）》，3版，冯军译，147页，北京，中国人民大学出版社，2003。

性，也就是实行性如何证明的问题。在间接正犯中，存在两个行为：一个是利用行为，另一个是被利用行为。那么，到底是以利用行为为实行行为还是以被利用行为为实行行为？关于这个问题，在刑法理论上存在利用行为说、被利用行为说和个别化说这三种观点。我国学者分别作了以下介绍，指出：

1. 利用行为说

该说认为，利用者将被利用者朝着犯罪实现的方向加以利用的行为，或者说将被利用者作为工具加以利用以实现犯罪的行为就是实行行为，“利用”，即“诱致”，故又称“诱致行为说”。按照该说，利用行为者利用行为的开始即为实行的着手，也就具有成立未遂的可能性。利用行为说将被利用者的结果惹起行为作为单纯的因果过程排除在实行行为之外是其特色。

2. 被利用行为说

该说认为，在间接正犯的场合，利用者的利用行为由于无法形成对法益侵害的客观危险，只是属于犯罪的预备行为，只有被利用者现实进行身体动静时，才是间接正犯的实行行为。所以，也只有被利用者开始进行作为工具的身体动静时，才能认定为间接正犯的着手。

3. 个别化说

该说认为，在间接正犯中实行行为应当根据是否具有结果发生的具体危险来确定，在有些情形下，利用者行为就是实行行为，而在另外的场合被利用者的行为才是实行行为。同样的道理，确定间接正犯的着手也要具体分析。①

以上各说，可以说各有其理。利用行为说是以幕后操纵者为主体的一种立场：每人都应以自己的行为而承担刑事责任。既然间接正犯是一种正犯的特殊形式，那么，其实行行为就应当是幕后操纵者本人的行为，即利用行为。因为利用

① 何荣功：《实行行为研究》，123页以下，武汉，武汉大学出版社，2007。

行为是幕后操纵者的主观犯意的征表，因而利用行为说具有某种主观主义刑法的色彩。应该说，在某些情况下，以利用行为作为间接正犯的实行行为具有一定的合理性。例如指使幼女将毒药投入他人食物当中，幼女对其投毒行为完全缺乏辨认能力。换言之，幕后操纵者对幼女具有完全的支配性。在这种情况下，幼女是幕后操纵者实施犯罪的一种机械工具，其性质与唆使恶犬伤人无异。因此，将这种情况下的利用行为理解为间接正犯的实行行为具有合理性。当然，利用行为说也存在某些缺陷。利用行为在规范主义的视角来看，它并不具有实行行为的外观，将利用行为理解为间接正犯的实行行为，同时又把具有实行行为外观的被利用行为理解为利用行为的结果，这在实行行为的定型性上是完全不能成立的。而且，实行行为是具有危险性的行为，具有造成法益侵害结果的现实可能性。但在某些情况下，利用行为距离法益侵害结果发生较远，还不具有现实危险，将其作为间接正犯的实行行为并不妥当。

被利用行为说在外观上具有实行行为的构造，这当然是没有问题的。但一个行为是否属于实行行为，并不能完全由外观来决定，在很大程度上取决于行为的实质内容。而且，间接正犯之所以不同于直接正犯，也正是在于其形式上不具备实行行为的外观，而实质上具有实行行为的性质，即所谓正犯性。从这个意义上说，简单地将被利用行为作为间接正犯的实行行为也不妥当。

个别化说的结论是正确的，但从形式上来看，具有标准不统一之弊。个别化说，我认为实际上是对利用行为进行实质考察的结果，因而它是倾向于利用行为说而否定被利用行为说的。因为我们在上面讨论利用行为说与被利用行为说的时候，都还是一种形式上的考察，而没有引入实质判断。在形式判断上，我认为应当采利用行为说，即利用行为本身就具备了实行行为的形式侧面。但实行行为是形式侧面与实质侧面的统一，在具备了形式特征以后，还要看是否具有发生结果的具体危险性。根据这种具体危险性判断，在某些情况下利用行为本身就具有危险性，利用行为就是实行行为。而在另一些情况下，利用行为本身还不具备这种危险性，被利用行为才具有危险性，则应以被利用行为作为间接正犯的实行行为，利用行为只是预备行为。显然，这一结论正好是个别化说。例如日本学者西原春夫指出：

> 现在的通说，正如后面所详细论述的那样，认为间接正犯的实行着手在于利用者的利用行为开始之时；间接正犯的实行行为的实质仅在于利用行为，而被利用者的行为应当作为单纯的因果过程被排除在实行行为之外。但是，我认为，在面对各种各样的案件之时，仍然应当根据个案具体情况具体分析实行的着手，而不应当千篇一律地认为利用行为开始之时就是实行的着手。①

据此，西原春夫被归入个别化说。我认为，间接正犯在构造上具有不同于直接正犯的特征，间接正犯的实行行为具有复合结构，即利用行为与被利用行为在形式上都是间接正犯的实行行为，不能简单地将利用行为与被利用行为加以分割，在两者之间选择其一作为间接正犯的实行行为。在具备间接正犯的实行行为的形式特征以后，再引入具体危险的实质判断，凡是利用行为有危险性的，则利用行为开始就是实行行为。当我们说利用行为是实行行为的时候，实际上是说利用行为与被利用行为同时是实行行为。凡是利用行为尚没有具体危险性，被利用行为才具有危险性的，则被利用行为是实行行为，利用行为不是实行行为而是预备行为。这一结论是与分别考察的个别化说相同的，但它不是个别化说，而是利用行为与被利用行为的复合行为说。

三、原因上自由行为的实行行为

原因上的自由行为是指故意或者过失地使本人处于心神丧失的状态而实施犯罪的情形。行为人在实施构成要件行为的时候，处于丧失责任能力或者限制责任能力的状态，因而缺乏意志自由或者意志自由程度有所降低，即无责任或者减轻

---

① ［日］西原春夫：《犯罪实行行为论》，戴波、江溯译，181页，北京，北京大学出版社，2006。

责任。但由于行为人在使自己处于丧失责任能力或者限制责任能力状态的时候，具有意志自由，因而在刑法理论上称为原因上的自由行为。一般认为，原因上的自由行为中存在两个需要讨论的问题：一是实行行为与责任能力同在原则在原因上的自由行为中的适用。在德日刑法学中存在实行行为与责任能力同在原则，但在原因上的自由行为中，如果把无责任能力状态下的行为视为实行行为，则违反了上述原则，对此如何理解？二是原因上的自由行为的实行行为如何界定。因为在原因上的自由行为中存在先后衔接的两个行为：一是故意或者过失地使本人陷于丧失责任能力或者限制责任能力状态的行为，可称为原因行为；二是在丧失责任能力或者限制责任能力的状态下实施的法益侵害行为，可称为结果行为。在这两个行为中，哪一个是原因上的自由行为的实行行为？是原因行为还是结果行为？上述两个问题之间，存在一定的关联性，因为第二个问题的回答又在一定程度上影响到第一个问题的回答。关于上述问题，在刑法理论中存在以下各种观点的聚讼①：

1. 原因前置说

> 该说认为，原因自由行为的刑事责任根据在于，行为人在具有完全责任能力状态时，因故意或过失设下一导致可罚事实之“因果环节”(ursachenkette)，而该“因果环节”于无责任能力状态（或限制责任能力状态）遂行其作用与效果。换言之，“原因自由行为”的可罚性是因一个由自陷精神障碍所违法导致且可归责的“刑罚行为”(straftat)。

2. 统一行为说

> 该说认为，在无责任能力状态下所实现具体之犯罪事实，并不具有独立的意义，而是将设定原因行为与心神丧失的行为，予以统一的观察，并将此等行为一并认定为犯罪的实行行为。

3. 间接正犯说

> 该说认为，利用自己陷于无责任能力的状态以实现犯罪，实际上是

① 参见徐文宗：《论刑法的原因自由行为》，84 页以下，北京，北京大学出版社，2006。

利用自己的无责任行为为机械或道具以实现犯罪，因而应以间接正犯论处。由于间接正犯是以利用行为之着手为犯罪实行行为之着手，因而将原因设定行为与此后的实行行为一并作为犯罪行为，维持了责任能力与实行行为同在原则。

4. 责任例外说

该说认为，原因自由行为之可罚理由，在于行为人于意思自由状态时即具有实现一定犯罪构成要件之意思，因此，行为人于犯罪行为时是否为无责任能力（或限制责任能力），并非重要，可以不必予以考虑。只要行为人因故意或过失导致责任能力之欠缺（或责任能力之降低），即可将该犯罪行为归责于行为人。依此说，原因自由行为之可罚性属于实行行为与责任能力同在原则的一项例外。

5. 控制原则说

该说认为，如果一个人预见到自己即将陷于无意识状态（如癫痫发作、醉酒等）的情形，而不采取合理的措施加以防止危害结果的发生，那么，他就应当承担刑事责任。因为在危害结果发生之前，他是能够控制、防止结果发生的。

6. 严格责任说

该说认为，对于原因自由行为，并不需要考虑行为人之主观方面，只要行为人自陷于无刑事责任能力或者限制责任能力的状态之下，并惹起了该当故意犯罪或者过失犯罪的危害结果，那么就构成相应的犯罪。

在以上诸说中，既涉及归责问题，又涉及实行行为问题。涉及实行行为的主要是前三说，原因前置说是原因行为的实行性说，即把原因行为视为原因自由行为的实行行为。统一行为说是同时把原因行为与结果行为当作原因自由行为的实行行为。而间接正犯说是采用间接正犯的论证方式来证明原因自由行为的实行性，其结论与统一行为说无异。对于原因上的自由行为的实行性的论证，较之间接正犯更为复杂。因为间接正犯的主体是故意的，因而间接正犯的实行行为属于故意的实行行为。但原因上的自由行为的原因行为既可能是故意也可能是过失。在这种情况下，原因上的自由行为可以分为故意的实行行为与过失的实行行为。在形式上，可以把原因行为与结果行为联系起来视为原因上的自由行为的实行行为。但实行行为不仅具有形式侧面，而且具有实质侧面。就实质侧面而言，要对原因行为与结果行为进行具体危险的判断，只有具有这种危险的才是实行行为。这样，原因上的自由行为的实行性问题，就转化为原因上的自由行为的实行着手的时间问题。对此，日本学者西原春夫指出：

> 关于实行的着手，我采取的是所谓折中说，认定根据行为人的整个计划（不仅仅是犯意），法益侵害的危险具有必然性或者具有与此相近的盖然性之时，就是实行的着手。如果根据这样的标准，那么，原因上自由行为的实行着手的时间就不能一概而论了：在有的场合，实行着手的时间在于原因设定行为之时；在有的场合，实行着手的时间在于无责任能力的状态中直接引起结果的行为之时。但是，作为大体上的倾向，在故意作为犯的场合，正好与通常的犯罪的场合一样，正如为了杀人而准备刀、为了盗窃而接近财物那样，开始直接的引起结果的行为之时就是实行着手之时；在不作为犯的场合，开始原因设定行为之时就是实行的着手之时。[①]

因此，对于原因上的自由行为的实行行为，西原春夫是采用与间接正犯的实行行为相同的见解，即个别化说。当然，这种危险性的具体判断是以把原因行为与结果行为视为一个整体加以考察为前提的。在这一前提下，分别不同情形确定其实行性[②]：

1. 过失的原因上的自由行为的实行性

过失的原因上的自由行为是指，过失地使本人陷于无责任能力或者限制责任

---

① ［日］西原春夫：《犯罪实行行为论》，戴波、江溯译，141页，北京，北京大学出版社，2006。

② 参见范德繁：《犯罪实行行为论》，114页，北京，中国检察出版社，2005。

能力状态而实施法益侵害行为。在这种情况下，原因行为是过失的。这里的过失是指违反法律上的注意义务，导致陷于无责任能力或者限制责任能力的状态而实施了结果行为。因此，从原因行为开始就具有对法益的现实危险。在这种情况下，原因行为就应视为实行行为。例如具有病理性醉酒习惯的人开始饮酒的行为就是在进行危险设定，其原因行为就是实行行为的着手。

2. 不作为的原因上的自由行为的实行性

不作为的原因上的自由行为是指，在无责任能力或者限制责任能力状态所实施的结果行为是不作为，这种不作为表现为对特定义务的违反。例如对需要定时喂药的重病患者负有保护责任的人，以不喂药为目的，在定时喂药之前大量饮酒以致泥醉，因而未能履行喂药义务。在这种情况下，原因行为本身就是对特定义务的违反，具有法益侵害的危险，应当认定为实行行为。

3. 故意的作为犯的原因上的自由行为的实行性

故意的作为犯的原因上的自由行为，是指故意使自己陷于无责任能力或者限制责任能力状态而实施作为犯罪。在这种情况下，到底是将原因行为视为实行行为还是将结果行为视为实行行为，应根据是否具有危险性而作判断。如果是故意将自己灌醉而在泥醉的状态下持刀杀人，则其饮酒行为本身没有现实危险，自然是杀人罪的预备行为，只有结果行为才是杀人罪的实行行为。但如果行为人具有酒癖，一沾酒就醉，醉酒就会随意殴打他人。在这种情况下，行为人对其放任通过醉酒实现犯罪，其饮酒行为就具有危险性，因而可以视为原因上的自由行为的实行行为。

案例 6—3 孙伟铭醉酒驾车肇事案①

［案情］

孙伟铭于 2008 年 5 月购买一辆别克轿车后，长期无证驾驶该车，并有多次

① 参见《最高人民法院公报》，2009（11）。

交通违规记录。2008 年 12 月 17 日下午，孙伟铭在中午大量饮酒的情况下，驾车送其父母到成都市火车北站，之后折返向龙泉驿区方向行驶。17 时许，行至成龙路“蓝谷地”路口时，孙伟铭驾车从后面冲撞与其同向行驶的比亚迪轿车尾部。其后，孙伟铭继续驾车向前超速行驶，并在成龙路“卓锦城”路段违章越过道路中心黄色双实线，与对面车道正常行驶的长安奔奔牌轿车猛烈碰撞后，又分别与 3 辆车发生碰撞或擦剐，致长安奔奔轿车内 4 人死亡、1 人重伤，造成公私财产损失 5 万余元。交警接群众报案后赶至现场将孙伟铭抓获。经鉴定，孙伟铭驾驶的车辆碰撞前瞬间的行驶速度为 134 至 138 公里／小时；案发时其血液中的乙醇含量为 135.8 毫克/100 毫升。

[裁判]

成都市中级人民法院一审认定孙伟铭犯以危险方法危害公共安全罪，判处死刑，剥夺政治权利终身。孙伟铭不服，提出上诉。

四川省高级人民法院经审理认为，上诉人孙伟铭在醉酒驾车发生交通事故后，不计后果，以超过限速速度二倍以上的速度驾车，在车辆、人流密集的道路上穿行逃逸，造成四死一伤、公私财产损失数万元的严重后果。孙伟铭的行为已构成以危险方法危害公共安全罪，且犯罪情节恶劣，后果严重，应依法严惩。但基于对被告人的主观恶性及人身危险性、悔罪表现和赔偿受害人情况等因素的综合衡量，孙伟铭尚不属罪行极其严重必须施予极刑的罪犯。原判认定事实和定罪正确，审判程序合法，但量刑不当。依照刑事诉讼法第一百八十九条第（二）项和刑法第一百一十五条第一款、第五十七条第一款之规定，判决如下：维持四川省成都市中级人民法院（2009）成刑初字第 158 号刑事判决中对被告人孙伟铭的定罪部分；撤销四川省成都市中级人民法院（2009）成刑初字第 158 号刑事判决中对被告人孙伟铭的量刑部分；上诉人（原审被告人）孙伟铭犯以危险方法危害公共安全罪，判处无期徒刑，剥夺政治权利终身。

在醉酒驾车肇事案件中，行为人深度醉酒以后，往往处于丧失责任能力的状态。在孙伟铭案中，虽然判决书没有确认被告人孙伟铭丧失了责任能力，但在审判中还是认为孙伟铭犯罪时处于严重醉酒状态，对自己行为的辨认和控制能力有所减弱。[①] 我国刑法第 18 条第 4 款规定，“醉酒的人犯罪，应当负刑事责任”，因此，在处理醉酒驾车肇事案件时，即使行为人在肇事时因为醉酒而丧失或减弱了其辨认和控制能力，也不能由此而不负刑事责任或者减轻刑事责任。这一规定的理论根据就是原因上的自由行为。由此可见，原因上的自由行为理论为追究醉酒驾车肇事行为的刑事责任提供了法理根据。对此，我国学者指出：

> 行为人饮酒及醉酒是其意志自由决定的，其自己可以决定是否饮酒、饮酒数量是多少。也就是说，醉酒者辨认和控制能力的丧失是由其自身的主观意志决定的；如果由此而发生危害结果应当由其自身承担责任。因此，醉酒后驾车犯罪应负刑事责任。[②]

原因上的自由行为虽然是一种法理，但它对于解释醉酒驾车犯罪案件是具有积极意义的，由此也可以看出，原因上的自由行为理论是被我国司法实践所接受的。在原因上的自由行为的情况下，即使其实施行为时，行为人的辨认和控制能力丧失或者减弱，也应认定为是构成要件的实行行为，这并不违反责任主义。

四、过失的实行行为

过失犯罪是否具有不同于故意犯罪的实行行为，这个问题本身在刑法理论上就是存在争议的。在刑法理论上，过失论存在一个从旧过失论到新过失论再到新新过失论的演变过程，而过失实行行为的观念是随着新过失论而诞生的。在旧过失论那里，并不存在过失实行行为的观念，当然，在修正的旧过失论中，开始承

① 参见《醉酒驾车肇事行为之定性——四川高院判决孙伟铭以危险方法危害公共安全案》，载《人民法院报》，2009-09-11，5 版。

② 高贵君等：《醉酒驾车犯罪的法律适用问题》，载《法学杂志》，2009（12）。

认过失的实行行为的概念。

旧过失论又称预见可能性说，该说认为预见可能性是过失犯的责任基础。也就是说，只要结果已经发生，在行为的构成要件该当性、违法性方面，过失犯与故意犯并无不同。换言之，过失犯与故意犯共用一个实行行为，只是在责任形式上，过失犯与故意犯有所不同。例如，甲的行为致乙死亡，在构成要件该当性上是相同的，都是杀人行为，在违法性上也是如此。只是在有责性阶层再来考察：致使他人死亡的行为，主观上是故意还是过失？如果是故意，则构成杀人罪；如果是过失，则构成过失致人死亡罪。在这种情况下，对于过失实行行为是不需要加以专门讨论的。

新过失论又称为基准行为说，该说认为过失的本质并不在于预见可能性而在于违反注意义务。也就是说，所谓过失是指对于社会生活中一般要求的基准行为的懈怠。这样，新过失论就将过失的本质从主观注意义务转向客观注意义务。那么，客观注意义务之违反到底是违法要素还是构成要件要素呢？对此存在违法要素说与构成要件要素说之争论。[①]

> 违法要素说认为，违反注意义务是违法性要素。过失不仅是责任问题，而且是主观的违法要素。构成要件要素说认为，违反注意义务不仅是责任要素或者违法要素，同时也是构成要件要素。当行为人行为不成立过失而不构成过失犯罪时，不是由于其不具备违法性从而合法化，而是根本不符合构成要件。

在以上两说中，构成要件要素说是目的行为论的观点，正是在这一观点中，过失实行行为的观念才得以产生。根据目的行为论，客观的注意义务是客观行为的基准。据此，过失行为是指没有采取应当采取的某种基准行为。在这个意义上，过失犯都是不作为犯，违反客观注意义务就相当于不作为犯的作为义务。但

① 参见高洁：《过失犯罪实行行为研究》，载陈兴良主编：《刑事法评论》，第 20 卷，407～409 页，北京，北京大学出版社，2007。

是，过失行为与不作为还是有所不同的。虽然存在以不作为形式构成的过失犯罪，但也同样存在以作为形式构成的过失犯罪。因此，违反客观注意义务，即客观的注意义务之不履行，并不是不作为，而是要看是以作为方式还是以不作为方式违反结果回避义务。例如非法行医致使就诊人死亡的，非法行医本身是违反客观注意义务的，由此引起就诊人死亡的结果。该违反客观注意义务就是以作为方式实施的，属于过失犯的作为犯。而在扳道工因疏忽而未能履行扳道职责，导致火车相撞事故的情况下，违反客观注意义务是以不作为方式实施的。因此，违反客观注意义务是过失实行行为的本质，而具体表现仍然可以区分为作为与不作为。

（一）客观的注意义务的内容

在认定违反客观的注意义务的时候，首先应当明确什么是注意义务。注意本身是一个主观性较强的概念，注意义务是对行为人的主观上的一种要求，这一点是没有问题的。因此，最初的过失论都把违反注意义务视为一个主观的要素。但是，我们也可以把注意义务看作是法律对行为人客观上的一种要求。从这样的意义上来说，注意义务就不完全是一个主观的问题，而且是一个客观的问题。我国学者指出：

> 违反注意义务，是指成立过失犯罪所必需的，行为人具有避免结果发生的一定作为或者不作为，且有注意能力而怠于注意，从而违反了法律规范要求的情形。从这一概念可以明白，违反注意义务的成立有三个要素：有注意义务存在、有注意可能性、怠于注意。①

在以上违反注意义务的概念中，注意义务是中心词，注意义务是违反注意义务的前提条件。怠于注意是指主观上违反注意义务，但上述概念恰恰没有说明客观上违反注意义务。怠于注意是客观上违反注意义务的原因，但从司法认识论的

① 刘期湘：《过失犯中的违反注意义务研究》，32页，北京，经济科学出版社，2009。

角度来看，先要判断注意义务在客观上是否履行，只有在客观上没有履行注意义务的情况下，再来考察主观上是否怠于履行。因此，违反客观注意义务就是指在客观上没有履行注意义务。而违反主观注意义务则是指主观上怠于注意，即存在疏忽大意或者过于自信的心理。因此，对于注意义务我们应当加以全面理解。我国学者指出：

> 刑法中的注意义务有广义、狭义之分。所谓狭义的注意义务，就是我们通常说的成立犯罪过失所要违反的主观上的注意义务，也就是我国刑法第 15 条规定的，“应当预见自己的行为可能发生危害社会的结果，因为疏忽大意而没有预见，或者已经预见而轻信能够避免”。所谓广义的注意义务，就是包括客观的行为义务和主观的心理义务在内的主客观统一的注意义务。如果从成立“犯罪过失”的角度来界定注意义务，即上述的狭义的注意义务。如果是从成立“过失犯罪”的角度来界定注意义务，则应当将注意义务界定为一种客观义务与主观义务的有机统一体，即上述广义的注意义务。[①]

关于主观的注意义务，我将在本书的过失论一章进行讨论。在本章中，我主要讨论客观的注意义务，并在此基础之上建构过失的实行行为的一般框架。

（二）客观的注意义务的来源

在判断客观注意义务的时候，首先需要考察客观的注意义务的来源。关于注意义务的来源，存在各种观点的聚讼。我国学者认为主要可以分为以下三种来源：

> 1. 法律规定的注意义务
>
> 法律规定的注意义务包括国家机关按照一定的程序制定和公布的，

---

① 程皓：《注意义务比较研究——以德日刑法理论和刑事判例为中心》，7 页，武汉，武汉大学出版社，2009。

具有明确的表现形式和普遍的适用性的注意义务规范，包括法律、行政法规、部门规章、地方性法规等形式中有关注意义务的明确规定。

2. 习惯要求的注意义务

习惯要求的注意义务是指虽然不具有明确的法定形式，但是人们在长期的社会实践中形成的共同生活准则所要求的注意义务，包括常理、伦理、道德等所要求的注意义务。

3. 先行行为产生的注意义务

先行行为产生的注意义务是指行为人由于自己的行为使法益处于危险状况，由此而产生的对于危害结果所具有的认识义务与避免义务。①

在上述三种注意义务的来源中，违反法律规定的注意义务的，通常是业务过失犯罪，而违反习惯要求的注意义务和先行行为产生的注意义务的，通常是普通过失犯罪。刑法对于普通过失犯罪，通常都采取简单罪状的立法方式，例如我国刑法第233条的过失致人死亡罪、第235条的过失致人重伤罪等。在这种情况下，应当根据案件具体情况来认定其违反客观的注意义务的实际内容，从而确定其过失实行行为。而刑法对于业务过失犯罪，通常都采取叙明罪状的立法方式，对客观的注意义务来源加以描述。例如我国刑法第131条重大飞行事故罪中的违反规章制度、第132条铁路运营安全事故罪中的违反交通运输管理法规、第134条第1款重大责任事故罪中的违反有关安全管理的规定、第135条之一大型群众性活动重大安全事故罪中的违反安全管理规定、第136条危险物品肇事罪中的违反爆炸性、易燃性、放射性、毒害性、腐蚀性物品的管理规定、第137条工程重大安全事故罪中的违反国家规定、第139条消防责任事故罪中的违反消防管理法规。以上规定的内容，从形式上来看似乎是违法要素，至少是行政违法要素，实际上是指过失的违反客观注意义务的实行行为。因为业务过失犯罪的客观注意义务通常是由法律、法规、部门规章或者规章制度加以规定的，因而刑法所表述的违反上述法

① 刘期湘：《过失犯中的违反注意义务研究》，109页以下，北京，经济科学出版社，2009。

规，实际上是指违反上述法规所规定的客观注意义务。正是通过违反客观的注意义务这一特征，赋予过失行为以定型性，使其获得独立于结果的法律意义。

（三）客观的注意义务的类型

注意义务具有不同的类型，根据我国刑法第 15 条的规定，注意义务可以分为以下两种：

1. 客观的结果预见义务

客观的结果预见义务是指对于法益侵害结果的预见。预见是行为人的一种主观认识，从这个意义上说，预见具有主观性。那么，如何理解客观的结果预见义务呢？这是一个容易发生疑惑的问题。我认为，预见虽然是一种主观认识，但这种认识本身又是一种客观行为。例如，当一个人说对某一事件没有注意的时候，并不是仅指其所呈现出来的对该事件无知的主观状态，而且是指这个人没有实施一个客观行为。当这种注意是其法定义务时，这个人就违反了预见义务，即没有实施一定的认识行为，也就是我们通常所说的疏于注意。

2. 客观的结果避免义务

客观的结果避免义务是指对于法益侵害结果的避免。不同于容易混同于主观要素的预见，避免明显具有客观行为的性质。但恰恰在结果避免义务的性质问题上，存在以下三种观点的争论①：

> （1）主观态度说
>
> 该学说主张避免危害结果是指行为人在危险状态下应当保持谨慎、紧张，以防止危害结果发生的心理态度。
>
> （2）客观行为说
>
> 该学说主张避免危害结果是指行为人在危险状态下应当采取措施，

① 参见刘期湘：《过失犯中的违反注意义务研究》，75 页以下，北京，经济科学出版社，2009。

实施回避、防止危害结果发生的作为或者不作为。

(3) 主观态度并客观行为说

该学说主张避免危害结果是指行为人在危险状态下所应当具有的保持谨慎、紧张以回避、防止危害结果发生的心理态度，以及所实施的为回避、防止危害结果发生的作为或者不作为的行为。

我认为，客观的结果避免义务是一种行为而不是一种主观态度，因而赞同上述三种观点中的客观行为说。至于那种认为结果避免义务是一种心理态度的观点，是把客观的结果避免义务与主观的结果避免义务混为一谈了。在客观的结果避免义务这一概念中，结果避免当然是一种行为。

(四) 客观的注意义务的违反

违反客观的注意义务是过失的实行行为，而对于客观的注意义务之违反，有时可能是过失的，但在大多数情况下都是故意的。那么，违反客观的注意义务的故意或者过失与犯罪的故意或者过失是什么关系呢？这是在理论上十分容易发生混淆的一个问题。我认为，违反客观的注意义务的故意或者过失与对于由此而引起的结果的故意或者过失是两个不同的问题。从逻辑上来说，可能出现以下三种情形：一是故意违反客观注意义务故意造成法益侵害结果，例如醉酒驾车故意撞人。二是故意违反客观注意义务过失造成法益侵害结果，例如醉酒驾车过失撞人。三是过失违反客观注意义务过失造成法益侵害结果。在上述三种情形中，第一种情形是故意犯罪，故意违反客观注意义务的行为是犯罪的预备行为，只有造成法益侵害结果的行为才是犯罪的实行行为。第三种情形过失地违反客观的注意义务的行为引起法益侵害结果，因而把过失违反客观的注意义务的行为视为过失实行行为，不存在疑问。较为复杂的是第二种情形，即行为故意而结果过失。在论及交通肇事罪时，张明楷教授指出：

行为人也可能有意识地违反交通运输管理法规，这在日常生活中可以说是“故意”的，但不成立刑法上的故意。在这种情况下，行为人往往是轻信能避免结果发生，因而仍然是过失。因此，本书不赞成“交通肇事罪同时包括了故意与过失”的观点，因为将故意、过失分为对行为的故意、过失与对结果的故意、过失，本身就有悖刑法总则关于故意、过失的规定。①

我认为，对行为的故意、过失与对结果的故意、过失是客观存在的。例如在故意伤害致人死亡的情况下，就是对行为故意、对结果过失。现在的问题是，故意违反客观注意义务的行为本身是否构成过失的实行行为？我的答案是肯定的。我认为，故意违章，即故意违反客观的注意义务，即使侥幸没有发生法益侵害结果，也不能否认这一行为的违章性，其引起法益侵害结果的危险性也是存在的。在刑法没有把这一故意违章行为规定为犯罪的情况下，它是故意违章行为与过失实行行为的想象竞合。但刑法将这一故意违章行为规定为犯罪的情况下，则是故意的行为犯。当这一故意的行为犯过失地造成法益侵害结果时，就构成结果加重犯。在这种结果加重犯的情况下，同样也存在着故意犯罪行为与过失犯罪行为的想象竞合。

违反客观的注意义务只是过失实行行为的形式特征，在此基础之上，还要求具有实质的危险性。对此，日本学者西田典之指出：

过失犯的责任谴责的根据即便在于以预见可能性为基础的精神性紧张的懈怠，但根据预见可能性本应采取的相应措施即结果回避行为则从反面显示出行为（即结果回避行为所要回避的行为）属于具有实质性危险的行为，这种具有实质性危险的行为就是过失犯中的实行行为。②

应该指出，过失实行行为所具有的违反客观注意义务这一特征在很大程度上

① 张明楷：《刑法学》，3版，541页，北京，法律出版社，2007。

② ［日］西田典之：《日本刑法总论》，刘明祥、王昭武译，211页，北京，中国人民大学出版社，2007。

将其与故意实行行为区别开来，具有义务犯性质。义务犯的概念是德国学者罗克辛提出来的，作为与支配犯、亲手犯相并列的三种正犯类型之一。关于过失犯是否属于义务犯的问题，我国学者指出：

> 关于过失犯，罗克辛教授原来也全部是作为义务犯来对待的，他从违反注意义务的一般的人的要素中得出结论说，该义务违反不仅确立了不法的构成要件，而且也是正犯的决定因素。不过他的看法很快就遭到了 Dreher、Stratenwerth 和 Jakobs 的严厉批评，认为他将过失犯全部视为义务犯完全模糊了决定可罚性的一般义务和决定正犯性的特别义务之间的区别。罗克辛教授后来坦然接受了该批评，改变了自己的观点："按照我现在的理解状况我不想再将过失犯视为义务犯，总的看来构造了不法的对一般注意义务的违反不过表明每个市民都承担的避免义务，这也是故意的构成要件的（判断）基础。毋宁说人们在过失的构成要件中如同在一切领域中一样，只有在刑法之外的特别义务导致了特定的、不是每个人都可以具备的正犯前提时，通常才可以谈到义务犯。"①

过失的实行行为表现为义务之不履行，它与故意的实行行为有所不同。我国刑法中的过失犯罪存在两种情形：一是纯正的过失犯罪，即某一种犯罪行为只能由过失构成而不可能由故意构成。我国刑法中的业务过失，大多属于这种情形。如上所述，我国刑法中的业务过失犯罪都是以违反客观注意义务为特征的，因而其实行行为具有义务犯的性质。二是不纯正的过失犯罪，即某一种犯罪既可以由故意构成又可以由过失构成，例如故意杀人罪与过失致人死亡罪。这种情形，我国刑法对过失犯罪规定时，往往采用"过失犯前款罪"的措词。这表明在客观上，故意与过失犯罪的实行行为是相同的，但这种相同只是就外观而言的。例如

① 何庆仁：《德国刑法中的义务犯理论》，载陈兴良主编：《刑事法评论》，第 24 卷，247 页，北京，北京大学出版社，2009。

故意杀人罪与过失致人死亡罪，其实行行为都是引起他人死亡的行为。又如放火罪与失火罪，其实行行为都是引起火灾的行为。但深究故意实行行为与过失实行行为的具体内容，两者又是不同的：故意实行行为是以作为或者不作为实施构成要件该当，并且具有法益侵害危险的行为，例如杀人行为或者放火行为。而过失实行行为则是以违反客观注意义务作为其内容的。例如普通过失通常是违反习惯要求的注意义务或者先行行为产生的注意义务。而业务过失则通常是违反法律规定的注意义务。这种违反客观注意义务的行为成为法益侵害结果发生的原因，例如致人死亡的原因或者发生火灾的原因。因此，对于不纯正的过失犯罪，我们既要看到其实行行为具有与故意实行行为之间的同一性，又要看到其实行行为具有与故意实行行为之间的差异性。

根据我国刑法第 15 条的规定，违反客观的注意义务可以分为以下两种情形：

1. 违反客观的预见义务：没有预见

没有预见是指违反客观的预见义务，对于可能发生的法益侵害结果没有预见其发生。我国古代刑法称过失为不意误犯，这里的“不意”就是没有注意或没有预见的意思。

应当指出，疏忽过失的没有预见，并不是对行为时的一切情况均没有认识，而是指对法益侵害结果缺乏预见。因此，疏忽过失的有无预见，通常具有以下两种情形：一是对行为本身认识。例如醉酒驾车肇事，司机因为醉酒而处于丧失意识状态。又如疲劳驾车肇事，司机因为劳累入睡而处于丧失意识状态。在这种情况下，由于行为人对自身的行为处于丧失认识的状态，其对法益侵害结果缺乏预见是较为容易认定的。二是对行为及其性质有认识，但对于行为可能引起的法益侵害结果没有预见。在这种情况下，行为人虽然对自身的行为是具有认识的，但对于有关情况发生了错误认识，因而没有预见法益侵害结果的发生。以上无论哪一种情况，都是违反客观预见义务的，因而是具备了疏忽过失的实行行为。

案例6—4 高某失火案①

高某潜入某粮食仓库进行盗窃，见到装满东西的麻袋，旁边还有些竹席。高某想看看麻袋里装的是什么东西，就用火柴在麻袋上烧了一个小洞，没想到把麻袋旁的竹席点燃，致使仓库烧毁，损失达数十万元。

在上述案例中，高某明知自己是在点火，对其行为性质是具有明确认知的。其行为是构成放火罪还是失火罪，则取决于对点火可能造成的火灾后果是否具有认识。我认为，在本案中，高某的点火虽然是故意的，但点火是为了烧一个小洞以便观察麻袋内所装何物。显然，这一内容不属于疏忽过失所要认识的内容。而对于其点火行为可能产生法益侵害后果，高某却是没有预见的。在本案中，对高某的行为显然应定失火罪。因此，当过失行为是在有意识地实施的情况下，尤其应当注意正确地认定对于法益侵害结果是否有认识。

2. 违反客观的结果避免义务：没有避免

没有避免是指违反客观的结果避免义务，在法益侵害结果可能发生的情况下，未能采取有效的措施避免该结果的发生。

没有避免法益侵害结果的发生，一般存在以下两种情形：第一是行为人因轻信危害结果不会发生，根本就没有采取避免措施，因而导致危害结果的发生。第二是行为人过高地估计了避免危害结果发生的主、客观条件，虽然采取了一定的避免措施，仍然未能避免危害结果的发生。以上无论哪一种情形，都是违反客观的结果避免义务的，因而是具备了轻率过失的实行行为。

思考题：

试论行为与实行行为之间的关系。

---

① 参见陈兴良：《刑法哲学》，修订3版，195页，北京，中国政法大学出版社，2004。

参考书目：

1. ［日］西原春夫. 犯罪实行行为论. 戴波，江溯译. 北京：北京大学出版社，2006

2. 徐文宗. 论刑法的原因自由行为. 北京：北京大学出版社，2006

3. 何荣功. 实行行为研究. 武汉：武汉大学出版社，2007

4. 钱六叶. 犯罪实行行为着手研究. 北京：中国人民公安大学出版社，2009

5. 范德繁. 犯罪实行行为论. 北京：中国检察出版社，2005

6. 林维. 间接正犯研究. 北京：中国政法大学出版社，1998

第 7 章

不作为论

在行为论一章中，我曾经对不作为的行为性问题进行过专门的讨论，得出了肯定性的结论。本章是在构成要件论的范围内，从实行行为论的角度对不作为加以考察，侧重于对不纯正不作为的法理分析。

一、不作为概述

不作为犯罪是相对于作为犯罪而言的。传统的观点认为，作为犯罪是指以积极的身体动作构成的犯罪，而不作为犯罪则是指以消极的身体动作构成的犯罪。当然，这只是从外在形式来看的，仅此还不能科学地揭示不作为犯罪的本质。为此，我们应当进一步地对不作为犯罪的内容加以分析。

（一）不作为的性质

如前所述，从直观上来看，我们往往会认为不作为是一种消极的身体动作。这里的消极的身体动作是指身体的静止，既然是静止就是"无"，因此从身体动作上界定不作为，难免陷入虚无主义。在这种情况下，现在的刑法理论认为，不作为是一个评价问题，是指没有实施法律所期待的特定行为，即违反一定的作为义务。因此，应当从作为义务不履行的意义上对不作为加以界定，唯有如此，才能正确理解不作为的实行行为。就此而言，不作为是指行为人负有实施某种积极行为的法律义务，并且能够履行而不履行。因此，不作为犯如同过失犯一样，具有义务犯的性质。德国学者罗克辛将不作为犯归入义务犯的范畴，以区别于对构成要件结果具有支配关系的支配犯。当然，这一观点也带来一定的问题。我国学者在论及罗克辛关于不作为犯的义务犯时，指出：

> 为了论证不真正不作为的正犯性，罗克辛教授将不作为全部视为义务犯，如此处理带来的后果是：同一犯罪当其以不作为方式实施时是义务犯，当以作为方式实施时是支配犯；因为义务犯原则上都是正犯，那么，不作为的行为均按照正犯处理，而支配犯是否正犯要视其是否有犯罪支配而定，故无犯罪支配的帮助作为行为，就只能是帮助犯。根据《德国刑法》第 13 条第 2 款，不作为犯只是可以减轻处罚；根据《德国刑法》第 27 条第 2 款，帮助犯必须减轻处罚。于是一个让人无法接受的处罚上的荒谬就出现了：在前提完全相同的情况下，什么都没有做的人竟然比毕竟做了什么的人得到更严厉的处罚；第二点则与他认为特别义务是构成要件之前的、刑法之外的义务之观点有关。公法、行业法规和民法上的义务为什么可以成为决定刑法中的正犯的标准，罗克辛教授始终没有做出有说服力的解释，以至于有学者批评说，直接将其他法领域的义务视为刑法义务之来源，无异于倒退回到了 19 世纪初期之前的形式法律义务理论时期；而形式法律义务理论的不合理早在 1938 年 Bruns 的文章"从民法思维中解放刑法"里就已经被克服了，其他法律并不以保护法益为其规

范目的，刑法义务只应该从自己的任务中独立产生。[①]

在以上对罗克辛关于不作为犯之义务犯观点的批评中，第一点系源自《德国刑法典》的具体规定，并不影响该观点在没有这种规定情况下的可采性。《德国刑法典》第13条是关于不作为犯罪的规定：

一、依法有义务防止犯罪结果发生而不防止其发生，且其不作为与因作为而实现犯罪构成要件相当的，依本法处罚。

二、不作为犯罪可依第49条第1款减轻处罚。

《德国刑法典》第27条是关于帮助犯的规定：

一、对他人故意实施的违法行为故意予以帮助的，是帮助犯。

二、对帮助犯的处罚参照正犯的处罚，并依第49条第1款减轻其刑罚。

根据上述规定，不作为犯可以减轻处罚，而帮助犯却应当减轻处罚，由此出现了德国学者在批评罗克辛时所说的：在前提完全相同的情况下，什么都没有做的人竟然比毕竟做了什么的人得到更严厉的处罚。[②] 在其他国家的刑法典中，对不作为一般都没有规定，更不用说对不作为犯减轻处罚。即使是根据《德国刑法典》的规定，也不能认为以上批评就是合理的。因为不作为的正犯与作为的帮助犯相比，前者处罚比后者重并非不合理。之所以提出这样的质疑，还是基于作为比不作为更应受到否定的评价这一观点，而这一观点又是建立在不作为是什么也没有做这样一种错误观念基础之上的。

第二点涉及对义务的理解，其他法领域的义务是指不作为的作为义务，它与刑法义务是不同的，两者不能混为一谈。至于形式法律义务理论受到批判当然是正确的，但实质法律义务也是以形式法律义务为前提的，不能因为主张实质法律义务而否定形式法律义务。更何况罗克辛的客观归责理论，可以为不作为的实质化提供判断方法。

---

① 何庆仁：《德国刑法学中的义务犯理论》，载陈兴良主编：《刑事法评论》，第24卷，250～251页，北京，北京大学出版社，2009。

② 参见何庆仁：《德国刑法学中的义务犯理论》，载陈兴良主编：《刑事法评论》，第24卷，250页，北京，北京大学出版社，2009。

综上所述，我认为从义务犯角度来界定不作为，还是具有合理性的。因此，就不作为的性质而言，可以从违反作为义务的角度加以理解。

（二）不作为与作为的区分

对于不作为与作为的区分，在学理上存在各种观点的聚讼，对这些观点的考察，对于我们正确地区分作为与不作为，是具有积极意义的。在刑法理论上，关于不作为与作为的区分，主要存在以下十种观点①：

1. 身体动静说

该说以行为的物理属性，即身体的动静来区分作为与不作为，认为作为就是身体的运动，不作为就是身体的静止。

2. 态度积极、消极说

该说认为，应以行为人态度的积极与消极为标准区分作为与不作为。以积极的态度实施的行为是作为，以消极的态度实施的行为是不作为。

3. 注入活力说

根据德国学者恩格希的说法，这里的活力不是物理学意义上的能量，而是人的有意识的力量的投入。因此，作为是向一定的方向注入活力，不作为就是不向一定的方向注入活力。

4. 因果关系说

该说以行为对于结果的发生是否具有因果关系为标准来区分作为与不作为。该说认为，作为是与结果有因果关系的行为，不作为是与结果没有因果关系的行为。

5. 社会意义说

该说以行为的社会意义为标准区分作为与不作为。该说认为，作为

① 参见李金明：《不真正不作为犯研究》，25页以下，北京，中国人民公安大学出版社，2008。

是按照事物的性质能够引起构成要件结果的行为，不作为是按照事物的性质没有防止构成要件结果的行为。

6. 法规范说（又称价值说）

该说以行为违反法律规范的性质为标准来区分作为与不作为。该说认为，行为违反的法律规范是禁止性规范的，是作为；行为违反的是命令性规范的，是不作为。

7. 作为优先说

该说认为，在具体情况下，作为与不作为，在界限不明，两者都可处理的情况下，首先以作为犯处理，在作为犯不能成立的情况下，再作为不作为犯处理。

8. 法益状态说

该说认为，通过法益状态可以区分不同危害行为与其危害结果之间不同的因果关系结构——直接的因果关系和相对的间接的因果关系，据此，可将行为区分为作为与不作为。

9. 法律义务说

该说以在具体情况下行为人所负的法律义务为标准，区分作为与不作为。如果法律要求行为人不为一定行为，而行为人竟为之则是作为犯；反之，法律要求行为人应为一定行为，而行为人竟不为，则构成不作为犯。

10. 风险关系说

该说认为，应以行为的风险关系为标准，区分作为与不作为。具体来说，制造风险的行为是作为，放任既有风险的行为是不作为。

从以上的观点来看，对于作为与不作为区分的标准，还是存在相当大的分歧。当然，有些不同的观点之间也并无实质的差别，而只是表述不同而已。从学术史的角度来看，对于作为与不作为的区分，经历了一个从关注物理存在到重视规范价值的逐渐但却明显的演变过程。最初是以身体动静为标准，这基本上是身体动静说和因果行为论的观点。但身体动静只涉及物理层面的差别，而没有涉及作为与不作为区别的本体。此后，对于作为与不作为是以其所违反的规范性质加以划分的，通常的理论是：作为违反的是禁止规范，属于不应为而为之；不作为违反的是命令规范，属于应为而不为。这种观点又称为法律规范说或者价值说，例如我国学者指出：

> 作为与不作为不是单纯地从身体的动静来加以区分，而应从法律评价的角度看，如果是行为人为法律不得为的行为，则属于作为；相反，如果不为法律所期待、命令的应为的行为，则为不作为。因此，区分作为和不作为，只能以一定的法律义务（或法律所期待的行为）为标准。由于在法规范上，一定的法律义务主要表现为两种，一种是禁止规范（也称法律禁令），一种是命令规范（也称法律命令），当行为人的行为违反禁止规范时，即为作为，当违反命令规范时即为不作为。因此，行为人的行为是违反法律禁令还是法律命令，就成为作为与不作为的区分标准。①

那么，什么是禁止性规范和命令性规范呢？在法理上，禁止性规范是指要求相对人不得实施一定行为的法律规范，它以“不得”这样一种表达形式出现。而命令性规范是指要求相对人必须实施一定行为的法律规范，它以“必须”这样一种表述形式出现。因此，从形式上来说，禁止规范与命令规范处于一种反向的地位。应当指出，这里的禁止规范与命令规范都不是指刑法规范本身，而是指其他法领域的规范。根据违反的是禁止规范还是命令规范，能够在一定程度上对作为与不作为加以区分。纯正的不作为犯违反的是命令规范，例如我国刑法第261条规定的遗弃罪，拒不履行扶养义务，属于纯正的不作为，其具有违反命令规范性质。而不纯正的不作为，情况就稍微复杂一些。对于不纯正的不作为犯，违反的到底是禁止规范还是命令规范，在刑法理论上是存在争论的。日本学者指出：

① 许成磊：《不纯正不作为犯理论》，49页，北京，人民出版社，2009。

> 通说系在规范论之领域上，将作为犯以违反“禁止规范”，纯正不作为犯以违反“命令规范”来理解。而不纯正不作为犯依其违反作为义务，将其视为违反“禁止规范”而予以把握之。即通说系将不纯正不作为犯视为“不作为之作为犯”而予以理解。其意味着具有“不纯正的不作为犯”之特征。因此，不纯正不作为犯之构成要件该当性，在依所谓违反“命令规范”的不作为是否值得与特定作为犯同等处罚之“价值”判断而决定上，通说与考夫曼之见解并无相异。[①]

这里所谓考夫曼之见解，即不纯正不作为犯，系要求一定之行为，不为该行为之不作为，即构成犯罪。因此，不纯正不作为犯乃违反命令规范，而非违反禁止规范。通说认为不纯正不作为犯违反的是禁止规范，而考夫曼则认为不纯正不作为犯违反的是命令规范，但日本学者却认为通说与考夫曼之见解并无相异。对此，需要作一些解释，否则确实不好理解。我认为，不纯正不作为犯具有违反禁止规范与违反命令规范的双重属性。违反命令规范，应为而不为，这是不作为的本质特征，即使不纯正不作为也不例外。如果没有违反命令规范，就不存在不作为问题。但不纯正不作为又是以不作为而犯作为之罪，它与作为犯共用一个构成要件，共用一个罪名。以杀人罪为例，无论是作为的杀人还是不作为的杀人，都是杀人，都必须具备杀人的本质特征。美国学者弗莱彻在论及具有不作为性质的“任其死去”与作为的杀人之间的关系时，形象地指出：

> 套用小说《安娜·卡列尼娜》开头的一句话：“幸福的家庭都是一样的，不幸的家庭各有各的不幸。”我们可以说：“任其死去都是一样的，杀人各有各的办法。”[②]

因此，不纯正的不作为，就不作为而言，违反的是命令规范；就与作为共犯一罪而言，违反的是禁止规范。套用以不作为而犯作为之罪的句式，也可以说是

---

① ［日］川端博：《刑法总论二十五讲》，余振华译，19页，北京，中国政法大学出版社，2003。

② ［美］乔治·弗莱彻：《反思刑法》，邓子滨译，439页，北京，华夏出版社，2008。

以违反命令规范的方式而违反禁止规范。对此，日本学者以采取不哺乳的方式杀婴的行为为例作过以下论述：

依上述见解，（日本刑法）第一九九条之杀人罪，以不得杀人之作为为其禁止的内容，而前述之母亲，是以不哺乳之“不作为”而杀其婴儿，并非直接违反“禁止”规范。该母亲虽应负哺乳之义务（作为义务），依其不为法律所命令哺乳之行为，首先系违反“命令”规范，而其结果惹起婴儿死亡，乃间接地违反“禁止规范”。结果，不纯正不作为犯亦以违反规定作为犯之“禁止规范”而加以处罚。因此，所谓禁止规范，依然不得处罚无关系之行为，则纵使以第一九九条处罚前述母亲，亦不违反罪刑法定主义。①

在以上论述中，日本学者认为不纯正不作为是直接违反命令规范而间接违反禁止规范。但如果根据我在前面对命令规范与禁止规范的限定，是指其他法领域的规范，而不是指刑法规范，则可以得出结论：不纯正不作为违反的只能是命令规范，唯此其才能归入不作为的范畴。可以说，违反命令规范是不纯正不作为的构成要件规范要素。但就不纯正不作为而言，仅有对于命令规范的违反尚不足以成立，还要看其是否具有与作为犯的等价值性，因而违反刑法的禁止规范从而构成犯罪，这是一个罪刑法定主义的问题，也是对不纯正不作为的构成要件进行实质判断的问题，即等置性问题。例如，母亲对婴儿不哺乳引起死亡的，可以构成不纯正不作为的杀人罪。那么，母亲对10岁的孩子不提供食物引起死亡的，是否也同样构成不纯正不作为的杀人罪呢？在此，涉及该母亲的不履行的作为义务性质，以及这一不履行作为义务的行为与作为的杀人行为之间的等置性等问题。在法理上，一般会把母亲对10岁的孩子不提供食物引起死亡的行为评价为虐待罪，该致人死亡行为不认为是杀人行为，而是过失致人死亡行为。因此，仅仅是作为义务的不履行还不能对此种不作为的性质作出判断，其是否构成不纯正的不

① ［日］川端博：《刑法总论二十五讲》，余振华译，19页，北京，中国政法大学出版社，2003。

作为，还要考察该不作为与作为的等置性问题。

当然，如果仅仅从违反义务的规范角度来分析，可能还是具有形式性的性质。在这种情况下，还有必要引入实质的观点，这就是从法益的角度进行分析。这种观点深入义务与规范的背后，揭示了禁止规范与命令规范的本质。对此，我国学者作了以下论述：

1. 当法益本身处于自然的完好状态时，刑法保护法益的方法就是要求人们维持现状，不要积极地去破坏法益，从而刑法规范就表现为禁止性规范，禁止人们破坏法益。如果有人违反禁止性规范，积极地侵害法益，即不当为而为（作为），就会改变法益的现状，使法益状态恶化，制造法益的危险，甚至导致危害结果的出现。由此可见，刑法中的作为，从形式上看，是违反禁止性规范，不当为而为的行为；从实质上看，是改变法益现状，使法益状态恶化，制造法益危险的行为。

2. 当法益本身已经处于受侵害（包括来自自然界、动物与人的侵害）的状态时，刑法保护法益的方向有两种：

一是要求人们至少维持现状，不要进一步去破坏法益，使本已受到侵害的法益雪上加霜，所以，刑法规范也表现为禁止性规范，禁止人们进一步侵害法益。只要人们遵守禁止性规范，不实施进一步的侵害行为，法益本身虽然不能恢复完好，但也不会出现更严重的人为的侵害结果。如果有人违反此禁止性规范，以积极的行为进一步侵害法益，即不当为而为（作为），就会改变法益已有的受侵害的现状，使法益状态更加恶化，从而升高法益的危险，甚至导致危害结果的出现。此时，刑法上的行为，从形式上看，是违反禁止性规范，不当为而为的行为；从实质上看，是改变法益现状，使法益状态更加恶化，升高法益危险的行为。

二是当法益本身已处于受侵害的状态时，刑法会要求在法律上负有救助（或保护）义务的特定个人，改变现状，积极履行救助（或保护）法益的义务，及时有效地采取相应的救助措施，以消除法益已经面临的

> 危险，从而达到保护法益的目的。在此，刑法规范表现为命令性规范，以命令负有法律义务的特定个人消除危险。只要有关人员遵守命令性规范，履行相应的义务，法益所面临的危险就会得以消除。如果有关人员违反命令性规范，当为而不为（不作为），就会维持法益受侵害的现状，既未使法益状态恶化，也未使法益状态好转，而是放任法益的危险，甚至导致危害结果的出现。由此可见，刑法上的不作为，从形式上看，是违反命令性规范，当为而不为；从实质上看，是维持法益现状，未使法益状态恶化，也未使法益状态好转，而是放任法益危险的行为。①

我认为，以上论述是十分正确的，它对于区分作为与不作为具有重要意义。在一般情况下，根据违反的是禁止性规范还是命令性规范，就能够将作为与不作为加以区分。但在某些较为复杂的情况下，仅仅根据违反法律规范的性质尚不能区分作为与不作为。在这种情况下，就有必要引入法益分析的方法，从实质上考察。

就不作为而言，纯正的不作为是真正意义上的不作为，而不纯正的不作为是以不作为的方式犯作为之罪，其构造较为复杂。与不作为相对应，其实作为也可以分为纯正的作为与不纯正的作为。所谓纯正的作为，是指单纯地违反禁止性规范的情形。例如抢劫，只能以作为构成，不可能由不作为构成。而不纯正的作为，是指形式上违反禁止性规范而实质上违反命令性规范的情形。例如我国刑法第202条规定的抗税罪，就其行为方式而言是作为，但通过作为所要达到的是不作为的结果，即以暴力、威胁方法而拒不履行纳税义务。这种不纯正的作为，也可以说是以作为的方式犯不作为之罪。

（三）作为与不作为的结合

在论及作为与不作为区分的时候，涉及一个值得研究的问题，这就是所谓作

① 李金明：《不真正不作为犯研究》，34～35页，北京，中国人民公安大学出版社，2008。

为与不作为的结合而成的犯罪是否存在的问题。而这个问题，刑法学者通常都以抗税罪为例进行分析。

1. 抗税罪的构成要件如何界定?

讨论抗税罪的时候，首先需要对抗税罪的构成要件进行分析。而这个问题，又与我国刑法关于抗税罪的规定相关。我国 1979 年刑法第 121 条规定：

> 违反税收法规，偷税、抗税，情节严重的，除按照税收法规补税并且可以罚款外，对直接责任人员，处三年以下有期徒刑或者拘役。

上述规定将偷税罪[①]与抗税罪规定在同一法条，而且对抗税罪采取了简单罪状的立法方式，没有描述抗税罪的详细行为特征。在这种情况下，抗税罪到底是作为还是不作为，从法条上来看，并不是十分明确。在刑法理论上，通说还是将抗税罪解释为不作为犯。例如，我国学者指出：

> 在理论上，有的主张一种犯罪同时包含作为与不作为两种形式，例如偷税抗税罪。因为，就其不履行纳税义务而言，是不作为，同时，为偷税抗税一般都有积极行动，如伪造账目，弄虚作假，组织围攻税务工作人员等，是作为。有的不赞同这种观点。我们在前面已经指出，作为与不作为，是两种犯罪的基本表现形式，其根本区别在于是否同应履行而不履行义务相联系，不能把任何积极的举动都看作是作为，没有任何举动，才是不作为。如果这样来看，就会得出结论：刑法上没有任何一种犯罪是只能由不作为形式构成。这当然是不能为人们所接受的。[②]

应该指出，在我国刑法对抗税罪采取简单罪状的立法方式的情况下，从法条来看，抗税罪是单一行为，因而将其理解为不作为是可以成立的。但我国 1997 年刑法第 202 条，对抗税罪的罪状采取了叙明罪状的立法方式，规定如下：

> 以暴力、威胁方法拒不缴纳税款的，处三年以下有期徒刑或者拘

① 根据《刑法修正案（七）》第 3 条的规定，司法解释将偷税罪的罪名改为逃税罪。

② 高铭暄主编：《刑法学原理》，第 1 卷，549 页，北京，中国人民大学出版社，1993。

役，并处拒缴税款一倍以上五倍以下罚金；情节严重的，处三年以上七年以下有期徒刑，并处拒缴税款一倍以上五倍以下罚金。

在这一规定中，抗税罪的实行行为是：以暴力、威胁方法拒不缴纳税款。那么，对这一实行行为如何进行分析呢？从逻辑上分析，存在以下三种思路：一是双重行为的思路，即把抗税罪视为复行为犯。二是将暴力、威胁界定为抗税罪的实行行为，而把拒不缴纳税款理解为主观的超过要素，即把抗税罪视为目的犯。三是将暴力、威胁界定为抗税罪的实行行为，而把拒不缴纳税款理解为客观的结果，即把抗税罪视为结果犯。在以上三种思路中，双重行为的观点被较多学者所主张，而另外两种思路则较少被提及。例如，主张抗税罪是作为与不作为的结合的观点，基本上就是以双重行为的思路为分析框架的，认为可以把抗税罪的行为分为两部分：一是暴力、威胁的方法行为，二是不缴纳税款的目的行为。因此，抗税罪是复行为犯。对此，在我国刑法学界也存在不同的见解。例如，我国学者指出：

传统观点把行为人的暴力举动与不纳税分别作相对独立的累加评价，实际是对一行为的重复评价。也就是说，从刑法意义上的行为出发，传统观点在把某一行为评价为作为的同时，又评价为不作为，把本来是一个具有法律意义的行为（不作为），评价为作为和不作为的结合。如暴力手段，尽管在抗税罪中不能将其独立地评价为作为，但在故意杀人、强奸等犯罪中，这种暴力手段则应毫无疑问地评价为作为。①

以上观点就是主张抗税罪是不作为犯，认为暴力、威胁在抗税罪中不能独立地评价为行为。在我看来，从法条的字面上分析，认为抗税罪是复行为犯的观点是有一定道理的。例如，我们可以把抗税罪的构成要件与暴力干涉婚姻自由罪相比较。暴力干涉婚姻自由罪的实行行为虽然从字面上也可界定为：暴力和干涉婚姻自由。但干涉婚姻自由没有身体动静，它不是行为：既非作为也非不作为，将

① 许成磊：《不纯正不作为理论》，53～54页，北京，人民出版社，2009。

其视为结果较为妥帖。但是，在抗税罪的构成要件中，将拒不缴纳税款理解为不作为是没有逻辑上的障碍的。因此，简单地否认拒不缴纳税款是独立的行为要素，并不可取。

2. 对抗税罪能否采用双重行为的分析框架？

在论及抗税罪的时候，还涉及所谓双重行为的问题。关于双重行为，我国台湾地区学者林山田指出：

> 行为在行为形态上究系作为，抑或属不作为，在通常情况下，均极易判断，这些行为究成立作为犯，抑或构成不作为犯，自无争论；惟在少数例外情况下，行为并非单纯的作为，或是单纯的不作为，而系作为与不作为并存的复合行为，这种行为在判断上，即有困难性。易言之，一个构成要件该当结果，系同时由同一个行为人的作为与不作为所造成的，这即构成颇具问题的双重行为。①

林山田所举的双重行为的案例，一般均是司法实例。例如，以下两例：

（1）厂主A未将带有病菌的原材料先行消毒杀菌，即将该批原料交由工人B与C等人加工制造，致工人B因病菌而病故。

（2）机车骑士A于夜间的黑暗路面，未点灯而行驶，致发生车祸，撞毙行人B。

在以上两例中，行为人的行为中，既存在不作为（未消毒、未点灯），又存在作为（交由工人加工制造、行驶）。在这种情况下，当然只能取其一，或者认定为作为，或者认定为不作为，而不可能同时认定为作为与不作为。

显然，我国刑法中的抗税罪，与上述两例的情况是不同的。因为我国刑法是在法条中描述了抗税罪的双重行为。我国还有学者举出日本刑法典第192条的规定，即不经死亡检查而埋葬死者罪。该罪由作为（埋葬）和不作为（不经检查）

---

① 林山田：《刑法通论》（下册），增订10版，147页，北京，北京大学出版社，2012。

相结合而构成。[①] 但这种规定与我国刑法关于抗税罪的规定还是有所不同的，抗税罪是对手段行为与目的行为的并列规定。而日本刑法的上述规定，是在行为中包含了不作为的成分，还是可以明显地看出立法者所要禁止的是私自埋葬行为。正如我国刑法第 129 条规定的丢失枪支不报罪，该罪的行为中，既涉及丢失枪支，又涉及不及时报告。但立法者所要处罚的显然是不及时报告的行为，丢失枪支只是该行为的前提条件。

对于双重行为的情况，只能认定为作为或者不作为，而不可能既是作为又是不作为。在具体认定的时候，在刑法理论上存在两种观点，即优先判断为作为犯说和按照刑法对行为的评价重点而为判断说：前者主张优先判断为作为犯，而后者主张根据刑法的评价重点不同分别判断为作为或者不作为。[②] 我国学者指出：

> 在抗税罪的事例中，纳税人以暴力、威胁方法拒不纳税的行为，从其违反的法律规范（义务）来看，纳税人因具备特殊的纳税义务（作为义务），但同时也具备一般人的身份，负有不得侵害他人生命、健康的一般义务（不作为义务），所以，无法判断其行为是作为还是不作为。但是，从其行为与抗税罪的客体要件，即国家的税收收入状况的关系来看，抗税行为人既没有增加国家的税收收入，也没有减少国家既有的税收收入，只是因其负有纳税义务，所以，应当缴纳税款。由此判断，抗税罪属于不作为犯罪。有的学者之所以认为抗税罪是作为犯罪，可能是由于其认为暴力、威胁行为对他人的身体法益制造了危险。但是，由于刑法规定抗税罪的目的（或其保护的法益）是为了保护税收收入，而非为了保护身体法益，所以，从实质上看，抗税罪属于不作为犯罪，而非作为犯罪。[③]

在以上论述中，论者实际上是同时采用了形式与实质的标准。形式标准是指

---

① 参见许成磊：《不纯正不作为犯研究》，54 页，北京，人民出版社，2009。

② 参见林山田：《刑法通论》（下册），增订 10 版，148 页，北京，北京大学出版社，2012。

③ 李金明：《不真正不作为犯研究》，39 页，北京，中国人民公安大学出版社，2008。

从法律规范（或义务）的形式上，考察行为人是否负有法律义务。实质标准是指从实质上考察法益关系。如果行为升高了法益的危险，使原有的法益状态恶化，则是作为；如果行为降低了法益的危险，使原有的法益状态好转，则是合法行为；如果行为既未升高，也未降低法益的危险，则是不作为。[①] 我认为，这一观点是有道理的。尤其是在这一观点中引入了法益分析的方法，而不是仅仅限于形式上的规范论。从我国刑法对抗税罪的构成要件的规定来看，要将该罪归结为不作为，就要突破罪状的规定，进行实质性的理解，这对于维持统一的不作为的概念具有重要意义。

当然，在以上论述中，论者简单地认为立法者设立抗税罪的目的是保护税收收入而非身体法益，这是有所偏颇的。为什么不能说抗税罪侵害的是双重客体呢？因此，运用双重行为理论，将抗税罪界定为不作为，在理据上仍有不足。

3. 抗税罪系作为与不作为的结合？

从我国刑法对抗税罪的规定出发，我国学者提出了抗税罪是作为与不作为的结合的观点。例如，张明楷教授指出：

> 作为与不作为可能结合为一个犯罪行为。例如，抗税是逃避纳税义务的行为；在此意义上说，抗税行为包括了不作为；但同时，抗税罪并非单纯的不履行纳税义务，还要求行为人实施了“抗”税的行为。根据行为规定，以暴力、胁迫方法拒不缴纳税款的，是抗税。而上述手段行为只能表现为作为，故抗税行为同时包含了作为与不作为。[②]

应当说，这种观点是具有一定法律根据的。因为从刑法条文的规定来看，抗税罪确实具有复行为犯的特征：手段行为是暴力、胁迫，这是作为；目的行为是不履行纳税义务，这是不作为。但在刑法理论上，对于这种由作为与不作为构成的犯罪是否能够成立，更为有力的是否定的观点。这种观点认为作为与不作为是一种反对

① 参见李金明：《不真正不作为犯研究》，38页，北京，中国人民公安大学出版社，2008。

② 张明楷：《刑法学》，3版，141页，北京，法律出版社，2007。

关系，不能同时存在于一个犯罪之中。例如我国台湾地区学者林山田指出：

> 故在实质基础上，作为与不作为两者的关系，则有如 X 与非 X，而相互对立排斥。一个行为经刑法评价，假如被认定是作为，则不可能同时又被认定是不作为；反之，亦同。[①]

以上这段话，是就同一个行为而言的，这当然是合乎逻辑的。但我国刑法对抗税罪的规定，如果理解为复行为犯，则对两个行为分别评价为作为与不作为，似乎并不违背一个行为要么是作为，要么是不作为，作为与不作为不能两立的原理。当然，复行为犯毕竟是一个犯罪，一个犯罪既是作为又是不作为，两者复合而成，这一观点是否合乎逻辑，确实也是可质疑的。

4. 是否存在不纯正的作为犯?

在抗税罪的问题上，我曾经的观点是否定作为与不作为同时构成一个犯罪的观点，认为这种情形就是纯正的不作为，并非同时包含作为。[②] 这种观点把抗税罪的暴力、威胁方法看作是限制拒不缴纳税款构成犯罪的要素，而非与拒不缴纳税款相提并论的行为方式。当然，这种观点对刑法罪状中规定的暴力、威胁视而不见，在解释论上能否成立，还是存疑的。此后，我又大胆地提出了不纯正的作为犯的观点，指出：

> 不纯正的作为是指形式上违反禁止性规范而实质上违反命令性规范的情形。例如抗税，就其行为方式而言是作为，但通过作为所要达到的是不作为的目的，即以暴力、威胁方法拒不履行纳税义务。这种不纯正的作为，也可以说是以作为方式犯不作为之罪。[③]

上述观点是将作为与不作为对比，在与不纯正的不作为对应的意义上提出不纯正的作为的概念。正如不纯正的不作为是不作为，不纯正的作为也就是作为。只不过考虑到这种犯罪在构造上的特殊性，我们可以将其称为以作为方式犯不作

① 林山田：《刑法通论》（上册），增订 10 版，121 页，北京，北京大学出版社，2012。

② 参见陈兴良：《刑法适用总论》（上卷），2 版，257 页，北京，中国人民大学出版社，2006。

③ 陈兴良：《规范刑法学》（上册），2 版，121 页，北京，中国人民大学出版社，2008。

为之罪。当然，这种观点也还存在可以进一步探讨之处。现在看来，我更倾向于把抗税罪的拒不缴纳税款界定为结果，由此而把抗税罪直接理解为作为，即结果犯。总之，抗税罪的犯罪类型是一个极为复杂的问题，这与我国刑法的规定方式有关。

此外，我们虽然不承认存在由作为与不作为构成的犯罪，但在我国刑法中存在一种犯罪既可以由作为构成又可以由不作为构成的情形。例如，我国刑法第139条之一规定的不报、谎报事故情况罪。这里的不报，是指负有报告义务的人在安全事故发生后不报告，这显然是一种不作为。这里的谎报，是指负有报告义务的人在安全事故发生后虽然报告但没有按照实际情况报告，这显然是一种作为。对于该罪来说，不报与谎报，只要具有情形之一就可以构成。应该说，这种立法例是较为特殊的，我国学者称之为混合行为犯，指出：

> 在刑事立法中，纯正不作为犯的构成要件以不作为的形式规定，作为犯的构成要件以作为的形式规定，除此之外，刑法还有一些犯罪，其构成要件中同时规定了作为与不作为两种方式，只要具备其中之一就构成犯罪。为了指代方便，笔者将这种包含两种行为形态的犯罪称为“混合行为犯”①。

不作为是行为的一种特殊方式，以不作为构成的犯罪具有不同于以作为方式构成的犯罪的特殊构造。不纯正不作为更是如此。其中，作为义务是纯正不作为与不纯正不作为都必须讨论的问题，而等置性则是不纯正的不作为需要单独讨论的问题。对这些问题的考察，是不作为的实行性研究的基本课题。

二、作为义务

作为义务是指应当实施某一行为的义务。在通常情况下，作为义务都是由命

---

① 刘士心：《不纯正不作为犯研究》，10页，北京，人民出版社，2009。

令规范规定的。正是在这个意义上，一般刑法法理都把不作为看作是违反命令规范的行为。这里所谓违反命令规范，主要就是指违反作为义务，因而违反作为义务就成为不作为的显性存在的标志。正是通过违反作为义务这一规范要素，使不作为从物理上的“无”转变为法律上的“有”。

作为义务，是指实施一定行为的义务，而这种义务是指无可选择性。因此，作为义务具有强制性。作为义务是以国家强制力为后盾的，因而其不得不做是以一定的制裁为其法律后果的。从这个意义上说，作为义务是以不得不实施一定的行为为内容的，具有强制性。

应当指出，不作为的作为义务不同于刑法义务。刑法义务，也称为刑事义务，是指刑法所设定的义务或者刑事法律关系中的义务。应该说，刑事义务一词并非刑法学中通行的一个术语，只是个别学者采用的概念。例如我国学者冯军在关于刑事责任的构造中引入了刑事义务的概念，指出：

> 刑事义务是刑事法律上规定的行为人必须履行的约束其行为的义务。①

上述刑事义务是刑事归责的前提，无论是作为犯罪还是不作为犯罪，都必然是违反上述刑事义务的。因此，冯军又进一步地将刑事义务分为不作为义务与作为义务，指出：

> 作为犯罪违反的是不作为义务，不作为义务是指行为人负有的约束自己不实施某行为的义务，不作为义务存在于刑法的禁止性规范中。而不作为犯罪违反的是作为义务。作为义务是指行为人负有的约束自己实施某行为的义务。②

按照上述观点，作为义务，就是不作为犯罪的成立条件。我认为，以上推论虽然有一定道理，但不作为的作为义务，其主要来源在于刑法以外的其他法律，

① 冯军：《刑事责任论》，38页，北京，法律出版社，1996。

② 冯军：《刑事责任论》，40～41页，北京，法律出版社，1996。

称为刑事义务容易引起误解。

(一) 作为义务的体系性地位

作为义务作为不作为成立的核心要素，对于不作为理论的发展起到了关键作用。整个不作为的学说史，在某种意义上可以说就是作为义务在犯罪论体系中的地位变动的历史。例如日本学者认为，以法的作为义务在犯罪论体系中处于怎样的地位为标准来区分学说的发展过程，就可以分为如下三个阶段：第一，因果关系说；第二，违法性说；第三，构成要件说。① 因此，作为义务在不作为犯构成的体系性地位问题，应该从上述三种学说的嬗变中加以考察。

1. 因果关系说

因果关系说是19世纪对作为义务的一种体系性定位，即把作为义务在因果关系领域予以考察，是对不作为的原因力提供论证的理论。19世纪盛行自然主义与实证主义，例如当时的因果行为论，就是采用存在论的行为概念，注重行为的实体性存在。但从实体性存在上来看，不作为是“无”，何以变成法律上的“有”呢？这首先是一个不作为是否具有行为性，以及不作为是否具有原因力的问题，而不作为的行为性与不作为的原因力这两个问题又是密切相关的。对此，存在否定与肯定的两种观点：否定说完全否认不作为具有行为性及原因力，放弃对不作为的行为性的寻求；肯定说则坚持认为不作为具有行为性，同时也肯定不作为具有原因力，在不作为与结果之间存在因果关系。那么，如何证明不作为与结果之间的因果关系呢？对此存在以下各种观点②：

(1) 他行为说

该说认为，在不作为者不作为时，他的其他行为对于结果具有原因

① 参见［日］日高义博：《不作为犯的理论》，王树平译，11～12页，北京，中国人民公安大学出版社，1992。

② 参见黎宏：《不作为犯研究》，73～75页，武汉，武汉大学出版社，1997。

力。例如，母亲没有给婴儿喂奶而是在织袜子，则该织袜子的行为便是婴儿被饿死的原因。

（2）先行行为说

该说认为，不作为的原因力在于行为人不作为之前的行为。换句话说，是先行行为与不作为相结合，共同成为结果发生的原因。例如乳母不给婴儿喂奶（不作为）不是婴儿死亡的原因。但是，她的这种不作为与其先前的受雇行为（作为）结合在一起，便成为婴儿死亡的原因。

（3）干涉说

该说认为，因不作为而造成客观事物的变化是由于行为人基于其“内心决意”，通过积极地破坏起果条件与防果条件均衡，从而导致危害结果的发生，所以这种不作为具有原因力。例如，杀人行为是引起死亡结果的起果条件，医生对受害人的抢救行为是防果条件，如果医生基于内心决意而不予抢救，就是对防果条件的破坏，则该不作为是受害人死亡的原因。

（4）作为义务违反说

该说认为，不作为犯罪结果的出现，是由于行为人违反了法律规定的作为义务。如果行为人不违反法律所期待的义务，犯罪就不会发生。因此，行为人的违反义务行为是引起犯罪结果发生的原因。例如，正是由于母亲违反了按时给婴儿喂食的作为义务，才引起了婴儿的死亡。所以，母亲的违反作为义务的不作为，是孩子死亡的原因。

（5）防果可能性说

该说认为，在不作为犯罪中，当行为人可能防止危害结果的出现而不防止时，他的不作为对于社会显然就具有危险性，所以行为人的不作为同危害结果之间存在刑法上的因果关系。反之，即使行为人有防止结果发生的义务，但是他不可能去防止时，他的不作为对社会没有危险性，所以，同危害结果间不存在因果关系。

在以上关于不作为的原因力的各种观点当中，前三种观点是从存在论角度探寻不作为的原因力，因而往往从其他行为中去寻找不作为的原因力，可以说是一种变相的因果关系否定说。后两种观点都是从作为义务角度去寻找不作为的原因力，防果可能性说也是以行为人存在作为义务为前提的，而作为义务违反说也并不否认只有在作为义务具有履行可能性的前提下不作为才具有原因力，因而这两种观点基本相同。

问题在于：行为与行为的原因力是同一个问题吗？没有行为当然无所谓行为的原因力，因为行为的原因力是一个需要单独证明的问题。违反作为义务，这是不作为存在的前提，如果没有作为义务，根本就不存在不作为。但违反作为义务又不能简单地等同于不作为的原因力。不作为的原因力是要回答违反作为义务何以具有原因力，即导致结果发生的可能性的问题。作为义务，是指防止结果发生的义务。因此，不作为的原因力应当从不防止结果上去寻求。正是在这一点上，不作为的原因力与作为的原因力，是存在根本区别的：作为的原因力是造成结果发生，这是一种正向的原因力。为不使这种结果发生，行为人就应当不作为。因此，作为违反的是不作为义务。而不作为的原因力是不防止结果发生，即结果发生本身具有其他原因，但如果履行作为义务的话，这种结果发生的结局是可以避免的。从这个意义上说，不作为是具有原因力的，这是一种反向的原因力。为不使这种结果发生，行为人就应当作为。因此，不作为违反的是作为义务。

因果关系说在考察不作为的原因力的时候，提出了作为义务的问题。因果关系属于构成要件的内容；因此，因果关系说是在构成要件中讨论作为义务的。只不过因果关系说的关注点是不作为的原因力，对于作为义务本身还没有从不作为构成的一般条件上加以确认。

2. 违法性说

违法性说认为作为义务不能成为判断因果关系是否存在的标准，只有在违法性的判断上才考察作为义务。违反作为义务决定不作为的违法性。换言之，违法性说认为，作为义务根本就不是一个因果关系问题，不应放在构成要件该当性中加以讨论。作为义务是一个违法性的问题，应当在违法性中加以考察。违法性说是以不作为的因果关系已经解决为前提的，也就是说，不作为的因果关系是不依赖于作为义务而存在的。既然不作为的因果关系不靠作为义务来解决，那么，作为义务就不是构成要件该当性的问题，而是违法性的问题。正是在违法性意义上，违法性说展开对作为义务的探讨。对此，日本学者指出：

> 作为义务从因果关系的要件中分离出来而成为违法性的要件以后，在理论上进一步探讨了法定作为义务的根据，并进而发展到事务管理及情理（或公序良俗）。[①]

可以说，违法性说对于作为义务的研究是作出了贡献的。因为只有在违法性的意义上，才能对作为义务来源及根据予以充分展开。但违法性说同样存在重大缺陷，把作为义务从构成要件该当性中分离出来以后，不作为的实行性问题难以得到妥当解决，因为没有作为义务的限定，不作为中的不防止结果发生的范围就会变得漫无边际。不防止结果发生首先是一个事实问题。在现实生活中不防止结果发生的情况是广泛存在的，但并非不防止结果发生的情形都构成刑法上的不作为，只有具有作为义务的人不防止结果发生才构成不作为。因此，离开了作为义务，不作为的范围就大为扩展。正如日本学者指出：

> 如果在违法性领域考虑违反作为义务，那么无作为义务人的不作为就符合了构成要件。例如，对倒在路边的就要死的人，一过路人认为死了才好，那么这个过路人的不作为也符合杀人罪的构成要件。[②]

违法性说的缺陷不仅在于此，而且使不作为的违法性判断与作为的违法性判断出现了不同。作为的违法性是由构成要件推定的，只有在存在违法阻却事由的情况下，违法性才被否定。但对于不作为来说，构成要件的违法性推定机能却丧失了：具有构成要件该当性的不作为，其是否存在违法性，要在违法性阶段根据

---

① ［日］日高义博：《不作为犯的理论》，王树平译，18页，北京，中国人民公安大学出版社，1992。

② ［日］日高义博：《不作为犯的理论》，王树平译，20页，北京，中国人民公安大学出版社，1992。

是否具有作为义务加以积极的判断。在这种情况下，违法性说与犯罪论体系发生了矛盾。因此，违法性说对于作为义务的体系性地位的确认是存在障碍的。

3. 构成要件说

构成要件说把作为义务解释为构成要件要素，在构成要件中考察作为义务问题，这一点是不同于违法性说而是与因果关系说相同的。在这个意义上，构成要件说可以说是在作为义务的体系性地位问题上向因果关系说的一种回归。构成要件说的提出，是为纠正违法性说的不合理性，将作为义务看作是一个构成要件的问题，在与作为犯同一性质上予以把握。但是，构成要件说又不完全与因果关系说相同。因果关系说仅从原因力的角度探讨作为义务，但构成要件说则把作为义务当作一个独立的构成要件要素，尤其是保证人说，将作为义务看作是不作为的构成要件该当性的主体要素。

保证人说是德国学者纳格勒（Johannes Nagler，1876—1951）提出的。所谓保证人（Garant），是指在发生某种犯罪结果的危险状态中，负有应该防止其发生的特别义务的人，保证人虽然能够尽其保证义务却懈怠而不作为时，就能成立基于不作为的实行行为。因此，必须把不纯正不作为犯中的作为义务理解为构成要件的要素。在保证人说的基础上，德国学者阿敏·考夫曼和威尔泽尔（Welzel）又提出了区别说，其内容是将保证人的性质区分为保证人地位和保证人义务，认为保证人地位是构成要件问题，而保证人义务是违法性问题。我国学者甚至把区分说看作是区别于作为义务的因果关系说、违法性说与构成要件说的第四说，可见对区别说的重视。① 当然，我认为区别说仍然是一种保证人说，是对保证人说的具体化阐述。保证人说的提出，使作为义务成为构成要件要素，因而成为德日刑法学界的通说。当然，在保证人说的研究当中，以下三个问题还是存在争议的。

1. 保证人义务与身份犯

保证人义务提出以后，把不作为犯，尤其是不纯正的不作为犯视为身份犯的

① 参见［日］福田平、大塚仁：《日本刑法总论讲义》，李乔等译，61页，沈阳，辽宁人民出版社，1986。

观点由此确立。例如德国学者威尔泽尔把保证人的地位视为限定不作为人的范围的构成要件要素，认为不纯正不作为犯是需要具备保证人身份的纯正身份犯。[①]当然，这一观点能否成立与对身份犯的理解有关。在刑法中，身份有狭义与广义之分。狭义上的身份是与个人相关的要素，例如《日本刑法典》第 65 条称“特定之个人要素”。而广义的身份则不仅指个人要素，而且包括个人所处的状况。例如《德国刑法典》第 28 条称“特殊身份关系、资格及情况”。上述狭义与广义两种身份的主要区别就在于：身份是脱离行为而存在、先在于行为的一种个人要素，还是包括与行为相关的某种状态。例如交通肇事罪的主体是从事交通运输的人员，即所谓司机，这是一种狭义上的身份。但司机在交通肇事以后，对撞成重伤的被害人不救治并将其带离事故现场后隐藏或者遗弃致其死亡，根据我国司法解释的规定构成故意杀人罪。这种故意杀人罪是一种不纯正的不作为杀人，那么基于其交通肇事而产生的救治义务是否使这种故意杀人罪成为纯正的身份犯了呢？回答是否定的。因为我国刑法中的故意杀人罪，无论是作为的杀人还是不作为的杀人，都不是身份犯。因此，正如我国学者指出：

> 将不纯正不作为犯确定为身份犯，直接会对身份犯的概念产生混乱的负面影响。[②]

我认为，这一观点是正确的。因为，刑法上的身份是由法律明文规定的。一定的个人要素能否对定罪量刑发生影响，从而成为刑法中的身份，当然有其事实基础。但从效力上说，却完全取决于法律的规定。因此，法律的明文规定是刑法中的身份的法律特征。[③] 身份的法定性特征，决定了保证人义务不可能使不纯正不作为犯成为纯正的身份犯，除非不纯正不作为犯构成之罪是法律所规定的纯正身份犯。

2. 保证人地位与保证人义务

如前所述，在纳格勒以后，对保证人说进一步研究，德国学者又提出了将保

① 参见刘士心：《不纯正不作为犯》，66 页以下，北京，人民出版社，2008。

② 栾莉：《刑法作为义务论》，87 页，北京，中国人民公安大学出版社，2007。

③ 参见陈兴良：《共同犯罪论》，2 版，312 页，北京，中国人民大学出版社，2006。

证人地位与保证人义务加以分离的观点，认为前者是构成要件的要素，后者是违法性的要素，这种观点被称为区别说。[①] 根据这种观点，保证人地位是一种事实状态，它是产生保证人义务的事实根据，因而可以归入构成要件。而保证人义务不同于作为构成要件要素的保证人地位，它是一种违法要素。区别说除了从保证人义务中分离出保证人地位以外，在作为义务，即保证人义务的体系性地位问题上，又回到了违法性说。这种观点同样存在使不纯正不作为的构成要件不能发挥违法性推定机能的问题。而且，正如日本学者所说，这种区别本身不符合社会观念，从保证人地位中将保证人义务剥离出去，其内容过于抽象。[②] 因此，将保证人地位与保证人义务予以一体化理解，并作为构成要件要素加以确立是正确的。

3. 保证人义务与罪刑法定

保证人说把保证人义务作为不纯正不作为的构成要件要素，受到的批评之一是违反罪刑法定主义。因为保证人义务并非是刑法规定的，所以，这些义务只能在习惯法上寻求。这就缺少实定法的根据，是构成要件的扩张。因而，处罚违反法定义务的不作为不外乎是类推适用作为犯的犯罪构成要件，这违反罪刑法定主义。[③] 不纯正的不作为犯之处罚根据与罪刑法定主义之间的关系，是在不纯正的不作为犯研究中不容回避的一个问题。对这个问题应当从不纯正不作为犯的规范结构切入加以考察。对此我国学者指出：

> 如果认识到法是复合性规范，不纯正不作为犯就可以解释为，不纯正不作为犯违反了命令规范而实现的却是以作为形式规定的作为犯的犯罪构成要件。这样，不纯正不作为犯不是以违反禁止规范而被处罚，而恰恰是因为违反命令规范而被处罚。对他的处罚不是根据作为犯的构成要件类推适用，而正是因为符合作为犯的犯罪构成要件而被处罚。所

① 参见［日］川端博：《刑法总论二十五讲》，余振华译，23 页，北京，中国政法大学出版社，2003。

② 参见［日］大塚仁：《刑法概说（总论）》，3 版，冯军译，137 页，北京，中国人民大学出版社，2003。

③ 参见［日］日高义博：《不作为犯的理论》，王树平译，28 页，北京，中国人民公安大学出版社，1992。

以，这可以说是基于刑法的恰当解释来处罚的。这样，在规范结构方面，就基本上解决了和罪刑法定主义相冲突的问题。[①]

不纯正的不作为犯是因违反命令规范而违反禁止规范，这里的违反命令规范是指违反其他法规范所设立的义务，而违反禁止规范是指违反刑法条文背后所隐藏着的禁止规范。而正是在违反禁止规范这一点上，不作为与作为是相同的，这也正是等置性所要解决的问题。

（二）形式的作为义务论

在确定了作为义务的体系性地位的基础上，进而讨论作为义务的来源或者根据问题。在作为义务来源问题上，存在一个从形式的作为义务论到实质的作为义务论的转变过程。

形式的作为义务论之形式，是指法规范。因此，形式的作为义务论是通过列举作为义务的法律渊源以确定作为义务的根据，即从法源中寻求作为义务的来源。在这个意义上，形式的作为义务论之形式又具有与实质相对应的含义，即只要具有这种法律上的根据，就认定为具有作为义务，而不再追究作为义务背后的实质根据。形式的作为义务论最初是费尔巴哈提出的。费尔巴哈提出以刑法以外的法律、契约作为不作为的作为义务来源。此后，德国学者施就别尔又提出了先行行为作为不作为的作为义务的来源，从而形成了形式的作为义务三分说。[②] 应该说，形式的作为义务论将作为义务予以体系化、类型化处理，对于把握作为义务的实体性存在具有重要意义。当然，形式的作为义务论仍然存在不足之处，即基于某种法律、契约的形式确定不作为的作为义务，可能导致作为义务的范围过于宽泛。

---

① 黎宏：《不作为犯研究》，97 页，武汉，武汉大学出版社，1997。

② 参见黎宏：《不作为犯研究》，123～124 页，武汉，武汉大学出版社，1997。

我国刑法学中的作为义务理论，基本上属于形式的作为义务论。在我国目前四要件的犯罪构成中，由于各要件之间不存在阶层性，因而也并不存在作为义务的体系性地位问题，一般都是在危害行为的行为方式中加以讨论，并与作为相对应。我国刑法学通说认为，不作为的作为义务具有以下四种来源：

1. 法律规定的作为义务

法律规定的作为义务是不作为的作为义务的首要来源。但是，这里的法律规定是指刑法规定还是指其他法律规定，对于这个问题虽然不存在明显的争论，但在表述上却是不甚了然的，在法理上未予深究。当法律规定的作为义务是指纯正的不作为犯的作为义务时，一般会把这里的法律规定理解为刑法的规定。因为纯正的不作为犯都是由刑法明文规定的。但当法律规定的作为义务是指不纯正的不作为犯的作为义务时，因为不纯正的不作为犯在刑法中没有明文规定，不仅刑法分则没有明文规定，而且刑法总则也没有明文规定。在这种情况下，除非否认法律规定是不纯正的不作为犯的作为义务来源，否则，这里的法律规定只能是指刑法以外的其他法律规定。然而，我国学者在论及不纯正的不作为的作为义务时指出：

> 从刑法自身的独立性地位、罪刑法定原则的要求来考虑，不纯正不作为犯的作为义务应当仅限于刑法明文规定的义务。在刑法尚未作出明文规定的情况下，不得以其他法律明文规定为由，追究行为人的刑事责任。①

如果按照这一观点，则我国刑法中的不纯正不作为犯不复存在矣。因此我认为，不作为的作为义务来源中的所谓法律规定，就其第一义而言，均非刑法规定的义务，而是其他法律规定的义务。例如日本学者在论及作为义务来源的法令的规定时指出：

> 由法令的规定明确表示的场合是指：夫妇的扶助义务（民第752

① 李金明：《不真正不作为犯研究》，160页，北京，中国人民公安大学出版社，2008。

> 条）、亲权人对子女的监护义务（民第 820 条）等即属其例。因而，丈夫置生病的妻子于不顾去旅行的行为，母亲故意不给婴儿喂奶的行为，可能分别成立保护责任者遗弃罪（第 218 条）、杀人罪（第 199 条）。①

在上述例举中，保护责任者遗弃罪是纯正的不作为犯，杀人罪是不纯正的不作为犯。由此可见，无论是纯正的不作为犯还是不纯正的不作为犯，其作为义务来源的法律规定，都是指刑法以外的其他法律规定。当然，在纯正的不作为的情况下，其他法律规定的作为义务经由刑法确认。在第二义上，纯正的不作为的作为义务也可以说是刑法规定的，只不过刑法规定是以其他法律的规定为来源的。在这个意义上，纯正不作为的作为义务来源的法律规定具有双重性。② 因此，就作为义务的最终渊源上来说，还是刑法以外的其他法律的规定。

2. 职务或者业务要求的作为义务

职务或者业务要求的作为义务是指担任一定的职务或者从事一定的业务，基于这种职务或者业务所要求的作为义务。因为职务或者业务往往与行为人的主体身份有关，所以违反职务或者业务要求的作为义务而构成的犯罪，一般都是身份犯。在德日刑法中，职务或者业务上的要求往往被当作法律明文规定的作为义务的一种。③ 因此，将职务或者业务要求的作为义务当作不作为的作为义务的一种独立来源，在我国刑法理论中是较为特殊的。我国刑法规定的职务犯罪与业务犯罪占有很大比重，在这种情况下，这一归纳具有一定的合理性。当然，职务或者业务要求不像法律规定那么明确，有些是由规章制度规定的。对此，都应当视为作为义务的来源。

3. 法律行为设定的作为义务

法律行为具有设定权利、义务的功能，因而也可以成为不作为的作为义务的来源。这里的法律行为，主要是指民法上的法律行为，又称民事法律行为。民法

---

① ［日］大塚仁：《刑法概说（总论）》，3 版，138 页，冯军译，北京，中国人民大学出版社，2003。

② 参见陈兴良：《刑法哲学》，修订 3 版，242 页，北京，中国政法大学出版社，2004。

③ 参见黎宏：《不作为犯研究》，141 页，武汉，武汉大学出版社，1997。

上的法律行为的根本特征在于设权性，即按照当事人意思表示的内容设立、变更、终止相互间平等权利义务关系。[①] 通过民法上的法律行为设定的义务，就是一种作为义务。违反这种作为义务，是民事违法行为。当这种民事违法行为侵犯刑法上的重大法益的时候，就应当受到刑罚处罚。因而，民法上的法律行为设定的作为义务就成为不作为犯罪的作为义务的来源。

法律行为设定的作为义务，在德日刑法中称为由契约、事务管理等法律行为发生的作为义务。正如日本学者所指出的那样，根据契约而接受养育幼儿的人，有给予适当食物、进行其他养育的义务。由于事务管理把病人带回自己家里的人，必须负担其治疗、保护的义务。[②] 契约只是民法上的法律行为的一种形式，除此以外，还包括遗嘱、借用、婚姻、买卖等其他民事活动以及公事活动等。[③] 因此，法律行为设定的作为义务其来源是十分宽泛的，对此应当在与作为犯罪的等置性上加以考量。

4. 先行行为引起的作为义务

先行行为，又称危险前行为，是指行为人先前实施的行为，该行为使某种合法权益处于遭受严重损害的危险状态，该行为人产生以积极行动阻止损害结果发生的义务，就是先行行为引起的作为义务。

在德日刑法理论中，作为义务论存在一个从形式的作为义务论到实质的作为义务论转变的过程。日本学者西田典之教授论述了早期的形式性三分说：

> 从历史上看，最初的学说为了限定不真正不作为犯的成立范围，仅以法律、合约为作为义务的根据。例如，限于具有民法上的抚养义务、监护义务，或者存在抚养合同、养育合同时，才认定具有作为义务。但并未提出法律上的义务为何能成为刑法上的作为义务。总之，考虑到将

---

① 参见宋炳庸：《法律行为基础理论研究》，120页，北京，法律出版社，2008。

② 参见［日］大塚仁：《刑法概说（总论）》，3版，冯军译，138页，北京，中国人民大学出版社，2003。

③ 参见宋炳庸：《法律行为基础理论研究》，241页，北京，法律出版社，2008。

范围限定的过窄，其后又加上了条理（社会一般观念）。这就是所谓的形式性三分说（法律、合约、条理）。但因加入了条理这一相对暧昧的根据，使形式性三分说丧失了其本身的形式性，作为义务论也更多地融入了伦理性义务。[①]

由以上论述可见，最初的形式的作为义务论，是为了避免不纯正不作为犯的作为义务毫无边界，会不适当地扩大作为义务的范围，因而从规范的观点提出形式的作为义务论加以限制。最初的形式，仅限于法律规定，主要是指民法的规定，后来扩大到合约，最后又进一步扩大到条理。因为条理属于不成文的道德义务，所以将条理作为不作为犯的作为义务加以确定，既有混淆道德与法律之嫌，又有暧昧不明之弊，引起较大争论。正如日本学者西田典之教授所言，包含了条理的作为义务已经突破了形式的界限。

在上述形式的作为义务三分说中并不包含先行行为，将先行行为吸纳到作为义务来源当中，更在很大程度上违背了形式说的标准。先行行为作为作为义务的发生根据之一，是德国学者施就别尔的见解，他从生活的实际感觉及明白的法感情中归纳出了这个结论。后来在 19 世纪中叶所展开的不作为的因果性的争论中，先行行为作为作为义务的发生根据逐渐在理论上被确认。[②] 就先行行为之作为作为义务是从法感情中推论出来而非从法规范中引申出来而言，是一种明显的实质论。但把法律、合约、先行行为确定为不作为的作为义务来源，采取了一种列举的方式，只要具备刑法理论所列举的作为义务来源之一，就认为具备不作为之作为义务，这又是一种典型的形式判断。因此，先行行为作为不作为的作为义务，存在一定的弊端。正如我国学者指出：

先行行为说所主张的原因设定行为相当于原来的先行行为，一方面将不纯正不作为犯的成立范围扩展得过宽，另一方面又限制得过窄。因

① ［日］西田典之：《日本刑法总论》，刘明祥、王昭武译，93 页，北京，中国人民大学出版社，2007。

② 参见黎宏：《不作为犯研究》，124 页，武汉，武汉大学出版社，1997。

> 为按照先行行为说主张，凡是由于故意或过失行为而设定结果原因者，都负有作为义务。因此，过失犯或结果加重犯，只要对结果防止的可能性和结果发生具有认识，马上就转化为故意的不作为犯。而且，教唆犯和帮助犯也马上转化为不作为犯的正犯，这显然是将不作为犯的成立范围放宽。①

在先行行为作为不作为的作为义务来源的情况下，使不作为范围过宽的问题是明显存在的，也容易造成理论上的混乱。例如我国刑法学界经常讨论一个问题，即从失火罪向放火罪的转化。我国学者指出：

> 由于失火而引起火灾的危险，能够及时扑灭，但故意不扑灭，而任其燃烧，失火可以转化为放火。比如，某人无意之中把一个未熄灭的火柴头扔到仓库里的草堆上了，草堆立刻着起来。他知道如果不踩灭，有可能引起大火，但却扬长而去，根本不管，以致大火将仓库烧毁。这样，就应当以放火论处。因为，这个时候他有义务灭火，而且他也明知自己不去扑灭有可能发生火灾。即使他不是希望发生火灾，也是持放任态度，完全具备了故意放火的特征。②

以上分析，从表面上看似乎是可以成立的，即失火行为是先行行为，该先行行为产生了扑灭火灾的作为义务。行为人能够履行该作为义务而没有履行，并且对火灾结果持一种放任的心理态度，因而转化为间接故意的不作为放火罪。问题在于：造成火灾本身就是失火行为的后果，仅仅由于对这一后果的不防止，就能转化为放火罪吗？如果这一观点能够成立，则不作为犯罪的范围将大为扩张。例如，过失致人重伤，产生了救助义务，如果不予救治，扬长而去，也可以理解为对死亡结果持放任态度。如果被害人不治身亡，也就从过失致人死亡罪转化为故意杀人罪。在这种情况下，对于过失犯罪不仅要认定其本身的构成要件，而且还

---

① 李晓龙：《论不纯正不作为犯作为义务之来源》，47 页，载高铭暄、赵秉志主编：《刑法论丛》，第 5 卷，47 页，北京，法律出版社，2002。

② 王作富：《中国刑法研究》，419 页，北京，中国人民大学出版社，1988。

要考察是否具有履行由于该过失行为导致的作为义务的可能性，以便排除不作为犯罪，这显然不合乎罪刑法定原则。因此，我认为只要某一结果是包含在过失犯罪的构成要件之内的，则该过失犯罪不能转化为同一行为的故意犯罪。除非这一结果是超出某一过失犯罪的，该过失行为才有可能成为不作为的先行行为。

关于从失火罪向放火罪转化，日本学者日高义博也结合判例进行了充分讨论。日高义博在关于放火罪的不真正不作为犯的判例中，共讨论了 13 个案例，其中否定成立不纯正不作为犯的有 4 个案例。在这些案例中，过失引起火灾，能够扑灭而没有扑灭的，既有构成放火罪的判例，也有不构成放火罪的判例。

案例 7—1　点烟引起火灾案①

［案情］被告吸烟时，将点烟的火柴棍扔到甲的房檐下库房处的竹笼中，火柴棍的余火点着了竹笼中的刨花子，燃起了火苗。被告非常害怕，虽认识到火势增大会延烧到房子，但也没有采取扑救措施就逃走了。最终火势逐渐增大烧毁了房子的一部分。原审根据刑法第 108 条判处不作为放火罪。

［判旨］福冈高等法院撤销原判决，并作如下判定：

不是由于自己故意的原因而导致了物品着火，在这种情况下构成不作为的放火行为，必须是处于法律上有扑火义务且能够扑火地位的人，基于利用其已出现的火力的意志而不采取必要的救火措施……被告看到刨花子燃起火来，应立即扑火，而且也能够扑灭，但被告看到是由火柴棍的余火把刨花子点着的，因而故意放任不管，由于不能判定该不作为是基于要烧毁甲的房子的意思而不实施救火，所以，上述被告所为只有以失火罪讨论的余地，特别是原判决中事实与证据明显不符，所以，根据刑事诉讼法第 397 条第 1 款、第 378 条第 4 款撤销原判决。

---

① 参见［日］日高义博：《不作为犯的理论》，王树平译，52 页，北京，中国人民公安大学出版社，1992。

案例 7—2 照明引起火灾案①

［案情］被告寻找售票处桌子的抽屉，在要把其中的现金（纸币和硬币）往口袋里装的时候，硬币掉到了地板上。被告就把桌子上纸片团成一长条，用火柴将其点着，用它照明捡地板上的硬币，但这时，火把书、纸屑给点着了，火苗在桌子上有20厘米高。被告虽认识到可能要烧毁该售票处，但因害怕自己的犯罪行为被发觉，不敢灭火，逃离了现场。

原判认定这一事实成立放火罪。

［判旨］广岛高等法院冈山分院驳回上诉维持原判，判定如下：

被告害怕被人发觉自己的犯罪行为而不敢救火，从这点来看，被告的心理意图应解释为放任延烧结果的发生，被告不履行救火义务，其不作为导致火灾发生，应负放火罪的刑事责任。

在以上两个判例中，案情基本相同，判决结果却完全不同。尽管如此，判决主要着眼于行为人是否具有利用火力（危险）的意志，具有较为明显的主观主义色彩。而我认为，这主要还是一个如何对作为义务进行实质判断的问题，同时也涉及放火罪与失火罪的区分问题。

形式的作为义务论存在明显的缺陷，这就是不能科学地揭示处罚不作为犯的实质根据，因而难以区分纯正的不作为犯与不纯正的不作为犯。在刑法没有规定纯正不作为犯的情况下，容易将本应作为纯正不作为犯处罚的行为因刑法没有规定而作为不纯正不作为犯处罚。例如，在不救助的场合，简单地把只要具有救助义务而不救助就认为是不作为杀人，有可能扩大不纯正不作为犯的范围。我国学者试图把救助义务区分为行为义务与结果义务，指出：

> 不履行救助的行为义务，只是一个纯正不作为犯问题，只有不履行

① 参见［日］日高义博：《不作为犯的理论》，王树平译，58页，北京，中国人民公安大学出版社，1992。

防止危害的结果义务才构成不纯正不作为犯。[1]

这种观点虽然具有一定新意，然而救助的行为义务与结果义务之间的区分具有不可操作性。即使是在刑法对纯正不作为犯已有明文规定的情况下，仅根据作为义务的形式论也很难区分两种根本不同的犯罪类型，例如故意杀人罪与遗弃（致人死亡）罪。父母具有抚养子女的义务是法律义务，对一名刚满月的婴儿不履行抚养义务而致其死亡与对一名已满 15 周岁的少年不履行抚养义务而致其死亡，从抚养义务之不履行上来说是完全相同的。但是，对于这两种情形在刑法上都评价为杀人行为或都评价为遗弃行为是不妥当的。前者是杀人，后者是遗弃。对此，不能从形式的作为义务上寻求根据，而必须在具备形式的作为义务的基础上，再进一步进行实质判断，这就是作为义务的实质论。

（三）实质的作为义务论

我国学者在论及作为义务论之提出时指出：

> 本世纪（指 20 世纪——引者注）60 年代以来，西德的刑法学者们便避开作为和不作为构成上的差别，而从不作为者与危害结果或不作为者与被害者之间的特殊关系出发来确认不作为犯的作为义务的实质根据，并取得了丰硕的成果。其中有阿米·考夫曼及亨克尔（Herkel）的同价值的作为义务说；安德鲁·那克斯（Androulakis）的社会保护关系说；乌儿夫（E. A. Wolf）的“本来的依存关系说”；威尔普（Welp）的特殊的依存说；贝尔汶格鲁（Bärwinkel）的社会的作用说；鲁德尔夫（Rudolphi）的统括者说等等。这些学说由于抛开作为与不作为存在结构上的差异而从不作为者所起的社会作用及所处的社会环境来研究作为义务的实质内容，而被称为“社会的不作为犯论”。其共同特点是对

① 叶慧娟：《见危不助犯罪化的边缘性审视》，270 页，北京，中国人民公安大学出版社，2008。

传统的义务违反说中规范的形式的方法进行反省而向存在论的实质性的研究方法过渡。这种研究方法论上的变化，给其他国家以很大的影响。[①]

从形式的作为义务论到实质的作为义务论是一种研究方法的转变。我认为，实质的作为义务论并不是对形式的作为义务论的否定，毋宁说，在两者之间存在一种逻辑上的位阶关系：形式的作为义务论是对作为义务的形式判断，实质的作为义务论是对作为义务的实质判断。只有在对作为义务进行形式判断，确认形式的作为义务存在的基础上，才能进一步对作为义务进行实质判断。形式的作为义务是存在论意义上的作为义务，而实质的作为义务则是价值论意义上的作为义务。在实质的作为义务的认定中，我以为应当强调以下三种观点：

1. 主体具有保证人的地位

在对不作为犯之作为义务进行实质判断的时候，主体是否具有保证人的地位是重要的根据之一。保证人说是德国学者纳格勒首倡的。纳格勒指出：

> 所谓保证人（Garant），是指在发生某种犯罪结果的危险状态中，负有应该防止其发生的特别义务的人，保证人虽然能够尽其保证义务，却懈怠而不作为时，就能成为基于不作为的实行行为。因此，必须把不真正不作为犯中的作为义务理解为构成要件的要素。[②]

不作为犯所处的这种保证人地位，使其承担防止结果发生的实质性义务，如果不履行这种义务，则应对法益侵害结果承担刑事责任。正如德国学者指出：

> 在不纯正的不作为犯情况下，保证人被赋予避免结果发生的义务，结果的发生属于构成要件，违反避免结果发生义务的保证人，应当承担构成要件该当结果的刑法责任。[③]

---

① 黎宏：《不作为犯研究》，127页，武汉，武汉大学出版社，1997。

② 转引自［日］大塚仁：《刑法概说（总论）》，3版，冯军译，136页，北京，中国人民大学出版社，2003。

③ ［德］汉斯·海因里希·耶赛克、托马斯·魏根特：《德国刑法教科书》，徐久生译，727页，北京，中国法制出版社，2001。

因此，主体是否具有保证人地位就成为实质的作为义务的一种判断标准。因为，这里的保证人地位使作为义务与主体身份相连接，从而使作为义务的实质根据更为确定。

2. 行为具有等价值的性质

这里的行为等价值，是指作为与不纯正的不作为之间具有等价值性。因为作为与不纯正的不作为是共用一个构成要件，刑法对不纯正的不作为并未作出专门规定。在这种情况下，只有与作为具有等价值性的不纯正的不作为才能被认定为犯罪。例如刑法规定的杀人行为，如果是作为的杀人，当然可以被刑法关于杀人罪的规定所统摄。在不纯正的不作为杀人的情况下，应当考察与作为杀人的等价值性。这种构成要件的等价值性理论是日本学者日高义博教授提出来的，日高义博教授指出：

> 填补不真正不作为犯与作为犯存在结构上的空隙而使两者价值相等，这种等价值性的判断标准必须在构成要件相符性阶段来考虑。也就是说，为了解决等置问题，首先在犯罪成立的第一步构成要件相符性阶段，不真正不作为犯和作为犯必须是等价值的。①

等价值性理论为我们对作为义务进行实质判断提供了一个方向，对于认定不纯正的不作为具有重要意义。

3. 原因设定与结果支配

在认定不纯正的不作为的时候，对作为义务的实质判断中，是否具有原因设定和结果支配，是重要的根据。原因设定是指不作为者在该不作为成立之前，必须自己设定倾向侵害法益的因果关系，它是具有实质性意义的等价值的判断标准。这一观点是日本学者日高义博教授提出来的，也称为实质的原因设定性理论。② 原因设定与作为和不作为的等价值性判断密切相关，但它也可以成为一种独立的判断根据。原因设定的观点与危险创制的观点具有相似性，它为作为义务

① ［日］日高义博：《不作为犯的理论》，王树平译，105～106页，北京，中国人民公安大学出版社，1992。

② 参见黎宏：《不作为犯研究》，132页，武汉，武汉大学出版社，1997。

的存在提供了实质性的根据。结果支配是指对结果发生具有支配性。德国学者许乃曼在1971年关于《不纯正不作为犯的基础和界限》一文中，提出了对造成结果的原因有支配的对等原则：仅有当不作为人针对造成法益受侵害之事实的法律地位，以对于结果归责具决定性的观点与作为行为人的法律地位可加比较时，那么以作为犯的构成要件处罚不作为才属适当。[①] 日本学者进一步地强调这种对结果的支配是一种排他性支配。例如日本学者西田典之教授指出：

> 不作为要与作为具有构成要件等价值，不作为者就必须将正在发生的因果流程控制在自己的手中，即获得基于意思的排他性支配。[②]

这种结果支配的观点，对于认定不作为犯的作为义务具有重要指导意义。结果支配涉及行为对于结果发生的实质上的掌控，而不满足于是否具有形式上的作为义务，从而起到限定不作为的作为义务的作用。

三、不作为的类型

在刑法理论上，不作为可以分为纯正的不作为与不纯正的不作为这两种类型。相对来说，纯正的不作为由于在刑法中有明文规定，对于司法认定来说难度并不是很大。但不纯正的不作为则因为刑法分则没有直接规定，因而在司法认定中存在疑难问题。

（一）纯正的不作为

纯正的不作为是指刑法规定只能以不作为形式实施犯罪的情形。由纯正的不

---

① 参见［德］许乃曼：《德国不作为犯学理的现况》，陈志辉译，载陈兴良主编：《刑事法评论》，第13卷，397页，北京，中国政法大学出版社，2003。

② ［日］西田典之：《日本刑法总论》，刘明祥、王昭武译，94页，北京，中国人民大学出版社，2007。

作为构成的犯罪称为纯正的不作为犯。我国刑法中规定纯正的不作为，主要有以下情形：

1. 刑法第 129 条规定的丢失枪支不报罪，其行为是丢失枪支不及时报告。这里的不及时报告，是不报告的一种情形，具有不作为性质。

2. 刑法第 138 条规定的教育设施重大安全事故罪，其行为是明知校舍或者教育教学设施有危险，而不采取措施或者不及时报告。这里的不采取措施或者不及时报告，都是不作为。

3. 刑法第 139 条之一规定的不报、谎报安全事故罪，其中在安全事故发生后，负有报告职责的人员不报事故情况是不作为，至于谎报则不属于不作为。

4. 刑法第 161 条规定的违规披露、不披露重要信息罪，其中依法负有信息披露义务的公司、企业，对依法应当披露的其他重要信息不按照规定披露，这也是一种不作为。这里的不按照规定披露是指不披露，而不是违规披露。

5. 刑法第 261 条规定的遗弃罪，其行为是对于年老、年幼、患病或者其他没有独立生活能力的人，负有扶养义务而拒绝扶养。这里的拒绝扶养，就是不履行扶养义务，因而是典型的不作为。

6. 刑法第 311 条规定的拒绝提供间谍犯罪证据罪，其行为是明知他人有间谍犯罪行为，在国家安全机关向其调查有关情况、收集有关证据时，拒绝提供。这里的拒绝提供就是不提供，因而是不作为。

7. 刑法第 313 条规定的拒不执行判决、裁定罪，其行为是对人民法院的判决、裁定有能力执行而拒不执行。这里的拒不执行，是不作为。

8. 刑法第 402 条规定的徇私舞弊不移交刑事案件罪，其行为是行政执法人员徇私舞弊，对依法应当移交司法机关追究刑事责任的不移交。这里的不移交，是不履行移交义务，因而是不作为。

9. 刑法第 404 条规定的徇私舞弊不征、少征税款罪，其中税务机关的工作人员徇私舞弊，不征应征税款的行为，是不作为。

10. 刑法第 416 条规定的不解救被拐卖、绑架妇女、儿童罪，其行为是对被拐卖、绑架的妇女、儿童负有解救职责的国家机关工作人员，接到被拐卖、绑架的妇女、儿童及其家属的解救要求或者接到其他人的举报，而对被拐卖、绑架的妇女、儿童不进行解救。这里的不进行解救，就是不作为。

11. 刑法第429条规定的拒不救援友邻部队罪，其行为是指在战场上明知友邻部队处境危险请求救援，能救援而不救援。这里的不救援，就是不作为。

12. 刑法第445条规定的战时拒不救治伤病军人罪，其行为是战时在救护治疗职位上，有条件救治而拒不救治危重伤病军人。这里的拒不救治，就是不作为。

从以上列举的我国刑法规定的纯正的不作为犯的情况来看，可以分为业务的不作为、职务的不作为和普通的不作为，其中职务的不作为占有较大比重。

（二）不纯正的不作为

不纯正的不作为是指以不作为形式而犯通常以作为形式实施的犯罪的情形，由不纯正的不作为构成的犯罪称为不纯正的不作为犯。

不纯正的不作为不同于纯正的不作为，在刑法中并没有直接规定，而是包含在刑法的有关规定中。因此，不纯正的不作为的处罚根据问题，始终是在刑法理论上存在争议的问题，也就是处罚不纯正的不作为是否违反罪刑法定原则。对于这个问题，日本学者小野清一郎指出：

> 不作为犯存在的问题是，一定的不作为是否符合构成要件。这在纯正的不作为犯中，例如不解散罪（《刑法》第107条）、不退去罪（《刑法》第130条）、不保护罪（《刑法》第218条第2款）中，是很明确的，但在所谓不纯正的不作为犯中，就产生了疑问。然而，由不作为而认定杀人罪或放火罪时，必须适用构成要件的观念形象。杀人罪、放火罪的构成要件本身，应认为是在作为行为之外包含着不作为行为。可是这种分析式的图解式的考察不能不存在着无视放火罪中的作为与不作为

何者为重点的危险。这些罪原则上几乎都是作为的观念形象，不作为莫如说只是其中例外的特殊情形。我觉得，这应是构成要件的解释论并且是扩张的或类推的解释，把相同的事按照事物的实体去考虑的结果。[①]

在以上论述中，小野清一郎认为在杀人罪、放火罪的构成要件中容纳不纯正的不作为，似乎是类推解释的结果，这一说法是不妥的。实际上，杀人罪、放火罪的构成，已经预想着既包括作为又包括不作为。只不过在这种情况下，需要对不作为的构成要件作出特殊的说明。以杀人为例，其行为是非法剥夺他人生命。因此，无论是以作为方式还是以不作为方式非法地剥夺他人生命，都是可以在杀人的构成要件中被容纳的。当然，也有个别犯罪因为法律用语本身，将作为与不作为用同一概念表达可能存在障碍。例如，侵入住宅罪，其中的侵入具有由外而内的含义。因此，日本刑法典第 130 条规定：

无正当理由侵入他人的住宅或者他人看守的宅邸、建筑物或者船舰，或者经要求退出但仍不从上述场所退出的，处三年以下惩役或者十万日元以下罚金。

上述法条规定了侵入住宅罪与不退去罪。这里的不退去罪是指征得居住权人同意进入住宅等，经要求退去而不退去的行为。本罪是纯正不作为犯。[②] 通过刑法的明文规定，使之成为纯正的不作为犯，从而避免了在侵入概念中包含不退出所可能带来的矛盾。我国刑法第 245 条规定了非法侵入住宅罪，并没有对拒不退去的行为加以明文规定。对此，张明楷教授指出：

我国刑法第 245 条并没有将“拒不退去”规定为非法侵入住宅罪的行为类型，可刑法理论几乎没有争议地认为“不退去”属于非法侵入住宅罪的表现形式。但这种解释有类推解释之嫌，因为难以将“不退去”

① ［日］小野清一郎：《犯罪构成要件理论》，王泰译，92 页，北京，中国人民公安大学出版社，2004。

② 参见［日］西田典之：《日本刑法各论》，3 版，刘明祥、王昭武译，82 页，北京，中国人民大学出版社，2007。

本身评价为“侵入”[①]。

应该说，张明楷教授的上述观点是有其合理之处的。我在以往的著作中也是把“不退去”解释为侵入住宅罪的行为类型之一种。[②] 其实，这种解释源自立法机关的理解。例如立法机关的论著指出：

非法侵入住宅罪，是指未经住宅主人同意，非法强行闯入他人住宅，或者经住宅主人要求其退出仍拒不退出的行为。[③]

显然，在立法者的心目中是把不退去理解为非法侵入住宅罪的行为类型之一的。不仅如此，我国司法机关对于这种不退去行为也是作为非法侵入住宅罪论处的。例如乔秀云非法侵入住宅案，即是适例。

案例 7—3　乔秀云非法侵入住宅案[④]

被告人：乔秀云，女，1951 年 5 月 12 日出生，汉族，小学文化，农民，住河南省荥阳市。2002 年 11 月 1 日因本案被捕。

2002 年 6 月 21 日早 8 时许，被告人乔秀云带着其儿媳张利红及同村村民阴艳花、乔建春等人，到附带民事诉讼原告人李爱枝家中，找李的丈夫赵文彪要账。乔秀云发现赵文彪不在家后，即向李爱枝要账，用沙发堵住门，不让李外出，并动手将李爱枝打伤。在李爱枝强烈要求其退出的情况下，乔秀云仍守候在李爱枝家中拒不退出，致使李爱枝无法正常生活。直至 6 月 24 日上午，在荥阳市京城办事处负责人及京城路派出所工作人员的劝说下，被告人乔秀云才离开现场。后经荥阳市公安局法医鉴定，被害人李爱枝的损伤程度为轻微伤。李爱枝受伤后在荥阳市人民医院住院治疗，花去医疗费、鉴定费等费用共计 734.3 元。

---

① 张明楷：《刑法学》，3 版，679 页，北京，法律出版社，2007。

② 参见陈兴良：《规范刑法学》（下册），2 版，712 页，北京，中国人民大学出版社，2008。

③ 全国人大常委会法制工作委员会刑法室编：《中华人民共和国刑法条文说明、立法理由及相关规定》，502 页，北京，北京大学出版社，2009。

④ 参见最高人民法院中国应用法学研究所编：《人民法院案例选》（2004 年刑事专辑），257～258 页，北京，人民法院出版社，2005。

河南省荥阳市人民检察院以被告人乔秀云犯非法侵入住宅罪向荥阳市人民法院提起公诉。在诉讼进程中，被害人李爱枝提起附带民事诉讼，要求被告人乔秀云赔偿其各项经济损失和精神损失共计 1 万元。

被告人乔秀云辩称：她去李爱枝家是为了要账，其行为不构成犯罪。其辩护人提出，乔秀云的行为事出有因，情节轻微，请求对她从轻处罚。

荥阳市人民法院经公开审理认为：被告人乔秀云进入李爱枝的住宅后，为要账与李爱枝发生纠纷，乔秀云不让李爱枝外出，并将李打成轻微伤，李爱枝再三要求其退出而拒不退出，其行为已构成非法侵入住宅罪，应予惩处，其给附带民事诉讼原告人李爱枝造成的经济损失应予赔偿。荥阳市人民检察院指控被告人乔秀云的犯罪事实清楚，罪名成立，予以支持。附带民事诉讼原告人李爱枝的诉讼请求合理部分予以支持。被告人乔秀云以其行为是要账不构成犯罪的辩解理由不能成立，不予采纳。辩护人以本案事出有因、情节轻微请求从轻处罚的辩护理由部分成立，予以采纳。该院依照《中华人民共和国刑法》第二百四十五条第一款、第三十六条第一款、《中华人民共和国民法通则》第一百一十九条的规定，于 2003 年 5 月 7 日作出如下判决：

一、被告人乔秀云犯非法侵入住宅罪，判处有期徒刑八个月。

二、被告人乔秀云赔偿附带民事诉讼原告人李爱枝医疗费、鉴定费等经济损失 734.3 元。

在以上案例中，法院将拒不退出行为认定为非法侵入住宅罪。从法教义学上来检讨，虽然不退去实质上是对他人住宅权的一种侵犯，但不退去与侵入在行为方式上是不相容的。像日本刑法典那样，将不退去规定为纯正的不作为犯较为妥当。在我国没有关于不退去的明文规定的情况下，将不退去认定为侵入住宅，确有类推解释之嫌。

这个问题与我国刑法的不完备有关。因为我国刑法对某些纯正的不作为犯未加以规定，从而导致这些纯正的不作为犯被认定为不纯正的不作为犯，这在一定程度上违反了罪刑法定原则，也难以实现罪刑均衡原则。例如我国刑法中没有不救助罪，或见危不救罪等，因而大量类似案件在我国司法实践中都往往以不作为的故意杀人罪论处。其中，宋福祥不作为间接故意杀人案，即是适例。

案例 7—4 宋福祥不作为间接故意杀人案①

被告人：宋福祥，男，32 岁，汉族，河南省南阳市人。1994 年 7 月 22 日因本案被逮捕。

1994 年 6 月 30 日晚，被告人宋福祥酒后回到自己家中，因琐事与其妻李霞发生争吵厮打。李霞说："三天两头吵，活着还不如死了。"被告人宋福祥说："那你就去死。"后李霞在寻找准备自缢的凳子时，宋喊来邻居叶宛生对李霞进行规劝。叶走后，二人又发生吵骂厮打。李霞又寻找自缢用的绳索时，宋福祥采取放任态度，不管不问不加劝阻，致使李霞于当晚在其门框上上吊自缢身亡。经河南省南阳市卧龙公安分局刑事技术鉴定：李霞系机械性窒息死亡（自缢）。

河南省南阳市人民法院经审理认为，被告人宋福祥目睹其妻李霞寻找工具准备自缢，应当预见李霞会发生自缢的后果而放任这种后果的发生，在家中只有夫妻二人这样的特定环境中，被告人宋福祥负有特定义务，其放任李霞自缢身亡的行为，已构成故意杀人罪（不作为），但情节较轻。

河南省南阳市人民法院根据《中华人民共和国刑法》第一百三十二条，作出如下判决：宋福祥犯故意杀人罪，处有期徒刑四年。

上诉人宋福祥不服一审判决，提出上诉称：没有放任李霞的死，根本想不到她这次真的会自杀，她上吊我不知道。一审判决认定事实错误，处理不当，要求依法改判无罪。

河南省南阳市中级人民法院经审理查明：1994 年 6 月 30 日晚被告人宋福祥

① 参见中国高级法官培训中心、中国人民大学法学院编：《中国审判案例要览》（1996 年刑事审判案例卷），34～37 页，北京，中国人民大学出版社，1997。

同其妻李霞生气，李要上吊，宋喊来邻居叶宛生进行劝解，叶走后二人又吵骂厮打，后李寻找自缢工具时，宋意识到李要自缢却无动于衷，放任不管。直到听到凳子响声时，宋才起身过去，但其仍未采取有效措施或呼喊近邻，而是离开现场到一里以外的父母家中去告诉自己父母，待其家人赶到时李霞已无法挽救，宋实际是放任了李霞的死亡。对此有宋福祥本人的供述、叶宛生的证言等证实。

河南省南阳市中级人民法院认为：被告人宋福祥与其妻李霞关系不和，在争吵厮打中用语言刺激李霞，致使其产生自缢轻生的决心。被告人宋福祥是负有特定义务的人，对李霞自缢采取放任态度，致使李在家中这种特定环境下自缢身亡，其行为已构成故意杀人罪（不作为）。原审判决定罪正确、量刑适当、审判程序合法，被告人宋福祥的上诉理由不能成立，不予采纳。

河南省南阳市中级人民法院根据《中华人民共和国刑事诉讼法》第一百三十六条第（一）项之规定，作出如下裁定：

驳回上诉，维持原判。

在宋福祥案中，被告人宋福祥对于上吊自杀的妻子存在救助义务，这是没有问题的。如果刑法规定了不救助罪，按照该罪论处是完全正确的。但在刑法没有规定不救助罪的情况下，能否把这一不救助行为认定为性质更为严重的故意杀人罪，我认为是值得商榷的。认定宋福祥的行为构成不作为的间接故意杀人罪，其法理根据如下：

> 第一，夫妻间有相互救助的义务。第二，如果夫妻一方认识到他方处于危险之中而不予救助，可以认定行为人主观上符合刑法间接故意的心态，故意的内容不要求作为义务人认识到其中有法律上的救助义务；但是如果夫妻中的一方没有意识到另一方处于危险状态，则不能认为其具有放任危险发生的故意心理。第三，夫妻间不履行救助义务构成不作为杀人罪，还要求救助人的不作为与死亡结果之间有刑法上的因果关系，如救助人无履行救助义务的可能性和防止结果发生的可能性，则排

除其行为的违法性。①

如果仅仅从行为人具有救助义务，不履行救助义务导致自杀死亡的结果发生，并且两者之间具有因果关系来分析，宋福祥的行为似乎是构成不作为的故意杀人罪的。但从实质上判断，救助义务的不履行能否直接等同于杀人，即不救助行为与杀人行为之间是否具有等置性，是值得怀疑的。因为自杀与其他原因死亡是有所不同的。杀人是他杀，一种自杀何以转变成为他杀，转换的逻辑何在，这些问题都需要进一步研究。②

思考题：

试论作为犯与不作为犯的等置性。

参考书目：

1. ［日］日高义博. 不作为犯的理论. 王树平译. 北京：中国人民公安大学出版社，1992

2. 黎宏. 不作为犯研究. 武汉：武汉大学出版社，1997

3. 栾莉. 刑法作为义务论. 北京：中国人民公安大学出版社，2007

4. 李金明. 不真正不作为犯研究. 北京：中国人民公安大学出版社，2008

5. 刘士心. 不纯正不作为犯. 北京：人民出版社，2008

6. 许成磊. 不纯正不作为犯理论. 北京：人民出版社，2009

7. 谢绍华. 先行行为论. 北京：中国人民公安大学出版社，2011

① 栾莉：《刑法作为义务论》，263页，北京，中国人民公安大学出版社，2007。

② 关于宋福祥案的探讨，参见陈兴良：《判例刑法学》（上卷），92页以下，北京，中国人民大学出版社，2009。

第 8 章

客观归责论

客观归责，德语为“objektive zurechnung”，是相对于主观归责而言的，指结果对于主体的一定行为的可归属性。在本章中，试图将客观上的归因与归责加以区别，进而论及客观归责的体系性地位问题，在此基础上讨论客观归责的具体规则。

一、从归因到归责

客观归责理论是从因果关系理论发展而来的。因此，客观归责理论的探讨必然始于因果关系理论。

因果观念是人类对客观世界认识而形成的最古老的观念之一。在哲学上，原因和结果是揭示现象之间相互联系的一个方面或一种形式的一对哲学范畴。所谓原因，是指引起某种现象的现象。所谓结果，是指被某种现象所引起的现象。现象之间这种引起和被引起的关系就是因果关系。可以说，关于原因和结果的思想是欧洲哲学史上最早出现的哲学思想之一。古希腊罗马的哲学家把哲学的主要任务确定为探求世界万物的本原，而本原就是产生或构成万物的初始原因。这就是欧洲哲学史上最早形成的因果观念。① 通过对客观世界的因果性认识，初步形成客观世界的主观秩序。当然，因果观念只是客观上的因果关系在人的主观上的反映而已，这就是所谓因果关系的客观性问题。在相当长的时间内，由于受到科学技术水平的限制，因果观念只是人类对客观世界长期认识的经验积累，并没有得到某种科学上的证明，这也往往造成因果关系只是一种主观联系的错觉。

尽管因果观念的形成具有悠久的历史，但其被引入刑法作为归责的客观根据，则是 19 世纪后半叶以后才开始的。在近代以前，归责当中并没有涉及因果关系问题。例如在古希腊亚里士多德的伦理学中，虽然论及伦理上的归责问题，但并没有以因果关系为客观根据。亚里士多德的归责命题是：

> 我们力所能及的恶，都要受到责备。②

这里所谓力所能及，并非指客观上的可能性，而是指行为人主观上对行为的自愿性。在亚里士多德看来，只要是自愿的，就是选择的结果。因此，力所能及就是："可以做，也可以不做。"在这种情况下，只要做，就具有可归责性。即使在黑格尔那里，归责同样是一个主观的问题，只不过作为归责根据的自愿被意志所替代。黑格尔的归责命题是：

> 行动只有作为意志的过错才能归责于我。③

这种归责原则，对于行为犯当然没有问题。因为在行为犯的情况下，行为本身就具有可归责性。只要确定行为是由某人实施的，某人就应当对这一行为承担责任。因此，就客观归责而言，唯一的任务就是认定行为归属于某一主体。但在结果犯的情况下，认定行为归属于某一主体还不够，还须证明结果是由该行为造成的，由此而出现了客观上将结果归属于某一行为的问题。由于行为与结果之间

① 参见李武林等主编：《欧洲哲学范畴史》，316 页，济南，山东人民出版社，1985。

② ［古希腊］亚里士多德：《尼各马科伦理学》，苗力田译，51 页，北京，中国社会科学出版社，1990。

③ ［德］黑格尔：《法哲学原理》，范扬、张企泰译，119 页，北京，商务印书馆，1961。

存在着时间与空间上的分离，因而这种客观上归属的判断是极为困难的。在科学技术欠发达的古代社会，法律是通过一种外在的时间尺度以确定这种归属存在与否的。我国古代刑法中的保辜制度与英美普通法中的一年零一天规则即是如此。《唐律》规定：

> 诸保辜者，手足殴伤人限十日，以他物殴伤人者二十日，以刃及汤火伤人者三十日，折跌支体及破骨者五十日。限内死者，各依杀人论；其在限外及虽在限内，以他故死者，各依本殴伤法。

由此可见，辜内死与辜外死，除以他故死外，成为从客观上区分杀人罪与殴伤罪的界限。杀人与殴伤本来不仅在客观上存在区分，而且在主观上也是存在区分的，但根据《唐律》保辜的规定，主观区分不再考虑，仅取决于死亡是发生在辜内还是辜外。从某种意义上来说，保辜制度主要解决的是因果关系问题，死亡结果是否可归因于一定的行为，如果在辜内死亡则可归因，应以杀人论；若在辜外死亡则不可归因，只能定殴伤。杀人与殴伤的区别在于：前者是对死亡负责，后者只对伤害负责。在医学不甚发达难以从医学上确定死亡结果与伤害行为之间是否存在因果关系的情况下，保辜的规定具有其合理性。尤其是保辜时限之长短与殴斗的工具相关联，以作为确定刑事责任的根据。韩国学者指出：

> 保辜限期乃定刑事责任限界之重要制度。此期间内，让犯人以医药治疗被害人之伤处。若辜限内由于伤害死亡时，皆以斗殴杀人罪处罚。[①]

从界定刑事责任的角度阐述保辜制度的合理性，对于理解保辜制度的意义是一个可取的视角。类似于我国古代刑法中的保辜制度的，是英美普通法中的一年零一天规则。英国学者指出：

> 根据英国普通法规定，被指控杀人的被告造成的死亡必须表明是从被认为是引起犯罪的作为或不作为的时间起不超过一年零一天之内发生的。这一规则是根据普通法推定的，因为要证明一年零一天这段时间以

① ［韩］韩相敦：《传统社会杀伤罪研究》，100 页，沈阳，辽宁民族出版社，1996。

> 前的作为或不作为引起上述的死亡是困难的。而现在，即使在这段时间以后又过了很长时间，也完全可能推断死亡的原因。而不幸的是，这一规则可能容许行为人逃脱经科学手段证明由他引起的杀人的责任。①

在这种情况下，一年零一天规则已被英国《1996年法律修改法（一年零一天规则）》所废除。如果一个行为被证明是死亡的原因，那么这可能是谋杀，或者是非预谋杀人罪抑或是自杀，而无论死亡行为与死亡结果之间经过了多少时间。② 就一年零一天规则是以死亡结果发生距离殴伤行为发生的时间作为区分杀人罪与伤害罪的根据而言，一年零一天规则与保辜制度确有同工异曲之妙，都是古人法律智慧的表现。当然，随着科学技术的发达，尤其是医学的进步，这种推断式的因果关系规则与制度显然已经过时，英国迟至1996年才废除这一规则，令人诧异于其普通法传统的强大生命力。

刑法因果关系的解决是以近代自然科学的发展为知识背景的。日本学者曾经指出：

> 19世纪的刑法对行为——其他方面也是如此——的认识是自然科学的、实证主义的、自然主义的。③

这里的其他方面，就包括了因果关系问题。尤其是自然主义的行为概念与因果关系的理解之间存在内在联系。当时盛行的因果行为论，就是用因果联系阐述行为内容的产物。因果行为论，也是一种自然行为论，是主张行为系基于意思的身体动静的学说。因果行为论认为只要具有和某种意思之间有因果关系的身体活动或外界变动的话，就可以说具有行为。④ 因果行为论中的因是指意思活动，果

---

① ［英］鲁珀特·克罗斯、菲利普·A·琼斯：《英国刑法导论》，赵秉志等译，137页，北京，中国人民大学出版社，1991。

② 参见［英］J.C.史密斯、B.霍根：《英国刑法》，马清升等译，372页，北京，法律出版社，2000。

③ ［日］小野清一郎：《犯罪构成要件理论》，王泰译，75页，北京，中国人民公安大学出版社，2004。

④ 参见［日］大谷实：《刑法讲义总论》，新版2版，黎宏译，91页，北京，中国人民大学出版社，2008。

是指身体动静。借助于因果概念，因果行为论将主观意思与客观活动加以联系，以此界定刑法中的行为，并将非出于意思的身体活动从刑法的评价对象中予以排除。进一步地说，在客观上行为与结果之间又呈现出第二层的因果关系。从这个意义上说，行为一方面是意思活动的结果，另一方面又是客观结果的原因。在这种情况下，因果关系就成为客观上将结果归属于行为的一种证明方式。日本学者在论及大陆法系的因果关系理论产生的过程时指出：

> 即使是在德国，因果关系作为理论问题提出，也还是19世纪后半叶的事。从费尔巴哈到克斯特林，尚未建立起因果关系论，后来提出和发展这一理论的，是布利和毕克迈耶。此后的学者，多多少少不过是试图调和他们二人的截然对立的因果关系论而已。这种情况，是德国的刑法学者在当时的实证主义、自然主义思想的背景下进行理论分析的结果。①

其实，刑法因果关系理论最早是由奥地利学者格拉塞（Julius Glaser）在1858年提出的，他认为导致结果发生的原因不一定要出于人的物理力量，而人也不一定是单独造成结果发生的第一个动力，只要在因果流程进行当中，人的活动成为基本力量，而给予其他中间因素以动力，而最后，亦发生犯罪的结果，即足以认定因果关系存在。格拉塞确立了因果关系的反证公式，即“非A仍B，则A非B之原因”。当然，在德国刑法学中提出因果关系的条件说并将之引入司法判决的是布利。

条件说，又称为全条件同价值说，简称为等值理论。条件说可以用“若无前者，即无后者”的公式表达。罗克辛则称为“想象中不存在”公式，即导致一个结果的各种条件，在具体结果没有被取消就不能想象其不存在时，都应当看成是原因。因此，作为原因的就是各种不能不考虑的条件（condicio sine qua non），

① ［日］小野清一郎：《犯罪构成要件理论》，王泰译，102页，北京，中国人民公安大学出版社，2004。

就是各种没有它们本来就不会出现这种结果的条件。① 意大利学者将条件说确定因果关系的这种方法称为“排除思维法”，即设想如果该事实不存在，其结果是否同样会发生。如果答案是否定的，那该事实就是结果的必要条件；如果所得出结论相反，就可将该事实排除于原因之外。② 通过这种排除思维法，就可以确定那些对于结果发生具有条件作用的就是原因。

条件说为刑事责任确定了一个客观范围，当然，这一范围过大是其难以克服的弊端。因为条件说将产生于结果之前的一切必要条件都看作是刑法上的原因，这样就可能不当地扩大刑法因果关系的范围，从而不当地扩大刑事责任的追究范围。例如，就像人们经常举例说明的那样：甲到商店买了一把刀将乙杀死，在这一杀人案件中，甲的杀人行为与乙的死亡之间当然存在因果关系。不仅如此，根据条件说，生养甲的父母、将刀卖给甲的售货员、制造这把刀的铁匠，都与乙的死亡之间存在“若无前者，即无后者”的关系，由此批评条件说开启了异常广阔的责任范围——按照罗克辛的说法，这种批评只有在只要存在因果关系，就可认定行为人在法律上应负责的这种“因果关系万能说”中才能成立。否则，将因果关系作为构成要件行为与构成要件结果之后的两者之间关系的一种判断，则在一定程度上可以消除这种误解。例如在上述甲杀死乙的案件中，只有甲实施了构成要件的杀人行为，甲的父母、售货员、铁匠并未实施构成要件的行为，因而不可能进入因果关系讨论的视野。当然，即便如此，根据条件说确定的因果关系范围还是较大的，因为行为人虽然实施了一定的构成要件行为，但能否一定将结果归属于该行为，仍然是一个值得考虑的问题。例如甲殴击乙胸部，乙因心脏病发作而死亡。在这种情况下，殴击行为当然是一种构成要件的行为，但是否与死亡结果之间存在因果关系，仍然不能简单地根据条件关系加以确定。在这种情况下，

① 参见［德］克劳斯·罗克辛：《德国刑法学总论》，第1卷，王世洲译，232页，北京，法律出版社，2005。

② 参见［意］杜里奥·帕多瓦尼：《意大利刑法学原理》（注评版），陈忠林译评，117页，北京，中国人民大学出版社，2004。

出于对条件范围的限制，出现了以下因果关系理论的发展趋势：

1. 因果关系中断说

条件说主张对条件范围加以限制，其中以李斯特的因果关系中断说最为著名。这种观点认为，在因果进行的过程中，如果介入了一个新的独立的原因时，就由此中断了正在进行的因果关系。这种新的、独立的原因既可能是他人的故意或者过失行为，也可能是自然力。

2. 溯及禁止说

溯及禁止说认为，在故意造成危害结果的行为之前的行为，只是结果发生的条件，而不是原因。

3. 因果突变说

因果突变说认为，有两个前后相继的独立行为，前行为虽然已经结束，但在其行为尚未充分发挥时，后行为介入进来接续前行为发挥作用，引起严重后果。这时候，前行为只与后行为实施前形成的结果有因果关系，后行为则与最后的结果有因果关系。

4. 原因说

原因说也同样是为纠正条件说将原因的范围扩得太宽而提出的一种学说，曾经盛行一时，大有取代条件说之势，后终因其与条件说相同的自然的、物理的因果观念，并且难以把握条件与原因相区分的条件，因而在归责理论兴起以后也同时不复通行。

原因说，称为条件与原因区别说，它以条件说为基础，主张从引起结果的各个条件中，确定一个对于结果发生具有特别关系的条件作为原因，只承认其与结果之间存在因果关系，其余的条件则是单纯的条件，与结果之间没有因果关系。由于原因说是想就具体的事态判断因果关系的有无，所以，原因说也被称为个别化说（individualisierende Theorie）。

作为其内容，又可以根据如何把握原因将原因说区分为，认为对结果而言在时间上处于最后的条件是原因的最终条件说（Theorie der letzten Bedingung）（奥尔特曼）、认为违反生活上的常规而进行的行为是原因的异常行为原因说（巴尔）、认为给结果的发生提供了决定性方向的条件是原因的优势条件说（übergewichtstheorie）（宾丁）、认为对结果而言最有力的条件是原因的最有力条件说（Theorie der wirksamsten Bedingung）（毕克迈耶）、认为给结果的发生提供了动力的条件是原因的动力条件说（Triebkraftstheorie）（科勒）等。[①] 从以上各种关于条件与原因区别的学说来看，根据原因说认定因果关系具有标准上的歧异性因而难以操作。

上述对条件说加以限制的学说，大体上都是要解决在存在前后相续的多个行为的情况下，如何确定前一行为与结果之间是否存在因果关系的问题。尽管观点不尽相同，但基本思路在于设置某种条件从而限制条件范围的宗旨相同。当然，由于这些观点是将因果关系作为一个事实问题加以把握的，在引入归责的视角以后，这些学说就丧失了其存在的价值。

其实，无论是条件说还是原因说，都是一种存在论的因果关系理论，也就是把因果关系看作是一个事实问题予以把握的。因此，主张上述学说者，都坚持原因与责任的二元区分观点。例如李斯特指出：

> 从因果关系的这一观点首先可以得出如下结论，原因问题与责任问题应当做出严格的区分。因此，不应当过分强调刑法中的因果问题的重要性。因果关系无异于这样一种思维方式，借助这种思维方式，从外部世界的某种改变为出发点，我们发现人的意志活动，而对这种意志活动可作刑法上的评价，借助于因果关系范畴，我们只是为刑法研究寻找材料或对象。人的意志活动对一个结果具有因果关系的论断，并没有对该意志活动作出刑法上的评价。只有对意志活动是否具有犯罪的概念特征，也即它是否是符合构成要件的、违法的，且行为人是否应当负刑事责任进行研究之后，才能对意志活动作出刑法上的评价。[②]

---

① 参见［日］大塚仁：《刑法概说（总论）》，3版，冯军译，161～162页，北京，中国人民大学出版社，2003。

② ［德］李斯特：《德国刑法教科书》，修订译本，徐久生译，185页，北京，法律出版社，2006。

李斯特的这段话是耐人寻味值得琢磨的。将因果判断与是否应负刑事责任加以区隔，这显然是正确的。因为因果关系只是犯罪成立的必要条件而非充分条件，是否构成犯罪是对犯罪构成全部要件的判断结果。但因果判断是否只是一种事实上的归因性判断而不涉及客观上的归责问题，这就是一个值得推敲的问题。这里涉及事实上的归因与客观上的归责之间的关系，随着相当因果关系说的出现，两者的关系进一步得以凸显。

相当因果关系说的出现，是刑法因果关系理论的一个重大突破。一般认为，相当因果关系说是德国弗莱堡的逻辑学家和医学家约翰内斯·克里斯提出来的，又称为相当说或者相当理论。根据相当说，在刑法意义上，原因仅仅是一种具有导致符合构成要件结果的一般倾向的举止行为，同时，仅仅是偶然地引起这个结果的条件在法律上并不重要。由此可见，相当说也是循着限制条件范围这一思路提出来的，与原因说具有相通之处，以至于在广义上，相当说被列为原因说的一种。当然，正如日本学者指出：

> 在想基于人类的全部经验知识（gesamte Erfahrungswissen der Menschheit）判断结果的发生是否一般这一点上，相当因果关系说明显与原因说不同。因此，它也被称为一般化说（generalisierende Theorie）。[①]

当然，这里的相当性存在一个从事实上的相当性到评价上的相当性的转变过程。克里斯的相当理论建立在可能性理论上面，而可能性理论是从数学上的概率原理推导出来的。克里斯以掷骰子为例，认为每一面被掷出的概率通常而言皆为六分之一，因此在事实的发生比率上，的确有一个客观上有效的比率（objektiv gütiges Verhältnis），这个客观上有效的比率关系和个人的期待无关，亦即客观的盖然性不受主观认知影响。[②] 在这个意义上的相当性，还是一种客观上的相当

① ［日］大塚仁：《刑法概说（总论）》，3 版，冯军译，162 页，北京，中国人民大学出版社，2003。
② 参见许玉秀：《主观与客观之间——主观理论与客观归责》，174 页，北京，法律出版社，2008。

性，它指的是一种概率关系。但在这种相当性的判断上，克里斯引入了“根据生活通则”（gemäβ der Regel des Lebens）这一判断标准，指出：

> 如果一定的行为有增加特定结果发生的可能性，则可以认为该行为和特定结果之间具有一般的因果关系。这种一般的因果关系和具体引起结果发生是两回事。仅仅是具体引起结果（konkrete Verursachung），尚不足以构成归责的理由，如果归责还包括有责性（Schuld）在内，则仅仅是具体引起结果，更不足以构成归责的理由。只有那种根据人类社会一般关系而言，足以导致特定的侵害事实发生的违法行为，才是相当的，否则即是不相当的。①

在此，相当性是根据人类社会一般生活经验法则加以判断的，因而它不再是一种纯事实关系，而成为一种评价，这一评价的主体是司法者。评价当然是主观的，但相当性是否存在本身仍然是客观的。在这种情况下，相当说使因果关系理论发生了重大变化，一种归责理论呼之欲出。

在很长一个时期内，相当说仍然是作为一种因果关系理论而存在的，并且根据相当性判断标准的不同，发展出主观的相当因果关系说、客观的相当因果关系说和折中的相当因果关系说。例如，日本学者指出：

> 主观说以行为人行为当时认识的事情及可能认识的事情为基础。客观说主张所谓客观的事后预测（objektive nachträgliche Prognose），该说站在裁判官的立场上，认为对行为当时存在的一切事情以及行为后产生的事情，只要它们对一般人来说曾是可能预见的，都必须考虑。折中说认为要以行为时若是一般人就曾经能够认识的事情以及行为人特别认识了的事情作为判断的基础。②

在上述三说中，日本通行的是折中说。根据是否存在相当性以确定因果关系

---

① 转引自许玉秀：《主观与客观之间——主观理论与客观归责》，175页，北京，法律出版社，2008。

② ［日］大塚仁：《刑法概说（总论）》，3版，冯军译，163页，北京，中国人民大学出版社，2003。

的存在，成为日本的通说。在这种情况下，因果关系被分为两个层次考虑：第一个层次是根据条件说确定事实因果关系，第二个层次是根据相当说确定法律因果关系。

事实因果关系也就是条件关系，它是法律因果关系的前提。条件关系是根据“若无前者，即无后者”的公式进行判断的。应该指出，条件关系不是抽象的、一般的，而是具体的、个别的，需要根据各种情形进行判断。日本学者提出了在下述情况下，条件关系的存否应当加以个别考察[①]：（1）因果关系的断绝（Abbrach der kausalität；Abbrechen einer kausalreihe)。例如，甲使乙吃了毒药，但是，在毒性未在身体发生效果时，乙因交通事故而死亡，或者乙被丙杀死等。在这种情况下，指向同一结果的先行条件未奏效时，由与其没有关系的后行的其他条件使结果发生。因此，这种情况在德国也成为超越的因果性（Überholende kausalität)，它不同于前述因果关系的中断。在因果关系中断的情况下，行为与结果之间不存在条件关系。（2）假定的因果经过（hyporthetische kausalverläufe)，是指虽然实际上是从某行为发生了结果，但是，即使没有该行为，也会从其他的事情中产生该结果的情形。例如，甲在驾驶汽车时，轧死了酒醉后在道路上睡觉的乙，但是，如果甲的汽车不轧着乙的话，乙也会被对向开来的丙的汽车轧死。在假定的因果经历的情况下，从“即使没有该行为，也会发生该结果”来说，似乎可以否定条件关系。但既然乙是被甲轧死的，则应该肯定存在条件关系。（3）合义务的择一性举动（pflichtmäßiges Alternativverhalten)，是指虽然行为人实施了违反法的行为，产生了某犯罪结果，但是，即使守法，也不能避免相同的结果。例如，甲在驾驶汽车时，因为没有保持法律规定的车间距离，与前面的车辆相撞了，但是，即使遵守了法定的车间距离，也仍然难免发生撞车事故。因此，也存在否定条件关系的见解。但是，既然是由于甲的驾驶发生了撞车事故，就不能否

① 参见［日］大塚仁：《刑法概说（总论）》，3 版，冯军译，189 页以下，北京，中国人民大学出版社，2007。

定条件关系的存在。(4) 择一性竞合(二重因果关系)(alternative konkorrenz; Doppelkausalität)。例如,甲、乙分别给丙的咖啡里放入了各自达到致死量的毒药,乙吃了毒药后死亡,即两个以上的各个行为竞合在一起发生了某种结果,但是,它们单独均能够使结果发生的情形。对此,也有见解认为即使没有甲的行为或者乙的行为,也会发生丙死亡的结果,因而质疑是否存在条件关系。但是,甲、乙的行为各自独立包含了杀害丙的危险性,那么,就不能否定条件关系的存在。(5) 重叠的因果关系(kumulative kausalität),是指两个以上相互独立实行的行为,虽然不能单独引起结果,但是,当其合并在一起时引起结果的情形。例如,甲、乙两人没有意思的联络,各自以杀人的意图给丙的食物中投入都未达到致死量的毒药。但是,当甲、乙各自的毒药重叠而达到致死量,丙吃后死亡。对此,在刑法理论上一般都肯定甲、乙各自的行为与丙的死亡之间存在条件关系。由此可见,在以上五种情形中,是否存在条件关系存在争议,需要从法理上加以专门讨论。

法律因果关系,是在条件关系的基础上进行相当性判断。在日本,刑法学界通常采折中的相当因果关系说,即以行为当时一般人能够认识的事实和行为人特别认识的事实为基础,判断是否存在相当因果关系。值得注意的是,在日本学界存在一种从危险性出发考察因果关系相当性的观点。例如日本学者山口厚教授指出:

> 相当因果关系说由于是要求从实行行为到构成要件结果的因果经过的相当性,可以说也就是要求:(1) 能够肯定实行行为具有引起构成要件结果的充分的危险性;(2) 该危险性实现(现实化)为构成要件结果。特别是,因果关系的相当性是与行为的危险性向结果的实现(现实化)是有关系的。这是因为,如果因果经过异常的话,就能理解为是与行为的危险性不同的其他的危险实现为结果了。①

① [日] 山口厚:《刑法总论》,2版,付立庆译,58页,北京,中国人民大学出版社,2011。

在这种情况下，相当因果关系就应当从实行行为之客观危险性的现实化（实现）的过程出发进行判断。在这个意义上的相当因果关系就与客观归责十分接近。

关于相当说到底是一种因果关系理论还是一种归责理论，在刑法理论上是存在争议的。在德国刑法学界，更多的学者认为相当理论是一种归责理论。尤其是德国学者罗克辛在主观归责理论的基础上，发展出客观归责理论。罗克辛的客观归责理论的基本主张如下：

> （1）刑法法理的任务在于对侵害法益的结果予以归责，而这种结果归责，视行为人是否违反规范的要求而定，基于此，则行为人的行为如果符合构成要件上的义务要求，客观上必然不可能是要造成构成要件结果的行为。
>
> （2）客观归责理论中的客观归责要素——客观目的性（die objektive Zweckhaftigkeit），只是表面上看起来和行为人的能力有关，亦即所谓行为人的预见可能性在客观归责的决定作用，只是一个假象，它不是决定于人类意志的支配可能性（die Beherrschbarkeit durch den menschlichen Willen），而是决定于行为人的行为是否制造了足以引起构成要件上法益侵害结果的法律上重要的风险（das rechtlich relevante Risiko）。
>
> （3）以风险原则判断客观的目的性，则可以为结果犯创造一个共通的归责原理，而不受因果律的影响。[①]

根据罗克辛的这一思想，归责理论已经不是一种因果关系理论。换言之，相当理论不是因果理论而是归责理论。当然，日本学者对于这一观点似乎并不以为然。例如日本学者指出：

> 客观归责理论想抑制条件说对因果关系范围的扩大，在这一点上，具有与相当因果关系说同样的志向，其适用的实际，可以说也与相当因

---

① 转引自许玉秀：《主观与客观之间——主观理论与客观归责》，191～192 页，北京，法律出版社，2008。

> 果说没有大的差别。但是，所谓客观归责的观念本身和其他刑法理论体系上的地位等，尚缺乏明确性，存在不少问题。在我国（指日本——引者注），也看到一部分见解赞成该理论，但是，应该说没有放弃相当因果关系说而采用这种理论的必要。[①]

我认为，如果客观归责仍然放在构成要件该当性里研究，即使是像耶赛克那样将因果关系和客观归责并列[②]，也并不能使客观归责理论真正脱离因果关系理论的局囿。若将归责理论贯彻到底，就应当将客观归责纳入有责性中加以研究。当然，这就涉及对大陆法系递进式犯罪论体系的改造。

二、客观归责的体系性地位

如前所述，客观归责是在因果关系理论的基础上发展起来的，讨论客观归责的体系性地位，从它与因果关系之间的逻辑关系展开，不失为一种可行的思路。

我国学者在论及客观归责与因果关系的纷争时，将聚讼的观点分为以下三种：(1) 客观归责与因果关系并列。(2) 因果关系是客观归责的下位概念。(3) 客观归责取代因果关系。[③] 以上见解的概括是否妥当，还值得推敲。在我看来，因果关系是以解决归因问题为使命的，而客观归责则是以实现归责功能为职责的，两者在性质上完全不同。目前之所以在客观归责与因果关系的关系问题上存在纷争，主要是因为在客观归责论正式确立以前，人们试图通过因果关系论同时完成归因与归责这双重的使命，由此而使因果关系论极度扩张。在客观归责论问世以后，客观归责与因果关系在功能上存在某些重合，由此产生了两者是互相并存还是互

① ［日］大塚仁：《刑法概说（总论）》，3版，冯军译，165页，北京，中国人民大学出版社，2003。

② 参见［德］汉斯·海因里希·耶赛克、托马斯·魏根特：《德国刑法教科书》，徐久生译，336页，北京，中国法制出版社，2001。

③ 参见张亚军：《刑法中的客观归属论》，143～145页，北京，中国人民公安大学出版社，2008。

相取代的问题。

严格地说，因果关系并不是构成要件的实体性要素，而是行为与结果这两个构成要件要素之间的关系。因此，以哲学上的语言来说，它不是实体范畴而是关系范畴。构成要件的行为与构成要件的结果，通常是由刑法明文规定的，根据刑法规定对行为与结果进行构成要件该当性的判断。应当指出，对行为与结果的构成要件该当性是分别进行判断的。例如甲对乙进行射击，子弹未击中乙，乙却因为枪声引起心脏病发作而死亡。在这一案例中，甲具有杀人行为，也发生了乙死亡的结果，这就具备了构成要件该当的杀人行为与构成要件该当的死亡结果。问题在于：这一杀人行为与死亡结果之间是否存在因果关系？只有存在因果关系，我们才能将这一死亡结果归因于甲的杀人行为，从而使自然意义上的死亡结果转化为法律意义上的杀人结果。如果不存在因果关系，则乙的死亡结果不能归因于甲的杀人行为，因而这一死亡结果不是杀人结果。日本学者小野清一郎提出了构成要件是一体性行为过程的命题，以此出发肯定因果关系在构成要件中的重要地位，指出：

> 构成要件的、定型的因果关系，是联结行为与结果的红线。由于有了它，构成要件的全部事实才成为一个因果过程。我们可以把这些全部事实称为“所为”或广义的“行为”。把“行为”这个词放在狭义——身体的动静——中使用，还是放在广义——包含着结果的意义——中使用，虽说是个使用方便的问题，但是都要以它作为主体意志的实现（客观化）属于一种因果过程为前提。①

显然，小野清一郎把因果关系称为联结行为与结果的一条“红线”这一说法，表明其十分强调因果关系在构成要件中的作用，赋予因果关系一种特殊的功能。我们还必须注意，小野清一郎在因果关系这一概念前面加上了“构成要件的、定型的”这样一些限定词，尤其是推崇所谓定型性的因果关系。小野清一郎

① ［日］小野清一郎：《犯罪构成要件理论》，王泰译，115 页，北京，中国人民公安大学出版社，2004。

把自己的观点概括为构成要件的、定型的因果关系论。在论及因果关系的定型化时，小野清一郎指出：

> 单讲定型化时，因果关系的类型化、一般化就是必要的，在这方面有点接近相当因果关系说，可是作为构成要件的定型论，则可以说是与条件说接近。①

在此，涉及条件说与相当因果关系说这两种理论。值得我们思考的是：为什么小野清一郎说相当因果关系说接近于一般化，但又认为条件说接近于定型说？关于这个问题，应当追溯到关于因果关系的一般化理论与个别化理论。英国学者指出：

> 大陆学者承认在以下两类理论之间存在根本区别：一类理论承认每一个特定的因果关系陈述都隐含着一般性，这是指它的真实性取决于对规律性的某种一般性陈述；另一类理论则不承认这一点。第一类理论以“一般化理论”而闻名；而第二类理论则被称为“个别化理论”②。

英国学者认为，个别化理论有两种类型：一是必然性理论，强调行为与结果之间的必然关系。二是有效性理论，强调行为对于结果发生的有效性。相当因果关系说属于一般化理论，它是以条件说为前提的，条件说本身同样具有一般化理论的特征。从历史演变过程来看，存在一个从个别化理论到一般化理论转变的过程。个别化理论，无论是必然性理论还是有效性理论，都是要从各种事件中寻找一个作为结果发生的原因，因此也称为原因说。作为判断根据的“必然性”或者“有效性”，原因说具有个案性的实质判断的性质，缺乏一般性与定型性。因此，个别化理论在因果关系理论的历史上并不具有重要性。相反，条件理论则被法院所广泛采纳。例如德意志帝国法院的刑庭从一开始就采用了条件理论。在1880年判决的一个案件中，被告在窗台上放置一个装了砒霜溶液的瓶子，然后离开房

① ［日］小野清一郎：《犯罪构成要件理论》，王泰译，109页，北京，中国人民公安大学出版社，2004。

② ［英］哈特、托尼·奥诺尔：《法律中的因果关系》，张绍谦、孙战国译，393页，北京，中国政法大学出版社，2005。

间；不过她本应预见到她那个有酒瘾的丈夫可能会品尝它从而造成致命的结果，而事实上她的丈夫确实这样做了。虽然介入了丈夫的粗心行为，她仍然被判以过失杀人罪。因为“如果没有她放入毒药并留下这只毒药瓶子的行为，她的丈夫就不会被毒死，因而整个结果的发生都是以她的这一行为为条件的，所以她的行为就具有充分的原因性”[①]。条件说将一定结果发生的所有条件都认为是原因，即按照“若无前者，即无后者”（Condicio Sine qua non）的公式认定因果关系。因此，条件说又称为等值理论，即各种条件都是原因，具有等价值性。正是在这个意义上，条件理论具有构成要件的定型性的特征，属于一般化理论。对此，德国学者罗克辛教授指出：

> 一般认为，因果概念是在自身先法学性的哲学和自然科学的意义中，为等值理论奠定基础的。这一点的正确性在于，这个理论在历史上顶住了大量所谓的个别化因果理论而得到了承认。[②]

由此可见，条件说的价值就在于其能够为因果关系的司法认定提供一个可行的一般性标准。因此，条件说被学者与司法所承认。当然，条件说也存在一个明显的缺陷，就是使原因的范围过于宽泛。例如，日本学者小野清一郎指出：

> 所说的事实，哪怕要求的各条件缺少一个，也不能成立。在这个意义上，条件说是正确的。但是若将这种抽象的理论贯彻到伦理行为中去，就会陷入“恶无限”的境地，亦即生育杀人犯的父母亲也是杀人的原因；制造和贩卖切菜刀的，也成了伤害致死的原因；或者打人并使其受点非常轻微的伤害，被害人去医院途中，恰逢交通事故死亡，打人者也要负伤害致死的责任了。所以，在对具体行为做伦理的或法律的考察时，无论如何有必要加以某种限制。[③]

---

① ［英］哈特、托尼·奥诺尔：《法律中的因果关系》，张绍谦、孙战国译，403 页，北京，中国政法大学出版社，2005。

② ［德］克劳斯·罗克辛：《德国刑法学总论》，第 1 卷，王世洲译，232 页，北京，法律出版社，2005。

③ ［日］小野清一郎：《犯罪构成要件理论》，王泰译，105 页，北京，中国人民公安大学出版社，2004。

我认为，上述对条件说的指责是似是而非的。因果关系的考察，从司法流程上来说，是在构成要件该当的行为与构成要件该当的结果获得肯定性的判断以后。某一行为，只有符合杀人罪的构成要件，才能认定为是杀人行为；同时，只有在存在死亡结果的情况下，才进入该杀人行为与死亡结果之间是否存在因果关系的判断过程。因此，杀人犯母亲的生育行为，杀人菜刀的制造、贩卖行为等，在构成要件该当行为的判断中就应予以排除，根本不会进入因果性的判断过程。至于造成他人轻微伤，被害人在去医院途中被撞死，行为人是否对伤害致死负责，完全可以采用因果关系中断说来予以解决。① 因此，条件说的“恶无限”的问题是完全可以解决的，由此否认条件说的价值确实存在一定的轻率。

正是因为条件说具有其所确定的原因范围过于宽泛这一缺陷，具有个别化特征的原因说才与之对立而存在。原因说试图从物理上对原因和条件加以区分。虽然在原因说中，无论是优势条件说还是最终条件说，都是基于个别性判断而区分原因与条件的。事实已经证明，刑法因果关系需要的是一般性判断而不是个别性判断。因此，建立在个别性判断基础之上的原因说是没有生命力的，而最终被司法所抛弃。而相当因果关系说不像原因说那样，从物理上去区分原因与条件，而是以社会生活经验法则作为因果性的判断标准。在这种情况下，相当因果关系说风靡一时，在相当长的一个时期成为刑法因果关系的通说。日本学者小野清一郎指出：

> 因为区别原因和条件的困难首当其冲，因而相当因果关系的观点就应运而生了。所谓相当因果关系，是一般化的看问题方法，即按照一般的看法判断是否产生这样的结果。这样评价所依据的多是经验法则或实验法则，因而，在其背后有社会的伦理的评价。在某种意义上，它仍然是在区别原因和条件——不是在质上，而是在量上。在这种情况下，如

① 关于因果关系中断说，参见［德］李斯特：《德国刑法教科书》，修订译本，徐久生译，187 页，北京，法律出版社，2006。

果一般地看才是“相当的”原因，必然要成为问题。[①]

根据相当因果关系说，只有合乎社会生活经验法则的条件才是原因，这就把那些偶尔的、例外的情形从原因中予以排除，使因果关系具有一般性特征。这里的一般性，是指因果关系在性质上的一般性。至于在判断上，相当性的判断属于个案性判断。例如，相当因果关系的首倡者克里斯（Kries，1852—1928）指出：

> 相当性原因则属于不相当或偶然性问题，应求诸特殊个案，而非依据一般性法则论定之。根据人类经验与事件发生的通常过程，若某条件具有引发某项结果发生的倾向，该条件即为发生结果的相当性原因。因此，只要某条件增加结果发生的客观可能性，除非有异常事件介入，该结果即属事件通常发生过程中产生的结果，因而具有相当因果关系。[②]

相当性判断虽然是个案性判断，但它之所以是一般化理论而不是个别化理论，就在于相对因果关系说是以条件说为前提的。更为重要的是，相当因果关系说力图寻找行为与结果之间的一般性联系，这一联系是为人类生活经验法则所认同的，由此而区别于个别化理论。英国学者在论及一般化理论与个别化理论之间的区别时指出：

> 一般化理论与个别化理论的不同在于，尽管前者也致力于从一个事件的诸多条件中选择一个作为它的原因，但是它们之间所以选择一个特定条件作为一个事件的原因，是因为它属于某种类型的条件，这种条件按照一个表现规律性顺序的通则或者陈述，与这样的事件相联系。另一方面，许多主张个别化理论的学者对于选择一个条件作为事件的原因感到满意，只要与其他条件相比较，这个条件在特定场合对于结果的“产生”“贡献”了更多的“能量”。然而，一般化理论的学者对于这样的证

① ［日］小野清一郎：《犯罪构成要件理论》，王泰译，107 页，北京，中国人民公安大学出版社，2004。

② 转引自韩强：《法律因果关系理论研究——以学说史为素材》，101 页，北京，北京大学出版社，2008。

明并不满意：即如果此时在另一场合集中了一组相同的条件（至少是在涉及自然发生的情况下），那么也会跟随发生一个同种事件；从这个意义上说，一个事件的每一个条件都与它存在着一般性联系。他们寻找的实质上是一个条件和后继事件之间的一般性联系。这种联系的含义是指，尽管这个条件是与一组变化多样的其他条件总体相结合的，但是这种联系依然还会存在。因而“一般的”在这里主要是指“并不局限于一个确定的条件总体”①。

相当因果关系说是在条件说的基础上进行因果关系的认定，因而是在因果关系理论范围内被提出的，并且是一种一般化理论。问题在于：相当性判断是因果关系的判断吗？相当因果关系说是因果关系理论吗？

相当因果关系说是否属于因果关系理论的问题，从一开始就已经被提出来。力主条件说的李斯特，对相当理论的批评是：将原因问题与责任问题相混淆了。坚持原因与责任的区分，是李斯特的一贯立场，这也是其条件说的逻辑支撑点。李斯特指出：

我们应当绝对坚持这样的观点，“因果律”（Kausalsatz）只涉及事件前的时空，不涉及概念的逻辑关系或对行为的社会伦理评价；此外，我们还应当特别引起注意的是，因果关系涉及到一个思维方式问题，借助这个思维方式我们将实际存在的情况联系在一起，而不对导致事件过程的力量作出任何评价。从因果关系的这一观点首先可以得出如下结论，原因问题与责任问题应当作出严格的区分。②

在李斯特的以上论述中，主张原因问题与责任问题严格区分，这是完全正确的。因为原因问题是一个归因问题，这是一个事实问题，属于存在论范畴；而责任问题是一个归责问题，这是一个评价问题，属于价值论范畴。在李斯特的古典

① ［英］哈特、托尼·奥诺尔：《法律中的因果关系》，张绍谦、孙战国译，421页，北京，中国政法大学出版社，2005。

② ［德］李斯特：《德国刑法教科书》，修订译本，徐久生译，185页，北京，法律出版社，2006。

时代，仍然恪守“违法是客观的，责任是主观的”这个命题，只有主观归责，根本不认同客观归责。李斯特认为，因果关系只是为归责提供材料或对象，因而贬低因果关系在刑法中的重要性。李斯特还对赫尼希（Honing）的客观归责理论进行了批评。因为赫尼希将行为与结果之间的相互关系细分为因果关系和客观归责。在他看来，因果关系是纯粹本体论上事物之间的因果链条，也就是从自然的、物理的角度所进行的因果判断，这种本体论上的因果关系不能满足法律秩序对于行为与结果相互关系进行说明的要求。因果的判断仅仅是构成行为与结果之间联系的必需性前提，下一步必须要考察的是，是否这种因果联系对于法律秩序也有意义，是否这种联系满足了法律秩序的要求。在这第二步评价中所涉及的是客观归责，是就因果判断对法律秩序的意义进行价值判断，而法律秩序本身赋予了这种价值判断的标准。[①] 因此，赫尼希对归因与归责是明确加以区分的，并且确认了归因与归责之间的位阶关系：归责以归因为其逻辑前提。当然，赫尼希的客观归责，是以所谓客观合目的性（Clie objektive Zweckhaftigkeit）为核心的，因此有学者认为，赫尼希的归责理论是一种主观归责理论，并非真正的客观归责理论。[②] 正是这种归责的主观性，使其难以与相当因果关系说划清界限。对此，李斯特指出：

> 赫尼希试图利用“客观归责”（objektive Zurechnung）思想，他只想对结果的产生作出刑法上的评价，“这种结果被视为是符合目的的”。赫尼希在反对适当性思想（指相当因果关系说——引者注）方面，则又是很不自信的。赫尼希的“客观归责”概念因本教科书向来十分强调的“意志行为”这样一个前提条件而显得是完全多余的了。[③]

李斯特把赫尼希的客观归责当作一种主观归责理论，符合李斯特所坚持的

① 参见吴玉梅：《德国刑法中的客观归责研究》，26～27 页，北京，中国人民公安大学出版社，2007。

② 参见张亚军：《刑法中的客观归属论》，13 页，北京，中国人民公安大学出版社，2008。

③ ［德］李斯特：《德国刑法教科书》，修订译本，徐久生译，186 页，北京，法律出版社，2006。

"责任是主观的"这一主张。就主观归责而言，李斯特认为意志行为这一概念足以胜任，以此否认了客观归责的理论。

只有在规范归责的概念提出以后，客观归责才彻底脱离相当因果关系说，成为真正意义上的归责。在规范归责中，风险概念成为一种连接事实与规范之间的关键要素，因为风险本身就是由对事实状态的评价而得来的，可以说规范归责中的各种学说都围绕着对风险的认识和界定而展开。归责中的规范立场使得事实间的联系具有法律评价的意义，在规范立场上的客观归责实际上所论证的是客观不法的成立。[①] 在这种情况下，客观归责就成为构成要件的核心要素。

基于以上分析，我们回到因果关系与客观归责的关系上来，两者并列的观点是能够成立的。当然，这里因果关系是指以条件说为根据确认的"若无前者，即无后者"条件关系。客观归责是在条件说确立的因果关系的基础上，进一步对构成要件进行实质判断。

客观归责是一种实质的价值判断，它与相当性判断是不同的。在此，我们还需要进一步讨论相当理论与客观归责论之间的关系。相当理论是在条件说的基础上发展起来的，一般被认为是一种因果关系理论，即相当因果关系说。但正如前面所说，相当理论在很大程度上已经超出因果关系的归因范畴，实际上已经进入归责的领域，可以说是一种归责理论。德国学者曾经论及迈兹格的重要理论(Relevanztheorie)，该理论认为，从所有结果的原因等价上并不能得出对归责问题同等的法律重要性的结论。与相当理论不同，重要理论不想根据或然性判断，而是想根据涉及的构成要件的意义来确定：在具体情况下刑事责任应被限制在何种结果条件上。因此，该理论并不具有限制因果关系的一般的标准。[②] 重要理论已经偏离行为与结果之间的关系，而将关注重心转移到对构成要件意义的考察：确认何种构成要件该当行为对于结果发生具有重要意义，以此限制责任。李斯特

---

① 参见吴玉梅：《德国刑法中的客观归责研究》，52页，北京，中国人民公安大学出版社，2007。

② 参见［德］汉斯·海因里希·耶赛克、托马斯·魏根特：《德国刑法教科书》，徐久生译，350页，北京，中国法制出版社，2001。

在评价迈兹格的重要理论与相当理论时，指出：

> 适当理论（即相当理论——引者注）不是因果理论而是归责理论这一点，在过去，首先在迈兹格；就已经正确地认识了，他还把这一点作为自己提出的所谓的意义重大理论（即重要理论，Relevanztheorie——引者注）的基础。"由此说来，在刑法中，条件理论也保留了自己作为唯一可能的因果理论的地位。与此相对，适当理论是一个责任理论（Haftungstheorie），一般说来，是一个在法律上意义重大的理论。"哪一些因果关系是意义重大的，迈兹格不是仅仅根据适当的基本原理，而是也通过一种对法定行为构成（指构成要件——引者注）具有符合意义的（sinngemäβe）解释来查明的。这包含了根据一种与因果性审查相联系的独立的归责理论的要求，并且这一点上是完全正确的。迈兹格仅仅耽搁了，没有把自己的意义重大理论发展成一个一般的归责理论。①

从因果关系论中独立出来，形成一个一般的归责理论，这是客观归责论所承担的使命。在客观归责论形成以后，相当理论处于一种十分尴尬的地位：或者被客观归责论所取代，或者成为排斥客观归责论的理由。当然，在德国和日本，相当理论，实际上也是客观归责理论的命运是各不相同的。

在德国刑法理论上，因果关系和客观归责是并列的两个问题：因果关系采用条件说，解决归因问题，而客观归责则解决归责问题。例如德国学者将因果关系与客观归责相提并论，作为刑事责任的基础。② 在这种情况下，相当理论就丧失了其存在的实际意义，只是作为一种学术材料而被刑法教科书提及。相当理论之所以被客观归责理论所取代，在德国学者罗克辛看来，是因为相当理论作为归责

① ［德］克劳斯·罗克辛：《德国刑法学总论》，第 1 卷，王世洲译，244 页，北京，法律出版社，2005。

② 参见［德］汉斯·海因里希·耶赛克、托马斯·魏根特：《德国刑法教科书》，徐久生译，336 页，北京，中国法制出版社，2001。

理论是不充分的，因为它的影响范围主要限制在排除不寻常的因果过程中的归责。① 也就是说，还有大量的归责问题是相当理论所难以解决的，只有客观归责论才能胜任。在日本刑法理论上，相当因果关系说仍然占据着主导地位，客观归责论则只被少数学者论及。在这个问题上，日本学者大塚仁教授的观点是十分具有代表性的，大塚仁教授指出：

> 关于客观性归责的认定，在与客观性相当因果关系说中的客观的事后预测同样的思考下，认为应当考虑是否存在对犯罪性结果的客观的预见可能性及避免可能性、以相当于构成要件的因果性经过为基础由行为人的行为造出的危险是否显在化。因此，这种立场实质上与相当因果关系说没有大差。
>
> 我不禁产生了用这种见解（指客观归责——引者注）取代相当因果关系说有什么意义的疑问。"客观性归责"作为"主观性归责"的前提，如果其目的在于将行为与行为人联系起来的话，在体系论上也许有所创新，但很难看出它超越过去的理论的实质意义。我认为，论及因果关系的问题时，应当把它看成画定构成要件符合性的一要素，其内容在以实行行为与犯罪性结果之间的条件关系为前提、根据折中性相当因果关系说认为存在相当因果关系时就可以肯定，这种今日通说的立场是妥当的。②

因此，大塚仁教授认为以客观归责论取代相当因果关系说是没有必要的，以此为相当因果关系说辩护。大塚仁教授认为客观归责的观念本身和其刑法理论体系上的地位等，尚缺乏明确性，存在不少问题，因而得出了没有放弃相当因果关系说而采用这种理论的必要。③ 如何回应大塚仁教授这一对客观归责论的质疑，

① 参见［德］克劳斯·罗克辛：《德国刑法学总论》，第1卷，王世洲译，244页，北京，法律出版社，2005。

② ［日］大塚仁：《犯罪论的基本问题》，冯军译，106页，北京，中国政法大学出版社，1993。

③ 参见［日］大塚仁：《刑法概说（总论）》，3版，冯军译，164页，北京，中国人民大学出版社，2003。

就成为一个关系到客观归责论存在的正当性与必要性的问题。

相当因果关系说本身具有归责的性质，在这一点上它与客观归责理论具有功能上的重合性，这是没有异议的。然而必须指出，相当因果关系说虽然具有归责的性质，它又不可避免地具有因果性思维方式特点。那么，什么是因果性思维方式呢？我认为，因果关系思维方式是指在一个事物与另一个事物之间寻找某种关联，例如行为与结果之间的关联就是其中之一。对于判断者来说，行为与结果是先在于因果关系认定的。换言之，人们是在确认了行为与结果以后，再来考察两者之间是否存在因果关系。正是在这个意义上，因果关系论是一种关系范畴。而客观归责论则具有超越因果性思维方式的性质，它并不限于对行为与结果之间关系的考虑，更为重要的是它进而对行为进行实质判断，对结果是否属于行为造成的结果进行实质判断，因而它涉及对整个构成要件的实质判断。以下分别以大塚仁教授和罗克辛教授论及的两个教学案例为材料进行讨论。

案例 8—1　血友病患者案①

甲使乙负了伤，乙因为是血友病患者，出血不止而死亡。根据主观说，如果不是甲曾经知道或者能够知道乙的血友病这种情况，就不能承认因果关系；从客观说来看，既然行为时乙是血友病患者，那么，就不管是否知道或者是否能够知道该事实，都存在因果关系；根据折中说，行为时一般人能够知道或者甲知道乙的血友病这一事实时，就可以肯定因果关系，但是，一般人不可能知道、甲也没有知道时，就不存在因果关系。

在上述案例的讨论中，采用相当因果关系说，无论是主观说、客观说还是折中说，都围绕着是否存在因果关系而展开。如果没有相当性则不具有因果关系，并不否认甲的行为是杀人行为，至于主观上是故意还是过失，则在责任中解决。

① 参见［日］大塚仁：《刑法概说（总论）》，3 版，冯军译，169 页，北京，中国人民大学出版社，2003。

例如，根据客观说，无论甲是否知道或者能够知道乙是血友病患者，都存在因果关系，如果在有责性的判断中，对死亡结果缺乏预见可能性的，那么就没有故意或者没有过失，从而不能追究其责任。

案例 8—2　雷劈案[①]

有人“在暴风雨就要来的时候，把别人派到森林里去，希望他会被雷劈死”。如果这个结果违背了所有的概率法则而真的发生了，那么，根据等值理论（指条件说——引者注）就不应当怀疑派遣人的原因性。如果人们在这里认为客观行为构成已经得到满足，那么，人们就只能通过否定故意来规避刑事惩罚。威尔泽尔（Welzel）也是这样做的，他认为，在这里，对后一个人会存在着一种希望或者愿望，但不是故意所要求的那种对事件的发生真正产生影响的强大的意志。然而，这不是一种令人信服的理由，因为行为人在主观上准确希望的自己要在客观上产生的影响，是无可争辩的——计划和事情发生的真正经过相互之间完全符合。当我们仍然认为一种刑事惩罚是不正确的时候，那么，这首先是因为事件的客观偶然性。仅仅因为我们没有把一个纯粹偶然造成的死亡在客观上评价为法律意义上的杀人，所以，一个以此为目的的故意就不是杀人故意，而是以某种不受刑事惩罚的事情为指向的。

在上述案例中，派遣人与被派遣人之间，按照条件说，是存在因果关系的，只不过没有杀人故意而不构成杀人罪。在此，对故意的解释是实质的故意论，即要求对行为与结果的因果过程具有认识。当然，如果按照相当因果关系说，在上述案例中，由于缺乏相当性而不构成杀人罪。无论如何，条件说和相当因果关系说都没有否认杀人行为的存在。罗克辛则根据客观归责论得出结论，上述派遣人之所以不构成杀人罪，是因为没有创设一种在法律上意义重大的杀人危险。在这

---

① 参见［德］克劳斯·罗克辛：《德国刑法学总论》，第1卷，王世洲译，245页，北京，法律出版社，2005。

种情况下，不是没有因果关系，也不是没有故意，而根本就是没有构成要件该当的杀人行为，被派遣人的死亡也就不能归责于派遣人。

案例 8—3　失火案[①]

甲以杀人的故意对着乙开枪，但是，乙仅仅受了轻伤，但却在医院治疗期间由于火灾丧了命。这些案例的一致性在于，在这种状况下应当仅仅认定为杀人未遂。如果司法判决和（还有的）主流理论为这种做法提供的根据是缺乏杀人故意，因为这种故意必然包括具体的因果过程，那么，在这里，问题就又重新转到主观方面的不法上来了。通过医院火灾的死亡，不能在客观上评价为是甲的成果，在此，构成行为的完成就不能由于缺乏故意而落空。因为这种在任何情况下都能得到肯定的未遂，也是以杀人故意为条件的，所以，只有在人们不再把这种死亡的造成，就像其所发生的那样，看成是一种行为构成意义上的“杀人”时，人们才能在具体的杀人结果方面拒绝这个故意。这是一个客观归责的问题，而不是一个故意的问题。

在上述案例中，甲具有杀人故意，其杀人行为造成乙轻伤，乙在医院治疗期间由于火灾而死亡。从甲的杀人行为与乙的死亡结果来看，显然存在“若无前者，即无后者”的条件关系。在通常情况下，我们会把甲的行为认定为杀人未遂，使之不对乙的死亡承担刑事责任，其给出的理由是：甲对乙的死亡没有故意。但罗克辛认为，这不是一个没有故意的问题，而是一个客观归责的问题。在这种情况下，行为人的射击虽然引起了被害人死亡这个不被允许的危险，但是在医院的火灾中并没有实现这个由于射击伤害而产生的危险。由于这个原因，就不能把这个结果作为已经完成的杀害而归责于这个行为人。[②] 细致地分析，轻伤结

① 参见［德］克劳斯·罗克辛：《德国刑法学总论》，第 1 卷，王世洲译，245 页，北京，法律出版社，2005。

② 参见［德］克劳斯·罗克辛：《德国刑法学总论》，第 1 卷，王世洲译，246 页，北京，法律出版社，2005。

果虽然是杀人行为造成的，死亡结果却不存在使之发生的构成要件意义上的杀人行为，因而不是构成要件该当的杀人结果。

从上述案例比较可以看出，因果关系的思维方式与客观归责的思维方式是完全不同的：因果性思考只限于对行为与结果之间关系的考察，至于对行为与结果的考察是应当在因果性判断之前完成的。问题在于：在某些情况下，这种分别的考察难以承担构成要件的实质判断的功能，正是客观归责论提供了一种一体化的考察思路。基于条件性因果关系，客观归责论进而对行为与结果进行实质性的价值判断，因而超越了因果关系的范畴，进入了归责的范畴。因此，那种试图以相当因果关系说排斥客观归责论的观点是难以接受的，它没有看到相当因果关系说的局限性，也没有看到客观归责论的完整功能。

那么，能不能反过来以客观归责取代因果关系的判断呢？客观归责是以条件说确立的因果关系为前提的，然而客观归责不能包含、更不能取代因果关系的判断。至于在刑法理论上，个别学者，例如德国学者 Gossel 认为客观归责理论无须从条件说的必要条件命题导出，而只需依据“规范保护目的原则”的观点，实际上即是以“规范保护原则”排除条件的判断，进而排除因果关系的判断过程。[①] 这种否定因果关系判断的独立性，甚至取消因果关系判断的观点显然是不足取的。

在厘清了因果关系理论与客观归责论的关系，并进而同时肯定两者在定罪的司法过程所具有的不可替代的作用以后，我们终于可以正面讨论客观归责在犯罪论体系中的地位。论及客观归责的体系性地位，我国学者指出：

> 由于客观归责是关于行为人—行为—结果之间在刑法意义上的客观联系，在内容上所涉及的是犯罪成立的客观事实，因此在犯罪论的体系上毫无疑问是属于犯罪成立第一阶段的内容。[②]

① 参见方泉：《犯罪论体系的演变——自“科学技术世纪”至“风险技术社会”的一种叙述和解读》，155 页，北京，中国人民公安大学出版社，2008。

② 吴玉梅：《德国刑法中的客观归责研究》，122 页，北京，中国人民公安大学出版社，2008。

这里所说的犯罪成立第一阶段，是指大陆法系三阶层的犯罪论体系中的构成要件该当性。迄今为止，似乎还没有学者将客观归责排斥在构成要件之外。而从构成要件该当性的角度确立客观归责的体系性地位，必然涉及构成要件的实质化变动。

构成要件存在一个从形式的构成要件到实质的构成要件转变的过程。一般认为，古典派的犯罪论体系中的构成要件具有明显的形式化倾向，这种形式化以客观性、事实性和描述性为特征：客观性相对于主观性，构成要件是客观的构成要件，主观要素属于责任问题。事实性相对于规范性，构成要件不包含规范要素。描述性相对于评价性，构成要件不包含价值评判。规范的、价值的评判是由违法性承担的，而构成要件是中性无色的。例如，古典派犯罪论体系的缔造者贝林指出：

> 法定构成要件是这样一个概念，即不仅其显然不同于纯粹的客观刑罚可罚性条件和责任概念（与相关的主观方面不同的，与上述客观要素一样，该构成要件存在于客观方面），而且与违法性也不同。如果说，违法性表达了法律对行为的不允许，是规范的（价值的）概念，那么法定构成要件的功能，就是那些描述性地勾勒出刑法中相关的客观事实（Tatbestaende）。对行为的法律评价，不可能在法律上规定出来。构成要件符合性与违法性之间彼此关联，正如相互分割的两个领域。[①]

在贝林看来，构成要件是形式判断，以此体现罪刑法定原则；违法性是实质判断，以此体现法益保护原则。构成要件该当的行为还不一定是违法的，只有排除了违法阻却事由，构成要件该当行为才具有违法性。因此，对行为的客观判断，是通过构成要件与违法性这两个阶段完成的：第一阶段的构成要件是形式的，只有作为违法类型的构成要件才是实质的。通过构成要件该当性与违法性这两个阶层，完成了从构成要件的形式化到实质化的转变。随着新古典派犯罪论体系发现了主观的违法要素与规范的违法要素，构成要件不再是纯客观的和纯事实

① ［德］恩施特·贝林：《构成要件理论》，王安异译，67～68 页，北京，中国人民公安大学出版社，2006。

的，由此开始了一个构成要件的主观化与实质化的演变过程。其中，构成要件的主观化，是随着威尔泽尔的目的行为论的犯罪论体系出现，并完成从心理责任论到规范责任论的转变，将故意与过失等心理要素纳入构成要件为标志的，最终形成了主观归责理论。而构成要件的实质化，则以威尔泽尔的社会相当性理论的提出为肇始。德国学者对社会相当性理论的含义作了以下揭示：

> 社会相当性理论（Lehre von der sozialen Adaequanz）表明，以符合义务注意而为之行为，且该行为属于历史形成的社会共同生活秩序范围内的行为，不属于犯罪构成要件范畴，即使它与侵害刑法所保护的法益的危险有联系。①

由上可见，社会相当性是构成要件判断的实质标准，缺乏社会相当性的行为就不属于构成要件的行为。在这种情况下，社会相当性就成为构成要件的实质性的判断标准，从而解除了构成要件的形式化的桎梏。值得注意的是，威尔泽尔的社会相当性理论最初是作为正当化的一般原理而提出的，因而是一种实质的违法性理论。只是后来，社会相当性才被提前纳入构成要件该当性的考察当中，成为构成要件该当性的阻却根据。正如我国学者论及将社会相当性视为构成要件该当性阻却事由的见解时，指出：

> 社会的相当性具有阻却构成要件该当性作用的见解既把构成要件当罚行为系统化，构成要件又必须与生动的现实的社会生活中有关社会伦理性秩序联系起来加以理解。据此，主张在社会伦理性秩序的范围内的行为，构成要件该当性本身要受到阻却。如果根据这个见解，外科医生在手术中切断患者的一个手臂的行为，从一开始就不应该符合伤害罪的构成要件，在拳击、摔跤等运动中，向对方的身体施加攻击的行为也不符合伤害罪的构成要件。

① ［德］汉斯·海因里希·耶赛克、托马斯·魏根特：《德国刑法教科书》，徐久生译，310～311页，北京，中国法制出版社，2001。

> 而这个见解正因为这个结论才与社会生活相吻合而恰如其分，并且由于承认它对社会的相当性有阻却构成要件该当性的作用，从构成要件所使用的措辞来看，虽包括在构成要件之内，但明显不应受罚的行为要排除在构成要件之外，实质上是限定了构成要件的范围，并主张维持违法类型的构成要件的机能。①

尽管社会相当性具有限定构成要件范围的机能，然而社会相当性的标准本身具有暧昧性，而且威尔泽尔本人对于社会相当性到底是作为构成要件的阻却根据还是违法性的阻却根据一直是摇摆不定的。例如，罗克辛就曾经说威尔泽尔经常改变社会相当性的法律形象。② 在这种情况下，客观归责论作为构成要件的实质化的一种方法应运而生。我国台湾地区学者许玉秀提出了客观归责理论是刑法学思潮乃至法学思潮实质化运动的一环的命题，指出：

> 客观归责理论企图从法秩序的目的定出确定构成要件行为的范围，是想替构成要件行为找出实质的判断依据，罗克辛所提出来的规范保护目的、被容许的风险、构成要件的效力范围等原则，都是尝试将法秩序的要求具体化，而它们本身都是实质的标准，所以客观归责理论和实质的违法性理论，同属于 20 世纪以来刑法学思潮，乃至法学思潮实质化的一环。③

客观归责作为构成要件的实质判断标准，在构成要件中的体系性地位仍然是不明确的。在德国刑法学中，一般是把因果关系和客观归责相并列，共同作为刑法责任基础。④ 然而客观归责不同于因果关系，这种把客观归责与因果关系并列的做法，实际上并没有找到客观归责的合适位置。我国台湾地区学者黄荣坚教授

① 张亚军：《刑法中的客观归属论》，25 页，北京，中国人民公安大学出版社，2008。

② 参见［德］克劳斯·罗克辛：《德国刑法学总论》，第 1 卷，王世洲译，192 页，北京，法律出版社，2001。

③ 许玉秀：《当代刑法思潮》，408 页，北京，中国民主法制出版社，2005。

④ 参见［德］汉斯·海因里希·耶赛克、托马斯·魏根特：《德国刑法教科书》，徐久生译，336 页以下，北京，中国法制出版社，2001。

则别出心裁地将客观归责定位为不成文的违法阻却事由，以相对于正当防卫等成文的违法阻却事由。在不成文的违法阻却事由中，黄荣坚教授又将因果关系作为正面要件，而将阻却客观归责事由作为负面要件。[①] 这一定位当然与黄荣坚教授所坚持的不法构成要件与主观不法的二阶层犯罪论体系有关。把客观归责作为不成文的违法阻却事由，与成文的违法阻却事由在性质上相等同，我以为并不妥切。因为正当防卫等违法阻却事由属于违法性的判断，是以构成要件该当性为前提的。它只否认违法性却并不否认构成要件该当性，阻却客观归责事由则否认构成要件该当性。就此而言，将阻却客观归责事由作为消极的构成要件更为合理。

消极的构成要件是相对于积极的构成要件而言的，最终被用来指称合法化事由。通过把合法化事由视为消极的构成要件，实际上是把违法性纳入构成要件该当性，从而取消了违法阻却事由。对此，德国学者提出了我们必须拒绝消极的构成要件理论的命题，指出：

> 只要构成要件被理解为犯罪类型的典型不法内容的承担者，空缺的构成要件理论给构成要件太少，而消极的构成要件特征理论则给构成要件太多。根据消极的构成要件特征理论，构成要件不能仅包括对犯罪来说典型的情况，而是要包括所有涉及违法性的情况。这里，合法化事由的先决条件被理解为消极的构成要件特征，它之所以被纳入构成要件，是因为只要当缺少它时，关于行为违法性的最终的判断才有可能。构成要件特征和合法化事由的先决条件以该方式被统一到总构成要件（Gesamttatbestand）之中，并被体系化地置于同一层面。[②]

对于这种将合法化事由视为消极的构成要件的理论，我以为也是不妥的。这里涉及构成要件该当性与违法性这两个要件之间的关系，也涉及在犯罪论体系上的三阶层理论与二阶层理论之争，在此不予展开。仅从逻辑上来说，把正当防卫

---

① 参见黄荣坚：《基础刑法学》（上），3版，142、193页以下，北京，中国人民大学出版社，2009。

② ［德］汉斯·海因里希·耶赛克、托马斯·魏根特：《德国刑法教科书》，徐久生译，307页，北京，中国法制出版社，2001。

当作合法化事由，视为消极的构成要件，这时并不能否定构成要件该当性。因此，将正当防卫作为违法阻却事由，在肯定其构成要件该当性的基础上，否认其违法性才是合乎逻辑的。把客观归责阻却事由当作消极的构成要件，则并不存在逻辑上的障碍。因为在具备客观归责阻却事由的情况下，实际上是构成要件该当性不存在。

在罗克辛的客观归责理论中，主要存在三个规则，即制造风险、实现风险和构成要件的效力范围。相应地，可以把没有制造风险、没有实现风险和超出构成要件的效力范围视为客观归责的三种阻却事由。其中，制造风险是对构成要件该当行为的实质审查，没有制造风险可以否定构成要件该当行为的成立。实现风险是对构成要件结果的实质审查，没有实现风险可以否定构成要件该当结果的成立。超出构成要件的效力范围是对构成要件的否定，是对前述两个事由的补充。[①] 因此，制造风险、实现风险和构成要件效力范围就成为消极的构成要件。在具备构成要件该当的行为、结果及其因果关系的基础上，再进行是否存在消极的构成要件的实质判断。如果存在客观归责阻却事由，则构成要件该当性被否认。

- 构成要件
  - 积极的构成要件（形式判断）
    - 行为
    - 结果
    - 因果关系
  - 消极的构成要件（客观归责阻却事由）（实质判断）
    - 没有制造风险
    - 没有实现风险
    - 超出构成要件效力范围

三、客观归责的基本规则

客观归责是从因果关系问题转化而来的，归因与归责有所不同；归因是一个

① 参见许永安：《客观归责理论研究》，80 页，北京，中国人民公安大学出版社，2008。

事实问题，通过因果理论解决；归责是一个评价问题，通过客观归责理论解决。对此，我国台湾地区学者指出：

> 就刑法评价需要性而言，确定行为与结果间是否存有因果关系，固然重要；惟更重要的是应该进一步判断，行为人造成具体结果之行为在客观上是否系可归责，而应负刑法之责任。易言之，在因果关系之判断上，对于结果之原因与结果之归责，应加以区分。首先以经验之观点，采用条件理论之见解，判断结果之原因；而后以规范之观点，采用客观归责理论之见解，判断结果之归责。①

以往的刑法理论中，把归因与归责相混同，开始是以归因代替归责，以为满足了因果性就具有了可归责性。此后，相当说作为一种实质上的归责理论却栖息于因果理论之中不得自拔。罗克辛的客观归责理论才彻底将归因与归责分开，具有重要理论意义。应当指出，罗克辛的客观归责是以条件说确定的因果范围为前提的，正如主观归责是以心理事实为基础一样。客观归责作为一种规范评价，它所要解决的是在具备事实因果关系的情况下，进一步从规范上考察，其结果是否可以归责于行为主体。客观归责具有以下三个基本规则：

（一）制造法所不容许的风险

刑法是保护一定法益的，侵害法益的行为必然被刑法所禁止。因此，行为是否具有对法益的侵害性就成为犯罪认定的第一个环节。行为的侵害性一般可以从法规范上获得确证。因为从规范形式上来说，构成要件行为是一种违法行为的类型，因而可以直接推断其行为是具有实质侵害性的。这里存在一个行为的定型化问题。一般来说，故意行为的定型化程度是较高的，而过失行为的定型化程度则是较低的，往往只要是由于主观上的过失而引起某种法所禁止的结果的行为，就

① 林山田：《刑法通论》（上册），增订7版，200页，台北，2000。

被认为是过失行为。从这个意义上说，过失行为是归因的结果。因此，有时难以完全遵循行为→结果→因果关系这样一种判断顺序，而是由果溯因。在这种情况下，仅仅依靠因果性是难以解决归责问题的，因而提出了制造法所不被容许的风险这一客观归责的规则，它是对行为，尤其是类型化程度较低的过失行为的一种实质审查。

风险，亦称为危险，在任何一个社会都是广泛存在的，法律并不禁止任何风险，因为风险与利益同在：没有风险也就没有利益，就没有社会发展，甚至社会生活也无法进行。例如行车有翻车的风险、飞行有坠机的风险、航行有覆船的风险。如果仅仅为避免这种风险而禁止行车、飞行与航行，显然是愚蠢的做法。法所禁止的仅仅是不被允许的风险，因此要对一定的风险到底是法所允许还是法所不允许进行认定。从这个意义上说，法所不允许的风险，也就是禁止的风险是客观归责理论的基础。为正确地理解法所不允许的风险，我们可以首先界定哪些是法所允许的风险。对此，我国学者指出：

> 在今天的现实社会生活中，随着科学技术的发展与现实应用以及人类社会生活结构的发展，我们每天都可能遇到一些在人们心目中可能已经习以为常的危险。譬如驾驶汽车，使用机器，制造易燃、易爆、易污染产品，进行科学实验，进行身体竞争性的体育活动等。人们对于这些活动的危险性有着充分的认识，这种认识体现在规范上，是一系列专业规则、操作规程与特殊注意义务的制定与要求。当行为人在遵守这些规则、规程与注意义务的前提下，发生了法益侵害的结果，这一结果就不能在客观上归咎于行为人的行为。因而这一行为也不具备构成要件该当性。这类危险，在刑法理论上被称为允许的危险。[①]

由此可见，一种风险是否被法所允许，关键还是在于行为人是否尽到了一定的注意义务，也就是是否具有过失行为本身。如果尽到了一定的注意义务，即使

① 李海东：《刑法原理入门（犯罪论基础）》，53～54 页，北京，法律出版社，1998。

风险发生也不能归责于行为人。反之，如果未尽到一定的注意义务，则应将风险归责于行为人。当然，这种基于风险是否允许而确定能否对行为人归责，到底是一种客观归责还是一种主观归责，仍是一个值得研究的问题。以往允许的危险通常是作为一种正当化事由的原理而加以确定的，例如德国学者指出：

被允许的危险（erlaubtes Risiko），并非独立的合法化事由。因为，该概念所表示的是，在一定条件下的危险行为，甚至对法益侵害持未必故意的行为，并未包括在被允许的范围之内，该要件并不能够描述一般性的要件轮廓。被允许的危险概念的重点在于，与其说是针对各种具体的实体性要件，不如说是针对各种合法化事由的共同结构原理（gemeinsame strukturprinzip）。被允许的危险不仅适用于故意犯，在过失犯情况下，同样存在被允许的危险这一特殊的合法化事由。[①]

作为正当化事由，被允许的风险既非客观归责亦非主观归责。但由于在过失犯的情况下，被允许的风险具有限定过失犯的注意义务之功能，因而被允许的风险似乎是在过失的归责中论及，是一种主观的归责要素，过去我亦是如此认识的。[②] 但在允许的风险的情况下，注意义务不存在，不仅过失心理没有，过失行为也没有。就此而言，允许的风险又似乎是一种客观的归责要素。对此，我国学者指出：

允许的危险的理论是过失理论的一场悄悄的革命，倡导过失的核心已不在于危害结果，而在于过失行为本身，只要行为人客观上已尽注意能力遵守了具体的注意义务，即便发生危害结果，也不负过失责任。[③]

因此，被允许的风险之引入对过失行为的审查，被认为是从结果无价值向行为无价值的转变。由于我国现行刑法理论将行为（作为与不作为）与罪过（故意与过

① ［德］汉斯·海因里希·耶赛克、托马斯·魏根特：《德国刑法教科书》，徐久生译，484～485、711页，北京，中国法制出版社，2001。

② 参见陈兴良：《本体刑法学》，370页，北京，商务印书馆，2001。

③ 姜伟：《犯罪故意与犯罪过失》，299页，北京，北京大学出版社，2008。

失）分而论之，行为中论及的基本上是故意行为，而对过失行为未予以充分的关注，如此才在更大程度上将过失行为作为一个主观归责问题讨论。就此而言，目前德国刑法理论中通行的故意的作为犯、过失的作为犯、故意与过失的不作为犯的犯罪构成体系，将主观要素与客观要素结合起来考虑，似乎更有其合理性。

在对法所允许的风险作出如上界定的基础上，我们可以正确理解法所不允许的风险。对于法所不允许的风险的认定，故意犯与过失犯是有所不同的。故意犯中的法所不允许的风险更多地表现在行为是否为法所禁止上。一种故意行为只要是被法所禁止的，其所造成的风险必然是法所不允许的，因而应予归责。而过失犯中的法所不允许的风险则应当根据注意义务是否得以遵守加以判断，在没有遵守注意义务情况下造成的风险，就是法所不允许的风险，应予归责。关于制造法所不允许的风险之客观归责的规则，存在以下问题值得研究：

1. 降低风险

法所不容许的风险如果是行为人所制造的，当然是具有客观上的可归责性的。即便这种法所不容许的风险不是行为人所制造的，但行为人通过其加功增加或者提高风险，同样是具有客观上的可归责性。但是，如果行为人实施了降低风险的行为，即使这种风险仍然发生，也不具有客观上的可归责性。例如甲看到一块石头砸向乙的头部，出手挡石头，以致砸伤乙的脚。在这种情况下，虽然风险没有避免，但甲的行为不是提高而是降低了风险，因而不具有客观上的可归责性。与降低风险相类似的是替代性的风险行为，即以一种较小的风险替代本来发生的较大的风险。例如甲为救陷于火海的孩子乙，将乙抛出窗外，致乙重伤。这种替代性的风险行为，也没有增加风险，同样不能作为犯罪处理。但罗克辛认为，上述两种情形在性质上是存在区分的：前者虽然存在因果性，但其行为并非构成要件该当的行为。而根据传统的理论，在违法性的观点下取消风险减小的情况，并在其中认可一种正当化的紧急避险（《德国刑法典》第 34 条）。但是，这样做的条件就会是，人们至少会把风险减小看成是一种符合犯罪类型的法益侵害，而这一点正是这里所缺乏的。后者行为人完成了一个符合犯罪类型的行为，是应当作为行为构成的完成对他进行归责的。但是，行为人能够通过推定的同意或者通过《德国刑法典》第 34 条加以正当化。[1] 因此，罗克辛将降低风险的行为与替代性风险的行为加以区分，降低风险的行为是不具有客观归责性，而替代性风险的行为则具有客观上的可归责性，从而阻却违法。

2. 没有制造风险

行为人的行为虽然没有降低风险，但也没有以在法律上值得关注的方式提高风险，因而同样不具有客观上的可归责性。这种行为就是没有制造风险，罗克辛称为“缺乏危险创设”。没有制造风险的情况下，并非不存在任何风险，而是存在一种法律上不值得关注的风险，这是一种生活风险。对此，罗克辛指出：

> 即使某种行为方式，在罕见的例外情况中能够导致一场不幸，然而，与这种行为方式相联系的在社会适当性方面的那种最小风险，将为法律所忽略。因此，通过这种行为方式来查明的造成结果的原因，从一开始就是不可归责的。因为促进一种正常的并且一般没有危险的社会性举止行为的产生，是不能加以禁止的，因此，当这样一种做法例外地成为一种法益损害的原因时，也就缺乏了一种符合犯罪类型的杀人行为。[2]

罗克辛曾经举了威尔泽尔经常使用的例子，即甲在暴风雨就要来的时候，把乙派到森林里走，希望他会被雷劈死。结果，乙真的被雷所劈死。对此，传统的条件说是肯定因果关系存在的，威尔泽尔通过否定故意来规避刑事惩罚，即甲并无对事件发生真正产生影响的强大的意志。而罗克辛则明确指出，这是一个客观归责的问题，而不是一个故意的问题。这样，通过客观归责对行为进行实质审查，是否制造了法所不容许的风险，使阻却犯罪的事由提早到客观上不具有可归责性而非主观上不具有可归责性。

---

① 参见［德］克劳斯·罗克辛：《德国刑法学总论》，第 1 卷，王世洲译，247～248 页，北京，法律出版社，2005。

② ［德］克劳斯·罗克辛：《德国刑法学总论》，第 1 卷，王世洲译，248 页，北京，法律出版社，2005。

3. 假定的因果过程

能否以假定的因果过程而否定客观归责，这也是在制造法所不容许的风险中值得研究的一个问题。这里的假定的因果过程，也称为假设的因果流程，是指存在一个代替性行为人（Ersatztäter），假如行为人不实施某一法所禁止的行为，他人也会合法或者非法地实施该行为。存在这种假定的因果过程，是否排斥对行为人的客观归责呢？罗克辛认为：

> 一种对违法行为构成完成的归责，是不能就这样被排除的，因为一个代替性行为人已经准备好了，他在实施行为人停止行为的时候，就要接管这个构成行为（接管原则）。①

因此，罗克辛得出以下结论：

> 法律制度不能由于另外一个人已经准备好违反法律就应当收回自己的禁令。②

在假定的因果过程中，代替性行为人的行为既可以是合法的，也可以是非法的，但都不能排除原行为人的客观归责。前者通常举的例子是：在死刑执行时，甲以私人身份撞开了死刑执行官，自己充当死刑执行官并且在他的位置上开动了电椅，将死刑犯乙杀死。在这种情况下，不能以如果甲不杀乙，反正乙也要被执行死刑而排除甲的客观上的可归责性。因为虽然乙被判处死刑，但法律只授权死刑执行官对乙执行死刑，甲剥夺乙的生命仍然是非法的，属于杀人行为。后者通常举的例子是：某人的财物疏于看管，被窃贼甲与乙同时盯上，甲捷足先登窃得某人的财物。在这种情况下，尽管如果甲不盗窃，财物也会被乙偷走，但不能以财物反正是要被偷走的为由，否认甲的行为客观上的可归责性。

假定的因果过程并不否定客观归责，但如果自然因果性被修改，则是否具有可归责性就应当区别为两种情况对待：一是行为人仅仅修正了一种自然因果性，

---

① ［德］克劳斯·罗克辛：《德国刑法学总论》，第 1 卷，王世洲译，249 页，北京，法律出版社，2005。
② ［德］克劳斯·罗克辛：《德国刑法学总论》，第 1 卷，王世洲译，249 页，北京，法律出版社，2005。

而没有在整体上恶化被害人的状况时，就要排除归责。例如在一段因山崩而遭岩石堵塞的轨道上，甲开电动火车，因煞车不及撞上岩石而死亡。甲撞上岩石的地点是在右车道，甲之所以驶在右车道上，是因乙调整铁道岔，从左边调整到右边，但左右边的铁道皆遭阻塞。因此，即使乙不从左边调整到右边，甲也会在左车道撞上岩石而死亡。在这种情况下，乙的行为使甲的死亡地点有所改变，但并没有因此使甲撞上岩石的机会增加，因此乙的行为不具有客观上的可归责性。二是行为人不是单纯地修改了自然的因果性，而是通过一种独立的行为加以补充时，则具有可归责性。例如，在前例中，如果甲在撞上岩石的一刹那被乙开枪射杀，则虽然不被射杀也必然撞上山岩而死，但这种射杀行为仍然具有可归责性。对此，罗克辛给出的理由是：

> 法益的损害是应受刑事惩罚的，只要这种损害没有得到一种明确的正当化根据的帮助。当把濒死的人在他临死前的那一刻杀死而有可能不被惩罚时，禁止杀人的戒律就在不是万不得已的情况下被违反了。法律制度不应当容忍这一点。[①]

（二）实现法所不容许的风险

在客观归责的认定中，不仅要关注是否制造了法所不容许的风险，还应当进一步考察法所不容许的风险是否实现。关于实现法所不容许的风险之客观归责的规则，存在以下问题值得研究：

1. 未实现风险

虽然制造了法所不容许的风险，但这种风险并未实现，对此如果是故意犯的话应当以未遂犯论处。但在某些情况下，制造了风险并且发生了某种法益侵害结

① ［德］克劳斯·罗克辛：《德国刑法学总论》，第1卷，王世洲译，251页，北京，法律出版社，2005。

果，但这一法益侵害结果是由于其他介入因素，包括自然力或者第三者的故意与过失行为所造成，则仍应认为风险未实现，不具有客观上的可归责性。通常举的例子是受枪伤的被害人被送医院救治，在医院救治期间被火烧死。这个例子以往都是用因果关系中断或者没有故意来解决的，但罗克辛认为这是一个客观归责的问题。

此外，在传统刑法理论中还存在所谓因果关系错误的例子，例如甲出于杀乙的意图勒其脖颈，使乙陷于假死状态，甲误认为乙已经死去，而将乙投入水中，实际上乙是溺水而死。这个问题通常是在故意中讨论的，被称为是韦伯的概括的故意。[①] 但故意是以存在因果关系为前提的，只有具备了客观上的可归责性才考虑主观要素。对此，罗克辛指出：

> 当未遂行为以在法律上有重要意义的方式提高了紧接着的因果过程的危险时，也就是这个结果是适当地实现了由未遂创设的那个危险时，因果关系的偏离就是不为人所注意的，也就是说，这个结果是应当归责的。[②]

因此，因果关系错误情况下是否具有客观上的可归责性，也应当考虑前行为是否提高并实现了因果过程的危险。

2. 未实现不被容许的风险

未实现风险当然不具有客观上的可归责性，即使实现了风险，但这种风险并非不被容许，仍然不可归责。换言之，只有实现不被容许的风险才是可归责的。罗克辛曾经以羊毛笔案加以说明：一家画笔厂的厂长没有遵照规定事先消毒，就给了他的女工们一些中国的山羊毛进行加工。四名女工因此被感染上炭疽坏疽杆菌而死亡。后来的调查表明，规定的消毒措施对当时欧洲尚不知道的这种杆菌本来是没有作用的。对此，罗克辛指出：

> 如果人们把这个结果归责于他，那么，他就要为违反了一项即使履行了也没有用的义务而受到刑事惩罚。[③]

---

① 参见陈兴良：《刑法哲学》，修订 3 版，180～181 页，北京，中国政法大学出版社，2004。
② ［德］克劳斯·罗克辛：《德国刑法学总论》，第 1 卷，王世洲译，253 页，北京，法律出版社，2005。
③ ［德］克劳斯·罗克辛：《德国刑法学总论》，第 1 卷，王世洲译，254 页，北京，法律出版社，2005。

因此，一个人不能因违反了一项即使履行了也无法避免危险发生的义务而受到刑事惩罚，就成为一个客观归责原则。这一原则，在考虑客观归责时是十分重要的，但以往我们往往忽视。例如甲驾驶的微型轿车按照交通法规只能在城市主干道的第二条道上行使，其在第一条道（快速道）上行驶是违规的。此时，乙横穿主干道，甲躲避不及而将乙撞死。在此，不能仅因甲违规行驶而予以归责，而是要看这一违规是否提高并实现了风险。如果即使在第二条道上行驶，也同样会将乙撞死，那么其违规行为就属于未实现不被容许的风险。

3. 结果不在注意规范保护范围之内

结果虽然发生，也就是风险已经实现，但这一结果并不在注意规范保护范围之内，仍然不具有客观上的可归责性。罗克辛举了一个例子：两个骑自行车的人，在路上骑着没有灯的车前后相随。前面那个人由于缺乏照明而撞上了迎面而来的一个骑车人。但是，只要后面那个骑车人在自己的车上装了照明设备，那么，这个事故本来是可以避免的。在这个案例中，前面这个骑车人应对于过失负责，后面这个骑车人呢？其不安装照明设备的过失行为按照“如果装了照明设备这个事故就可避免”的逻辑，是可以归责的。但罗克辛认为，在这种情况下，是不可归责的。因为照明要求的目的在于避免自己的车直接造成事故，而不在于让另一辆自行车点灯来避免其与第三辆车相撞。为此，罗克辛区分谨慎规范的保护目的与构成要件的保护目的。罗克辛指出：

> 不允许性风险的实现永远是与限制许可风险的谨慎规范的保护目的有关的，而不是与刑法的行为构成的保护目的有关。[①]

那么，这里的谨慎规范的保护目的与行为构成，即构成要件的保护目的如何区分呢？谨慎规定，也就是注意规范所保护的目的是法律所关注的，并且与违反者具有密切关联的，因为注意规范的目的是要界定归责范围。只有违反注意规范

① ［德］克劳斯·罗克辛：《德国刑法学总论》，第1卷，王世洲译，256页，北京，法律出版社，2005。

所造成的风险才具有客观上的可归责性。因此，结果不在注意规范保护范围之内，表明这种结果不具有可归责性。而构成要件所保护的目的则只与因果过程有关，它不能直接确定客观归责。

4. 合法的替代行为和风险提高理论

合法的替代行为要讨论的是，如果行为人未违反注意义务，也就是实施合法行为，结果仍然会发生，在这种情况下，行为人是否具有可归责性。在前面所举的羊毛笔案例中，罗克辛认为是不可归责的，因为一个人不能因为违反一项即使履行了也没有用的义务而受到刑事惩罚。但合法替代行为的排除归责又不是绝对的，也就是说只有当合法的替代行为肯定或者必然会导致这个结果时，才应当排除一种归责。但如果合法的替代行为并非肯定导致结果，换言之，违反注意义务的行为提高了风险，那就是可归责的。例如，一辆载重卡车的司机想要超越一辆自行车，但是没有遵守应当保持一定距离的要求，最近时与骑车人的距离仅仅只有 75 厘米。在超车的过程中，这个喝醉了酒的骑车人，由于一种在酒精作用下的反应迟钝而把自行车向左打过去，被挂斗车的后轮轧上了。最后证明，如果卡车司机根据道路交通规定，与骑车人保持了足够的距离，那么，这个事故也仍然极有可能（或者：有可能）发生。对此，罗克辛认为卡车司机是可归责的，理由在于：

> 在即使保持了所要求的距离，骑车人也会死亡时，在这个过程中就实现了一个在超车中一般存在的风险，但是，立法者通过自己的许可为开车人接受了这种风险，因此，这个结果本来是不可以归责的。相反，如果行为人超越了允许性风险，并且现在出现了作为在超车中存在的危险所作用的结果，那么，这个结果作为一种禁止性危险的实现就是可以归责的。[①]

在此，罗克辛提出了风险提高理论，行为人超越了允许性风险，提高了风险，因而是可归责的。

---

① ［德］克劳斯·罗克辛：《德国刑法学总论》，第 1 卷，王世洲译，257 页，北京，法律出版社，2005。

（三）构成要件的效力范围

这里涉及类型化的构成要件的归责功能问题。在故意犯罪中，构成要件承担了主要的归责功能，不具备构成要件才是不可归责的。故意是依附于行为而存在的，具有对于行为的从属性。因此，行为与故意之间在判断上存在严格的位阶关系。但在过失犯罪的情况下，传统上是从结果追溯过失，是以过失心理作为归责的要件，过失行为则缺乏定型化。因此，过失犯罪的认定成了一个过失心理的判断问题，而过失又主要是根据注意义务的违反、可预见性、认识可能性及避免可能性加以判断的，行为归责功能在过失犯罪中根本没有发挥出来。因此，客观归责主要适用于过失犯罪。甚至传统用于判断过失的那些概念都可废弃不用。[①] 当然，故意犯罪也并非与客观归责无关，在某些情况下，客观归责同样也可适用于故意犯罪。

1. 参与他人故意的自危

德国刑法没有将帮助自杀（伤）行为规定为犯罪，在这种情况下，对帮助自杀（伤）行为能否以故意杀人（伤害）罪论处？这个问题对于我国刑法也同样是具有意义的。在我国刑法教科书中，一般都认为这种帮助他人自杀行为是构成故意杀人罪的。与此相同，教唆他人自杀行为也构成故意杀人罪。[②] 在这种情况下，死亡或者伤害是由他人自身引起的，教唆或者帮助行为人能否承担故意杀人（伤害）罪的刑事责任？这个问题的实质是：当这个（故意或者过失地）积极参加由一名自我负责的行为人所造成的自我损害的人，对这名自我损害人的身体或者生命负有保护义务时，能否适用刑法关于杀人罪或者伤害罪之法律？也就是说，这种引起行为是否属于杀人行为或者伤害行为？在司法实践中，此类案件还是十分常见的，例如追赶行为造成他人被汽车撞死，或者追赶行为使人慌不择路

① 参见吕英杰：《论客观归责与过失不法》，载《中国法学》，2012（5）。

② 参见高铭暄、马克昌主编：《刑法学》，470页，北京，北京大学出版社、高等教育出版社，2000。

下河而被水淹死等，这一追赶行为是否是杀人行为？对此，德国的司法判决曾经将之视为杀人行为，但后来又改变了这一判决，拒绝了把这类案件归责为杀人犯罪的客观构成要件："当那种有意识地借助这种危险而进入的风险得以实现时，行为人自我负责的和已经实现的自我危险并不属于一种身体伤害或者杀人犯罪的行为构成。一个仅仅造成、使其能够或者要求这种自我危险的人，并不会使自己由于伤害犯罪或者杀人犯罪而成为应受刑事惩罚的人。"[①] 因此，根据客观归责理论，这种参与他人故意自危的行为应当排除归责。

2. 同意他人造成危险

这里的同意他人造成危险，是指一个人不是故意地给自己造成危险，而是在意识到这种风险的情况下，让别人给自己造成危险。例如，一名乘客强迫掌握方向盘的人违反禁止性规定超速行驶，因为他想及时赶赴一个约会。由于车速太快，导致车祸，造成这名乘客死亡。在这个案例中，超速行驶是违法的，由此造成了他人的死亡后果，能以过失致人死亡定罪吗？对此，行为人仍然不应负刑事责任，但其根据以往德国的通说是被害人承诺的法理，但罗克辛认为不能以被害人承诺的法理解决这个问题，因为被害人认为虽然存在风险但这种风险并不会实际发生，具有某种侥幸心理，因而并不存在对危害结果的承诺。罗克辛指出：

> 尽管被侵害人本身就是他所遭遇的事故的肇事人，但是仍然还应当产生一种刑事惩罚，这是令人难以满意的。因此，人们在这里就会提出一个正确的问题：在什么范围内，这个行为构成包含了同意他人给自己造成危险的保护目的？[②]

换言之，在这种情况下的风险实现行为是否符合杀人的构成要件？对此，罗克辛的回答是否定的。当然，其前提是这名乘客完全认识这个风险并且是有意识地造成了这个风险，只有这样才能排除对结果的归责。相反，如果是这名驾驶员

---

① ［德］克劳斯·罗克辛：《德国刑法学总论》，第 1 卷，王世洲译，264 页，北京，法律出版社，2005。

② ［德］克劳斯·罗克辛：《德国刑法学总论》，第 1 卷，王世洲译，269 页，北京，法律出版社，2005。

说服了这名出于良好理由而犹豫不决的乘客，如果他对乘客隐瞒或者淡化了这些风险，或者如果这场事故是由于那种与被接受的风险无关的驾驶错误造成的，那就可以归责。

3. 第三人责任范围

第三人责任范围是指在他人责任范围之内加以防止的结果，对此行为人不可归责。例如引发火灾的人是否应当对因救火而丧生的消防员负责，疏于注意致使小孩落水的母亲是否应对因救人而丧命的救生员负责，如此等等。在这些情况下，消防员和救生员均有救火与救人的职责，因此行为人对其死亡不应负责。罗克辛指出：

> 在这类案件中排除归责的道理在于，确定的职业承担者在自己的职权范围之内，以一种局外人不应当干涉的方式，对消防和监督危险的渊源负责。但是，这样一种职权分配在刑事政策上富有意义的结果，应当是解除（entlassen）了第一个原因造成人对这个由职业承担者的损害性举止行为所造成的结果的责任。①

案例 8—4　李丽娟放火案

被告人李丽娟系浙江省杭州有成机工有限公司职工，因工作岗位被调整等原因对班长王铭等人产生怨愤，遂决定放火报复。2013 年 1 月 1 日凌晨 2 时许，被告人李丽娟从公司西南侧翻墙进入包装仓库，使用随时携带的打火机引燃包装仓库东侧堆放的纸箱，确认点燃后迅速逃离。大火造成被害单位直接经济损失 6 000 万元，并有 3 名消防队员救火时被烧死，另有 3 名消防队员被烧伤。在本案审理中，被告人李丽娟的辩护律师对被告人是否需对消防队员的死亡承担刑事责任提出了质疑，认为被告人李丽娟的放火行为与 3 名消防队员的死亡之间在客观上没有刑法上的因果关系，在主观上没有故意，因而不应对此承担刑事责任。

① ［德］克劳斯·罗克辛：《德国刑法学总论》，第 1 卷，王世洲译，271 页，北京，法律出版社，2005。

但法院没有采纳辩护意见。一审判决认为：被告人李丽娟因私利泄愤放火，致 3 名消防队员死亡，3 名消防队员受伤，财产损失重大，后果极其严重，认定李丽娟放火罪成立，判处死刑，剥夺政治权利终身。二审判决针对律师关于李丽娟的放火行为与 3 名消防队员的死亡之间在客观上没有刑法上的因果关系的辩护意见，指出："基于强制性的法律规定，只要发生火灾，消防队员就必须救火。本案中 3 名消防队员在李丽娟放火行为导致火灾发生后，进入火场而将自身置于巨大危险之中。期间既无第三者行为介入，消防队员也不存在不当行为，更不存在李丽娟无法预知的不可抗力。李丽娟的放火行为与消防队员死亡之间，显然存在刑法上的因果关系。"针对李丽娟主观上没有故意的辩护意见，二审判决指出："李丽娟身为包装仓库员工，在明知仓库中存有大量易燃物品且厂区有众多员工上班的情况下故意放火，就足以认定其对危害公共安全的后果具有放任的故意。"据此，二审法院裁定驳回被告人李丽娟的上诉，维持一审判决。

在以上案例中，对于被告人李丽娟是否应当对 3 名消防队员的死亡承担刑事责任，是围绕着放火行为与死亡后果之间是否存在刑法上的因果关系这个问题展开的。我注意到，律师提出的是刑法上的因果关系。这里的刑法上的因果关系是相对于事实上的因果关系而言的。在我国刑法学中，存在事实上的因果关系与法律上的因果关系二元区分的因果关系论。[①] 事实上的因果关系是建立在条件说基础之上的，即根据"若无前者，即无后者"的原则认定的因果关系。而法律上的因果关系则是建立在相当说基础之上的，即根据相当性所认定的因果关系。显然，律师在这里所说的刑法上的因果关系并不是指事实上的因果关系，而是指法律上的因果关系。法律上的因果关系又称为相当因果关系，在相当因果关系的判断中引入了人的认识或者认识能力的标准。对于李丽娟放火行为与消防队员的死亡之间的因果关系，通过相当性的判断予以排除是不太可能的。因为放火而致人死亡，其相当性是不言而喻的。对此，裁判理由指出："放火是一种危害公共安

① 参见陈兴良：《本体刑法学》，2 版，228 页以下，北京，中国人民大学出版社，2011。

全的行为，放火行为一经实施，就可能造成不特定多数人的伤亡或使不特定的公共财产遭受难以预料的重大损失。而且，消防队员的救火行为是正常的、依职务实施的，其死亡结果与放火行为之间当然存在刑法上的因果关系。”当然，本案被告人李丽娟在主观上对 3 名消防队员的死亡是否具有故意，这也是一个值得研究的问题。在二审裁判理由中，以放火故意替代对于 3 名消防队员死亡的故意，这是难以成立的。不能认为，被告人对于放火是故意的，其对于死亡结果就一定也是故意的。事实上，有放火故意但对于死亡具有过失的情形也是存在的。即使是在放火故意的情况下，也不能完全排除对于死亡结果不仅没有故意，而且没有过失的意外事件的存在。在本案中，被告人李丽娟是在凌晨 2 点潜入厂区仓库放火。此时，仓库是没有工人上班的。但厂区是否有人上班？二审判决中提及李丽娟明知厂区有众多员工上班，这明知是泛指，还是指李丽娟放火的凌晨 2 点厂区有众多员工上班，因为没有见到案卷无法确证。如果李丽娟放火的凌晨 2 点厂区确有众多员工上班，对于放火可能造成他人死亡后果当然是具有放任故意的。但如果李丽娟放火的凌晨 2 点厂区并无众多员工上班，那么，李丽娟选择这个时间放火，除了隐蔽性的考虑以外，也说明其主观上并无对人员死亡的故意。总之，从因果关系和故意的角度讨论本案，还是具有局限性的。

客观归责理论对于李丽娟放火案提供了解决的思路。德国学者罗克辛从构成要件的保护目的出发，将那种处于他人责任范围之内加以防止的结果予以排除。根据罗克辛的观点，当营救者是基于作为法定义务实施救援行为而导致自身法益损害时，行为人就不应当对救援者的法益损害结果承担刑事责任，其理由主要在于：

> 第一，营救者的作为义务是由立法者规定的，立法者通过相应的法律规范将救援行为的风险强加给了营救者。那么，在营救者自身法益遭受损失的时候，立法者就不能将责任转嫁给行为人。
>
> 第二，营救者此时的营救行为符合法定作为义务，行为人不能对之加以阻止，因而其也不应当对救援者导致的损害结果承担责任。

第三，如果救援者是因为自己的职业身份而负有援救义务，那么由于其最初是自由地选择了这一职业，应该认为其也自愿地承担了与救援行为相关的风险。

第四，如果认为此时应当由行为人承担刑事责任，那么将使过失导致火灾的行为人因为忌惮消防队员的伤亡而不敢报告火警，这反而不利于法益保护。[①]

根据构成要件的保护目的对责任范围加以划分：对于那些虽然是由行为人的行为所引起，但他人基于职业义务而承担风险以致造成的后果，属于他人的责任范围，行为人对此不承担责任。当然，对于这一观点，也存在反对意见。反对意见认为，营救者的作为义务不能排除行为人的责任，其基本逻辑是：既然属于他人责任范围，他人必须对法益损害结果具有自我答责。如果不能肯定这种自我答责，行为人就应当对此承担责任。而在具有法定的职业义务的场合，营救者无法进行选择，因此阻却自我答责。既然如此，行为人就应当对营救者的法益损害承担责任。只有在非法定的作为义务的情况下，营救者具有自我答责，行为人才能对营救者的法益损害结果不承担责任。[②] 这里涉及在具有法定的作为义务的情况下，营救者是否具有自我答责？反对意见认为在这种情况下，营救者是被法规范强制下从事营救活动的，并没有形式上的自我决定，因此不能适用自我答责原理。但是，罗克辛认为对于具有法定作为义务的营救者来说，自愿性的认定不能根据其营救时是否受到强制，而是要根据其从事这一职业是否自愿。对此，罗克辛的回答是自愿的，指出：

职务性风险在一种仅仅稍微扩大一点的意义上，同样是自愿的，因为借助于职务性干涉，这种风险在一种自由意志决定的基础上被接管了，并且职务性成员中的大多数也正是为了这种自己在此进入的风险而

① 转引自王刚：《营救者的损害与自我答责原则》，载《法学研究》，2010（3）。

② 参见王刚：《营救者的损害与自我答责原则》，载《法学研究》，2010（3）。

领取报酬的。[①]

罗克辛对于以上问题的论述似乎采用的是原因上的自由行为的逻辑思路：虽然行为时缺乏意志自由，但这种缺乏意志自由的状态是基于行为人的意志自由所决定的，即在原因上是自由的。对于营救者的自愿性也可以采用这个逻辑进行论证：虽然营救时是被强制的，似乎没有自愿性。但成为一名消防队员是自愿的，在这个意义上，营救者仍然是具有自愿性的。据此，完全否认营救者的自我答责并不合理。更为重要的是，对于具有法定作为义务的营救者的法益损害结果的责任承担，是否在行为人和营救者之间二者必居其一？按照反对意见，在营救者阻却自我答责，对其法益损害结果不承担责任的情况下，只能由行为人承担。因此，法定作为义务不能排除行为人的责任。这一论证隐含的逻辑是：营救者的死伤等法益损害结果必须有人承担，不是通过自我答责由营救者本人承担，就是由行为人承担。在我看来，这种非此即彼的思路值得反思。事实上，在火灾中营救是存在风险的，国家设立消防制度的目的在于以职业性的消防活动接管风险，从而以最小的代价将火灾的风险降低。因此，消防制度的设立就具有吸收火灾风险的意蕴，消防队员的伤亡等法益损害结果也正是消防制度设立的代价。基于以上考虑，无论是放火还是失火，行为人只能对火灾造成的他人财产损失和人员伤亡承担刑事责任，但对于消防队员在救火当中的伤亡属于第三人的责任范围，不应由行为人承担刑事责任。当然，在我国目前的刑法理论和司法实践中，对于上述原理的认同并遵循，还是存在重大障碍的。李丽娟放火案生动地说明了这一点，但是，在刑法教义学上还是值得研究的。

思考题：

试论归因与归责的区分。

---

① ［德］克劳斯·罗克辛：《德国刑法学总论》，第 1 卷，王世洲译，272 页，北京，法律出版社，2005。

参考书目：

1. 张绍谦. 刑法因果关系研究. 北京：中国检察出版社，1998

2. 吴玉梅. 德国刑法中的客观归责研究. 北京：中国人民公安大学出版社，2007

3. 张亚军. 刑法中的客观归属论. 北京：中国人民公安大学出版社，2008

4. 许永安. 客观归责理论研究. 北京：中国人民公安大学出版社，2008

第 9 章

违法性论

违法性是犯罪的特征之一，对于犯罪成立来说也是必不可少的要件。然而，在德日刑法学与苏俄及我国刑法学中，在对违法性的理解上存在重大差别。本章在对德日刑法学与苏俄刑法学中的违法性进行对比性研究的基础上，对违法性本质问题进行重点阐述。

一、违法性概述

（一）三阶层的犯罪论体系中的违法性

在德日刑法学中，对违法性进行研究，尤其是提出实质违法论，把违法性作为犯罪成立要件的学者，首推李斯特。李斯特指出：

> 承认违法性是犯罪的概念特征这一命题，以及对那些取消行为的违法性特征的情况进行更加仔细的领会，是一个缓慢而远没有结束的刑法

科学发展的结果。[1]

李斯特在这里所说的“违法性是犯罪的概念特征”，实际上是说“违法性是犯罪成立的要件”，它和苏俄刑法学中把刑事违法性当作犯罪概念的特征之一而不是当作犯罪成立的条件，是完全不同的。李斯特所说的“取消行为的违法性特征的情况”，则是指具有违法阻却事由，例如正当防卫和紧急避险，因而排除行为的违法性。因此，在违法性这一要件中，主要是处理违法阻却问题，这也正是德日刑法学对违法性的功能定位。

李斯特把违法性分为两种：一种是形式违法，另一种是实质违法。形式违法是指违反国家法律，违反法制的要求或者禁止规定。而实质违法则是指危害社会(反社会)。由此可见，李斯特所说的实质违法与苏俄刑法学中的社会危害性的含义是极为相似的，而形式违法则与苏俄刑法学中的刑事违法性相近。在实质违法问题上，李斯特主张法益侵害说，指出：

> 违法行为是对受法律保护的个人或集体的重要利益的侵害，有时是对一种法益的破坏或危害。对重要利益的保护是法律的首要任务。通过对因受法律保护而上升为法益的重要利益进行认真的界定，利益之矛盾、法益之冲突也不可能被完全排除。构成法制最后和最高任务的人类共同生活目标的要求，在此等矛盾、冲突中牺牲价值较低的利益，如果只有以此为代价才能维护价值高的利益的话，据此可以得出以下结论：只有当其违反规定共同生活目的之法秩序时，破坏或危害法益才在实体上违法，对受法律保护的利益的侵害是实体上的违法，如果此等利益是与法秩序目的和人类共同生活目的相适应的。[2]

违法是对法律所保护的利益即法益的侵害，这就是违法的实质，这也是法益侵害说的基本含义。

---

① ［德］李斯特：《德国刑法教科书》，修订译本，徐久生译，201 页，北京，法律出版社，2006。

② ［德］李斯特：《德国刑法教科书》，修订译本，徐久生译，200～201 页，北京，法律出版社，2006。

德国学者贝林明确地将违法性作为犯罪论体系的第二个阶层，认为符合构成要件的行为只有具备违法性（不法、不允许、反法律），才能构成犯罪。因此，贝林提出了“无违法性则无犯罪”的命题。在阐述违法性时，贝林指出：

> 准确地说，符合性行为只有在其本质上不被允许，法律不允许符合该构成要件时，该行为才具有可罚性。行为具有一般的违法性，并不足为据。举例说明：根据刑法第303条的规定，只有那些违法地实施了“损害或者毁坏他人财物的”行为，才能考虑以毁坏财产罪处罚（也即是说，经他人同意而损毁他人房屋的行为，也许违反了“不得拆房”的警察命令，但不具备刑法上的违法性）。[①]

在此，贝林将行为本质上不能允许与行为具有一般的违法性加以区分。刑法上的违法性并不是指具备一般的违法性，而是指本质上不被允许。由此可见，一般的违法性是指形式违法性，也就是实定法的违反性；而本质上不被允许则是指实质违法性，实质违法性是根据整体法秩序加以判断的。贝林以《德国刑法典》第303条规定的损毁财物罪为例加以说明。从论述上来看，贝林是把拆毁他人房屋当作构成要件该当的行为，而把这种拆毁行为未经他人同意，因而是本质上不被允许的，当作违法性判断。如果经过他人同意而拆毁房屋，则具备构成要件该当性但缺乏违法性。这里存在一个问题：未经他人同意到底是违法性要素还是构成要件要素？如前所述，贝林是把构成要件看作一个纯客观的事实要素，不包含规范评价要素，因而才会把未经同意当作一种违法性要素。在这种情况下，损毁财物罪的构成要件就具有形式的、事实的性质，其范围是较为宽泛的。但未经许可实际上是一种规范的构成要件要素，应当在构成要件中予以考虑。这样，经过他人同意的拆毁房屋行为就不是缺乏违法性而是不具备构成要件该当性。在违法性中需要予以排除的是虽然未经同意拆毁但属于违法阻却的情形，例如为了救火

---

① ［德］恩施特·贝林：《构成要件理论》，王安异译，87～88页，北京，中国人民公安大学出版社，2006。

而未经同意将他人房屋拆毁。由此可见，承认规范的构成要件要素就可以把某一层次的实质判断纳入构成要件，使构成要件的违法推定机能更加有效。

在德日刑法学中，违法性所违之“法”如何界定，是一个首先需要解决的问题。德国学者将违法性（Rechtswidrigkeik）界定为“与法律的矛盾”，一种行为是违法的，则意味着行为违反了法规范。这个意义上的法规范，当然是指实在法规范。但是，这是一种形式违法性（formelle Rechtswidrigkeit）。在三阶层的犯罪论体系中，形式违法性是通过行为符合构成要件而自然地获得的，因为构成要件就是违法行为的类型；立法者把法律所禁止的行为予以类型化处理，将其规定为构成要件的行为。因此，在三阶层的犯罪论体系中，违法性要件的实际功能是进行实质违法性的判断。

当然，因为构成要件具有违法推定机能，这里的违法是指实质违法性，因此，实质违法性的判断又主要是通过排除具有违法阻却事由而实现的。可以说，实质违法性中的“法”不是指刑法本身，而是指其他领域的法规范，甚至包括伦理、文化以及习惯等社会规范。因此，实质违法是指违反更为广泛意义上的法，而且是违反整个法律，即所谓违反法秩序。我国学者指出：

> 在德国刑法理论语境下的“违法性”，具有两个重要的特点：一是，这里所说的法，不是指具体的法律条文，甚至不是指具体的哪一部法律，而是指整个法律制度或者全部有法律约束力的条文的整体；二是，与前一个特点紧密联系，这里的“违法性”必须是根据整个法律体系得出的整体性判断。在德国“违法性”概念中所说的“法（Recht）”，严格地说，指的不仅是制定法，而且还包括在长期实践中产生出来的习惯性规则。根据一些德国学者的意见，这些规则和规范还包括在各国法律制度中都存在的法律思想。也就是说，德国刑法语境下的违法性，指的是根据在实际上具有拘束力的法律和非法律（自然法、习惯法）对一个具体行为所做出的正确性或者错误性评价。[①]

---

① 王世洲、刘孝敏：《论刑法中违法性的概念与体系性功能》，载《中国刑事法杂志》，2008（5）。

正是在上述意义上，违法性的判断是一种实质判断而不是形式判断，是一种个别判断而非定型判断。通过违法性判断，排除违法阻却事由，从而使具有构成要件该当性的行为获得实质上的违法性，为刑罚处罚提供客观根据。

（二）苏俄刑法学犯罪概念中的违法性

违法性理论在苏俄刑法学中始终处于一种尴尬的状态，这与苏俄刑法学所主张的实质主义刑法观具有密切关联性。在十月革命胜利以后，苏俄建立了世界上第一个社会主义国家。基于砸烂资产阶级国家机器的革命理念，法律连同国家机器一并予以破除，由此而来的是法律虚无主义思想。因为法律所天然具有的形式主义特征与革命所天然具有的实质主义倾向是格格不入的，在苏维埃国家成立之初，对于在社会主义国家要不要法律，包括刑法，尚存在争议。后来基于镇压敌对势力的需要制定了刑法，但刑法中规定的是犯罪的实质概念，这被认为是社会主义刑法区别于资本主义刑法的根本标志之一。与此相适应，罪刑法定主义等具有形式性质的法律原则皆被废弃，而带有实质性质的类推制度得以复活。在这种情况下，即使在犯罪概念中也没有违法性这一特征。只是到了在苏俄刑法中确立了犯罪的混合概念，即实质特征与形式特征——行为的社会危害性与刑事违法性相统一的犯罪概念，犯罪才具有违法性特征，由此，违法性获得了犯罪概念的一般特征的地位。苏俄刑法学中犯罪概念的违法性，是指刑事违法性，它具有以下特征：

1. 违法性的刑事性

苏俄刑法中的违法性具有刑事性，即是一种刑事违法性。违法性是区别于民事违法性与行政违法性的，不存在统一的违法性。例如，苏俄学者指出：

> 应当强调指出，这里所谈的是关于刑事违法性，即触犯刑律的问题，而不是违反其他法律或法律规范。刑事法律在对某种犯罪进行惩罚

和对犯罪人进行定罪与谴责的同时，以此种方法禁止实施它所规定的行为。①

刑事违法性是根据刑法的规定加以认定的，因此，刑事违法性与构成要件该当性之间存在一种对应关系。在此，出现了一个十分吊诡的现象：在苏俄刑法学中刑事违法性是指违反刑法，而在德日刑法学中构成要件该当性是指符合刑法。这个问题，实际上涉及刑法中的违法性如何界定的问题。在此，我们可以引述德国学者宾丁的规范论加以解读。宾丁把刑法与规范加以区分，规范是刑法的前提，刑法规定了刑罚威慑的规范违反。例如，刑法关于杀人罪的规定，在杀人罪规定背后的是“禁止杀人”的规范，行为人违反的是“禁止杀人”的规范，而对于杀人罪的规定来说，是符合而不是违反的问题。宾丁指出：

行为人的行为违反了一般意义上的实证法，犯罪只是具有可罚性的法律违反，而并非单纯的对刑罚法或刑法的违反。②

因此，刑事违法性只是标示了对实证法的违反，而没有触及违反实证法背后的实质根据。这个问题，在德日刑法学中是通过构成要件来解决的，根本就不是违法性的内容。

2. 违法性的形式性

正因为刑事违法性只是在违反刑法的意义上界定的，因而这种刑事违法性本身具有形式性特征。在苏俄刑法学中，刑事违法性是与社会危害性相对应的一个概念，两者的关系就被界定为形式与实质的关系。例如，苏俄学者指出：

刑事违法性是社会危害性的法律表现，因为只有社会危害行为才有可能触犯刑事法律。为了充实这一论点，《刑法典》（指《苏俄刑法典》——引者注）第 7 条第 2 款规定：“形式上虽然符合本法典分则所规定的某种行为的要件，但是由于显著轻微而对社会并没有危害性的作

---

① ［苏］H. A. 别利亚耶夫、M. Л. 科瓦廖夫主编：《苏维埃刑法总论》，马改秀、张广贤译，64～65 页，北京，群众出版社，1987。

② 转引自马克昌主编：《近代西方刑法学说史》，255 页，北京，中国人民公安大学出版社，2008。

> 为或不作为，都不认为是犯罪。”只有同时兼有社会危害性与刑事违法性这两个要件，犯罪的概念才能成立，缺少其中的任何一个要件，都不能构成犯罪。[①]

在以上论述中，刑事违法性相对于社会危害性来说，其形式化特征是十分明显的。根据社会危害性决定刑事违法性这一命题，刑事违法性对于犯罪的形式意义被确认。

3. 违法性的一元性

在德日刑法学中，违法性可以分为形式违法性与实质违法性，这是违法性的二元论。但在苏俄刑法学中，只有一元的违法性论，因为相当于实质违法性的社会危害性，是作为刑事违法性的对应范畴而存在的，并不包含在违法性的概念之中。尤其是，苏俄刑法学只在犯罪概念中讨论违法性，在犯罪构成论中并不讨论违法性，因而在很大程度上限制了违法性之于犯罪成立的意义。例如，苏俄学者对三阶层的犯罪论体系中构成要件与违法性的关系进行了批判，指出：

> 德国刑法学者柏林格（指贝林——引者注），以新康德主义的唯心哲学为基础，发挥了关于犯罪构成的“学说”，根据这种“学说”，即使有犯罪构成，仍不能解决某人是否犯罪的问题。照这种观点看来，犯罪构成只是行为诸事实特征的总和；说明每一犯罪的行为的违法性，乃是犯罪构成范围以外的东西；法律上所规定的一切犯罪构成，都带有纯粹描述的性质，其中并未表现出把行为当做违法行为的这种法律评价。谈到行为的违法性，它好像是属于原则上不同的另一面，即“当为”的判断方面。法院并不根据法律，而是依自己的裁量来确定行为的违法性。这样，关于某人在实施犯罪中是否有罪的问题，也就由法院裁量解决了。法院可以依自己的裁量来规避法律，如果这样做，是符合剥削者的

① ［苏］H. A. 别利亚耶夫、M. Л. 科瓦廖夫主编：《苏维埃刑法总论》，马改秀、张广贤译，65页，北京，群众出版社，1987。

利益的话。[①]

在以上论述中，撇开意识形态化的政治攻击不说，苏俄学者的指责也是建立在对贝林理论的重大歪曲，至少是误解的基础之上的。因为贝林所说的构成要件与苏俄刑法学中的犯罪构成完全不是一个概念。贝林的构成要件只是犯罪认定的第一个要件，它属于客观的、事实的、形式的判断，而违法性是价值的、实质的判断，其判断依据不是刑法而是刑法以外的其他实质根据，例如法益是否受到侵害。我们可以看到，苏俄学者是从一元的违法性论出发对贝林区分形式违法性与实质违法性的二元的违法性论进行批判的。这种批判当然是不可能切中要害的，只是一种误读罢了。

（三）对比性考察

通过以上论述，我们对三阶层犯罪论体系中的违法性与苏俄刑法学犯罪概念中的违法性作一个对比，可以得出以下结论性意见：

1. 违法性内容的差别

在三阶层的犯罪论体系中，违法性是对构成要件该当性的实质的价值判断，因而违法性不是指违反刑法，甚至不是指违反实在法，而是指侵害法益。但在苏俄刑法学中违法性是指刑事违法性，即违反刑法。

2. 违法性功能的差别

在三阶层的犯罪论体系中，违法性是对构成要件该当行为进行实质审查的一个要件，其主要功能是将违法阻却的事由予以排除，从而限缩犯罪的范围。但在苏俄刑法学中违法性的主要功能仅仅在于为社会危害性披上一层法律外衣，它是为社会危害性所决定的，因此并没有实际功能。

---

① ［苏］A. A. 皮昂特科夫斯基：《社会主义法制的巩固与犯罪构成学说的基本问题》，孔钊译，载《苏维埃刑法论文选译》，第 1 辑，77 页，北京，中国人民大学出版社，1955。

3. 违法性地位的差别

在三阶层的犯罪论体系中，违法性是犯罪成立条件之一，在犯罪构成中予以讨论。但在苏俄刑法学中，违法性只是犯罪概念的特征之一，在犯罪概念中进行讨论，而在犯罪构成的四要件中并没有违法性的一席之地。

从以上对比来看，在四要件的犯罪构成体系中，不存在三阶层的犯罪论体系中的违法性要件。当然，这并不意味着在四要件的犯罪构成体系中不存在实质判断，而只是在四要件之外进行着这种实质判断，其中，社会危害性作为犯罪的本质特征，起着重要的作用。但由于社会危害性是游离于并且凌驾于四要件之外、之上的，因此，在具体案件的判断过程中，往往容易产生逻辑上的混乱。

案例 9—1　陈某强奸卖淫女案①

陈某（男，33 岁）通过网络聊天结识了卖淫女李某（27 岁），商定嫖娼价格为一次 300 元、包夜 800 元。二人上午 8 时见面后，陈某先支付 800 元，并与李某发生了一次性关系。下午 15 时许，因有其他人出更高价格嫖宿李某，李某遂要求陈某离开。陈某要求退还 500 元，李某不同意，陈某遂强行与李某发生了性关系。

对于陈某第二次强行与李某发生性关系的行为是否构成强奸罪，实践中有两种判断思路：一种意见认为，陈某事先与李某达成了包夜协议，且已支付嫖资，但李某反悔，且拒不返还 500 元嫖资，陈某强行与其发生性关系具有正当性，不构成强奸罪。另一种意见认为，陈某强行与李某发生性关系的行为，完全符合强奸罪的构成要件，不能因陈某多给付了 500 元嫖资就认为其行为具有正当性，对陈某的行为仍应认定为强奸罪。

上述案件，根据四要件的犯罪构成体系，四要件都是具备的，由此可以简单地得出结论，陈某的行为构成强奸罪。但这种结论并不是建立在充分的法理论证

① 参见方文军：《刑事违法性的判断逻辑——由一起先嫖娼后强奸案展开》，载《人民法院报》，2008-07-30。

基础之上的。因为在上述案件中，不同于一般的强奸案的特殊性在于，陈某事先已经支付了包夜的嫖资，李某不履行协议，而且拒不退还 500 元嫖资。在这种情况下，陈某强行与之发生性关系的行为到底是否具有违法性？这个问题，在四要件的犯罪构成体系中，往往是在四要件之外，进行社会危害性的判断，但这种社会危害性的判断是含混的：如果说陈某的行为具有社会危害性，那么李某的反悔而拒不退还嫖资的行为是否也具有社会危害性呢？如果结论是都具有社会危害性，那么就要对这两种社会危害性进行比较，陈某的行为是否构成强奸罪，就取决于社会危害性比较的结果。在这种情况下，四要件的犯罪构成对于罪与非罪的决定作用就完全为社会危害性所架空。而按照三阶层的犯罪论体系，本案就能够获得逻辑上的清晰论证。即使存在不同见解，互相之间的逻辑对立也是十分明确的。例如，我国学者在论述本案时指出：

> 若以这种犯罪构成体系（指三阶层的犯罪论体系——引者注）来判断陈某行为的性质，可以发现，争议的焦点实际上就是陈某的行为是否具有违法性的问题。否定论者的论证逻辑是，陈某已经支付 800 元嫖资，李某应允，双方达成了嫖宿合意，但李某违约后又拒不退还陈某多支付的嫖资，陈某强行与李某发生性关系，系以实现二者事先约定为基础，故阻却其行为的违法性，不构成强奸罪。这种判断逻辑以陈某的行为在伦理、道德上不属于“恶”行为根据，显然是行为无价值的立场。肯定论者的论证逻辑是，李某违反约定，又拒不返还陈某多支付的嫖资，在情理上的确对双方矛盾激化有责任，但与陈某的行为侵害了李某的性自主权相比是较小法益，不可能具有阻却陈某行为违法性的效力，故陈某的行为构成强奸罪。这种以是否侵害法益及比较法益大小的判断逻辑显然又是结果无价值的立场。①

---

① 方文军：《刑事违法性的判断逻辑——由一起先嫖娼后强奸案展开》，载《人民法院报》，2008-07-30。

由此可见，按照三阶层的犯罪论体系，可以在违法性这一要件中对本案展开讨论。如果主张行为无价值的观点，就会通过否定违法性而将陈某出罪。如果坚持结果无价值的立场，则可以通过肯定违法性而使陈某进入有责性阶层的判断。因此，上述案例充分说明了违法性要件在犯罪认定中的作用。

二、客观违法性与主观违法性

在对违法性的一般理论进行讨论的基础上，我们以三阶层的犯罪论体系为框架，讨论违法性的有关问题，其中的问题之一就是客观违法性与主观违法性。

“违法是客观的，责任是主观的”，这是古典派的犯罪论体系恪守的一句法律格言，也为犯罪论体系提供了一个基本的分析框架。因此，古典派的犯罪论体系坚持客观违法论，并将违法判断与责任判断加以区分。例如贝林指出：

> 责任与违法性一样是对行为的否定性价值评判，是现代法律立场所进行的评价，对某行为的违法性评价只是对外在事件（考虑行为方面）所进行的评价，而责任评判则是针对行为人内在世界的评价。由此可见，某行为具有违法性（根据法律规定，对这样的外在事件应予制止），这并不是说，行为人之行为意志在法律上是可以被忽略的。尽管法律要求人们服从（Rechtsunterstellen），即只要有可能，人们在作出决断时就应以法律的价值规定（Wertnormierungen）为根据；倘若没有可能性，也就缺乏法律上的非难可能性和法律责任。①

贝林把对行为的评价分为外在—客观与内在—主观这两个方面，这也就是违法性判断与责任判断的分析视角。可以说，违法与责任的区分是客观违法论的核心思想。当然，这里的责任是心理责任论意义上的责任，即故意或者过失。因

① ［德］恩施特·贝林：《构成要件理论》，王安异译，95～96页，北京，中国人民公安大学出版社，2006。

此，客观违法论的要旨在于：在判断一个行为是否违法的时候，不需要考虑行为人的主观心理状态，而可以单纯地从行为的外在形态作出判断。

主观违法论是作为客观违法论的对立物而诞生的，一般认为主观违法论可以追溯到阿道夫·默克尔（Adolf Merkel）。默克尔在 1867 年发表了《可罚不法与民事不法间之关系》（Von dem Verhaeltnisse des strafbaren Unrechts zum Zivilunrechts）一文，该文主要讨论了可罚不法与民事不法的关系。这里所谓可罚不法就是刑事不法，也就是犯罪。默克尔认为民事不法与可罚不法具有共通的上位概念——“不法”，不法系由法之概念规定的。不法的内容具有以下两个要素：其一，侵害包含于法客观化之共同意思或侵害表现于法之共同利益；其二，归责可能性。在论证归责可能性是不法要素时默克尔指出：

> 法的概念系指具备法性质之命令与禁止之总体，因此不法可称为对命令或禁止之侵害，因为命令只朝向具有可归责能力者（zurechnungsfaehige Menschen）下达，故侵害此等命令者即堪认定为违法者，亦即仅能归责有能力者之意思。[①]

这样，默克尔就主张一种所谓“有责的不法”，以此区别于客观违法论的“无责的不法”。但我们必须看到，默克尔所说的“不法”和犯罪论体系中的“违法”是两个不同的概念。默克尔所说的“不法”，其中可罚的不法，即刑事不法，就是指犯罪。就犯罪而言，当然是包含责任要素的，无责任要素则无犯罪。在这个意义上，可以将“有责的不法”等同于“有责的犯罪”。就此而言，“有责的犯罪”是正确的，“无责的犯罪”当然是错误的。但是，犯罪论体系中的违法，之所以可以是客观的违法，是因为它仅仅是对行为评价的一个阶层，只有在违法要件具备以后才能进行责任判断。因此，如果在同时具备违法与责任才构成犯罪这个意义上说，客观违法当然是成立的。

至于新古典派的犯罪论体系倡导主观违法要素，虽然对客观违法性论形成一

① 余振华：《刑法违法性理论》，15 页，台北，元照出版公司，2001。

定的冲击，但主观违法要素只限于目的等个别性要素。此后，目的主义的犯罪论体系把故意或者过失都纳入构成要件，认为故意与过失都属于主观违法要素，由此破除“违法是客观的”这一格言，具有主观违法论的色彩。但实际上，它与默克尔的主观违法论还是有所不同的，因为：默克尔的主观违法性是强调责任能力对于不法的重要性，并且刑事不法等同于犯罪，否认了不法与责任的区分。而目的主义的犯罪论体系虽然把故意与过失视为主观违法要素，但并没有取消责任要件，只不过责任判断被客观化、规范化了，即建立在规范责任论的基础之上。因此，即使具备了客观违法要素与主观违法要素，仍然未构成犯罪，此后还要进行责任判断。在这个意义上，主观违法要素论仍然是一种客观违法论，只不过是一种主观的客观违法论。例如，我国学者将客观违法论分为以下三类，并分别作了论述，指出[①]：

> 1. 绝对的客观违法论（物的违法观）。该种观点认为刑法的评价对象虽为人的行为，但仍坚持将评价规范与决定规范分离，违法是对刑法所保护的法益（具体的法益）的侵犯或威胁，决定规范不影响评价规范，也就是说行为人的主观心态如何不影响行为的违法性，因此又称为因果的、非人格的不法论。
>
> 2. 相对的客观违法论（柔软的客观违法论）。此种学说将评价规范与决定规范实行有机的分离，认为评价规范和决定规范同时在违法阶段和责任阶段发挥双重作用，只不过，在违法阶段所要考虑的评价规范与决定规范不是以特定的行为人为对象，而是针对抽象的、一般的人；而在责任阶段考虑的评价规范与决定规范，则是以具体的行为人为对象。“刑法规范即使在责任方面也不只是决定规范就够了，也需要把评价规范作为判断有无责任的标准。而且，在违法性方面，除了评价规范之

① 参见肖吕宝：《主、客观违法论在刑法解释上的展开》，34～35页，哈尔滨，黑龙江人民出版社，2008。

外，也必须承认一般的决定规范乃至命令、禁止的规范。对于违反该决定规范的，可以评价为违法。在把法规范作为规范而确立的阶段，的确应该是评价先行于决定。”①

3. 主观的客观违法论（人的违法观）。法规范具有评价规范和决定规范的双重特征，但“法的任务在于，在一个被评价为违法的行为被实施前，‘引导人们从内容上形成正确的意欲’”②。为此，命令规范是法律规范的首要意义，其次才是对行为人的行为进行事后评价的评价规范。

上述违法性论的区别在很大程度上取决于对法规范功能的理解，即法规范到底是评价规范还是决定规范，或者两者兼而有之。对此，可以分为评价规范说与决定规范说，由此形成对违法性本质的不同见解。评价规范说的基本观点如下：

测量行为违法性的法规范只是评价规范。据此，立法者通过用法规范来规定哪些状态和事件与立法者所制定的共同秩序相适应，哪些与其相抵触这一方式，来规范人类的共同生活。因此，法律首先只是一种用来区分合法行为和违法行为的价值判断。所有法规范均是客观的评价规范，它们使得从共同秩序的立场出发来评价人的行为成为可能。法律并不包含针对个人的命令。该理论更多的是认定一个“非个人的应当规范”（迈兹格语），在该应当规范中，将状态和事件限制在区分“期望的”或“非期望的”范围内。此等“应当”无非是将法规范适用于现有的案件事实。③

根据评价规范说，法律对案件事实的评判具有一般的、事后的、客观的性质，它并不考虑规范接受者的主观因素。因此，精神病人同样有可能实施违法的

① ［日］大塚仁：《刑法概说（总论）》，3版，305页，冯军译，北京，中国人民大学出版社，2003。

② ［德］汉斯·海因里希·耶赛克、托马斯·魏根特：《德国刑法教科书》，徐久生译，292页，北京，中国法制出版社，2001。

③ ［德］汉斯·海因里希·耶赛克、托马斯·魏根特：《德国刑法教科书》，徐久生译，291页，北京，中国法制出版社，2001。

行为，至于是否追究其刑事责任，那是一个归责的问题，不应在违法判断中解决。决定规范说的观点则与之相反，它认为：

> 刑法秩序由立法者的意志表示所构成，它要求法成员（Rechtsgenosse）为特定的行为，因此，它的规范被理解为针对每一个人的应当规范（Sollenssaetze）。在涉及刑法规定的法规范中均规定了公众的义务，此等义务因此被理解为“命令”，它也是在这一意义上被大众所理解的。法的任务在于，在一个可能被评价为违法的行为被实施前，“引导人们从内容上形成正确的意欲”。由于法律应当在社会上发挥作用，其作为决定规范的功能具有首要的意义。[①]

显然，按照决定规范说，法律规范是针对公民个人的“命令”，从而对公民行为起到引导作用。尤其是，这种观点把违法意志当作法益侵害程度的一个衡量标准，认为行为人违反法规范中包含的侵害禁止的意志越强烈，一般而言对法益的危险也就越大。[②] 因此，决定规范说使法律对事件事实的评判具有个别的、事前的、主观的性质。当然，评价规范说也并不是完全否认法规范的决定规范性质，只不过认为法规范只是间接意义上的决定规范，违法性仅仅取决于其评价功能。[③] 这里的间接意义，是指在有责性判断中考虑法规范的决定规范的功能，但这只是一个责任问题，与违法性无关。而决定规范说也不是完全排斥评价规范的功能，而是认为法规范具有双重特征：作为命令，它是决定规范；作为对行为进行法律评价的标准，它是评价规范。[④] 只不过在上述两种功能中，决定规范更为

---

① ［德］汉斯·海因里希·耶赛克、托马斯·魏根特：《德国刑法教科书》，徐久生译，292 页，北京，中国法制出版社，2001。

② 参见［德］汉斯·海因里希·耶赛克、托马斯·魏根特：《德国刑法教科书》，徐久生译，293 页，北京，中国法制出版社，2001。

③ 参见［德］汉斯·海因里希·耶赛克、托马斯·魏根特：《德国刑法教科书》，徐久生译，292 页，北京，中国法制出版社，2001。

④ 参见［德］汉斯·海因里希·耶赛克、托马斯·魏根特：《德国刑法教科书》，徐久生译，292～293 页，北京，中国法制出版社，2001。

重要，并且对于认定违法性具有决定意义而已。

评价规范是指裁判规范，把法律看作是对行为是否符合法律规定的一种评判，这种评判是事后的，因而也是客观的，不考虑行为人的主观要素。而决定规范是指行为规范，把法律看作是命令规范，必须被命令者理解命令内容才能令行禁止，对公民个人的行为起到引导作用。因此，考虑一个行为是否违法，不仅要看客观上是否存在违法事实，还要看行为人的主观意思。前者为物的违法观，也就是行为的违法观；后者为人的违法观，也就是行为人的违法观。

我认为，刑法规范既是裁判规范又是行为规范。在这个意义上说，刑法规范具有二重性。[①] 但刑法规范的二重性又不是平面的和平行的，而是存在一种阶层关系的。具体地说，在违法性阶层，刑法是一种裁判规范，应当进行客观的、事后的、一般性判断。只有在有责性阶层，刑法才是一种行为规范，应当进行主观的、事前的、个别化判断。尤其值得注意的是，刑法规范具有行为规范的性质，凡是刑法所处罚的行为都是法律所禁止的，因而对公民的行为具有引导功能。但刑法作为二次法、补充法，它是其他法的制裁力量，因此，行为规范主要表现在一次法、基本法的规范之中。这也正是刑法上的违法与民法上的违法和行政法上的违法之区分。

在民法上与行政法上违法是一元的：凡行为构成违法，就会受到民事制裁与行政处罚。因此，民法上与行政法上的违法，是有责的不法，不可能承认无责的不法。但刑法上的违法与之不同，它是二元的违法，即存在违法与不法的区分：刑事不法是犯罪，等同于民法与行政法上的违法。换言之，民法与行政法上不存在违法与不法的区别，只有刑法上才存在违法与不法的区别。在刑事不法上，当然不能承认无责的不法。但违法作为刑法评价的一个阶层，它是在责任评价之前对行为的违法性评价，这个意义上的违法，应当是客观的违法，即使存在主观违法要素，也是作为客观违法评价根据而存在，与责任判断迥然有别。在这个意义

① 参见刘志远：《二重性视角下的刑法规范》，111 页以下，北京，中国方正出版社，2003。

上，应当坚持客观违法论。当然，例外的主观违法要素还是应当承认的。综上所述，我认为在违法性阶层应当把法看作是评价规范，只有在有责性阶层，才把法看作是决定规范。

三、行为无价值论与结果无价值论

行为无价值论与结果无价值论，涉及违法的本质问题，它和客观违法论与主观违法论有一定关联性。关于行为无价值论与结果无价值论，日本学者曾经作过以下简要说明，指出：

> 现在，在刑法学中，正如一般所说，存在“行为无价值论和结果无价值论的对立”。简单地说，在构成犯罪事实的两个因素即行为和结果当中，(1) 将行为（的违法）作为犯罪本体的见解，就是“行为无价值论”，相反地，(2) 仅将结果（的违法）作为犯罪实质的见解，就是“结果无价值论”①。

以上概括可能过于简单，我们还难以从中把握行为无价值论与结果无价值论的内容。结果无价值论是以是否发生法益侵害结果作为违法判断的根本，而行为无价值论则把违反法规范的行为样态作为违法判断的根据。当然，在行为无价值论中，又存在一元的行为无价值论与二元的行为无价值论之区分。

一元的行为无价值论把行为作为决定违法性的根据，而结果只不过是偶然的产物，仅仅是客观的处罚条件而已。由此可见，一元的行为无价值论是一种彻底的行为无价值论。

二元的行为无价值论是以结果无价值为基础，同时吸收了行为无价值论的内容，主张折中的违法论。根据二元的行为无价值论，行为与结果对于违法性判断

① ［日］曾根威彦：《刑法学基础》，黎宏译，85 页，北京，法律出版社，2005。

都有影响，因而只有行为无价值论与结果无价值论相结合才能确定违法性。这种二元论之所以仍然称为行为无价值，日本学者认为主要是基于以下两点理由：一方面，存在仅仅根据行为无价值就能表明其违法性的时候；另一方面，没有行为无价值的话，即便具有结果无价值，但仅此还不能说具有违法性。①

行为无价值论与结果无价值论之争虽然产生于德国，但传入日本以后，日本刑法学界对此展开了深入讨论，形成了学派之争，以至于出现了按照行为无价值论与结果无价值论编写的不同版本的刑法总论教科书，分别称为《刑法总论（行为无价值版）》和《刑法总论（结果无价值版）》，可见其影响之大。此外，2008 年 4 月日本东京大学山口厚教授受邀访问北京大学法学院，以行为无价值论与结果无价值论为视角，对以往 60 年来日本刑法学中对违法性理解的演变过程作了回顾，勾画出日本刑法学发展的基本线索。② 日本学者前田雅英曾经列表如下，表明行为无价值论与结果无价值论的对立③：

	行为无价值	结果无价值
保护的对象	道德·伦理	生活利益
违法评价的标准	客观的	客观的
违法评价的静的对象	包含主观面	限于客观面
违法评价的动的对象	“行为”中心	“结果”中心
违法评价的时点	行为时	结果发生时
刑罚法规的机能	行为规范	裁判规范

我认为，行为无价值与结果无价值之间的对立，可以进一步地从以下三个方面加以阐述：

① 参见［日］曾根威彦：《刑法学基础》，黎宏译，88 页，北京，法律出版社，2005。

② 参见［日］山口厚：《日本刑法学中的行为无价值论与结果无价值论》，金光旭译，载《中外法学》，2008（4）。

③ 参见［日］前田雅英：《刑法总论讲义》，4 版，51 页，日本，东京大学出版社，2006。

（一）规范违反说与法益侵害说的对立

行为无价值论通常主张规范违反说，结果无价值论通常主张法益侵害说，二元的行为无价值论则认为，违法的本质既指规范违反又指法益侵害。

规范违反说从违反法规范的角度界定违法性的本质。宾丁可以说是规范违反说的首倡者，把法规范与规范加以区分，认为刑法分则条文属于刑法法规，规范则是处在刑法法规背后的社会伦理规则。宾丁据此得出结论：犯罪违反的不是以条文的方式体现的刑法法规，而是逻辑上先于刑法条款的刑法规范，因此，规范是不以成文法形式出现的规则，它区别于成文法的刑法法规。宾丁指出：

> 在命令或禁止规范没有被成文化的场合，对于刑法分则中各条所规定的行为来说，其规范已被作为数千年来积累下来的社会遗产而为人们所熟知。因此，它并没有成文化的必要，在刑法的范围内，可以根据刑法分则各条的规定来设立。[①]

由此可见，宾丁的规范违反说中所指的规范根本不是刑法法规，而是社会伦理规则。此后，麦耶又提出了文化规范违反说，这里的文化规范的外延更为宽泛，被认为是一种规范综合体，包括宗教规范，道德规范，地区精神，经济和社交意义上的交往规范，农业、军事、技术、学术、文化规范等。[②] 威尔泽尔则进一步地把规范违反说之规范拓展为一种价值关系，因此，规范违反是对观念价值的违反，违法性的本质为偏离社会生活秩序的无价值状态。[③] 由此可见，规范违反说把违法性看作是对整体社会秩序的侵害，由此揭示犯罪的本质。规范违反说

---

① 转引自马克昌主编：《近代西方刑法学说史略》，210页，北京，中国检察出版社，1996。

② 参见王安异：《刑法中的行为无价值与结果无价值研究》，58页，北京，中国人民公安大学出版社，2005。

③ 参见王安异：《刑法中的行为无价值与结果无价值研究》，58～59页，北京，中国人民公安大学出版社，2005。

从社会规范层面来理解犯罪，不是把犯罪当作一种单纯的法律现象。这当然是正确的。但规范违反说在进行违法判断的时候所依据的伦理规则、宗教规则、文化规则往往难以把握，而且规范违反说中包含了一定的道德主义色彩。这与现代刑法的精神是有所背离的，这也是规范违反说被诟病的原因。

法益侵害说强调行为对法益的侵害或者危险。这一思想也是具有悠久历史的，意大利著名刑法学家贝卡利亚就提出了犯罪对社会的危害是衡量犯罪的真正标尺的命题，一反以主观意图和罪孽轻重作为衡量犯罪的标尺的思想。[①] 显然，贝卡利亚这一思想具有客观主义的色彩，是从社会效果上对犯罪的本质加以揭示。当然，从社会危害说到法益侵害说，还是走过了一段较为漫长的路程。一般认为，费尔巴哈的权利侵害说是这一演变过程不可忽视的一环。费尔巴哈认为犯罪的本质是对他人权利的侵害，刑法的任务便是保护权利。此后，权利侵害说受到批判。德国学者毕伦巴姆（Birnbaum）认为，侵害的概念不是与权利概念有关，而是与财（Gut）的概念有关，因为我们受到侵害的不是权利本身，而是权利的对象，是与权利保护相关的财。我国学者在论及毕伦巴姆关于“财”的概念时，指出：

> Birnbaum 没有给“财”下定义。他有时候说侵害的对象是人或者事物，特别是我们认为属于我们的东西，但财并不限于人与事物；他有时候说财是我们权利的对象，作为权利的对象所列举的有生命、名誉、人格的自由、财产，但从其言及公共财与宗教、伦理观念的总体方面来看，还不能说他将财限定为权利的对象；他的财概念具有有形的、具体的色彩，但财又不限于有形的对象；他认为财的一部分是社会发展的产物，一部分是自然赋予人类的。Birnbaum 没有使用“法益”（Rechtsgut）的表述，但使用了“在法上（rechtlich）归属于我们的财（Gut）”、“应当由法规（Gesetze）加以保护的财”等表述，这样的表述

① 参见［意］贝卡利亚：《论犯罪与刑罚》，黄风译，67 页，北京，中国大百科全书出版社，1993。

可简称为“法的财”，其与法益的含义基本相同。因此，人们认为他奠定了法益概念的基础，甚至认为他提出了法益侵害说。[①]

从贝卡利亚的“社会”到费尔巴哈的“权利”，再到毕伦巴姆的“法的财”将犯罪侵害的客体定义为一种客观存在的事物，是其共同之处，不同之处在于：犯罪客体逐渐地具体化与实体化。社会是一个十分宽泛的概念，社会危害性也是较为难以把握的。而权利是法律授予的，因而是具有客观标准的，但权利本身还不是一种物质性的实体存在，因此，权利侵害性具有一定的虚幻性。而“财”是一个具体的、实体性的概念，也是较为容易把握的。正是在“法的财”的基础上，李斯特正式提出了法益侵害说。李斯特在论及犯罪的本质时，指出：

就其表现形式而言，不法行为永远具有违法性，它是对国家法律的触犯。但这些并没有揭示出不法行为的本质特征。不法行为是对法益的破坏或危害。如同法律不仅保护国家，而且最终保护整个社会一样，不法行为不仅仅针对国家，而且它的最终目标还是针对社会。这正是不法行为的反社会意义。[②]

在此，李斯特透过犯罪的违法性，把握其侵害法益的性质，并将法益侵害作为犯罪的本质。那么，如何理解这里的法益呢？李斯特指出：

由法律所保护的利益我们称之为法益（Rechtsgueter）。法益就是合法的利益。所有的法益，无论是个人利益，还是集体的利益，都是生活利益，这些利益的存在并非法制的产物，而是社会本身的产物。但是，法律的保护将生活利益上升为法益。在反对国家权力专断的宪法和打击侵犯他人的利益的刑法颁布以前，人身自由、住宅不受侵犯、通讯自由（通讯秘密权）、著作权、发现权等一直是生活利益，而非法益。生活的需要产生了法律保护，而且由于生活利益的不断变化，法益的数量和种

① 张明楷：《法益初论》，修订版，19页，北京，中国政法大学出版社，2003。

② ［德］李斯特：《德国刑法教科书》，修订译本，徐久生译，7～8页，北京，法律出版社，2006。

类也随之发生变化，因此，法律规范如同根植于国民的宗教、道德和审美观之中一样，它也植根于国民的良知之中。只有在国民这里，法律规范才找到其牢固的立足点；也只有在国民这里，它才有其发展的动力。法律是一种文化现象，它与整个文化紧密联系在一起。[①]

从生活利益到法律所保护的利益，这是法益的由来。在此基础上，李斯特提出了“作为法益保护的刑法”的命题。那么，刑法如何保护法益？刑法正是通过对侵害法益的犯罪加以刑罚制裁，来达到法益保护的目的。但是，法益侵害与法益保护又限制了国家刑罚权的边界：只有具有法益侵害性的行为才能被规定为犯罪并受到刑罚惩罚；没有法益侵害性的行为就不应被规定为犯罪并受到刑罚惩罚。

从规范违反说与法益侵害说的时间顺序上来说，是法益侵害说在前、规范违反说在后，并且，规范违反说是从法益侵害说蜕变而来。初期的法益概念具有浓重的客观实体的色彩，此后出现了法益概念精神化的倾向，法益从具体的财逐渐地被解释为生活价值或文化价值，法益的存在形式也从单一意义上的财发展为生活财和文化财等。[②] 法益概念的精神化，为此后规范违反说的出现提供了契机。

如前所述，行为无价值论主张规范违反说，结果无价值论主张法益侵害说，而二元的行为无价值论则同时主张规范违反说与法益侵害说。那么，对于理解犯罪的本质来说，规范违反说与法益侵害说之间到底存在何种差别呢？一般认为，规范违反说注重行为本身的样态与行为人的主观恶性，而法益侵害说注重法益侵害的结果，因此，行为无价值论指责法益侵害说具有结果责任的性质，是客观归责的残余，而法益侵害说则指责行为无价值论具有伦理责任的性质，具有主观归责的色彩。当然，行为无价值论与结果无价值论互相之间的指责都有夸大其词的一面，其实，两者的差别也许并没有那么大。

目前，一元的行为无价值论其实已经没有人主张，二元的行为无价值论实际

① ［德］李斯特：《德国刑法教科书》，修订译本，徐久生译，6～7 页，北京，法律出版社，2006。
② 参见张明楷：《法益初论》，修订版，58 页，北京，中国政法大学出版社，2003。

上已经吸收了结果无价值的思想。相对来说，行为无价值所确认的违法范围要大于结果无价值。例如，主张行为无价值的威尔泽尔就认为没有侵害法益的行为也可能是犯罪行为，近亲相奸等反伦理行为也构成犯罪，因此，法益侵害并不是违法的实质。而二元的行为无价值论，在认定违法时既要考虑结果无价值，又要考虑行为无价值，其所认定的违法范围应当更加窄于结果无价值论，因为结果无价值论仅仅根据结果认定违法，而二元论要同时根据行为与结果认定违法，显然从逻辑上看二元论认定的违法范围要窄一些。事实上却相反，二元论所认定的违法范围要大大宽于结果无价值论认定的违法范围。[①] 行为无价值论与结果无价值论所分别主张的规范违反说与法益侵害说为我们判断实质的违法性提供了不同的思路：规范违反说更多的是从行为样态及主观恶性上，根据一定的社会价值观念进行评价；而法益侵害说则更多的是从行为对法益造成的结果来进行评价。规范违反说注重的是“当为”，属于价值论的评价；而法益侵害说注重的是“存在”，属于存在论的评价。在我看来，规范违反与法益侵害相比，法益侵害的标准更加客观，而规范违反的标准较为明确。从限制国家刑罚权，保障公民个人的权利与自由的法治理念出发，我更赞同法益侵害说。

（二）故意与过失的体系性地位的对立

关于在判断违法性时要不要考虑行为人的主观要素、是否承认主观违法要素，存在着行为无价值论与结果无价值论的对立。行为无价值论认为，主观要素，包括故意与过失，对于判断行为的违法性及其程度，是必不可少的，因此肯定主观违法要素。尤其是威尔泽尔的目的主义的犯罪论体系，把故意与过失作为构成要件要素看待。对此，结果无价值论是持反对立场的。当然，彻底的结果无价值论把违法判断视为纯客观的判断，在违法判断中拒绝考虑任何主观要素。而

① 参见张明楷：《法益初论》，修订版，206～207页，北京，中国政法大学出版社，2003。

相对的结果无价值论则有限度地承认主观违法要素，例如目的犯之目的等，因为这些要素具有增加法益侵害的危险性的功能。此外，未遂犯中的既遂行为意志，也被理解为主观违法要素。主张结果无价值论的山口厚教授指出：

> 结果无价值论反对将故意一般性地作为违法要素来对待。故意只是对客观犯罪事实的认识，因此它只能是责任要素，对于违法性评价没有任何影响。在这一点上，结果无价值论和行为无价值论的观点截然不同。行为无价值论认为，当存在故意时，比没有故意的场合相比，行为人的违法意志更加强烈，需要对其给予更加强烈的否定，因此故意是违法要素。但在结果无价值论看来，这种理由不外乎是论证行为人责任的理由，行为无价值论其实是混淆了违法与责任两个不同的概念。①

故意与过失到底是违法要素还是责任要素，这是行为无价值论与结果无价值论的根本分歧之所在。我认为：故意与过失应当是责任要素而不是违法要素。违法判断主要是客观判断。目的犯之目的等主观要素对于违法性判断具有影响，但这只是例外的情形，仍然不能否定违法的客观性。

(三) 防卫意思是否必要上的对立

关于在违法阻却事由中，认定正当防卫的时候，是否要求行为人具有防卫的意思，存在必要说与不必要说之争。这一分歧主要体现在对偶然防卫的处理上。对于偶然防卫，大塚仁教授指出：

> 所谓偶然防卫，例如，甲以杀乙的目的开了枪，其时，乙也想杀甲，正在用枪瞄准甲，甲早一刻开枪，保护了自己的生命，即，行为人缺乏防卫的意思，只是以攻击的意思实施了行为，但是，客观上偶然地

① ［日］山口厚：《日本刑法学中的行为无价值论与结果无价值论》，金光旭译，载《中外法学》，2008 (4)。

起到了防卫法益的效果。从不要说的立场一般承认其为正当防卫。但是，从必要说来看，既然没有防卫的意思，以犯罪的意思引起了法益侵害，对发生的结果，就应当认为成立既遂犯。另外，这种场合，从不要说的立场，有见解认为，因为产生了防卫的效果，就不存在结果无价值，但是，缺乏防卫的意思，就残存着行为无价值，是未遂犯。但是，这样只评价行为无价值，是不妥当的。①

防卫意思对于正当防卫成立来说，要还是不要，其理由究竟何在呢？对此，日本学者西田典之作了以下说明：

防卫意思必要说是行为无价值论的理论归结，也就是，正当防卫是例外地允许原则上被禁止的行为的违法阻却事由。并且，按照行为无价值论的观点，违法的本质在于规范违反，其实体在于试图违反规范的意思。这样，只有对自己的行为作为正当防卫被允许这一许可（许容）性的认知才是主观的正当化要素。如果不存在这一认识，就意味着是出于违反规范的意思而实施行为，因而具有行为无价值论上的违法。如此一来，在行为无价值论中，防卫的意思属于主观的正当化要素。其时，防卫意思的内容便在于，不仅仅是对正当防卫状况存在认识，而且是试图保护自己法益的意图、目的或动机。

与此相反，在结果无价值论看来，即便并无防卫的意思，即对处于正当防卫状况并无认识之时，仍成立正当防卫。这是因为，只要客观上处于正当防卫状况，便具有防卫效果，在防卫所必要的限度之内，客观上也减少、消灭了攻击者的要保护性，仅此便可直接体现违法阻却的效果。同样是立足于结果无价值论，其中还存在两种不同观点。第一种观点认为，偶然防卫可以使行为完全正当化，包括结果发生的危险性在内也予以正当化，因而即便缺少防卫的意思，也不可罚。第二种观点认

① ［日］大塚仁：《刑法概说（总论）》，3版，冯军译，332页，北京，中国人民大学出版社，2003。

为，确实缺少结果的无价值，但仍存在结果发生的危险。这一点可以与不能犯并行考虑，例如，并不知道是尸体而以为还活着，向其开枪，事后经过鉴定，发现在开枪之时被害人已经死亡，那么，该行为是否构成杀人未遂呢？因此，这也最终归结于就后述的不能犯采取何种观点。[①]

在此，我们首先应当对防卫意思加以界定。如果在防卫人对防卫状况的认识意义上理解防卫意思，我主张必要说。如果在防卫人对防卫被允许的认识意义上理解防卫意思，我则主张不要说。在缺乏防卫意思（前述第一种意义上的防卫意思）的偶然防卫的场合，从客观上判断属于防卫，但从主观上判断，则因缺乏防卫意思而否认其防卫的性质。因为结果无价值论通常是主张客观违法性论的，因而在判断偶然防卫的时候就会得出属于防卫性质的结论。但我的疑问是：对正当防卫的判断是否等同于违法性的判断？答案是否定的。违法性判断是先于有责性判断的，因而可以承认无责的违法性。但正当防卫的判断不仅是合法的判断，而且是无责的判断，因而不能承认有责的合法性，即在否认违法的同时也应当否认有责。在这种情况下，客观上合法尚不能否认主观上有责，主观上有责应当通过防卫意思加以否定，因此，防卫意思是正当防卫构成要素。在偶然防卫的情况下，因缺乏防卫意思而不能成立正当防卫，但客观上具有防卫性，存在着客观防卫行为与杀人的犯罪行为的竞合，对此认定为杀人罪的未遂犯较为妥切。

行为无价值与结果无价值之争虽然发轫于德国，但在日本成为刑法学的一个重大争点。对此，山口厚教授指出：

虽然行为无价值论与结果无价值论的对立轴今天仍然重要，但在道德主义的立场已经退出正面舞台的今天（当然，其影响还是根深蒂固的），可以说，在抽象的理念意义上展开两派之争的时代已经结束了。

---

① ［日］西田典之：《日本刑法总论》，刘明祥、王昭武译，128 页，北京，中国人民大学出版社，2007。

在今天，更加重要的是，针对具体的问题两种立场各自提出具体的论据来展开讨论。反对道德主义这一共同的理论前提，为展开这种建设性讨论铺垫了基础。①

相对于日本刑法学界关于行为无价值论与结果无价值论的激烈理论争议，我国近年来才开始引入行为无价值论与结果无价值论的有关学说，但从目前的情况来看，也已经开始形成行为无价值论与结果无价值论的学术争鸣。

在反思社会危害性理论的基础上，我国学者张明楷主张法益侵害说，当然，最初是利用法益侵害来解释社会危害性，认为犯罪的本质是社会危害性，但社会危害性指行为对刑法所保护的法益的侵犯性（其中包括侵害性与威胁性），至于行为对法益所造成的具体侵害事实，则是危害结果或犯罪结果。② 后来他才逐渐地从社会危害性中摆脱出来，明确地主张法益侵害说，并在此基础上赞同结果无价值论，指出：

客观主义犯罪论理所当然主张结果无价值，法益侵害说将行为对法益的侵害与威胁作为刑罚处罚的根据，而行为对法益的侵害与威胁就是结果无价值。我倾向于结果无价值也不仅仅基于体系上的考虑，而且因为结果无价值论对于发挥刑法保护法益与保障人权的机能，同时保护社会利益与个人利益、合理对待犯罪化与非犯罪化、合理区分刑法与伦理、合理处理刑事立法与刑事司法的关系等都有益处。③

我国学者黎宏也对行为无价值论进行了批判，认为这种理论（主要是指二元的行为无价值论）无论从其自身的内在逻辑、适用标准还是从理论根据来看，都存在严重缺陷，难以为我国的社会危害性论的重构提供一条新的路径。④ 值得注

---

① ［日］山口厚：《日本刑法学中的行为无价值论与结果无价值论》，金光旭译，载《中外法学》，2008（4）。

② 参见张明楷：《法益初论》，修订版，253～254页，北京，中国政法大学出版社，2003。

③ 张明楷：《刑法的基本立场》，172页，北京，中国法制出版社，2002。

④ 参见黎宏：《刑法总论问题思考》，2～3页，北京，中国人民大学出版社，2007。

意的是，黎宏是从我国社会危害性理论的重构这一基点出发的，换言之，黎宏是在将社会危害性等同于违法性的意义上讨论行为无价值与结果无价值之争的。应该说，这一对比具有一定的合理性，将社会危害性说转换成法益侵害说是较为容易的。当然，这与社会危害性是主观与客观相统一的观点又存在矛盾。

我国刑法学界也存在行为无价值的观点，例如，周光权教授从规范违反说出发，站到了行为无价值的立场上。他认为，犯罪的本质是违反社会共同体内的伦理规范，从而在一定程度上侵害法益的行为。[①] 在这一对犯罪本质的界定中，二元的行为无价值论是十分明显的。当然，周光权教授在对规范违反说的论证中，更多的是受到雅科布斯的机能主义刑法学思想的影响。雅科布斯指出：

> 刑法的机能主义（Strafrechtlicher Funktionalismus）在此指的是这样一种理论，即刑法要达到的效果是对规范同一性的保障、对宪法和社会的保障。[②]

从刑法机能主义出发，雅科布斯提出了刑法保护的不是法益而是规范的有效性，犯罪不是法益侵害（Rechtsgutsverletzung）而是规范否认（Normdesavouierung）的观点。那么，雅科布斯所说的规范否认是否能够等同于行为无价值论所说的规范违反呢？这主要取决于对其中规范一词的理解。行为无价值论所说的规范是一个价值概念，包含着较为浓重的伦理主义色彩。但雅科布斯所说的规范则是一个描述性而非价值性的概念，是指社会构造性规范。对于这种规范含义上的区分，我们必须加以注意。周光权教授在论述其行为无价值论的主张时指出：

> 在我看来，如果考虑依法治国、建设社会主义法治国家的大背景，我国刑法学通说采用主观主义的思考方法来认定犯罪，肯定不是长久之计。所以，摆脱刑法主观主义的幽灵是我国刑法学的当务之急。但在告别刑法主观主义之后，立即就有一个是按照行为无价值论还是结果无价

---

① 参见周光权：《刑法学的向度》，200 页，北京，中国政法大学出版社，2004。

② ［德］格吕恩特·雅科布斯：《行为 责任 刑法——机能性描述》，冯军译，101 页，北京，中国政法大学出版社，1997。

值论建构违法性论以及相关刑法理论的问题。要使我国刑法理论突然从相对较为“激进”的主观主义退守到相对“保守”的结果无价值论，或许转型的幅度过大，刑法面对犯罪浪潮高涨的态势必然显得力不从心。所以，比较务实的态度是：修正现有理论中超越行为无价值论的、与主观主义刑法理论有关的部分，以客观行为为逻辑起点，结合行为样态和心态，以及行为造成的后果或者危险，来判断行为的违法与否。这样的刑法立场，自然就是行为无价值论。①

周光权教授是从中国刑法学立场的选择这一角度切入行为无价值论与结果无价值论的，当然也就会涉及对当前我国刑法理论的基本评价。例如，周光权教授提到我国刑法学通说采用主观主义的思考方法，这里首先涉及刑法主观主义与刑法客观主义的分野。对此，黎宏教授指出：

在客观主义刑法学的前提之下，犯罪首先是客观外在的危害行为和侵害结果，其次才要考虑该行为和结果是否在行为人认识和可能认识的范围之内，而不是相反。反过来考虑的话，就是主观主义刑法观。②

由此可见，刑法主观主义与刑法客观主义的区别，不在于只考虑主观或者只考虑客观，而在于先考虑主观还是先考虑客观。就此而言，行为无价值论与结果无价值论都是属于刑法客观主义的。而我国四要件的犯罪构成体系对于客观要件与主观要件没有位阶上的规制，因而可能导致刑法主观主义。行为无价值论与结果无价值论，虽然都是属于刑法客观主义，但行为无价值论把故意与过失等主观要素纳入构成要件，在一般意义上承认主观违法要素，也就是主观构成要素，因而与结果无价值论相比，是更多偏向主观主义的。周光权教授的思路是：我国刑法学现在是主观主义的，为不至于转型幅度过快，因而采用相对偏向主观主义的行为无价值论。但采用相对偏向主观主义的行为无价值论难道能使我国摆脱刑法

① 周光权：《违法性判断的基准与行为无价值论——兼论当代中国刑法学的立场问题》，载《中国社会科学》，2008（4）。

② 黎宏：《刑法总论问题思考》，39页，北京，中国人民大学出版社，2007。

主观主义的幽灵吗？我是心存疑问的。因而，我的观点是矫枉必须过正，只有偏向于刑法客观主义的结果无价值论才是医治我国目前刑法主观主义的一剂良药，而且，刑法客观主义与我国当前正在弘扬的刑事法治理念是契合的。正是基于以上理由，我主张结果无价值论。

四、可罚的违法性

可罚的违法性是指达到可罚程度的违法性，从而区别于没有达到可罚程度的轻微的违法性。

可罚的违法性观念是日本学者宫本英修率先提出的，在违法判断之后进行可罚性判断，由此形成了独具特色的可罚的违法性理论。值得注意的是，宫本是从主观的违法性论出发，使违法性判断成为客观要素与主观要素相统一的所谓一般刑法规范上的违法判断，在此基础上再作具体的可罚判断。其中，前者是前提基础，后者是对前者的实质判断和限缩。在这种情况下，不同于传统的构成要件该当性—违法性—有责性的犯罪论体系，宫本建立了新型的犯罪论体系：行为性—违法性—可罚性。[①] 佐伯千仞继承了宫本的可罚的违法性理论，但佐伯从客观的违法性论出发，提出被害法益的轻微本身使行为失去可罚的违法性，而这种可罚的违法性存在量与质两个方面：所谓量的问题是可罚性达到一定严重程度的违法性。而所谓质的问题是与违法性的轻微无关的、违法的质阻止可罚的违法性的情形。[②] 在此基础上，可罚的违法性理论在三阶层的犯罪论体系中进行讨论，主要涉及可罚的违法性的体系性地位问题，对此存在以下三种不同观点：

① 参见李海东主编：《日本刑法学者》（上），97、98 页，中国法律出版社、日本成文堂，1999。

② 参见［日］大塚仁：《犯罪论的基本问题》，冯军译，121～122 页，北京，中国政法大学出版社，1993。

(一) 构成要件阻却说

构成要件阻却说认为，在缺乏可罚违法性的情况下，构成要件本身不具备，因为构成要件就是可罚的违法类型。例如，日本学者藤木指出：

> 犯罪构成要件中以其典型事态为中心，预定了一定的类型性程度的严重性，没有满足这种程度的违法性就缺乏构成要件符合性。而且，作为可罚的违法性的标准，第一是法益侵害乃至实害的轻微性，即微罪性，第二是引起被害的行为脱离社会相当性的程度是轻微的，综合两者，认为没有满足某构成要件所预想程度的违法性的最低标准时，就否定构成要件符合性本身。①

从以上论述来说，藤木是把构成要件当作可罚的违法性类型的。但可罚的违法类型之中，违法类型是通过构成要件推定的。但可罚性这一点应当是违法性的问题，而不是构成要件的问题。正如日本学者团藤所说：构成要件符合性规定的是犯罪的类型性意义，不应该涉及其实质程度问题。如果在判断构成要件符合性的有无时，总是连违法性的实质都需要探讨的话，构成要件符合性的判断与违法性的判断就失去了质的不同，就势必不得不陷入新构成要件论的立场。② 这里所谓新构成要件论的立场，如果按照藤木的观点，是指在判断构成要件该当性时考虑可罚的违法性，则构成要件该当性—违法性—有责性的判断，就会变成违法性—构成要件该当性—有责性。

(二) 二元阻却说

二元阻却说把可罚的违法性之阻却情形分为两种：第一种是构成要件阻却，

---

① 转引自［日］大塚仁：《刑法概说（总论）》，3版，冯军译，314页，北京，中国人民大学出版社，2003。

② 参见［日］大塚仁：《刑法概说（总论）》，3版，冯军译，314～315页，北京，中国人民大学出版社，2003。

第二种是可罚的违法性阻却。这种二元阻却说是佐伯所提出的，其前提是从量与质两个方面考虑可罚的违法性。佐伯指出：

> 所谓可罚的违法性，是指行为的违法性需要刑罚这种强力的对策，具有与刑罚相适应的质与量。而且，作为量的问题，是指在犯罪中都各自被预定了一定严重程度的违法性，即使看起来行为符合犯罪类型（构成要件），但是，其违法性极其轻微（零细的反法行为），没有达到法所预定的程度时，就不成立犯罪；作为质的问题，是指违法性虽然并不能说是轻微的，但是，其违法行为的质与刑罚不相适合（例如，近亲相奸和同性间的猥亵行为，在刑法上没有规定为犯罪）。[①]

在上述量的不相对应的场合，是构成要件阻却，但在上述质的不相对应的场合，从佐伯所举的例子来看似乎其行为根本不构成犯罪。佐伯区分了违法阻却事由与可罚的违法性阻却事由，认为前者是指行为完全不是违法的，即规定为合法行为的事情；后者是指并非完全失去违法性，只是其程度减低或者在质上不同，结果不是犯罪类型所预想的可罚的违法的违法减轻事由。[②] 以上划分，又似乎是肯定可罚的违法阻却理论的。通过判例，在日本刑法中形成了可罚的违法性理论，并将其区分为绝对轻微型与相对轻微型：绝对轻微型是指在受害程度极小的场合，根据缩小解释而否定具有构成要件该当性。相对轻微型是指尽管受害程度并非轻微到可以否定构成要件该当性，但考虑到行为的状况、目的、其他相对的价值的实现等因素，而认为其并未达到可以处罚的程度之时，可根据日本刑法典第 35 条的规定而否定其具有实质的违法性。[③] 这里的日本刑法典第 35 条是关于正当行为的规定，属于违法阻却事由。据此，又否定了可罚的违法阻却事由。但

① 转引自［日］大塚仁：《刑法概说（总论）》，3 版，冯军译，314 页，北京，中国人民大学出版社，2003。

② 参见［日］大塚仁：《刑法概说（总论）》，3 版，冯军译，315 页，北京，中国人民大学出版社，2003。

③ 参见［日］西田典之：《日本刑法总论》，刘明祥、王昭武译，156～157 页，北京，中国人民大学出版社，2007。

把违法情形轻微视为正当行为而否认其实质违法性，似有不妥。

（三）超法规的违法阻却说

如上所述，把轻微违法视为违法阻却有所不妥，会把违法行为变成正当行为，但在构成要件范围内又不允许考察具体的可罚性存在与否的问题。大塚仁由此提出了超法规的违法性阻却说，指出：

> 应当把不存在可罚的违法性理解为超法规的违法性阻却事由。在违法性论中，虽然只考虑符合构成要件的行为是否存在违法性阻却事由，但是，在违法性被阻却的时候，有两种情形：一种是某行为被认为完全缺乏犯罪性、完全是合法的，另一种是虽然在其他的法律领域被评价为存在违法性，但在刑法上从科以刑罚的角度来看却缺乏适合性。而所谓缺乏可罚的违法性正是指后一种情形。这样，根据对违法性的实质性评价认为某行为不存在可罚的违法性时，其违法性就被阻却。①

应该说，大塚仁教授的超法规的违法性阻却说还是有一定道理的。当然，在日本刑法中，刑法是把行为性质作为认定违法性根据的，可罚的违法性理论只是作为个别的、例外的情形被适用；而且，在刑法学界也始终存在着可罚的违法性观念会损害构成要件的违法性推定机能、会导致主观擅断等担忧，因而经常需要为可罚的违法性理论进行辩护。

我国刑法规定不同于德日刑法，这表现在我国刑法关于犯罪的概念规定了但书，即情节显著轻微、危害不大的，不认为是犯罪。与此同时，我国刑法分则存在数额犯与情节犯的规定。在我国四要件的犯罪构成体系中，数额与情节都被看作是犯罪构成要件，被否认是违法性评价要件。② 但我国也有学者在可罚的违法

---

① ［日］大塚仁：《犯罪论的基本问题》，冯军译，128页，北京，中国政法大学出版社，1993。

② 参见李翔：《情节犯研究》，121页，上海，上海交通大学出版社，2006；唐世月：《数额犯论》，28页以下，北京，法律出版社，2005。

性论的框架下对但书规定进行重新阐释，指出：

> 在日本，可罚的违法性观念的解释途径主要有三：一是正当业务行为，二是超法规违法性阻却事由（实质违法性阻却事由）；三是可罚的违法性阻却本身。在这三者当中，惟一有立法依据的是正当业务行为。在我国，正当化事由只规定了正当防卫和紧急避险两种，但我国刑法对犯罪概念的实质特征社会危害性规定了程度性要求，即但书规定。这为我国移植可罚的违法理论提供了一个方便的立法上的依据。①

对于这一观点，我以为具有可取之处。在四要件的犯罪构成体系下，数额与情节是被当作犯罪构成客观要素的。在改为三阶层的犯罪论体系以后，如果还是把数额与情节当作构成要件要素，就存在一个要求故意对其认识的问题，因为构成要件具有故意规制机能。我认为：数额与情节不是构成要件的类型性要素，并不决定行为的违法性质，因而并不要求对其认识才能构成故意的问题，否则，在对数额与情节产生认识错误的情况下，例如天价葡萄案，行为人误把价值贵重的科研葡萄当作普通葡萄予以窃取，从客观数额来看已经达到巨大的标准，但行为人对数额发生误解，对此，如果要求行为人对数额有认识才构成故意，则这种故意是不存在的。但如果按照主观认识界定数额，则不仅难以证明，而且也有使数额主观化之虞。在这种情况下，采用可罚的违法性理论，只要存在盗窃行为，就具备构成要件该当性，而那些数额没有达到较大程度或者情节没有达到严重程度的，则因不具有可罚的违法性而予以排除。因此，在天价葡萄案中，构成要件该当性、违法性都具备。在有责性要件中，在归责时，再来考虑其对数额或者情节的认识错误是否排除主观归责。因为数额或者情节不是故意认识的内容，因而对数额或者情节的认识错误就不是事实认识错误，而是可罚的违法性的认识错误。这种认识错误在不可避免的情况下，可以成为责任阻

① 刘为波：《可罚的违法性论——兼论我国犯罪概念中的但书规定》，载陈兴良主编：《刑事法评论》，第 10 卷，94 页以下，北京，中国政法大学出版社，2002。

却事由。

思考题：

试述三阶层的犯罪论体系中的违法性与苏俄刑法学的犯罪概念中的刑事违法性之间的区别。

参考书目：

1. 余振华. 刑法违法性理论. 台北：元照出版公司，2001

2. 王安异. 刑法中的行为无价值与结果无价值研究. 北京：中国人民公安大学出版社，2005

3. 贾宇主编. 刑事违法性理论研究. 北京：北京大学出版社，2008

4. 肖吕宝. 主、客观违法论在刑法解释上的展开. 哈尔滨：黑龙江人民出版社，2008

第10章 违法阻却论

违法性可以分为形式违法性与实质违法性。形式违法性是构成要件该当的当然后果，而实质违法性，则可以通过两种途径获得：一是排除可罚违法性阻却事由，二是排除一般违法性阻却事由。关于可罚违法性理论，我在违法性论一章中已经作了探讨。在本章中，我拟对一般的违法阻却事由进行研究。

一、违法阻却概述

违法阻却是在违法性中讨论的，它是三阶层的犯罪论体系的重要内容，并被纳入犯罪论体系中加以研究。但在四要件的犯罪构成体系中，并没有违法性要件，因而相当于违法阻却事由的正当防卫等情形是在四要件的犯罪构成体系之外研究的。因此，只有在犯罪论体系的背景之下，才能正确理解违法阻却问题。

（一）违法阻却的概念

违法阻却是指行为具备了构成要件该当性，但存在法定的或者超法规的事由而使其违法性被排除的情形。上述排除违法性的法定或者超法规的事由，就是违法阻却事由。

违法阻却事由是对违法性的否定，但它是以构成要件该当为其逻辑前提的，从而在客观上限定了犯罪的范围，是一种出罪事由。我国台湾地区学者指出：

> 阻却违法事由之确立，其有如在不法阶层里创设另一个消极之不法要件，倘若此消极要件存在，行为人之行为即被法律所容许，而此消极不法要件又称“容许构成要件”（Erlaubnistatbestand）或“合法化构成要件”（Rechtfertigungstatbestand）①。

在此，涉及消极的不法要件、容许的构成要件和合法化的构成要件等概念，因而与构成要件的概念相关。在刑法理论上，曾经存在一种消极的构成要件的观点。对此，有德国学者指出：

> 根据消极的构成要件特征理论，构成要件不能仅包括对犯罪来说典型的情况，而是要包括所有涉及违法性的情况。这里，合法化事由的先决条件被理解为消极的构成要件特征，它之所以被纳入构成要件，是因为只要当缺少它时，关于行为违法性的最终判断才有可能，构成要件和合法化事由的先决条件以该方式被统一到总构成要件（Gesamttatbestand）之中，并被体系地置于同一层面。例如，根据该理论，第212条的规范（包括正当防卫）应这样来解释：故意杀人是受刑罚禁止的，但为避免正在发生的不法攻击而实施必要之正当防卫行为除外。②

德国学者明确地指出了“我们必须拒绝消极的构成要件理论”的命题。消极的构成要件理论为什么应当被拒绝？我认为，之所以不能把合法化事由，亦即违

① 余振华：《刑事违法性理论》，41页，台北，元照出版公司，2001。

② ［德］汉斯·海因里希·耶赛克、托马斯·魏根特：《德国刑法教科书》，徐久生译，307页，北京，中国法制出版社，2001。

法阻却事由，当作消极的构成要件，主要原因在于：

1. 性质不同

构成要件是事实判断，而违法性是法律判断，这是两种性质不同的判断。构成要件是一个存在论的问题，是一个该当性的问题。而违法性是一个价值论的问题，是一个应然性的问题。事实判断先于价值判断，这是在定罪活动中必须遵循的一个原则。如果把违法性阻却事由视为消极的构成要件，则混淆了事实判断与法律判断的关系，因为构成要件本身是一个事实的概念，消极的构成要件是指某种构成要件要素不存在，因而构成要件不具有该当性。但违法阻却事由意味着合法化，而不是构成要件要素不具备。当然，随着构成要件论的发展，在构成要件中包含了规范性要素。但这种规范性要素或者以规范性事实的方式存在，或者以参照法规的形式存在，这与具有评价功能的违法性要件在性质上仍然是有区别的，两者不能混为一谈。

2. 功能不同

构成要件的功能是把那些不具有构成要件该当性的行为排除在违法判断之外，这虽然也是一种出罪，但这是本来就不存在犯罪的事实基础。而违法性阻却是将形式上具有违法性的行为通过实质违法性的判断予以出罪，在违法阻却的情况下，往往意味着合法化。例如，因为没有杀人罪的客体——人而不构成杀人罪，与因正当防卫杀人而不构成杀人罪，这两种情形显然是不能相提并论的。至于因为不具有可罚的违法性而出罪，也与缺乏构成要件要素的出罪有所不同。例如，因为缺乏盗窃罪的非法占有目的而不构成盗窃罪，与虽然实施了盗窃行为但数额没有达到较大标准而不构成盗窃罪，这两种情形也是不同的。由此可见，缺乏构成要件要素而出罪与存在违法阻却事由而出罪，虽然都具有出罪功能，但其功能又是不同的。正如德国学者指出：

> 欠缺构成要件的行为之所以不受处罚，是因为它不具有刑法上的重要性，而虽然符合构成要件，但被合法化的行为之所以不受处罚，则是因为尽管行为对受保护的法益造成了损害，但例外地不是

实质的不法。①

如果把违法阻却当作消极的构成要件，在具有违法阻却事由的情况下，视为不具有构成要件该当性，就会将构成要件的出罪功能与违法性的出罪功能混为一谈。

3. 根据不同

构成要件该当性是根据行为是否符合刑法分则的某一具体犯罪的规定来加以判断的，这是一种类型性判断。而违法阻却是一种价值判断，虽然违法阻却事由本身也具有类型性的特征，但违法阻却事由的原理是法益权衡。例如，德国学者指出：

> 合法化事由不是以规范的一般之例外为基础，而是为了解决社会矛盾冲突情况，要求在具体情况下进行价值权衡（Wertabwaegungen），基于这样的价值权衡，不受影响地维持被保护的法定的利益，必要时必须退却到同样被法秩序承认的其他价值之后。但这不是绝对的，而只是在必要性和适当性的范围内有效的等价没有包含一般禁止的总的限制，而是在具体情况下独立处理禁止规范及其固有的价值内容。因此，合法化事由是有别于构成要件特征的。构成要件和合法化事由关系中固有的冲突问题，并没有因合法化事由与消极的预兆被吸收进构成要件而人为地得到调和。②

显然，以法律规定为根据的构成要件该当性的判断与以价值权衡为原理的违法阻却的判断是完全不同的，两者不应混同。

根据以上辨析，我认为违法阻却可以说是一种消极的不法要件，但不能说是一种消极的构成要件。至于容许的构成要件与合法化的构成要件的概念，由于容

① ［德］汉斯·海因里希·耶赛克、托马斯·魏根特：《德国刑法教科书》，徐久生译，304～310页，北京，中国法制出版社，2001。

② ［德］汉斯·海因里希·耶赛克、托马斯·魏根特：《德国刑法教科书》，徐久生译，309页，北京，中国法制出版社，2001。

易将违法阻却误认为属于构成要件的判断，因而也是不可取的。

（二）违法阻却的根据

在讨论违法阻却的事由时，违法阻却的根据是一个最为重要的问题，它为违法阻却提供了法理上的支撑。关于违法阻却的根据，也就是违法性阻却事由的本质，一般认为存在一元论与多元论之分。一元论（die monistische Theorie）认为，违法性之肯定或否定，并非可依不同情况而作不同之最后判断，因此，“某行为一般而言须被禁止，可积极地肯定其为违法”之判断基准与“该行为在特别情况下，其违法性应被阻却”之判断基准，二者应立于同一原理之下方能得到合理且正确之判断。而多元论（die pluralistische Theorie）则与之相反，主张其间未必有统一之原理。[①] 被纳入一元论的有以下诸论：（1）法益侵害说（Abwägungstheorie）；（2）目的说（Zwecktheorie）和社会相当性说（Sozialadäquanztheorie）。多元论则根据不同的情形，分别采用以上不同的学说。

以上对违法阻却根据的论述，对于我们理解违法阻却事由的本质是具有参考意义的。不过，违法阻却事由的本质是与违法性的本质紧密相连的，而在违法性本质问题上，存在行为无价值论与结果无价值论的对立，这种对立必然反映到违法阻却事由上来。因此，以行为无价值论与结果无价值论为框架，由此引申出违法阻却的根据，也许是更为合理的。日本学者西田典之就是从行为无价值论与结果无价值论出发来阐述违法阻却的一般原理的。西田典之在论述结果无价值论关于违法阻却的原理时指出：

> 在认为刑法的机能之一在于法益保护的结果无价值论看来，不违反法益保护的目的是违法阻却的一般原理。这一原理还可以进一步分为以下三个下位原理：

① 参见余振华：《刑事违法性理论》，42～43 页，台北，元照出版公司，2001。

1. 优越性利益保护的原则（第一原理）

当行为该当于构成要件时，便发生了法益遭受侵害这一有害于社会的结果（法益侵害A），但某些情况下同一行为同时也具有保全其他法益这一社会有用性（保全法益B）。在保全法益优越于侵害法益之时，由于B－A≥0，从社会功利主义的观点来看，就可将该行为整体上正当化（优越性利益说）。

2. 避免（回避）义务的原则（第一原理的修正）

优越性利益保护的原则以二者择一的情形为前提，也就是说，保全法益与侵害法益之间存在冲突。但如果在发生冲突之前，通过采取合理的行为能避免（回避）这种冲突，就应该要求行为人采取避免行为以同时维持双方的利益。这样，（在本可以通过采取避免措施而同时保全双方利益的场合）即使看上去似乎符合优越性利益保护的原则，但如果行为人（因为没有采取回避措施而）不必要地创造出了利益冲突的状况，就可以认定为并未满足第一原理的前提条件，不予正当化。在此限度之内，有必要对第一原理作出修正。这称为避免义务的原则。

3. 欠缺要保护性的原则（第二原理）

仅就个人法益而言，由于分别归属于个人，因而在法益主体并不要求保护自己的法益之时，刑法就没有必要介入。这称为“被害人的同意”。另外，在某些情况下，由于行为人自己违背了法律而不能要求保护自己的法益，因而欠缺、减少了该法益的要保护性。尽管也有观点称其为“法益的欠缺”，但由于是法益本身从其归属主体中独立出来，归属主体只能要求尊重（保护）该归属状态，因而应称为“要保护性的欠缺、减少”为妥。①

① ［日］西田典之：《日本刑法总论》，刘明祥、王昭武译，102～103页，北京，中国人民大学出版社，2007。

在以上从结果无价值引申出来的违法阻却的一般原理中，法益侵害是一个核心概念，而法益权衡是基本方法，优越性利益保护是根本结论。一种法益侵害行为，只有是为了保护另一种更大的法益，才能获得正当性。例如，外科医师施行的截肢等手术行为，一方面存在着对患者的肢体的损害，另一方面又同时在保护患者的生命与健康，而后者的法益大于前者，因而应将医师的手术行为正当化。欠缺要保护性原则是优越性利益保护原则的反面，在没有利益需要保护的情况下，不能动用刑法，例如被害人承诺的法益损害行为等。至于避免义务原则，是对优越性利益说的某种限制，即如果存在对于利益冲突的避免义务，则不能阻却违法。例如我国刑法第21条第3款关于避免本人危险的规定不适用于职务上、业务上负有特定责任的人的规定，在一定程度上体现了避免义务原则。

关于行为无价值论对于违法阻却事由的原理，西田典之指出：

> 行为无价值论所主张的违法阻却的一般原理最初是目的论，即“行为是为了正当目的的相当的手段”，现在的多数说是社会相当性说。社会相当性说是以一般人为基础，判断该行为在日常生活中是否具有通常性。但是，这种判断属于概括性的、多义性的、直觉性的判断，根本无法称其为明确的判断标准。该说仅将判断过程置于黑匣子之中，而仅仅发布结论。另外，该说很大程度上还留有纳入行为的反伦理性的余地。在这一点上，与优越性利益说形成鲜明对比：优越性利益说是基于一定前提作出某种判断，因而可能被批判为属于主观判断，同时，优越利益说又以自己是基于某种前提才作出判断，也可以进行反批判。[①]

由此可见，西田典之是站在结果无价值论的优越性利益说的立场上，对行为无价值论之社会相当性进行批判的。优越性利益说的明确性与社会相当性说的模糊性形成鲜明对比，从这个意义上说，优越性利益说是更为可取的。当然，社会

---

① [日]西田典之：《日本刑法总论》，刘明祥、王昭武译，103页，北京，中国人民大学出版社，2007。

相当性的判断中也包含了利益权衡，在这个意义上，日本学者大塚仁认为社会相当性说把目的说与利益衡量说加以综合考虑的立场，作为解释违法性阻却事由的一般原理是更为可取的。①

我过去曾经主张采社会相当性说，认为社会相当性理论较之法益权衡说和目的说具有更大的包容性。② 之所以赞同社会相当性说，是以优越性利益说不能说明正当防卫的合法性为前提的。例如日本学者指出，作为实际问题，例如用优越性利益说来说明正当防卫的合法性是困难的。③ 之所以主张这一观点，是把优越性利益说理解为为了价值大的利益而牺牲价值小的利益，而在正当防卫的情况下，防卫行为可以超出不法侵害的强度，因而似乎正当防卫不适用优越性利益说。但刑法上并不要求防卫行为造成的侵害与不法侵害之间的法益均衡，在正当防卫上不应机械地理解优越性利益说。日本学者西田典之指出：

> 由于正当防卫是对不正当的攻击所实施的防卫行为（处于“不正”对“正”的关系），不必像紧急避险（处于“正”对“正”的关系）那样，要求具有严格的法益均衡，其他别无避免侵害的方法这种补充性要件。也就是说，由于正当防卫属于权利行为，即使防卫者本有可能躲避，也并无躲避义务。并且，之所以不要求存在严格的法益均衡，是因为实施不正当攻击者必须甘受防卫反击，攻击者的法益已经丧失了要保护性，其结果就是，防卫者的法益更为优越。总之，以缺少要保护性为媒介的法益性的缺少以及权利行为的法理二者之间的相互结合，阻却了正当防卫的违法性。④

根据以上论述，在正当防卫中仍然可以采用优越性利益说。在优越性利益说

① 参见［日］大塚仁：《犯罪论的基本问题》，冯军译，136～137页，北京，中国政法大学出版社，1993。

② 参见陈兴良：《本体刑法学》，426页，北京，商务印书馆，2001。

③ 参见［日］福田平、大塚仁：《日本刑法总论讲义》，李乔等译，87页，沈阳，辽宁人民出版社，1986。

④ ［日］西田典之：《日本刑法总论》，刘明祥、王昭武译，118页，北京，中国人民大学出版社，2007。

能够适用于正当防卫的情况下，我认为应当采优越性利益说，以此作为违法阻却的一般根据，还是具有可取性的。

（三）违法阻却事由的分类

关于违法阻却事由的判断，实际上是实质违法性的判断。在刑法理论上，通过对违法阻却事由的研究，使违法阻却事由类型化，从而使实质违法性的判断间接地成为定型性的判断。从这个意义上说，违法阻却事由的类型化处理，对于实质违法性的判断合理化，具有重要意义。

关于违法阻却事由的类型，日本学者大塚仁对迈兹格和绍尔的观点分别作了以下介绍：

> 迈兹格区分了基于利益缺乏的违法性阻却事由和基于优越性利益说的违法阻却事由。属于前者的有基于被害人的承诺和推定性承诺的行为，属于后者的有基于特别行为权的行为、基于特别行为义务的行为和基于一般利益衡量原则的行为，基于特别行为权的行为有正当防卫、紧急避险等，基于特别行为义务的行为有根据职务上的义务、合法约束命令的行为和根据惩戒权的行为以及义务冲突等，基于一般利益衡量原则的行为有治疗行为、安乐死等。
>
> 绍尔把违法性阻却事由分为三种：第一是针对危险通过防卫进行自我保护和在危难中的救助，有正当防卫和紧急避险；第二是形式的权利、权限的行使，有强制权、惩戒权、被害人的承诺；第三是面对公共福利的生活利益的促进，有促进有益于一般社会的设施、促进危难中救助邻人的福利和健康、消除苦恼等。①

---

① ［日］大塚仁：《刑法概说（总论）》，3 版，冯军译，320～321 页，北京，中国人民大学出版社，2003。

以上两种分类是根据违法阻却事由的实质性质所做的分类，此外，还有其他一些分类，例如，日本学者野村稔把违法性阻却事由称为容许事由，并把容许事由分为消极的容许事由和积极的容许事由，指出：

> 所谓消极的容许事由，是指：对于根据个人保护的保留条款而为的行为，作出消极的、追认的有价值判断并予以允许的场合。正当防卫、紧急避险、自救行为等等属于此类。
>
> 所谓积极的容许事由，是指：为了社会全体的利益或者特定的个别的利益，积极地对某种行为予以有价值的判断，并予以容许的场合。基于法令的行为、被允许的危险的行为、正当业务行为等社会相当的行为属于此类。[①]

此外，在日本刑法理论上，关于违法阻却事由还有正当行为与紧急行为的区分。[②] 一般认为，正当行为与紧急行为是根据违法阻却事由是否在急迫情形下发生所做的分类：正当行为是指在非急迫情形下的违法阻却事由，例如法令行为、业务行为以及其他正当行为。而紧急行为是指在急迫情形下的违法阻却事由，例如正当防卫、紧急避险以及自救行为和义务冲突等。

上述分类都有一定的根据，但都不是根据刑法规定所作的分类。以违法阻却事由是否在刑法中有规定，将违法阻却事由分为法定的违法阻却事由与超法规的违法阻却事由，我以为是较为妥当的。

二、法定的违法阻却事由

法定的违法阻却事由是指刑法有明文规定的违法阻却事由。各国刑法对违法

---

① ［日］野村稔：《刑法总论》，全理其、何力译，221～222 页，北京，法律出版社，2001。

② 参见［日］大谷实：《刑法讲义总论》，新版 2 版，黎宏译，225 页，北京，中国人民大学出版社，2008。

阻却事由的规定有所不同，因而法定的违法阻却事由的种类各不相同。《德国刑法典》第32条规定了正当防卫，第34条规定了阻却违法性的紧急避险，第35条规定了阻却责任的紧急避险。《日本刑法典》第35条规定了正当行为，第36条规定了正当防卫，第37条规定了紧急避险。我国刑法第20条规定了正当防卫，第21条规定了紧急避险。由此可见，正当防卫和紧急避险是两种最为常见的违法阻却事由。

（一）正当防卫

根据我国刑法第20条第1款的规定，正当防卫是指为了使国家、公共利益、本人或者他人的人身、财产和其他权利免受正在进行的不法侵害，而采取的制止不法侵害的行为。我国刑法规定，正当防卫行为对不法侵害人造成损害的，行为人不负刑事责任。正当防卫不负刑事责任的根据就在于阻却违法。正当防卫的构成要件如下所述：

1. 防卫起因

防卫起因是指不法侵害。因此，对于防卫起因，应当从侵害性与不法性这两个方面加以考察。

防卫起因的侵害性，是指其具有对刑法所保护的客体的侵害危险性。因此，这里的侵害性是指法益侵害性，根据我国刑法的规定，是指对国家、公共利益、本人或者他人的人身、财产和其他权利的侵害。德国学者在解释这里的侵害时指出：

> 所谓侵害（也译为攻击，Angriff），是人为的对法秩序所保护的行为人的或者他人的利益所构成的侵害和危害。依照通常的用语，虽然可以将侵害作为一种故意的和积极的作为来理解，但法律上认为，既不需要故意，也不需要积极的行为。这种“侵害”既不需要以“蓄意”(Absicht)，也不需要以间接故意的形式造成；一个过失的甚至是完全

无责的且客观上没有违法性的行为，只要它对法律所保护的利益形成正在发生的侵害状况，便可以认定是该意义上的“侵害”①。

在以上对侵害的界定中，范围是极为宽泛的。但德国学者认为客观上没有违法性的侵害也可以对其进行防卫，则与侵害的不法性特征不相符合。

防卫起因的不法性，是指只有具有不法性的侵害才能成为防卫起因，从而排除了对合法行为进行防卫的可能性。那么，这里的不法性是指行为不法还是指结果不法？对此，行为无价值论和结果无价值论存在不同见解。对此，德国学者指出：

> 结果无价值论主张以结果无价值（Erfolgsunwert）的形式出现的法益侵害，足以构成侵害的违法性。而行为无价值论则认为，仅有结果无价值还不够，而是应当具有行为无价值（Handlungsunwert），行为至少是客观上违反了谨慎义务。②

现在刑法理论上通常认为只要行为具有造成法益侵害结果的危险性即可以进行防卫，而且，防卫起因的不法性，是指客观上的不法，与责任无关。因此，对于无责任行为者、未成年人、陷入认识错误的人等都可以实行防卫。

防卫起因必须是客观存在的。如果事实上并不存在不法侵害，行为人误认为其存在，对臆想中的不法侵害实行了所谓防卫，就是假想防卫。假想防卫又称为误想防卫或者错觉防卫，属于认识错误之一种情形。

对于假想防卫到底属于违法性认识错误还是事实认识错误，在刑法理论上存在不同观点。违法性认识错误说认为：在假想防卫中，行为人不具有构成要件的故意，仅仅以为自己的行为属于正当防卫而误认为会被允许。因此，假想防卫并不阻却故意，只有在行为人的误信是基于相当的理由之时，由于并不具有合法行为的期待可能性，可以超法规地阻却责任。事实认识错误说认为：在对正当防卫

① ［德］汉斯·海因里希·耶赛克、托马斯·魏根特：《德国刑法教科书》，徐久生译，404页，北京，中国法制出版社，2001。

② ［德］约翰内斯·韦赛尔斯：《德国刑法总论》，李昌珂译，183页，北京，法律出版社，2008。

即违法阻却事由的事实根据存在认识之时，对行为的违法性的事实根据并无认识，因而阻却故意。若存在过失，且法律上处罚过失犯时，可以作为过失犯予以处罚。[①] 在以上两种观点中，事实认识错误说是可取的，假想防卫阻却故意，不构成故意犯。

在假想防卫问题上，还存在一个假想防卫过当问题。这里的过当，是指即使是存在事实的不法侵害，其防卫行为也超过正当防卫必要限度的情形。因此，假想防卫过当是假想防卫与防卫过当的竞合。日本学者认为，假想防卫过当又可以分为以下两种情形：

（1）具有过当性的认识的假想防卫过当。

（2）没有过当性的认识的假想防卫过当。[②]

对于没有过当性的认识的假想防卫过当，一般人认为阻却故意，对于主观上于客观上的侵害行为及其过当结果存在过失的，应当以过失犯处罚。对于具有过当性的认识的假想防卫过当是过失犯还是故意犯，存在争议，通说认为，行为人对于假想的侵害行为的防卫行为并不相当，而在对于相当于犯罪的事实具有认识的情况下实施的过当行为本身被认为是故意犯，关于假想防卫的过失行为，作为引起防卫过当行为的原因，从全体来考察，可以包括在故意之中予以评价，因而肯定故意犯的成立。[③] 我认为，对于这一种具有过当性的认识的假想防卫过当如何处理，取决于对故意的防卫过当的处理方式，如果对故意的防卫过当是以故意犯处罚的，对于这种假想防卫过当亦应以故意犯处罚。

2. 防卫客体

防卫客体是指防卫行为指向的人或者物。人是指不法侵害人，其可以成为防卫客体，一般来说并无问题。在刑法理论上，讨论较多的是对物防卫的问题。

---

① 参见［日］西田典之：《日本刑法总论》，刘明祥、王昭武译，135 页，北京，中国人民大学出版社，2007。

② ［日］野村稔：《刑法总论》，全理其、何力译，241 页，北京，法律出版社，2001。

③ 参见［日］野村稔：《刑法总论》，全理其、何力译，243～244 页，北京，法律出版社，2001。

对物防卫，主要是指对动物的防卫问题。当遭受野生动物的袭击，且野生动物并不属于法律保护的珍贵动物时，将该野生动物杀死，其行为并不涉及犯罪，而是一种天然的自卫行为。当该野生动物是法律保护的珍贵动物时，将该野生动物杀死的行为属于紧急避险。但当有主的动物，通常是指猎犬等，对他人进行攻击时，他人能否对其进行防卫？对此，行为无价值论与结果无价值论的观点是互相对立的。结果无价值论认为，根据刑法规范的评价机能，动物侵袭也可评价为违法状态，当然允许对物防卫。但行为无价值论认为，违法性的本质在于违反规范的意思，而动物并无违反规范的意思，其攻击行为不能被评价为违法行为，因而否定对物防卫。[①] 对此，我赞同对物防卫的肯定论。对物防卫具有以下两种情形：一是主人故意或者过失地驱使牲畜对人进行侵害，这种侵害是人的行为的延续，当然可以对物进行防卫。二是他人的牲畜袭击自己的牲畜，如不将其打死，自己的牲畜便会被咬死，在这种情况下，也可以对物进行防卫。

3. 防卫时间

我国刑法规定，防卫时间是不法侵害之正在进行，而正在进行是指已经开始、尚未结束。在日本刑法中，侵害的急迫性是正当防卫成立的要件之一，这里的侵害急迫性是指对法益的侵害是现在存在的，或者非常接近的情况[②]，因此，侵害急迫性的判断也就是我国刑法中的不法侵害之正在进行的判断。在防卫时间的认定中，主要排除事前防卫与事后防卫这两种情形。

事前防卫是指在不法侵害尚未发生的时候所采取的所谓防卫行为。在这种情况下，不法侵害尚未发生，因此，其行为不得被视为正当防卫。事前防卫通常是对预备阶段的不法侵害行为所作的防卫，这时尚不具备侵害的急迫性，因此，不应认定为正当防卫。当然，不法侵害的开始，并不要求已经着手实行，而只要不法侵害已经十分逼近，就应当允许防卫人进行防卫。

---

① 参见［日］西田典之：《日本刑法总论》，刘明祥、王昭武译，121页，北京，中国人民大学出版社，2007。

② 参见［日］野村稔：《刑法总论》，全理其、何力译，225页，北京，法律出版社，2001。

事后防卫是指不法侵害终止以后，对于曾经实施不法侵害的行为人所采取的所谓防卫行为。事后防卫又可以分为以下两种情形：

（1）故意的事后防卫，又称报复侵害。其中，又可以分为两种形式：第一种是没有正当防卫前提的事后防卫。这种事后防卫的特点是事前存在不法侵害，但在不法侵害正在进行时，行为人没有对不法侵害实行正当防卫，而是在不法侵害过去以后，才对不法侵害人实行所谓的正当防卫。显然，这是一种出于行为人的报复之心的事后补偿行为。第二种是具有正当防卫前提的事后防卫；在实行正当防卫的过程中，不法侵害人已经丧失了侵害能力或者中止了不法侵害或者已经被制服，但防卫人仍不罢手，继续加害于不法侵害人。

（2）因对事实认识错误而导致的事后防卫。在这种情况下，不法侵害已经过去，但由于防卫人对事实发生了认识错误，以为不法侵害依然存在，而对不法侵害人实行了所谓正当防卫。对于因认识错误而导致的事后防卫，应按照对事实认识错误的一般原则处理。①

在防卫的时间条件上，还存在一个预防行为的问题，即预先安装防卫设施与装置，通常是指在室外架设电网或在室内安装自动杀伤装置。在这种情况下，行为时并无正在进行的不法侵害，效果发生时则存在正在进行的不法侵害。对此能否认定为正当防卫？我认为，对此不能认为是正当防卫，因为正当防卫是在面临正在进行的不法侵害时的一种反击行为，而预防行为是事先安装一种可能会对届时的不法侵害人造成人身伤亡的装置，它与正当防卫的性质完全不同。

4. 防卫意图

防卫意图是指防卫人意识到不法侵害正在进行，为了保护国家、公共利益、本人或者他人的人身、财产和其他权利，而决意制止正在进行的不法侵害的心理状态。因此，防卫意图包括了防卫认识与防卫意志这两个方面的内容。②

---

① 参见陈兴良：《正当防卫论》，2 版，159～160 页，北京，中国人民大学出版社，2006。

② 参见陈兴良：《正当防卫论》，2 版，42 页以下，北京，中国人民大学出版社，2006。

在日本刑法理论中，防卫意图也称为防卫意思，主要涉及偶然防卫如何处理的问题。例如，在A持枪瞄准B之时，在A并不知情的情况下，B也正持枪瞄准了A。由于A首先瞄准了B，因而B的行为客观上处于正当防卫状况，但B此时并无防卫的意思。偶然防卫可分为故意的偶然防卫与过失的偶然防卫。故意的偶然防卫是指在对A正持枪瞄准自己并不知情，客观上处于正当防卫的状况下，B出于杀人犯意向A开枪，取得了防卫效果；过失的偶然防卫是指在A持枪瞄准B，正要开枪之时，碰巧B正在擦枪，不小心扣动扳机，子弹正好打中了A，达到了防卫效果。①

如我在违法性论一章中所述，在偶然防卫问题上，存在着结果无价值论的防卫意思不要说与行为无价值论的防卫意思必要说之争论。在偶然防卫的情况下，客观上存在防卫效果，主观上不具有防卫意思。如果按照防卫意思必要说，则偶然防卫不得认定为正当防卫；如果按照防卫意思不要说，则偶然防卫亦应被认定为正当防卫。我主张防卫意思必要说，因为我国刑法对防卫意图有明文规定，不具有防卫意图的行为不符合刑法关于正当防卫的规定，当然不能认定为正当防卫。同时，我又认为不应全然否定偶然防卫的客观上的防卫性，而且认为在偶然防卫的情况下，存在杀人行为与防卫行为的竞合，对此应以杀人罪的未遂犯处理。

5. 防卫限度

防卫限度是指正当防卫的必要限度，这是保持正当防卫的合法性的重要条件。这里的正当防卫的必要限度是指有效地制止正在进行的不法侵害所必需的限度。在必要的限度的判断中，应当根据案件的具体情境，考虑行为的相当性与结果的相当性，如果防卫行为与侵害行为之间不具有这种相当性，则就超出了正当防卫的必要限度。应当指出，这种相当性不等于对等性，而是指是为制止不法侵

① 参见［日］西田典之：《日本刑法总论》，刘明祥、王昭武译，128页，北京，中国人民大学出版社，2007。

害所必需的。我国刑法第 20 条第 2 款规定：

> 正当防卫明显超过必要限度造成重大损害的，应当负刑事责任……

这里所谓正当防卫明显超出必要限度造成重大损害的情形，就是防卫过当。在司法实践中，如何区分正当防卫与防卫过当的界限是一个十分复杂的问题，也往往容易引起争议。例如，在我国网络媒体上广受关注的邓玉娇故意致人死亡案，就是一个典型的案例。关于邓玉娇案，湖北省巴东县人民法院认定的案件事实如下所述：

案例 10—1　邓玉娇防卫过当案

2009 年 5 月 10 日晚 8 时许，时任巴东县野三关镇招商办主任的邓贵大和副主任黄德智等人酗酒后到巴东县野三关镇“雄风”宾馆梦幻城玩乐。黄德智进入梦幻城 5 号包房要求正在该房内洗衣的宾馆服务员邓玉娇为其提供异性洗浴服务。邓向黄解释自己不是从事异性洗浴服务的服务员，拒绝了黄的要求，并摆脱黄的拉扯，走出该包房，与服务员唐芹一同进入服务员休息室。黄德智对此极为不满，紧随邓玉娇进入休息室，辱骂邓玉娇。闻声刚到休息室的邓贵大与黄德智一起纠缠、辱骂邓玉娇，拿出一沓人民币向邓玉娇炫耀并扇击其面部和背部。在梦幻城服务员罗文健、阮玉凡等人的先后劝解下，邓玉娇两次欲离开房间，均被邓贵大拦住并推倒在身后的单人沙发上。倒在沙发上后，邓玉娇朝邓贵大乱蹬，将邓贵大蹬开。当邓贵大再次逼近邓玉娇时，邓玉娇起身用随身携带的水果刀朝邓贵大刺击，致邓贵大左颈、左小臂、右胸、右肩受伤。一直在现场的黄德智见状上前阻拦时被割伤右肘关节内侧。邓贵大因伤势严重，在送往医院抢救途中死亡（殁年 48 岁）。经法医鉴定：邓贵大被他人用锐器致颈部大血管断裂、右肺破裂致急性失血休克死亡。黄德智的损伤程度为轻伤。

对于本案，湖北省巴东县人民法院于 2009 年 6 月 16 日作出以下判决：

本院认为，被告人邓玉娇故意伤害他人身体，致人死亡，其行为已经构成故意伤害罪，公诉机关指控的罪名成立。关于邓玉娇的辩护人提出邓玉娇的行为系正当防卫、不构成犯罪的辩护意见，经审查：邓玉娇在遭受邓贵大、黄德智无理纠缠、拉扯推搡、言行侮辱等不法侵害的情况下，实施的反击行为具有防卫性质，但明显超过了防卫限度，属于防卫过当，邓玉娇的行为构成犯罪。故对此辩护意见本院不予采纳。鉴于邓玉娇是部分刑事责任能力人，并具有防卫过当和自首等法定从轻、减轻或免除处罚情节，可以对邓玉娇免除处罚。邓玉娇的辩护人提出如果认定邓玉娇构成犯罪，应当对其免于刑事处罚的辩护意见成立，本院予以采纳。依照《中华人民共和国刑法》第二百三十四条、第十八条第三款、第二十条第二款、第六十七条第一款和《最高人民法院关于处理自首和立功具体应用法律若干问题的解释》第一条规定，判决如下：

被告人邓玉娇犯故意伤害罪，免于刑事处罚。

在上述邓玉娇案中，控辩双方争议的焦点问题在于：邓玉娇的行为是正当防卫还是防卫过当？我认为，在本案中，邓玉娇的行为是正当防卫还是防卫过当，取决于对邓贵大、黄德智的不法侵害行为的认定：如果邓贵大、黄德智的不法侵害行为是强奸，那么，邓玉娇的防卫行为就不是过当，属于刑法第 20 条第 3 款规定的无过当之防卫。如果邓贵大、黄德智的不法侵害如同判决书所认定的那样，在要求邓玉娇提供异性洗浴服务不被答应的情况下，对邓玉娇进行无理纠缠、拉扯推搡、言行侮辱等，则邓玉娇的行为不具有相当性，应当认为已经超过了正当防卫的必要限度，法院根据本案的情节免于刑事处罚的判决结论，是完全正确的。

关于对防卫过当如何定罪与量刑，在刑法理论上也是值得研究的。防卫过当本身不是一个独立罪名，而是应以其过当行为所触犯的罪名定罪。在对防卫过当行为定罪时，一个较为复杂的问题是如何确定其罪过形式。在我国司法实践中，都是根据对防卫行为本身是故意还是过失来定罪的。例如，在邓玉娇案中，其防卫过当行为是故意伤害致使他人死亡，因而以故意伤害罪论处。但刑法理论则认为，这是把正当防卫的心理状态与防卫过当的罪过形式混淆起来了。① 在防卫过当的情况下，应当以对于超过正当防卫的必要限度是故意还是过失来确定防卫过当的罪过形式，这样，就可以把防卫过当分为故意的防卫过当与过失的防卫过当。由此可见，在我国刑法理论与司法实践中，对于防卫过当的罪过问题在认识上是存在较大差距的。

关于防卫过当的罪过形式问题，在日本刑法理论上也存在不同见解，例如，日本学者大谷实在论及故意防卫过当与过失防卫过当时指出：

> 前者（指故意防卫过当——引者注）是指，对成为过当基础的事实有认识的场合，例如，认识到对方是赤手空拳打来而用日本刀进行反击的场合，就属于这种情形；后者（过失防卫过当）是指，对于过当事实没有认识的场合，例如，本想用木棍反击但没想到手里拿的是斧头的场合，就是这种情况。有一种见解认为，故意的防卫过当，作为防卫过当当然成立该罪的故意犯，但是，过失的防卫过当就不是故意，应该作为假想防卫处理。但是，即便在过失的防卫过当的场合，行为人毫无疑问对符合构成要件的事实有认识，所以，应当说，在认识的范围内成立故意犯，适用防卫过当的规定，因此，将二者分开考虑的见解不妥。②

从以上论述来看，日本学者所说的故意的防卫过当与过失的防卫过当是指对于防卫事实的有认识与无认识，这与对于过当是故意还是过失有所不同。但从有关论述中可以看出，似乎日本学者认为防卫过当都是故意犯。对于这个问题，还有必要从理论上进行研究。

关于防卫过当的量刑，我国刑法第 20 条第 2 款规定：应当减轻或者免除处罚。关于减免处罚的根据，我国刑法理论通常是从主观罪过较小与客观危害较小

---

① 参见陈兴良：《正当防卫论》，2 版，150 页，北京，中国人民大学出版社，2006。

② ［日］大谷实：《刑法讲义总论》，新版 2 版，黎宏译，267～268 页，北京，中国人民大学出版社，2008。

两个方面加以论证的。[①] 而在日本刑法理论上，对于防卫过当的刑罚减免根据则存在以下三种学说：

> 其一是违法减少说。该说认为，由于存在正当防卫状况，攻击者的要保护性得以（部分）减少，这一部分正好减少了过剩防卫的违法性。
>
> 其二是违法性与责任减少说。该说在违法性减少说的论据之上，另外加入了因属于紧急避险而得以减少责任这一理由。
>
> 其三是责任减少说。该说认为，因紧急行为之时的心理动摇（恐怖、惊愕、兴奋、狼狈）而减少责任。[②]

对于防卫过当来说，责任减少当然是没有问题的，因为在十分紧迫的情况下的反击行为，必然会影响到行为人对事实状况的判断与决意，因而应当减免其责。但是否存在违法性减少的问题，则不无争议。正当防卫是排除违法性的，而防卫过当又是具有违法性的，那么，防卫过当的违法性减少是在何种意义上而言的呢？以上引述中的违法减少说是从攻击者的要保护性减少意义上提供论据的，也有见解是将防卫过当与单纯的侵害行为相比来论证其违法性减少的根据。[③] 如果从客观评价来说，防卫过当比单纯的侵害行为违法程度要小，这还是有道理的，因此，违法性与责任减少说似乎更为全面。

我国刑法第 20 条第 3 款规定：

> 对正在进行行凶、杀人、抢劫、强奸、绑架以及其他严重危及人身安全的暴力犯罪，采取防卫行为，造成不法侵害人伤亡的，不属于防卫过当，不负刑事责任。

这是我国刑法关于无过当之防卫的规定，这也是 1997 年刑法修订中扩大防卫权的一个立法规定。从逻辑上来说，无过当之防卫是防卫过当的例外规定，从

---

① 参见陈兴良：《正当防卫论》，2 版，150 页，北京，中国人民大学出版社，2006。

② ［日］西田典之：《日本刑法总论》，刘明祥、王昭武译，133 页，北京，中国人民大学出版社，2007。

③ 参见［日］野村稔：《刑法总论》，全理其、何力译，235 页，北京，法律出版社，2001。

而限制了防卫过当的范围。可以说，无过当之防卫就是我国刑法正当防卫制度中极具特色的一个组成部分。当然，德国学者提出的以下问题仍然是值得我们深思的：

> 究竟应当如何解决公民自身防卫的权限与既存的现代化社会秩序，以及与国家的专属的法律保护权之间的矛盾呢？①

（二）紧急避险

根据我国刑法第21条第1款的规定，紧急避险是指为了使国家、公共利益、本人或者他人的人身、财产和其他权利免受正在发生的危险，不得已采取的行为。我国刑法规定，紧急避险行为造成损害的，不负刑事责任。紧急避险是一种违法阻却事由，其构成要件如下所述：

1. 避险起因

避险起因是指危险。这里的危险是指对法益造成危害的紧迫事实状态，来源包括以下三种：（1）行为人的违法行为。通常是指侵犯人身权利的不法侵害，例如，为躲避追杀而侵入他人住宅。（2）自然力的破坏活动，包括火灾、洪水、狂风、大浪、山崩、地震等，例如，为切断火势而毁坏他人房屋。（3）动物的侵袭，包括牛马践踏，猛兽追扑等。例如，为躲避国家保护的珍贵动物的侵袭而将其杀死。

危险必须是客观存在的，如果实际并不存在危险，由于对事实的认识错误，行为人误以为存在这种危险，因而实行了所谓避险行为，造成合法权益损害的，在刑法理论上称为假想避险。关于假想避险，适用对事实认识错误的解决原则。

---

① ［德］汉斯·海因里希·耶赛克、托马斯·魏根特：《德国刑法教科书》，徐久生译，401页，北京，中国法制出版社，2001。

2. 避险客体

避险客体是第三者的合法权益。紧急避险是为保全较大法益而牺牲较小法益，这里的较小法益是指第三者的法益。在一定意义上，这也是紧急避险与正当防卫的根本区别之一。例如受到追杀，如果对追杀者本人进行防卫，造成其伤亡而使本人生命得以保全的，就是正当防卫行为。而在受到追杀的情况下，如果为躲避追杀而强行侵入他人住宅，则侵犯了第三者的住宅安宁权，就是一种紧急避险行为。

3. 避险时间

避险时间是指危险正在发生。这里的正在发生，是指迫在眉睫、具有急迫性，对国家利益、公共利益、本人和其他人的人身或者财产权利已经直接造成了威胁。对于尚未到来或者已经过去的危险，都不能实行紧急避险，否则，就是避险不适时。例如，海上大风已过，已经不存在对航行的威胁，船长这时还命令把货物扔下海去，属于避险不适时，不具备避险时间，其行为不得认定为紧急避险。

4. 避险可行性

避险可行性，是指只有在迫不得已，即没有其他方法可以避免危险时，才允许实行紧急避险。这也正是我国刑法中正当防卫和紧急避险的区别之一。我国刑法规定正当防卫并不要求迫不得已，只有对紧急避险才要求迫不得已。但《日本刑法典》第 36 条规定的正当防卫和第 37 条规定的紧急避险都要求“不得已”这一要件。日本学者把“不得已”称为补充性原则，指出：

> 避险行为必须属于“不得已而采取的行为”（补充性原则）。这意味着为了避免正在发生的危险，除了该避险行为以外没有其他方法。考虑到紧急避险是向与危险无关的第三者转嫁危险，因而应当比正当防卫的场合更为严格。另一方面，从处于紧急状态下的避险行为来考虑，绝对地要求避险行为为惟一的防卫也并不妥当。①

---

① ［日］野村稔：《刑法总论》，全理其、何力译，248 页，北京，法律出版社，2001。

由此可见，虽然日本刑法对正当防卫和紧急避险都规定了不得已这一要件，但考虑到正当防卫与紧急避险之间性质上的差别，在不得已的掌握上是有所不同的。

5. 避险意图

避险意图是指避险人意识到危险正在发生，为了保护国家、公共利益、本人或者他人的人身、财产和其他权利，而不得已地实施避免行为的心理状态。避险意图，在日本刑法理论中称为避险意思。对于避险意思是否属于紧急避险的成立要件，在日本刑法理论上存在不同观点，通说认为避险意思是紧急避险的主观性正当化要素，但也有少数说认为，只要客观上存在紧急避险状况，避险意思便不再需要。① 我国刑法关于紧急避险的规定包含了紧急避险的主观要素，因而应当肯定避险意图是紧急避险的构成要件。

6. 避险限度

避险限度是指紧急避险不能超过必要限度造成不应有的损害，否则，就构成避险过当。根据我国刑法之规定，避险过当的，应当负刑事责任。

那么，如何判断紧急避险行为是否超过必要限度呢？我国刑法理论上通常认为，紧急避险所造成的损害必须小于避险的损害。② 这里涉及法益权衡的问题。对此，我曾经指出：

> 在衡量权益大小时，应该明确以下三点：(1) 在一般情况下，人身权利大于财产权利。所以，通常不允许牺牲他人的生命以保全本人的财产，即使这种财产的价值再大。(2) 在人身权利中，生命权是最高的权利，通常不容许为了保护一个人的健康而牺牲另一个人的生命，更不容许牺牲别人的生命来保全自己的生命。(3) 在财产权益中，应该用财产

---

① 参见［日］西田典之：《日本刑法总论》，刘明祥、王昭武译，111页，北京，中国人民大学出版社，2007。

② 参见全国人大常委会法制工作委员会刑法室编：《中华人民共和国刑法条文说明、立法理由及相关规定》，33页，北京，北京大学出版社，2009。

的价值进行比较，通常不容许为了保护一个较小的财产权益而牺牲另一个较大的财产权益，尤其不允许牺牲较大的国家利益、公共利益以保全本人较小的财产利益。①

以上观点大体上反映了我国目前通行的伦理观念，但也存在一些实际判断上的困难。例如，日本学者指出：

如何处理为了救助他人的生命而无证驾驶或酒后驾驶等情况？例如，因自己的小孩突发疾病，不马上送往医院便有性命之忧，因而无证驾驶、超速驾驶或者酒后驾驶，将小孩送到了医院。行为人所实施的行为是为了救助自己的小孩的生命而违反了《道路交通法》等相关交通法规。这里的侵害法益属于社会公共安全这种抽象的法益，需要比较的法益为：一方面为可能引发交通事故，并由此侵害多数人的生命、身体、财产，另一方面为自己小孩的生命。对此，应尽可能地比较可能发生的结果与实际得到救助的生命，但往往难以比较二者之间的优劣，这也是紧急避险的难点之所在。②

在日本无证驾驶、超速驾驶或者酒后驾驶本身就涉及犯罪，因而需要采用紧急避险的规定予以出罪。在我国刑法中，上述交通违法只有在发生了交通事故的情况下，才需要通过紧急避险而出罪。但以上论述所提到的法益权衡的难点是同样存在的，因而在判断的时候，不仅要考虑法益的大与小、多与少，也不能简单地认为公共法益就一定大于个人法益，而是要考察是抽象的危险还是具体的危险，以及法益侵害结果发生的可能性大小等因素。在某些情况下，对于紧急避险所保护的法益价值不仅要考虑客观性价值，甚至还要考虑主观性价值。

我国刑法理论认为避险所保护的法益应当大于所牺牲的法益，因而，如果两者是同等的法益，也会被认定为避险过当。但日本刑法理论则认为保全法益等同

① 陈兴良：《规范刑法学》（上册），2版，152～153页，北京，中国人民大学出版社，2008。

② ［日］西田典之：《日本刑法总论》，刘明祥、王昭武译，113页，北京，中国人民大学出版社，2007。

于侵害法益时，也具有法益的均衡，因而构成紧急避险。由此可见，我国刑法对避险限度的要求是更为严格的。对此，《德国刑法典》规定了两种紧急避险：

第 34 条（阻却违法性的紧急避险）

为使自己或他人的生命、身体、自由、名誉、财产或其他法益免受正在发生的危险，不得已而采取的紧急避险行为不违法。但要考虑到所要造成的危害的法益及危害程度，所要保全的法益应明显大于所要造成危害的法益，而该行为实质不得已才为之的，方可适用本条规定。

第 35 条（阻却责任的紧急避险）

为使自己、亲属或其他与自己关系密切者的生命、身体或自己免受正在发生的危险，不得已而采取的紧急避险行为不负刑事责任。

在上述规定中，阻却违法性的紧急避险要求所要保全的法益明显大于所要造成危害的法益，但阻却责任的紧急避险则无此要求，因而所要保全的法益可能等同于所要造成危害的法益。这两种紧急避险不仅出罪事由不同，而且后果也不同。对此，德国刑法学者指出：

区分合法化紧急避险和阻却责任的紧急避险，会具有不同的后果。在合法化紧急避险中的行为能够被合法化。因此，不存在针对紧急避险的正当防卫问题，也不存在紧急避险行为的参与者的应受处罚的可能性。阻却责任的紧急避险行为只不过被免责而已。阻却责任的紧急避险的被侵害人可对该紧急避险行为实施正当防卫，但此等紧急避险的参与者是应受处罚的，但以参与者不是自己处于紧急避险的压力下，或者不是第 35 条意义上的亲属及关系密切者为限。①

我国刑法未对阻却责任的紧急避险作出规定，尤其是在刑法理论上认为不得以牺牲他人生命保全本人生命，因而在司法实践中出现类似案例时就会引发重大争议。

① ［德］汉斯·海因里希·耶赛克、托马斯·魏根特：《德国刑法教科书》，徐久生译，426 页，北京，中国法制出版社，2001。

案例10—2 李某牺牲他人生命保全本人生命案[①]

李某，女，21岁，某县委干部。某日李骑自行车下乡工作，途中遇一男青年企图抢车。她环顾四周旷无人烟，又天近黄昏，要反抗只会遭横祸，于是便主动向对方表示，如果想要车，只管推走，不要伤害她。那青年当即粗暴地表示允诺，并准备推车。这时，李又要求说："自行车你拿去好了，车上那只气筒是我借的，把气筒留给我吧，我好还给人家。"那人也表示同意，李便动手卸气筒。抢劫犯弯下身子检查车子，看看是否好用，以便迅速离开现场。这时，李突然趁其不备，用才卸下的气筒朝弯腰低头的抢劫犯的后脑猛击一下，将抢劫犯击倒在地后赶忙骑车去报案。当李来到最近的一个屯子时，整个屯子一片漆黑，只有一户人家从门缝露出一线灯光，李便投奔光亮而去。这家有母女二人，母亲50多岁，女儿19岁。李向主人说明遭遇后，母女深表同情。老太太说，天色已晚，公安派出所还在较远的大屯子，路途不安全；并邀李当晚留宿在她家，明早再去报案。李思量再三，只好留一宿，并对殷勤的主人表示感谢。老太太又恐客人害怕，让女儿陪宿。这家是独门独舍，院落很小，老太太与女儿住北房，儿子住西房，大门在南面。儿子外出，老太太让女儿陪同客人住西房。抢劫犯姓张，22岁，社员，当天下午从水库工地回家，路遇该李，遂萌歹念，抢车未遂，反被击昏，天黑后逐渐苏醒过来，情绪沮丧，悻悻而归。李某借宿的正是他家，主人是他母亲和妹妹。他一进门便发现自己抢过的自行车在院内，急忙问明来历。母亲便把投宿人的遭遇叙说了一遍。罪犯张某听后十分惊慌，急忙问明李某睡觉的位置和方向。老太太说，李睡外侧，女儿睡内侧，头朝北。罪犯张某摘下窗上铡草用的铡刀，悄悄拨开房门，走进房间，在黑暗中摸准睡在外侧的人头，照脖颈部猛砍一刀，又悄声回到北房，才对母亲说，抢自行车的人就是他，李已经认识他，为了逃避揭发，已将李杀死。老太太原本同情李的遭遇，并不知抢劫犯竟是

① 参见陈兴良主编：《刑事法判解》，第1卷，313页，北京，法律出版社，1999。

自己的儿子，如今却同情起自己的儿子来，忙从柜子里拿出翻新的被絮，同儿子一起悄悄走进西房，将尸体包起，抬到田间扔进枯井湮灭罪迹，满以为这样就可以逃避惩罚，甚至可以瞒过女儿耳目。实际上，李某在罪犯的妹妹陪同睡下后，由于傍晚发生的被抢和击倒罪犯的事件，心情难以平静，久久不能入睡，加之院小房近，夜寂人静，罪犯母子的谈话，摘铡刀、拨门的声音都听得一清二楚。她极度恐慌，急中生智，在不得已的情况下，悄悄移动罪犯妹妹，将她推到土炕外侧，自己睡到她的位置上。罪犯的妹妹劳累一天，又年轻贪睡，上炕后头挨枕头就进入梦乡，对所发生的事情一无所知。因此，罪犯张某杀死的实际是自己的妹妹。李某乘罪犯及其母抬尸外出之机，骑车到县公安局报案。

对于上述案例中李某的行为如何处理，在刑法理论上存在三种不同的意见[①]：第一种意见认为李某的行为不符合避险限度条件，因而不构成紧急避险。第二种意见认为，李某的行为不但是紧急避险行为，而且是一种善于同犯罪作斗争的英雄行为。至于罪犯妹妹被罪犯所杀，是对罪犯的一种报应。第三种观点认为李某的行为是紧急避险，应以紧急避险论。应当指出，把李某的行为看作是英雄行为显然是不妥的，因为死者本人是无辜的。以上三种意见都认为，在上述案件中存在紧急避险的前提条件，这是没有问题的。分歧在于：李某牺牲他人的生命保全本人的生命是否属于避险过当。在这一讨论中，主张李某的行为属于紧急避险的意见所主张的理由是：罪犯的妹妹并非李某所杀，因而不属于避险结果，不能以此认为避险过当。例如我国学者指出：

> （李某出罪的）根本理由是避险行为与实际结果之间没有直接因果关系。被害人的死亡是由罪犯的杀人行为造成的，杀人行为是决定因素，避险行为只是一个条件。因此，不能认为实际发生的结果是避险者的避险行为造成的，当然也就不能拿这种结果与所要避免的损害相比

① 参见高格：《正当防卫与紧急避险》，120～221页，福州，福建人民出版社，1985。

> 较，而得出避险过当的结论。更不能因为这类案件而误认为，在某些特殊情况下，避险行为造成的损害可以与所避免的损害相等，从而改变我们关于紧急避险的必要限度的基本立场。①

以上观点涉及对李某在罪犯妹妹被杀死中的责任问题。我认为，罪犯妹妹虽然是罪犯杀死的，但对于罪犯来说是一种误杀，这一误杀是李某布置的结果。因此，李某属于利用认识错误的工具实施杀人行为，是故意杀人罪的间接正犯，其对罪犯妹妹的死亡结果应当承担正犯的责任。在这个意义上说，罪犯妹妹的死亡是李某避险的后果。在此我们应当讨论的是，牺牲他人生命保全本人生命是否属于避险过当的问题。不可否认，李某的行为不属于违法阻却的紧急避险，也就是说，按照违法阻却的紧急避险条件来衡量，李某的行为属于避险过当。但李某的行为却属于阻却责任的紧急避险。正如我国学者所说：

> 李某的行为如果发生在国外，有可能构成紧急避险，因为有的国家刑法规定允许为了保全自己的生命而牺牲他人的生命。②

这里的外国主要是指规定了阻却责任的紧急避险的德国。李某的行为具有当时情况下的不得已性，这里的不得已不是指进行避险的不得已，而是指造成损害结果的不得已。正如我国学者指出：

> 从环境状况及李的个人情况，我们均不能期待她作出相反或其他的合法行为，故意的行为不具有刑事上的非难可能性，无须承担刑事责任。③

问题在于：李某出罪的法律根据何在？对此，我曾经指出：我国刑法对阻却责任的紧急避险未作规定，可以将紧急避险行为所引起的损害与所避险的损害相

---

① 刘明祥：《紧急避险研究》，79页，北京，中国政法大学出版社，1998。

② 高格：《正当防卫与紧急避险》，120页，福州，福建人民出版社，1985。

③ 刘为波：《紧急避险限度条件的追问——兼论紧急避险限度理论根基的解构与重建》，载陈兴良主编：《刑事法判解》，第1卷，377页，北京，法律出版社，1999。

等的情形视为避险过当，但属于犯罪情节显著轻微，危害不大，不以犯罪论处。[①] 这一想法的初衷是利用犯罪概念的但书规定出罪。当然，如果采用三阶层的犯罪论体系，在有责性中予以出罪也是可以的。当然，这是一种超法规的出罪事由，接受起来可能会困难一些。

在刑法理论上，紧急避险存在防御性的紧急避险与攻击性的紧急避险之分。防御性的紧急避险，是指为避免正在发生的危险，避险人对危险源实施了避险行为。而攻击性的紧急避险，是指为避免正在发生的危险，避险人对与危险源无关的第三人实施了避险行为。前者是针对危险源的，因此其行为具有防御性；后者是针对与危险源无关的第三人的，因此其避险行为具有攻击性。《德国民法典》分别对防御性的紧急避险与攻击性的紧急避险作了规定，其法律意义在于：防御性的紧急避险是针对危险源的，因此其避险限度上采必要性原则，可以比照正当防卫，并不严格强调避险行为保护的权益大于其所牺牲的权益。但攻击性的紧急避险是针对与危险源无关的第三人的，因此严格限制避险行为保护的权益必须大于其所牺牲的权益。应当指出，《德国刑法典》虽然没有关于防御性的紧急避险与攻击性的紧急避险的规定，而只有阻却违法的紧急避险与阻却责任的紧急避险的规定，但在德国刑法理论上，往往比照《德国民法典》而将刑法上的紧急避险区分为防御性的紧急避险与攻击性的紧急避险。德国学者将防御性的紧急避险引入刑法，认为某一危险虽然来自人的侵害行为，对于该行为不能行使正当防卫时，可以实行所谓防御性的紧急避险。那么，到底对哪些人的行为可以实行防御性的紧急避险呢？德国学者罗克辛指出了以下四种情形：

1. 通过不行为（Nicht-handlung）进行的威胁。

2. 通过一种谨慎的，因而不是违法的行为所产生的危险。

3. 母亲生产时，医生为避免母亲生命危险或重大健康伤害之必要，牺牲其子女。

① 参见陈兴良：《规范刑法学》（上册），2版，153页，北京，中国人民大学出版社，2008。

4. 预防性的正当防卫，即行为人因事后之防卫极困难或不可能，事先以预防性措施，防备他人以准备之攻击。[①]

以上四种情形之所以不能被认定为正当防卫，是因为或者缺乏行为性（第一种情形），或者缺乏违法性（第二种情形），或者缺乏侵害性（第三种情形），或者缺乏侵害的正在进行（第四种情形）。于上述第四种情形，例如精神病人正在实行不法侵害，当然可以对其实行有限制的正当防卫，但精神病人未实行不法侵害却具有实施这种侵害的重大可能性时，为避免其实行不法侵害而将其予以拘禁，这就是一种防御性的紧急避险。

三、超法规的违法阻却事由

超法规的违法阻却事由是指在刑法中没有明文规定，但缺乏实质违法性，因而排除行为违法性的情形。超法规的违法阻却事由与法定的违法阻却事由相比，两者的根本区别就在于：刑法对于某种违法阻却事由是否有明文规定。如果刑法有明文规定，那么就是法定的违法阻却事由；而如果刑法没有明文规定，那么就是超法规的违法阻却事由。由此可见，是属于法定的违法阻却事由还是属于超法规的违法阻却事由，是根据一个国家刑法的规定来进行判断的。因此，除了正当防卫、紧急避险被绝大多数国家的刑法规定为违法阻却事由以外，其他违法阻却事由，在一个国家是法定违法阻却事由，在另一个国家就可能是超法规的违法阻却事由，例如：正当行为是日本刑法第35条规定的违法阻却事由，因而属于法定的违法阻却事由。但我国刑法对正当行为并没有规定，因此正当行为在我国刑法中就是一种超法规的违法阻却事由。

在关于超法规的违法阻却事由的讨论中，首先涉及一个与罪刑法定主义相关

① ［德］克劳斯·罗克辛：《德国刑法学总论》，第1卷，王世洲译，489页，北京，法律出版社，2005。

的问题，这就是：超法规的违法阻却事由是否违反罪刑法定原则？对此，我国学者指出：

> 对于超法规的正当化行为，刑法并未明示其法益衡量的态度，那么如何能够被正当化？这就涉及超法规的正当化行为是否有违罪刑法定原则的问题。换言之，入罪固然需要刑法规定，出罪事项是否也要刑法一一规定？本书认为，正当化行为的出罪原理是，刑法一方面规定了禁止规定，另一方面在禁止规定背后存在例外的允许规范，只不过有的允许规范是明示的，如正当防卫与紧急避险，有的允许规范是没有，也无法一一明示的，但并不意味着不存在。那么，从何判断有无允许规范？这就引出了法规范的统一性问题。许多违法行为往往同时受到刑法与其他部门法的调整。就实质而言，刑法与其他部门法设立的规范在本质上是相同的，如刑法与行政法都是要求国民勿盗、勿赌、勿非法侵入住宅等；刑法与其他部门法的区别不在于设立的法规范不同，而在于保护法规范的方式、各自的目的不同。这样看来，刑法没有明示允许的行为，如果在其他部门法明示了，肯定在刑法上也是适法的。这就是法规范的统一性，由此，“所谓”超法规是指在刑法上未予明文规定，但并非超越一切法规。①

以上论述，为我们正确地理解超法规的正当化行为，也就是我们所讲的超法规违法阻却事由的性质提供了一个基本方向。这里涉及以下三个问题值得研究：

第一，如何理解罪刑法定原则？

我国刑法第 3 条关于罪刑法定原则规定的前半段——“法律明文规定为犯罪行为的，依照法律定罪处刑”，就是我国有些学者称为积极的罪刑法定的条款。②我认为，这一规定并非如积极的罪刑法定论者所理解的那样，是扩张国家刑罚

---

① 王骏：《超法规的正当化行为研究》，29～30 页，北京，中国人民公安大学出版社，2007。

② 参见何秉松主编：《刑法教科书》（2000 年修订·上卷），63 页以下，北京，中国法制出版社，2000。

权，而同样是限制国家刑罚权的规定，其含义应为：只有法律规定为犯罪的，才能依照法律规定定罪处罚。关于这一点，我已经在本书第1章罪刑法定主义中加以论述，在此不赘述。因此，根据我国刑法第3条关于罪刑法定原则的规定，罪刑法定原则只限制司法机关将法律没有明文规定为犯罪的行为入罪，而并不限制司法机关将法律明文规定为犯罪的行为出罪。在这种情况下，超法规的违法阻却事由就不存在违反罪刑法定原则的问题。

第二，如何理解超法规？

超法规的违法阻却事由中的超法规，是指法规没有规定。那么，这里的法规，是指何种法规？我国刑法理论对此似乎未予深究。我认为，这里的法规是指刑法法规，超法规就是指刑法法规没有明文规定，即各种行为的排除违法性是刑法法规所没有规定的，从而区别于法定的违法阻却事由。正是因为刑法法规没有规定阻却违法，所以其行为是具有形式违法性的，但在不具有实质违法性这一点上，法定的违法阻却事由与超法规的违法阻却事由具有共同的本质。当然，超法规并非超越一切法规，也可能是在其他法规上存在允许性规定的。我国学者甚至指出，习惯法也可以成为允许性规定，从而作为超法规的违法阻却事由发挥作用。① 我以为，这一观点是可以成立的。因此，超法规的违法阻却事由虽然在刑法中没有明文规定，但可能为其他法律或者习惯法所允许，因而不是超越一切法规。

第三，如何理解法秩序统一原理？

既然超法规的违法阻却事由在刑法中没有规定，但在其他法律中有规定，那么其他法律的允许性规定何以成为其出罪根据呢？这里涉及法秩序统一原理。应该说，我们对法秩序统一原理是相当陌生的。我们习惯于把违法理解为违反不同的部门法，例如民事违法、行政违法、程序违法、刑事违法等。那么，什么是法

① 参见杜宇：《作为超法规违法阻却事由的习惯法——刑法视域下习惯法违法性判断机能之开辟》，载《法律科学》，2005（6）。

秩序统一原理呢？对此，德国学者指出：

> 法秩序仅仅承认统一的违法性概念。在各个部门法的领域里所不同的，只是违法行为的法律效果（例如，民法里的损害赔偿、行政法里的撤销行政行为、国际法里的恢复原状、刑法里的刑罚和处分）。因此，合法化事由也应当是从整个法秩序中归纳出来的。法秩序的统一性（Einheit der Rechtsordnung）原则是适当的。这意味着，无论是私法还是公法的合法化事由，均可以直接运用到刑法领域里；同样也意味着，刑法中的特殊的合法化事由，同样可使其他法领域的行为被合法化。但必须考虑到，允许规范可能与特定的构成要件相联系在一起，因此，不能直接将允许规范援用到其他构成要件上。[①]

如何理解上述论断中的“法秩序仅仅承认统一的违法性概念”？这与我们习惯于承认各个法领域的违法性概念正好是相反的。我认为，这里的法秩序仅仅承认统一的违法性概念，是指在一个法领域中是违法的，那么就不可能在另一个法领域是合法的，只不过违法后果不同而已。我们将违法性分为民事违法、行政违法与刑事违法，是根据这些违法行为分别应当受到民事制裁、行政制裁与刑事制裁而言的。一个民事违法行为，当然不可能受到刑事制裁，但在刑法中却不可能是合法的，在相反意义上，在刑法上也是违法的。正是因为违法性概念是统一的，所以合法性概念也是统一的：一个民事合法行为不可能成为一个刑事上的犯罪行为，相反亦如此。就此而言，在其他法律中的允许规范就可以成为超法规的违法阻却事由的法律根据。例如，我在一次访谈中曾经指出“私法上的正当化可以成为刑法上的出罪事由”的理念：

> 根据罪刑法定原则，刑法的法源只能是法律，这就是刑法的专属性原则，是罪刑法定的题中之义。以法律形式表现出来的私法当然可以成

① ［德］汉斯·海因里希·耶赛克、托马斯·魏根特：《德国刑法教科书》，徐久生译，392 页，北京，中国法制出版社，2001。

为排除犯罪的根据，问题是，法律之外的私法部分，乃至惯例、合同，是否可以或在什么条件下可以作为排除犯罪的正当化理由。这是有争议的，也是值得探讨的。刑法中的违法性阻却事由可以分为两种：一种是法定的违法性阻却事由，另一种是超法规的违法性阻却事由。前者是由法律明文规定的，例如正当防卫和紧急避险。后者是法律没有明文规定的，例如自救行为、执行职务的行为等。在大陆法系的刑法理论中存在所谓法秩序统一原理，即凡是为行政法或民事法所允许的行为，即不得在刑法上作为犯罪论处。这体现了其他法律，尤其是私法对于刑法的制约性。但在我国刑法中，法秩序统一原理中所具有的私法对刑法限制的法理并没有普及，更遑论受到广泛认同。我认为，不仅应当强调刑法对私法自治范围的限制，同时也应当强调私法自治对刑法的限制，应该树立私法上的正当化可以成为刑法上的出罪事由的理念。①

在刑法理论上，一般认为存在以下六种超法规的违法阻却事由，先分述如下：

（一）自救行为

自救行为是指在本人的权利受到他人侵害的情况下，通过公力救济难以恢复权利时，因而采取的自力救济行为。例如财物被他人盗窃，盗窃犯走出不远即被财物所有人发觉，为保护自己的财产权利，财物所有人奋力将财物从盗窃犯手中夺回，就是一种自救行为。从外观上看，该夺回财物的行为具备抢夺罪的罪体构成要素，但由于是在保护本人的财产权利，不具有法益侵害性，因而阻却违法。

① 陈兴良：《罪刑法定与私法自治：法治背景下的双向思考》，载《检察日报》，2007-07-05。

案例 10—3　甲私取古画案

甲与乙签订了古画买卖协议，甲按照协议将货款汇给乙。当甲按照约定到乙家取画时，乙却因为他人以更高的出价欲购其画，而拒绝将古画交付给甲。当乙进卧室取协议想取消买卖时，甲见古画放在桌子上，遂将该画取走，不辞而别。

在以上案例中，甲未经乙同意而将古画取走的行为，符合盗窃罪的构成要件：甲在客观上实施了窃取古画的行为。甲与乙虽然签订了古画买卖协议，并且交付了货款。但在乙按照协议将古画交付给甲以前，古画仍然属于乙的财物。甲在乙不知情的情况下私自取走古画，是一种窃取他人财物的行为。甲在主观上具有占有他人财物的目的，而盗窃罪是非法定的目的犯，主观上必须具备将他人财物占为己有的目的，以此区别于不具有该目的的毁坏财物犯罪与使用盗窃行为。甲占有古画既非欲将其毁坏，也非观赏一段时间以后欲将其归还，因此占为己有的目的是具备的。那么，能否据此认定甲的行为构成盗窃罪呢？如果甲与乙虽然签订了古画买卖协议，但甲并未付款，在这种情况下，因乙违约，甲将古画窃取，其行为构成盗窃罪是没有疑问的，因为甲是无对价地取得乙的古画，乙的违约并不能对抗盗窃的指控，只是量刑时酌定从轻的情节而已。但在本案中，甲已经交付货款，虽然乙违约后也会退还货款，但违约是民法上的违法行为，甲若向法院起诉，将获支持。在当时特定情况下，甲以私自取画的方式迫使乙履行协议，不具有违法性，是一种自救行为。当然，如果甲事前没有付款，但取走古画当场留下货款或者事后付款，也应当排除其行为的犯罪性。

这里应当指出，自救行为通常发生在财产犯罪的场合，涉及对他人的人身权利侵犯的，通常不得以自救行为予以出罪。例如案例 9—1 陈某强奸卖淫女案，陈某与卖淫女李某商定并交付了嫖资，后因其他人出更高价格嫖宿李某，李某不仅违约，而且不同意退还嫖资。在这种情况下，陈某强行与李某发生了性关系。对此，陈某的行为不能认为是迫使李某履约的自救行为，因为该强行发生性关系的行为侵犯了李某的性自主权，应以强奸罪论处。

自救行为可以分为民法上的自救行为与刑法上的自救行为。那么，两者如何区分呢？我认为，民法上的自救行为与刑法上的自救行为在性质上是相同的，只不过程度不同而已。换言之，民法上的自救行为只涉及民事侵权，其与刑事犯罪无关，因而通过民法上的自救行为予以合法化，排除民事侵权责任。而刑法上的自救行为则已经涉及刑事违法，通过刑法上的自救行为排除其违法性。

自救行为是否属于一种独立的违法阻却事由？对此，我国刑法学界曾经通过扩张正当防卫而将其吸纳，其初衷是：既然刑法没有规定自救行为，作为超法规的正当化行为就不应轻易被承认，准用正当防卫的规定更好。对于这一观点，我国学者进行了批判，认为这样一来又会出现使正当防卫的要件变得不明晰的问题。[①] 我认为，这种批判是有道理的，因为自救行为通常发生在犯罪既遂以后，如果将犯罪既遂以后的自救行为解释为正当防卫，就会使不法侵害终止时间变得模糊不清。对于这个问题，日本学者大塚仁教授作了深入分析，指出：

> 在侵害是以即成犯或继续犯性质的犯罪进行的情况下，就不能允许进行自救行为。即，上述两种犯罪情况下，在犯罪达到既遂以前，虽然可以进行正当防卫，但是，在到达既遂以后，就不允许进行自救行为。但在侵害是以状态犯性质的犯罪继续的情况下，在犯罪到达既遂之后，对法益的违法的侵害状况还继续着，因此，可以允许为恢复它进行自救行为。[②]

我认为，这一观点是正确的，应当对自救行为的适用范围加以界定，并与正当防卫加以区分。在有关出租车司机撞伤撞死劫匪案中，司机的行为究竟是属于

① 参见房清侠：《正当防卫扩张之机制——兼论自救行为》，载《河南省政法管理干部学院学报》，2004（3）。

② ［日］大塚仁：《犯罪论的基本问题》，冯军译，152页，北京，中国政法大学出版社，1993。

正当防卫还是自救行为值得研究。[①] 我的观点是，只有符合正当防卫的，才能按照正当防卫处理；如果不符合正当防卫的，则考虑是否属于自救行为。

(二) 义务冲突

义务冲突是指行为人担负两项或两项以上义务需要同时履行，根据当时的客观情况，只能履行其中一项义务，因而发生的义务竞合。在义务冲突的情况下，行为人未能履行另一项义务的行为，具备构成要件该当性。在这种情况下，法定损害后果是义务冲突造成的，可以阻却行为的违法性。例如，正在值班的医生同时接到两个生命垂危的病人，只有一套抢救器材，医生对其中一位病人进行抢救，使其得以生还，另一位病人因延误抢救时间而死亡。从抢救义务上来说，医生对该两位病人都有抢救义务。根据当时的客观情况，只能择其中一人进行抢救，由此导致另一病人不治身亡，是义务冲突造成的。在义务冲突的情况下，医生对另一病人的死亡不负刑事责任，因而义务冲突是违法阻却事由。

在义务冲突中，需要讨论的一个问题是：义务冲突之所谓义务是指何种意义上的义务？具体地说，这里的义务是法律义务还是也包括道德义务、宗教义务？如果是法律义务，是指刑法上的义务还是包括其他法律义务，例如民法上的义务或者行政法上的义务？对此，我国学者指出：

> 刑法中的义务冲突与一般意义上的义务冲突相比，既存在共性，更有其特性：在数种需要履行的义务中，该状态下的行为侵犯的是刑事义务，从而可能构成犯罪并承担刑事责任。只有具备了这一根本特征，才能成为刑法学上所要研究的义务冲突问题。[②]

根据以上论述，义务冲突中的义务是指刑事义务，至少有一个刑事义务。而

① 参见杨家庆：《自救行为论》，250 页以下，北京，中国人民公安大学出版社，2008。

② 王骏：《超法规的正当化行为研究》，171 页，北京，中国人民公安大学出版社，2007。

这里的刑事义务，是指刑事法律上规定的行为人必须履行的约束其行为的义务。[①] 但我认为，刑事义务的概念本身就是十分可疑的，正如不存在刑事权利，也不存在与之相对应意义上的刑事义务。如果违反某一义务就要承担刑事责任，而把这样的义务称为刑事义务，这并不妥当。刑法中的义务始终是其他法律的义务，例如拒不履行扶养义务而构成遗弃罪，扶养义务是婚姻法上的义务，而不能认为是刑事义务。因此，根据义务是否属于刑事义务，并不能揭示义务冲突的本质特征。义务冲突之所以成为刑法上的违法阻却事由，是因为在义务冲突情况下，不履行义务的行为已经具备构成要件该当性，例如，医生因义务冲突而未履行对一个危重伤员的抢救义务致其不治身亡，如果未履行抢救义务不是因为义务冲突引起的，那就要构成过失致人死亡罪。在这种情况下，义务冲突才成为违法阻却事由。而这一抢救义务并不是刑事义务，而是有关医疗法规所规定的义务。如果义务冲突不涉及构成要件该当性问题，则根本不能成为违法阻却事由。

义务冲突与紧急避险的关系如何界定，也是在义务冲突中需要讨论的一个问题。义务冲突与紧急避险都是紧急行为，这是其共性，但两者是否存在区别呢？这个问题其实在更为广泛的意义上涉及对义务冲突的法律性质的理解。对此，在刑法理论上存在以下四种观点[②]：

> 第一种观点认为，义务冲突是紧急避险的特殊情形，因此其解决的标准，应求之于紧急避险的法理。
>
> 第二种观点认为，义务冲突为依法令之行为者，基于行使权利与履行义务为适法之原理，应依正当行为之理论解决。
>
> 第三种观点认为，义务冲突根据不同冲突类型具有不同的法律性质。例如，德国学者耶赛克根据德国刑法中紧急避险采用“二分说”的立法特点，相应地将义务冲突也分为合法化的义务冲突和作为超法规的

① 参见冯军：《刑事责任论》，380页，北京，法律出版社，1996。

② 参见谢雄伟：《紧急避险基本问题研究》，264页，北京，中国人民公安大学出版社，2008。

免责事由的义务冲突两种性质。

第四种观点认为，义务冲突应当与紧急避险相区别，其是独立的正当化事由。

以上四种观点的出现，表明对义务冲突的性质存在不同认识，其核心问题在于：义务冲突是不是一种独立的违法阻却事由？我认为，那种把义务冲突与紧急避险、依法令行为等同起来，否认其作为一种违法阻却事由的独立性是不妥的。义务冲突与依法令行为的区分是十分明显的：在依法令履行某一种义务的情况下，该义务之履行确实具有依法令行为的性质，但另一种义务的不履行造成法益侵害结果，则与一般意义上的依法令行为不同。因而不能简单地采用依法令行为的法理。义务冲突与紧急避险的区分则复杂一些，对于两者的区分，我国学者指出：

> 紧急避险的最大特点，在于“危难的转嫁性”，即行为人为了避免面临的紧急危难，采取了一个积极侵害的行为，将自己所面临的紧急危难转嫁给无辜的第三人；但是，在义务冲突中，借由法律上的义务履行所要保护的法益，本来就已经面临了危难的紧急状态，只不过在行为人进退两难的困境，消极地放任了原来就存在的危险的发生。[①]

以上分析虽然有一定道理，但仍然是对现象的辨析。我认为：紧急避险是法益与法益之间的冲突，是为保全较大的法益而牺牲较小的法益。而义务冲突是义务与义务之间的冲突，择其中一个重要义务履行而对较不重要的义务不予履行。应该说，法益与义务还是不同的。在大多数紧急避险的情况下，发生法益冲突，但并不存在义务履行的问题。在大多数义务冲突的情况下，发生义务冲突，虽然不履行义务可能造成法益侵害后果，但从客观行为来看表现为义务之不履行，与直接造成法益侵害的避险行为还是存在性质上的区别的。那么，是否存在法益与义务的冲突呢？也即若履行义务则可能造成法益侵害，若要避免法益侵害则不能履行义务。在这种情况下，若选择履行义务而避免更大的法益侵害，则应当视为

① 谢雄伟：《紧急避险基本问题研究》，266页，北京，中国人民公安大学出版社，2008。

紧急避险；若选择不履行义务而避免更大的法益侵害，则属于义务冲突。从逻辑上来说，也可能存在紧急避险与义务冲突的竞合。对此应按照法定的违法阻却事由优于超法规的违法阻却事由的原则，认定为紧急避险。

（三）职务行为

职务行为是指依据行为人所担任的职务而实施的行为。在执行职务行为过程中，可能造成一定的法益损害后果，行为人对此不负刑事责任。例如，消防队员的职责是救火，为切断大火蔓延的通道，消防队员将火场临近的房屋予以强行拆除。这种拆除是对房主的财产权益的损害行为，但因为消防员是在履行其职责，因而阻却违法。

案例 10—4　陈晓燕等故意伤害案①

南通市社会福利院（以下简称福利院）两名精神发育迟滞（重度）的女孩分别自 2003 年、2005 年年初来月经后，因痴呆不能自理，给护理工作带来难度。为此，该院护理组保育员多次向被告人陈晓燕汇报此事。2005 年 4 月 10 日，被告人陈晓燕向被告人缪开荣汇报了此事，建议将该两名精神发育迟滞（重度）的女孩的子宫切除，缪开荣当即表示同意。后陈晓燕打电话给被告人苏韵华称，福利院有两名痴呆女孩来了月经不能自理，要做子宫切除手术。苏韵华答应为此事进行联系和安排，其与被告人王晨毅联系并告知此事后，王晨毅表示同意并与南通市城东医院（以下简称城东医院）有关领导及医生就该两名女孩的子宫切除之事进行了联系，定好在城东医院做该手术。同年 4 月 14 日上午，福利院保育员严某将两名女孩送至城东医院，办理了住院的有关手续，并做了术前检查，检查

① 参见国家法官学院、中国人民大学法学院编：《中国审判案例要览》（2007 年刑事审判案例卷），216～229 页，北京，人民法院出版社、中国人民大学出版社，2008。

结果表明该两名女孩的盆腔均属正常。当天中午，陈晓燕代表福利院在城东医院关于该两名女孩的手术同意书上签字。当天下午，被告人王晨毅、苏韵华在未向他们所在医院科室主任汇报且未按医院规定办理有关会诊登记手续的情况下，前往城东医院，由王晨毅主刀、苏韵华作助手，分别对该两名女孩做了子宫体全切除手术。经南通市公安局、南通市中级人民法院、南通市人民检察院法医鉴定，两女孩子宫体被切除，属重伤。

江苏省南通市崇川区人民法院经审理认为：被告人缪开荣、陈晓燕在对被害人行使监护人职责过程中，为降低监护难度，由被告人陈晓燕提议，并经缪开荣决定，对两被害人全子宫切除；被告人苏韵华在被告人陈晓燕与其联系后，伙同被告人王晨毅，在无手术指征的情况下对两被害人施行子宫体全切除手术，致两被害人构成重伤，严重侵害了被害人的健康权。四被告人的行为均已构成故意伤害罪，且系共同犯罪。一审判决如下：

1. 被告人陈晓燕犯故意伤害罪，判处有期徒刑一年，缓刑二年。

2. 被告人缪开荣犯故意伤害罪，判处管制六个月。

3. 被告人王晨毅犯故意伤害罪，判处管制六个月。

4. 被告人苏韵华犯故意伤害罪，判处管制六个月。

一审判决以后，被告人陈晓燕、缪开荣以提议、决定对两女孩进行子宫全切除手术是职务行为，不构成故意伤害罪；被告人王晨毅、苏韵华以对两女孩所实施的手术治疗过程是正常的医疗过程、是医疗行为，不构成故意伤害罪为由，提起上诉。

江苏省南通市中级人民法院经审理认为：上诉人缪开荣、陈晓燕分别作为福利院的院长、副院长，理应正确地履行其法定职责，负有保护福利院痴呆儿童的人身、财产及其他合法权利的监护职责和义务，然上诉人缪开荣、陈晓燕未尽监护人职责，为降低监护难度，由上诉人陈晓燕提议，并经上诉人缪开荣决定切除两被害人子宫；上诉人苏韵华在上诉人陈晓燕与其联系后，伙同上诉人王晨毅，违反医院的外出会诊的操作规程，在两被害人无手术指征的情况下擅自对两被害人发育正常的子宫施行子宫体全切除手术，导致两被害人身体组织器官缺失，致两被害人重伤，四上诉人的行为均已构成了故意伤害罪。本案系共同犯罪，各上诉人在犯罪过程中的地位、作用相当，均起主要作用。

江苏省南通市中级人民法院作出如下裁定：

驳回上诉，维持原判。

上述案件中被告人提议、决定或者实施对两痴呆女孩的子宫体全切除手术，这一事实本身是清楚的。上述行为是否构成故意伤害罪，关键在于能否引入职务行为与医疗行为的抗辩事由。

陈晓燕、缪开荣以职务行为自辩，二审判决予以否定，指出：上诉人缪开荣、陈晓燕作为福利院的领导负有对两被害人的具体监护职责和义务，无任何法律依据或行政规范授权二上诉人可以作出伤害两被害人身体健康的决定，也无权以剥夺两被害人正常生理功能的方法损害其身体器官以追求他们生活质量的提高，在无明确的子宫切除手术指征的情况下，超出正当的监护职责范围，擅作决定对该两被害人施行子宫体全切除手术，致两被害人重伤，侵犯了两被害人的人身权利，上诉人缪开荣、陈晓燕的行为不属其监护职责范围，因而不属职务行为。

从以上二审判决的裁判理由来看，职务行为成为违法阻却的根据，应当具有合法性，即在法律允许的范围内，并根据法律的有关规定正当履行职务的行为，才能阻却违法。而本案缪开荣、陈晓燕的行为不具有法律规定，属于擅自实施的侵犯被害人的人身权利的故意伤害行为，不能阻却行为的违法性。在这种情况下，对缪开荣、陈晓燕以故意伤害罪论处，是正确的。

职务行为存在着与正当防卫、紧急避险的竞合，即在某些情况下，正当防卫、紧急避险本身就是一种职务行为。例如，1983 年 9 月 14 日最高人民法院、最高人民检察院、公安部、国家安全局、司法部公布的《关于人民警察执行职务中实行正当防卫的具体规定》，就明确地把人民警察在特定情形下的正当防卫规定为职务行为。在这种情况下，按照法定的违法阻却事由优于超法规的违法阻却事由的原则，应认定为正当防卫。

（四）执行命令

执行命令是指依照上级发布的命令而实施的行为。在执行命令过程中，可能造成一定的法益损害后果，行为人对此不负刑事责任。执行命令通常发生在军队等组织，而军人具有服从命令的天职，不服从命令是违法的，因此，执行命令而造成法益损害结果的，应由命令发布者承担责任，命令执行者不承担责任。当然，当发布的命令具有明显的违法性质时，命令执行者应当具有抵制命令的义务，如果不抵制这种明显违法的命令而造成法益损害后果的，不能阻却违法。

这里的关键问题在于：下级对于上级的命令，具有何种程度的审查义务？对此，在刑法理论上存在以下三种观点①：

> （1）绝对服从说。以为长官之职务上命令，属员有绝对服从之义务，无论命令形式上不备或实质上违法，均无权审查而加以拒绝。
>
> （2）形式审查说。以为下级公务员对长官之命令，须审查其形式是否具备，若形式不具备，即无服从之义务，若形式具备，纵实质上违法，下级公务员尚应据以执行，因此，其执行行为仍不失为依据命令执行职务。
>
> （3）实质审查说。以为下级公务员对长官职务上之命令固须遵守，但命令违法即不应执行，故对长官之命令，除应审查其形式是否具备外，尚应兼及其实质是否合法。

在以上三种观点中，绝对服从说过于绝对，实质审查说过于实质，唯形式审查说可取。

---

① 参见韩忠谟：《刑法原理》，158 页，北京，北京大学出版社，2009。

（五）被害人承诺

被害人承诺是指行为人经被害人同意对其法益造成一定的损害。在这种情况下，行为人对造成的一定法益侵害后果不负刑事责任。被害人承诺之所以可以排除罪体，是因为某种法益属于他人可以支配，在其可支配范围内，可以阻却法益损害行为的违法性。例如，医生经病人同意将病人具有传染病菌的衣物予以烧毁，就是一种被害人承诺行为。如果不属于他人可以支配的法益，即使经他人允许予以损害，也不能阻却违法性。例如，生命和身体健康是受法律保护的，不属于本人可支配的法益，因此，允许他人杀害或伤害本人，行为人仍然应当承担故意杀人罪或故意伤害罪的刑事责任。此外，被害人承诺的方式是多种多样的，既包括明示承诺，也包括暗示承诺，还包括推定的承诺。在推定的承诺的情况下，是出于为被害人的利益，在紧急情况下，来不及征得被害人同意而采取的损害被害人的某一较轻法益而保护被害人的某一较重法益的行为。例如，邻居甲见邻居乙在早上10点还未起床，从门缝里闻到一股煤气味，敲门仍不见动静，便判断乙煤气中毒、丧失知觉，为抢救乙而在来不及征得乙同意的情况下破门而入，将乙送往医院救治。破门造成防盗门等损坏，就是一种推定的被害人承诺的行为。

应当指出，在被害人承诺问题上存在一元论与二元论之分。二元论是指将合意（Einverständnis）与承诺（Einwilligung）加以区分：前者是构成要件排除事由，后者是违法阻却事由。而一元论则不再对合意与承诺加以区分，统称为“同意”（Einwilligung），都是构成要件排除事由。[①] 我认为，一元论把被害人承诺当作构成要件排除事由，否认了作为违法阻却事由的被害人承诺，这是不妥的。在二元论的情况下，不可否认存在着构成要件排除事由的承诺，例如具有性承诺能力的妇女承诺男子与其性交，这种承诺排除构成要件该当性。但财物所有人承诺

① 参见车浩：《论被害人承诺的体系性地位》，载《中国法学》，2008（4）。

他人故意毁坏本人所有的财物时，该毁坏行为具有构成要件该当性，承诺是一个违法阻却事由。因此，二元论是正确的。在二元论的情况下，我们应当正确地判断某种承诺是排除构成要件该当性还是阻却违法。

（六）正当业务行为

正当业务行为是指基于某种业务要求正当地从事某种业务活动。在这种情况下，只要在业务的正当范围内，这种业务行为就可以被排除法益侵害性，因而属于违法阻却事由。例如正当医疗行为，出于治疗的需要，而对病人进行截肢等损害健康的活动，就是典型的正当业务行为。当然，在刑法理论上对正当业务行为是在构成要件中通过实质判断予以排除还是在违法性阶层作为违法阻却事由予以排除，这是存在争议的。

在前引 10—4 陈晓燕等故意伤害案中，被告人王晨毅、苏韵华以医疗行为自辩，其辩护人申请重新鉴定，一审法院依法委托江苏省南京市鼓楼医院医务处进行鉴定，该处于 2005 年 9 月 14 日出具的《南京大学附属鼓楼医院妇产科关于南京市福利医院两智障青春期少女子宫体全切除案的鉴定意见》（以下简称《鉴定意见》）认为：两被害人手术切除子宫有适应症，未违反医疗常规。医务人员受其监护人的委托对无自理能力的患者实施有益于患者的手术，虽不在切除子宫指征的明文条款内，然此类患儿的特殊情况亦可说是手术指征的特例。显然，这一《鉴定意见》是支持上诉人的行为系医疗行为、不应作为犯罪处理的。但二审判决的裁判理由则指出：上述意见既称不在切除子宫指征的明文条款内，又说是手术指征的特例，显然不具有客观性，也不具有合法性；认定此类情况作为手术指征的特例缺乏相应的医学依据。由此可见，上诉人王晨毅、苏韵华的行为是否属于医疗行为，关键在于该行为是否具有医学上的依据，此外还要看是否违反医疗操作规程。在本案中，二审判决的裁判理由采信了 2005 年 4 月 22 日江苏省南京市公安局委托南京大学附属中大医院作出的《人身损害医学鉴定书》中关于“目前无明确的子宫切除术的手术指征”的坚定结论，由此否认上诉人的行为系正当的医疗行为。上述案件对于我们正确理解医疗行为作为违法阻却事由的成立要件具有重要的参考意义。

思考题：

如何区分构成要件排除事由与违法阻却事由？

参考书目：

1. 王政勋. 正当行为论. 北京：法律出版社，2000
2. 陈兴良. 正当防卫论. 2 版. 北京：中国人民大学出版社，2006
3. 王骏. 超法规的正当化行为研究. 北京：中国人民公安大学出版社，2007
4. 谢雄伟. 紧急避险基本问题研究. 北京：中国人民公安大学出版社，2008
5. 杨家庆. 自救行为论. 北京：中国人民公安大学出版社，2008

第 11 章

有责性论

有责性论是在具备构成要件和违法性以后，如何对行为人进行主观归责的问题。德国学者李斯特曾经深刻地指出：罪责是犯罪的概念特征，无罪责即无刑罚，是一个很长的且目前仍然没有结束的发展的结果。犯罪概念只是慢慢地吸收罪责特征于自身的，罪责学说的发展是衡量刑法进步的晴雨表。[①] 本章拟对责任的一般原理进行探讨，并将德日刑法学中的责任主义与苏俄刑法学中的刑事责任加以界分，以便为接下来的对责任要素的讨论奠定法理基础。

一、有责性概述

（一）三阶层的犯罪论体系中的责任

在三阶层的犯罪论体系中，不法与责任相区分，责任以不法为前提，由此形

① 参见［德］李斯特：《德国刑法教科书》，修订译本，徐久生译，265 页，北京，法律出版社，2006。

成基本的逻辑架构，在这一架构中，贯彻了“违法是客观的，责任是主观的”这一思想。例如，日本学者小野清一郎主张道义责任论，指出：

道义责任的评价，是对已被客观地、外部地判断为违法的行为进一步去考虑行为人主观的、内部的一面，亦即行为人精神方面的能力、性格、情操、认识、意图、动机等等而来评价其伦理的、道义的价值。这就是说，要以有违法行为为前提，再去追究责任。在这样的场合里，法主要是对行为人为什么做出这种违法行为进行伦理的、道义的评价。作为文化性质的法，这也是必然的。伦理的文化意识愈细腻，道义责任的观念就愈彻底。这种理念，是指行为人是否已经意识到了行为的违法而去行动，或者，如果是无意识的行动的话，那么行为人是不是理应能够意识到违法却没有意识而行动了。总之，这是站在个人的伦理实践立场上来评价其行为的责任轻重的。这也可以只叫做“责任”。不过，“责任”这个词，一般多用来指客观性的归属（Zurechnung）。因为在上述情况下，带有按行为人的主观态度予以伦理的、道义的归属的含义，所以还是叫做“道义责任”为好。①

不可否认，小野清一郎的道义责任论具有浓厚的伦理道德色彩，掺杂了文化因素。当然，小野清一郎对于责任功能的论述是正确的。在小野清一郎的这一论述中，展现了康德关于“法律是外部的、客观的，道德是内部的、主观的”这一精神，由此分别界定违法与责任。

三阶层的犯罪论体系的有责性要件，经历了一个从心理责任论到规范责任论的转变，这一转变给责任理论带来的影响是极为深刻的，甚至带动了整个三阶层的犯罪论体系的结构调整，尤其是将故意和过失等主观要素纳入构成要件，使之成为主观的构成要件要素。在这种情况下，责任就从一个主观心理事实的判断，真正转变成为一种规范评价，主观责任才真正建立在意志形成的非难可能性的基

① ［日］小野清一郎：《犯罪构成要件理论》，王泰译，32～33页，北京，中国人民公安大学出版社，2004。

础之上。对此，德国学者指出：

> 在威尔泽尔看来，无论是违法性判断的对象还是责任判断的对象，都是同样的问题，即一方面被评价为不应当，另一方面被评价为可非难性的行为意志。责任判断的对象虽然是行为，但我们目光所投向的是产生行为决意渊源的法律上的错误心理。此等心理的形成，是由作为行为决意基础的行为准则所导致的。因此，在行为决意形成时，不应当将此等心理理解为一种持续的态度，而应当将之理解为“现实的意志”。根据该观点，责任意味着“行为中所展现的被否定的行为的非难可能性”①（加拉斯，Gallas）。

以非难可能性为核心的责任主义的形成，是三阶层的犯罪论体系成熟的形态，对于刑法学理论的发展也产生了重大的影响。

（二）四要件的犯罪构成体系中的责任

在苏俄刑法学中，初期并没有责任的概念，与之相似的一个概念是 ВИНа，我国学者彭仲文十分传神地将其译为“罪过”。苏俄学者认为罪过乃是刑事责任的条件，指出：

> 为了确认某种有责任能力的人对其所为的危害社会的作为或不作为负刑事责任，仅确定该行为系由某人所实行是不够的。为了构成犯罪，必须还要确定某人在实行该犯罪行为时之罪过，确定犯罪构成主观因素之存在，亦即该有责任能力者对其所为之犯罪行为在故意或过失形式上之心理的关系。②

① ［德］汉斯·海因里希·耶赛克、托马斯·魏根特：《德国刑法教科书》，徐久生译，506 页，北京，中国法制出版社，2001。

② ［苏］苏联司法部全苏法学研究所编：《苏联刑法总论》（下卷），彭仲文译，366 页，上海，大东书局，1950。

以上关于罪过的观点基本上属于心理责任论的范畴，把罪过看作是一种心理关系，把故意与过失看作是罪过形式。在这种情况下，罪过就成为故意与过失的上位概念。值得注意的是，在以上论述中，苏俄学者是在刑事责任的范畴中讨论罪过的，而对于犯罪构成的客观要素则是在社会危害性与违法性的名义下进行讨论的。例如，苏俄学者指出：

> 社会危害性（违法性）乃是一切犯罪的客观属性。因此，在行为中如无社会危害性（违法性）的因素存在，就应承认其中无犯罪构成之存在。例如，公民在实行其正当防卫权时，杀死了夜间向其侵袭的强盗，则在其行为中，即无犯罪构成的存在。社会危害性（违法性）乃是一切犯罪构成的必要的行为客观属性，应该在犯罪构成概说中加以研究。这是任何犯罪的客观属性，是一切犯罪构成的必要的客观要件。①

由上可见，早期的苏俄刑法学还是承袭了“违法是客观的，责任是主观的”这一思想，只不过把违法性改为社会危害性。这里的社会危害性，就其属性而言是客观的。同时，苏俄学者又把责任改为罪过，罪过是主观的，并且外在于社会危害性；而且，苏俄学者是把罪过视为刑事责任的条件，这里的刑事责任也具有主观性。

此后，四要件的犯罪构成理论进一步发展，随着社会危害性是主客观相统一的、犯罪构成是刑事责任的唯一根据这样一些定论的形成，苏俄刑法学逐渐地偏离了不法与责任相分离的犯罪论逻辑基础。

从罪过理论的发展来看，苏俄刑法学中的罪过概念经历了一个嬗变过程。苏俄学者 H. Φ. 库兹涅左娃指出：

> 罪过学说的历史可以分为三个主要阶段：1）二十年代，罪过的概念受到否定，主要是受了资产阶级刑事法律赎回学派的影响；2）三十

---

① ［苏］苏联司法部全苏法学研究所编：《苏联刑法总论》（下卷），彭仲文译，329 页，上海，大东书局，1950。

年代，罪过开始被看作是故意与过失的一个类的概念；3）四十年代末至五十年代初，在专题性书刊文献中出现了从两个方面来理解罪过的看法，即一方面将罪过看作是刑事责任的一般根据，同时又是故意与过失的类的概念。①

在以上的论述中，所谓20世纪20年代罪过的概念在苏俄刑法学中受到否定，应该是指责任概念受到否定，而故意或者过失作为构成犯罪的主观要件并没有受到否定。正如苏俄学者指出：

否定罪过的一般概念，承认故意与过失是刑事责任的必要条件，这是当时许多刑法学家的著作的特点。②

应该引起我们注意的是，以上论述中所谓从两个方面来理解罪过的看法，其实就是主观心理要素与主观归责相分离的规范责任论。由此可见，在20世纪40～50年代，德国的规范责任论开始传入苏俄，苏俄学者Б.С.乌捷夫斯基创立了所谓罪过评价论，即将评价因素纳入罪过概念。Б.С.乌捷夫斯基指出：

苏维埃刑法中的罪过是类的概念（犯罪的主观方面），是某人对其行为及行为结果给社会主义国家造成的危害性所持的心理态度，表现为故意或过失，苏维埃法院应从道德—政治上对这种态度作出否定评价；如果没有这种心理态度，便不能构成刑事责任。③

在上述罪过定义中，其内容可以分为两个部分：一是故意或过失的心理态度，二是评价要素。从这一罪过的结构上来说，已经和规范责任论相去不远。当然，对于罪过的评价要素如何理解，仍然值得商榷。这一罪过评价论受到了苏俄刑法学界的猛烈批判，其中之一就是指责其将苏维埃刑法学中的罪过分裂为广义

① ［苏］A.A.皮昂特科夫斯基等：《苏联刑法科学史》，曹子丹等译，62页，北京，法律出版社，1984。

② ［苏］A.A.皮昂特科夫斯基等：《苏联刑法科学史》，曹子丹等译，67页，北京，法律出版社，1984。

③ ［苏］A.A.皮昂特科夫斯基等：《苏联刑法科学史》，曹子丹等译，75页，北京，法律出版社，1984。

的（纯系评价的概念）及狭义的（故意和过失），就方法论说是导向康德主义的。[①] 这里的康德主义，就是指德国新古典的犯罪论体系。例如，苏俄学者对规范责任论的首倡者弗兰克的观点作了以下归纳并批判，指出：

> 著名的德国新康德主义者因加尔德·弗兰克在其著作《论罪过概念的建立》（一九〇七年）中以及在对刑法典的注释中，非常详尽地发挥了关于放弃统一的罪过概念的理论。弗兰克认为，不能用故意和过失来限制罪过的内容。除了这个狭义的罪过概念以外，还必须创立包括评价在内的更加一般的罪过概念。伦理的评价乃是罪过的本质。正像我在《刑法中的责任问题》这一著作中所讲过的，弗兰克将一个人实施行为时的个人情况的通常意义都包括在罪过概念之内。现在对于这一点，必须详细说明。弗兰克将影响犯罪人的责任的诸客观因素，其中也包括加强、加重罪过及免除罪过的情况，都理解为包括在这个广义的罪过概念之内的通常伴随在一起的情况。除此以外，包括在罪过概念之内的还有责任能力。
>
> 弗兰克这些理论的逻辑结果，就是认为，要解决一个人的有罪问题，并不靠犯罪构成的判明，而是靠法院对他的品行作出否定的评价，这种品行即是行为的客观及主观情况的总和。这些“理论”是资产阶级法制解体的表现。[②]

在以上论述中，除去最后一句意识形态化的批判不说，曼科夫斯基对罪过和责任这两个概念是混用的。例如，论及弗兰克的《论罪过概念的建立》一文，其实应为《论责任概念的构造》。[③] 而且，曼科夫斯基对弗兰克的以非难可能性为

---

① 参见［苏］Б. С. 曼科夫斯基：《苏维埃刑法中的罪过问题》，高铭暄译，载《苏维埃刑法论文选译》，第1辑，165页，北京，中国人民大学出版社，1955。

② ［苏］Б. С. 乌捷夫斯基：《苏维埃刑法中的罪过问题》，高铭暄译，载《苏维埃刑法论文选译》，第1辑，166～167页，北京，中国人民大学出版社，1955。

③ 参见［德］弗兰克：《论责任概念的构造》，冯军译，载冯军主编：《比较刑法研究》，129页以下，北京，中国人民大学出版社，2007。

核心的责任概念的描述也是充满偏颇的。在弗兰克以前，责任是心理的，正是弗兰克将责任概念从心理中拯救出来，使之回归评价的本体。从曼科夫斯基以上批判中，我们也可以清楚地看到，乌捷夫斯基的罪过评价论是受弗兰克影响的。

值得注意的是，苏俄著名刑法学家 A. H. 特拉伊宁在《犯罪构成的一般学说》一书中，阐述了四要件的内容以后，又辟专章讨论“犯罪构成的因素和刑事责任的根据”。虽然特拉伊宁仍然坚持犯罪构成是刑事责任的唯一根据的立场，但特拉伊宁又在犯罪构成要素中提炼出某些具有特殊意义的要素，这些要素就是罪过和因果关系。特拉伊宁指出：

> 要对行为人归罪，要使其负刑事责任，就必须既具备因果关系又具备罪过，缺少其中任何一个因素，都要免除刑事责任。[①]

为什么在各种主客观构成要素中，专门选择罪过与因果关系作为刑事责任的根据？这是十分耐人寻味的，尤其需要追问的是：作为特殊的刑事责任根据的罪过与作为故意和过失的类概念的罪过是同一个概念吗？对于这个问题，特拉伊宁已经作过回答，指出：

> 必须指出，“ВИНG（罪过）”（GИНОВНОСТЬ［有罪］）一语，有时被用来作为对人的犯罪行为的一般评价，例如说：“甲的罪已经证实，甲是有罪的。”加重或减轻“罪过”的情节就是在这个意义上说的。在 T. л. 赛尔盖耶娃和 M. л. 沙尔果罗茨基的著作中，就举了苏联最高法院在这种意义上采用“罪过”一语和许多例子。
>
> 总则教科书（1952 年版）指出：“某人在社会主义国家和苏维埃人民面前的罪过程度，首先是决定于他所实施的故意或过失行为的社会危害性的程度。”
>
> 十分明显，在这里，在教科书中，罪过一语也不是指故意和过失的

① ［苏］A. H. 特拉伊宁：《犯罪构成的一般学说》，王作富等译，199 页，北京，中国人民大学出版社，1958。

类的概念而言。当然，如果愿意，也可以责难有关章节的作者制造了“两个罪过”。其实当然，在区分有两种含义的“ВИНа”一语时，是想不出任何两种罪过来的，就像在区分不同含义的“Срела”——它包含一个星期的第三天和环境两种意思——一语时，不能想出一个星期有两个星期三一样。①

特拉伊宁的上述论断，十分隐晦地表明了两个罪过概念之存在：一个是故意与过失的类概念，另一个是评价性的罪过概念。显然，当特拉伊宁把罪过当作刑事责任根据的特殊要素时，完全是指评价性的罪过概念，也就是区别故意与过失这些主观心理要素的归责性。

其实，我们现在看到的《犯罪构成的一般学说》中译本是该书第3版的中译本，其中对两种罪过的表述已经十分模糊，而在该书的第2版（1951年）中，特拉伊宁曾经十分明确地指出：“不过在社会主义刑法中以两种品格出现：作为犯罪构成要件和作为刑事责任。”特拉伊宁以下列方式论证了他关于罪过是刑事责任根据的看法：正是这种对人的心理状态进行阶级的、道德的评价，才使罪过具有刑事责任根据的意义。上述关于罪过的观点，受到了当时苏俄学者的批判，苏俄学者在评论这一观点受到批评时指出：

正如Я. М. 勃拉伊宁正确地指出的那样，这种观点是以对人的心理状态进行阶级的、社会的、道德的评价作为刑事责任的根据来取代犯罪构成。显然，这种观点是无助于加深对犯罪构成即刑事责任唯一根据的理解。②

这一批判显然收到了应有的效果，特拉伊宁也不得不向官方学说低头而修改自己的著作。苏俄学者指出：

---

① ［苏］A. H. 特拉伊宁：《犯罪构成的一般学说》，王作富等译，164页，北京，中国人民大学出版社，1958。

② ［苏］A. A. 皮昂特科夫斯基等：《苏联刑法科学史》，曹子丹等译，44页，北京，法律出版社，1984。

> 通过学术批判，A. H. 特拉伊宁改变了自己以前的观点，他在其专著（指《犯罪构成的一般学说》——引者注）的第三版中是这样论述犯罪构成的："……人的行为中具有犯罪构成是适用刑罚的根据，如果行为中缺少犯罪构成则应免除刑事责任。"①

在这种情况下，犯罪构成是刑事责任的唯一根据的官方观点得以确立。因而，我们在特拉伊宁的著作中看到，一方面重申犯罪构成是刑事责任的唯一根据，另一方面又强调罪过和因果关系是刑事责任的根据时，总是感到十分奇怪。了解了这段学术史，其中的缘由也就十分明了了。从此以后，主观归责意义上的罪过不复存在，主客观相统一的刑事责任概念得以确立。美国学者弗莱彻曾经对于发生在苏联 1950 年至 1955 年间关于罪过和罪责概念的大讨论进行了生动的描述，认为苏俄培植的是一种"无归责的罪过"，指出：

> 在这个独特但相关的战场上，有关刑事责任基础的区域战斗尤其激烈。加强社会主义法制的冲动使"犯罪构成"的概念处于压倒优势地位，这个概念被粗略定义为"刑法所定义的使行为依法具有社会主义危害性和可罚性的一系列要件"。犯罪构成的概念相似于我们在《模范刑法典》中找到的"犯罪的实质要件"。犯罪构成是那些奋战在"加强社会主义法制"旗帜下的人所使用的关键武器，这些人拒绝有关罪过的规范性概念，不承认它是超越犯罪构成规则的"主观的"判断要件。这一阵营因而形成这样的战斗口号：缺乏犯罪构成要件，就没有责任。因此，在苏联社会主义法制中，满足犯罪构成，不必借助罪过或者任何其他概念，就应当是为施加责任提供了根据。②

以主客观相统一的刑事责任根据替代责任概念，其结果是使客观不法与主观责任这一犯罪论的基本逻辑架构不复存在，因而形成"没有归责的犯罪构成"。

---

① ［苏］A. A. 皮昂特科夫斯基等：《苏联刑法科学史》，曹子丹等译，46 页，北京，法律出版社，1984。

② ［美］乔治·弗莱彻：《反思刑法》，邓子滨译，366～367 页，北京，华夏出版社，2008。

刑事责任理论从苏俄传入我国后，在20世纪80年代我国掀起了一个刑事责任的学术讨论高潮。只是到了20世纪90年代后期，随着大陆法系的责任主义的引入，我国刑法学才从“无归责”状态走出来。因此。我国刑法学经历了一个从刑事责任理论到责任主义的知识嬗变过程。关于这段学术史，我在《从刑事责任理论到责任主义》（载《清华法学》2009年第2期）一文中作了描述，在此不再赘述。

（三）对比性考察

通过以上论述，我们对三阶段的犯罪论体系中的责任概念与四要件的犯罪构成体系中的刑事责任理论作了一个对比，可以得出以下结论性意见：

1. 责任内容的差别

三阶层的犯罪论体系在有责性中讨论的责任问题，其责任要件可以分解为责任能力、责任要素（故意与过失）和责任阻却事由等内容。尤其是归责，是通过排除责任阻却事由来实现的。而在四要件的犯罪构成体系中，类似于责任的罪过只包括故意与过失，而刑事责任是刑罚的同义语，是游离于犯罪构成之外的一个概念。在这个意义上，四要件的犯罪构成并不具有归责的功能。

2. 责任功能的差别

在三阶层的犯罪论体系中，责任的功能主要在于归责，使刑事追究进一步合理化。规范责任论与心理责任论相比，由于增加了归责性，使入罪难度大为提高。例如，根据心理责任论，只要行为人存在故意或者过失，就可以入罪；而根据规范责任论，即使行为人存在故意或者过失，如果具有期待不可能性等责任阻却事由，仍然不能入罪。而在四要件的犯罪构成体系中，罪过的功能只在于提供犯罪构成的主观要素。至于刑事责任，则是一个缺少实体性内容的概念，根本不具有归责功能。

3. 责任地位的差别

在三阶层的犯罪论体系中，责任是一个主观的问题，通常是在不法以后予以判断的，由此形成不法与责任之间的位阶关系。但在四要件的犯罪构成体系中，罪过作为犯罪构成的主观要件，与犯罪构成的客观要件处在同一平面上，互相之间不存在逻辑上的位阶关系；而刑事责任更是处在犯罪构成之外，在犯罪构成体系之中并没有刑事责任的一席之地。

案例 11—1　陈某非法运输珍贵、濒危野生动物案

陈某于 2001 年 12 月 27 日，携带 67 根羚羊角乘坐从太原开往北京的 4460 次旅客列车到定州站下车后，到安国市药材专业市场欲出售羚羊角，因价格不适没有出售，于 12 月 30 日乘坐北京开往太原的 4459 次旅客列车到达太原站，准备乘坐回原平的旅客列车。其携带 67 根羚羊角进入候车室时，被铁路公安民警当场查获。经国家林业局野生动植物检测中心鉴定，送检的羚羊角均为高鼻羚羊角，总重量为14 520.9克，总价格为人民币 240 万元。

对于本案，按照三阶层的犯罪论体系，即构成要件该当性、违法性和有责性，陈某的行为是否构成犯罪，关键在于其行为是否具有主观上的可归责性。这里的可归责性，主要是一个违法性认识问题。但在四要件的犯罪构成体系中，只有故意而没有在故意基础上的主观归责，因此，陈某的行为是否构成犯罪的问题，是在是否存在主观犯意的名义下进行讨论的。例如，本案的辩护意见提出：

陈某不具有主观犯罪意图。理由是：陈某虽然知道自己运输的是羚羊角，但不能推定其知道是国家禁止运输的高鼻羚羊角；陈某虽然知道羚羊角有药用价值，但不能推定其知道是珍贵、濒危野生动物制品；陈某虽然从医多年，但不能推定其知道或应当知道运输羚羊角的行为具有社会危害性。

对此辩护意见，判决理由认为：

辩护人所提不具有主观犯意的辩护意见，是基于被告人不知自己所运输的是高鼻羚羊角，不知国家法律禁止运输珍贵、濒危野生动物规定的主观判断，并未提出有力的证据。在案证据表明，被告人是受过医学专业中等教育且从医多年的中医大夫，且从事过中药材买卖生意，明知自己携带运输羚羊角行为的违法性和社会危害性。

由此可见，以上争议主要是围绕陈某是否具有主观犯意而展开的。因为羚羊角与高鼻羚羊角是不同的，陈某是否知道是高鼻羚羊角，属于故意的内容。但陈某是否知道国家法律禁止运输高鼻羚羊角，是一个违法性认识问题，属于主观归责的范畴。但在以上的讨论中，这两者是混淆在一起的，没有将故意与主观归责加以区隔，更没有在这两者之间形成逻辑上的位阶关系。本案生动地说明，在四要件的犯罪构成体系下，由于没有主观归责，因而更容易入罪。

二、道义责任论与社会责任论

道义责任论与社会责任论是基于对责任的根据的不同理解而形成的两种相互对立的责任理论。责任根据是关于责任的本源性思考，由此决定责任的理论品格。

道义责任论为刑事古典学派所主张，它是从康德的道德义务论中引申出来的一种责任理论。道义责任论之所谓道义，就是指道德义务。从道德义务中推导出来的责任，就是所谓道义责任。因此，道德义务是责任的本质。在某种意义上说，道义责任论就是道德责任论。康德指出：

> 义务是对任何这样一类行为的称呼：这类行为能够使任何人都受到一种责任的约束。因此，义务是一切责任的主要内容。由于绝对命令表明去做某些行为是一种责任，绝对命令便是道德上的实践法则。但是，由于责任在这样一种法则中所表明的，不仅仅包括实践上的必要性，所

以，绝对命令就是法则，或者是命令，或者是禁止；根据要做或者不要做一种行为，绝对命令表现为一种义务。①

因此，责任是以义务为前提的，甚至责任本身就是一种义务，而义务不履行就会导致承担不利后果，这种不利后果就是指责任。

既然道义责任是一种道德上的责任，那么，其如何能够成为承担刑事责任的理论根据呢？这里涉及康德对于道德与法律的不同界定。康德认为，道德是内在的、主观的、规范人的内心精神的；而法律则是外在的、客观的、规范人的外部行为的。对于刑事责任来说，违法是客观的，但责任是主观的，因而罪责具有其道德根据，这就是道义上的可归责性。例如，英国学者在阐述康德的道义责任论时指出：

> 围绕个人选择及责任的模型，法律与道德实现了统一。这里的一致性不仅在传统主观主义思想中居于中心，而且，在或多或少地修正了传统观点的研究中也处于核心地位。正如人们期待从康德哲学传统中看到的那样，道德和法律的一致性与刑罚报应主义具有紧密的联系。迈克尔·摩尔认为，若考虑“将法律责任追溯至道德责任的要求”，则正是报应主义构成了刑法理论的基础。该主张鲜明地反映了道德和法律的一致性。
>
> “道德上如何，法律上亦然（As with morality，So with law）”。这是现代刑事正义理念的格言。刑法理论和刑罚哲学具有相同的康德哲学基础。司法实践的形式和道德哲学的形式是契合的，尽管司法实践和道德哲学的具体形式是丰富多样的，但它们的核心正是康德的刑罚报应主义思想。②

以道德义务来论证刑法上的责任性质，是道义责任论所具有的逻辑理路，它

① ［德］康德：《法的形而上学原理——权利的科学》，沈叔平译，25 页，北京，商务印书馆，1991。

② ［英］艾伦·诺里：《刑罚、责任与正义：关联批判》，杨丹译，3～4 页，北京，中国人民大学出版社，2009。

与康德的道德哲学是密切相关的，并且打上了报应主义的深刻烙印。道义责任论关注的是行为人主观上的可归责性，并将这种可归责性建立在行为人的主观心理之上，即行为人在具有责任能力的情况下，在故意或者过失的支配下实施了不法行为，因而具有可归责性。

社会责任论是刑事实证学派关于责任根据的理论。社会责任论摈弃了康德道德哲学中所具有的个人主义性质，使对犯罪的道义非难改变为社会非难，其实质是社会处置论。对此，日本学者指出：

> 近代学派（指刑事实证学派——引者注）当然也常使用社会非难等词，但是，既然以认为犯罪是由遗传和环境所产生的这种决定论的立场为前提，就不能对犯罪人进行真正意义上的非难。因为，如果在犯罪之外不曾有其可能性，如果不承认自由的存在，非难就不能成立。牧野博士率直地指出，与其称社会责任论，不如称社会处置论。①

由以上可知，社会责任论已经完全消解了责任的道德的、主观的意蕴，甚至已经背离了责任一词的本意。在这种情况下，犯罪人因其人身危险性而处于应予社会防卫处罚的地位。

从道义责任论与社会责任论之关系来看，其深刻的思想对立在于意志自由问题，即是承认人的行为的决定论还是非决定论，这才是问题的本质。显然，道义责任论是以人的意志自由为前提的，甚至可以说，以意志自由为核心的选择，是整个责任的基础，没有选择也就没有责任。而社会责任论则是以决定论为前提的，否认人具有意志自由。这在一定程度上也可以说是否定了责任本身。

当然，是否否定了责任本身，还要看我们如何理解这里的责任。在哲学上，责任又被区分为因果责任（causal responsibility）和道德责任（moral responsibility）。对此，我国学者曾经以打碎花瓶事件为例加以说明：

> 假如你回到家中，发现你珍惜的一个宋代瓷器在地板上被打碎了。

① ［日］大塚仁：《犯罪论的基本问题》，冯军译，169页，北京，中国人民大学出版社，1993。

如果你发现那个花瓶是被一位心怀恶意的客人有意打碎的，那么你就会对他产生某种态度，比如说不满和责备；另一方面，如果你发现那个花瓶是被你的小猫在爬上桌子时打碎的，那么你的态度就会有所不同——在这种情形中，你可能会感到遗憾，甚至也可能对你的小猫表示愤怒，但是这种愤怒与你对那个人的态度截然不同，你不可能在责备那个人的意义上来责备你的小猫。

当然，这不是否认你的小猫就像那个客人那样要对打碎花瓶负责。但是，在这里我们必须区分因果的责任（causal responsibility）和道德的责任（moral responsibility）。在致使这个花瓶破碎这件事上，两者都是有责任的，因为他们都在打碎花瓶这个事件中起着一个因果的作用。然而，当人和非人都能够因果地引起一个事件的发生时，只有人才能是道德上负责任的。正是因为有一些态度只适用于人，能够具有那些态度也就成为人的一个本质特征。我们能够把这些态度恰当地赋予一个人（或者在自我评价中赋予我们自己），只有当那个人（或者我们自己）在道德上能够对他所做的事情承担责任。另一方面，我们往往认为，只有当一个人是出于自己的自由意志来做一件事情，我们才能说他对他所做的事情在道德上负责任。不过，在这里我们必须记住，“道德责任”的概念并不特别需要与道德上的对错联系起来，而是与我们相互间具有的某些类型的反应性态度联系起来——与这个概念相对的是“因果责任”的概念。[①]

从以上的论述中，我们可以发现，道德责任是以因果责任为前提的，而所谓因果责任是指对于某一结果的归因而不是归责，只有道德责任才能解决归责的问题，而它又必须以人的意志自由为前提。从这个意义上说，因果责任根本不属于

---

① 徐向东：《人类自由问题》，载徐向东编：《意志自由与道德责任》，11页，南京，江苏人民出版社，2006。

主观归责的范畴。只是到了罗克辛提出客观归责论，才超越因果责任论，真正解决客观上的归责问题。因此，在这个意义上，道德责任仍然是主观的。

人的行为到底是自由的还是被决定的？这个问题确实是一个十分难以回答的问题。自由还是被决定这样一种二元对立的选择，其方法论本身就过于简单化。与其追问自由还是被决定，不如追问在何种意义上自由、在何种程度上被决定。人生活在现实社会中而不是生活在天国里，因此，人总是受各种社会关系的制约，受各种主观因素的羁绊，不存在绝对的意志自由。但是，即使是受到外在因素的影响，某一决定毕竟是人自己作出的，因而自然要对其后果承担责任。正是在这个意义上，我们应当从存在论与价值论这两个向度对责任与自由的关系加以考察。对此，我曾经指出：

> 从存在论的意义上来说，意志自由是指意志是否存在原因的问题。如果意志是有原因的，那么，意志就是被决定的；如果意志是没有原因的，那么意志就是自由的。因此，这里的自由是在与必然相对立意义上的自由。
>
> 从价值论的意义上来说，意志自由是指意志是否可能支配人的行为的问题。如果人的行为是受意志支配，换言之，行为是人的选择的结果，那么，意志就是自由的；如果行为不是基于人的意志选择的结果，那么意志就是不自由的。在意志自由情况下实施的行为，对于行为者来说是有价值的，因而可以归责于他；在没有意志自由情况下实施的行为，对于行为者来说，是无价值的，因而不能归责于他。因此，这里的意志自由是作为责任的前提条件而存在的，它是一种伦理上的选择自由。①

我认为，刑事责任的追究必然以意志自由论为前提，即使这是一种相对的意志自由，但犯罪学的原因考察则必然以决定论为基础，对犯罪与其他社会现象进

① 陈兴良：《刑法的人性基础》，2版，202、237页，北京，中国人民大学出版社，2006。

行因果分析。因此，意志自由论还是决定论之争，实际上是刑法学与犯罪学的学科之别。然而，在许多情况下我们往往将上述两者混为一谈。例如，刑事古典学派的代表人物贝卡利亚，到底是一个意志自由论者还是一个决定论者？这在学界是存在争议的。[①] 即使是同一位学者对于贝卡利亚也存在前后矛盾的叙述，例如，美国著名犯罪学家沃尔德一方面认为：贝卡利亚研究的理论基础是一种自由意志的理性享乐主义。[②] 因为只有犯罪人是意志自由的，其行为才能受刑罚控制：如果刑罚带来的痛苦超过犯罪所带来的快乐，行为人才会选择不去犯罪。并且，刑罚轻重都会影响行为人的这种选择。由此可见，刑罚威慑论必然是以意志自由为前提的，否则，威慑效果根本不可能发生。但另一方面，沃尔德又指出：

> 犯罪统计的规律性说明了贝卡利亚的观点是正确的，贝卡利亚认为犯罪不完全是自由意志的结果，犯罪必然受到大社会环境下诸多因素的影响。而且这项统计也支持了贝卡利亚所抱有的希望，即只有改变那些影响犯罪的因素，犯罪才可能减少。[③]

实际上，在刑法学意义上，贝卡利亚是一个意志自由论者，但在犯罪学或者刑事政策意义上，贝卡利亚又是一个决定论者。只有在这个意义上，我们才能消解上述矛盾。值得注意的是，李斯特就意志自由与决定论发表了以下这样一段评论，指出：

> 罪责概念，是与意志自由的假设完全无关的，它所要求的只是无可争辩的和法定的先决条件，即所有人类的行为均可通过观念来确定，即通过宗教观、道德观和法制观确定。
>
> 决定论完全适用于在罪责判断中适合的对行为人的动机（有缺陷

---

① 参见黄风：《贝卡利亚及其刑法思想》，36 页以下，北京，中国政法大学出版社，1987。

② 参见［美］乔治·B·沃尔德等：《理论犯罪学》，5 版，方鹏译，17 页，北京，中国政法大学出版社，2005。

③ ［美］乔治·B·沃尔德等：《理论犯罪学》，5 版，方鹏译，26 页，北京，中国政法大学出版社，2005。

性，不应当为一定行为）和个性（危险性）的法一社会指责，但这一合理性在非决定论那里是完全缺乏的，因为只有决定论能够将具体的行为与行为人的整个心理学上的个性联系在一起，只有决定论能够成为衡量罪责的增加和减轻的尺度，只有决定论能把握行为人的犯罪思想（反社会思想）的限度有益地区分犯罪人，并因此而构成刑事政策的牢固的基础。[①]

在此，李斯特指出：罪责概念与意志自由的假设无关，但只要承认心理上的非难可能性，就不能不以意志自由的假设为前提。至于决定论，即对犯罪行为与心理因素及社会因素的相关性进行分析，以便对犯罪人的人身危险性作出评价，这也只能影响罪责轻重而已。由此可见，在李斯特的上述评论中表现出将决定论引入罪责概念的倾向。

在古典犯罪论体系的首倡者贝林那里，至为明显地反映出兼容决定论与非决定论的特征。贝林与李斯特的不同之处在于：明确地承认意志自由，并在此基础上引入决定论作为适度的修正。贝林指出：

如果某人因其行为而受到谴责并承担处罚，那必然其行为就是自身人格性的表现作用（Persoenlichkeitsleistung），他应该对此表现负责，他是自己行为的主人，行为是其自发自治的（Spontaneitaet）（即自我决定）表现作用，由此他可以自主地采取作为或放弃某行为不作为。

因而，从决定论（人的意志不自由论）的立场出发，刑法就是一个没有适用性的东西，其原因是刑法将刑罚与人的责任连在一起。依据这一立场，只用考虑危险人物和针对危险人物适用的预防措施，既无责任，也无须考虑报应。但是，如果决定论没有限于这种思想，而尽可能地解释该危险分子之行为的刑事责任，那么对一些问题的回答就都离不

① ［德］李斯特：《德国刑法教科书》，修订译本，徐久生译，264～265页，北京，法律出版社，2006。

开责任论，即为什么人们无意志的行为不受刑罚处罚，为什么要根据是否存在责任而对人与人进行区分。既然人的意志根本就是不自由的，那么有意的行为和无意的行为在价值内部就是相等的，同样，对精神病人的行为也不应有别于精神健康者而进行评价。

由此可见，刑法只能建立在非决定论的基础上（有条件理论或相对重要性理论）。条件理论认为，行为人（倘若没有例外情况出现）不是完全表现为其个体特征和动机，而是作为第三者附带地向自己表明一种现实的反制力量，这种反制力使行为人有能力通过相反动机麻醉其冲动，或者选择和确定某种动机，在此意义上，他的意志是自由的。人性的责任感情支持着人们的精神生活所指示的正确性，决定论的论证与此并不矛盾，即人的意志不能从因果法则的支配中产生，因为那种反制力（Widerstandskraft）在没有他人意志作用的情况下应当被理解为自我原因，能够加入世界外界的普遍因果性。①

由此可见，贝林是以意志自由论为主，而兼采决定论，由此出发阐述刑法上的责任的本质。这种兼采意志自由论与决定论的观点，在哲学上称为相容论，例如，有的哲学家甚至提出“不包含决定的自由意志是不可设想的”这样的命题，指出：

自由意志学说与决定论之间的争论从来没有任何根据，它甚至是一种误解；两种主张完全相容，其中之一严格地蕴涵着另一个；它们之所以对立仅仅是因为我们在分析性想象方面的自然欠缺。当我这样说的时候，我并不篡改这两个用语中任何一个的含义，那样做将是不可原谅的。就自由意志而言，我在自然而平常的意义上，在它为个人与道德生活之目的而被使用的最全面、最终的意义上理解它。据我的理解，它意味着责任、功过是非、罪责与应得；它意味着，在一个行为被实施后，

① ［德］恩施特·贝林：《构成要件理论》，王安异译，97～98页，北京，中国人民公安大学出版社，2006。

一个人“本来能够按照别的方式行动”。同时，我确切地也是在我们的生活中、法学和伦理学中想象这些东西的意义上，而不是在任何有过细微修正的意义上认为它传达了这些东西。这两种学说之所以对立，是因为我们没有意识到自由意志能够在不被破坏的情况下得到分析，而决定论不过是对它的分析的一个特征。如果我们试图在躲避那种分析的关于一种“终极的”、“最深层的”自由思想中寻求庇护的话，那么我们就为这种自由暗示了一种决定论的基础，还有决定论的构成。因为这样一种基础和构成就存在于自由的观念当中。[①]

应该说，意志自由论与决定论在一定意义与一定程度上的相容论是可取的，它在某种意义上超越了意志自由论和决定论；并且，这种相容论仍然是以承认人的意志自由为前提的，决定论不过是对意志自由的一种修正与补充，使原本较为空泛的意志自由论得以充实内容。就此而言，在道义责任论与社会责任论这两种理论中，对于刑法上的责任来说，道义责任论是可取的。当然，道义责任论较为空泛。在这种情况下，以道义责任论为基础，在刑法理论上形成了一种自我答责的观点，以此为刑法上的归责理论提供了更为具体的归责规则。

英国学者认为，责任与应答观念明显具有语源学联系，而这种应答又可以分为两种观点：一是本人应答。二是他人应答。[②] 这里的应答，就是指对责任的应答，因而也就是所谓答责性。冯军教授对德国刑法理论中的自我答责原理作了以下论述：

“自我答责”是很多德国学者适用的德文词“Selbstverantwortung”的中文翻译，虽然也有德国学者使用“Eigenverantwortlichkeit”一词，但是，二者实际上并没有什么不同，在刑法学中，“自我答责”直接地

---

① ［美］R. E. 霍巴特：《不包含决定的自由意志是不可设想的》，谭安奎译，载徐向东编：《意志自由与道德责任》，69页，南京，江苏人民出版社，2006。

② 参见［英］维克托·塔德洛斯：《刑事责任论》，谭淦译，24～25页，北京，中国人民大学出版社，2009。

与自我决定联系在一起。一个人应该对他的作为或者不作为负责，这无非是说该人在他的行为中不是完全被决定的，而是一个自我决定的主体。当某种损害结果与某人的行为相关时，如果要使该人对该损害结果负责，那么，就要追问“导致损害结果发生的行为是该人自己任意决定实施的吗?”只有得到肯定的回答，才能使该人对该损害结果负责。[①]

从以上论述中可以看出，自我答责的前提或者核心是自我决定，而自我决定实际上是一个行为选择的问题，也就是一个意志自由的问题。当然，在对自我答责的论述中，也存在将主观归责与客观归责相混淆的问题。例如，冯军教授指出以下四种自我答责的类型：

1. 完全的自我工具化

当行为人单独地或者共同地通过行为贯彻自己的任意时，行为人就是完全把自己工具化了，对于由此而产生的损害结果，就要由行为人承担完全的责任。

2. 完全把他人工具化

当行为人通过他人的行为而仅仅贯彻自己的任意时，行为人就是完全把他人工具化了，对于由此而产生的损害结果，也要由行为人承担完全责任。

3. 结果是行为的流出

当损害结果应该被视为行为人行为的流出时，行为人也应该对损害结果承担完全责任。所谓“结果是行为的流出”，是指行为人的行为制造了发生结果的危险，而防止这种危险变成结果正恰是行为人自己的事情，由于行为人没有设法防止危险变成结果，以致结果终于发生了。

4. 存在特别负责领域

在一些行为人特别负有责任防止发生损害结果的领域中，行为人也

① 冯军:《刑法中的自我答责》，载《中国法学》，2006（3）。

应该对损害结果承担完全的责任。有一些领域，是由行为人的行为或者法律制度特别塑造的，在这种特别塑造的领域中，行为人就负有保证该领域中的安全之特别责任，如果行为人没有履行特别责任，行为人就应该对在该特别领域中发生的损害结果承担完全的责任。但是，只要避免损害结果的发生属于他人的负责领域，即使行为人的行为与损害结果的发生具有因果关系，并且行为人存在故意或者过失，行为人也不应该对损害结果的发生承担责任。[①]

以上自我答责的四种类型说明了行为人对本人行为与他人行为的意志支配，因而可以归入主观归责的范畴，但结果是行为的流出是一个因果关系问题，存在特别负责领域则是一个客观归责问题，罗克辛称为对他人责任范围的分配。[②] 由此可见，主观归责与客观归责还是应当加以区分，意志自由是一个主观归责的问题，它为三阶层的犯罪论体系中的有责性提供了哲学依据。

三、行为责任论、性格责任论与人格责任论

行为责任论、性格责任论与人格责任论涉及责任的基础问题。责任是一种评价，那么其所指向的评价客体到底是行为、性格还是人格，由此而产生了行为责任论、性格责任论与人格责任论之争。

行为责任论是基于刑事古典学派的立场，认为责任评价的基础是个别行为。在此意义上理解的刑法，是所谓行为刑法，即以行为为本位的刑法。而性格责任论是基于刑事实证学派的立场，认为责任评价的基础是行为人的危险性格。在此意义上理解的刑法，是所谓行为人刑法，即以行为人为本位的刑法。

---

① 冯军：《刑法中的自我答责》，载《中国法学》，2006（3）。

② 参见［德］克劳斯·罗克辛：《德国刑法学总论》，第1卷，王世洲译，271页，北京，法律出版社，2005。

行为责任论与性格责任论的对立，被日本学者泷川幸辰理解为现实主义与征表主义的对立。现实主义坚持“犯罪是行为”这一立场，而征表主义则主张“犯罪是犯罪人的反社会性的表征”。征表主义（Symptomatik）立足于刑事政策的目的观，而与重视刑法学的理论性的现实主义（Realistik）发生了对立。泷川幸辰对征表主义的代表人物蒂萨尔（Tesar）和科尔曼（Kollmann）的观点作了以下介绍：

> 蒂萨尔对有关决定犯罪大小的要素的理论，做了学史性的研究，并得出了下述见解：在历史的发展中，不曾发现有特点的犯罪概念，只能找出评价犯罪行为的两个可能的方法：一个是以外界发生的损害为标准来判断犯罪行为的方法，即对犯罪的现实主义的评价；另一个方法，则认为不是根据已经发生的事实来判断犯罪行为，而是通过发生的事实已经明显表现出来的行为人的性格来判断，即按照征表的意义评价犯罪。按照蒂萨尔的说法，作为历史事实并贯穿整个发展过程的，莫如说是征表主义。征表主义由于它是根据心理学和刑事政策的理论的剖析而动摇了现实主义的犯罪概念并据以建立的基础，因而它所得出的结论是：现实主义的犯罪概念没有力量把现代各文明民族的法律生活现象统一到一个体系里去，特别是不足以处理累犯和惯犯现象。因此征表主义的结局是特殊预防主义，就是说，行为人的外部举止，只是作为行为人所特有的精神素质的显露，作为一种与一般人不同的感情过程的征兆。站在这样的立场上可以说，把行为人淘汰出社会的做法，从国民道德的合乎目的的发展来看，应当是允许的。
>
> 科尔曼进一步从逻辑上的根据出发，主张传统的现实主义犯罪概念不能再坚持下去了，并且指出了征表主义犯罪概念的必然性。对此，他做了如下说明：一种把犯罪看作是行为人的行为的产物，即外界的事件；另一种把犯罪看作是行为人的机能，即责任的表征。外界事件，即违法侵害，在第一种见解中具有第一次性的意义；而在第二种见解中，只不过是具有单纯作为责任的认识手段的第二次性的意义。按照现实主

义的说法，犯罪是可罚的违法的有责的行为——所谓外界事件意义上的行为；按照征表主义的说法，这种外界事件则是认识责任的手段。①

现实主义与征表主义的对立，实际上是刑法客观主义与刑法主观主义的对立。现实主义以行为为责任的评价客体，而征表主义则把性格作为责任的评价客体。行为具有客观外在形态，相对来说容易把握；而性格则具有内在特征，推断起来较为困难。即使是把行为当作性格的征表，也难以科学地把握一个人的性格。针对性格征表论，我国台湾地区学者提出了“性格无罪”的命题，指出：

所谓“性格”指行为人所具备的，促使不法行为发生的特质(Eigenschaft)，而之所以会主张“罪责非难的实质基础是性格，行为人因为有这样的性格所以才对之非难”这种本来源于决定论观点的想法，其主要的出发点应在于：认为行为是性格的产物，行为的来源是性格，性格才是行为背后的主宰，而行为只是性格的反映，因此非难的真正重点，对行为造成破坏要负责的主角，应该是在行为背后产生行为的“性格”，而不是性格的产物——行为。

这样的看法除了遭到采行为刑法论观点者批评“性格无罪”以外，最大的问题在于，它必须对无责任能力者之所以无罪责的理由提出合理的说明，因为无责任能力者的行为也是由他们所具有的“促使不法行为发生的特质”所产生的。也就是说，这个学说仍必须找一个标准来判断，哪种性格是有罪责的（因而要负责），哪种性格是没有罪责的。②

由此可见，性格本身是不能等同于罪责的，这也就是“性格无罪”之含义，一个人不能因为性格入罪。同时，性格作为责任的基础，也缺乏统一的标准，难以采信。当然，透过行为看到行为背后的支配因素，这一思想还是具有可取之处的。因为行为责任论就行为而论行为，在一定程度上割裂了行为与行为人的关

① ［日］泷川幸辰：《犯罪论序说》，王泰译，18～19页，北京，法律出版社，2005。

② 李文建：《罪责概念之研究——非难的实质基础》，294～295页，台北，1998。

系，这是有所缺憾的。

正因为行为责任论与性格责任论是行为刑法与行为人刑法的两个极端，所以出现了试图超越行为责任论和性格责任论的人格责任论。人格责任论认为，责任第一次应该是行为责任，必须以行为人人格的主体性客观化的行为为基础。但是，在行为背后，存在着受素质和环境制约的，同时也是统管行为人的主体性努力而形成的人格，可以因其人格形成中的人格态度对行为人进行非难。因此，第二次应该是考虑人格形成的责任。

人格责任论发端于第二次世界大战前在德意志展开的迈兹格的行状责任论和鲍凯尔曼的生活决定责任论，在日本最早由安平政吉博士和不破武夫所采纳。第二次世界大战后特别致力于该理论发展的是团藤重光博士。目前，日本主张人格责任论最有力者，是大塚仁教授。大塚仁曾经描述了他与团藤重光交往中人格责任论思想形成的过程：

> 当时的团藤重光是东京大学刑事法学的副教授，给大塚仁讲授刑事诉讼法。有一天大塚仁到团藤重光的研究室说了自己对木村龟二所讲内容（“犯罪的产生是由遗传和环境所决定的，针对犯人的社会危害性，为了防卫社会，有必要追究其社会性责任。刑罚不是对犯罪的报应，必须是以犯人将来的改善为目的的教育刑”）的疑问和看法，团藤重光听后说：“你的疑问之处，我也有同感，你能否将你的疑问和考虑整理成文?”为此，大塚仁终日泡在图书馆里，不仅大量阅读了刑法书籍，而且遍览了哲学、心理学、精神医学的书籍，写出了《刑事责任的人格构造》一文，分析了古典学派的道义责任论、行为责任论和近代学派的社会责任论、性格责任论的缺陷，提出将来的刑法学应该采取人格责任论。大塚仁将论文交给团藤重光看后，团藤重光极为欣赏，拿出后来发表在《法哲学四季报》第 2 号上的《人格责任的理论》一文的草稿给大塚仁看，并说“我和你的想法完全一致”①。

① 李海东主编：《日本刑法学者》（上），296 页，中国法律出版社、日本成文堂，1999。

人格责任也就是人格形成责任，它动态地考察人格形成中外在因素的影响，以此决定责任大小。对此，大塚仁教授指出：

> 在理解关于个别行为的行为人的人格态度时，当然必须考量行为人过去的人格形成问题。可以说，在人格形成受到素质和环境的制约时，对行为人人格的非难就减轻，相反，在素质和环境对人格形成影响很小的领域，对人格的非难就重。但是，在刑法的责任论中，这一点不是在应该决定责任的存否方面发生的问题，而是在认为存在责任之后，在判断责任程度的阶段应该考虑的问题。在论及责任存否的阶段，以行为人的人格态度为背景，考虑作为其主体的现实化的个别行为就够了。①

从以上论述可以看出，即使根据大塚仁的观点，人格只对责任程度有影响。也就是说，在判断有无责任的时候，还是应当坚持行为责任论。

德国学者把责任区分为具体行为责任和生活方式责任。这里的具体行为责任（Einzeltatschuld）是指在进行法律非难时只考虑与构成要件相关的心理因素，这也就是日本学者所说的行为责任。与之相对应的是生活方式责任（Lebensführungsschuld），包括行为人责任、人格责任、性格责任等。在生活方式责任中，责任判断被扩展到行为人的人格方面的全部内容及其发展。德国学者指出：

> 德国刑法的责任概念，原则上与具体行为责任相关联，该观点产生于肯定行为刑法这一决断。责任非难所指向的不法，存在于实施特定的行为之中，或者不实施由法秩序所要求的特定的行为之中，而不存在于被法律所否定的生活方式之中。②

我认为，以上观点是正确的，责任评价的客体还是具体行为，这也是行为刑

① ［日］大塚仁：《刑法概说（总论）》，3版，冯军译，377～378页，北京，中国人民大学出版社，2003。

② ［德］汉斯·海因里希·耶赛克、托马斯·魏根特：《德国刑法教科书》，徐久生译，507～508页，北京，中国法制出版社，2001。

法的应有之义。当然，在判断责任程度的时候，适当考虑人格因素也是合理的。其实，人格责任论也是以行为责任论为逻辑前提的，它是在行为责任为第一次责任判断的基础上的第二次责任判断，只具有补充作用。至于那种完全否认行为责任，仅仅以行为人性格作为责任判断客体的观点，显然是不可取的。

四、心理责任论、规范责任论与实质责任论

心理责任论、规范责任论与实质责任论关系到责任的结构问题。这里所谓责任的结构，是指责任的构成要素以及这些要素的排列。而心理责任论、规范责任论与实质责任论，就是围绕上述问题而展开的责任理论。

心理责任论把责任理解为行为人的心理关系。根据这种心理关系的不同，把责任形式分为：在现实中以对犯罪事实有认识并且有意去做为要素的故意，与以有这种认识和有意去做的可能性为要素的过失。如果除有责任能力以外又具备这种故意或者过失，便可以追究行为人的责任。[①] 由此可见，心理责任论关注的是心理关系，将责任视为故意与过失的上位概念，因而，责任的判断就是故意与过失的认定。心理责任论是对于在泛用意志自由的基础上发展起来的自然法的责任概念的一种否定和取代。德国学者指出：

> 心理责任概念（der psychologische Schuldbegriff），它是以事实性的实证主义基本形态为特征的概念。这种责任概念，从区别犯罪的外部事实与心理因素的构成要素出发，放弃把握责任的本质内容，将外部的事实对象与行为人的心理关系的整体作为责任来把握。[②]

---

① 参见［日］福田平、大塚仁：《日本刑法总论讲义》，李乔等译，113页，沈阳，辽宁人民出版社，1986。

② ［德］汉斯·海因里希·耶赛克、托马斯·魏根特：《德国刑法教科书》，徐久生译，504页，北京，中国法制出版社，2001。

心理责任论不同于意志自由论就在于：意志自由论过于抽象、难以把握，是一种自然法的责任概念。而心理责任论则是一种实证主义的责任概念，将责任的判断变成对故意与过失的心理要素的认定。因此，古典派的犯罪论体系都主张心理责任论。

规范责任论是在否定心理责任论的基础上形成的，它认为责任并不是一种心理关系，而是对心理状态的规范性评价。在这种情况下，故意与过失不是责任本身，而只是为归责提供的心理事实要素。没有故意与过失固然没有责任，但具有故意与过失也并非必然存在责任，责任是一种非难可能性。例如，规范责任论的首倡者弗兰克通过以下案例说明责任并非故意与过失这种主观心理态度本身，指出：

> 一家商店的男出纳员和一名送汇款邮件的男邮递员各自独立地实施了侵占。男出纳员的经济状况很好，也没有家室，但是，具有花费巨大的业余爱好。男邮递员只有中等收入，妻子又生病，并且还有很多小孩。尽管他们两个人都知道自己违法地占有了他人的金钱，也就是说，在故意方面是没有任何区别的，但是，每个人都会说：与男邮递员相比，男出纳员的责任（Schuld）更大。这是因为，男邮递员所处的不利状态使其责任（Schuld）减少，相反，男出纳员很好的财产状况和奢侈的爱好则提高了他的责任（Schuld）。如果男出纳员奢侈爱好的是女性或者葡萄酒，那么，与他诸如收集古董的爱好相比，这种状况就更加增大了他的责任（Schuld）。①

弗兰克在以上论述中所说的故意之外所存在的因素，只不过是动机的客观显现而已。动机的确影响责任程度，但它本身与故意或过失一样，都是一种主观要素。弗兰克从某种客观要素对责任是有影响的这一立足点出发，提出了附随状况

① ［德］弗兰克：《论责任概念的构造》，冯军译，载冯军主编：《比较刑法研究》，130～131页，北京，中国人民大学出版社，2007。

这一概念，认为在附随状况具备通常性质的情况下，具有可归责性；在附随状况不具有通常性质的情况下，则不具有可归责性。弗兰克指出：

> 如果各种附随状况本身包含着对行为人或者也许是对第三人而言的危险，正恰是被禁止的行为令从这种危险中救助他，那么，可谴责性就消失了。①

在这种情况下，附随状况的异常性就被认为是不具有可谴责性的征表。由此在故意与过失之外，引入了规范性评价要素。及至目的行为论的犯罪论体系，将故意与过失中的客观主义义务归属于构成要件，遂将心理责任论的责任内容本质上排除于责任概念之外，应受谴责性的成立因素变成了责任能力、不法意识可能性与正当行为的期待可能性三个方面，从而使规范责任论成为理论逻辑上连贯一致的纯粹的规范责任学说：因为主观要素（评价的对象）已经全部从规范责任概念中排除了出去，留在责任概念中的只是认定应受谴责性的标准（对象的评价）。②

规范责任论（normativer Schuldbegriff）如今在德日是通说。日本学者认为，采纳规范责任论意味着采纳实质责任论。实质责任论主张，和实质违法论的场合一样，当不存在非难可能性时，应阻却责任而不是处罚，因此，即使实体法上没有明文规定，也可以超法规地阻却责任。③ 在这种情况下，缺乏期待可能性就成为一种超法规的责任阻却事由。

虽然规范责任论是通说，但德国学者罗克辛对规范责任论进行了批评，并在此基础上进一步提出了实质责任论。这里的实质责任论与以上西田典之在与实质违法论相对应的意义上把规范责任论称为实质责任论是完全不同的。罗克辛指出：

---

① ［德］弗兰克：《论责任概念的构造》，冯军译，载冯军主编：《比较刑法研究》，137 页，北京，中国人民大学出版社，2007。

② 参见李海东：《刑法原理入门（犯罪论基础）》，103 页，北京，法律出版社，1998。

③ 参见［日］西田典之：《日本刑法中的责任概念》，金光旭译，载冯军主编：《比较刑法研究》，11 页，北京，中国人民大学出版社，2007。

> 规范性罪责概念表达了这样一种认识：这种与不法联系在一起的犯罪性范畴，涉及了一种与违反义务性不同的对构成行为的发生所做的评价，而不涉及一种单纯的心理上的案件事实。在这个范围内，这个概念是正当合理的，并且意味着比心理性罪责概念更大的进步。但是，因为这个可谴责性的概念仅仅指向了罪责，所以，这个概念只能是不完整地包括了在这里应当进行的评价的方式。这种评价并没有单纯地包括人们是否能够对行为人提出一种（罪责性的）谴责这个问题，而是要对此做出判断：在刑法观点下，这个自由人应当对自己的举止行为负责任。这种可谴责性是一种必要的、但是还不充分的责任条件；这种预防性的惩罚必要性必须加以补充。①

罗克辛认为，责任仅仅建立在可谴责性之上是不够的，它还具有形式上的性质，而这种可谴责性应当取决于哪一些内容上的条件，才是一个关于实质性罪责概念的问题。罗克辛列举了以下五种主张：（1）作为“能够不这样行为”的罪责；（2）作为法律反对的态度的罪责；（3）作为必须为自身个性负责的罪责；（4）作为根据一般预防需要归咎的罪责；（5）作为不顾规范可交谈性的不法行为的罪责。在以上五种主张中，罗克辛赞同第五种罪责概念，指出：

> 从本书所代表的立场出发，责任应当理解为不顾规范可交谈性的不法行为。这里的意思是：当一名行为人在构成行为中根据自己精神和心理处在呼唤规范的状态中，当他在心理上（还）容易产生“对以规范为导向的举止行为做出决定的可能性”时，当在具体要件中还存在着这种（除非是自由的，除非是决定论）在大多数情况中对健康的成年人都存在的心理上的支配可能性，他的罪责就应当加以肯定。②

① ［德］克劳斯·罗克辛：《德国刑法学总论》，第1卷，王世洲译，561页，北京，法律出版社，2005。

② ［德］克劳斯·罗克辛：《德国刑法学总论》，第1卷，王世洲译，568页，北京，法律出版社，2005。

在以上论述中，“规范的可交谈性”这一用语是不太好理解的，尽管我们听了罗克辛的解释。这里可能涉及翻译上的问题。我国台湾地区学者曾经论及对这一用语之译法，指出：

> 传统上把罪责非难的要件建立在行为人的“他行为能力”上的主张，必须要面对其前提意志自由以及个别行为人的决定自由在经验上不可验证的难题。基于这个认知，学说上便尝试着为犯罪及刑罚寻找一个在经验上可以验证的基础，而开发出“对规范的反应能力”（normative Ansprechbarkeit），来作为罪责非难的实质基础，其中德文的“normative Ansprechbarkeit”，中文文献亦有将之译为“对规范的接受能力”。而就字的意思来说，其中“Ansprechbarkeit”的本意是“与之交谈的可能性”，在此可理解为“接受、理解以后，产生反应、发挥作用的可能性”，而“normative Ansprechbarkeit”，由“规范”的角度来看，就是指规范有“作用”（能影响人、有效果）的可能性，而由“行为人”的角度来看，就是指行为人能理解规范、接受规范影响，并进而能依规范要求而行为的能力，固选择将此能力译为“反应能力”，应较译为“接受能力”来得贴切些，因要先有理解，而后接受，并进而遵守，才可称之为有“反应”，故就字义上来说，“反应能力”所传达的内涵较完整，而在此谈的是行为人本身所具有的特性，因此本文选择由行为人的角度，将“normative Ansprechbarkeit”译为“对规范的‘反应’能力”①。

此外，我国学者还把“normative Ansprechbarkeit”译为“规范呼吁”，并将罗克辛的上述责任说称为规范呼吁说，指出：

> 刑法中责任的本意在于规范对行为人的可呼吁性。也就是说，只要行为人行为时的具体精神与心理状态能够接受规范的呼吁并以一般正常

① 李文建：《罪责概念之研究——非难的实质基础》，129～130 页，台北，1998。

> 成年人的标准在物理上（不论是“意志自由”抑或“人格”或者“性格”决定的）有按规范要求行事的可能，如果他仍然实行了这一不法，他的行为就具有应受谴责性，也就是说，行为人应当对他的这一行为承担责任。[①]

由此可见，“规范的可交谈性”是对“normative Ansprechbarkeit”一词的直译，意译应该是“规范的反应能力”、“规范的接受能力”或者“规范的呼吁能力”。

为了理解罗克辛的上述观点，我们要对德国晚近以来责任理论的发展趋势作一描述，这一趋势就是将预防主义引入责任理论。因为可谴责性是报应主义的要旨，因而传统的责任理论都是以报应为基础的。但现在德国学者试图将责任改造成为一个同时容纳报应与预防的概念体系。其中，雅各布斯主张在责任概念中引入一般预防主义，只不过这种一般预防不是威慑意义上的，而在于训练对法律的忠诚，即积极的一般预防，由此形成功能性责任概念（ein funktionaler Schuldbegriff）。[②] 而罗克辛则主张将责任概念定义为一种有利于行为人的假设，亦即责任刑法必须无例外地轻于特别预防作用的措施法。因此，罗克辛引入预防必要性的要件，以此限制责任。德国学者许迺曼在论及罗克辛的责任理论时指出：

> 他尝试扩张罪责在刑法体系上的归责，在罪责中以狭义且传统意义下的他行为能力作为罪责的第一阶层，以刑罚的目的判断有无可避免能力（Vermeidmacht）之标准，作为罪责的第二阶层。这个想法并未放弃罪责的理念，仅是透过罪责阶层的扩张，以两阶层的方式对于有关负责性的罪责提供了一个保证，保证刑法体系的均衡，以及能与刑法典中的法律规定相配合。刑罚的目的，并非要求对所有具有刑事不法性的有

---

① 李海东：《刑法原理入门（犯罪论基础）》，108页，北京，法律出版社，1998。

② 参见［德］克劳斯·罗克辛：《德国刑法学总论》，第1卷，王世洲译，568页，北京，法律出版社，2005。

> 罪行为（可避免的行为）加以制裁，而是要在个案中再度确认由立法者所确定下来的可归责性之标准，而这个可归责性，从体系的观点来看，正确的方式，应该是在不法与罪责的评价阶层中表现出来，而非在此之外，以一个被认为是通货膨胀的概念，也就是客观可罚性条件的范式来描述。①

由此可见，罗克辛在责任概念之中引入预防必要性，是为了进一步限制而不是扩张责任的追究，即从有利于行为人角度加以考量。因此，预防必要性是建立在否定规范可交谈性的基础之上的，如果是具有规范可交谈性，则无预防必要性，亦不应归责。因此，规范可交谈性是把行为人看作一个规范接受者（Normadressaten），其能够回应规范的呼吁，能够被期待总会遵守这些规范，只有在这种情况下，预防才是必要的。而对于那些不具有规范可交谈性的行为人，罗克辛指出：

> 一般说来，不能期待他们会遵守这些规范。如果他们触犯法律，那么，社会并不会对自己的期待选择失望，并且，一般的法律意识也不会动摇。这种情况不会鼓励人们去加以模仿，因为在公众的眼睛里，通过这种构成行为并不会减少规范的效力。②

从形式的责任概念到实质的责任概念是责任理论不断深化的一个过程，也是责任不断从心理向价值转变的过程。

思考题：

论述规范责任论的构造。

---

① ［德］许迺曼：《刑法罪责理论的现状》，王皇玉译，载许玉秀、陈志辉合编：《不移不惑献身法与正义——许迺曼教授刑事法论文选译》，582～583 页，台北，2006。

② ［德］克劳斯·罗克辛：《德国刑法学总论》，第 1 卷，王世洲译，571 页，北京，法律出版社，2005。

参考书目：

1. 张智辉. 刑事责任通论. 北京：警官教育出版社，1995

2. 冯军. 刑事责任论. 北京：法律出版社，1996

3. 李文建. 罪责概念之研究——非难的实质基础. 台北：1998

4. ［英］艾伦·诺里. 刑罚、责任与正义：关联批判. 杨丹译. 北京：中国人民大学出版社，2009

5. ［英］维克托·塔德洛斯. 刑事责任论. 谭淦译. 北京：中国人民大学出版社，2009

第12章 故意论

关于故意在三阶层的犯罪论体系中的地位，存在责任要素说与构成要件要素说之争。通常来说，结果无价值论主张责任要素说，而行为无价值论则主张构成要件要素说。本书采责任要素说，认为故意是责任要素。故意是一个涉及心理学的复杂课题，其本体要素的界定以及在司法实践中的认定都存在一些疑难问题需要研究，本章通过对故意的心理要素与规范要素的解析，揭示故意的法理蕴涵，从而为主观归责奠定基础。

一、故意概述

刑法以处罚故意为原则，以处罚过失为例外，由此可见故意在刑法中的重要性。正因为故意在刑法中具有重要性，各国刑法一般都对故意作了规定，尽管这些规定有简有繁。关于故意，最为简单的规定当属《德国刑法典》，其第15条规定如下：

本法只处罚故意行为，但明文规定处罚过失行为的除外。

在这一规定中，根本就没有涉及故意的内容。法律并未规定故意的概念，因而为学者从法理上阐述故意提供了较大空间。

类似于《德国刑法典》的是《日本刑法典》第38条第1款的规定如下：

没有故意的行为，不处罚，但法律有特别规定的，不在此限。

这里所谓有特别规定的，是指过失。

《意大利刑法典》对故意作了较为详细的规定，该法第43条第1款规定如下：

当行为人对于因作为或者不作为而引起的、法律据以确定重罪是否成立的损害结果或者危害结果有所预见并且希望成为其作为或者不作为的后果时，重罪是故意的或者有意的。

在这一故意定义中，揭示了故意的认识因素即预见，但是又把意志因素表述为希望，似乎排除了间接故意。对此，意大利学者指出：

刑法典第43条第1款所引起的困惑还涉及故意的结构，即故意究竟应该以哪些真实的心理因素为自己的内容。由于这个规定只谈到行为人的“意志”或“有预谋的”重罪，就可能使人误认为故意的概念不应包括传统的“间接（indiretto）或可能的（eventuale）故意”（这种故意行为的犯罪结果不是行为人所希望，即不是行为人有意识追求的结果）。总而言之，刑法典有关故意的定义不但没有明确故意的“形象”，反而引起了一连串需要进行全面、系统探讨的复杂问题。①

由此可见，在刑法规定不明确的情况下，需要通过刑法理论加以弥补。在这一点上，对刑法总则有关规定的解释与对刑法分则有关规定的解释是有所不同的，因为：刑法总则更多涉及刑法理论问题，因而不能认为法律没有规定就不能

---

① ［意］杜里奥·帕多瓦尼：《意大利刑法学原理》（注评版），陈忠林译评，184页，北京，中国人民大学出版社，2004。

解释，刑法总则规定在更大程度上是被理论塑造的。而刑法分则涉及一行为是否构成犯罪的问题，因而应当严格遵守法无明文规定不为罪的罪刑法定原则，不能通过刑法理论加以补充。

除上述《意大利刑法典》以外，《俄罗斯刑法典》对故意作了更为具体的规定，该法第 25 条分 3 款对故意犯罪作了以下规定：

> 1. 具有直接故意或者间接故意而实施的行为，被认为是故意实施的犯罪。
>
> 2. 如果犯罪人意识到自己的行为（不作为）的社会危害性，预见到可能或必然发生危害社会的后果并希望这种后果发生，则犯罪是具有直接故意实施的犯罪。
>
> 3. 如果犯罪人意识到自己的行为（不作为）的社会危害性，预见到可能发生危害社会的后果，虽不希望，但有意识地放任这种后果发生或对这种后果采取漠不关心的态度，则犯罪是具有间接故意实施的犯罪。

以上故意定义分别对直接故意与间接故意作了规定。但值得注意的是，大多数国家的刑法典都是对犯罪故意的规定，但《俄罗斯刑法典》承袭了《苏俄刑法典》的传统，是对故意犯罪的规定。苏俄及俄罗斯学者都没有说明采取这样一种立法例的合理根据。

我国刑法关于故意的规定也模仿了《苏俄刑法典》的规定，其结果是在引用法条时感到十分别扭，因为：刑法规定的是故意犯罪，而我们在讨论犯罪主观要素时论及的是犯罪故意，因此不能直接引用法条，而是需要对法条的内容加以重新表述。例如，我国刑法第 14 条第 1 款规定如下：

> 明知自己的行为会发生危害社会的结果，并且希望或者放任这种结果发生，因而构成犯罪的，是故意犯罪。

在对犯罪故意作出界定时，一般认为犯罪故意是指明知自己的行为会发生危害社会的结果，并且希望或者放任这种结果发生的心理态度。俄罗斯及我国刑法与其他国家刑法关于犯罪故意的规定，除了上述在表述上的差别以外，还存在一个重大差别，这就是故意的内容。《意大利刑法典》规定的故意主要是揭示了故意的心理内容。例如，意大利学者指出：

> 构成故意的因素，从本质上说都是真实的心理因素，即都是主体在实施典型行为时心中确实存在的心理态度。根据刑法典第43条第1款的规定，故意的内容包括两个方面，或者说两个因素，其中一个是“认识”（intelletivo）因素，另一个是“意志”（volutivo）因素。①

而俄罗斯及我国刑法关于故意的规定，不仅涉及认识与意志这样一些心理要素，而且涉及对行为社会危害性的认识。俄罗斯学者指出：

> 故意的内容是犯罪人的心理对行为违法性质的反映，但是，不应该将对违法性的认识与对行为被刑法典的规范禁止的性质混为一谈。②

对违法性的认识与对行为被刑法典的规范禁止的性质之间到底是一种什么关系？行为被刑法典的规范禁止的性质，就是指违法性，而对违法性的认识正是对行为被刑法典的规范禁止的性质的认识。这里的问题是：对行为社会危害性的认识是否等同于对违法性的认识？这个问题，涉及社会危害性与违法性的关系，我们将主要在对违法性的认识中讨论。现在的问题是：刑法典所规定的犯罪故意概念与教义刑法学中的犯罪故意概念之间的关系如何处理？

在四要件的犯罪构成体系中，犯罪故意是作为罪过形式之一，在犯罪主观要件中加以讨论的。在这种情况下，对犯罪主观要件的探讨基本上就是对刑法关于犯罪故意规定的解释。例如，我国学者在论及犯罪故意的构成要素时指出：

> 从内涵上分析，犯罪的故意包含两项内容或称两个要素：一是行为人明知自己的行为会发生危害社会的结果，这种“明知”的心理属

① ［意］杜里奥·帕多瓦尼：《意大利刑法学原理》（注评版），陈忠林译评，188页，北京，中国人民大学出版社，2004。

② ［俄］斯库拉托夫、列别捷夫主编：《俄罗斯联邦刑法典释义》（上册），黄道秀译，47页，北京，中国政法大学出版社，2000。

于心理学上所讲的认识方面的因素，亦称意识方面的因素；二是行为人希望或者放任这种危害结果的发生，这种“希望”或“放任”的心理属于心理学上意志方面的因素。实施危害行为的行为人在主观方面必须同时具备这两个方面的因素，才能认定他具有犯罪的故意而构成故意犯罪。①

以上内容除了对刑法条文的解释以外，别无更多的学术含量。尤其是虽然包含了对社会危害性的认识的内容，但以上对故意内容的分析基本上停留在心理分析的层面上，并没有归责的内容。对此，美国学者弗莱彻教授称为“无归责的罪过”，指出：

苏联理论的主要立场与英美理论家许多通常的主张相对应：没有明确的归责理论，无论其是否属于规范性的。那些主张排斥有关罪责的规范性理论的人，也承认他们之间就犯意中是否存在一种描述性的实质内容存在着争论。主流观点似乎是，只存在特定犯意，即被特别规定禁止的心智状态，不存在所有犯罪通用的犯意的基本特征。②

在这种没有形成独立的归责理论的情况下，犯罪故意作为犯罪构成的主观要件，未能得到充分展开，囿于对法条的解释，而停留在心理责任论的阶段。

如我在有责性一章所论，德日刑法学经历了从心理责任论到规范责任论的转变，尤其是目的行为论的犯罪论体系，将违法性意识问题与故意加以区分，将意欲作为责任的一部分，而以认知为主观的构成要件要素（主观的违法要素）的一部分。作为违法要素的故意作为行为的一部分成为违法评价的对象，与此相对，违法性意识不过是作为意识形成、动机形成之过程的非难可能性的判断的资料而存在。由此，在构成要件的故意概念出现之后，故意并非从责任阶层完全消失，而是以责任故意的形式存在。换言之，原来单纯属于责任阶层的故意，经过目的

① 高铭暄、马克昌主编：《刑法学》，109 页，北京，北京大学出版社、高等教育出版社，2000。
② ［美］乔治·弗莱彻：《反思刑法》，邓子滨译，369 页，北京，华夏出版社，2008。

行为论者的努力而被区隔为构成要件的故意和责任的故意，从而形成主观要件在评价模式中，故意具有双重地位（Doppelstellung）的现象。[①] 这里所谓双重故意，即把故意区分为构成要件故意与责任故意。例如，大塚仁教授指出：

> 故意和过失，从来作为所谓责任条件乃至责任形式，只被视为责任的要素。但是，它们首先作为构成要件的主观要素，对犯罪的类型化本身起着重大的作用。例如，之所以能够区别杀人罪（第 199 条）和过失致死罪（第 210 条），无非是因为在行为人使他人丧失生命上，在前者中是由来于其故意，在后者中则是基于过失。[②]

构成要件故意是指行为人对构成要件事实的表象和认容，而责任故意是指关于违法性的事实和违法性的意识。可以说，随着规范责任论的确立，心理事实与规范评价得以分离。至于故意的体系性地位问题，那只是一个行为无价值论与结果无价值论的分歧点，其中，行为无价值论认为违法规范的意思才是违法性的基础，因而故意属于违法要素，而结果无价值论则认为违法的实质在于法益侵害的结果的发生或者危险，因而故意是违反规范要求的意思，是对行为人进行责任谴责的基础，属于责任要素。[③] 我认为，无论如何确定故意的体系性地位，都不能影响故意作为心理要素与归责本身加以区隔这一理论架构。

本书采构成要件的违法行为类型说，因而构成要件是客观的，只是例外地包含主观违法要素。因此，故意作为责任要素，应在有责性中加以讨论。并且，这里的故意是指心理故意，而不是指责任故意。

---

① 参见付立庆：《主观违法要素理论——以目的犯为中心的展开》，43 页，北京，中国人民大学出版社，2008。

② ［日］大塚仁：《刑法概说（总论）》，3 版，冯军译，123 页，北京，中国人民大学出版社，2003。

③ 参见［日］西田典之：《日本刑法总论》，刘明祥、王昭武译，163～164 页，北京，中国人民大学出版社，2007。

二、故意的构造

故意是由一定的心理要素构成的，这种心理要素可以分为认知与意欲。在对故意本质的认识上，从来就存在认知论与意欲论之争。在某种意义上说，故意内涵的演化史，就是认知论与意欲论的反复消长史。我国台湾地区学者指出：

> 根据 19 世纪德国刑法学者给色勒（Geβler）对认知论与意欲论演进阶段的研究，故意内涵的演化可分为四个阶段。第一个阶段中，依行为的外在效果决定行为人的归责，当一个针对轻结果而采取的行动，造成重结果时，如果所使用的方法，必然或一般而言经常会造成该重结果时，行为人将因全部的结果受归责。在第二个阶段中，行为人的意欲（Wille）是决定罪责的要素，任何被认为易于预见的结果，都是行为人所意欲的结果。第三阶段中，认识和意欲两个要素被区分出来了，但有认识通常即被认为有意欲。第四个阶段中，意欲是一个判断故意的独立要素。①

以上论述为我们理解认知与意欲在故意中的地位，提供了一张路线图，其中：第一个阶段属于结果责任阶段，尚未确立主观归责的思想。而第二个阶段是意欲论占统治地位的阶段，尚未对认知与意欲加以区分。第三个阶段是认知论占统治地位的阶段，认知成为意欲的标志。第四个阶段则是认知与意欲区分，并把认知与意欲同时作为故意的心理要素，加以独立判断。目前的通说是认知与意欲的统一说，但认知论与意欲论仍然具有各自独立的主张，以下分别加以论述：

（一）认知论

在认知论中，又存在可能性说与盖然性说之争。这两种观点是围绕认知程度

---

① 许玉秀：《主观与客观之间——主观理论与客观归责》，46 页，北京，法律出版社，2008。

而展开的，对认知程度要求不同，基于认知论而成立的故意范围就会有所不同。我国学者分别对可能性说与盖然性说作了以下介绍：

可能性说是一种彻底的表象主义的立场。在德国，施罗德（Schröder）、施密特霍伊泽尔（Schmidhäuser）等学者提倡此说。他们认为，只要对结果发生的可能性有具体的认识（预见），而仍然实施行为，就具有故意。此说排斥意思的因素，即使行为人并不希望结果发生，但只要对结果的发生有具体的认识，就认为存在故意。因此根据本说，有认识的过失就没有存在的余地。

盖然性说认为，要成立故意，不仅需要认识到结果发生的可能性，而且还应当认识到其盖然性。这里所说的盖然性，是指超过50%的可能性，但并不要求高度的盖然性或接近确切程度的盖然性。这一学说认为强调意思的要素有导致刑法过度心情化的危险，因而仍然将故意的核心理解为认知的要素。但与可能性说相比，本说显然缩小了故意的成立范围。根据本说，故意与过失的分水岭在于所认识到的结果发生可能性的程度。仅认识到结果发生的可能性，是有认识的过失；认识到结果发生的盖然性，是未必的故意；认识到结果确定会发生，是确定的故意。①

在认知论的以上两说中，都是仅根据是否具有认知来认定故意，至于可能性或者盖然性，都只不过是认知程度而已。应该说，作为主观要素，认知较之意欲更容易把握；而且，在一般情况下具有认知而为之者，都可以认定为故意，这就是我国古代刑法中所说的“明知故犯”，即“明知”这一认知要素被视为故意的表象，这也是认知论之所以又称为表象主义的缘由。当然，认知论本身也存在不容回避的问题，这就是认知程度本身也是不好界定的。例如，盖然性说将认知分为可能性、盖然性与确定性：认识到可能性是有认识的过失；认识到盖然性是间接故意；认识到必然性则是直接故意。这种区分当然具有一定的合理性，但在具

① 陈家林：《外国刑法通论》，219～220页，北京，中国人民公安大学出版社，2009。

体案件中存在判断上的困难。例如，可能性与盖然性的区分：盖然性是指 50%以上的可能性。从这个意义上说，盖然性本身仍然是一种可能性，只不过是一种较大的可能性，而 50%以上这样一个度的拿捏几乎是不可能的。

（二）意欲论

意欲论不同于认知论：认知论是以认识因素作为判断故意的心理根据，而意欲论则主张以意志因素作为判断故意的心理根据。在故意概念的演化史上，意欲论曾经占上风，但如何描述意欲则成为一个难题。我国台湾地区学者指出：

> 如何才能将意欲要素描写得较为“逼真”，不管是认诺（Einwilligung）、认可（Billigung）、同意（einverstanden sein）、容忍（Inkaufnehmen）、漠然（Gleichgütigkeit）或接受（Sichabfinden），甚至是估算（Rechnen）、信赖（Vertrauen）、防果意思（Vermeidungswille）、认定（严肃地判断）（ernsthaftes Urteil）或者是作成可能侵害法益的决定（Entscheidung für die mögliche Rechtsgüterverletzung），都是在描述一种类似于意欲的心态，都是借着描述行为人的某种心理情状，以证明行为具备故意当中“欲”的要素。①

由此可见，要想描述意欲的心理，确实是劳而无功之举。实际上，到底如何界定意欲在意欲论中本来就是存在争议的，这也就是希望说与容认说之争。我国学者分别对希望说与容认说作了以下介绍：

> 希望说认为，成立故意需要行为人对构成要件结果的发生持意欲或者希望的态度。这是希望故意的原本形态。德国学者毕克迈耶、海波尔，日本学者大场茂马等持此说。但现在大多数学者认为，本说不承认作为不确定故意的未必的故意，将有未必的认识的情况基本都视为有认

① 许玉秀：《主观与客观之间——主观理论与客观归责》，44～45 页，北京，法律出版社，2008。

识的过失，这是不合适的。

容认说认为，故意的成立不仅需要有对结果的预见，而且还必须容认、认可、忍受该结果的发生。这一学说是基于意思主义的立场，将容认、认可等意欲的要素作为重点，来考虑故意内容。本说认为，应尽可能地排除“希望”这种情绪性的评价要素。这是现在日本的通说。[①]

在意欲论中，希望说与容认说涉及对意欲内容的理解，由此导致对故意范围的不同界定。希望说把意欲理解为希望结果发生的心理态度，具有较为强烈的意志性质，对意欲的界定范围明显是较为狭窄的。我认为，指责希望是一种情绪性的评价要素并没有道理，希望并不具有情绪性，它是对结果的一种积极追求。当然，希望说将间接故意排除在故意之外，这显然是不合适的。而容认说则以容认作为意欲的下限，它容纳了希望的心理态度，因而使故意包含直接故意与间接故意，这是较为合理的。但容认到底是积极的容认还是消极的容认，容认到底是一种情绪还是一种意欲等问题，在刑法理论上还是存在争议的。

（三）风险说

认知论与意欲论的争论，主要是围绕故意的主观心理展开的。但除此以外，还存在主观说和客观说之争。在 20 世纪 60 年代以后，故意出现了客观化的取向，即以客观的行为风险取代对行为人主观心态的描述，借以证明行为人的故意。[②] 如果说认知论与意欲论都试图从行为人的主观心理上揭示故意的内容，因而属于主观说，那么客观说就是从客观层面解释故意的一种学说，以德国学者福利许的风险说为代表。我国台湾地区学者在介绍福利许的风险说时指出：

福利许（Frisch）在他备受瞩目的专论［指 1983 年发表的《故意与

① 陈家林：《外国刑法通论》，219～220 页，北京，中国人民公安大学出版社，2009。

② 参见许玉秀：《主观与客观之间——主观理论与客观归责》，45 页，北京，法律出版社，2008。

风险》(Vorsatz und Risiko)——引者注]中，一开始即质问：故意的问题为什么一定是属于主观犯罪阶层的问题？为什么不可以是客观面的问题？福利许尝试从客观面解释故意，包括间接故意的内涵。他的第一步是澄清故意的对象，认为不是一般所认为的结果、行为与结果的因果流程或构成要件的客观要素，而是构成要件的行为本身，也就是法律所不容许的行为风险。第二步即确认处罚故意行为的理由所在，认为处罚故意行为的根本理由在于故意行为人表现出颠覆法律忠诚的态度，行为人认识其行为会造成法所不容许的风险仍径而作成行为决定，已表现出法敌对性。第三步得出结论：行为人认识风险之时，即对风险形成个人的评价(persönliche Stellungnahme)，这就是所谓的“就他自己看来”(Fürsich-so-Sehen)的风险，进而作成行为决定，即有行为的间接故意；这种依风险认知(Risikowissen)而确定的故意形态，是故意的基本形态，直接故意或称明知，或危险的认知，意图则表现行为人特别高的危险性，行为人有意图，并不是估算有毁灭的风险，而是要造成毁灭或破坏，意图通常应罚或需罚程度较高，但意图与明知何者较严重则应视实际情况而定；意欲要素在传统轻忽认知要素的情况下是重要的，但从故意的对象是客观的构成要件行为、是不能被容许的风险来看，是不必要的；在有风险认知而行为属于间接故意的情况下，相信有好结局即是有认知的过失。①

以上风险论，显然是以客观归责理论为其逻辑前提的，以制造法所不允许的风险作为核心内容。风险说不同于传统故意论的独特之处在于：简化故意的认知客体。通常认为，构成要件具有故意规制机能，凡是被纳入构成要件的客观要素，例如行为、结果以及行为与结果之间的因果关系，都是要求行为人认识的，在此基础上才能形成故意之所谓意欲。在这个意义上说，故意的意欲是相对于构

① 许玉秀：《主观与客观之间——主观理论与客观归责》，79～80页，北京，法律出版社，2008。

成要件结果而言的，对结果的希望或者放任。这样一种故意，也被称为结果本位的故意，只要对这种危险具有认识且实施其行为即为故意。这就在一定程度上否认了意欲要素在故意中的必要性。实际上，将风险说称为客观说是有些名不符实的，因为行为的风险当然是客观的，但对风险的认识本身仍然是主观的。就此而言，风险说属于认知论的故意范畴。

当然，福利许的风险说的提出，仍然是具有一定意义的，它是故意理论对风险社会的一种回应。风险社会是德国学者乌尔里希·贝克提出的一个概念，用来理解现代社会。我国学者在引述贝克的风险社会理论时指出：

> 贝克认为，工业革命与现代科技深刻改变了人类的生活秩序与方式，提出了传统社会无法想象的物质便利，但也创造出众多新生危险源，导致技术风险的日益扩散。现代社会越来越多地面临各种人为风险，从电子病毒、核辐射到交通事故，从转基因食品、环境污染到犯罪率攀升等。工业社会由其自身系统制造的危险而身不由己地突变为风险社会。①

风险社会同时带来了刑法危机，刑法如何应对风险社会并形成风险刑法即风险社会刑法，这是一个值得探讨的问题。② 风险社会同样给故意理论带来重大冲击。对此，我国学者指出：

> 刑法理论一般公认，故意犯的本质在于对法规范的敌对意思，而此种敌对意思需要通过对法益的侵害决意表现出来。在传统刑法的范围内，由于行为人通常采取的是反社会反伦理的手段，其实施行为的意欲与侵害法益的意欲完全重合，肯定前者即能认定行为人对法规范的敌对心态，故而，可以毫无障碍地将意欲的内容解释为对法益侵害结果的意欲。相反，对于那些具有引起法益侵害风险的日常行为来说，行为人的

① ［德］乌尔里希·贝克：《世界风险社会》，吴英姿等译，102页，南京，南京大学出版社，2004。

② 关于风险社会与刑法的探讨，参见劳东燕：《公共政策与风险社会刑法》，载《中国社会科学》，2007（3）。

> 从事行为的意欲（即行为决定或行为决意）并不等同于侵害法益的意欲。也就是说，从行为决定本身无法断定行为人对法益侵害结果所持的心态，也难以直接表明行为人对法规范的敌对意思。相应地，倘若仍然坚持意欲的内容是对法益侵害结果的意欲，则不仅认定故意会变得异常困难，而且难以有效地保护他人与社会的法益。由是之故，在认定故意时，通过放弃或放宽意欲要素的要求而将关注重心放在认识因素之上，便成为理论为迎合风险社会之现实需要而被迫做出的应变之举。①

从以上论述来看，从意欲论转向认知论，这是故意理论在风险社会背景下的应变之举。这一观点，当然有其合理性。在我看来，对这个问题可能还是要从客观构成要件入手，因为主观故意对客观构成要件具有某种依附性。刑法对风险社会的应对首先表现为构成要件设置上。风险社会刑法在构成要件设置上的特征，正如我国学者指出：

> 主要表现为行为范畴的拓展与犯罪标准的前移这两个方面。②

行为范畴的拓展，主要表现为不作为犯与持有犯的增加。传统的犯罪是作为犯，不作为犯只是例外。而现代刑法之下，不作为犯大有扩张之势，并且出现了大量的持有犯。

犯罪标准的前移，主要表现为危险犯与行为犯的增加。传统的犯罪都是实害犯与结果犯，但在风险社会里基于防范风险的需要，把刑法惩治的时间前移，设置了大量的危险犯与行为犯。

无论是行为范畴的拓展，还是犯罪标准的前移，对于客观构成要件带来的一个重大影响，就是传统的以行为、结果以及因果关系为内容的这样一种结果式的构成要件有所萎缩，而以行为、危险为内容的，相对于结果式的构成要件这样一种完整的构成要件模式来说，是一种截短的构成要件模式，我们称之为行为式的

---

① 劳东燕：《犯罪故意理论的反思与重构》，载《政法论坛》，2009（1）。

② 劳东燕：《公共政策与风险社会刑法》，载《中国社会科学》，2007（3）。

构成要件。在行为式的构成要件中，其实质内容是法益侵害危险而不是法益侵害结果，因而只要明知行为具有法益侵害危险而实施的，就应该认为具有故意。而在结果式的构成要件中，其实质内容是法益侵害结果，因而只有对这一结果具有意欲才能构成故意。在这种情况下，随着结果本位的刑法让位于行为本位的刑法，结果本位的故意概念也应该让位于行为本位的故意概念。对此，我国学者也作了深刻的论述，指出：

> 可以肯定的是，当前某些犯罪罪过形式的认定难题，并非孤立的现象，而是结果本位主义对刑事立法的影响力有所衰退的后果。随着刑法任务观的重新定位，刑法中结果本位主义一统天下的时代已经过去，服务于风险控制的行为本位的思想正不断渗透进来。因而，期望利用结果本位的传统刑法理论去诠释日益受行为本位思想影响的刑事立法，无异于刻舟求剑，终非长久之计。①

从我国刑法关于故意的规定来看，它显然是一个结果本位的故意概念。对此，我国学者储槐植教授指出：

> 根据定义（指我国刑法关于故意犯罪的规定），只有“明知”会发生危害“结果”才能构成故意犯罪，这表明只有发生了法定结果才能成立既遂罪，然而刑法分则并非都如此。总则采用的是“结果本位”原则，是消极刑法思想的反映。提到理论高度，作为犯罪本质特征的行为严重社会危害性，是表明国家对某类行为的政治法律评价，并不是行为人的主观判断。刑法分则规定的故意犯罪主观要件也都没有要求行为人对行为社会危害性的认识，把故意犯罪的构成建立在犯罪人与国家意志相一致的基础上是一种理论失误。②

基于以上理由，储槐植教授建议将刑法关于故意犯罪的规定作如下修改：

---

① 劳东燕：《犯罪故意理论的反思与重构》，载《政法论坛》，2009（1）。

② 储槐植：《建议修改故意犯罪定义》，载《法制日报》，1991-01-24。

> 明知自己的行为会发生法律规定为犯罪的结果或者明知自己的行为就是法律规定为犯罪的行为，并且希望或者放任发生这种结果或者实施这种行为，因而构成犯罪的，是故意犯罪。

这一建议，实际上提出了把故意分为结果故意与行为故意这两种情形。对于这个问题，我曾经发表过否定性的见解，指出：

> 行为人对危害结果有无认识、是否要求其认识是一回事，法律在构成要件的客观方面是否以一定的危害结果作为必要要件是另一回事，不能因为法律不以危害结果为必要要件，否定行为人主观上对一定的危害结果必须有认识。①

现在看来，我的这一观点是值得反思的。我曾经以我国刑法中的诬告陷害罪为例加以论证。诬告陷害罪虽然不要求使他人受到刑事处分的结果，但在行为人的主观故意中显然是包含对这一结果的认识的，否则，诬告陷害的故意难以成立。在诬告陷害罪中，这一结论是正确的，因为诬告陷害罪属于目的犯，在客观构成要件上是断绝的结果犯。虽然行为人客观上不要求具有某一结果，但主观上具有实现这一结果的目的。在这种情况下，断绝的结果犯的故意当然包含对结果的认识。但在我国刑法中，断绝的结果犯只是行为犯的一种特殊情况。在我国刑法中，还存在纯正的行为犯、持有犯、危险犯等各种犯罪类型，对于这些行为式的构成要件模式来说，其构成要件要素只是行为以及相类似的持有等内容，并没有结果。对于这些犯罪来说，只要行为人对行为的危险有认识，并且实施这一行为，就应当认为具有故意，这是一种行为故意。当然不能否认，在结果式的构成要件模式中，故意的成立要求具有对结果的认识及意欲，这是一种结果故意。在行为故意的情况下，认识要素对于故意具有决定性作用，而意欲则为认识所包裹、而隐藏在其身后。在司法实践中，对于行为故意只要表明认识因素即可，而不需要另外认定意志因素。

① 陈兴良：《刑法哲学》，修订 3 版，169 页，北京，中国政法大学出版社，2004。

三、明知

明知是故意的认识因素，对此我国刑法第 14 条作了明文规定。但如何理解与认定这里的明知，在刑法理论上存在探讨的必要。

(一) 明知的内容

明知是对构成要件要素的事实性认识，这是构成要件的故意规制机能所决定的。并且，对于不同构成要件类型的犯罪，其明知的内容是有所不同的。对此，贝林指出：

> 为了确定故意，行为人必须认识到属于法定构成要件的事实情节。即是说，必须考虑到一些重要的具体事实状况，即认识内容在法律上基本与构成要件要素相一致。由此而论，在实质犯（即实害犯）中，成立故意必须具有对因果性和结果的预见（在过失犯中，只是预见到危险，而不是预见到损害结果）。李斯特将故意定义为“因果性认识”，这是不正确的。因此，在实质犯中，只有故意所认识到的构成要件要素，才应该适用于定罪；相反，在形式犯中，认识的内容，不要求在客观上有相应的构成要件要素。①

我认为，贝林将构成要件区分为实质犯与形式犯，实质犯也就是结果犯，形式犯也就是行为犯。实质犯与形式犯只是构成要件要素不同，因而其明知的内容也是有所不同的。因果性认知只存在于实质犯中，在形式犯中则只有行为

---

① ［德］恩施特·贝林：《构成要件理论》，王安异译，104 页，北京，中国人民公安大学出版社，2006。

性认识。正是在这个意义上，贝林指出李斯特把故意定义为因果性认识是错误的。

在明知的内容中，大多是日常生活中的事物，对此并不需要专业知识。但在构成要件中还存在一些规范性、价值性事实，对这些构成要件要素的认识达到何种程度才属于故意的范畴？对于这个问题，李斯特作了以下发人深省的阐述：

> 立法者制定的法学概念，适用法律的法律工作者能够很快理解，但是离普通老百姓（的知识范畴）太远了；如果想知道何为“故意”，那么，“只有法律工作者能够实施犯罪”。只要构成要件中包含的是法学概念，则应当归因于概念所涉及的生活中的具体名词，以及归因于立法者与之有关的社会、文化评价。此等社会中的具体名词和评价对具体的人的认识范畴而言原则上是相通的。如果《刑法典》第 267 条涉及“文书”[①]，则对此等非常难懂的且颇具争议的法律概念的认识并非故意所必须，而只要（行为人）能认识到它涉及一个在法律事务中符合概念内容的功能即可。《刑法典》第 242 条谈及之“他人”之物[②]，我们不能要求行为人对法学的、民法中的财产概念有清楚的了解，而只要求他认识到，其行为侵害了当事人对该物所享有的排他性占有权。属于行为人故意的不是对行为的推定（属于法律范畴）及其抽象的概念特征，而是对那些事实和法律关系的认识，后者构成行为危害性事由，并被立法者在法学概念的抽象中用于建立构成要件。[③]

我以为，李斯特的以上论述是十分深刻的。法律是用来规范社会生活的，社会生活又具有其自身的逻辑。在这种情况下，法律术语要去贴近社会生活，而不是相反。因此，在刑法对构成要件要素的描述中可能采用某些专业术语，但并不要求老百姓都成为专业人士，否则，只有法律工作者才能实施犯罪。例如，我国

① 《德国刑法典》第 267 条是关于伪造文书罪的规定。

② 《德国刑法典》第 242 条是关于盗窃罪的规定。

③ ［德］李斯特：《德国刑法教科书》，修订译本，徐久生译，285～286 页，北京，法律出版社，2006。

刑法规定了制作、贩卖、传播淫秽物品罪，刑法第367条对淫秽物品规定了以下定义：

本法所称淫秽物品，是指具体描绘性行为或者露骨宣扬色情的诲淫性的书刊、影片、录像带、录音带、图片及其他淫秽物品。

这里的淫秽物品是一个极其专业的术语，一般的老百姓并不使用，甚至也不知道这样的术语。因此，我们可以听到以下这样一段警察和倒卖淫秽光盘的妇女之间的对话①：

警察：你为什么被抓？

妇女：因为在街头倒卖光盘。

警察：你倒卖的光盘中有多少张淫秽光盘？

妇女：没有淫秽光盘，只有10张毛片，其他都是盗版光盘。

警察：毛片不就是淫秽光盘吗？

妇女：我不知道。

警察：你看过毛片吗？

妇女：没有。

警察：你知道倒卖淫秽光盘是犯罪吗？

妇女：我不知道，我只知道倒卖毛片犯法，抓住要罚钱。

在以上对话中，妇女虽然不知道什么是淫秽光盘，但知道什么是毛片；虽然不知道什么是犯罪，但知道什么是犯法，因而其故意的认识因素就具备了，而不能强求妇女认识到自己贩卖的是淫秽光盘，才具有贩卖淫秽物品罪的故意。这里存在一个日常世界如何与法律世界沟通，行为人所为与所知如何印证的问题。对此，德国学者考夫曼通过一个生动的例子加以阐述，指出：

对我们而言，要讨论的是，究竟对故意的归责如何可能，如果行为

① 以下对话来自张明楷教授转述阅卷所见，特此感谢。

> 者，如一般案件，对其行为并没有法律的想象，而仅掌握其社会的、人性的意义内涵，而那个内涵亦仅是不清楚的并在一种简化的日常语言中掌握。我们可以想到前面被提起的在帝国法院被判决的“啤酒垫案”。一个酒店的客人将女侍者为了后来算账的目的，在放啤酒的垫子上所划的线擦掉，困难的是这个客人是否在行为时想到文书犯罪（啤酒垫子当做是文书!），对他而言，或仅仅想到这是如“操纵”、“骗子”、“甩个耳光”等意义（纵使，他是一个外国人，但对于该些线的意义并非完全不认识），在此再度要提的问题：这个常人的意识如何取得与法律的关联性?[①]

因此，明知的内容是按照一般的社会生活常识来确认的，而不能按照法律或者其他专业的知识来衡量。这也正是所谓“外行的平行评价”（Parallelwertung in der Laiensphaere）[②]。

（二）明知的程度

明知有程度之分，这就是明知结果可能发生与明知结果必然发生。应当指出，明知程度只对于结果犯才具有意义，对于行为犯则没有意义，因为对于行为犯来说，行为人只要明知其行为的性质而有意实施该行为即构成故意。在这种情况下，并不存在一个明知的程度问题。

在刑法理论上，明知结果必然发生的情况下是否可能成立间接故意，是存在争议的。对此，苏俄学者曾经通过以下案例进行讨论：

---

① ［德］考夫曼：《法律哲学》，刘幸义等译，195页，北京，法律出版社，2004。

② ［德］汉斯·海因里希·耶赛克、托马斯·魏根特：《德国刑法教科书》，徐久生译，356页，北京，中国法制出版社，2001。

案例12—1　罗曼诺夫杀人案[①]

有一座楼房正在修建，依万诺夫和谢敏诺夫两个工人同在一个用粗麻绳系在十层楼的房顶旁的脚手架上工作。公民罗曼诺夫（依万诺夫的仇人）企图杀死依万诺夫，为了这个目的而割断了捆着脚手架的绳索，结果两个工人都跌下来摔死了。

案例12—2　甲放火烧死婴儿案[②]

公民甲为了获得保险费而放火烧掉了房子，这所房屋里有一个婴儿，甲并不希望这个婴儿死；但是，婴儿是可能被火烧死的，而甲有意识地放任这种死亡的发生。

针对以上两个案例，特拉伊宁做了对比性分析。对于案例12—1，特拉伊宁指出：

> 罗曼诺夫虽然不希望，但却有意识地放任其死亡的谢敏诺夫，不能不同依万诺夫一块摔死。他的死亡并不是可能的，而是不可避免的。因此，罗曼诺夫不仅是以直接故意杀害了依万诺夫，而且也是以直接故意杀害了谢敏诺夫，因为在这种情况下，不杀害其中一人，就不能杀害另一人。因而，只要不希望发生、但有意识放任发生的结果必然要发生，就不能再说是可能的故意。[③]

案例12—2的情况有所不同。特拉伊宁指出：

> 在这个案例中，婴儿的死亡是可能发生的，但也可能不发生。因为

①② 参见［苏］A. H. 特拉伊宁：《犯罪构成的一般学说》，王作富等译，167页，北京，中国人民大学出版社，1958。

③ ［苏］A. H. 特拉伊宁：《犯罪构成的一般学说》，王作富等译，167页，北京，中国人民大学出版社，1958。

> 甲虽不希望，但却有意识地放任婴儿的死亡，所以，甲要负直接故意放火罪并对由可能的故意构成的杀害婴儿罪负责。[①]

在以上论述中，特拉伊宁所说的可能的故意，又称为未必的故意，也就是我国刑法中所规定的间接故意。特拉伊宁认为，如果在结果必然发生的情况下就应定直接故意。这一结论是正确的，因为间接故意是以结果可能发生为前提的，如果结果必然发生，就不可能构成间接故意。但特拉伊宁说在结果必然发生的情况下，即使对结果有意识地放任其发生，也不可能构成间接故意。这一论述存在表述上的瑕疵，应该说，在明知结果必然发生的情况下主观上不可能存在放任心理，必然是希望其发生。由此可见，在故意中，认识因素对于意志因素具有制约作用。我国刑法学以往过于强调意志因素，应该适当地回归对认识因素的关注。在许多情况下，只要查明认识因素就可以区分直接故意与间接故意，完全没有再去考察意志因素的必要。

（三）明知的规定

我国刑法总则关于故意犯罪的概念中规定了明知，我们称为一般的明知。此外，我国刑法分则对某些具体犯罪又规定了明知，我们称为特定的明知。例如，刑法第 191 条规定的洗钱罪中的明知，刑法第 214 条规定的销售假冒注册商标的商品罪中的明知，刑法第 218 条规定的销售侵权复制品罪中的明知，刑法第 258 条规定的重婚罪中的明知，刑法第 259 条规定的破坏军婚罪中的明知，刑法第 310 条规定的窝藏、包庇罪中的明知，刑法第 311 条规定的拒绝提供间谍犯罪证据罪中的明知，刑法第 312 条规定的掩饰、隐瞒犯罪所得、犯罪所得收益罪中的明知等，这些明知，都是对行为客体的明知。

---

① ［苏］A. H. 特拉伊宁：《犯罪构成的一般学说》，王作富等译，167 页，北京，中国人民大学出版社，1958。

当然，也并非刑法分则规定了明知的就一定是故意犯罪，在某些情况下，刑法分则条文也规定了明知，但该罪确是过失犯罪。例如，我国刑法第138条规定的教育设施重大安全事故罪，是指明知校舍或者教育教学设施有危险，而不采取措施或者不及时报告，致使发生重大伤亡事故的行为。这一法条中的明知并不等同于故意犯罪的明知，只是表明行为人已经预见到发生侵害结果的危险。[①] 这当然与刑法用语不规范有关，但我们还是应当把它与故意犯罪的明知加以区分。

明知是故意的要素之一。在此，涉及刑法总则规定的明知与刑法分则规定的明知之间的逻辑关系问题。对此，我国台湾地区学者指出：

> 刑法总则上所称之明知，与刑法分则上所称之明知不同。前者系作为基本主观要件之一种基础，后者则系一种特定主观要件。犯罪须具备此特定主观要件时，刑法分则之明知为第一次明知，刑法总则之明知为第二次明知。有第一次之明知，未必即有第二次之明知。但是，分则中的明知不等于总则中的明知，只是总则中明知的前提，只有具备分则中的明知，才能产生总则中的明知。[②]

上述第一次明知与第二次明知的命名还是十分生动的，也说明了总则中规定的明知应以分则中规定的明知为前提这一法理。当然，在如何理解刑法分则中规定的明知的性质上，还是存在进一步探讨之处。例如我国台湾地区学者将刑法分则规定的明知称为确信之违反，而确信之违反是表现犯之特定意态，将之与目的犯之意图（目的）、倾向犯之意欲相区分，指出：

> 确信，原系认识问题，属于观念范围，非属意思范围；如明知鹿为鹿、马为马是。但确信之违反，则已进入意思范围，如指鹿为马是。此种确信之违反，与目的犯之意图不同，盖确信之违反，系反真实的心理状态，因其反真实而受非难；而意图，则系因其目的不法，而受非难，

① 参见张明楷：《刑法学》，3版，547页，北京，法律出版社，2007。

② 郑健才：《刑法总则》，96页，台北，1985。

并非反真实之问题。确信之违反，又与倾向犯之意欲不同，盖意欲，系因其心理倾向不法而受非难，亦非反真实之问题。①

以上这段叙述涉及表现犯、目的犯与倾向犯的主观要素，理解起来有一定难度。尤其是反真实性，并非要求反真实达到确信的程度，即坚信不疑，与我国刑法和司法解释的规定不尽符合，因为我国刑法分则中的明知，并不等于确知，而是指知道或者应当知道，因而包含了预见的含义。因此，不能简单地把我国刑法分则规定的以明知为构成要件的犯罪都归入表现犯。

在刑法分则明文规定故意犯罪行为人的主观明知的情况下，没有这种明知，当然不具有故意，因而也不构成这些犯罪。问题在于：在刑法没有明文规定这种明知的情况下，是否就意味着不要明知？这个问题，涉及对明知条款的性质的界定，即：这些明知条款到底是构成要件要素还是责任要素？对此有不同回答，就会对上述问题得出不同的结论。奸淫幼女构成强奸是否以明知幼女年龄为必要，就是一个曾经引起广泛争议的问题。这一争议缘于一个司法解释，而该司法解释是缘于一个奸淫幼女案例。

案例 12—3　张某等人奸淫幼女案②

被害人徐某，女，1989 年 5 月 2 日出生，案发时 12 岁，身高 1.65 米，体重 60.2 千克。该女在 2002 年 2 月，以“疯女人”的网名上网与人聊天，随后与人见面，先后与张某等 6 人发生性关系。

本案经某区人民法院审理后，对该案奸淫事实确认无误，但对于被告人张某等人的行为是否构成奸淫幼女，存在以下两种意见：

第一种意见认为，被害人徐某案发时未满 14 周岁，而奸淫幼女罪（该罪名

① 郑健才：《刑法总则》，128 页，台北，1985。

② 参见陈兴良：《奸淫幼女构成犯罪应以明知为前提——为一个司法解释辩护》，载《法律科学》，2003（6）。

已经取消，奸淫幼女行为均定强奸罪——作者注）是指与不满 14 周岁的幼女发生性交行为。不管幼女是否同意，也不管行为人采用什么方法达到奸淫目的，只要实施与幼女的性交行为，即构成此罪，上述六被告人的行为符合奸淫幼女罪的犯罪构成。

第二种意见则认为，被告人张某等六人的行为不构成奸淫幼女罪。理由是：首先，奸淫幼女罪主要是考虑到不满 14 周岁的儿童对性的认识能力欠缺，为保护儿童的身心健康，所以在强奸罪中加以单独规定。在本案中，被害人徐某虽然未满 14 周岁，但其从网上和其他渠道更多地了解了有关性知识，其在给被告人的信中也宣称“爱好：上网、找男人做爱……”，说明其心理发育早熟，有别于传统意义上的幼女。其次，被害人徐某与上述张某等六被告人均是在网上聊天时相识，被害人在其被奸淫之前大多是其要求与对方见面，称不想回家、想找个地方睡觉；网上聊天时，也是以性爱作为主要内容，想知道性爱是什么。由于早熟及好奇心驱使，其主动接触异性并勾引异性，导致其与多人发生性行为。且被害人在网上及当着六被告人的面均说自己 19 岁，从其体貌特征看似成人，被告人不可能知道其是幼女。也就是说在本案中，上述六被告人无罪过，不能认为其行为是犯罪。

因为对本案定性存在上述意见分歧，遂将本案请示到市中级人民法院，市中级人民法院经审判委员会讨论，同样存在意见分歧，遂请示到省高级人民法院。省高级人民法院对本案定性没有把握，尤其是考虑到这个案件涉及对刑法第 236 条第 2 款规定的正确理解，具有一定的普遍性，遂将本案请示到最高人民法院。经过最高人民法院审判委员会讨论，2003 年 1 月 17 日颁布了《关于行为人不明知是不满十四周岁的幼女，双方自愿发生性关系是否构成强奸罪问题的批复》（以下简称《批复》），指出：

> 行为人明知是不满十四周岁的幼女而与其发生性关系，不论幼女是否自愿，均应依照刑法第二百三十六条第二款的规定，以强奸罪定罪处罚；行为人确实不知对方是不满十四周岁的幼女，双方自愿发生性关

系，未造成严重后果，情节显著轻微的，不认为是犯罪。

这个司法解释颁布以后，引发了社会公众的广泛争论，尽管刑法学界一致赞同《批复》的精神，但也存在不同意见。[①] 我认为，这一争议涉及对明知的理解。在主张奸淫幼女行为构成强奸罪不要求行为人对幼女的年龄明知的观点中，其重要理由之一就是刑法关于奸淫幼女没有规定以明知为条件，因而在法律上并不要求明知。问题在于：

> 刑法分则没有规定明知，就意味着具体犯罪故意对行为客体的性质不要求明知吗？

我的回答是否定的。在刑法分则规定明知的情况下，这里的明知是构成要件要素，即主观违法要素，因而缺乏这种明知的，构成要件不具备。在刑法分则没有规定明知的情况下，其构成要件中不包括主观违法要素，但在有责性的判断中，如果没有对行为客体的明知，则故意不存在。以上两种情形是有所不同的，以奸淫幼女为例加以说明：如果刑法分则规定明知，则只有明知是不满 14 周岁的幼女而与之发生性关系才具备奸淫幼女型强奸罪的构成要件。在刑法分则没有规定明知的情况下，只要与不满 14 周岁的幼女发生性关系就具备奸淫幼女型强奸罪的构成要件。但在有责性判断中，因为缺乏对行为客体的认识而缺乏奸淫幼女的故意。因此，刑法分则规定的明知是主观违法要素，刑法分则没有规定明知时，只是不需具备这种主观违法要素，但并不能由此否认在故意中要求对行为客体的明知。我在为上述司法解释辩护的论文中曾经从解释方法角度作了论证，认为上述司法解释采用了限制的方法，指出：

> 就本文涉及的奸淫幼女的司法解释而言，被解释的法律文本是“奸淫不满十四周岁的幼女的，以强奸论，从重处罚”。在这一法律条文中，并没有明知是不满 14 周岁的幼女的内容。因此，仅从法律条文的字面

---

① 有关争论情况，参见赵秉志主编：《主客观相统一：刑法现代化的坐标——以奸淫幼女型强奸罪为视角》，北京，中国人民公安大学出版社，2004。

规定来看，理解为不需要明知是不满 14 周岁的幼女发生性行为的即可构成本罪，在文理上并无不可。而司法解释对此理解为行为人明知是不满 14 周岁的幼女而与其发生关系才构成强奸罪，这就排除了不明知而构成本罪的情形，因而在一定程度上缩小了法律条文所指称的内容。尽管这种解释从字面上看，缩小了本罪的范围，但这一解释是与刑法的整个立法精神相吻合的。①

孤立地来看刑法第 236 条第 2 款，限制解释的说法似乎是能够成立的，但根据一般文义解释，对幼女年龄若不明知也构成强奸罪，则与刑法总则关于犯罪故意的规定相矛盾。在这种情况下，现在看来不能把上述司法解释称为限制解释，而应当从体系解释的角度来作分析。关于体系解释，我国学者指出：

体系解释是指根据刑法条文在整个刑法的地位，联系相关法条的含义，阐明其规范意义的解释方法。一般认为，体系解释可以在法律用语具有歧义的情况下，通过体系解释明确法律用语的含义，并且使刑法规定的内容得到完整的揭示。②

体系解释要求我们在解释一个刑法条文的时候，应当把它置于整个刑法体系中，在法律文本的语境内还原法律蕴涵。在这个意义上说，体系解释也是一种语境解释，即将法律文本作为一个有内在完整结构、融贯一致的体系，每一语词和句子都不能同该文本发生冲突。③ 根据体系解释，在解释刑法第 236 条第 2 款的时候，不能断章取义地就法条论法条，而是把它与刑法第 14 条的规定联系起来，将作为构成要件要素的明知与作为故意要素的明知加以区分。就此而言，就不存在限制解释的问题。

① 陈兴良：《奸淫幼女构成犯罪应以明知为前提——为一个司法解释辩护》，载《法律科学》，2003 (6)。

② 林维：《刑法解释的权力分析》，102 页，北京，中国人民公安大学出版社，2006。

③ 参见林维：《刑法解释的权力分析》，106 页，北京，中国人民公安大学出版社，2006。

（四）明知的认定

明知是行为人的一种主观心理状态，对明知如何认定，这是一个值得研究的问题。目前在我国司法解释中，往往把明知解释为知道或者应当知道，例如，2000 年 11 月 22 日最高人民法院《关于审理破坏森林资源刑事案件具体应用法律若干问题的解释》第 10 条规定：

> 刑法第三百四十五条规定的“非法收购明知是盗伐、滥伐的林木”中的“明知”，是指知道或者应当知道。

此外，也有个别司法解释把明知解释为知道或者可能知道，例如，2001 年 6 月 11 日最高人民检察院《关于构成嫖宿幼女罪主观上是否需要具备明知要件的解释》规定：

> 行为人知道被害人是或者可能是不满十四周岁幼女而嫖宿的，适用刑法第三百六十条第二款的规定，以嫖宿幼女罪追究刑事责任。

这里的“知道或者可能知道”与“知道或者应当知道”是同一含义，都把明知区分为两种情况。对此，在我国刑法学界也存在不同见解，例如，我国学者指出：

> “可能知道”是相对于“知道（即明确知道）”而言的，是一种程度较低的明知状态，它仍属于行为人主观明知的范畴，并非推断的一种方式，因而“可能知道”与“应当知道”之间存在着本质上的差别。①

我不赞同这种观点。我认为“可能知道”与“应当知道”是同一含义，只是措词不同而已。“可能知道”只在最高人民检察院 2001 年 6 月 11 日关于嫖宿幼女罪的司法解释中出现过，后来未再采用。而“应当知道”被最高人民法院的司法解释广泛采用。因此，“知道”与“应当知道”或者“可能知道”的区别不在

---

① 于志刚：《刑法总则的扩张解释》，49 页，北京，中国法制出版社，2009。

于认识程度而在于证明方式。

“知道”是指有证据证明的明知，例如，被告人本人供述，还有书证或者证人证言佐证。在这种情况下，可以认定行为人对于行为客体具有明知。因此，“知道”的认定相对是较为简单的。

“应当知道”，它是与“知道”并列的，因而区别于“知道”。那么，如何理解这里的“应当知道”呢？“应当知道”的提法来源于我国刑法第219条关于侵犯商业秘密罪的规定，该条第2款规定：

> 明知或者应知前款所列行为，获取、使用或者披露他人的商业秘密的，以侵犯商业秘密论。

这里出现了“明知或者应知”的表述。把“应知”与“明知”并列，按照通常理解“应知”不属于“明知”，因此，如何理解这里的“应知”就出现了以下两种观点：

> 第一种观点认为在应知的情况下仍然侵犯商业秘密的，推定其具有故意。①

> 第二种观点认为应知是指过失。在应知的情况下，构成该罪的，则是一种过失犯罪。②

我国刑法关于过失犯罪的定义中采用了“应当预见”这样一种表述，应当预见是以没有预见为前提的。由此推论，“应当知道”是以不知道为前提的，因而认其为过失不能说没有根据。但我国刑法学界的通说认为侵犯商业秘密罪是故意犯罪，“应知”只不过是明知的一种情形。此后，司法解释从“应知”中引申出“应当知道”。但“应当知道”容易误解为不知，由此认为是疏忽大意的过失。因此，我主张引入推定故意的概念。推定故意是相当于现实故意而言的。现实故意是指有证据证明的故意，而推定故意是指没有证据能够直接证明，但根据一定的

① 陈兴良主编：《刑法学》，2版，580页，上海，复旦大学出版社，2009。

② 高铭暄主编：《新型经济犯罪研究》，841～842页，北京，中国方正出版社，2000。

证据可以推定行为人具有某种故意，行为人如果否认自己具有此种故意，必须提出反证。我国学者指出：

> 犯罪故意的推定有两类：一类称一般故意的推定，即以假定为前提，只要行为人对客观事实认识无误，就表明行为人具有社会危害意识，存在故意的心理。另一类称证明故意的推定，即以证明为基础，从客观事实出发，推断行为人主观心理的故意内容。①

由此可见，推定故意是证明故意推定的肯定性结果，因而它也是故意的一种特定类型。应当指出，对于明知的推定就是对故意推定的一种主要途径。因此，“应当知道”作为一种推定的明知，是推定故意的应有之义。那么，如何认识“应当知道”的本质呢？对此，我国学者指出：

> “应当知道”的本质，只是用以证明行为人主观认识状态的一种事实推定方式，是行为人之外的人基于证据之外的客观事实而对行为人主观认识状态的一种判断，必须指出的是，它本身并不是一种行为人主观上的认识状态。②

在以上论述中，指出了“应当知道”是采用事实推定方式获得证明的。这一观点是正确的。但又认为这种“知道”不是行为人主观上的认知状态，则尚值得商榷。通过推定获得的“知道”虽然在可靠性程度上不如有证据证明的知道，但它仍然是行为人的主观认识状态，只要没有反证，就应当根据这一推定认定行为人主观上具有过失。

在我国以往的司法实践中，对犯罪事实的认定往往重视对客观事实的认定而忽视对主观事实的认定。这里的犯罪客观事实，是指以行为为中心而存在的犯罪客观形态。而犯罪主观事实，则是指以认识与意志等心理内容为中心而存在的犯罪主观形态。实际上，客观事实与主观事实之间的关系是十分复杂的。在有些情

---

① 姜伟：《罪过形式论》，168 页，北京，北京大学出版社，2008。

② 于志刚：《刑法总则的扩张解释》，46 页，北京，中国法制出版社，2009。

况下，客观事实可以直接反映主观事实，因此只要客观事实得以认定，主观事实不证自明。例如在违反妇女意志强行与之发生性关系的情况下，只要强行性行为的事实客观存在，主观上的强奸故意是无须另行证明的。而在另一些情况下，客观事实相同，主观罪过形式不同，因而可能构成不同的犯罪。例如都是客观上致人死亡，如果主观上是故意就应定故意杀人罪，如果主观上是过失就应定过失致人死亡罪。因此，主观事实是客观事实之外另需证明的。

在此，就提出了一个主观事实的证明问题。主观事实表现为行为人的主观心理状态，它不像客观事实那样具有外在形态可以加以证明，因而主观事实的认定较之客观事实是更为困难的。在有些情况下，主观事实是有其他证据证明的，例如对幼女年龄的明知，有证人证实告诉过行为人幼女的实际年龄，对此行为人也承认。在此，对幼女年龄的明知就是有证据证明的。但在另一些情况下，主观事实是没有证据直接证明，因而需要推定的，这里涉及司法推定这样一种司法技术。

司法推定是间接地证明行为人某种主观事实存在的法律方法，因而推定是可反证的，如果反证成立，推定结论即可推翻。在司法推定的适用中，为保证推定结论的正确性，关键是应当科学地确定推定的基础事实，只要基础事实与推定结论之间具有高度相关性，推定结论就具有可靠性。为避免司法推定中发生错误，司法推定的基础事实应当由法律或者司法解释加以确认，在此存在一个司法推定的基础事实的法定化问题。在实现了司法推定的基础事实法定化以后，司法者的任务只是查明基础事实的存在，至于推定过程，则已经由法律或者司法解释完成。例如，对于销售假冒注册商标的商品罪之明知的推定，2004 年 12 月 8 日最高人民法院、最高人民检察院《关于办理侵犯知识产权刑事案件具体应用法律若干问题的解释》明文规定了三种推定的基础事实，查明其中之一的，即可认定行为人主观上具有自己销售的是假冒注册商标的商品之明知，除非行为人能够提出反证。当然，上述司法解释还规定“其他知道或者应当知道是假冒注册商标的商品的情形”。这是对司法推定的基础事实的一种空白性规定，授权司法者根据案件的具体情况确定司法推定的基础事实。

从近年来司法解释的规定看，对主观事实推定的基础事实的规定越来越完善，这都是值得充分肯定的，也是司法解释发展的一个方向。当然，在这些规定中，也存在用语是否妥当的问题，需要探讨，“应当知道”即是一例。根据我的研究，刑法第 219 条中的“应知”就已经引起是过失的误解，此后司法解释中频繁出现的“应当知道”虽然已被明确规定为明知的一种情形，因而不至于误解为过失，但由于“应当知道”是以不知为逻辑前提的，在法律用语上不够贴切。因此，我建议摈弃“应当知道”一语，代之以“推定知道”，以此作为推定故意的认识因素。

四、意欲

意欲是故意的意志因素，我国刑法第 14 条表述为希望或者放任，并据此而分为直接故意与间接故意。换言之，从我国刑法关于犯罪故意的定义来看，直接故意与间接故意是根据对结果持希望的心理态度还是放任的心理态度而作区分的。因此，我国刑法中的故意具有较为浓厚的意欲论色彩。但正如我在前文指出的，只有在结果犯的情况下才存在对结果的希望与放任问题。而在行为犯的情况下，行为人只要明知其行为的性质而有意实施，主观上就具有故意。这种行为故意以及危险故意，一般都划入直接故意，它们主要是通过认识因素来认定的，其意志因素并不表现在对结果的支配而在于对行为的支配。① 当然，在结果犯的情况下，对结果的意欲对于故意的成立以及故意形式的划分具有重要意义。

（一）希望

希望是行为人对结果所持的一种有目的地追求的主观心理态度。在理解希望

① 关于行为犯的故意，参见史卫忠：《行为犯研究》，123 页以下，北京，中国方正出版社，2002。

这一意欲形式的时候，可以从以下三个方面加以考察：

1. 结果性

希望是对结果的追求，意图实施某一构成要件的结果，因此，希望与结果之间具有密切相关性。可以说，只有存在结果的情况下才存在希望的心理态度，如果没有结果，这种希望的心理态度是不可能存在的。例如杀人罪的构成要件结果是死亡，因此存在对这一结果的希望，即希望他人死亡的结果发生。但对于持有毒品罪来说，不存在独立于行为的结果，我们不能说持有毒品罪的结果是持有毒品，这样就会将行为与结果混为一谈。因此，持有毒品罪是典型的行为犯——以持有方式构成的行为犯。在行为犯的情况下，由于不存在结果，当然也就不存在对结果的追求。换言之，行为犯的意志是通过对行为的支配而表现出来的，对此不能套用希望这一意志因素。

应当指出，作为希望的客体之结果是构成要件的结果，因而不是广义上的结果。明确这一点对于认定某一犯罪的罪过形式具有重要意义。例如我国刑法第129条规定的丢失枪支不报罪，以“造成严重后果”作为处罚条件。对于该罪的罪过形式，我国刑法学界众说纷纭，故意说、过失说与复合罪过说，不一而足。[①] 故意说是以丢失枪支不报的主观心理认定其罪过形式，过失说是以对“造成严重后果”的主观心理认定其罪过形式，而复合罪过说则认为对于“造成严重后果”既可能是故意也可能是过失。[②] 值得注意的是，张明楷教授提出客观的超过要素理论加以解释，指出：

> 本罪中的“造成严重后果”虽然是客观构成要件要素，但不需要行为人对严重后果具有认识与希望或者放任态度，“造成严重后果”便成为超出故意内容的客观要素，即本书所说的“客观的超过要素”[③]。

---

① 参见林维：《刑法归责构造的欠缺——以丢失枪支不报罪为中心》，载陈兴良主编：《刑事法判解》，第2卷，217页以下，北京，法律出版社，2000。

② 关于复合罪过，参见杨书文：《复合罪过形式论纲》，北京，中国法制出版社，2004。

③ 张明楷：《刑法学》，3版，537～538页，北京，法律出版社，2007。

我国学者黎宏认为客观的超过要素类似于德日刑法学中的客观处罚条件，并对此持批评态度，指出：

> 这个观点（指客观的超过要素——引者注），在从与德日刑法理论中所存在的“超过的主观要素”相对应的角度出发，论证类似于客观处罚条件的“超过的客观要素”的存在的一点上，应当说，在方法论上有其独创的一面，跳出了德日刑法学当中长期以来一直受到非议的、为了说明客观处罚条件不是犯罪构成要件，就先说明其不是故意、过失的认识对象，但在说明故意的认识内容时，又主张其受构成要件的客观要素的制约之类的循环论证的窠臼，值得注意，但在该观点将类似于所谓客观处罚条件的事实排除在故意的认识范围之外的一点上，笔者持有异议。①

在以上论述中，我感兴趣的是所谓循环论证的问题。在四要件的犯罪构成体系中，既然把“造成严重后果”列为客观构成要件，又认为主观上不要求认识，即使是像张明楷教授那样将其作为超过的客观要素，也是理据不足的。而在三阶层的犯罪体系中，将“造成严重后果”作为客观处罚条件，在三阶层以外加以讨论，基于客观判断──►主观判断，然后才是客观处罚条件的判断，怎么可能会存在循环论证呢？我认为，将“造成严重后果”一开始就从构成要件中予以剔除，根据构成要件的故意规制机能，不要求行为人认识，这是理所当然，因而也不存在循环论证的问题。

而张明楷教授恰恰是没有直接地采用客观处罚条件理论，反而会出现逻辑漏洞。至于黎宏教授认为，造成严重后果之类的要素是说明行为成立犯罪的重要条件，行为人对其没有认识或者不可能认识的话，就不会产生刑事违法性的意识，难以认定具有犯罪故意②的观点，我认为，也是难以成立的。“造成严重后果”

① 黎宏：《刑法总论问题思考》，193～194页，北京，中国人民大学出版社，2007。

② 参见黎宏：《刑法总论问题思考》，195页，北京，中国人民大学出版社，2007。

是否属于认识内容，并不是一个主观判断问题，首先是一个客观判断问题。也就是说：丢失枪支不报罪到底是行为犯还是结果犯？这实际上还是一个“造成严重后果”的体系性地位问题。如果把丢失枪支不报罪视为行为犯，“造成严重后果”不是构成要件而是客观处罚条件，则既不要求行为人对此认识，也不存在对此希望或者放任的问题，径直就可以将本罪认定为故意犯罪，即不及时报告行为是故意实施的。而之所以认为本罪是过失犯罪，在很大程度上是把“造成严重后果”看作是构成要件的结果，因而本罪是结果犯。在结果犯的情况下，如果认定为故意，行为人要有对结果的认识与意志，而这在本罪中是不可能的，因而将本罪认定为过失犯罪。

综上所述，希望这种主观心理态度是与结果相关的，结果是希望的客体。在没有结果的情况下，当然不存在希望的意欲形式。

2. 目的性

希望是受目的支配的，因而在希望构成的直接故意中具有明显的目的性。这里的目的是指结果的主观显现，结果发生也就是主观目的的客观化。从心理机制上分析，动机──→目的──→行为──→结果，这是一个前后推进的、行为导致结果发生的过程。

在理解希望的目的性的时候，首先应当把这里的目的与动机相区别。动机是推动行为人实施某一行为的内在起因。相对来说，动机还是较为模糊的。在动机的基础上形成一定的目的，目的已经指向一定的结果，因而是较为明确的。在直接故意中，犯罪是有动机的，但这种动机不同于目的，两者不能混淆。例如，杀人的目的是剥夺他人生命，但杀人动机则是多种多样的，它们分别促成杀人目的的产生，并且通过杀人行为予以实现，从而导致死亡结果的发生。

在理解希望的目的性的时候，还要把这里的目的与主观违法要素的目的加以区分。希望的目的是故意范围内的目的，而主观违法要素的目的则是故意范围外的目的。德国学者迈兹格曾经把希望的目的称为“外部行为的单纯的意欲”，而把主观违法要素的目的称为“外部行为的有意义的意欲”①。在此，这两种目的都是“意欲”，区别仅在于“单纯”与“有意义”，可谓语焉不详。对此还要结合目的犯理论加以探讨。

目的犯可以分为断绝的结果犯（kupierte Erfolgsdelikte）和短缩的二行为犯（verkümmert zweiaktige Delikte）这两种情形。日本学者大塚仁认为，前者是直接的目的犯，后者是间接的目的犯。② 在断绝的结果犯中，犯罪是行为犯，其构成要件中并不包含结果，但却要求行为人对并不包含的结果具有目的。例如，我国刑法第 243 条规定的诬告陷害罪，并不要求发生他人受到刑事追究的结果，但却要求对这一结果的目的，法条表述为“意图使他人受刑事追究”。因为在这种情况下，没有构成要件的结果，因而也就没有希望的目的，只有主观违法要素的目的，这就是直接的目的犯。但在短缩的二行为犯的情况下，它属于单行为犯，该单行为犯是结果犯，其故意本身就有目的，而另一个主观违法要素的目的就是间接目的，因而属于间接的目的犯。那么，如何区分故意的目的与目的犯的目的呢？对此，大塚仁指出：

> 目的犯的目的通常超出构成要件客观要素的范围，称其为超过的内心倾向（überschieβende Innentendenz）。在这一点上，要把目的与故意区别开来，故意需要以符合构成要件的客观事实作为行为人表象的对象。只是，目的犯的目的中也并非没有处在构成要件客观要素的范围之内。例如，通说、判例认为作为横领罪要件的“不法领得的意思”，就是以与横领行为共同的范围为对象，只不过是对其进行规整并且赋予其意义。这种目的，被称为赋予意义的目的（sinngebende Absicht）。③

---

① 付立庆：《主观违法要素理论——以目的犯为中心的展开》，34 页，北京，中国人民大学出版社，2008。

② 参见［日］大塚仁：《刑法概说（总论）》，3 版，冯军译，124 页，北京，中国人民大学出版社，2003。

③ ［日］大塚仁：《刑法概说（总论）》，3 版，冯军译，124 页，北京，中国人民大学出版社，2003。

在此终于出现了“有意义的目的”这一用语，并用来揭示目的犯之目的的性质。那么，如何理解这里的“有意义”呢？我国学者在解释迈兹格的观点时指出：

> 在迈兹格看来，这种“外部行为的有意义的意欲”，法律对于行为人仅仅有意识并且有意志地实现外部的构成要件还不满足，在此基础上还要求行为者的特定的附随的精神现象，外部的东西必须能够展示所谓的特定的心理色彩、特定的精神内容、特别的主观意义。①

因此，这里的“有意义”是指独立于客观的构成要件，并且对于违法性认定具有意义，从而区别于依附于客观的构成要件、只在责任判断中发挥作用的单纯的意欲。

综上所述，目的性是希望这一意欲的应有之义，但这种目的与动机及目的犯之目的是存在明显区别的，不可混为一谈。

3. 非难性

希望是一种意欲，它反映行为人的意志倾向，因而不同于认识因素。认识是主体对客体的一种主观认知，这种认知本身无所谓善恶之分，但希望这种意志则具有可非难性。

（二）放任

放任是我国刑法规定的另一种意欲形式，它存在于间接故意之中，是间接故意的意志因素。在理解放任这一意欲形式的时候，可以从以下三个方面加以考察：

1. 可能性

间接故意，在刑法理论上也称为可能的故意与未必的故意，这两种称谓表

① 付立庆：《主观违法要素理论——以目的犯为中心的展开》，34页，北京，中国人民大学出版社，2008。

明，它都是从认识因素上界定间接故意：可能的故意之可能是指认识到结果可能发生；而未必的故意之未必是指认识到结果未必发生。我认为，对于间接故意，从意欲上界定是更为科学的。因为间接故意犯罪都是结果犯，存在对结果的意欲，这种意欲就表现为放任。这里的放任，是指对可能发生的结果持一种纵容的态度。相对于希望结果发生的直接故意，间接故意对结果是容认其发生。值得注意的是，虽然间接故意是以放任作为其意欲形式的，但这种放任又是以结果发生的相当大的可能性为根据的。如果结果发生的可能性很小，即使是在对结果不在意的情况下实施其行为，也不能认为是放任。在现实生活中，往往存在对放任的错误理解。例如，对孙伟铭酒后无证驾车交通肇事案件中，认为孙伟铭明知酒后无证驾车出行会造成交通肇事后果，仍然驾车出行，其主观上对于交通肇事后果具有放任的心理态度，因而构成间接故意。以上分析似乎符合间接故意的特征，但实际上它不是建立在对间接故意的科学认识基础之上的。现在的问题是：酒后无证驾车出行造成交通肇事的可能性有多大？如果这种可能性是 50%以上，那么可以说对结果是放任的。但如果可能性是 10%，也就是说，在绝大多数情况下酒后无证驾车出行并不会造成交通肇事后果，那么就不能由此认为行为人主观上对结果是放任的。由此可见，放任这种心理态度是在认识到结果发生的相当大的可能性的基础之上，通过认识因素对放任加以限制，以免使放任成为抽象而空洞的东西，从而使间接故意中的放任虚幻化。

那么，在具体案件中如何来判断可能性呢？我认为，主要还是根据社会一般人的认识来加以判断。

案例 12—4　王征宇故意杀人案[①]

1996 年 6 月 17 日，上海市崇明县公安局组织部分干警及联防队员沿县内交通干线陈海公路设若干关卡检查过往车辆。18 日零时 50 分许，被告人王征宇驾

① 参见最高人民法院编：《刑事审判参考》，第 2 辑，10 页以下，北京，法律出版社，1999。

驶牌号为“沪 A-2132”的桑塔纳轿车沿陈海公路自东向西高速驶向高石桥路段。站在该路段机动车道的值勤民警示意王征宇停车接受检查，王征宇为急于赶路没有停车，以每小时100公里左右的速度继续向前行驶。由于二位民警躲闪，未造成人员伤亡。此后，王征宇又以同样的速度连续闯过大同路、侯家镇两个关卡，继续向西行驶。在建设路口执行公务的公安干警得知此情况后，即用摩托车、长凳、椅子等物设置路障准备拦截王的车辆，执行公务的人员分别站在路障之间的空当处。其中，民警陆卫涛站在该路段北侧非机动车道接近人行道处。值勤民警让一辆接受检查的出租车驾驶员打开车前大灯，照亮设置的路障和站在路障中间的执行公务人员。王征宇驶近并看到这一情况后，仍拒不接受公安人员的停车指令，驾车冲向路障，致使汽车撞到陆卫涛并将陆铲上车盖，汽车左侧挡风玻璃被撞碎。王征宇撞人后先踩一脚急刹车，但未停车救人，反而立即加速逃离现场。陆卫涛被撞翻，滚过车顶坠落于距撞击点20米处，致颅脑损伤，经抢救无效死亡。

对于本案，上海市第二人民检察院以故意杀人罪起诉，上海市第二中级人民法院以以驾车撞人的危险方法危害公共安全罪判处被告人王征宇死刑。一审宣判后，被告人以驾车撞人是过失所致，其行为构成交通肇事罪为由提出上诉。上海市高级人民法院经审理认为，王征宇为逃避公安机关车辆检查，驾车连续高速冲撞公安机关设置的数处关卡，在建设路口驾车冲向执行公务的公安人员，置他人生命于不顾，将公安人员陆卫涛冲撞翻过车顶，仍继续高速驾车强行闯过关卡，致使陆被撞击坠地后造成颅脑损伤死亡。对于这种结果的发生，王征宇持放任态度，其行为已构成故意杀人罪。二审法院以故意杀人罪判处王征宇死刑。

对于本案被告人王征宇的行为是否构成间接故意，关键在于其驾车撞向民警时的主观心理态度。从被告人的辩解来看，自认为快速冲撞过去，民警陆卫涛会及时躲避，然后再驾车逃跑，但没想到车撞向民警陆卫涛时，陆卫涛来不及躲避，因而是过失致人死亡。如何认定被告人的主观心理状态？这里的关键是被告人认为民警会躲避，这种躲避的可能性有多大，实际上也就是死亡结果发生的可能性有多大。从社会一般人来判断，民警见到对方驾车冲撞过来，当然可能躲避，但他也会认为对方不敢冲撞，不及时躲避的可能性也是相当大的。在这种情况下，被告人将民警置于一种生命危险的境地，对于民警因未能及时躲避而被撞倒的结果是持一种放任的心理态度。因此，对本案被告人以间接故意杀人罪论处是正确的。

2. 间接性

间接故意的放任具有间接性。关于这种间接性，边沁曾经作过以下深刻的阐述：

> 一项后果在它是有意的时候，可以是直接有意，也可以仅仅是间接有意。当产生它的前景构成那导致人采取行为的因果链上的一环时，它便可以说是直接有意。当后果虽在意中并似乎很可能随行动而来，但产生它的前景不构成上述链条的一环时，它便可说是间接有意。①

边沁在这里所说的直接有意是指直接故意，而间接有意是指间接故意。由此可知，间接故意之间接性就表现在结果的发生不构成其预期的链条的一环，因而这一结果是间接的或者附带的结果。因此，间接性主要是就意志与结果的关系而言的。当意志直接追求结果发生时，意志与结果之间具有直接关系，在这种情况下，行为人对于结果的心理态度就是直接故意。而当意志并不直接追求结果，结果只是直接结果的附属结果时，意志与结果之间具有间接关系，在这种情况下，行为人对于结果的心理态度就是间接故意。在上述案例 12—4 王征宇故意杀人案中，王征宇的直接目的是闯过哨卡逃避检查，而将民警陆卫涛撞死只是为追求这一结果而放任发生的另一个间接结果。正是间接性这一特征，将间接故意与直接故意加以区分。

3. 附属性

间接故意的放任具有附属性，它往往是依附于另一个主意志而存在的。我国

---

① ［英］边沁：《道德与立法原理导论》，时殷弘译，134～135 页，北京，商务印书馆，2000。

刑法理论上一般认为，间接故意具有以下三种形式：一是行为人为追求一个犯罪的结果而放任另一个犯罪结果的发生，例如，为杀甲而放任乙的死亡。二是行为人为追求一个非犯罪的结果而放任一个犯罪结果的发生，例如，为打兽而放任将人打死。三是行为人放任轻重结果中的一个结果发生，例如，不顾他人死伤而捅刀子，无论捅死、捅伤，都是行为人放任的结果。在以上三种形式中，除第三种形式以外，前两种形式都存在主意志与从意志的关系，其中放任意志都处在从意志的地位，对于主意志具有一定的附属性。

五、构成要件错误

构成要件错误，是一个与故意相关的问题，因为故意是以具有构成要件认识为前提的，缺乏这种认识当然也就不存在故意。在出现构成要件错误的情况下，需要考虑的是：这种错误是否导致缺乏构成要件的认识，因而故意不能成立？应该说，构成要件错误根据其种类与性质以及处理原则的不同，既存在对故意不发生影响的构成要件错误，又存在对故意发生影响的构成要件错误。构成要件的错误论正是要对此加以研究，它被认为是故意论的不可或缺的内容，对于故意的认定具有重要意义。

（一）构成要件错误的概念

构成要件错误是刑法中的错误的一种情形，因此，为了正确地理解构成要件错误，我们还是应当从刑法中的错误的一般原理入手进行分析。

在德日刑法中，早期将刑法中的错误分为事实错误与法律错误：前者是指对事实的认识错误；后者是指对法律的认识错误。例如德国学者指出：帝国法院的判例是建立在区分事实错误（error facti）和法律错误（error iuris）的传统的基础之上的。区分构成要件错误和禁止错误还是最近才进行的。[①] 那么，上述两种分法之间究竟存在什么样的区分呢？

就事实错误与构成要件错误而言，两者所指基本相同，但事实错误的范围较为宽泛，而构成要件错误的范围较为狭窄。我国学者指出：

> 事实错误中所指的事实，既包括构成要件的事实，也包含构成要件之外的作为违法性基础的事实；既可能是纯粹的事实，也可能是关于法律的事实（如关于财物的"他人性"的事实）。[②]

在以上关于事实错误的界定中，纯粹事实与法律事实当然属于事实错误的范畴，因为所谓法律事实是指规范的构成要件要素。但构成要件之外的作为违法性基础的事实，也称为事实错误中的事实，则未免过于宽泛了。相对来说，构成要件错误这一概念较为明确，因而更为可取。

就法律错误与禁止错误而言，含义也不尽相同。法律错误的外延同样是较为宽泛的，它既指一行为是否构成犯罪的认识错误即违法性的认识错误，也指对某一行为是轻罪还是重罪的认识错误，甚至包括对刑罚轻重的认识错误，例如，误重刑为轻刑或误轻刑为重刑等。而禁止错误，就是指违法性的认识错误。

那么，为什么会发生从事实错误与法律错误的区分演变为构成要件错误与禁止错误的区分呢？对此，我国学者指出：

> 大陆法系国家的犯罪论大多采用构成要件符合性、违法性、有责性的三要件体系。传统的犯罪三阶层论认为违法是客观的、责任是主观的，把故意仅仅看做责任的要素，因此无论是事实错误还是法律错误，都仅仅属于责任论中的问题，都是从是否阻却责任论中的故意的角度来探讨的，并解释为"不知法律不免责，不知事实免责"。随着犯罪阶层理论的发展，新的犯罪论体系（指目的行为论的犯罪论体系——引者

① 参见［德］汉斯·海因里希·耶赛克、托马斯·魏根特：《德国刑法教科书》，徐久生译，368 页，北京，中国法制出版社，2001。

② 刘明祥：《错误论》，8 页，中国法律出版社、日本成文堂，1996。

注）认为，故意不仅仅是责任要素，同时也是构成要件的主观要素，具有双重地位。构成要件故意，是对于符合构成要件的客观事实有所认识；责任要素的故意，是对违法性有所认识。构成要件故意的存在，即是故意罪责的表征。因此，只要符合构成要件故意的违法行为，原则上即会具有故意罪责。除非是在正当化事由前提事实的错误时，尽管行为人有行为意思的表现，但是并不认为其具备违反法秩序的心理表现，此为例外。如此，则对构成要件事实的认识错误，与构成要件故意相关，而违法性错误或禁止错误，则与责任故意相对。基于此，德国刑法学界通说普遍受到犯罪阶层理论的影响，将错误的类型依照阶层体系分为构成要件错误与禁止错误。[①]

我认为，以上论述正确地反映了在行为目的论影响下，认识错误的分类从事实错误与法律错误到构成要件错误与禁止错误的转变过程。可以说，这一转变是与从心理责任论到规范责任论的转变具有密切相关性的，是目的行为论所倡导的结果。[②] 尽管目前德日刑法学通说并不采用目的行为论的犯罪论体系，但构成要件错误与禁止错误的分类已然成为通说。本书在故意论中讨论构成要件错误，对禁止错误即违法性认识错误，则设专章加以讨论。

在以上论述中，还涉及正当化事由错误，也称为违法性阻却事由错误，关于违法性阻却事由错误，我国学者指出：

违法性阻却事由的错误（或正当化事由的错误），是指行为人对违法性阻却事由发生误解的情形。它包括两种类型：一是对违法性阻却事由的要件发生误解。例如，行为人误解刑法关于正当防卫的规定，以为对不是正在进行的不法侵害，也允许实行正当防卫。二是对化为违法性阻却事由之基础的前提事实缠上误解。例如，本来不存在不法侵害，但

① 陈琴：《刑法中的事实错误》，10页，北京，中国人民公安大学出版社，2008。

② 参见［德］汉斯·海因里希·耶赛克、托马斯·魏根特：《德国刑法教科书》，徐久生译，261页，北京，中国法制出版社，2001。

行为人误以为存在，并对之实行“防卫”。这后一种类型的错误，又被称为“违法性阻却事由的前提事实的错误”、“关于违法性的事实的错误”、“正当化事情的错误”，等等。[①]

在以上两种情形中，后一种所谓违法性阻却事由的前提事实的错误，包括对有无防卫起因认识错误的假想防卫、对有无防卫时间认识错误的防卫不适时，甚至对防卫限度认识错误的假象防卫过当等。我认为，这种情形属于构成要件错误。而前一种情形表述不明确，如果是对违法性阻却事由的违法性的认识错误，则应当属于禁止错误，其中，同样可以分为两种情形：一是误认为正当防卫构成犯罪的，此为假想犯罪。二是对不能实行正当防卫的情形实行了正当防卫。这种情形与假想防卫的区别在于：假想防卫已是对防卫起因发生了错误认识，即本不存在不法侵害而误认为存在。而上述情形对事实本身没有发生认识错误，但对行为性质发生了错误认识，例如，抓住小偷以后，对小偷进行殴打并致其重伤，行为人误认为殴打小偷是违法性阻却事由。对于这种情形，应当适用违法性认识错误的规定。因此，我认为，违法性阻却事由的错误具有独立存在价值，但在分析时应当按照构成要件错误与违法性认识错误的原理分别加以解决。一般来说，违法性阻却事由的认识错误在违法性论中专门研究。

我在本节中主要讨论构成要件错误。由于构成要件可以分为事实的构成要件要素与规范的构成要件要素，因而构成要件错误又可以分为事实的构成要件错误与规范的构成要件错误，以下分别加以讨论。

（二）事实的构成要件错误

事实的构成要件错误，可以简称为事实错误。在刑法理论上，事实错误可以分为具体的事实错误与抽象的事实错误。具体的事实错误是指行为人所认识到的

---

① 刘明祥：《错误论》，192～193 页，北京，法律出版社；东京，成文堂，1996。

事实（认识事实）与客观上所实现的事实（实现事实）之间的不一致发生在同一构成要件内的情形，而抽象的事实错误是指行为人的认识事实与客观实现的事实之间的不一致跨越不同构成要件的情形。简单地说，误甲为乙而加以杀害，属于具体的事实错误，因为无论是杀甲还是杀乙都属于故意杀人罪；而误人为兽而加以杀害，属于抽象的事实错误，因为过失致人死亡与毁坏财物分属于两个不同的构成要件。

1. 具体的事实错误

具体的事实错误，是指同一构成要件内的事实错误。具体的事实错误，在刑法理论上可以分为以下三种情形：

（1）客体错误

客体错误是指对行为客体的认识错误，即行为人本欲攻击某客体，因为认识错误而攻击了别的客体。例如甲欲杀乙，却将丙误认为乙而将其杀害。应当指出，行为客体是德日刑法学中的概念，相当于苏俄刑法学中的犯罪对象，即构成要件行为所指向的人或者物。

（2）方法错误

方法错误，也称为行为误差或者打击错误，是指行为人攻击的结果与其所欲想的客体之间发生偏差，其攻击结果发生在预见客体之外的行为客体上。例如甲欲枪杀乙，由于行为偏差，命中了站在乙旁边的丙，致丙死亡。

方法错误与客体错误极为相似，其表现都是所欲发生的结果与实际发生的结果发生错位；两者的区别在于：客体错误之结果发生错位是由于行为人对客体认识错误造成的，而方法错误之结果发生错位是由于行为偏差造成的。认识错误与行为偏差当然是不同的：在客体错误的情形下，行为并没有发生偏差；而在方法错误的情况下，对客体并没有发生认识错误。

关于方法错误的性质，在刑法理论上存在争论，争论的焦点在于：方法错误是否属于认识错误？对此，否定说认为方法错误与行为人的主观认识错误无关，纯属客观行为的失误或行为误差，因此，不属于刑法上的错误的范围。[①] 肯定论则认为在方法错误的情况下，行为人的主观认识与客观事实是不一致的，应当放在认识错误中研究。[②] 我认为，以上争论涉及对错误的理解。如果将错误理解为主观认识与客观事实不相符合，那么，在方法错误的情况下，这种不相符合是存在的，不能否认方法错误也是一种错误。当然，方法错误与行为人主观认识的误解无关。因此，如果把错误理解为行为人的认识瑕疵，致使对客观事实发生误解，则方法错误当然并不包括在其中，因为方法错误是行为偏差，与主观误解无关。我倾向于对错误作广义理解，凡是主观认识与客观事实不相符合的，都属于错误。当然，由于认识错误一词容易误解为是主观认识上的偏差，因而可能将方法错误排除在外，因而我主张，尽量采用错误一词，而只在客体错误与因果关系错误中采用认识错误一词。

方法错误也有广义和狭义之分。狭义上的方法错误是指打击客体发生差误，即欲打击此客体而实际打击了彼客体，因此，狭义上的方法错误发生在不同客体之间。而广义上的方法错误还包括发生在同一客体上的打击偏差，例如欲打击同一个人的此部位，结果却打击了该人的彼部位；当然，还存在程度上的偏差，包括欲重而轻与欲轻而重的情形。

（3）因果关系错误

因果关系错误是指行为人对自己的行为与结果之间的因果关系发展情况的主观认识与实际的因果进程不相符合。

因果关系错误可以分为两种情况：一种是构成要件结果的提早实现，另一种是构成要件结果的延后实现。所谓的构成要件结果的提早实现，例如甲欲将乙的一个具有文物价值的贵重花瓶搬到门外毁坏，但在刚把花瓶从桌上搬下来时，因为站立不稳，失手将花瓶打碎。所谓构成要件结果的延后实现，例如甲欲杀乙，

① 参见何秉松主编：《刑法教科书》（2000 年修订·上卷），336 页，北京，中国法制出版社，2000。
② 参见张明楷：《论具体的方法错误》，载《中外法学》，2008（2）。

用棒猛击乙，致其重伤、昏迷不醒，甲以为乙已经死亡，将乙丢入河中欲毁灭罪证，事后查明乙系溺水致死。在以上两种因果关系错误中，前一个例子具有行为偏差的性质，后一个例子具有认识错误的性质。由此可见，因果关系错误既可能是由于行为人的认识错误引起的，也可能是由于行为偏差造成的。

2. 抽象的事实错误

抽象的事实错误，是指不同构成要件之间的事实错误。抽象的事实错误也可以分为客体错误和方法错误这两种情形。

（1）客体错误

客体错误是指由于对客体的认识错误而发生在不同构成要件之间的事实错误。例如误兽为人而加以杀害的情况下，行为人主观上存在对客体的误解。

（2）方法错误

方法错误是指由于行为偏差而发生在不同构成要件之间的事实错误。例如欲盗窃一般财物而窃取他人一把枪支的情况下，行为人并非误把枪支当作一般财物加以窃取，而是在盗窃当中，直接将枪支当作一般财物窃取。在此，存在行为偏差而非认识错误。

3. 事实错误的处理

事实错误，包括具体的事实错误与抽象的事实错误，如何处理，这是一个较为复杂的问题。具体的事实错误，主要涉及是否阻却故意的问题，而抽象的事实错误还涉及罪数问题。但无论是具体的事实错误还是抽象的事实错误，在如何处理的问题上，都存在以下三种观点之争：

（1）具体符合说

具体符合说认为，行为人所认识的构成要件事实与实际发生的事实完全一致时，才成立故意，因而，当行为人所认识的构成要件事实与实际发生的事实不相符合时，无论这种不相符合是在同一构成要件之内还是发生在不同构成要件之间，都属于事实错误，都阻却故意。因此，误甲为乙而加以杀害时，行为人对所认识的杀人客体与实际杀人客体之间存在认识错误，阻却杀乙的故意。因此，行为人对甲构成故意杀人罪未遂，对乙则构成过失致人死亡罪。同样，误人为兽而加以杀害时，行为人具有毁坏财物之故意而没有杀人故意，因而构成过失致人死亡罪与故意毁坏财物罪未遂。

（2）抽象符合说

抽象符合说认为：行为人所认识的构成要件事实与实际发生的事实存在抽象的一致时，无论这种一致是在同一构成要件之内还是在不同构成要件之间，都不阻却故意。根据抽象符合说，误甲为乙而加以杀害的，应定故意杀人罪，因为不存在错误。而误人为兽加以杀害时，对杀人没有故意，构成过失致人死亡罪；对杀兽则存在故意，构成毁坏财物罪既遂。

（3）法定符合说

法定符合说认为，行为人所认识的构成要件事实与实际发生的构成要件事实不相符合时，应当根据这种不相符合是否属于法定的构成要件加以区分：属于同一构成要件的，不阻却故意，例如误甲为乙而加以杀害，应定故意杀人罪。属于不同构成要件的，阻却故意。例如误人为兽而加以杀害，对人没有杀害的故意，不能定故意杀人罪，具有过失的，以过失致人死亡罪论处；对于杀兽，没有故意，不能定毁坏财物罪，因为刑法中的毁坏财物罪属于故意犯罪，过失不能构成该罪。

至于对事实错误的处理，刑法上的通说是法定符合说，即以错误是否属于同一构成要件而区分：同一构成要件内的错误不阻却故意，不同构成要件的错误则阻却故意。值得注意的是，在我国个别司法解释中，对于某些犯罪不是采法定符合说，而是采抽象符合说。我国刑法中的走私罪，在 1979 年刑法中是单一罪名，而在 1997 年刑法中，根据走私客体不同分别设定了不同的罪名，在这种情况下，如果发生了对走私客体的认识错误，例如走私犯罪嫌疑人在未设关的边境偷运伪造的人民币入境，被查获后自称不知道是假币，而以为是汽车配件，应如何处理？在司法实践中，关于对这种案件的处理存在以下两种观点：

第一种观点认为，构成特殊的走私犯罪，如走私假币罪、走私毒品罪等，行为人主观上具有一般的走私故意还不够，还必须对特定货物具有“明知”的认识。理由是：走私罪是一个类罪名，包括走私普通货物、物品罪，走私假币等具体罪名，各种具体犯罪的认定必须符合具体的犯罪构成。因此，在认定犯罪故意时必须要求行为人对于具体的犯罪对象具有“明知”的认识。

第二种观点认为，行为人主观上具有走私的犯罪故意，但对其走私的具体对象不明确的，理论上可以称为“概括的故意”，此种故意支配下的行为应当认定为犯罪行为。理由是：行为人主观上具有走私的主观故意，虽然尚无证据证明其对走私的具体对象有明确的认识，但这种实际对象已经涵盖在行为人所能认识到的对象范围之内。持这种观点的同志还认为，如果有证据证明行为人因受蒙骗而对走私对象发生认识错误的就不按走私的对象定罪，那么在实务中会发生困难：“不按实际走私的对象定罪”，在许多场合意味着“按照所误解的走私对象定罪”，通常认定为走私普通货物、物品罪，而走私普通货物、物品罪是以偷逃应缴税额的大小为定罪量刑标准的，在上述场合显然无法认定偷逃应缴税额。为了避免此种困难并方便司法实务，应当将那种“把走私对象甲误认为走私对象乙”的情形，一律作为概括故意的情形来处理，而不是作为涉及罪与非罪的对象认识错误案件来处理。换言之，一律根据实际的走私对象定罪处罚，便于司法操作，并有利于从严打击犯罪。[①]

以上第一种观点是法定符合说，第二种观点是抽象符合说。但值得注意的是，第二种观点的主张者并不承认上述情形属于对象认识错误，而认为是一个概括故意的问题，并且认为对象认识错误的前提是不存在走私的主观（概括）故

① 苗有水：《〈最高人民法院、最高人民检察院、海关总署关于办理走私刑事案件适用法律若干问题的意见〉的理解与适用》，载最高人民法院编：《刑事审判参考》，第27辑，188～189页，北京，法律出版社，2002。

意，例如行为人受蒙骗，在不知情的情况下，为他人携带走私物品出境或过境。[①] 我认为，这一观点是不能成立的。不知情是一个缺乏故意的认识因素而不构成故意的问题，而对走私物品发生错误认识，这是一个事实错误问题。至于概括故意，这是一个故意的形式问题，在事实认识错误中也涉及概括故意，例如因果关系错误中的韦伯故意，就是概括故意的一种表现形式。[②] 因此，我还是赞同以下观点：

> 若行为人对具体的走私对象在主观上不明知，而是将走私对象甲误认为走私对象乙，属于“事实认识错误”，严格地说会影响行为人对实际走私的对象的主观认识，意味着不存在特定物走私的故意（一般走私的故意是首要前提，此种故意若不存在，就根本不构成走私犯罪了）。[③]

但是，2002 年 7 月 8 日最高人民法院、最高人民检察院、海关总署《关于办理走私刑事案件适用法律若干问题的意见》第 6 条，关于行为人对其走私的具体对象不明确的案件的处理问题的规定指出：

> 走私犯罪嫌疑人主观上具有走私犯罪故意，但对其走私的具体对象不明确的，不影响走私犯罪构成，应当根据实际的走私对象定罪处罚。但是，确有证据证明行为人因受蒙骗而对走私对象发生认识错误的，可以从轻处罚。

以上司法解释规定，对走私的具体对象发生认识错误的，应当按照实际的走私对象定罪处罚。可见，采用的是抽象符合说。它在我国刑法走私罪名根据走私物品不同而分立的情况下，对于定罪处罚问题的解决当然是具有实际意义的，但与刑法上解决事实错误的通说是相悖的，可以看作是一个例外规定。

---

① 参见苗有水：《〈最高人民法院、最高人民检察院、海关总署关于办理走私刑事案件适用法律若干问题的意见〉的理解与适用》，载最高人民法院编：《刑事审判参考》，第 27 辑，189 页，北京，法律出版社，2002。

② 参见陈兴良：《刑法哲学》，修订 3 版，180 页以下，北京，中国政法大学出版社，2004。

③ 刘树德：《实践刑法学·总则》，23～24 页，北京，中国法制出版社，2009。

（三）规范的构成要件错误

构成要件可以分为事实的构成要件与规范的构成要件。错误理论一般是解决事实的构成要件错误的，因而简称为事实错误。而法律错误通常是指禁止错误，即违法性认识错误。而对构成要件的规范要素的认识错误并不属于事实错误，但也不属于禁止错误，我认为应当属于构成要件错误，它是一个是否阻却构成要件故意的问题，而不是一个是否阻却责任的问题。对此，正如日本学者大塚仁指出：

> 在关于规范构成要件要素的犯罪事实的表象中，需要对其意义的认识。但是，那也是只要存在行为人所属常人领域的平行性评价就足够了。因此，行为人由于错误而不具有这种平行性评价时，就阻却构成要件性故意。①

德国学者在空白刑法中对空白规范的错误的名义下，讨论有关规范的构成要件错误的问题。因为规范的构成要件分为两种：第一种明确规定了规范的内容，第二种是未明确规定规范的内容，这种情形称为空白规范。例如我国刑法第 225 条规定的非法经营罪，以“违反国家规定”为其构成要件要素。这里的“违反国家规定”就是一个空白规范，如果对此发生认识错误，就是规范的构成要件错误，也是一种空白规范的认识错误。对此，德国学者指出：

> （处理空白规范的错误）正确的做法应当是从这样的立场出发，即填补空白的规范是构成要件的组成部分，因为如果刑罚威慑不针对具体规定的行为的话，那么，禁止规范就不能被理解了。一般之错误规定（allgemeine lrrtumsregeln）可适用于以此等方式而得以完善的刑法规定：关于填补空白的规范的客观要素的认识错误是构成要件错误，关于

① ［日］大塚仁：《刑法概说（总论）》，3 版，冯军译，197 页，北京，中国人民大学出版社，2003。

填补规范的错误是禁止错误。①

那么，什么是填补空白的规范的客观要素的错误，什么是填补规范的错误呢？按照德国学者的说法，非法狩猎罪的规范构成要件是违反保护期的规定，关于保护期的时间界限或关于日期的错误是构成要件错误，关于禁止在保护期狩猎是禁止错误。按照这一观点，我国刑法中的非法经营罪，某一行为是否违反国家规定，这是规范的构成要件错误，而该违反国家规定的行为是否应受刑罚惩罚，这是禁止错误。由此可见，规范的构成要件错误与违法性认识错误是存在区别的。

思考题：

在故意心理中认识与意欲何者更为重要？

参考书目：

1. 杨书文. 复合罪过论纲. 北京：中国法制出版社，2004
2. 李兰英. 间接故意研究. 武汉：武汉大学出版社，2006
3. 姜伟. 罪过形式论. 北京：北京大学出版社，2008
4. 许玉秀. 主观与客观之间——主观理论与客观归责. 北京：法律出版社，2008
5. 刘明祥. 错误论. 北京：中国法律出版社，日本成文堂，1996
6. 陈琴. 刑法中的事实错误. 北京：中国人民公安大学出版社，2008

① ［德］汉斯·海因里斯·耶赛克、托马斯·魏根特：《德国刑法教科书》，徐久生译，370页，北京，中国法制出版社，2001。

第13章 过失论

过失如同故意，也存在一个在三阶层犯罪论体系中的地位问题。本书采责任要素说，认为过失是责任要素。当然，过失这一责任要素不同于故意，如果说故意本身具有充实而丰富的心理内容；那么，过失则更多地包含规范要素。而且，过失往往在与故意的对比中得以彰显其内容，具有对于故意的依附性。在刑法学中，过失理论长期寄生于故意理论之中，以至于德国学者恩吉斯（Engisch）将过失理论称为刑法理论的“私生子”[①]，过失理论在刑法学中之不受重视、不受待见的卑微地位，由此可见一斑。而实际上，过失理论和不作为理论一样，往往比故意理论的构造更为复杂，对过失犯罪简单地套用故意犯罪的理论是不尽如人意的。在这种情况下，对过失的深入研究就显得十分重要。本章拟侧重于对过失的心理性和规范性构成要素进行分析，并对监督过失这一特殊的过失形式加以研究。

① 刘期湘：《过失犯中的违反注意义务研究》，导言，1～2页，北京，经济科学出版社，2009。

一、过失概述

对于过失，各国刑法一般都有规定，但相对于故意来说，刑法对过失的规定更为简略。例如《日本刑法典》在总则中甚至根本没有直接规定过失，而是从故意的规定中推断过失的存在。《日本刑法典》第 38 条第 1 款规定如下：

没有犯罪故意的行为，不处罚，但法律有特别规定的，不在此限。

关于这一但书规定，在日本刑法学界存在不同见解。对此，日本刑法学者指出：

关于刑法第 38 条第 1 款但书“法有特别规定”中的“特别规定”的见解，理论上有①是处罚过失的明文规定的见解（必要说），②即便是没有明文规定，但从法律的目的、宗旨（确保行政取缔目的的有效性）出发，可以认为是处罚过失行为的场合，就包含在“特别规定”的范围之内的见解（不要说），③原则上必须具有明文规定，但是在该条文明显是包含有过失犯在内的场合，作为例外，即便没有明文规定，也能处罚过失行为的见解（折中说）的对立。从刑法第 38 条第 1 款以及罪刑法定原则的宗旨来看，主张以明文规定为必要的①说是妥当的。[①]

《日本刑法典》在总则中对过失显然没有直接规定，但其特别规定是暗指过失，这也可以看作是对过失的间接规定。以上争论涉及这一特别规定的含义，因为日本刑法分则对过失犯罪还是有规定的，但过失处罚范围是否限于这些特别规定，则存在必要说、不要说与折中说之争。日本学者一般都还是从罪刑法定原则出发，认为对没有明文规定的过失犯处罚，是应当予以否定的。

之所以会出现这种争论，当然与《日本刑法典》的规定含糊有关。《日本刑

① ［日］大谷实：《刑法讲义总论》，新版 2 版，黎宏译，117 页，北京，中国人民大学出版社，2008。

法典》是在“犯罪的不成立”这一名目下对过失加以规定的，这是一种反面的消极排除的规定，而大多数国家的刑法典则是从犯罪的成立的意义上作为正面的积极构成要素对过失加以规定的，例如《德国刑法典》在犯罪一章的“可罚性基础”一节中对故意与过失加以规定，该法第15条规定如下：

本法只处罚故意行为，但明文规定处罚过失行为的除外。

虽然《德国刑法典》对过失概念未作规定，但对过失的处罚以法律有明文规定者为限，这一立法精神是十分清楚的。

此外，还有些国家的刑法典对过失作了定义式规定，这对于正确认定过失具有重要意义。例如《俄罗斯刑法典》第26条规定如下：

1. 因轻信或疏忽而实施的行为，被认为是过失犯罪。

2. 如果犯罪人预见到自己的行为（不作为）可能发生危害社会的后果，但却没有足够理由地轻信可以防止这种后果的发生，则犯罪是因轻信而实施的犯罪。

3. 如果犯罪人在加以必要的注意和具有必要的预见性时本来应该和可以预见到自己的行为（不作为）可能发生危害社会的后果却未预见这种后果，则犯罪是因疏忽而实施的犯罪。

我国刑法关于过失的规定类似于上述《俄罗斯刑法典》的规定。我国刑法第15条第1款规定如下：

应当预见自己的行为可能发生危害社会的结果，因为疏忽大意而没有预见，或者已经预见而轻信能够避免，以致发生这种结果的，是过失犯罪。

这一规定分别以“疏忽大意”与“过于自信”描述过失的心理特征，与上述《俄罗斯刑法典》规定的“疏忽”与“轻信”恰好是对应的。当然，从文字的简明性来说，也许疏忽与轻信是更为恰当的。尤其值得注意的是，我国刑法第15条第2款还作了如下规定：

过失犯罪，法律有规定的才负刑事责任。

这是对过失处罚范围的明文限制，体现了以处罚过失为例外的精神。对此，我国立法机关指出：

> 第 2 款是关于过失犯罪，法律有规定的才负刑事责任的规定。根据本款规定，由于行为人主观上的过失造成危害社会的结果的，不一定都负刑事责任。行为人主观上对危害社会的结果持过失的心理态度，其主观恶性比故意犯罪的行为人的主观恶性要小，社会危害程度也小于故意犯罪。因此法律没有将行为人过失造成危害结果的，都规定为犯罪，只将对社会危害比较大，需要用刑罚手段处理的过失行为规定为犯罪。本款的"法律有规定的"是指本法分则规定的过失犯罪。①

从我国刑法分则关于过失犯罪的规定来看，主要包含以下两种情形：一是对同一行为既处罚故意又处罚过失；二是某一行为只有过失，因而只处罚过失。前者是不纯正的过失，后者是纯正的过失。"法律有规定的才负刑事责任"主要是针对不纯正的过失而言，即故意行为构成犯罪，过失行为不一定构成犯罪。对过失行为是否处罚，应当以法律有明文规定为准。至于纯正的过失，刑法分则对这一行为作了规定，当然就应当负刑事责任。因此，立法机关以上对刑法第 15 条第 2 款的立法理由的阐述，也侧重于过失行为与故意行为的对比。这是完全正确的。

在四要件的犯罪构成体系中，犯罪过失是作为罪过形式之一，在犯罪主观要件中加以讨论的。因为刑法对犯罪过失作了较为明确的规定，因而在四要件的犯罪构成体系中，对犯罪过失的论述一般都是刑法关于过失犯罪规定的条文释义，而未能从心理事实与规范评价这两个方面对过失的本质进行深入研究。这种情况是四要件的犯罪构成体系的局限性所致。

在三阶层的犯罪论体系中，过失理论经历了一个从心理责任论到规范责任论的转变。古典派的犯罪论体系中，过失仅仅是作为一种责任要素，但在对过失心

① 全国人大常委会法制工作委员会刑法室编：《中华人民共和国刑法条文说明、立法理由及相关规定》，23 页，北京，北京大学出版社，2009。

理的把握上是较为虚幻的，甚至简单地把过失归结为没有达到故意程度。例如，贝林指出：

符合构成要件的过失，通常是指：因为行为人没有认识到或者没有容认这种具有构成要件意义的行为，对不注意心理态度在构成要件的方向上进行非难，所以行为人并非故意。①

过失一定不是故意，但不是故意并不一定就是过失。对于过失，还是要从心理上加以界定。换言之，不是故意并非过失的终点，而恰恰是过失的起点。正如李斯特指出：

过失与故意的区别在于心理认识的不同。故意（领域）之未必故意停止之处，可能是过失（领域）开始之时。因此，如果故意所特有的对符合构成要件的结果及其社会危害性与行为意志之间存在特有的联系，则不是过失。如此，我们就知道了如何且在哪里寻找过失与故意的不同点。②

由此可见，古典派的犯罪论体系主要是从与故意相区分的意义上界定过失，并且仅仅把过失看作是一个责任的问题。及至目的行为论的犯罪论体系，将过失纳入构成要件，使之成为主观的构成要件要素。与此同时，对过失行为本身也加以重新审视。例如，德国学者恩吉斯指出：

过失必须归置于构成要件不法，才能就过失行为人的行为予以责难，而过失和故意的行为特质不同，实现构成要件的方式不同，因此处罚也不同，尤其是过失犯只能在实现特定的构成要件时才处罚。③

当过失成为构成要件要素以后，在有责性中讨论的是归责问题。当然，也有学者将过失分为构成要件的过失与责任的过失，在责任过失中主要讨论行为人自

① ［德］恩施特·贝林：《构成要件理论》，王安异译，117页，北京，中国人民公安大学出版社，2006。

② ［德］李斯特：《德国刑法教科书》，修订译本，徐久生译，302页，北京，法律出版社，2006。

③ 转引自许玉秀：《主观与客观之间——主观理论与客观归责》，145页，北京，法律出版社，2008。

身具体的注意义务，只有在行为人按照其能力能够遵守该注意义务的情况下没有遵守该注意义务，才能进行非难，因此，责任过失特别应该处理的问题是行为人的注意能力是否低于一般人。[①] 这个问题涉及过失与责任的关系，即到底把过失当作一种构成要件要素还是当作一种责任要素，以及过失如何与归责加以区隔。

值得注意的是，目前德国刑法学界的通说是在犯罪论中将过失犯分为过失的作为犯与过失的不作为犯加以专门讨论，过失犯与不作为犯一起被认为是应受处罚行为的特殊形态，因为无论是在不法领域还是在责任领域，过失均有其独立的结构。[②] 当然，在日本刑法学界，通说还是把过失作为责任要素加以讨论的，只有少数学者把过失既当作构成要件要素又当作责任要素。

二、过失的构造

过失的构造涉及过失的成立条件问题，因而是值得从刑法法理上加以研究的。虽然我国刑法规定了过失的概念，目前我国刑法学者大多囿于对法条的阐释，这是远远不够的。我们还必须把过失看作是一种实体性存在，深入过失的内部对其进行本体性的探讨。我认为，过失的构造是心理要素与规范要素的统一。这里的心理要素是指过失的心理事实，而规范要素是指过失的规范评价，主要就是违反主观的注意义务。

（一）过失的心理要素

在理解过失的时候，首先涉及的一个问题是：过失的心理性。这个问题正

① 参见［日］大塚仁：《刑法概说（总论）》，3 版，冯军译，402 页，北京，中国人民大学出版社，2003。

② 参见［德］汉斯·海因里希·耶赛克、托马斯·魏根特：《德国刑法教科书》，徐久生译，676 页，北京，中国法制出版社，2001。

如同不作为的行为性，对于过失来说是一个前置性的问题。在刑法理论上，因为把过失当作一种非故意的责任形式，因而往往十分容易地得出否定过失的心理性的结论。这样一种过失心理的否定说至今仍有市场，例如，意大利学者指出：

就实质内容而言，过失是一种与故意截然不同的罪过形式：故意的内容由有关犯罪行为的“真实的”心理因素组成，而过失则基本上是一种法律评价，即对主体是否遵守与其行为相关的注意义务的判断。在过去，人们曾多次试图寻找过失存在的心理学根据，但最终都一无所获。人们发现，无论主体的何种过失心理，总是不可避免地同一定的注意、谨慎或自我估价联系在一起的。例如，就过失的成立而言，只要超速开车违背了有关的预防性规定，而且司机有可能遵守该规则，过失行为就能成立；至于汽车超速行驶是行为人有意而为，还是驾车者思想开小差所致，或者司机因汽车记速器失灵而无法知道车速造成，这一切情况统统都无关紧要。[①]

以上论述把过失仅仅看作是一种评价性概念，完全否认了过失的心理性。这是不妥的。我认为，这里涉及的是对心理现象的认识，这是一个心理学的问题。从心理学的演变来看，是一个从关注人的意识到关注人的意志，进而关注人的潜意识这样一个不断深化的过程。最初的心理学建立在“心理的即意识的”这一命题的基础之上，这是一种意识心理学。此后对人的心理的认识由意识而及于意志，由此形成意志心理学，意志心理学揭示了心理的本质特征。然而，意识与意志并非人的心理现象之全部，在人的心理活动中还存在大量的潜意识，正是弗洛伊德通过精神分析揭示了这种潜意识的存在，由此建立了过失心理学，这是一种深度心理学。弗洛伊德指出：

① ［意］杜里奥·帕多瓦尼：《意大利刑法学原理》（注评版），陈忠林译评，227页，北京，中国人民大学出版社，2004。

过失不是无因而致的事件，乃是重要的心理活动。它们是两种意向同时引起——或互相干涉——的结果；它们是有意义的。[①]

在过失心理中，潜意识是一个核心概念。这里的潜意识（unconscious），又称无意识，它是心理深层的基础和人类活动的内驱力，它决定着人的全部有意识的活动。[②] 潜意识作为一种无意识，它与意识之间的关系十分类似于不作为与作为之间的关系，这种关系在逻辑学上称为矛盾关系，即两个概念没有相同的外延，并且它们的外延之和等于它们的属概念的外延。[③] 因此，如果从意识的角度去理解无意识，那么，无意识就是一种心理上的“无”，因而必然得出过失心理否定论的观点。但如果把潜意识看作是心理的表现形式之一，在此基础上理解过失，就不会仅仅把过失看作是规范性概念。

过失与故意相比，其规范性要素确实起着不可或缺的作用，但这种规范性要素仍然是建立在一定的心理要素基础之上的。在过失概念中的有认识与无认识，或者疏忽与轻信，无不是一种心理内容。

（二）过失的规范要素

虽然过失具有心理内容，但不可否认的是：过失的本质在于规范性，即违反主观注意义务。因此，对过失的规范性进行分析，不能不涉及违反注意义务的问题。应当指出，这里所说的违反注意义务，是指违反主观注意义务，以此区别于违反客观注意义务。因为，违反客观注意义务是一个过失的实行行为的问题，对此，我已经在实行行为论一章中，在论及过失的实行行为时做过论述。这里所要探讨的是违反主观注意义务的问题。关于主观注意义务，我国学者指出：

---

① ［奥］弗洛伊德：《精神分析引论》，高觉敷译，26 页，北京，商务印书馆，1984。

② 参见车文博：《西方心理学史》，464 页，杭州，浙江教育出版社，1998。

③ 参见中国人民大学哲学系逻辑教研室编：《形式逻辑》，34 页，北京，中国人民大学出版社，1980。

> 我国刑法第15条就隐含性地规定了主观形态的注意义务。具体来说，刑法第15条关于“应当预见自己的行为可能发生危害社会的后果”，以及“轻信能够避免”的表述，实际上就是对主观形态注意义务的规定。“应当预见”的言下之意就是，行为人对自己的行为会发生危害社会的后果这一情况有预见，即，预见结果发生的义务。“轻信能够避免”的言下之意就是，行为人在实施可能发生危害社会后果的行为时，应当小心谨慎，不能放松警惕，即，使精神保持紧张的义务。①

应当指出，我国刑法规定了两种过失的形态，即疏忽过失和轻率过失，这两种过失违反的主观注意义务的内容是有所不同的，在此分别论述如下：

1. 违反主观结果预见义务：疏忽

对于疏忽过失来说，其主观的注意义务表现为结果预见义务。违反这一主观的结果预见义务的心理状态，就表现为疏忽。疏忽是对行为人的主观心理状态的一种描述，但这种主观心理又是建立在违反主观的结果预见义务这一规范要素基础之上的。

2. 违反主观结果避免义务：轻率

对于轻率过失来说，其主观的注意义务表现为结果避免义务。违反这一主观的结果避免义务的心理状态，就表现为轻率。轻率是对行为人的主观心理状态的一种表述，但这种主观心理又是建立在违反主观的结果避免义务这一规范要素基础之上的。

（三）过失的理论嬗变

在刑法理论上，结果无价值论强调结果预见可能性，而行为无价值论则强调

① 程皓：《注意义务比较研究——以德日刑法理论和刑事判例为中心》，55页，武汉，武汉大学出版社，2009。

结果回避可能性，由此形成不同的过失论，现分述如下：

1. 旧过失论

旧过失论，又称为预见可能性说，是结果无价值论所主张的过失论。日本学者西田典之对旧过失论的内容作了以下阐述：

> 旧过失论认为，预见可能性是过失犯的责任基础，也就是，只要结果已经发生，在行为的构成要件该当性、违法性方面，过失犯与故意犯并无不同，二者的不同仅仅在于，故意是对结果的认识、预见，而过失则是对结果的认识可能性、预见可能性。既然结果已经发生，其行为肯定是危险的，问题只是在事后考察当时是否能预见到这种结果。并且，本有可能预见到结果，却并未集中精神，因而并未预见到结果，这就是对行为人进行责任谴责的基础。为此，过失属于责任要素，是与故意相并列的责任形式。①

应当指出，旧过失论所说的预见可能性，是一种具体性的预见可能性。旧过失论由于强调的是以预见可能性作为过失的本质，因而将认识上的瑕疵作为过失非难的客体。旧过失论以行为人在行为时对结果有无预见为标准认定过失，这一标准较为明确。当然，旧过失论把过失仅仅看作是一个责任的问题，对于过失的构成要件该当性与违法性全然不予关注，这一立场是偏颇的。对于不纯正的过失犯即同一行为既存在过失犯又存在故意犯的情形来说，其构成要件该当性与违法性与故意犯相同。在这种情况下，过失仅是一个责任问题，这是可以成立的。但在纯正的过失犯即只有过失犯而没有与之对应的故意犯的情况下，对于过失的实行行为与违法性都应当独立地加以考察。基于这一立场，在旧过失论中产生了修正的旧过失论。对此，我国学者指出：

> 修正的旧过失论一方面维持了过失属于责任要素这一基本的观点，

① ［日］西田典之：《日本刑法总论》，刘明祥、王昭武译，207 页，北京，中国人民大学出版社，2007。

另一方面纠正了传统的旧过失论完全不重视实行行为的观点。它重视过失犯的实行行为，并将其界定为“对于结果发生具有实质上不被允许的危险的行为”。过失犯的实行行为，属于构成要件符合性的问题，而结果的预见可能性，是有责性的问题。①

由此可见，修正的旧过失论在一定程度上缓和了旧过失论的立场，开始关注过失的实行行为问题。

2. 新过失论

新过失论，又称为基准行为说，是行为无价值论所主张的过失论。日本学者西田典之对新过失论的内容作了以下阐述：

新过失论认为，过失的本质并不在于预见可能性，而在于违反了结果回避义务。也就是说，所谓过失，是指对于社会生活中一般要求的结果回避行为即基准行为的懈怠。为此，过失犯由并未实施法律所要求的基准行为的不作为而构成。该说立足于认为行为的违法性在于并未遵照规范的要求这种行为无价值的观点，进一步指出，只要并未逸脱（超出脱离）基准行为，就并无该当于构成要件且违法的行为。②

新过失论是为适应风险社会的需要而产生，其初衷是限制过失的处罚范围。诸如交通等现代社会的业务活动本身就具有危险性，因而主观上的预见可能性是十分容易获得的，在这种情况下，把过失仅当作一个责任问题，对过失的实行行为不加以限制，则会扩张过失的处罚范围。在这种情况下，产生了新过失论。新过失论把刑法关注的重点从结果预见义务提前到结果回避义务。结果回避义务是一种基准行为，如果根据一般人标准，只要采取了对一般人而言具有合理性的结果回避义务行为即基准行为，即便具有预见可能性，由此所出现的结果属于被允许的危险，并不具有违法性，从而限制了过失的处罚范围。

---

① 陈家林：《外国刑法通论》，232页，北京，中国人民公安大学出版社，2009。

② ［日］西田典之：《日本刑法总论》，刘明祥、王昭武译，207页，北京，中国人民大学出版社，2007。

允许的危险理论的提出，对过失理论影响巨大。正如我国学者所言，允许的危险理论是过失理论的一场悄悄的革命，并且是一种“解放的理论”，担负着缓和或减轻风险业务人员过重责任的任务。[①] 允许的危险使过失的核心从结果向过失行为转移，但在允许的危险的情况下否定过失，究竟是排除过失行为还是阻却过失责任，这是一个允许的危险的体系性地位问题。关于这个问题，在刑法理论中存在以下四种观点[②]：

(1) 构成要件阻却说

此说认为法律所规定的构成要件，系不法构成要件，被容许的危险为社会相当性理论所包含，被容许的危险行为因具有社会相当性而阻却其构成要件符合性。

(2) 违法性阻却说

此说认为，被容许的危险概念，是基于适度危险概念以限制过失犯的成立范围，认为过失犯的本质就在于行为人无意而犯，即行为人对于该违法行为本身并没有积极的规范违反意思，只是由于该行为违反了法律上应当履行的避免结果发生的义务，因此，被容许的危险是违法性阻却事由。

(3) 责任阻却说

此说认为，被容许的危险与有认识的过失有关，危险是否容许与行为人是否认识有关，因此，被容许的危险属于责任阻却事由。

(4) 两分说

此说认为：过失系指行为人无故意引起可以避免的违法结果的意思。此项避免义务，以有避免可能为前提，但并非有预见可能的结果均可归责。行为人对结果虽有预见可能，但已采取社会生活上的注意而为

① 参见姜伟：《罪过形式论》，299 页，北京，北京大学出版社，2008。

② 参见赵慧：《刑法上的信赖原则研究》，68 页以下，武汉，武汉大学出版社，2007。

行为时，仍不负过失责任。被容许的危险与社会生活上必要的注意问题相结合。因行为人基于社会生活上必要的注意而不罚者有二：(1) 该行为从客观的观念，作为无落度（失误——引者注）的态度为法所许可者，欠缺违法性；(2) 考虑行为人的人格的能力及其他事件，从违法的结果，于法为不可能避免者，则欠缺责任。被容许的危险的问题，亦有此两面。

在以上四种观点中，我认为以构成要件阻却说为妥。既然危险是允许的，则行为不具有实质上的法益侵害性。但这种构成要件阻却，并不是构成要件要素的缺乏，而是法益侵害性的排除。这个问题，是在构成要件的客观归责中解决的。例如，在客观归责中包含了“在允许性风险中排除归责”的内容，罗克辛指出：

在允许性风险下，人们应当在这里把一个举止行为理解为创设了一种在法律上有重要意义的风险，但是，这种风险一般（不依赖于具体案件!）是可以允许的，并且正是因为这种允许性应当与正当化根据不同而排除对客观行为构成的归责。[①]

因此，新过失论引入了允许的危险理论，对过失犯的成立提出了更为严格的条件，从而适应了工业革命以后过失犯罪复杂化的情势。

3. 危惧感说

危惧感说是在新过失论的基础上发展起来的，故又称为新新过失论。日本学者西田典之对危惧感说的内容作了以下阐述：

新过失论的本意虽在于试图限制过失犯的处罚范围，但在公害事件、药害事件等未知的危险领域却事与愿违，反而走向了扩大处罚范围。在公害事件、药害事件中，只要存在也许会发生某种危险这种抽象性预见可能性即危惧感，就得以要求行为人实施足以除去这种危惧感的

① ［德］克劳斯·罗克辛：《德国刑法学总论》，第1卷，王世洲译，252页，北京，法律出版社，2005。

回避行为。①

危惧感说是日本学者藤木英雄首倡的，其历史背景是日本 20 世纪 60～70 年代经济高速发展，公害现象、企业灾难成为日益严重的社会问题。新过失论强调的是结果回避义务，是以行为人对具体的结果存在预见可能性为前提的。如不存在具体的结果预见可能性，就不能要求行为人为避免其预见的可能结果而采取必要的措施，因而也就无所谓结果回避义务。随着高科技广泛运用于企业生产领域，一方面企业提高了生产率水平，另一方面也给社会带来了极大危险，例如环境污染、食品中毒等，情节严重者，往往危及公共安全、公民大众的生命健康。对于类似这种因技术开发而产生的企业灾害，企业有关人员一般无具体的结果预见可能性，如果仅因无具体的预见可能性而不追究有关人员的过失刑事责任，于社会安全的维护、大众健康的保障，显然不利。基于此，日本学者藤木英雄提出了危惧感说，并认为这是对责任主义的发展。藤木英雄教授指出：

> 在科学技术的无限发展和扩大的同时，未知的危险对我们人类的威胁越来越大，这一点已被人们清楚地认识到了。就这一点来说，要想利用科学技术，就必须具有社会性的责任。如果这种见解是正确的，那么，作为结果来说，即使是不能具体地预想到会有什么样的危险发生，但由于存有不知道会对人的生命和健康发生何种破坏的有害结果的危惧感，在这种情况下，为了能足以消除这种危惧感，防止结果发生起见，令其有合理的负担，应该说是理所当然的了吧!②

这样，危惧感说就把是否具有危惧感作为是否具有预见可能性及结果回避义务的表征，从而扩大了过失责任的范围。当然，这里的危惧感如何认定，是危惧感说存在的一个致命缺陷，如果认定不当，就会使过失犯罪丧失边界，这显然不利于实现刑法的人权保障机能。

---

① ［日］西田典之：《日本刑法总论》，刘明祥、王昭武译，209 页，北京，中国人民大学出版社，2007。

② ［日］藤木英雄：《公害犯罪》，丛选功等译，62 页，北京，中国政法大学出版社，1992。

日本学者前田雅英教授对旧过失论、新过失论、危惧感说的内容作了以下列表对比[①]，使我们对这三种过失理论的关系有了更加深刻与直观的把握：

过失的意义	旧过失论	新过失论	危惧感说
体系论	责任要素	违法要素	违法要素
注意义务	预见义务中心	回避义务中心	回避义务中心
预见可能性	具体的	具体的	危惧感
处罚范围	——	限定	扩大

根据前田雅英教授的上述比较，在犯罪论体系中，旧过失论处于心理责任论时代，因而把过失作为一种责任要素加以讨论。新过失论处于规范责任论时代，认为过失不再是责任要素，而是违法要素，也就是主观的构成要件要素。在过失的体系性地位上，危惧感说与新过失论是相同的。在对于过失的本质即注意义务的理解上，旧过失论强调的是结果预见义务，只要具有结果预见义务就存在过失。新过失论则要求结果回避义务，而结果回避义务是建立在结果预见义务基础上的。在过失本质上，危惧感说与新过失论也是相同的。在预见可能性上，旧过失论与新过失论都要求具体的预见可能性，而危惧感说则要求抽象的预见可能性，这主要表现在具有危惧感。在处罚范围上，以旧过失论的处罚范围为标准，新过失论是限制了过失犯罪的处罚范围，危惧感说则是扩大了过失犯罪的处罚范围。对于危惧感说，日本的判例与通说均持否定态度。例如，日本学者西田典之教授指出：

> 这种危惧感说是一种结果论，并不具体探讨行为之时的预见可能性，认为只要具有某种危惧感即可，便要求行为人采取事后所明白的结果回避可能的措施，这最终属于追究结果责任，从责任主义的观点看，不应该被允许。[②]

---

① 参见［日］前田雅英：《刑法总论讲义》，4版，270页，东京，东京大学出版社，2006。

② ［日］西田典之：《日本刑法总论》，刘明祥、王昭武译，210页，北京，中国人民大学出版社，2007。

在日本刑法学界危惧感说并不为学者所采纳，而旧过失论与新过失论则分别为主张结果无价值论与行为无价值论的学者所采纳。例如，站在结果无价值论的立场上，西田典之主张旧过失论，指出：

……过失属于责任要素，认为旧过失论即预见可能性说更为妥当。并且，仅认为过失属于违反预见义务，这尚不充分，在已经预见到结果，并实施了相应的结果回避行为的场合，例如，预见到就要撞车而采取了急刹车，但已经来不及，还应将方向盘朝右打的场合，毋宁说违反结果回避义务也是过失的基础。进一步来说，过失犯的责任谴责的根据即便在于以预见可能性为基础的精神性紧张的懈怠，但根据预见可能性本应采取的相应措施即结果回避行为则从反面显示出行为（即结果回避行为所要回避的行为）属于具有实质性危险的行为，这种具有实质性危险的行为就是过失犯中的实行行为。①

以上观点，只是在过失是责任要素这一点上仍然坚持旧过失论的立场，但在承认违反结果回避义务也是过失的基础，以及承认过失的实行行为之存在，都在一定程度上吸收了新过失论的观点。因此，西田典之指出：

旧过失论与新过失论在具体结论上几乎完全相同，二者之间的对立仅仅在于体系上的不同，即究竟是将过失作为责任要素还是将其作为构成要件要素、违法要素。②

这里尤其应当指出，旧过失论、新过失论与危惧感说之间，并不是一种承继关系，即不是以新代旧，而是根据各种观点产生时间的先后顺序对过失论的命名。因此，在日本刑法学界新、旧过失论都有人主张，甚至旧过失论是其通说。另有学者在不同领域主张不同的过失论。例如日本学者板仓宏认为，对于交通事

---

① ［日］西田典之：《日本刑法总论》，刘明祥、王昭武译，210～211 页，北京，中国人民大学出版社，2007。

② ［日］西田典之：《日本刑法总论》，刘明祥、王昭武译，210 页，北京，中国人民大学出版社，2007。

故案件，应当适用新过失论；对于企业灾害等类似案件，应当适用危惧感说。这一观点被称为生活关系区别过失论。[①] 由此可见其过失论争的活跃性。

我国刑法对疏忽过失与轻率过失作了规定，不同于德日刑法学侧重于从有认识与无认识角度对这两种过失的界定，我国刑法主要是从意志因素上对过失加以非难。因此，在我国刑法中，预见可能性与避免可能性都是过失的非难根据。

三、疏忽

疏忽是指违反主观注意义务，即怠忽法规范所期待之注意。[②] 由疏忽构成的过失，我国刑法则称为疏忽大意的过失，本书简称为疏忽过失。根据我国刑法的规定，疏忽过失犯罪的本质特征在于应当预见而没有预见。应当预见而没有预见，表明行为人主观上存在疏忽。

那么，应当预见和没有预见这两者之间到底是一种什么关系呢？对于这个问题，我国以往的刑法理论大多是从主观上加以理解的，例如把没有预见看作是认识因素或者认识特征，而把应当预见看作是意志因素或者意志特征。现在看来，这种观点是值得商榷的。我国刑法第 15 条是对过失犯罪的规定，应当预见而没有预见是过失犯罪的本质特征，它包含了过失犯罪的客观要素和主观要素。没有预见是指违反客观预见义务，因此属于过失犯罪的实行行为。应当预见是指违反主观预见义务，因此属于过失犯罪的主观要素。关于违反客观预见义务的问题，我已经在实行行为论一章过失的实行行为中加以研究，在此，我主要讨论违反主观预见义务，也就是预见可能性的问题。在预见可能性问题上，存在以下三个问题值得研究：

---

① 参见马克昌：《比较刑法原理——外国刑法学总论》，255 页，武汉，武汉大学出版社，2002。

② 参见廖正豪：《过失犯论》，117 页，台北，三民书局，1993。

（一）预见可能性的内容

行为人在具有预见可能性的情况下而没有预见，这表明行为人主观上存在疏忽。那么，这里的预见可能性是指具体的预见可能性，还是指抽象的预见可能性？对此，在刑法理论上存在较大争议。

旧过失论主张的是一种具体的、高度的预见可能性。所谓具体的预见可能性，是指以特定的构成要件性结果为客体的具体性预见可能性。因此，具体的预见可能性之所谓具体，主要是指预见客体的具体性。当然，这里的对具体性客体的预见，应当根据社会生活经验加以判断。对此，日本学者指出：

> 预见可能性还必须及于受害的具体性客体。然而，正如应肯定概括性故意那样，也应认定概括性过失，因而具体性客体并不限于行为人所认识到的客体，还包括认识可能的客体。若非如此，在过失撞上轿车里出乎意料地乘有幼儿的场合、过失将汽车翻下桥而轧死碰巧在河边野营的人的场合，便无法肯定成立过失犯。当然，这些场合下也必须与结果之间存在相当因果关系。①

具体的预见可能性应以因果关系为前提，没有因果关系，当然可以排除在预见可能性之外。在具有因果关系的情况下，还要进一步考察行为人对于这一因果进程的认识可能性。

旧过失论除了要求预见可能性是具体的预见可能性以外，还要求预见可能性是高度的预见可能性，这是对预见可能性的程度要求。由此可见，旧过失论主要是通过预见可能性的限制而缩小了过失的范围。

新过失论把法律关注的重心从主观转向客观，强调对结果回避义务的违反，

---

① ［日］西田典之：《日本刑法总论》，刘明祥、王昭武译，216 页，北京，中国人民大学出版社，2007。

由此提出基准行为说，通过允许的危险而限制过失行为的范围；但在主观的预见可能性上，则从具体性的预见可能性转向抽象性的预见可能性。根据新过失论，只要采取了就一般人而言具有合理性的结果回避义务，即基准行为，便具有预见可能性，由此所出现的结果也属于被允许的危险，并不具有违法性。这正如西田典之所指出的那样：

> 这种基准行为说本来是以抽象性预见可能性为前提，却是作为限制过失犯的处罚范围的理论而提出的。①

新过失论放宽了预见可能性的范围，之所以仍然被认为是一种限制过失犯的理论，是因为它把缩小过失犯的功能提前到了过失的构成要件这一阶层。

危惧感说将抽象性的预见可能性发挥到极致，无疑否定了预见可能性，因为它把预见可能性的判断转化为危惧感。对此，日本学者指出：

> 关于预见可能性，恐惧感说（新新过失论）认为，只要可能对结果抱有漠然的恐惧感即抽象的预见可能性就足够了。这种见解，是为了防止技术革新时代所产生的企业灾害，认为只要在客观上有不小心的行为，就可以看作违反注意义务，力求扩大注意义务范围的过失犯，也有判例采用了这种见解，但是，这种学说由于将预见可能性过于抽象化，使刑事过失的成立范围没有限制，有扩大过失犯罪的处罚之虞，因此，不妥。②

因此，在预见可能性问题上，不应使其抽象化，还是应当主张一种具体性的预见可能性。只有具体性的预见可能性，才能使预见可能性判断成为一个具有实体性内容的过程，而不至于成为一种虚幻的、武断的判断。

---

① ［日］西田典之：《日本刑法总论》，刘明祥、王昭武译，209页，北京，中国人民大学出版社，2007。

② ［日］大谷实：《刑法讲义总论》，新版2版，黎宏译，181页，北京，中国人民大学出版社，2008。

案例13—1 王某玩忽职守案[①]

王某系小学教师，在春节值班期间，委托在校做作业的11岁幼女李某单独一人在校替其值班，本人离开学校去了张家，并在张家吃饭。午饭后，王某让张之子陆某（男，13岁）去学校替换李某回家吃饭，结果陆某将李某奸淫后杀死。

关于这一案例，我曾经作为一个不作为的因果关系问题加以讨论，指出：

> 在本案中王某的不作为与李某之死亡有无因果关系呢？我认为没有。因为王某值班的职责是守护学校的公共财产，如果王某让李某值班，来一伙歹徒对学校进行打砸抢，甚至放火将学校烧毁，则都与王某的不作为存在因果关系，因为李某只是一个11岁的小孩，根本无力承担保护学校的职责。但李某被陆某奸淫并杀死的结果，则与王某的作为义务无关，因而我认为不存在因果关系。[②]

现在看来，若采用条件说，难以否认王某的失职行为与李某被奸杀之间的因果关系。这个问题，作为预见可能性来讨论可能更好一些，即，王某对于李某被奸杀这一结果是否具有预见可能性。如果采用抽象的预见可能性说，凡是失职行为所造成的一切结果都在应当预见的范围，则当然不能否认王某主观上的过失。但如果按照这一认定，则无异于放弃了过失这一归责要素，显然不妥。如果按照具体性的预见可能性说，将预见范围加以适当限制，则李某被奸杀这一结果不应包括在预见范围之内，可以排除对这一结果的过失。由此可见，在预见可能性问题上，是采具体性的预见可能性说还是采抽象的预见可能性说，对于对过失犯的认定具有重大影响。

---

① 参见陈兴良：《刑法哲学》，修订3版，195页，北京，中国政法大学出版社，2004。

② 陈兴良：《刑法哲学》，修订3版，254页，北京，中国政法大学出版社，2004。

（二）预见可能性的标准

预见可能性还存在一个预见能力的判断标准问题。对此，在刑法理论上也是存在争议的，主要存在以下三种观点[①]：

1. 客观说

客观说，即常人标准说，认为对行为人注意能力的判断，应以通常人或一般人所具有的谨慎周到的注意能力为标准，亦即以法律上所谓善良管理人的注意能力为标准。这是一种社会客观标准，于每个人都一样。行为人如果未能发挥其作为通常人所应具有的注意能力，对于由此造成的结果，就应负过失责任。

2. 主观说

主观说，即个人标准说，认为对行为人注意能力的判断，应以具体的行为者个人的注意能力为标准。注意义务之违反，犯罪过失的成立，均应根据各行为人的实际注意能力来认定。

3. 折中说

折中说，即主观说与客观说结合起来的学说，认为对于智力高于普通人者，其注意能力以客观标准定之；对于智力低于普通人者，其注意能力以主观标准定之。

在以上三说中，客观说为社会责任论所主张，主观说为道义责任论所主张，而折中说实际上还是以主观说为基础的，只是在行为人的预见能力超出一般人时，以一般人的能力为限，即以客观说为补充。对于以上三说，互相之间各有批评，甚至也有同时对三说提出批评，认为三说均不妥当的，例如，日本学者西田典之。西田典之指出：

① 参见胡鹰：《过失犯罪研究》，79～80页，北京，中国政法大学出版社，1995。

首先，主观说并不妥当。这是因为，如果说行为人平素就是粗心大意、马马虎虎，他并未预见是因为不能预见，则失去了认定存在预见可能性的余地。

其次，客观说也并不妥当。理由在于，如果所有方面均以一般人作为标准，那么其结果就是，行为人之所以受到处罚并不是因为不注意，而是因为比一般人能力低。

再者，折中说也不妥当。这是因为，如果行为人具有超出一般人的能力，便应该负有与其能力相适应的注意义务。最终只能是分而论之，诸如知识、经验、身体状况、生理状况这种因人而异的能力，应以行为人为标准，而对于那种要不时提醒自己去尊重法益并对此表示关注的所谓规范心理能力，则应以一般人作为标准。①

客观说、主观说与折中说确实都不完美，但本来就没有完美的标准，在这种情况下，退而求其次，还是应当从以上三说中选择一说作为预见可能性的判断标准。我国刑法学界一般采主观说。② 我亦赞同主观说，因为：相比较而言，主观说的缺陷较小，不会伤及无辜之人。过失之有无，根据行为人个人的情况进行个别性的判断，是更为可取的。即使个别人因为能力差而否认其过失，也要比因能力低而认定其过失，对行为人更为有利，这也体现了过失责任的合理性。

在司法实践中，如何根据预见可能性的标准对具体案件进行判断，这是一个值得研究的问题。

案例 13—2　苏某等过失致人死亡案③

苏某和廖某某天晚上在公司的油库值班，不久之后停电了，苏某叫廖某

---

① ［日］西田典之：《日本刑法总论》，刘明祥、王昭武译，219 页，北京，中国人民大学出版社，2007。

② 参见林亚刚：《犯罪过失研究》，198 页，武汉，武汉大学出版社，2000。

③ 参见陈兴良：《口授刑法学》，529～530 页，北京，中国人民大学出版社，2007。

一起去检查电路，在仓库里面检查线路发现都很正常，估计可能在仓库外某个线路出了问题，于是苏某等人外出检查。他们来到油库外的一个变压器旁边，电力公司谭某等人正在维修线路故障，将电闸拉下，但是没有人看守，并且也没有在变压器旁设“正在维修”的告示牌，因为认为晚上不会有人过来。苏某和廖某看变压器的电闸关着，认为停电就是因为电闸未打开，但也没有考虑为什么电闸会关着（这是高压线的电闸）。于是，苏某用手电照明，廖某用绝缘棒将已被断开的开关推合上以通电，结果致使正在维修线路的谭某三人触电身亡。

关于本案，法院的判决认为：苏某和廖某在合上电闸的时候存在疏忽大意的过失。因为一般人应当知道高压线路的管理属于专属管理，只能由供电主管部门管理，而且有严格的管理制度，一旦违反操作规程就可能发生事故。两被告人在发现停电的情况下，疏忽大意，不考虑后果，擅自开通不属于其管理的变压器电线开关，以致造成三人死亡，构成过失致人死亡罪。

对于本案，辩护人认为属于意外事件，而法院判决认为苏某等人主观上存在疏忽大意的过失。裁判理由中认为涉及高压线路的管理属于专属管理，这是一种专业性知识，是否如裁判理由所说“一般人应当知道”，是存在疑问的。在以上“一般人应当知道”的表述中，裁判理由似乎是在采用客观说的一般人标准说，问题在于：苏某等人是否知道？在本案中，死者谭某等人也存在过错，关闭电闸维修线路，按照一般的管理规程，应该有人看守，或至少应当有告示牌，但是他们并没有遵循规章制度。当然，不能认为死者本身有过错就得出苏某等人没有过失的结论。对于苏某等人是否具有预见可能性的认定，应当根据其个人情况判断是否尽到了谨慎注意义务。因为电路涉及人身安全，即使没有认识到高压线路属于专属管理，也应当查明为什么闸门关闭以后才能拉上开关。就此而言，苏某等人还是存在过失。由此可见，如何根据预见可能性的标准进行判断，是一个在过失认定中的重要问题。

(三) 预见可能性的阻却

在预见可能性的讨论中还涉及信赖原则，可以说信赖原则是预见可能性的阻却事由。存在信赖就可以排除预见可能性，因而否定过失。关于信赖原则，日本学者指出：

> 所谓信赖原则，是指在数个人参与行动，参与该行动的人具有足够的理由相信其他参与者会遵守规则，采取适当行为的场合，其他人有不遵守规则的不妥当行为，即便该行为和自己的行为一起引起了构成要件结果，也不能根据该结果而追究自己责任的原则。①

信赖原则是基于新过失论而产生的，开始适用于交通事故案件，后来逐渐扩大适用于一般过失案件。虽然信赖原则是新过失论的理论特色，但旧过失论对信赖原则也是认同的，只不过新、旧过失论对信赖原则的体系性地位存在不同认识：旧过失论认为，信赖原则属于丧失预见可能性或者预见可能性的程度极低的情况，从而将其理解为否定过失责任的根据。而新过失论则认为，信赖原则属于即便存在预见可能性，但仍可作为允许的危险而阻却行为的违法性的根据。② 在上述两种观点中，旧过失论将信赖原则看作是预见可能性免除事由，我认为是可取的。这一理论，在刑法理论上称为预见可能性免除说。我国学者在介绍该说时，指出：

> 该说以注意义务中的预见可能性为前提进行立论，主张在信赖原则存在时，免除行为人的过失责任的根据在于行为人预见可能性的免除，即在行为人能够信赖他人都能遵守社会生活中的一般规则，由于行为人

① ［日］大谷实：《刑法讲义总论》，新版2版，黎宏译，184页，北京，中国人民大学出版社，2008。

② 参见［日］西田典之：《日本刑法总论》，刘明祥、王昭武译，223～224页，北京，中国人民大学出版社，2007。

> 的信赖具有社会相当性，即没有脱离一般社会生活的伦理秩序，那么就不能超越该社会相当性范围来要求行为人履行注意义务。既然法律不能强人所难，在信赖原则存在的情况下，由于行为人没有预见可能性，当然就不存在注意义务的违反，也就不存在过失。也就是说，适用信赖原则时，行为人对结果的发生就没有客观上的预见可能性，因此不能要求行为人对于死伤结果有回避的义务。①

信赖是对他人通常是指被害人的行为的信赖，如果不存在这种信赖，本来是具有预见可能性的。那么，为什么存在这种信赖就否认预见可能性呢？对此，日本学者西原春夫作了以下说明：

> 预见可能性分为事实上的预见可能性和刑法上的预见可能性，而信赖原则是为了从事实的自然的预见可能性中选择出刑法的预见可能性的原则。认定刑事过失时的预见可能性，始终必须是刑法上的概念，因为自然上的预见可能性本身不明确，即使是刑法上具有预见可能性的场合，仍然是在刑法上产生应依预见而采取避免结果发生措施的义务。因此，信赖原则存在时，自然上或事实上的预见可能性仍然存在，但因为行为人具有信赖的相当性，从而否定了其刑法上的预见可能性，进而免除其过失责任的成立。②

应该说，西原春夫教授的以上论证是十分精细的，他将预见可能性区分为事实上的预见可能性与法律上的预见可能性，认为，在适用信赖原则的情况下，仍然存在事实上的预见可能性，但不存在法律上的预见可能性，因而否定过失责任。当然，这里的法律上的预见可能性究竟属于过失的心理要素还是评价要素，值得进一步考虑。我曾经把信赖原则视为过失的规范评价要素，认为信赖原则是对过失行为的谴责可能性的判断，并将其与期待可能性相联系，认为只有在具有

① 赵慧：《刑法上的信赖原则研究》，112～113页，武汉，武汉大学出版社，2007。

② 转引自赵慧：《刑法上的信赖原则研究》，113页，武汉，武汉大学出版社，2007。

期待可能性的情况下，疏忽过失违反信赖原则才具有可归责性。[①] 信赖原则在过失犯构造中的体系性地位，还有推敲的余地。

四、轻率

轻率是指违反结果回避义务，由此构成的过失，我国刑法称为过于自信的过失，本书简称为轻率过失。根据我国刑法的规定，轻率过失犯罪的本质特征在于应当避免而没有避免。应当避免而没有避免，表明行为人主观上存在轻率。

应当避免和没有避免的关系，正如同应当预见而没有预见的关系，是轻率过失犯罪的客观要素和主观要素。没有避免作为轻率过失犯罪的客观要素，是指违反客观的避免义务。而应当避免作为轻率过失犯罪的主观要素，是指违反主观的避免义务。关于违反客观的避免义务，我在实行行为论一章已经予以讨论。在此，我主要探讨违反主观的避免义务的问题，即避免可能性。

在认识到结果可能发生的情况下，过于自信而没有避免，这是轻率过失的本质。而这里的应当避免是以存在避免可能性为前提的，如果没有避免可能性，则根本就不存在轻率过失。因此，避免可能性是认定轻率过失的关键之所在。关于避免可能性，应当注意以下三个问题：

（一）避免可能性的内容

避免可能性是指构成要件结果的避免可能性，因此，轻率过失存在于结果犯之中，行为犯无轻率过失可言。在一般情况下，避免可能性中的避免客体应当是具体的而不是抽象的，只有针对特定危害结果才存在是否能够避免其发生的问

① 参见陈兴良：《本体刑法学》，369 页，北京，商务印书馆，2001。

题。对于避免可能性的具体内容，我国学者指出：

> 关于结果回避可能性的意义，日本刑法理论一般从以下两个方面来把握：一是事前意义上的结果回避可能性，二是事后意义上的结果回避可能性。
>
> 所谓事前意义上的结果回避可能性，是指在行为当时，行为人采取必要的结果回避措施的可能性。所谓事后意义上的结果回避可能性，就是指行为人应采取的以及实际采取的结果回避措施是否有避免结果发生的确实可能性。如果将事前意义上的结果回避可能性称为“回避措施的履行可能性”的话，那么可以将这种事后意义上的结果回避可能性界定为“回避措施的有效可能性”①。

以上对于回避可能性的内容的论述，无论是事前还是事后，都对于认定行为人主观上是否具有轻率过失的心理具有重要意义。

（二）避免可能性的标准

和预见可能性一样，避免可能性也存在避免能力的判断问题。不同的行为人，在相同情况下，避免能力是有所不同的，那么，采取何种标准确认一个人的避免能力呢？对此，同样存在客观说、主观说与折中说之争。我认为，对于避免能力的判断应当采主观说，即以行为人的具体状况作为判断在特定情况下是否具有避免能力的标准。

轻率过失一般可以分为两种：认识上的轻率和行动上的轻率。在以上两种情况下，对于避免能力的判断是有所不同的：在第一种情况下，行为人轻信危害结果不会发生。在第二种情况下，行为人自认为采取的措施足以避免结果发生。无

① 程皓：《注意义务比较研究——以德日刑法理论和刑事判例为中心》，84页，武汉，武汉大学出版社，2009。

论是以上哪一种情况，行为人主观上都存在轻率过失。但在对避免可能性的判断上，对于第一种情况应当考虑如果采取了行动能否避免危害结果的发生，对于第二种情况则应当考虑采取何种措施才能避免危害结果的发生。以此作为标准，考察在当时情况下避免可能性的有无。如果当时没有避免可能性，则属于不可抗力，不构成轻率过失。

（三）避免可能性的认定

避免可能性是以不希望结果发生为前提的，而间接故意同样不希望结果发生，因而区别于直接故意。在不希望结果发生这一点上，轻率过失与间接故意之间在心理态度上存在某种重合。正是在这个意义上，我国学者提出了“结果避免可能性是间接故意与有认识过失的公约数”的命题，指出：

> 间接故意与有认识过失共同具有避免危害结果发生的义务。就行为人对于危害结果的态度而言，很难说，间接故意对于结果的发生就排除不希望的态度。我国学者普遍认为，不希望就是否定的态度，因而不是间接故意的放任心态所包含的内容。但是，“同意发生所不希望的结果”就等于“接受一个不喜欢的结果”，这才是间接故意对待附随结果的真实心态的反映。因此，在结果不是行为人所期望的情况下，行为人却无奈地接受，恰恰应该是间接故意心态的标准情形。如此看来，间接故意与有认识过失在认识因素上、情感因素上都有一定程度的竞合。①

以上论述把不希望看作是一种情感因素而非意志因素。这一点，当然还是值得商榷的。因为希望是一种肯定性的意志因素，在反向的意义上，不希望就是一种否定性的意志因素，所以，我还是主张在意志因素的意义上界定不希望这一心理因素。如果说，认识因素上的竞合是指轻率过失与间接故意都是认识到结果可

---

① 李兰英：《间接故意研究》，182 页，武汉，武汉大学出版社，2006。

能发生，那么，意志因素上的竞合是指轻率过失与间接故意都是不希望结果发生。当然，这里的竞合一词也许不尽妥切，更为确切的说法是，认识因素与意志因素存在某种衔接或者接壤。以认识因素而言，根据盖然性说，是以结果发生的可能性大小来划分的：盖然性较小的，不可能是间接故意；盖然性较大的，不可能是轻率过失。这里的盖然性大小以 50％为界限，则在 50％这个点上，正好是衔接的。而以意志因素而言，避免可能性较小的，不可能是轻率过失；避免可能性较大的，不可能是间接故意。在避免可能性的大小之间存在一个分界点，在这一点上正好是接壤的。超出这个连接点，就不是对结果发生的否定，而是对结果发生的容认。由此反映出行为人对于结果发生的主体态度。这一点在以下所谓弗兰克公式中反映得十分明显：

> 要问行为人若确定地认识了行为情况会怎样行动呢？认为他仍然会采取同样的行为时，就肯定其故意；认为他不会采取同样的行为时，就应该否定其故意。①

因此，对于排除避免可能性的情形，应当否认轻率过失而构成间接故意，因为在这种情况下，已经不存在对结果避免其发生的心理，而是对结果的发生持一种容认的态度。

五、监督过失

监督过失是过失的一种较为特殊的形式。监督过失理论主要是日本学者所主张的一种过失理论。日本学者指出：

> 所谓监督过失，是指在现场作业人员因失误而引发事故之时，本应该为了不出现这种过错而加以指导、训练、监督，并且，如果履行此监

① 转引自［日］大塚仁：《刑法概说（总论）》，3 版，冯军译，208 页，北京，中国人民大学出版社，2003。

督义务本可以避免结果的发生或者结果的扩大。这属于为了防止事故的安全体制确立之义务违反。①

由此可见，监督过失理论的产生与企业事故有着密切联系，它为追究对于企业事故发生具有监督关系者的过失责任，提供了法理根据。监督过失的提出，与危惧感说有着密切关系。危惧感说虽然现在不被承认，但在监督过失理论的形成过程中却发挥了重要作用。例如在日本1955年发生的森永奶粉事件中，法院判决指出：

预见可能性不要求是必须预见到具体的因果关系的可能性，而是为了规避结果的发生，就要采取适当的行动，而这种行动又必须是建立在能够预见结果发生的基础上，因而不仅需要把这种预见的可能性提高到预见义务的高度上来，而且还应该把结果的预见可能性作为结果规避义务的前提加以考虑。

以往，总是习惯于过多地考虑过失，即有无违反结果预见义务，但是，过失行为最紧要的是首先应该抓住具有危害发生的客观过失。如果是因为有过失，那就必须按照加害行为的时间去认定加害者应尽而没有尽到的义务，而认定上述义务的具体内容，就是结果规避义务，若把科以结果规避义务作为前提，那么结果预见的可能性就成为问题了。在这种情况下的预见可能性，如果能保证对防止结果的发生科以某种义务是合理的，那当然好了，但这种情况下的预见可能性是不需要有预测因果关系的可能性的，虽然什么事情也特定不了，然而如果能够具有不能无视某种危险是绝对没有的这种程度的危惧感的话，也就足够了。②

在这一判决中，强调了预见可能性并不是必须预见到具体的因果关系的可能性，而是将过失建立在危惧感的基础之上。对此，日本学者指出：

---

① ［日］西田典之：《日本刑法总论》，刘明祥、王昭武译，226页，北京，中国人民大学出版社，2007。

② ［日］藤木英雄：《公害犯罪》，丛选功等译，70～71页，北京，中国政法大学出版社，1992。

从新过失论的立场出发的、主张回避结果义务的前提的预见可能性是发生结果的危惧感的危惧感说，以森永奶粉事件为契机，得到了提倡。

判例和通说，虽然从一般意义上来讲，对危惧感说持批判态度，但是就具体事件的解决来看，很多场合下，其结论和危惧感说并没有太大的差别。在森永奶粉事件中，认定制造科长有罪的结论，不仅得到了主张危惧感说的学者的支持，而且也得到了主张具体的预见可能性说的学者的支持，这一点耐人寻味。它意味着，在现实的处罚要求前，具体的预见可能性的内容被理解得相当缓和。①

虽然监督过失是在危惧感说的基础上产生的，但新、旧过失论都认同监督过失的理论，只不过对监督过失的注意义务违反存在不同理解而已。旧过失论认为，监督过失的注意义务违反是监督人对于被监督人实施过失行为的预见可能性；新新过失论认为，监督过失的注意义务违反是对危险的危惧感和不安感；新过失论则从信赖原则出发，认为只要信赖具有社会相当性，被监督人违反信赖的行为造成危害后果的，监督人就不成立过失。② 由此可见，对于监督过失，虽各种过失论的理解不完全相同，却被各种过失论接受。

危惧感说的命运是值得我们关注的：对于普通过失，包括业务过失而言，要求较为具体的结果预见义务是合理的，因此，将危惧感说适用于普通过失案件，确实存在过于扩张过失范围之虞。但在监督过失的情况下，监督者、管理者与侵害法益结果之间的关系是较为间接的，在这种情况下，要求监督者与管理者对结果具有较为具体的预见义务，自然是不现实的，其必然结论就是导致无法追究背后的责任者。而当社会达成共识，对这些监督者与管理者必须追究责任的时候，危惧感说就成为一种合适的理论根据，即使是旧过失论者，也不得不对预见可能

① ［日］大塚裕史：《企业灾害和过失论》，载高铭暄、赵秉志主编：《过失犯罪的基础理论》，98页，北京，法律出版社，2002。

② 参见谭淦：《监督过失的理论与实态》，载冯军主编：《比较刑法研究》，193页，北京，中国人民大学出版社，2007。

性予以相当缓和的处理。就此而言，虽然危惧感说作为一般的过失论被否定，但其精神蕴涵却在监督过失理论中得以保留，这确实是耐人寻味的。值得注意的是，危惧感说是在日本 20 世纪 60～70 年代为应对企业事故频发应运而生的一种过失理论，随着 20 世纪 80 年代以后日本经济进入一个平稳的发展阶段，各种企业安全法规与制度得以健全、完善，企业事故大幅度减少，危惧感说也就完成了它的历史命运。但目前我国处于经济起飞时期，各种企业事故频发，死伤人数多，财产损失大。例如，三鹿奶粉事件以及其他矿山安全事件、药品安全事件，在社会上产生了震动。在这种情况下虽然没有必要让危惧感说复活，但将监督过失理论引入并适用于我国的司法实践，是具有重要意义的。

监督过失理论有狭义与广义之分。广义的监督过失，是指处于监督引起直接结果的行为人（直接行为人）的立场的人的过失，它可以分为因为对直接行为人的指挥、监督不当而成立过失的监督过失（狭义），和（不通过直接行为人的不当行为）通过管理者的物质配备、人事制度的不完善自身和引起结果之间的关系而成立过失的管理过失。只是，于管理过失的场合，在命令从业人员完善物质配备、人事制度的时候，也存在对该从业人员的行为进行监督的问题。因此，其和监督过失（狭义）的区别是相对的，将二者进行区别，并不具有理论上的意义。[①] 尽管如此，我们还是要把监督过失与管理过失加以区分，这种区分主要表现在监督过失的对象是人——被监督者，因而监督过失往往与被监督者的过失之间发生竞合。例如，日本学者大塚仁教授就是在过失竞合的名目下讨论监督过失的，指出：

> 这种情况下，相竞合的过失行为是由处在下位者与上位者、被监督者与监督者的关系之上的各过失行为人实施的，与由在法上处于平等关系的人实施的通常过失的竞合不同。在对下位者的过失行为没有尽到其

① 参见［日］大塚裕史：《企业灾害和过失论》，载高铭暄、赵秉志主编：《过失犯罪的基础理论》，85～86 页，北京，法律出版社，2002。

监督义务时就肯定上位者的过失，因此，可以称其为监督过失。[①]

而管理过失的对象是体制，包括人事制度、安全体制、物质配备等。虽然管理过失经常与监督过失发生竞合，但在单独成立的情况下，管理过失不存在与他人过失的竞合。

如前所述，我国目前正处于经济腾飞的阶段，情形正与日本20世纪六七十年代相似，监督过失理论大有用武之地。但是，监督过失理论是近年来才开始引入我国并引起我国刑法学界重视的。在以往案件的处理中，虽然涉及管理者的过失责任，但没有采用这一理论作为判案根据。

案例13—3 新疆克拉玛依特大火灾案[②]

1994年12月8日新疆克拉玛依特大火灾案件，烧死323人，烧伤132人，直接经济损失三千八百余万元。检察机关指控阿不来提·卡德尔等4人犯重大责任事故罪、赵兰秀等10人犯玩忽职守罪。在本案中，对于直接责任人员以重大责任事故罪论处，争议并不大。但关于对赵兰秀等克拉玛依市的主管领导，是否应当以玩忽职守罪追究刑事责任，却存在较大争议。尤其是赵兰秀及其辩护人只承认应当承担领导责任，且在现场具有抢救行为，不应承担刑事责任。对此，本案裁判理由认定赵兰秀等人是演出活动的具体组织者和实施者，对中、小学生的人身安全负有保护的法定职能和义务，但他们严重失职，未正确履行法定职责，造成中、小学生重大伤亡的严重后果，其行为构成玩忽职守罪。

对于本案，我是被害人的诉讼代理人之一。但在当时，日本的监督过失理论还没有引入我国，因此，在本案中，还未能采用监督过失的理论对被告人的刑事责任进行法理分析。现在，我国已有学者从监督过失角度讨论本案，指出：

---

① ［日］大塚仁：《刑法概说（总论）》，3版，冯军译，211页，北京，中国人民大学出版社，2003。

② 参见中国高级法官培训中心、中国人民大学法学院编：《中国审判案例要览》（1996年刑事审判案例卷），北京，中国人民大学出版社，1997。

1994年12月8日新疆克拉玛依特大火灾案中，14人严重违反规章制度，其中友谊馆主任蔡兆锋、副主任阿不来提·卡德尔未对职工进行安全教育和制定应急防范措施，对馆内安全隐患未进行有效的整修，对事故的发生负有监督过失责任。①

我认为，这一观点是能够成立的。当然，监督过失在我国司法实践中如何正确适用，还存在需要深入研究的问题。

本案提出一个关于监督过失在我国适用的重要问题：玩忽职守罪是否属于监督过失？日本刑法只规定了业务过失犯罪而没有规定职务过失犯罪。例如，《日本刑法典》第211条规定了业务过失致人死亡罪，日本学者指出：

这里的业务是指基于社会生活上的地位而进行的活动，即职务、职业、营业等，如反复持续驾驶汽车的人，不论是基于娱乐而驾驶还是作为职业而驾驶，也不论是专职还是兼职，都负有同样的注意义务。所以，社会生活上的地位不是业务的要件，作为要件的应该是社会生活上的事务。从此意义上讲，本罪中的业务，是除了自然的或个人的生活活动（教育孩子、做家务、饮食等）之外的事务的总称。②

由此可见，日本刑法中的业务过失致人死亡罪中的企业概念的外延是极为宽泛的，包含了职务、职业、营业等各种社会活动。在这一点上，我国刑法规定是十分不同的：我国刑法根据各种不同的业务种类，分别设立了各种业务过失罪名，仅责任事故犯罪，就设立了重大飞行事故罪（第131条）、铁路运营安全事故罪（第132条）、交通肇事罪（第133条）、重大责任事故罪（第134条第1款）、强令违章冒险作业罪（第134条第2款）、重大劳动安全事故罪（第135条）、大型群众性活动重大安全事故罪（第135条之一）、危险物品肇事罪（第136条）、工程重大安全事故罪（第137条）、教育设施重大安全事故罪（第138

① 彭凤莲：《监督过失责任论》，载《法学家》，2004（6）。

② ［日］大谷实：《刑法讲义总论》，新版2版，黎宏译，51页，北京，中国人民大学出版社，2008。

条)、消防责任事故罪（第139条）共11个罪名。此外，我国刑法还根据主体身份设立了职务上的过失犯罪，包括玩忽职守罪等。日本刑法学者之所以创立监督过失理论，是为了使被监督者、被管理者与监督者、管理者共用一个罪名。例如，在业务过失致人死亡的情况下，行为人对死亡结果具有预见可能性，构成本罪当然没有问题，但对于监督者与管理者来说，其与死亡结果的关系是较为间接的，预见可能性也并非明确。在这种情况下，才有必要采用监督过失理论，使监督者与管理者入罪。在我国刑法中，情况较为复杂，现在分别加以说明：

在重大责任事故犯罪中，现在有关司法解释主要通过扩张主体的方法使监督者、管理者入罪。例如2000年11月15日最高人民法院《关于审理交通肇事刑事案件具体应用法律若干问题的解释》（以下简称《解释》）第7条规定：

> 单位主管人员、机动车辆所有人或者机动车辆承包人指使、强令他人违章驾驶造成重大交通事故，具有本解释第二条规定情形之一的，以交通肇事罪定罪处罚。

在此，将交通肇事罪的主体从直接肇事人员扩大到单位的主管人员、机动车辆所有人和机动车辆承包人。此外，2007年2月28日最高人民法院、最高人民检察院《关于办理危害矿山生产安全刑事案件具体应用法律若干问题的解释》（以下简称《解释（二）》）第1条将刑法第134条第1款规定的重大责任事故罪的主体界定为：

> 对矿山生产、作业负有组织、指挥或者管理职责的负责人、管理人员、实际控制人、投资人等人员，以及直接从事矿山生产、作业的人员。

《解释（二）》第3条将刑法第135条规定的重大劳动安全事故罪的主体界定为：

> 对矿山安全生产设施或者安全生产条件不符合国家规定负有直接责任的矿山生产经营单位负责人、管理人员、实际控制人、投资人，以及

对安全生产设施或者安全生产条件负有管理、维护职责的电工、瓦斯检查工等人员。

这一规定把目前争议较大的实际控制人、投资人等纳入刑事追究范围，从而解决了这两类人员因名义身份与实际身份存在差异而导致的应否承担刑事责任的问题。这些人员之所以应当成为犯罪主体，是因为根据《安全生产法》及国务院《关于预防煤矿生产安全事故的特别规定》，实际控制人与煤矿企业负责人一样，对预防煤矿生产安全事故负主要责任；投资人对劳动安全设施或者安全生产条件的投入和维护负有资金投入义务，基于投资权益，投资人享有生产经营管理权，理应对生产安全事故负责。①

上述司法解释意图通过扩大有关责任事故犯罪的主体，而使那些监督者与管理者入罪。但主体只是犯罪构成的要素之一，这些人员入罪，其主观上还必须具有过失，也就是所谓的监督过失与管理过失。有关司法解释没有对监督过失与管理过失的认定，例如预见可能性的判断、注意义务的设定等问题作出规定，只是扩大犯罪主体，对于刑事追究来说还是存在一定困难的。

另一个问题是我国除业务过失犯罪以外，还专门规定了职务过失犯罪，例如玩忽职守罪。那么，在玩忽职守罪的情况下，其过失是否属于监督过失或者管理过失呢？对此，张明楷教授认为，我国的司法实践一直追究监督过失的责任，许多具体的玩忽职守罪表现为监督过失；现行刑法事实上也肯定了监督过失（参见刑法分则第 135 条、第 138 条、第 139 条）。② 我国司法机关也提出了监督过失理论在渎职行为认定中的适用问题，认为有必要认真研究监督过失理论，探讨其在渎职行为认定中的适用，依法追究监督者的过失责任，促进国家机关工作人员认真履行职责，规制公权力的正当行使，保证国家机关的公信力。③

---

① 参见冯锦温、邱利军：《〈关于办理危害矿山生产安全刑事案件具体应用法律若干问题的解释〉的理解与适用》，载最高人民法院编：《刑事审判参考》，第 55 辑，65～66 页，北京，法律出版社，2007。

② 参见张明楷：《刑法学》，3 版，245 页，北京，法律出版社，2007。

③ 参见关福金：《监督过失理论在渎职行为认定中的适用》，载《检察日报》，2009-03-09。

对于上述观点，我是赞成的。当然，我认为，玩忽职守罪是否属于监督过失不可一概而论。在某些存在监督者与被监督者关系的情况下，各行为人存在共同过失，监督者是国家工作人员而应定玩忽职守罪，被监督者是非国家工作人员而应以一般的业务过失论处。但也存在国家工作人员玩忽职守直接造成国家和人民利益重大损失的情形，这就不是监督过失。对此，应当区别对待。

思考题：

试论轻率过失与间接故意的区别。

参考书目：

1. 廖正豪. 过失犯论. 台北：三民书局，1993

2. 胡鹰. 过失犯罪研究. 北京：中国政法大学出版社，1995

3. 林亚刚. 犯罪过失研究. 武汉：武汉大学出版社，2000

4. 高铭暄，赵秉志主编. 过失犯罪的基础理论. 北京：法律出版社，2002

5. 周光权. 注意义务研究. 北京：中国政法大学出版社，1998

6. 赵慧. 刑法上的信赖原则研究. 武汉：武汉大学出版社，2007

7. 程皓. 注意义务比较研究——以德日刑法理论和刑事判例为中心. 武汉：武汉大学出版社，2009

8. 刘于炳. 监督管理过失犯罪研究. 北京：中国人民公安大学出版社，2009

第14章

违法性认识论

在三阶层犯罪论体系的有责性阶层中，如何对故意或者过失的心理进行主观归责，是一个重要问题，这个问题的焦点就在于违法性认识是否属于归责要素。我们也可以采用另一种表述，即在具有违法性认识错误的情况下是否排除责任。这个问题，也就是在刑法理论上讨论的违法性认识问题，在德国刑法学中经常称为禁止错误。本章拟从责任的一般原理出发，对违法性认识问题进行法理上的探讨。

一、违法性认识与构成要件认识的区分

违法性认识属于一个主观认识问题，对此并不存在争议。然而，违法性认识如何与构成要件认识区分，却是一个首先需要加以研究的问题。因为构成要件认识分为事实性认识与规范性认识，因此，我对于这两个方面与违法性认识的区分问题加以辨析。

(一) 违法性认识与事实性认识的区分

违法性认识与事实性认识，从字面上看，是十分容易区分的：违法性认识是对法的认识，因为违法性本身是一种不法状态。而事实性认识是对事实的认识，因为事实本身是一种客观存在的事态。然而，法与事不是截然分开的，尤其是在刑法中，不法行为是一种事实与规范的统一体，违法性往往是事实的某种性质，因而两者的区分本身就是困难的。例如，我国学者冯军教授将事实性认识的内容界定为对构成要件中不需要评价的事实的认识，如果是对构成要件中需要评价的事实的认知，那么就属于违法性认识而非事实性认识。冯军教授指出：

> 行为人的认识在刑事归责上会涉及两部分事实：不需要评价的事实，如“火车”、“货币”、“妇女”等；需要评价的事实，如“淫书”、“珍禽”等。对需要评价的事实的认识，我认为应当属于违法性认识，而不属于事实性认识。①

显然，冯军教授对事实作了十分狭窄的理解，指的是完全价值无涉的纯粹事实。以此限定事实性认识的范围，必然使违法性认识的范围大为扩张。这不仅关涉对违法性认识的界定，而且涉及在发生认识错误的情况下，究竟属于事实性认识错误还是属于违法性认识错误，其法律后果是有所不同的，因而有必要加以澄清。

冯军教授认为事实性认识不包括评价，评价性认识就属于违法性认识，理由在于：(1) 需要评价的事实归根到底仍然是事实，但是，对需要评价的事实的认识，其重点在于评价，而不在于认知。(2) 对需要评价的事实的认识直接影响着行为人对法律禁止性的理解。(3) 对需要评价的事实的认识是对法律规定的判断。

① 冯军：《刑事责任论》，153页，北京，法律出版社，1996。

(4) 事实的错误和法律的错误具有相当的条件时使故意犯不能成立，这两种错误的区别并不如传统立场所主张的一样那么有深刻的意义。[①] 在以上理由中，违法性认识是以事实性认识为前置条件的，因而事实性认识对于违法性认识具有直接的影响。这一逻辑关系是完全能够成立的，但问题在于：包含评价性因素的事实到底是一般性事实还是违法性事实？这个问题，涉及对构成要件的事实性与规范性的界定，尤其是涉及规范性的构成要件问题，需要从理论上加以进一步考察。

构成要件存在一个从事实性的构成要件到规范性的构成要件的转变过程。古典学派的犯罪论体系所主张的构成要件是事实性的构成要件，并不包含价值评判。例如，贝林把事实性特征称为记述性，指出：

> 所有法定构成要件都有单纯的记述性特征，在这些记述性特征中，法律评价并未表达出“违法性”（不法类型）的意义。[②]

贝林认为构成要件与违法性是不同的：前者是事实要件，后者是评价要件。在构成要件上，贝林主张行为类型说，否认构成要件的违法性推定机能，就是为了将构成要件与违法性加以有意义的区隔。但不可否认，刑法分则中的某些内容是具有规范意义的，尤其是有关法律概念，正如贝林引述拉斯克（Lask）的话，所有法律概念都是“披上了规范的绸缎”。在这种情况下，就出现了所谓规范性的构成要件。例如，日本学者把构成要件分为记述的构成要件要素与规范的构成要件要素。在论及构成要件的规范要素时，大谷实指出：

> 规范要素是指在构成要件要素存在与否的认定上，必须经过法官的规范的、评价的判断才能确定的构成要件要素。作为规范要素，包括有①“他人的财物”（第235条等）、妨害执行公务中的“职务行为的合法性”（第95条第1款）之类的和法的评价有关的概念，②“公共危险”（第109条第2款、第110条）、“虚伪申报”（第172条）、“欺骗他人”

① 参见冯军：《刑事责任论》，153～154页，北京，法律出版社，1996。

② [德]恩施特·贝林：《构成要件理论》，王安异译，13页，北京，中国人民公安大学出版社，2006。

（第 246 条）之类的与认识上的评价有关的概念，③“淫秽”（第 174 条到第 176 条）、“毁损名誉”（第 230 条）之类的和社会一般的文化评价有关的概念。①

由此可见，大谷实所界定的规范性的构成要件要素是相当宽泛的。对于这些规范性的构成要件要素，尽管与构成要件的记述性要素存在明显区别，但贝林仍然严格地将其与违法性加以区分。贝林指出：

为了对某一行为进行特征化处理，立法者可以采取下述可能的标准：身体举止、行为产生的生活状况、行为时的各种情状、各种行为结果。因此，运用行为之合法性关系构建犯罪类型（如刑法第 242 条的“他人”财物、第 288 条的“自有”财物、第 113 条的“合法”执行公务等），无可置疑；只要该合法性关系有助于构成要件界定相关犯罪之行为，则仍不失其“记述性”，而无关其特殊的情事（Umstaende）问题。②

显然，贝林对构成要件的记述性作了较为宽泛的解释，使之能够包含这些规范的构成要件要素。我认为，贝林把这些包含规范评价要素的构成要件与违法性加以区分是正确的，因此，对这种规范的构成要件要素的认识，不能等同于违法性认识。例如，我国刑法第 367 条规定：

本法所称淫秽物品，是指具体描绘性行为或者露骨宣扬色情的诲淫性的书刊、影片、录像带、录音带、图片及其他淫秽物品。

有关人体生理、医学知识的科学著作不是淫秽物品。

包含有色情内容的有艺术价值的文学、艺术作品不视为淫秽物品。

在以上淫秽物品的界定中，我国刑法对淫秽性作了明确规定，这是一种评价性的规定，其评价根据是人类的性的羞耻感。正如张明楷教授指出：

---

① ［日］大谷实：《刑法讲义总论》，新版 2 版，黎宏译，120 页，北京，中国人民大学出版社，2008。

② ［德］恩施特·贝林：《构成要件理论》，王安异译，14～15 页，北京，中国人民公安大学出版社，2006。

淫秽物品，使人类的各种性行为（包括正常的与变态的）公开化，因而完全违背了人的性的羞耻感情。因此，淫秽物品的实质属性是无端挑起人们的性欲和损害普通人的正常的性行为观念。[①]

在所谓淫秽物品的犯罪中，明知其物品的淫秽性对于淫秽物品犯罪的成立具有重要意义。那么，对物品的淫秽性的认识到底属于事实性认识还是违法性认识？关于这个问题，日本最高法院于昭和 32 年（1957 年）3 月 13 日对卡特莱案作过以下判决：

关于刑法第 175 条之罪中的犯意的成立，只要认识到存在着有问题的记载和认识到是在颁布、贩卖它就够了，不需要进而认识到存在着该记载的文书是否具备同条所规定的猥亵性。即使主观上相信不是刑法第 175 条的猥亵文书，从而贩卖了某文书，如果它在客观上具有猥亵性，就属于法律的错误，不能够阻却犯意。关于猥亵性，是有完全的认识，还是有未必的认识，或者是完全没有认识，都只不过是刑法第 38 条第 3 项但书规定的情状的问题，而与犯意的成立没有关系。[②]

以上判例实际上是把对猥亵性以及淫秽性的认识当作违法性认识，并进而认为构成贩卖猥亵文书罪不要求对文书的猥亵性的认识。对此，日本学者大塚仁作出了以下评论，指出：

看不出判例正确地理解了作为规范性构成要件要素的文书的“猥亵性”的性质。关于规范性构成要件要素的意义的认识和违法性的意识，都与规范相联系，具有类似之处，但是，它们与规范的关系明显不同，将它们同等看待，难免失当。就文书的“猥亵性”而言，意义的认识是认识到该文书具备猥亵性，而违法性的意识则是意识到贩卖该猥亵文书是刑法上所不允许的。前者是所谓犯罪事实的表象的一环，是构成要件

① 张明楷：《刑法学》，3 版，844 页，北京，法律出版社，2007。

② ［日］大塚仁：《犯罪论的基本问题》，冯军译，213 页，北京，中国政法大学出版社，1993。

性故意的要素；后者则是责任故意的要素，是责任论的对象。因此，作为刑法第175条之罪的构成要件性故意的要件，除了“认识到存在着有问题的记载和认识到是在颁布、贩卖它”之外，还应该需要认识到“有问题的记载”具有“猥亵性”，如果行为人缺乏对猥亵性的认识而贩卖了文书时，就阻却该罪的构成要件性故意。①

我认为，大塚仁教授的以上观点是完全正确的。只要是构成要件的要素，无论是事实性要素还是规范性要素，都属于事实性认识的内容。这也是由构成要件的故意规制机能所决定的。在这个意义上，我认为将事实性认识改称为构成要件性认识，也许是更为确切，不会引起歧义的。

关于这种对构成要件之规范要素的认识错误，日本学者西田典之称之为“规范性构成要件要素的错误”，并将这种错误归入事实的错误而非法律的错误。西田典之指出：

构成要件要素不仅仅只有记述性要素，还包括诸如财物的“他人性”、职务的“合法性”等规范性要素。因此要肯定故意，当然地必须对这些规范性要素存在认识。问题在于：要肯定存在规范性要素的认识，必须具有什么样的事实认识呢？在这种场合，包括法律的要素在内，应该将评价性要素尽可能地还原于事实性要素，以这种认识的有无作为判断的基准。②

因此，西田典之把规范性要素还原为事实性要素，由此而把对规范性要素的认识界定为事实性认识。

（二）违法性认识与规范性认识的区分

以上我们讨论的是违法性认识与事实性认识的区分，主要涉及违法性认识与

---

① ［日］大塚仁：《犯罪论的基本问题》，冯军译，213～214页，北京，中国政法大学出版社，1993。

② ［日］西田典之：《日本刑法总论》，刘明祥、王昭武译，144页，北京，中国人民大学出版社，2007。

规范性事实认识的区分问题。因为违法性认识与纯粹的事实性认识之间是容易区分的，而与规范性事实认识之间则难以区分。规范性事实毕竟还是事实，或者可以还原为事实。但规范性认识则与之不同，它是对构成要件中的纯粹的规范要素的认识。在这种情况下，违法性认识与规范性认识之间的区分就更不容易了。

应当指出，我国刑法分则对构成要件的规定，存在一种十分特殊的现象，就是大量采用了"非法"或者"违反法律规定"之类的用语。随便列举就达 50 处之多。[①] 此外，还有关于"违反国家规定"等，也属于上述情形。从我国刑法分则的上述规定来看，这里的违法并非指违反刑法，而是指违反其他法律。在有些条文中，已经明确地规定了违反的法律的内容；在另外一些条文中，虽然只是笼统地规定为违法，但根据内容也可以推断出其所违反的法律。例如，刑法第 176 条规定的非法吸收公众存款罪中的"非法"，是指违反银行法或其他金融法规。这些以"非法"为内容的犯罪，都是刑法理论上的法定犯。

我国刑法分则中规定的"违法"或者"非法"要素，显然属于规范性要素而不是事实性要素。那么，这些规范性要素是否属于规范的构成要件要素呢？我认为，我国刑法分则规定的"违法"等要素都应当看作是构成要件的规范要素而非违法性的要素，因此，对这些构成要件的规范要素的认识与违法性认识之间是存在性质上的区分的。例如，刑法第 252 条规定的侵犯通信自由罪，规定了三种行为：隐匿、毁弃或者非法开拆他人信件。在这三种行为中，对隐匿、毁弃并未冠以"非法"一词，唯独对开拆冠以"非法"一词。之所以出现这样的区分，与行为的性质有关。在一般情况下，构成要件行为是不法类型，因而这种行为本身就具有违法性，例如杀人，在 99%的情况下都属于犯罪。隐匿、毁弃他人信件均属于此类不法性明显的行为。

当然，我国刑法中也存在一些正常的社会、经济或者日常生活行为因法律禁止而成为不法，对这些行为必须冠以"非法"加以界定，否则，难以与正常合法

① 参见陈兴良：《刑法知识论》，244～252 页，北京，中国人民大学出版社，2007。

的行为加以区分。例如，非法经营罪中的经营行为、非法行医罪中的行医行为，本身都是正常的经济行为或者业务行为，只有在违反法律规定的情况下才被规定为犯罪，这是法定犯的典型特征。对于开拆他人信件来说，在大多数情况下，当然是违法的，但也确实存在合法的开拆，例如侦查人员经公安机关、国家安全机关或人民检察院批准依法扣押、检查犯罪嫌疑人、被告人的信件，就是合法开拆他人信件。只有违反国家法律规定，私自开拆他人信件才是本罪构成要件的行为。因此，这里的违法是构成要件行为的要素。只有具备这些“非法”要素才能成立构成要件行为，才具有形式上的违法性。

在我国司法实践中，对于违法性认识与规范性认识有时也会发生混淆。例如，在丁英超非法买卖枪支案中，涉及购买仿真手枪能否认定为非法买卖枪支罪的问题，而对买卖仿真手枪的非法性认识是另一个与定罪密切相关的问题。

案例 14—1　丁英超非法买卖枪支案①

丁英超于2006年八九月间，先后两次利用其在淘宝网开设的“金翼时尚酷玩”网上商店，以4 250元的价格向高键忠（已另案起诉）出售3支仿真充气枪。经鉴定，上述气手枪强制机件完好，均可以正常击发，实弹击发后近距离对人体有杀伤力。后丁英超被查获归案。现缴获世纪文星牌电脑主机1台在案。

北京市朝阳区人民法院经审理认为，被告人丁英超无视国法，为谋私利，违反枪支管理规定，非法买卖以压缩气体为动力的非军用枪支，其行为触犯了刑律，已构成非法买卖枪支罪，应予惩处。北京市朝阳区人民检察院指控被告人丁英超犯有非法买卖枪支罪的事实清楚、证据确凿，指控的罪名成立。被告人丁英超的辩护人关于其系初犯、偶犯，未造成危害后果等辩护意见，本院予以采纳。依照《中华人民共和国刑法》第一百二十五条、第六十四条及最高人民法院《关于审理非法制造、买卖、运输枪支、弹药、爆炸物等刑事案件具体应用法律若干

① 参见《人民法院报》，2009-06-12。

问题的解释》第一条之规定，判决如下：被告人丁英超犯非法买卖枪支罪，判处有期徒刑三年零六个月。在案世纪文星牌电脑主机一台，予以没收。

一审宣判后，丁英超上诉于北京市第二中级人民法院，上诉理由为：其并未直接向高键忠贩卖枪支，原审认定其贩卖枪支的数量不准确，且所贩枪支与真枪有所区别，量刑过重，并申请对起获的枪支是否有杀伤力做重新鉴定。

辩护人的辩护意见为：丁英超不明知其介绍买卖的枪支是法律禁止买卖的枪支，其缺乏犯罪的主观故意，丁英超的行为不构成犯罪。

北京市第二中级人民法院经审理认为：一审法院根据丁英超犯罪的事实、犯罪的性质、情节和对于社会的危害程度所做的刑事部分判决，定罪及适用法律正确，量刑适当，审判程序合法，应予维持。据此，本案依照《中华人民共和国刑事诉讼法》第一百八十九条第（一）项的规定，裁定如下：

驳回丁英超的上诉，维持原判。

本裁定为终审裁定。

在本案中，被告人丁英超的行为能否被认定为非法买卖枪支罪，在客观上涉及仿真手枪能否被认定为枪支的问题。我国枪支管理法对枪支作了明文界定，是指以火药或者压缩气体等为动力，利用管状器具发射金属弹丸或者其他物质，足以致人伤亡或者丧失知觉的各种枪支。只要符合上述特征之一，就可以认定为枪支。在现实生活中广泛使用的仿真枪支一词其实并不科学。所谓仿真枪支是指没有枪支制造资质与资格的单位或个人制造的枪支，这些仿真枪支只要符合枪支管理法的规定，就应当认定为枪支，对此并无疑问。但在本案中涉及行为人对买卖这种所谓仿真枪支的非法性的认识问题时，裁判理由对此作了以下阐述：

> 非法买卖枪支罪的主观要件是行为人明知是枪支而故意非法买卖，也就是说，行为人在主观上不仅要预见到买卖枪支可能造成的社会危害，而且要对买卖枪支的违法性具有认识。但是，这里的违法性认识是指刑事违法性认识还是整体法规范的违法性认识呢？笔者认为是对整体

法规范的认识。

一直以来，枪支在我国都被严厉管制。枪支管理法第十三条规定："国家对枪支的制造、配售实行特别许可制度。未经许可，任何单位或者个人不得制造、买卖枪支。"在我国刑法的传统意义上，枪支犯罪都是法定犯，但是自然犯和法定犯之间的界线并不是固定不变的，而是根据社会发展和法治意识而不断变化。随着法律对涉枪犯罪的严厉打击，枪支是被禁止的危险品这一观念已经深入人心，枪支犯罪在很大程度上来说在实际上已经成为自然犯。虽然社会危害性认识和违法性认识有时候可能发生分离，但是在此情况下就一致了。因此，只要行为人能够认识到枪支可能造成的社会危害性，就能够推定行为人对枪支具有违法性认识。

虽然丁英超辩称贩卖的仿真枪与真枪存在区别，且不明知其介绍买卖的枪支是法律禁止买卖的枪支，但是作为理性的成年人，丁英超明确知道仿真枪可能造成的社会危害性，也就可以推定其是出于"非法"目的而贩卖。[①]

在本案中，辩护人的辩护理由是：丁英超不明知买卖的枪支是法律禁止买卖的枪支，即行为人对买卖枪支的非法性存在认识错误。本案裁判理由将这一问题当作一个违法性认识问题加以论述，并推定被告人具有违法性认识。我认为，裁判理由基于法律不允许的认识说，而把规范性构成要件的认识与违法性认识混为一谈。我国刑法第 125 条规定了非法买卖枪支罪，"非法"是本罪的规范性构成要件。这里的非法，是指违反枪支管理法规。因此，仿真手枪是否属于枪支管理法规定的枪支，因而买卖仿真枪支是否违反枪支管理法规、具有违法性，这都是一个事实性认识问题，而不是违法性认识问题。如果对于仿真枪支是否属于枪支管理法

① 《购买仿真手枪能否认定为非法买卖枪支罪——北京市二中院裁定丁英超非法买卖枪支案》，载《人民法院报》，2009-06-12。

规定的枪支发生认识错误，因而误认为买卖仿真枪支并不违反枪支管理法规，那么就阻却故意。但本案的裁判理由却误把这一规范性构成要件认识当作违法性认识，这是其主张法律所不允许的认识说之必然结论。当然，该裁判理由明确提出犯罪故意的成立必须要求违法性认识这一见解，还是值得充分肯定的。

二、违法性认识之违法性的界定

在正确地区分违法性认识和事实性认识的基础上，我们还应当进一步对违法性认识之违法性加以科学界定。

在关于违法性认识与事实性认识的区分中，我们已经将对构成要件的规范要素的认识排除在违法性认识之外，这里的规范要素包含刑法以外的其他法规范。因此，违法性认识中的违法性不是违反其他法规范，而是违反刑法，即刑事违法性。在刑法学中，违法性又可以区分为形式违法性与实质违法性，而形式违法性与实质违法性之分，对于确定违法性认识之违法性具有重要意义。关于形式违法性与实质违法性，日本学者指出：

> 所谓形式违法性，如违反“不要杀人”的命令而将人杀死的场合，是指行为在形式上违反刑法上的行为规范（命令、禁止）的性质。刑罚法规的构成要件中，包含有作为规制机能的行为规范，因此，符合构成要件的行为，原则上具有形式违法性。
>
> 所谓实质违法性，是指行为实质性地违反作为整体的法秩序，只要实质上不违法，就不具有违法性。关于实质违法性的内容，有（1）侵害或威胁法益的法益侵害说；（2）违反社会伦理规范的规范违反说；（3）违反社会伦理规范与侵害法益的二元说之间的对立。①

① ［日］大谷实：《刑法讲义总论》，新版 2 版，黎宏译，214 页，北京，中国人民大学出版社，2008。

根据以上区分，构成要件该当行为所具有的是形式违法性，而排除违法阻却事由以后的行为所具有的是实质违法性。形式违法性通过构成要件来实现罪刑法定主义机能，实质违法性则为违法阻却事由提供一般根据。由此可见，形式违法性与实质违法性在三阶层的犯罪论体系中具有不同作用。那么，违法性认识中的违法性到底是形式违法性还是实质违法性呢？对于这个问题，在刑法理论上存在以下各种观点的聚讼：

> (1) 将前法律性规范违反的认识（即违反社会伦理这种认识）作为违法性的意识的观点；(2) 认为属于实定法规违反的认识（即对不为法律所允许的认识）的观点；(3) 认为属于刑罚法规违反的认识（即对要受到刑罚这种制裁的认识）的观点；(4) 认为属于可罚性刑法违反的认识的观点。[①]

在这四种对违法性理解的观点中，第一种观点违反前法律性规范的认识说将违法性之法界定为前法律性规范，这里的前法律性规范是指伦理性、条理性以及道义性的规范。在这种情况下，与其说是违法性认识，还不如说是悖德性认识。为此，指摘这种违反前法律性规范的认识说与违法性认识不要说同流合污，并非言过其实。可以说，违反前法律性规范的认识说对违法性的理解是偏向于实质违法性的。

第二种观点即法律不允许的认识说，这里的法律是指刑法还是指一般秩序，在理论上是有争议的，更多的学者倾向于将法律不允许的认识说之法律理解为整体法规范，因此，这种观点也称为违反整体法规说。[②] 这种观点将违法性认识与违反伦理规范认识加以区分，当然是更符合违法性之原意的，因而较之违反前法律性规范的认识说具有更大的合理性。但违反刑法的认识与违反其他法律的认识仍然是有差距的。

---

① ［日］西田典之：《日本刑法总论》，刘明祥、王昭武译，141 页，北京，中国人民大学出版社，2007。

② 参见贾宇：《罪与刑的思辨》，170 页，北京，法律出版社，2002。

第三种观点即刑罚法规违反的认识说与第四种观点即可罚的违法性认识说，虽然并无根本性的不同，但对于违反刑罚法规的认识与对于可罚性的刑法违反的认识，仍然存在程度上的区别。我主张可罚的违法性认识说，这里的可罚的违法性就是指刑事违法性，因此，可罚的违法性认识说也可以称为刑事违法性认识说。可以说，可罚的违法性认识说对违法性的理解是偏重于形式违法性的。

刑事违法性认识说受到质疑：刑事违法性认识说是否具有可行性？能否对普通公民提出刑事违法性认识的要求？当我们将这一问题放在中国法治环境下讨论时，出现了两种对立的观点：

> 否定的观点认为，从司法实践的角度来看，刑事违法性说的主张很难付诸实施。如果以刑事违法性认识作为构成犯罪故意必备要件，必然会因为无法证明许多行为人是否具有刑事违法性认识而不能确认其犯罪故意成立。也就是说，刑事违法性认识的要求在实践中不具备可行性。而且，只有在国民法律素质较高的情况下，才有刑事违法性认识说存在的余地。而在我国现实的条件下，主张刑事违法性认识说的观点是不现实的。①

根据以上否定说的观点，之所以在我国不能采用刑事违法性认识说，主要是因为不具备现实条件。就此而言，否定说不是对刑事违法性认识说的法理否定，而是对其采用可能性的否定。因此，可行性与现实性就成为刑事违法性认识说的重大障碍。

> 肯定的观点则认为，在违法性认识有无的认定上是存在证明困难，但是，证明困难不等于没法证明，可以通过更深入的研究，指出不存在违法性认识的种种具体情形，以解决证明困难的问题。至于法治状态，在法治的历史尚只是人类历史进化过程中一个短短的阶段时，法盲的存在就是世界各国的普遍现象。即便在我国，现实也不是

① 贾宇：《罪与刑的思辨》，171～172 页，北京，法律出版社，2002。

否定论者所忧虑的那样。对于法盲中那些由于教育条件的恶劣、物质生活的贫困等而没能知法、不幸误犯了法律者，有什么理由不把他们排除在故意犯罪之外？①

在我看来，违法性认识的证明是一个存在论的问题，而在法治欠发达、法盲较多的情况下能否要求违法性认识则是一个价值论的问题。就证明问题可言，不能因证明困难而否认违法性认识，这样的理由当然是正确的。但如果违法性认识在大多数情况下都无法证明，缺乏可行性的规定是无效果的，这样的判断也言之有理。问题在于：违法性认识的证明真有那么困难吗？这要看采用什么方法。一般认为，对违法性认识应当采用推定方法加以证明。这里的推定，是指通过已知事实推导出未知事实的一种方法。推定方法通常适用于对行为人主观心理状态的证明，是司法实践中常用的一种证明方法。就违法性认识而言，同样也可以采用推定方法。

当然，推定并非绝对正确，这里存在一个反证的问题。在理论上，推定有可反驳性的推定与不可反驳性的推定之分。可反驳性推定根据法律及相关结论要求从没有相反的证据中推出，如果提出相反的证据，则这种推定结论即被推翻。而不可反驳性的推定则是不容反证的，某个结论一旦推导出则必然成立。显然，从对构成要件该当性的认识推导出违法性认识，这是一个可反驳的推定。这种反驳，就是一种反证，主要是由辩方承担的。如果辩方的反证成立，就出现了责任阻却的情形，责任阻却被我国学者认为是构成要件推定机能的例外。②

至于说在法治发达的国家，公民的法律认知程度高，因而才得以将违法性认识作为归责要素，而在我国这样的法治欠发达的国家，公民的法律认知程度低，因而不宜将违法性认识作为归责要素，对此观点我是不认同的。事实上，我国历来有“不教而诛谓之虐”的古训，这是儒家文化中具有人本蕴涵的政治遗产之

① 冯军：《刑事责任论》，223～224页，北京，法律出版社，1996。

② 参见邓子滨：《刑事法中的推定》，152页，北京，中国人民公安大学出版社，2003。

一。教，也就是教化，应该是国家的职责。公民对法律的不知乃至于误解均是国家不教之过，在这种情况下，就不应当将其不利后果转嫁给公民个人。至于以为将违法性认识作为归责要素会大量地放纵犯罪，这未免是危言耸听。

事实上，就自然犯而言，从其客观行为中一般都可推导出主观上的违法性认识，而要提出反证几乎是不可能的。至于法定犯，尤其是发生在各个经济领域的经济犯罪，主体均为各该特定行业之业内人士，其违法性认识也可直接推定，仅在极个别情形中存在反证。因此，对于作为归责要素的违法性认识，是必不可少，也并非不可证明。尤其是这里涉及一个对于不意误犯的公民是抱一种宽恕的态度还是持一种严苛的立场的价值选择问题。在我国这样的公民法律认知程度不高的国家，尤其应当避免不教而诛，而是应当通过普遍而深入的普法教育，提高公民的法律认知程度。

在关于违法性认识之违法性的界定中，存在一个十分具有中国特色的问题，就是如何看待社会危害性认识，确切地说，社会危害性认识能否等同于违法性认识。我国刑法关于犯罪故意的规定中，涉及“明知自己的行为会发生危害社会的结果”这一内容，我国学者称为社会危害性认识。应当指出，这一社会危害性认识事由来自于苏俄刑法典。苏俄刑法典对罪过（故意与过失）的规定具有不同于大陆法系国家刑法的特征，即在故意与过失的概念中包含了对社会危害性的认识。例如 1986 年《苏俄刑法典》第 8 条规定如下：

> 如果犯罪人认识到自己的作为或不作为的社会危害性，并预见到它的社会危害后果，而且希望或有意识地放任这种结果发生的，都认为是故意犯罪。

在这一犯罪故意的概念中包含了对社会危害性的认识，那么，社会危害性认识与违法性认识到底是一种什么样的关系呢？对此，苏俄学者明确指出：

> 不能把认识行为的社会危害性同认识它的违法性混为一谈。违法性是社会危害性的法律术语。在苏维埃法律中，一切违法行为都具有社会危害性，但是，危害社会行为并不都是违法性的。认识违法性对认定行

为是否有直接故意并无意义，因为法律并没有把认识违法性包括在故意的定义（《刑法典》第8条）中。①

但这里存在一个逻辑上的矛盾，既然违法性是社会危害性的法律表征，那么法律规定故意包括社会危害性认识当然也就包括违法性认识，因为按照上述论证：有社会危害性不一定有违法性，有违法性则必然有社会危害性。同理，我们可以得出结论：有社会危害性认识不一定有违法性认识，有违法性认识则必然有社会危害性认识。正是在这个意义上，违法性认识与社会危害性认识具有同一性，要求社会危害性认识必然要求违法性认识。但上述苏俄学者在论及法律上的错误时又指出：

发生法律上的错误时，某人以为现行立法没有规定他所实施行为的责任，实际上，他所实施的行为已构成犯罪。在这种情况下，要依据法律的规定追究其刑事责任。这是因为，对违法性的认识并不是罪过的组成部分。②

这种将违法性认识与社会危害性认识相分离的观点带入了俄罗斯刑法理论，尤其是在俄罗斯刑法明确地规定社会危害性认识错误可以阻却责任的情况下，仍不承认违法性认识错误可以阻却责任，真是令人难以理解。《俄罗斯刑法典》第28条第1款规定如下：

如果实施行为的人没有意识到而且根据案情也不可能意识到自己行为（不作为）的社会危害性，或者没有预见而且根据案情也不应该预见或者不可能预见到可能发生危害社会的后果，则该行为被认为是无罪过行为。

俄罗斯学者在解释这一规定时指出：

---

① ［苏］H. A. 别利亚耶夫、M. N. 科瓦廖夫主编：《苏维埃刑法总论》，马改秀、张广贤译，149页，北京，群众出版社，1987。

② ［苏］H. A. 别利亚耶夫、M. N. 科瓦廖夫主编：《苏维埃刑法总论》，马改秀、张广贤译，165页，北京，群众出版社，1987。

在无罪过造成损害时，行为人没有意识到而且根据案情也不可能意识到自己行为的有罪性质，或者没有预见而且根据案情也不应该预见到或者不可能预见到可能发生危害社会的后果（第 28 条第 1 款）。行为人没有义务（或）可能预见到有害后果的发生是排除该人罪过的情节，所以无论后果是否发生，行为人都不应该被追究刑事责任。①

在此，作者明确认为行为人没有，也不可能意识到自己行为的有罪性质时，不应追究刑事责任，这是《俄罗斯刑法典》第 28 条第 1 款的题中应有之义。没有，也不可能意识到自己行为的有罪性质，难道不就是缺乏对行为的违法性认识吗？但作者又指出：行为人错误地认为行为不违法，但行为却是违法的，那么，这种错误认识不能排除按刑事程序承担责任的可能。② 另一俄罗斯学者对这一问题的论述更是前后矛盾：一方面指出，违反刑法禁止规定的人不仅不了解这些规定，也不了解自己违反该禁止性规定时所处的条件。在这种情况下由于不存在罪过而应排除刑事责任。另一方面又认为，犯罪人的法律认识错误既不影响定罪，也不影响法院所处刑罚的种类和大小，因为刑事责任是不以犯罪人的意思为转移的。③ 由此可见，在俄罗斯刑法学中，违法性认识也是一个没有得到科学解决的问题。

我国刑法是模仿苏俄刑法制定的，其中犯罪故意的概念与苏俄刑法的规定极为相似。我国刑法第 14 条第 1 款规定如下：

明知自己的行为会发生危害社会的结果，并且希望或者放任这种结果发生，因而构成犯罪的，是故意犯罪。

在这一概念中，犯罪故意包含对行为的社会危害性的认识，但这一社会危害

---

① ［俄］斯库拉托夫、列别捷夫主编：《俄罗斯联邦刑法典释义》（上册），黄道秀译，58 页，北京，中国政法大学出版社，2000。

② 参见［俄］斯库拉托夫、列别捷夫主编：《俄罗斯联邦刑法典释义》（上册），黄道秀译，51～52 页，北京，中国政法大学出版社，2000。

③ 参见［俄］Н. Ф. 库兹涅佐娃、И. М. 佳日科娃：《俄罗斯刑法教程（总论）》，上卷·犯罪论，黄道秀译，350 页，北京，中国法制出版社，2002。

性认识是否等同于违法性认识，是存在争议的。其中，通说认为，犯罪的故意，只要求行为人对自己行为的社会危害性有认识，并不要求认识自己行为的违法性。因此，在一般情况下，无论行为人是否认识到自己的行为违反法律，都不影响故意犯罪的成立。[①] 如同苏俄刑法理论，在承认社会危害性认识与否认违法性认识之间存在着逻辑矛盾。例如，我国刑法教科书在论及违法性认识问题时指出：

> 根据我国刑法规定和司法实践，认识行为的违法性一般说来并不是犯罪故意的内容。我国刑法规定，故意的认识因素是明知自己的行为会发生危害社会的结果，而没有提出明知行为违法性的条件。这是因为行为的社会危害性与违法性是互为表里的，认识行为的社会危害性，自然也会知道这种行为是为法律所禁止的，不需要把违法性的认识专门列为故意的内容，以免被人借口不懂法律逃避应负的刑事责任。但是在这个问题上，也不能绝对化，不能排除个别例外的情况。如果原来并非法律所禁止的行为，一旦用特别法规定为犯罪，在这个法律实施的初期，行为人不知道有这种法律，从而没有认识自己行为的违法性，是可能发生的。根据行为人的具体情况，如果行为人确实不知道有这种法律，而认为自己的行为是合法的，那就不应认为具有犯罪故意。[②]

这里存在两个矛盾：首先，既然认识行为的社会危害性就等于认识行为的违法性，为什么又得出刑法对犯罪故意要求社会危害性认识并不等于要求违法性认识？其次，既然刑法对犯罪故意并不要求违法性认识，为什么在行为人确实没有违法性认识的情况下又不应认为具有犯罪故意？这些问题都是值得研究的。

此后，随着违法性认识理论从德日引入我国，引发了我国刑法学界关于社会

① 参见何秉松：《犯罪构成系统论》，196页，北京，中国法制出版社，1995。
② 高铭暄主编：《中国刑法学》，127页，北京，中国人民大学出版社，1989。

危害性认识与违法性认识之间关系的讨论，由此形成了相同说与相异说之争。

相同说主张我国刑法规定的社会危害性认识就是刑法理论上的违法性认识，因而从刑法规定直接推导出我国刑法将违法性认识规定为犯罪故意的要素之结论。例如我国学者指出：

> 社会危害性认识与违法性认识是有机联系在一起的，具有相互依存的关系。社会危害性认识是违法性认识的实质内容，违法性认识又是社会危害性认识的法律形式。①

相异说则主张我国刑法规定的社会危害性认识不能直接等同于刑法理论上的违法性认识。在这种情况下，到底是要违法性认识还是要社会危害性认识，又有以下两说：

一是要违法性认识而不要社会危害性认识。例如我国学者指出：

> 社会危害性不是法律的规范要素，以此作为犯罪故意的认识内容，要么无法确定某些显而易见的犯罪故意的成立而放纵罪犯；要么无视行为人对社会危害性欠缺认识这一客观事实，而追究行为人故意犯罪的刑事责任，既冤枉了无辜，又使得犯罪故意的认定标准形同虚设。所以，社会危害性不是，也不可能是犯罪故意的认识内容。那么，犯罪故意的认识内容是什么呢？这一认识要素，应当是，也只能是违法性认识。②

二是要社会危害性认识而不要违法性认识。例如我国学者指出：

> 认定犯罪故意，应该从社会危害意识出发，不应从违法意识出发，违法意识是社会危害意识的表现形式，不能把二者分割为两个因素。如果要求犯罪故意不仅具有社会危害意识，而且具有违法意识，则缺乏法律根据，实践中也不合适。只要行为人具有社会危害意识，即使其没有违法意识，也成立犯罪故意。③

---

① 刘明祥：《刑法中的错误论》，201 页，北京，中国检察出版社，1996。

② 田宏杰：《违法性认识研究》，44 页，北京，中国政法大学出版社，1998。

③ 姜伟：《罪过形式论》，117 页，北京，北京大学出版社，2008。

以上这些观点之间存在一定程度的分歧，那么，如何看待法律规定与刑法理论之间的关系？能否以我国刑法只规定了认识到自己行为的社会危害性而没有规定违法性认识，就得出结论：我国刑法中的犯罪故意不要求违法性认识而要求社会危害性认识？我的答案是否定的。这种对法律的理解有简单化之嫌，使刑法理论完全堕落为一种机械注释的理论。例如《日本刑法典》第 38 条第 1 项没有对犯罪故意下定义，而且第 38 条第 3 项明文规定：

> 不得因不知法律而认为没有犯罪的故意。

这实际上是违法性认识的排除条款，但这并不妨碍日本学者将违法性认识确认为犯罪故意的要素之一，并且成为刑法理论的通说。因此，虽然我国刑法规定的是社会危害性认识而没有规定违法性认识，但仍然存在解释余地。

此外还有一个值得研究的问题是：如何看待社会危害性认识与违法性认识的关系？我国学者冯军曾经对此问题作了研究，认为两者之间的关系存在以下六种组合形式：

> （1）认识到社会危害性的同时也认识到违法性。（2）认识到社会危害性却没有认识到违法性。（3）没有认识到社会危害性却认识到违法性。（4）认识到违法性的同时也认识到社会危害性。（5）认识到违法性却没有认识到社会危害性。（6）没有认识到违法性却认识到社会危害性。[①]

在上述六种组合中，（1）和（4）、（2）和（6）、（3）和（5）实际上是相同的。社会危害性认识与违法性认识主要存在合一与分离两种情形，分离又存在认识到社会危害性却没有认识到违法性与没有认识到社会危害性却认识到违法性两种情形。在社会危害性认识与违法性认识合一的情况下，要求社会危害性认识即是要求违法性认识，这是没有疑义的。那么在分离的情况下怎么选择呢？我认为认识到社会危害性却没有认识到违法性，或者认识到违法性却没有认识到社会危

① 冯军：《刑事责任论》，225 页，北京，法律出版社，1996。

害性，这只是一种逻辑上的分析，在现实生活中其实并不存在。例如大义灭亲而杀人，经常作为认识到违法性却没有认识到社会危害性的例子加以列举。大义灭亲是一种在封建伦理语境中的话语，在法治社会每一个公民的生命都受到法律的同等保护，因此对于杀人犯法这一点大义灭亲者当然是知晓的。那么，在这种情况下，行为人是否误以为这是大义灭亲的英雄举动而没有认识到其行为的社会危害性呢？我的回答是否定的。社会危害性是依附于行为而存在的，大义灭亲只是行为动机，这种行为动机是不影响行为性质的，是否具有社会危害性认识还是取决于对行为性质的认识。更何况，大义灭亲之类是一种辩解用语，不能成立对其主观故意的掩饰。至于法盲犯罪，不能一概而论，要看所犯何罪，然后根据案件实际状况加以分析。总之，这都是一个违法性认识或者社会危害性认识的判断问题。

综上，我认为在我国刑法中，应当坚持社会危害性认识与违法性认识相一致的观点。社会危害性认识只不过是我国刑法使用的特定用语，其法理上的含义应当是指违法性认识。就此而言，与日本刑法相比，我国刑法上违法性认识作为犯罪故意的要素具有更为充足的法律根据。

当然，由于我国刑法采用了社会危害结果这样一种具有实质内容的表述，因而与实质违法性认识是十分接近的。正如金光旭教授所言：

> 如果将中国通说对社会危害性的认识理解为“就社会危害性评价的认识”，那么，这一理解和日本要求“前法律性规范的认识”的见解实际上没有本质的区别。[①]

因此，我认为应当对社会危害性认识进行重新阐释，使之成为刑事违法性的认识；而且，在司法实践中，也是根据行为人的社会危害性认识推断其违法性认识之存在的。例如在前述丁英超买卖枪支案中，裁判理由认为，只要行为人能够认识到枪支可能造成的社会危害性，就能够推定行为人对买卖枪支具有违法性

---

① 金光旭：《日本刑法中的违法性认识》，载冯军主编：《比较刑法研究》，57 页，北京，中国人民大学出版社，2007。

认识。

三、违法性认识必要说与不要说之争

违法性认识对于主观归责来说，要还是不要？关于这个问题在刑法及其理论上始终是存在争议的。

违法是客观的，责任是主观的，这是大陆法系刑法理论中的一个基本原理。尽管随着主观违法要素理论的出现，在一定程度上违法的客观性观念有所动摇，但相对于责任的主观性而言，违法的客观性仍然是成立的。即使是主观违法要素，也有被客观化的倾向。无论如何，在三阶层的犯罪论体系中，责任是与违法相并列的犯罪成立条件。正如日本学者大塚仁所言：

> 违法性的判断是从法规范的立场客观地、外部地论事，而责任的判断则是主观地、内部地研讨能否进行与行为人人格相结合的非难。[①]

那么，在考虑对行为人进行主观上归责的时候，是否要求对其行为的违法性之认识呢？这就是一个违法性认识的要与不要的问题。

从立法史的角度来看，违法性认识存在一个从不要到要的缓慢而又强有力的演进过程，推进这一演进的背后动力是国家与个人关系的变化、责任概念以及归责根据理论的变化，以及相应的犯罪论体系的变化。

古代的法律是不以违法性认识为归责要素的。罗马法格言曰：“不知法律不免责”（Ignorantia juris non excusat），这实际上否认以违法性认识作为责任要素。可以说，古罗马时代对违法性认识的否定并不奇怪，这与当时责任观念的发达程度是相联系的。事实上，在古罗马时代，刚刚经历了从客观责任向主观责任的转变，因而这时的责任是以心理意图为内容的。爱尔兰学者凯利对古希腊及古

---

① ［日］大塚仁：《刑法概说（总论）》，3版，冯军译，109页，北京，中国人民大学出版社，2003。

罗马刑法中惩罚与意图的关系作了梳理：

> 在早期古希腊人的认识中，意图与惩罚具有不相关性。直到公元前7世纪德拉古所制定的雅典法典才涉及杀人行为的主观意图。在以后的世纪中，意图相对惩罚责任的重要性得到广泛的承认。①

这种以意图作为惩罚根据的法律规则的诞生，获益于古希腊伦理学。例如，亚里士多德就区分了自愿行为与非自愿行为：非自愿行为是被强制的或由于无知，而自愿行为的始点则在有认识的人自身之中。在亚里士多德看来，行为的自愿性与非自愿性，对于决定对一个人的奖惩具有重要意义。尤其是亚氏明确指出：

> 我们力所能及的恶，都要受到责备。②

这里的力所能及，显然是指主观上的自愿性。由于亚氏是从伦理学角度对归责性予以探讨，因此只要自愿实施某一恶行，就应对该恶行的后果承担某种违法责任。这种道德上的归责根据完全是心理的，并不涉及对违法性的认识。显然，古罗马法是受到了亚里士多德伦理学的影响。凯利在评论《十二铜表法》时指出：

> 《十二铜表法》认识到了自愿和非自愿伤害之间的区别。它规定，只有在“明知并可预见后果的情形下，根据盖尤斯为纵火罪而设立的火刑的惩罚才可成立，否则，即被免除”③。

显然，这里的明知，其内容仅限于其行为的后果，这是一种事实性认识，而非违法性认识。事实上，在古罗马时代，犯罪的主观意图刚刚被确定为归责要素，要求违法性认识是不可能的。再者，在古罗马社会，犯罪与侵权行为之间并不存在严格的区分，犯罪主要是从侵权行为演化而来，因此，犯罪具有明显的侵

① ［爱］J. M. 凯利：《西方法律思想简史》，王笑红译，32 页，北京，法律出版社，2002。

② ［古希腊］亚里士多德：《尼各马科伦理学》，苗力田译，44 页，北京，中国社会科学出版社，1990。

③ ［爱］J. M. 凯利：《西方法律思想简史》，王笑红译，71 页，北京，法律出版社，2002。

权性质。罗马法中无论是公犯还是私犯，大都属于所谓自然犯，法定犯是随着此后国家立法的发达而逐渐发展起来的。这也决定了古罗马法对刑事责任的追究不以违法性认识为要件，并不影响其正当性与合理性。

古罗马法的不知法律不免责这一原则，对后世的刑事立法产生了深远的影响，大陆法系各国刑法至今仍存在着不知法律不免责的规定。但在司法实践中则通过判例或者例外解释，甚至通过修改刑法逐渐地摆脱不知法律不免责的影响。以下分别加以说明：

（一）意大利刑法关于违法性认识的规定

《意大利刑法典》第 5 条对违法性认识错误作了以下规定：

> 不得因不知法律而免除刑事责任。

这是在大陆法系刑法中最为典型地体现不知法律不免责原则的立法例。但这一规定已被意大利宪法法院 1988 年 364 号判决宣布为部分违宪，该判决指出：

> 在行为人尽最大努力仍不可能得到对法律规定的正确理解的情况下，行为人不知道法律的具体规定，也可以作为排除犯罪的理由。[①]

对此，意大利著名刑法学家帕多瓦尼评论指出：

> 该判决的内容在实际上结束了是否应将危害作为故意认识对象的讨论。

帕多瓦尼进而指出：

> 行为的“客观违法性”应该是故意的认识对象之一，因为它是使典型事实成为犯罪的法定条件。[②]

意大利宪法法院的判决只是宣布《意大利刑法典》第 5 条部分违宪，只有在

① 陈忠林：《意大利刑法纲要》，121 页，北京，中国人民大学出版社，1999。

② ［意］杜里奥·帕多瓦尼：《意大利刑法学原理》（注评版），陈忠林译评，187 页，北京，中国人民大学出版社，2004。

不具有知法的可能性的情况下才不得适用刑法第 5 条。因此，在意大利刑法理论上多数刑法学者认为：行为人不知道自己的行为违法，一般都不能作为排除犯罪的理由。因此，在一般情况下，行为人对违法性的认识，不是故意成立的必需的内容。[①] 但是，至少例外的情形已经出现，肯定的观点也有了生存的空间。

（二）德国刑法关于违法性认识的规定

《德国刑法典》第 17 条对违法性认识错误作了以下规定：

> 行为人行为时没有认识其违法性，如该错误认识不可避免，则对其行为不负责任。如该错误认识可以避免，则对其行为依第 49 条第 1 款减轻其刑罚。

这一规定是以法律上的认识错误在何种情况下可以免责为逻辑出发点的：不可避免的法律认识错误可以免责，而可以避免的认识错误只能减责。可见，该规定并没有从正面确定违法性认识是否是归责要素，但也不完全等同于不知法律不免责原则。德国著名刑法学家耶赛克在评论这一规定时指出：

> 我们首先可从反面推论，该规定已经明确地将不法意识作为完全责任非难的前提。该规定所积极肯定的，是禁止的错误：如果行为人欠缺不法意识，若其不知是不可避免的，他所为的是没有责任的行为（第 1 句），行为人若能够避免错误，则故意的构成要件所对应的刑罚将根据《刑法典》第 49 条第 1 款的规定予以减轻处罚（第 2 句）。因此，不法意识构成责任非难的核心，因为无论是否充分了解面临的法律规范而作出行为决意，本身便表明欠缺法律心理，正是由于该欠缺才对行为人进行谴责。法律规范发出的法忠诚呼吁，应当对行为人的意志形成产生直接的作用和影响。有意识反抗法律者，表明一个认真的国民背弃对受刑

---

① 参见陈忠林：《意大利刑法纲要》，121 页，北京，中国人民大学出版社，1999。

> 法保护的法益的尊重要求。但是，即使行为人欠缺完全的责任非难所必要的不法意识，换句话说，即使存在禁止错误，也同样能够考虑责任非难，当其错误是可以避免的便属于该种情形。①

这里存在一个对《德国刑法典》第17条的正确解决问题，按照耶赛克的观点，该条实际上是确认了违法性认识可能性为责任非难的根据。②

（三）日本刑法关于违法性认识的规定

《日本刑法典》第38条第3款对违法性认识错误作了以下规定：

> 不得因不知法律而认为没有犯罪的故意，但根据情节可以减轻刑罚。

这一规定并不以违法性认识为故意的要素，而只是把不知法律作为减轻刑罚的情节。因此，从法律规定来看，日本刑法是更接近于违法性认识不要说的。不仅如此，日本的判例也一贯地坚持这种立场，例如判例指出：

> 为了认为有犯意，只要认识符合犯罪构成要件的具体事实就够了，不需要认识其行为的违法。③

但在刑法理论上，日本学者大多是坚持违法性认识是责任故意的要件这一观点的。正如大塚仁所言：

> 作为责任故意的要件，不需要违法性意识。这是过去有力的见解，但是，今日的学说几乎不采用它。④

① ［德］汉斯·海因里希·耶赛克、托马斯·魏根特：《德国刑法教科书》，徐久生译，538页，北京，中国法制出版社，2001。

② 关于对《德国刑法典》第17条的解读，参见周国文：《论违法性在责任概念构成中的地位——从〈德国刑法典〉第17条说开去》，载陈忠林主编：《违法性认识》，358页以下，北京，北京大学出版社，2006。

③ ［日］大塚仁：《刑法概说（总论）》，3版，冯军译，391页，北京，中国人民大学出版社，2003。

④ ［日］大塚仁：《刑法概说（总论）》，3版，冯军译，390页，北京，中国人民大学出版社，2003。

尤其是在刑法修改中，存在着违法性认识不要立场软化的趋势。例如 1974 年的《改正刑法草案》第 21 条规定：

> 虽不知法律，也不得认为无故意，但根据情节可以减轻其刑（第 1 项）。不知自己的行为为法律所不允许而犯者，就其事有相当的理由时，不罚（第 2 项）。

（四）法国刑法关于违法性认识的规定

法国 1810 年刑法典对违法性认识问题未作规定，但在司法实践中推定公民知法。但 1994 年《法国刑法典》对此作出了全新的规定，该法第 122—3 条指出：

> 能证明自己系由于其无力避免的对法律的某种误解，以为可以合法完成其行为的人，不负刑事责任。

法国学者在评论这一规定时指出：

> 过去，法国刑事法律有一个始终得到最佳保障的信条，那就是：不考虑（行为人）“对法律的误解”。我们知道，按照最高宪法法院原来的意见，所谓“对法律的误解”既不能构成“具有证明行为人不受刑事追究之效力的事实”，也不构成“得到法律承认的理由”。这一规则甚至扩张到行为人对法律的“不可克服的误解”（不可避免的误解）。所谓“对法律不可克服的误解”是指，被告不可能通过自己了解情况，或者不可能通过向第三人了解情况来避免其错误（误解）。尽管最高宪法法院曾作过一项判决，似乎承认“不可克服的误解”可以看成是行为人不受刑事追究的原因，但是，法院后来作出的判决更加具有限制性：在后来的案件判决中，最高宪法法院即使承认“误解具有不可克服性”，但仍然排除将这种误解作为“不受刑事追究的原因”。最高宪法法院之所以采取这种严厉立场，完全是出于社会生活必要。“推定（公民）知道国法”

（任何人都不得推托其不知国法）乃是实施刑事司法的一种必不可少的“假想”（fiction）。然而，理论界却对法院判例采取的这种“不可弯曲的立场”提出了批评，特别是在行为人“对法律产生不可克服的误解”的情况下，这种立场更有待批评。对一个公民来说，要想尽知在《政府公报》发布的无数法律条文，那可是太困难了。正因为如此，《新刑法典》最后草案的制定者在第 42 条中增加了一项条款：“能够证明自己系由于其不可能避免的对法律的误解，以为可以合法完成其行为的人，不负刑事责任。”①

从法国刑法的规定来看，虽然在立场上确认了不可避免的法律误解可以阻却责任，但对不可避免作过于严格的限制解释，仍然会消解这一规定的意义。

（五）违法性认识的法理分析

关于违法性认识问题，刑法理论显然走在刑事立法的前面，也可以说，刑事立法关于违法性认识的规定是在刑法理论的推动下发展的。因此，在对违法性认识进行立法考察之后，再进行学理上的分析是十分必要的。

在刑法理论上，关于违法性认识是否属于归责要素问题的讨论，与立法的逻辑是有所不同的。在立法上，除苏俄刑法及我国刑法以外，大多数大陆法系国家的刑法典均是以没有认识到自己的行为的违法性是否免除责任这样一个角度提出来的，因而属于法律认识错误问题。而在刑法理论上，更多的讨论是围绕着主观归责是否以违法性认识为必要这样一个角度展开的，因而更为直截了当。正因为在刑法理论上，是从主观归责是否以违法性认识为必要切入的，所以对这个问题的肯定或者否定的回答，自然就形成了违法性认识必要说与违法

① ［法］让·帕拉德尔、贝尔纳·布洛克等：《〈新刑法典〉总则条文释义》，载《法国新刑法典》，罗结珍译，308～309 页，北京，中国法制出版社，2003。

性认识不要说。

违法性认识必要说主张违法性认识是主观归责的构成要素。我国学者认为，违法性认识必要说是客观主义的刑法理论从道义责任说的立场出发提出来的。[①] 这种说法大体上是正确的，但尚需具体分析。

客观主义刑法理论是指刑法中的古典学派，而古典学派又有前期古典学派与后期古典学派之分。前期古典学派是指贝卡利亚、费尔巴哈、康德、黑格尔等人，这些学者都是主张道义责任论的，但在归责问题上坚持的是心理责任论，即将道义非难归结为一种心理关系，因而大多未深入论及违法性认识问题。事实上，前期古典学派的客观主义立场决定了将违法性当作一个客观评价问题，而主观上的故意只不过是归责要素，这种故意是纯心理事实，并不包括违法性认识。例如，黑格尔将刑事责任的主观要素区分为故意与意图。黑格尔指出：

> 凡是出于我的故意的事情，都可归责于我。[②]

这里的故意包括认识要素与意志要素。所谓认识要素，是指对客观事实的表象。黑格尔指出：

> 它必须具有对定在的表象，才能作出行为；而且仅仅以摆在我面前的定在为我所认知者为限，我才负真实的责任。[③]

而所谓意志要素，是指某种意志过错。黑格尔指出：

> 行动只有作为意志的过错才能归责于我。[④]

至于意图，在黑格尔看来，是指我不但应该知道我的个别行为，而且应知道与它有关的普遍物，这样出现的普遍物就是我所希求的东西，就是我的意图。[⑤] 因此，黑格尔并没有将违法性认识纳入归责要素之中。违法性认识之成为归责要

---

① 参见马克昌主编：《犯罪通论》，3 版，334 页，武汉，武汉大学出版社，1999。
② ［德］黑格尔：《法哲学原理》，范扬、张企泰译，118 页，北京，商务印书馆，1961。
③ ［德］黑格尔：《法哲学原理》，范扬、张企泰译，119 页，北京，商务印书馆，1961。
④ ［德］黑格尔：《法哲学原理》，范扬、张企泰译，119 页，北京，商务印书馆，1961。
⑤ 参见［德］黑格尔：《法哲学原理》，范扬、张企泰译，121 页，北京，商务印书馆，1961。

素，是后期古典学派以规范责任论取代心理责任论而确立的。

后期古典学派，又称为新古典学派，经由宾丁、毕克迈耶、贝林、麦耶等人的发展，尤其是在20世纪初期经威尔泽尔的进一步推动，已经成为刑法理论之主流。新古典学派是从宾丁倡导规范论起始的，规范不仅成为对行为事实的评价要素，而且成为对心理事实的评价要素。根据规范责任论的见解，法律规范分为评价规范和意思决定规范，认为违法性是违反评价规范，与主观的意思或责任能力无关；但既然要对违法行为负责任，则违法性当然地应以责任的存在为前提。

规范责任论在从非难或非难可能性中寻求责任根据时，强调作为责任要素必须有违法性认识或者违法性认识可能性。但这里所谓的违法性认识或者违法性认识可能性并不是指单纯的心理事实，而同时是指用于抑制犯罪意思决定的规范意思，即应在其形成过程中考虑到反对动机的形成。所以，违法性认识或违法性认识可能性是规范的责任要素，如行为人对行为的违法性缺乏认识的可能性，就不能对此加以非难。作为德、日刑法理论中的通说，规范责任论被视为克服了心理责任论在结构上的缺陷。[①] 在规范责任论成为通说的情况下，违法性认识确立了其在归责要素中的地位。从以心理关系为归责根据到以规范要素为归责根据，道义责任的内涵发生了巨大的变化。对此，日本学者小野清一郎在论述道义责任时指出：

> 道义责任的评价，是对已被客观地、外部地判断为违法的行为进一步去考虑行为人主观的、内部的一面，亦即行为人精神方面的能力、性格、情操、认识、意图、动机等等，而来评价其伦理的、道义的价值。这就是说，要以有违法行为为前提，再去追究责任。在这样的场合里，法主要是对行为人为什么做出这种违法行为进行伦理的、道义的评价。作为文化性质的法，这也是必然的。伦理的文化意识愈细腻，道义责任的理念就愈彻底。这种理念，是指行为人是否已经意识到了行为的违法而去行动，或者，如果是无意识的行为的话，那么行为人是不是理应能

① 参见林亚刚：《犯罪过失研究》，174～175页，武汉，武汉大学出版社，2000。

够意识到违法却没有意识而行动了。①

小野清一郎在这里所说的“已经意识到了行为的违法”，就是违法性认识；“应能够意识到违法却没有意识”，则是指违法性认识可能性。由此可见，小野清一郎已经俨然地将违法性认识以及违法性认识可能性视为道义责任的核心。

违法性认识不要说主张违法性认识并非是主观归责的构成要素，行为人只要具有构成要件事实的认识，就足以成立故意并具有可归责性。如上文所述，自古罗马以来就有“不知法不赦”的格言，因此，违法性认识不要说是有其历史渊源的。当然，与建立在道义责任论基础之上的违法性认识必要说对立的，是建立在社会责任论基础之上的违法性认识不要说。对此，我国学者指出：

> 违法性认识不要说是主观主义的刑法理论从社会责任论的立场出发提出来的。②

社会责任论始于菲利，菲利在承继乃师龙勃罗梭关于天生犯罪人思想的基础上，提出了犯罪饱和论，认为：在一个社会里，犯罪是一种必然现象。因此，犯罪并非行为人意志自由的结果，而是一种被决定的现象。在这种情况下，对行为人的道义谴责是毫无意义的，刑罚的真谛在于防卫社会。从社会防卫论中必然引申出社会责任论，社会责任论以行为人的人身危险性为根据，并以此替代道义责任论。行为人只要具有人身危险性，不论年龄如何、精神状态如何，都应当受到防卫社会的处分。因此，违法性认识作为责任要素亦不再要求，这是必然结论。

如上所述，违法性认识必要说与违法性认识不要说的对立，实际上是道义责任论与社会责任论之争的表现。当然，随着新旧两派的互相融合与互相妥协，在违法性认识问题上也出现了一些折中的观点，这里主要涉及两种观点：

1. 自然犯与法定犯区分说

这种观点认为，在自然犯中无须具有违法性认识，而在法定犯中必须具有违

---

① ［日］小野清一郎：《犯罪构成要件理论》，王泰译，32～33 页，北京，中国人民公安大学出版社，2004。

② 马克昌主编：《犯罪通论》，3 版，334 页，武汉，武汉大学出版社，1999。

法性认识。这种观点，按照大塚仁的说法，是站在采取犯罪征表说的近代学派的立场上所提倡的见解，即认为：在自然犯·刑事犯中，如果存在犯罪事实的表象，就当然表明行为人的反社会性格。但是，在法定犯·行政犯中，不知道法律上所禁止的内容的人，就不能承认其反社会性格。① 显然，这种观点是建立在自然犯与法定犯相区分的基础之上的，对自然犯与法定犯的违法性认识要与不要提出了不同的要求。自然犯罪的观念来自于近代学派的加罗法洛。加罗法洛指出：

> 在一个行为被公众认为是犯罪前所必需的不道德因素是对道德的伤害，而这种伤害又绝对表现为对怜悯和正直这两种基本利他情感的伤害。而且，对这些情感的伤害不是在较高级和较优良的层次上，而是在全社会都具有的平常程度上，而这种程度对于个人适应社会来说是必不可少的。我们可以确切地把伤害以上两种情感之一的行为称为“自然犯罪”②。

因此，自然犯罪的实质是对最基本道德的违反，具有明显的犯罪性。在这种情况下，只要认识到是在实施自然犯罪，其违法性认识亦在其中。因此，所谓自然犯不要求违法性认识，实际上是推定自然犯具有违法性认识。从这个意义上来说，自然犯与法定犯区分说，还是倾向于违法性认识必要说的。

2. 违法性认识可能说

这种观点认为对于主观归责来说，违法性认识并不必要，但要求具有违法性认识的可能性。违法性认识可能说又分为两种见解：

> 第一种见解认为，在缺乏违法性的意识上行为人存在过失（违法性的过失、法律的过失）时，与故意同样对待。第二种见解站在人格责任论的立场上认为，即使行为人不具有违法性意识，只要按照至此的人格形成承认其存在违法性意识的可能性，就可以从中看出行为人直接的反

---

① 参见［日］大塚仁：《刑法概说（总论）》，3版，冯军译，391页，北京，中国人民大学出版社，2003。

② ［意］加罗法洛：《犯罪学》，耿伟、王新译，44页，北京，中国大百科全书出版社，1996。

规范的人格态度，可以承认故意。①

在上述第一种见解中，提出了法律过失的概念。所谓法律过失，是指行为人应当认识到自己行为的违法性，由于违反注意义务而没有认识的犯罪心理。行为人在法律过失的场合下，对于犯罪事实及构成要件的事实，本身是存在认识的，但对这一事实的违法性缺乏认识。因此有学者又称之为违法性的过失。② 关于法律过失是属于故意还是过失，在刑法理论上是有争议的，主要存在以下两种观点：

> 第一种观点认为法律过失应当认定为犯罪故意。根据这种观点，犯罪故意成立不一定必须要有违法性认识，即使具有违法性认识可能性也是可以成立的。但这种观点也同样受到批评，认为是在故意的概念中掺入了过失的内容，存在逻辑上的矛盾。第二种观点则认为，法律过失属于过失，在刑法明文规定处罚过失的情况下，应以过失犯论处。③

提出法律过失概念，并使之与事实过失相对应，是具有一定意义的。那么，法律过失到底是故意还是过失呢？对于违法性认识必要说来说，法律过失只能是过失而非故意。至于从人格责任角度提出，具有违法性认识可能性的就具有反规范的人格态度，因而应承认为故意的观点，也是极为牵强的，理由在于：判断故意与过失还是应当以一定的主观心理内容为根据，而人格态度之类的内容不太好确定，它只能反映责任程度而不能决定责任形式。应当指出，违法性认识可能说，实际上是违法性认识必要说的一种弱式形态，因而可以将其归入违法性认识必要说。

行文至此，实际上已经涉及过失归责是否需要违法性认识问题。对于这个问题，即使是故意归责的违法性认识必要说的主张者，也将行为人缺乏违法性认识

---

① ［日］大塚仁：《刑法概说（总论）》，3 版，冯军译，391 页，北京，中国人民大学出版社，2003。

② 参见高仰止：《刑法总则之理论与实用》，3 版，267 页，台北，五南图书出版公司，1986。

③ ［日］木村龟二主编：《刑法学词典》，顾肖荣、郑树周译校，289 页，上海，上海翻译出版公司，1991。

作为过失归责的要件。例如大塚仁指出：

> 因为是在不成立故意犯的场合才承认过失犯的，所以，必须在缺乏故意犯的成立要件时才能发现过失犯的成立要件。因为关于违法性的事实的表象和违法性的意识是责任故意的要件，所以，缺乏它们时就阻却责任故意，这是承认责任过失的前提条件。①

按照大塚仁教授的以上论述，违法性认识是故意的成立要件。过失是以缺乏故意的成立要件为前提的，因此，违法性认识不是过失的成立要件。我认为，在与故意的反对关系上界定过失，无论是构成要件过失还是责任过失，都是不尽妥当的。过失并不等于非故意，过失具有自身的心理内容和规范内容，因此，在过失的情况下，同样存在一个违法性认识问题。

至于在过失的情况下如何理解违法性认识，在刑法理论上也存在各种观点。日本学者大谷实将违法性认识可能性视为故意和过失所共有的责任要素。大谷实指出：

> 如果有符合构成要件的客观事实的预见可能性的话，通常，就能间接推定存在违法性认识的可能性。因此，违法性认识的可能性也是过失责任的消极要素。②

过失存在疏忽大意过失与过于自信过失之分。前者是无认识的过失，只是具有对符合构成要件的客观事实的预见可能性，对此推定为具有违法性认识的可能性，并无不妥。但后者是有认识的过失，行为人已经具有对符合构成要件的结果的预见，在这种情况下，行为人是具有违法性认识还是只具有违法性认识的可能性，这是一个值得研究的一个问题。我国学者主张：在违法性认识问题上，应区分有认识的过失与无认识的过失。有认识的过失与犯罪故意认识结构一致，其认

① ［日］大塚仁：《刑法概说（总论）》，3版，冯军译，401页，北京，中国人民大学出版社，2003。

② ［日］大谷实：《刑法讲义总论》，新版2版，黎宏译，308页，北京，中国人民大学出版社，2008。

识要素自然也应包括违法性认识。而于无认识的过失，则只具有违法性认识可能性。[①] 对于这一观点，我是赞同的。

在过失的构成要素中，不仅包含心理事实的内容，而且也包含规范评价的内容。当然，对于过失的违法性认识及其可能性，在论证时也应切忌简单化。例如，我国学者在论证过失应当具有违法性认识或违法性认识可能性时指出：

> 在我国刑法分则具体过失犯罪的规定中，特别是业务过失的犯罪，条文多已明文规定了以违法性认识，即违反注意义务的认识为过失成立的必备要素。例如，刑法第 134 条重大责任事故罪、第 135 条重大劳动安全事故罪、第 137 条工程重大安全事故罪、第 330 条妨害传染病防治罪等，均规定了诸如“违反规章制度”、“违反国家规定”、“违反传染病防治法的规定”等违反注意义务的情况。对这些规定，有的明文规定了必须具有违反规定的意识，这表明对违反注意义务的过失心态中必须具备违法性认识因素。[②]

我认为，刑法分则对某些过失犯罪规定以“违反国家规定”为构成要件，这是对客观行为的评价要素，表明其行为是违反国家规定的，正如我在前面所述，这是规范性构成要件要素。但并不能由此得出结论，认为在此种情形下法律要求行为人对于违反国家规定本身有认识。申言之，客观的规范要素不能直接理解为主观的规范要素。

而且，即使在刑法明确规定对于违反国家规定有认识的情况下，这种认识也不能等同于违法性认识。这里应当引入纯正的过失与不纯正的过失的概念加以说明。纯正的过失，是指行为人对其行为、行为所引起的结果均持过失态度的情况。由于行为人对其行为以及行为可能引起的结果均持否定态度，均出于过失，在理论上亦可称为典型的过失。而不纯正的过失，是指行为人实施危害行为是故

① 参见田宏杰：《违法性认识研究》，68～69 页，北京，中国政法大学出版社，1998。

② 林亚刚：《犯罪过失研究》，181 页，武汉，武汉大学出版社，2000。

意的，但对其危害行为可能引起的危害结果却属过失的情况。[①] 在纯正的过失的情况下，行为人对行为与结果均为过失，因此，对其行为违反国家规定这一性质可能也是没有认识到的。而在不纯正的过失的情况下，行为人对行为是故意的，但对结果却是过失的，而在行为故意中就包含对其行为违反国家规定的认识，但这一认识并非该行为人过失心理的内容，更不是违法性认识的内容，只有对其结果的过失才是归责的根据。

四、违法性认识的体系性地位

在主张违法性认识是主观归责的要素的观点中，关于违法性认识的体系性地位问题，始终是存在争议的，这种争议主要表现为故意说与责任说之争。

故意说认为，违法性认识属于故意要素。在理解故意说的时候，涉及一个令人疑惑的问题，就是：这里的故意是指构成要件的故意还是责任的故意？换言之，如果把违法性认识当作责任故意的内容，其学说到底是故意说还是责任说呢？关于这个问题，德国学者指出：

> 如果说不法意识作为责任要素在增加第17条（关于法律上的认识错误的规定——引者注）之前就得到普遍的承认的话，其在责任概念的构成中的地位，起初还是有争议的。对于仅由少数人主张的故意理论（Vorsatztheorie）而言，除构成要件的意识和愿望外，不法意识恰恰表明了故意的核心内容，以至于在缺乏不法意识时，永远不可能出现故意处罚问题。相反，过去就占主导地位的责任理论（Schuldtheorie）将违法性的意识视为独立的责任要素，以至于尽管缺乏不法认识还可能出现

① 参见胡鹰：《过失犯罪研究》，96～97页，北京，中国政法大学出版社，1995。

故意刑罚的合法化，如果禁止错误是可以避免的。[①]

从以上这段话可以看出，故意说之所谓故意，并不是责任的故意而是指构成要件的故意。换言之，违法性认识在成为归责要素以前，被认为是一种故意要素。因此，那些主张把违法性认识作为责任故意的观点，仍然属于责任说而不是故意说。例如日本学者大谷实是主张责任故意说的，但在违法性认识问题上，大谷实同样支持责任说的立场，指出：

责任说认为，违法性意识的可能性是故意之外的责任要素。这一学说，本来是将故意看作主观的违法要素的目的行为论所主张的，但是，即便在主张故意既是主观的违法要素又是责任要素的立场之下，考虑到：违法性意识的可能性，(1) 从规范责任论的立场来看，是不可缺少的责任要素；(2) 是从故意犯和过失犯所共同的故意中独立出来的责任要素；(3) 按照这种见解，如果从故意中除去违法性意识的可能性，就能回避故意这一用语中的矛盾。根据以上理由，可以说，采用责任说是完全可行的。[②]

因此，即使是把故意分为构成要件的故意与责任的故意，在责任的故意中记述违法性认识，因为责任的故意是责任的要素，因而也属于违法性认识的责任说。

违法性认识的故意说，是把违法性认识当作故意要素，违法性认识的错误可以阻却故意。在这种情况下，故意的心理要素与责任要素是混为一谈的。故意说大体上是古典派的犯罪论体系的观点，例如贝林指出：

行为人对其行为必须有违法性认识，即抽象的法律评价（如无警察的允许，不得持有炸药），且必须已经认识到其行为与法律评价相抵触。

---

① ［德］汉斯·海因里希·耶赛克、托马斯·魏根特：《德国刑法教科书》，徐久生译，539 页，北京，中国法制出版社，2001。

② ［日］大谷实：《刑法讲义总论》，新版 2 版，黎宏译，311 页，北京，中国人民大学出版社，2008。

因为刑法上的故意是严重的责任层次，对怀有善良信念的行为人——对其行为的不允许性完全缺乏认识——要么根本不得进行任何非难，因而也根本不追究责任；要么只是进行明显较轻的非难，行为人未适当地注意了解事实与法律状况（过失），因而对此进行非难。如果法律忽略了这种根本性区别，则其考虑就是错误的。行为人只是知道充足了“构成要件”——李斯特希望以此来限定故意概念，还不能说具备了责任要素。①

因此，古典派的犯罪论体系虽然主张道义责任论，将故意作为责任要素，认为只要具有故意即可归责，但在其故意概念中还是包含了违法性认识，因为没有违法性认识的话，行为人就不会形成停止行为的反对动机。因此，违法性认识被看作是故意的责任要素。② 在故意说中，又可以分为严格故意说、限制故意说与实质故意说。对于故意说中的这三种观点，日本学者作了以下阐述，指出：

1. 严格故意说

学界的有力观点认为，违法性的错误阻却故意，这称为严格故意说。该说的理论根据在于，明明具有违法性的意识，却仍然（竟然）实施了违法行为，因而有理由作为故意犯施以更重的谴责。概言之，违法性的意识的有无是区故意与过失的分水岭。

2. 限制故意说

限制故意说原本是指一边以违法性的意识作为故意的要素，一边却认为其内容只要属于法盲目性、法敌对性这种潜在的意识即可的观点，但在我国却是指另外一种观点，也就是，将违法性的意识的可能性作为故意的要件（认识对象），在违法性的错误的产生是因为存在相当的理由且不可回避之时，便阻却故意。

---

① ［德］恩施特·贝林：《构成要件理论》，王安异译，102～103页，北京，中国人民公安大学出版社，2006。

② 参见［日］大谷实：《刑法讲义总论》，新版2版，黎宏译，308页，北京，中国人民大学出版社，2008。

3. 实质故意说

学界还有有力观点认为，作为故意的认识对象的犯罪事实属于“如果是一般人，当然能够认识到该犯罪类型的违法性的那种事实”，并据此主张违法性的意识的可能性也并非故意责任的要件。这称为“实质性故意论”。该学说是为了解决事实的错误与违法性的错误之间的区别问题而提出的。按照这种观点，违法性的意识的可能性这一问题的确可以消解于故意的存在与否这一问题之中。在此意义上可以说，该学说属于具有实践性的极其巧妙的理论构成。①

在以上故意说的三种观点中，严格故意说与限制故意说都主张违法性认识是故意要素，其区别在于违法性认识的程度：严格故意说要求行为人具有违法性认识才能成立故意，而限制故意说则只要求行为人具有违法性认识的可能性就足以成立故意。日本判例的主流是违法性意识不要说，但在下级法院判例中，存在许多采用限制故意说的判决。② 而实质故意说则对违法性认识采取了一种更为暧昧的态度，可以说是“若有似无”。按照实质故意说，在故意的认识对象中当然会包含违法性事实，但不要求单独考察是否存在违法性认识，在故意的实质性内容中本身就包含了违法性认识。

故意说将违法性认识包裹在故意概念之中，未能将故意的心理事实要素与规范评价要素加以区分，因而并不妥当。此外，故意说把违法性认识只当作是一个故意的问题，认为过失不存在违法性认识，甚至提出“违法性认识的有无是区分故意与过失的分水岭”之命题，限制了违法性认识的效力范围，未能揭示过失的归责要素。

不同于故意说，责任说认为违法性认识是责任要素而非故意要素。当然，责任说所说的违法性认识是指违法性认识的可能性。于这一点上与限制故意说具

① 参见［日］西田典之：《日本刑法总论》，刘明祥、王昭武译，141～144 页，北京，中国人民大学出版社，2007。

② 参见［日］大谷实：《刑法讲义总论》，新版 2 版，黎宏译，311 页，北京，中国人民大学出版社，2008。

有相同之处，但责任说不同于限制故意说的地方在于：违法性认识不仅是故意的归责要素，而且是过失的归责要素，即违法性认识的可能性是故意犯罪与过失犯罪的共同责任要素。责任说又可以分为以下两种具体学说。对此，日本学者指出：

> 责任说，又分为严格责任说和限制责任说。严格责任说认为，除了对符合构成要件的客观事实有错误之外，都成立故意；排除违法性事由的错误，如假想防卫，是对符合构成要件的客观事实有认识，所以成立故意，因此，它是有关违法性意识的可能性的东西，是责任的问题。限制责任说的根据是，排除违法性事由的错误影响故意的成立，即便对犯罪事实有认识，但只要没有唤起与此相伴的违法性意识的可能性，就应当说不具有作为责任形式的故意。①

严格责任说与限制责任说的争点在于，如何处理行为人对违法阻却事由产生认识错误的情形。严格责任说认为违法阻却事由的认识错误属于违法性认识错误，而限制责任说则认为违法阻却事由的认识错误属于事实的认识错误，阻却故意。日本学者都赞同限制责任说，我国刑法学界也认为假想防卫阻却故意而非阻却责任，因而可以归入限制责任说。

责任说是以德国刑法规定为依据并为其提供支持的。《德国刑法典》第 17 条是以禁止的错误的形式来表达违法性认识对于归责的意义的。当然，除了责任的故意与责任的过失这种双重的故意与过失的观点以外，还存在着从违法性错误出发讨论违法性认识的观点。例如，日本学者西田典之就是从违法性的错误角度讨论违法性认识问题，并且把违法性的错误分为法律的不知与适用（嵌入）的错误两种情形。② 应该说，这一思路与德日刑法典没有规定犯罪故意的概念有关。违

① ［日］大谷实：《刑法讲义总论》，新版 2 版，黎宏译，311、312 页，北京，中国人民大学出版社，2008。

② 参见［日］西田典之：《日本刑法总论》，刘明祥、王昭武译，190 页，北京，中国人民大学出版社，2007。

法性认识到底是作为一种正面的归责要素还是作为反面的阻却责任的事由？这个问题应当根据对犯罪论体系的不同安排而确定。

在我国刑法学界，关于违法性认识也同样存在故意说与责任说之争，这一争论既不同于德日刑法学中的故意说与责任说之争，又与之相关。

在我国传统的四要件的犯罪构成体系中，由于缺乏责任要件，因而无法采用德日刑法学的责任说。但我国刑法关于犯罪故意的概念中包含了对行为的社会危害性认识的内容，因此，我国学者把社会危害性认识转换成为违法性认识，使之成为犯罪故意的要素，由此形成具有我国特色的故意说。例如，我曾经试图建构了一个事实性内容与规范性内容相统一的犯罪故意概念，其中就包含了违法性认识。[①] 因此，我就成为故意说的倡导者。例如在我和周光权合著的《刑法学的现代展开》一书中，曾经从故意说与责任说的对立切入，对违法性认识作了讨论，指出：

> 本书作者之一的陈兴良认为，犯罪故意的成立以具有违法性认识为必要，违法性认识是故意的要素（严格责任说）。与此相对应，本书作者之一的周光权认为，违法性认识主要涉及规范评价，与作为事实判断的故意之间存在根本差别，所以不是故意的要素，而是故意之外影响刑事责任的要素（责任说）。要为违法性认识提供安身立命之所，就要改造现行犯罪论体系。[②]

实际上，我和周光权之间的观点分歧并没有那么大，在没有专门的责任要件的犯罪构成体系中，违法性认识没有独立存在的位置。对此，张明楷教授认为，责任说与我国刑法学体系（指四要件的犯罪构成体系——引者注）不相符合，现在还难以引入我国刑法理论中，由此来否定违法性认识对犯罪成立的影响。[③] 对

① 参见陈兴良：《本体刑法学》，342 页以下，北京，商务印书馆，2001。

② 陈兴良、周光权：《刑法学的现代展开》，204 页，北京，中国人民大学出版社，2006。

③ 参见张明楷：《刑法学》，2 版，228 页，北京，法律出版社，2003。在《刑法学》第 3 版中，张明楷教授引入了责任说，参见该书，270 页，北京，法律出版社，2007。

于这一观点，我并不赞同。在这种情况下，只能将违法性认识栖身于犯罪故意的概念之中，这就是故意说的由来。当然，如果采用三阶层的犯罪论体系，对于违法性认识当然采取责任说。事实上，周光权的责任说也是以改造犯罪论体系为前提的[①]，没有这种犯罪论体系的改造，责任说根本就缺乏依托。

思考题：

试比较违法性认识的故意说与责任说。

参考书目：

1. 田宏杰. 违法性认识研究. 北京：中国政法大学出版社，1998
2. 陈忠林主编. 违法性认识. 北京：北京大学出版社，2006
3. 于洪伟. 违法性认识理论研究. 北京：中国人民公安大学出版社，2007

① 参见周光权：《犯罪论体系的改造》，207 页，北京，中国法制出版社，2009。

第 15 章

期待可能性论

期待可能性是刑法理论中的一个重要问题，它涉及对行为人如何进行主观归责，是近代刑法中责任主义的直接体现。本章拟以归责的合理化为基本理念，对期待可能性问题进行法理上的探讨。

一、期待可能性的学说史

论及期待可能性理论的产生，不能不提到德国司法史上著名的癖马案。案情及诉讼过程如下：

案例 15—1　癖马案

德国帝国法院刑四庭关于癖马案的判决书

(1897 年 3 月 23 日)[①]

被告自从 1895 年 10 月起作为一名马车夫在 G 地的出租车主 R 处工作。在

① 参见陈兴良主编：《刑事法判解》，第 10 卷，382～384 页，北京，北京大学出版社，2009。

此期间，被告驾驭的马车配有两匹马。其中一匹是所谓的“leinenfaenger”，具有某种不定期发作的癖好：喜欢用尾巴拍打压低缰绳，进而把缰绳紧紧夹紧在身上。被告和马车雇主都知道这匹马的这个缺点。1896 年 6 月 19 日，被告驾驭配有该匹马的马车行驶于从 P 地到 G 地的公路，在此过程中，这匹马一直用尾巴夹紧缰绳。后来当被告尝试拉出缰绳而未果时，这匹马变得狂躁起来，被告完全失去了对它的控制。马在狂奔疾驰中冲向在路边行走的铁匠 B 先生，将其撞翻在地，B 先生陷于马车下，受伤骨折。

被告因过失导致 B 先生身体伤害而被提起公诉。判决结果为无罪。检察官提起抗诉，本院驳回。

理由如下：

检察官的抗诉理由源于对一审判决的不正确解释，对此种解释本院不予赞同。本院既不认为，根据核实的案情，被告被指控的过失伤害罪的全部构成要件都已满足；同时也不认为，一审法官的无罪判决是错误地根据一种法律上未获承认的出罪事由而得出的。根据判决理由可以看出，恰恰相反，一审法院在考察案件的特殊情况之后，认为不能够判定被告违反了过失概念所要求的注意义务，并且基于该理由判决被告无罪。

判决书中指出，被告唯一能被责备的是他在知悉“leinenfaenger”癖性的情况下，仍使用癖马驾车，这显然并不是意味着，该驾驭行为就能够直接证明被告违反了注意义务而应当对之进行责难。对此处引证的判决书的句子应该这样理解：本案中的唯一事实就是使用有瑕疵的牲口驾驶，法官只能根据这个事实去判断，被告是否违反了这种行为方式的具体情形所要求的谨慎义务与注意义务。进一步的论述推导出如下结论，即由被告驾车导致的铁匠 B 先生所受的身体伤害不能在刑法上归责于被告。对这些论述的解释可以准确地否定任何疑问。

作为判决被告无罪的理论基础，这个观点并没有显现出任何法律错误。

初审法官认为，被告知晓所驾驭之马的瑕疵，并根据经验意识到，癖马“leinenfaenger”一旦将缰绳缠绕在尾巴上，马车夫可能无法根据自己的意愿控制马匹，马匹会试图脱缰奔跑，从而给路上行人带来危险，因此，对于“leinenfaenger”在此案中脱缰风险的预见性，以及间接地对由于驾驭“leinenfaenger”而造成事故的预见性，可以毫无疑问地确定。但是，仅仅根据上面的情况，不足以认定被告的所有行为都具有刑法上过失行为的特征。如果人们认为，要想在刑法上不被追究过失责任，任何行为——对于该行为能够预见到它可能导致违法后果——都必须是以不作为的形式构成，那么这种看法显然与人们日常生活情形以及与交通运输需求之间是不相协调的。无须赘述，生活中的每时每刻都在发生某些行为。这些行为显而易见地包含导致损害他人身体完整性甚至生命安全的可能性，对于这些行为，行为人通常也能够意识到，即使他本人予以最大限度的注意，也不可能完全避免那些与行为紧密相连的风险的实现。毫无疑问，如果把这些行为都无差别地定性为过失行为，与立法者的本意并不相符。要想构建刑法上的过失概念，如上文所提到的，必须增加进一步的内容，即在上述情况中行为人实施行为时未能履行足够的对公共利益的注意和关注，同时他可以被要求达到这种程度的注意和关注。

法官必须主要从具体案件的特点出发，对这一问题作出判断。在进行判断时考虑行为人所处的困境——像本案中出现的情况那样——并非是不允许的。初审法院在以下两个方面之间进行了对比衡量，一方面是被告对风险的认识，即他认识到用“leinenfaenger”来驾车本身就包含了风险，被告也清楚这种风险的实现可能导致伤害他人身体安全；另一方面是服从的义务，被告雇主在被告诉而得知“leinenfaenger”的缺陷后，依然决定让被告使用癖马驾车，对被告来说，他具有服从这种工作安排的义务。值得相信的担忧是，如果拒绝使用癖马，他将会失去工作和饭碗。这里需要作出权衡：是否能够作为一种义务去期待被告，宁可摆脱雇主的命令而承受丢掉工作的损失，也不愿意驾驭这匹可能给其他人带来身体伤害的“leinenfaenger”；或者，能否允许被告最后经权衡轻重，将他内心所建立起来的服从雇主命令的动力放在第一位，而将对风险的顾虑放在其次。现在，初审法院在后一种意义上回答了这个问题，正如从判决理由可以看到的那样，该判决主要是通过对上述案情进行事实上的评判而作出的，因而无论如何不存在法律上的错误。

癖马案本来是一个普通的案例，但它却引起了当时德国学者的普遍关注。这种关注不是没有缘由的，与当时通行的心理责任论有关。心理责任论是从 19 世纪到 20 世纪初德国刑法中的责任通说，它以道义责任论为基础，主张只要具有责任能力以及故意或者过失的心理事实，就具有道义上的责任。显然，心理责任论是将责任视为一种心理关系，正如日本学者大塚仁所言：

> 心理的责任论（psychologische Schuldlehre；psychologische Schuldauffassung）认为责任的实体是行为人的心理关系，基于其心理关系的不同，把责任的形式分为以对犯罪事实的现实认识乃至意欲为内容的故意和以其可能性为要素的过失，除了责任能力之外，具备这种故意或者过失时，就可以追究行为人的责任。①

心理责任论将责任归结为一个心理的问题，因此也是一个主观的问题，从而将那种虽然客观上造成法益危害的结果，但行为人主观上既无故意又无过失的情形，从犯罪中排除出去，使刑事责任合理化，这显然是具有进步意义的。在通常情况下，对于本人的构成要件的行为已经认识或者可能认识，在此基础上实施一定的法益侵害行为，行为人主观上的罪责就是不言而喻的。对此，黑格尔曾经指出：

> 我只对属于我的表象的东西承认责任。这就是说，人们只能以我所知道的事况归责于我。②

这就是当时通行的责任观念。根据这种心理责任论，癖马案中的被告人是应当负过失责任的。因为被告人事先已经知道癖马的危险并曾经要求雇主更换马匹，因雇主执意不从并以解雇相威胁，被告人不得不继续驾驭癖马。就此而言，

① ［日］大塚仁：《刑法概说（总论）》，3 版，冯军译，378 页，北京，中国人民大学出版社，2003。
② ［德］黑格尔：《法哲学原理》，范扬、张企泰译，121 页，北京，商务印书馆，1961。

对于癖马肇事伤人，被告人是存在过失心理的，因而应以过失犯罪追究其刑事责任。在心理责任论通行的当时德国，这应当是必然的判决结果。但一审却对被告作出无罪判决，由于无罪判决出乎意料，因而检察官上告。

二审判决在维持无罪判决的同时对其裁判理由作了阐述，其要旨在于：

按照通常心理责任论追究被告的过失责任显然与日常生活经验相悖。

请注意，判决理由首先是从一般公正观念出发得出这一结论的，而这实际上是对心理责任论的某种否定。然后，二审判决指出问题实质之所在：

能否期待被告不顾自己职位之得失而违反雇主之命令拒绝驾驭？

法官已经通过无罪判决对这个问题作了否定回答。申言之，只有具备某种期待可能性，被告人才能承担过失责任。在本案中，不存在这种期待可能性，因而被告人不负过失之责任。可以说，法官在作出这一判决的时候，仅仅是从一般的社会公正观念出发的，并没有想到要创立某种学说。著书立说是学者的职责，果然德国学者是敏感的，在这一判决作出以后，围绕着裁判理由展开了学术上的研究，由此促成了从心理责任论向规范责任论的转变。

（一）麦耶的义务违反论

首先对癖马案作出反应的是德国学者麦耶，麦耶于 1901 年发表了《有责行为及其种类》一文，认为有责行为，即故意行为与过失行为，均为违反义务的意思活动，而这种违反义务性则是规范的要素。至于行为人认识违法与否的心理要素问题，不过是区别责任种类的标准而已。

在此，麦耶首度将罪责的内容界定为违反义务的意思活动，后被称为违反义务论。义务违反显然是一个规范的问题而非纯心理要素，这就把规范要素引入责任。这一规范要素的实质是非难可能性；因此，麦耶主张责任要素除心理的要素外，尚须有非难可能性之存在。在这个意义上说，麦耶是规范责任论的首倡者。

(二) 弗兰克的附随情状论

在麦耶之后，德国学者弗兰克于1907年发表《论责任概念的构造》一文，指出通说将责任的本质理解为心理要素是错误的，认为责任除责任能力与心理事实要素之故意、过失外，还存在附随情状之正常性要素，这就是附随情状论。这里的附随情状，是指在某些案件中存在的特殊或者异常状况。弗兰克把行为人在其中行动的各种情况具有通常的性质作为归责的前提之一，在评论癖马案时，弗兰克指出：

> 很清楚的，在这些阐述中，各种附随状况，即被告人在危险时刻处于其中的各种情况，被纳入责任概念之中。①

因此，附随情状是否具有通常性质，对于判断一个人的行为是否具有可谴责性，即期待可能性，具有十分重要的意义。弗兰克关于附随情状的论述主要集中在以下四点：

> 第一，心理责任论无视附随情状的差别而判断责任，背离了一般人的日常观念；第二，法院裁判的惯例，应当在裁量之际，考虑附随情状；第三，某些责任减轻事由的实际规定，无论从立法理由还是学说上讲，也是以附随情状为前提；第四，在刑事诉讼中，也可以发现附随情状的责任要素。②

在这一论述中，我们可以看出附随情状是一种客观的要素，并且是因案件不同的情形，它在定罪量刑，甚至在刑事诉讼中都是应当考虑的要素。在附随情状的基础上，弗兰克提出了非难可能性的概念，以此作为责任的共通要素。弗兰克

① ［德］弗兰克：《论责任概念的构造》，冯军译，载冯军主编：《比较刑法研究》，138页，北京，中国人民大学出版社，2007。

② ［德］弗兰克：《论责任概念的构造》，冯军译，载冯军主编：《比较刑法研究》，138页，北京，中国人民大学出版社，2007。

认为，对违法态度的非难，除了要具有故意或过失之外，还必须要求行为人具备责任能力，并且行为之际的周围情形处于正常状态。因此，在判断一个人的责任的时候，周围情形处于正常状态也是应当考虑的要素之一。因此，弗兰克的附随情状论也称为附随情状之正常性论。

当然，在这一理论中，最引起争议的是附随情状作为一种客观存在，何以成为作为主观存在的责任要素？对于弗兰克来说，这确实是致命一击。为此，弗兰克在《论责任概念的构造》一文后不久出版的《注释书》（1911 年）里，把具备正常的动机（normale Motiverung）作为责任概念中不可缺少的因素，指出：

> 即使是由于故意或过失而实施的行为，如果在附带情况异常并且缺乏正常的动机情况下，也要阻却责任。附带情况不是在其客观性上，而只是在反映了行为人的意识的限度内才属于责任。①

这样，弗兰克就将附随情状这一客观之物转化为正常动机这一主观之物。这里涉及对犯罪构成中的客观与主观的界定问题。违法是客观的，责任是主观的，这是德日刑法理论中的一句法谚。责任被理解为主观的，在心理责任论的视野中，这一命题是容易理解的。其实，根据心理责任论，责任只是责任能力与责任形式的上位概念，除此以外并无其他含义。在这个意义上，罪责是具备责任能力与责任形式所导致的一种被否定评价的状态或者称为后果。而从规范责任论看来，责任不再是消极的后果，不是纯外在的东西，而是内在于责任要素本身的东西。因此，麦耶提出违反义务性问题。

违反义务本来是对行为的客观评价，麦耶将其引入责任论，并将违反义务的主观意思活动作为归责事由，从而走出了迈向规范责任论的第一步。而弗兰克提出的附随情状是否正常，实际上只是判断行为人主观上是否具有违反义务的意思活动的客观标准而已。当然，由附随情状的客观性何以转化为作为责任的主观要

① 转引自［日］泷川幸辰：《犯罪论序说》，王泰译，70 页，北京，法律出版社，2005。

素，这是一个值得商榷的问题。事实上，此后弗兰克也意识到这一问题，发觉附随情状的正常性概念有所不妥，从而改为正常的动机形成。动机形成就成为一个主观的问题。当然如何从动机形成中寻找规范要素，仍然是一个悬而未决的问题。

（三）戈登修米特的义务规范论

德国学者戈登修米特在1913年的论文《作为责任问题的紧急避险》和1930年的论文《规范的责任概念》中，对责任问题进行了进一步的探讨，尤其是提出了义务规范论，对期待可能性理论的形成作出了贡献。戈登修米特对弗兰克的附随情状的正常性论进行了批评，认为附随情状的正常性只不过是责任要素存在的表现形式，而不是责任的内在构成要素。在此，戈登修米特区分了责任要素本身与责任要素的表现形式。

我理解，这里所谓责任要素的表现形式，是指判断责任要素是否存在的客观根据。由此，戈登修米特主张以义务违反性替代弗兰克的附随情状的正常性。戈登修米特将义务规范与法律规范加以区分，认为法律规范是对个人特定的外部态度的要求，义务规范则是人内心的规范。因此，违反法律规范，发生客观违法性；违反义务规范，导致主观责任非难。德国学者李斯特在评论戈登修米特的罪责理论时指出：

> “除每一个要求具体的人为一定外在行为的法规范外，未讲明还存在一个法规范。它要求具体的人根据需要来调整其内在行为，以适应由法秩序向其外在行为提出之要求”（《奥地利刑法学杂志》4第145页）。他将该规范称为“义务规范”（Pflichtnorm）。根据他的观点，该规范要求人们有规律地朝着符合规范的方向去努力；但也有例外，即所谓的减免罪责事由，“它存在于主观上占优势的被许可的动机之中，在这样一种情况下——如瑞士刑法草案第27条——不可能期望行为人服从义务

规范”①。

义务违反性是一个规范要素，因此戈登修米特又回到了麦耶的观点。戈登修米特不同于麦耶之处仅仅在于：后者并未将义务违反与法律违反加以区分，作为责任要素的义务违反的意思活动是对客观上义务违反的一种主观决意。而前者则将客观上的法律违反与主观上的义务违反加以区分，法律成为客观的规范要素，义务则成为主观的规范要素。对于戈登修米特的主要观点，我国学者冯军作了以下概括：

> 故意不是违反义务的意欲（Wollen der Pflichtwidrigkeit）而是违反了义务的意欲（Pflichtwidriges Wollen），不是不应有的事情的意欲（Wollen der Nicht-Sein-Sollenden）而是不应有的意欲（nicht-sein-sollendes Wollen），把故意概念只作为心理的东西来理解的过去的学说是失当的，有必要把规范性要素纳入故意、过失之中。在过失特别是无意识的过失中，虽然不存在故意中那样的直接心理关系，但是，存在行为人应该预见并且曾经能够预见却由于不注意而没有预见这种过失特有的规范性要素。在虽然应该基于预见去打消实施行为的念头却没有打消上，可以看出过失中存在与故意一样的对义务规范的违反。这样，义务规范就是通过故意、过失给责任的规范性要素奠定基础的东西。②

这段话如果不加以解释的话，确实有些令人费解。尤其是，故意不是违反义务的意欲与违反了义务的意欲，究竟是什么意思？这里的意欲，是指意志。我们通常说故意包含认识因素与意志因素，意志就是行为人的一种意欲。违反义务的意欲与违反了义务的意欲又存在何种区别？我理解，违反义务的意欲是指对于违反义务的意志。在此，违反义务是意欲所指向的客体；而违反了义务的意欲是指意志本身违反义务。在此，违反义务是意欲本身所具有的性质。基于这一逻辑，

① ［德］李斯特：《德国刑法教科书》，修订译本，徐久生译，253 页，北京，法律出版社，2006。

② 冯军：《刑事责任论》，243 页，北京，法律出版社，1996。

我们也可以正确地区分不应有的事情的意欲与不应有的意欲。这里的不应有是一种否定性的评价，前者是意欲的客体不应有；而后者是意欲本身不应有。在这种情况下，违反义务不再是故意与过失以外的要素，而是故意与过失本身的要素。可以说，戈登修米特完成了规范要素对责任的由外而内的工作，因而对于期待可能性理论的形成，可谓功不可没。

戈登修米特对于疏忽大意过失的双重义务违反的构造是值得我们重视的：疏忽本身是一种注意义务的违反，这是疏忽过失所特有的规范要素，无此规范要素则无疏忽过失。然而，这种过失只是心理责任论意义上的过失而非规范责任论意义上的过失。规范责任论意义上的疏忽过失的义务违反表现为：基于预见去打消实行行为的念头却没有打消成功。也就是说，能够期待行为人打消行为的念头却没有打消，行为人才应承担过失责任。换言之，如果行为人对结果发生应当预见，但不能期待行为人打消行为的念头则无规范责任论意义的过失。

尤其值得一提的是，戈登修米特的义务规范论将期待可能性理论不仅适用于过失而且适用于故意，这与弗兰克只将其适用于过失相比，是一个重大的理论突破，为期待可能性成为责任的共通要素扫清了道路。

（四）弗洛登塔尔的伦理的责任要素论

德国学者弗洛登塔尔在1922年发表了《责任与非难》一文，将期待可能性界定为伦理的责任要素，从而提出了伦理的责任要素论。弗洛登塔尔的主要功绩是从伦理上为期待可能性寻求根据，引入了义务履行的可能性概念，以此作为非难可能性的基础，从而进一步充实了戈登修米特的义务违反论。弗洛登塔尔指出：

> 责任是非难可能性乃至违反义务性，因为不可能的东西到底不是义务，所以责任的实体是行为人应该（sollen）采取其他态度，而且虽然

能够（können）采取却竟然违反了该期待实施了行为。作为责任非难的要件，需要行为人存在合法行为的期待可能性，作为伦理性责任要素（ethischer schuldmoment），期待可能性是不可缺少的。[①]

在此，弗洛登塔尔将期待可能性视为责任非难的要件，使责任具有伦理上的合理性。就强调责任的伦理性而言，心理责任论与规范责任论是共同的，它们都是站在道义责任论的立场，强调责任的道义非难性。当然，心理责任论认为只要具有心理意义上的故意与过失，即可对行为人进行道义非难。而规范责任论则认为，除故意与过失以外，还要求具有期待可能性，这种道义非难才是可能的。而根据弗洛登塔尔的伦理的责任要素论，将是否具有义务履行可能性作为判断期待可能性的根据，有其可取之处。

当然，由于弗洛登塔尔主张期待可能性是一种超法规的责任阻却事由，如其本人所承认，因而于现行法之外寻找伦理的责任要素，其立场逾越了解释论的界限，由此受到抨击。[②] 期待可能性到底是一种规范的责任要素还是超规范的责任要素，这涉及对期待可能性的正确理解，将在下文加以研究。

（五）施密特的决定规范论

德国学者施密特被认为是期待可能性理论的集大成者。施密特是著名刑法学家李斯特的得意学生，并被老师指定为《德国刑法教科书》的修订人，在该书前 24 版的修订中，施密特忠实地维持着李斯特的理论思想，但在 1927 年的第 25 次修订中，施密特对该书，特别是其中的责任论部分作了重大修正，正式摒弃了心理责任论，而采用规范责任论的立场。[③] 我国翻译过来的李斯特《德国刑法教科书》系施密特修订的第 26 版，该书在责任论的内容上，反映的是施密特的观点。

---

① 转引自冯军：《刑事责任论》，244 页，北京，法律出版社，1996。

② 参见童德华：《刑法中的期待可能性论》，11 页，北京，中国政法大学出版社，2004。

③ 参见童德华：《刑法中的期待可能性论》，11 页，北京，中国政法大学出版社，2004。

如前所述，戈登修米特将客观上法律规范之违反与主观上义务规范之违反加以区分，这对于论证责任的规范要素当然是一种逻辑进路。同时，这种法律规范与义务规范的二元论同时也带来某些逻辑上的困惑：法律规范与义务规范在性质与内容上能否截然分开？对此，施密特的回答是否定的，认为它们只不过是同一法规范的不同方面的作用。日本学者在引述施密特的观点时指出：

> 根据迈兹格区分评价规范和决定规范（意思决定规范）的立场，（施密特）认为评价规范是不问行为人是谁而一般来说是妥当的，而决定规范是只在能够根据法的命令作出意思决定的人违反期待作出了违法行为的决意时方成为问题。所以，除了行为人具有责任能力之外，还具有表象符合构成要件的结果而且能够认识其社会侵害性这种心理的要素和能够期待代替所实现的违法行为实施适法行为这种规范的要素时，才能够期待行为人作出实施适法行为的决意。而且，施密特通过使用期待可能性这一共同于故意·过失的规范性要素，而把故意·过失作为责任的种类统一起来。故意是由犯罪事实的表象·认容这种心理性要素来构成的，而过失的本质不在于行为人的心理一面，毋宁在于行为人应该认识却没有认识这种规范一面。因此，为了把故意和过失理解为并立的责任形式，也需要通过赋予故意以一定的规范性要素，而使两者成为一个类概念之下的种概念。基于这种思考，施密特为统一故意和过失的要素而使用了期待可能性的观念。①

由此可见，施密特完成了期待可能性理论在责任论体系性地位上的最终确定。这样，施密特就揭示了心理事实与规范评价之间的逻辑关系，为责任概念奠定了基础。正如施密特指出：

> 在罪责概念中我们能够确认，有责任能力之人的心灵深处与法律要

① ［日］大塚仁：《刑法概说（总论）》，3版，冯军译，379页，北京，中国人民大学出版社，2003。

> 求及其价值评价之间存在特有的心理学—规范关系：行为人的行为违反作为社会生活秩序的法律，虽然他应当能够认识其行为的反社会性，且在行为时能够期望他放弃一个与应当规范（Sollennorm）相适应的动机过程。①

由于施密特以评价规范与决定规范的二元论取代戈登修米特法律规范与义务规范的二元论，尤其强调决定规范对于期待可能性的意义，因此其学说被称为决定规范论。

（六）威尔泽尔的规范性罪责论

以期待可能性为核心的规范责任论的最终完成者，是德国学者威尔泽尔。威尔泽尔是目的行为论的首倡者，目的行为论是关于行为的一种理论，认为人的行为的存在论的本质是目的行为。根据这种理论，人总是预先确定目标并选择达成此目标的手段，进而使用选择的手段而向达成目标的方向努力；这种目的性才是行为的本质要素。目的行为论基于其对行为的目的性观念，对规范性罪责概念进行了进一步的修正。对此，德国学者罗克辛指出：

> 这个理论（指目的行为论——引者注）把故意和在过失犯罪中的违反客观上的谨慎义务，都归入行为构成（指构成要件——引者注）之中，由此从罪责中基本上抽掉了那些单独形成心理性罪责概念内容的因素。现在，作为可谴责性的三个“因素”，就仅仅还显示为可归责性、不法意识的可能性（今天的第 17 条②）、还有对符合规范的举止行为的可以过分要求性（在第 33 条、第 35 条的情况下就缺乏这种可以过分要

① ［德］李斯特：《德国刑法教科书》，修订译本，徐久生译，260 页，北京，法律出版社，2006。

② 指《德国刑法典》第 17 条，该条是关于法律上的认识错误的规定：“行为人行为时没有认识其违法性，如该错误认识不可避免，则对其行为不负责任。如该错误认识可以避免，则依第 49 条第 1 款减轻处罚。”

> 求性[①])。虽然，这种变化首先是从目的性行为理论和不法理论中引导出来的，但是，这也得到了下面这个命题的支持：通过这种方式，规范性罪责概念才真正前后一致地得到了贯彻。通过这种方式，主观的因素（评价的对象）从罪责概念中被排除出去了，保留下来的“仅仅是可谴责性的标准”（对象的评价）。毛拉赫和齐普夫称这个由弗兰克和戈登修米特发展起来的理论，是一种“综合的罪责概念（ein komplexer Schuldbegriff）”，因为这个概念同时包含了心理的和评价的因素；这个概念没有能力“把罪责作为纯粹的价值评价加以掌握”。这一点，只有在目的行为理论中才得到实现。[②]

尽管目的行为论存在某种缺陷，但它对于规范责任论的贡献是难以磨灭的。尤其是目的行为论的出现，对大陆法系犯罪论体系的重构产生了重大影响。

期待可能性理论的形成，也就是心理责任论向规范责任论转变的历史过程。我们可以看到，较之心理责任论，规范责任论对刑事责任的追究作出了某种更为严格的限制，因而可以看成是一种通过限制国家刑罚权而保障被告人权利的刑法理论。对此，日本学者大塚仁教授曾经对期待可能性理论作出过以下恰当的评价：

> 期待可能性正是想对在强有力的国家法规范面前喘息不已的国民的脆弱人性倾注刑法的同情之泪的理论。[③]

这一说法并非没有缘由，从期待可能性理论产生的历史背景来看，18 世纪末 19 世纪初的德国，经济较为落后，劳苦大众生活艰难，尤其是失业率高。在这种情况下，癖马案中期待被告坚决违抗雇主的命令，不惜失去工作而履行避免

---

① 指《德国刑法典》第 33 条和第 35 条。其中，第 33 条是关于防卫过当的规定，第 35 条是关于阻却责任的紧急避险的规定。

② ［德］克劳斯·罗克辛：《德国刑法学总论》，第 1 卷，王世洲译，561 页，北京，法律出版社，2005。

③ 转引自冯军：《刑事责任论》，245 页，北京，法律出版社，1996。

其已预见的伤害行为的结果发生的义务，确实是强人所难。因此，期待可能性理论对于刑法的合理化与正当化都是一种强有力的推动。当然，期待可能性毕竟是一种理论，在对法规范作出柔性解决的同时，如果滥用也可能损害法规范本身的确定性，这是必须加以警惕的。

二、期待可能性的体系性地位

期待可能性的体系性地位，是在期待可能性研究中无法回避的一个重要理论问题，它不仅与如何理解期待可能性的内容相关，而且与责任的构造有关，需要加以深入研究。

（一）争议观点的辨析

尽管期待可能性作为责任要素被加以确认，但对于期待可能性的体系性地位问题，在刑法理论上还存在较大争议。关于这个问题，大体上存在以下三种学说：

> 一是第三责任要素说，即将期待可能性与故意、过失并列，作为责任的第三个要素。二是故意、过失要素说，即把期待可能性作为故意、过失本身的要素加以确立，在没有期待可能性的情况下，故意、过失不能成立。三是责任例外说，即把期待可能性视为消极的责任要素，是一种责任阻却事由。[①]

在以上三种学说中，责任要素说与责任例外说具有相同之处，都把期待可能性这一归责要素与故意、过失等心理性要素加以区分，只不过责任要素说把期待

① ［日］大塚仁：《刑法概说（总论）》，3 版，冯军译，405 页，北京，中国人民大学出版社，2003。

可能性看作积极的责任要素，而责任例外说把期待可能性看作责任阻却事由，是一种消极的责任要素。应该说，上述对于期待可能性在犯罪论体系中的定位都具有一定的合理性，至于是当作积极的责任要素还是当作消极的责任要素是可以讨论的。但故意、过失要素说把期待可能性纳入故意、过失的构成范围内，作为故意、过失是否成立的条件，在一定程度上混淆了规范评价与心理事实的关系，是不尽妥当的。

这里涉及对心理事实与规范评价之间关系的理解问题。故意、过失是行为人在实施行为时的主观心理状态，在与行为事实相对应的意义上，我们可以称为心理事实。尽管心理事实的内容具有主观性，但就其存在方式而言，仍然具有客观性，是不以人的主观意志为转移的客观存在。刑法将故意、过失规定为两种应当受到刑法处罚的主观心理状态，故意、过失为刑罚处罚提供了主观根据。在这个意义上，故意、过失与刑事责任之间是具有密切联系的。在心理责任论占据统治地位的情况下，只有故意、过失还不能追究一个人的刑事责任，刑事责任还必须建立在规范评价的基础上，期待可能性就是这种归责要素之一，也称为客观的责任要素。在这种情况下，没有规范评价，故意、过失等心理事实本身是可以成立的。当然，如果将故意、过失理解为心理事实与规范评价统一的责任形式，将期待可能性包含在犯罪的故意、过失中也是可以的。在这种情况下，没有期待可能性，不成立犯罪的故意、过失，但心理性故意、过失仍然是可以成立的。总之，以期待可能性为中心的规范评价要素在责任中的确立，表明规范责任论的形成。相对于心理责任论而言，规范责任论为出罪提供了更大的余地，因而使刑事责任的追究更加合理化。

关于把期待可能性当作积极的责任要素还是把期待不可能性（Nichtzumutbarkeit；Unzumutbarkeit）当作消极的责任要素，这也是一个与期待可能性的体系性地位有关的问题，对于这个问题，从期待可能性理论产生之初就已经存在争议。例如弗兰克就认为责任排除事由这一概念是多余的，因为各种附随状况的通常性质属于责任，所以，存在某种能够确立紧急避险或者正当防卫的危险，就无非是否定了那种通常性质。也就是说，否定了责任本身。当然弗兰克也在一定程度上承认采用责任排除事由的措辞具有可取之处。弗兰克指出：

考虑到使用的方便，人们总是喜欢保留责任排除事由这一表述，这是因为，责任排除事由并非是由简单的重负（Bestreiten）来排除的，而是由动机赋予的重负（Bestreiten）来排除的。责任排除事由具有通过肯定的东西来否定的意义。只有人们认为责任排除事由这一概念表达了这样一种认识，即某些积极的事实对刑法而言仅仅具有消极的意义，也就是具有否定责任的意义，才可以使用责任排除事由这一概念。①

显然，弗兰克是把附随状态的正常性当作责任要素看待的，因而出现附随状况的异常情形就不能归责。在弗兰克的逻辑中，消极的东西必然以某一积极的东西存在为前提。期待可能性当然是积极意义上的归责事由，期待不可能性才是责任排除事由，即消极意义上的责任要素。

值得注意的是，期待可能性作为一种超法规的责任阻却事由，在德国刑法学中并未被有力地主张，而是有逐渐边缘化之虞。作为一种超法规的责任阻却事由，期待可能性理论之所以在德国刑法学中命运不济，主要是学者们担心期待可能性理论会弱化刑事司法的稳定性和均衡性。对此，德国学者指出：

在帝国法院首先表明："根据现行法，行为人在故意犯罪情况下，法律规定之外的免责事由，不得予以承认"的立场后，在学术界贯彻了这样一种认识，即刑法在责任领域需要标准，这些标准虽然应当包含对意志形成的评价，但必须被形式化，并从法律上加以规定。不可期待性这一超法规的免责事由，无论是从主观上还是从客观上加以理解，均会削弱刑法的一般预防效果，以至于导致法适用的不平等现象，因为所谓的"不可期待性"并不是可适用的标准。此外，免责事由根据法律明确

① ［德］弗兰克：《论责任概念的构造》，冯军译，载冯军主编：《比较刑法研究》，138～139 页，北京，中国人民大学出版社，2007。

的体系表明了例外规定，这些规定不能够被扩大适用；甚至在困难的生活状况下，即使要求当事人作出巨大牺牲，社会共同体也必须要求服从法律。①

正因为德国帝国法院的判例严格限制超法规的免责事由，因而期待可能性理论在德国的司法适用大受影响，只是作为超法规免责事由被个别地适用。在这种情况下，期待可能性在德国刑法学中不可能成为积极的责任要素，而只是个别情况下把期待不可能性作为超法规免责事由。这里应当指出，作为一种超法规的责任阻却事由，在德国的司法实践中之所以被严格限制，并不表明期待可能性的刑法思想没有受到重视，而是因为在德国刑法中已经对需要通过期待可能性而免责的情形作了较为具体的规定。对此，不应发生误解。

期待可能性理论在日本受到学界和判例的肯定，成为责任论的有力学说。但在期待可能性是积极的责任要素还是期待不可能性是消极的责任要素问题上，同样存在较大的争议。日本通说将无期待可能性（期待不可能性）作为超法规的阻却责任事由。例如川端博指出：

责任能力与故意或过失合而为一，构成责任的原则型，故于责任能力与故意或过失存在的情形中，可期待行为人为适法行为时，大致可推定其为违法行为者（原则型），惟于排除此种规定之具体情况存在时，即适法行为之期待可能性不存在时（例外型），形成无法对该行为人加以责任非难。因此，期待可能性之不存在，被视为系阻却责任事由。②

由此可见，这种观点采用了“原则—例外”这一类型构造，具有思考上的经济性与诉讼上的便利性。但也有学者主张将期待可能性作为积极的责任要素，例如大塚仁指出：

① ［德］汉斯·海因里希·耶赛克、托马斯·魏根特：《德国刑法教科书》，徐久生译，603页，北京，中国法制出版社，2001。

② ［日］川端博：《刑法总论二十五讲》，余振华译，259～260页，北京，中国政法大学出版社，2003。

> 把期待不可能性视为消极的责任要素，这在思考经济上是应予注目的，但是，把责任故意、责任过失理解为责任的积极要素时，把存在期待可能性也解释为责任的积极要素才为妥当。而且，既然期待可能性不只是在责任的存否一面而且在决定责任的轻重程度上也发挥着重要作用，把它仅仅视为消极的责任要素就不妥当。[①]

在此，大塚仁提出了期待可能性应为积极的责任要素的两个理由：

一是在与责任故意与责任过失并列的意义上，应当把期待可能性当作积极的责任要素。大塚仁所称责任故意与责任过失，讨论的实际上是违法性认识问题，既然违法性认识是作为积极的责任要素加以确立的，具有相同意义的期待可能性也应当作为积极的责任要素加以确立。但是，即使是在日本，通说也是将违法性认识错误作为责任阻却事由。在这种情况下，在与违法性认识相对应的意义上，期待可能性也是可以作为责任阻却事由的。

二是期待可能性不仅决定责任之有无，而且决定责任之轻重。在决定责任之有无的意义上，把期待可能性作为责任阻却事由是可以的；但在决定责任之轻重的意义上，如果期待可能性是责任阻却事由则难以解释。这里涉及定罪与量刑的相关性问题，犯罪成立的绝大多数要素对于量刑是有影响的，例如违法程度、期待可能性程度，即使是构成要件的行为与结果的轻重大小，都是量刑时应当考量的因素。但定罪与量刑是两个不同的环节，定罪只考虑有无，量刑是在定罪的基础上考虑责任轻重。期待可能性在定罪时作为责任要素，以例外的形式出现，是一种责任阻却事由；这并不排除在量刑时，期待可能性程度较小，还可以作为刑罚减轻事由。因此，我认为，期待可能性是作为积极的责任要素还是作为消极的责任要素，应当从责任的规范构造本身考量。

责任的规范构造，对于期待可能性的体系性地位的确定具有重要意义。责任

---

① ［日］大塚仁：《刑法概说（总论）》，3 版，冯军译，405～406 页，北京，中国人民大学出版社，2003。

的规范构造牵动犯罪论体系的结构，因而需要从犯罪论体系上进一步展开。

（二）犯罪成立条件的分类

在犯罪成立条件中，存在积极的条件与消极的条件，这两种条件在犯罪论体系中的存在是具有合理性的。日本学者小野清一郎就曾经提出：

> 这些被称为违法阻却原因和责任阻却原因的，也是被类型地、抽象地规定的东西，而且它们属于刑法总则部分，是比刑法分则的构成要件更进一步抽象的东西。因此，在具体适用它们的时候，不能形式地、字面上地适用，仍然必须考虑它们的实体，具体、妥当地适用。至于它们的实体，说到底还是行为的违法性和行为人的道义责任。违法阻却原因无非是在行为没有违法性的场合，责任阻却原因无非是在行为人没有道义责任的场合，将其予以类型化的规定，或者说是从消极方面对违法性和道义责任予以规定的法律定型而已。就此而言，刑法分则的构成要件是可罚性不法的积极构成要件；相反，违法阻却原因和责任阻却原因，可以说是总则性的、一般的消极构成要件。①

我以为，小野清一郎的以上论述对于犯罪论体系的理解是十分重要的。在此涉及三层含义：

1. 构成要件与违法性、有责性的关系

小野清一郎认为，构成要件是违法并且有道义责任的行为类型。因此，构成要件是违法性与有责性评价的根据与前提。构成要件必然以肯定性的形式出现，并且是事实的要件。在这个意义上，否定消极的构成要件的概念。在小野清一郎看来，构成要件不能以消极的形式出现，但违法性与有责性却可以以消极的形式出现；不存在消极的构成要件，但可以存在消极的违法性要件与消极的责任要

① ［日］小野清一郎：《犯罪构成要件理论》，王泰译，41页，北京，中国人民公安大学出版社，2004。

件，这就是指违法阻却事由与责任阻却事由。小野清一郎指出：

> 构成要件与违法阻却原因和责任阻却原因的关系是：前者是肯定违法性及道义责任的法律定型，后二者则是否定违法性及道义责任的法律定型。它们之间有着积极与消极的差异。①

在这个意义上说，构成要件具有对违法性与有责性的推定机能，违法阻却事由与责任阻却事由只不过是对推定的否定而已。

2. 违法阻却事由与责任阻却事由的性质

违法阻却事由与责任阻却事由必然以正面的、积极的行为违法性和行为人道义责任的实体性存在为前提。从这个意义上说，违法阻却事由与责任阻却事由都不是纯粹的消极要件，它必然以积极的实体为前提。值得注意的是，小野清一郎的这一论述是以日本刑法第 35 条和以下各条关于违法阻却原因和责任阻却原因的规定作为其解释对象的。由于刑法是以否定性的形式加以规定的，因而在刑法理论上出现了消极的犯罪成立条件。但对于这些否定性的刑法规定，不能只作形式与字面的解读，而是应当揭示作为其前提的积极的、肯定性的实体。

3. 总则性规定与分则性规定的关系

违法阻却事由与责任阻却事由都是在刑法总则中规定的，因而在刑法总论中加以讨论即可。在刑法分则中规定的具体犯罪成立条件，是具有可罚性不法的积极构成要件。因此，在刑法各论中，对各种具体犯罪，只要讨论积极的构成要件，既而无须涉及违法阻却事由和责任阻却事由等消极的犯罪成立条件。换言之，构成要件是积极的客观事实与主观事实，在刑法分则中只要讨论具体犯罪的构成要件即可，至于消极的排除要件已经在刑法总论中讨论，在刑法各论中不再赘述。这也就是消极的犯罪成立条件所具有的思考上的经济性。与思考上的经济性同时呈现的还有诉讼上的便利性，积极的犯罪成立条件，即构成要件的客观要素与主观要素是需要控方举证的。只要具备构成要件该当性，即可推定违法性与

① ［日］小野清一郎：《犯罪构成要件理论》，王泰译，45 页，北京，中国人民公安大学出版社，2004。

有责性的存在。而消极的犯罪成立条件，即违法阻却事由与责任阻却事由则是要求辩方举证的。只有辩方有效地证明违法阻却事由与责任阻却事由的存在，才能推翻控方基于构成要件该当性而对违法性与有责性的推定。

综上所述，对犯罪成立条件采用积极的犯罪成立条件与消极的犯罪成立条件这样一种逻辑上的安排，我认为是具有优越性的。

（三）责任的规范构造

期待可能性作为责任的规范要素，是随着心理责任论到规范责任论的转变而被纳入责任之中的。如前所述，随着目的行为论的传播，传统责任论中主观心理要素被纳入构成要件，而责任越来越为规范要素所占据，这也使得责任逐渐地非主观化。这里涉及故意与过失，尤其是故意在犯罪论体系中的地位问题，它与期待可能性的体系性地位是相关的，并且同时影响到责任的规范构造。关于故意在犯罪论体系中的地位，在日本刑法学界存在以下四种学说[①]：

> 一是构成要件要素说（违法类型说），认为将违法行为定型化，即为构成要件，故若承认故意为违法要素，则其位置由违法性移至构成要件。二是承认构成要件故意与责任故意说（违法类型与责任类型说）。这种观点一方面把故意视为主观构成要件要素，另一方面又把故意视为责任要素。三是责任类型之主观构成要件要素说（责任类型说）。这种观点一方面将故意解释为责任要素，另一方面因构成要件亦为有责行为类型，同时又把故意作为主观构成要件要素。四是责任要素说，认为故意专属于责任，而不承认与构成要件之关联性。

从以上四种观点来看，第一种观点与第四种观点正好处于两个极端，而第二

① 参见［日］川端博：《刑法总论二十五讲》，余振华译，51～54页，北京，中国政法大学出版社，2003。

种观点与第三种观点则大同小异，都是把故意既当作构成要件的主观要素，又当作责任要素。上述对故意在犯罪论体系中的地位的学说和期待可能性的体系性地位具有密切联系。例如第一种学说把故意完全当作构成要件要素，则期待可能性在责任论中的地位受到高度重视。第四种学说把故意完全当作责任要素，则期待可能性在责任论中没有任何地位。从目前的情形来看，虽然规范责任论已经深入人心，但期待可能性由于法律没有明文规定，因而在超法规的责任阻却事由的名义下顽强地存在，而责任论仍然有回归“责任是主观的”这一命题的迹象。我以四位日本学者的刑法体系书为例，来考察责任的构造：

1. 大塚仁的责任构造

大塚仁认为责任的要素包括以下三个方面：（1）作为主观的事情，可以举出的有责任能力，关于故意犯有对犯罪事实以外的与违法性相关联的事实的表象和违法性的意识，关于过失犯有行为人在缺乏对它们的表象和意识上的不注意。（2）作为客观的事情，可以考虑的是存在适法行为的期待可能性。它影响到责任的存在、强弱，被称为客观的责任要素（objektive Schuldelemente）。（3）关于责任的程度，也必须考虑的是与人格形成相关的行为人自身的内部事情和人格形成环境的意义。这种环境也是客观的责任要素。[①] 除把责任程度当作责任要素是大塚仁的独特之处以外，前两者实际上都是归责要素。因为大塚仁已经将心理性的故意与过失放在构成要件中讨论，在责任论中讨论的责任的故意与责任的过失，实际上是违法性认识问题。尤其是大塚仁将期待可能性当作客观的责任要素加以确立，表明其对期待可能性的重视。

2. 大谷实的责任构造

大谷实认为责任的要素包括以下两个方面：（1）主观的责任要素。具有责任能力是前提，故意、过失以及违法性意识的可能性是主观的责任要素。另外，由

① 参见［日］大塚仁：《刑法概说（总论）》，3 版，冯军译，381 页，北京，中国人民大学出版社，2003。

于主观的责任要素中包括对行为决意有影响的全部事实，所以，行为的目的、动机以及行为人的性格、人格也能成为责任要素。（2）客观的责任要素。行为之际，对合法行为的期待可能性有影响的客观事实，如盗窃时的贫困等伴随状况，也是客观的责任要素。行为人的成长经历等人格形成环境，只要对行为人的行为决定具有影响，也是客观的责任要素。[①] 值得注意的是，大谷实将心理性的故意、过失，一方面作为主观的构成要件，另一方面又作为责任要素。因此，大谷实的责任故意与责任过失与大塚仁所称的责任故意与责任过失在内容上是完全不同的。因为违法性认识可能性在大谷实这里是一个独立的责任要素。另外，关于期待可能性，大谷实是采责任阻却事由说的，认为故意、过失是责任的原则要素，没有期待可能性是排除责任事由。

3. 野村稔的责任构造

野村稔把责任看作是就违法行为而对行为者所施加的规范的非难，并且认为把故意或过失作为主观构成要件要素乃至主观性违法要素，从责任的范畴排斥到犯罪论体系中的违法部分里去，就使责任作为非难可能性这一规范上的评价得到纯粹化。[②] 由此可见野村稔的观点是较为极端的，是责任的彻底规范化与客观化。值得注意的是，在野村稔的犯罪论体系中，责任都是在消极的意义上展开的。对此，野村稔指出：

> 责任的非难通过对行为者产生唤醒他的规范意识的作用而能期待实现特殊预防，而作为来自规范的报应的非难是针对行为者而唤醒他的规范意识。换言之，为了使施加于行为者的责任的非难具有意义，行为者就必须具有责任能力、对违法性的意识可能性以及对合法行为的期待可能性。但是，因为各个行为者也是法律共同体的一员，因此面向一般法律共同体成员所宣告的规范的非难（即宣告为非法）对各个行为者来说也是理所当

---

① 参见［日］大谷实：《刑法讲义总论》，新版2版，黎宏译，287～288页，北京，法律出版社，2008。

② 参见［日］野村稔：《刑法总论》，全理其、何力译，280页，北京，法律出版社，2001。

然的，极为妥当的，从违法的非难可以推导出责任的非难，所以从犯罪论的体系角度上看，实际便产生了责任非难的阻却以及减少的问题。①

所以，在责任论中，野村稔讨论的是作为责任的阻却及减少事由的无责任能力及限定责任能力和违法性的意识不可能性，以及对合法行为的期待不可能性。

4. 西田典之的责任构造

西田典之认为，犯罪类型是由违法构成要件与责任构成要件相互组合而形成。在判断责任有无的时候，首先判断是否具有作为责任类型化的责任构成要件该当性，然后再判断是否存在责任阻却事由。故意、过失等主观性要素，属于责任构成要件要素。责任能力是指能遵照规范的要求进行意思决定的能力，因而是责任的前提，但刑法将其作为满足责任构成要件之时的例外责任阻却事由或责任减少事由。② 具有特点的是，违法性认识问题是在故意论中的错误论中讨论的。至于期待可能性，西田典之是将之作为超法规的责任阻却事由确立的，只是简略地论及。

以上四位日本学者在犯罪论体系上都采用构成要件该当性、违法性、有责性的三阶层体系，但在各个要件的内容安排上，尤其是责任的规范构造上差别如此之大令人诧异。这种理论上的各有所取，绝不千篇一律，表明在犯罪论体系构造上的一种开放的学术态度。尽管在犯罪论体系的叙述形式上存在重大差异，但在一些基本理论上还是具有共识的，例如关于客观判断与主观判断的区别，关于形式判断与实质判断的区分，关于事实判断与价值判断的区分等，以及这些判断之间的位阶关系。正因为如此，才能在犯罪论体系上做到杂而不乱、异而有同。

我国犯罪构成体系来自苏俄刑法学。在四要件的犯罪构成体系中，存在着的严重问题之一是事实判断与价值判断的混乱。事实判断包括行为事实与心理事实，而价值判断主要是指客观上的违法判断与主观上的责任判断。在四要件的犯

① ［日］野村稔：《刑法总论》，全理其、何力译，283～284 页，北京，法律出版社，2001。

② 参见［日］西田典之：《日本刑法总论》，刘明祥、王昭武译，162 页，北京，中国人民大学出版社，2007。

罪构成体系中，价值判断不是表现为规范判断，而往往表现为一种超规范的判断。违法判断成为社会危害性判断，责任判断则糅合在故意、过失的概念之中难以离析。在这种情况下，没有形成科学合理的犯罪构成体系，成为我国刑法学研究进一步发展的结构性障碍。

从期待可能性的体系性地位出发，应该对我国犯罪构成体系中的责任要件进行重构。我在《本体刑法学》和《规范刑法学》中，以罪体、罪责、罪量作为犯罪构成的基本架构。罪体与罪责的区分，基本上是客观构成要件与主观构成要件的区分。在罪责这一主观构成要件中，除责任能力作为责任要素以外，分别确立了两种责任形式：这就是故意责任与过失责任。作为一种责任形式，故意不仅是一种心理事实，而且包含着规范评价，由此形成统一的故意概念。故意分为心理构造与规范构造，将违法性认识与期待可能性作为故意的规范评价要素纳入其中。过失亦如此。[①] 在这一责任的构造中，除心理性故意与过失和规范性故意与过失融为一体以外，责任能力、违法性认识和期待可能性都是作为积极的责任要素出现的。在《规范刑法学》第 2 版[②]中，我采用“原则与例外”的二元思维方式，在罪责构造中，故意、过失等心理事实作为积极的罪责构成要素而成立。责任能力、违法性认识和期待可能性则作为消极的罪责排除事由。责任无能力、违法性认识错误和期待不可能就是罪责排除事由的具体表述，从消极的意义上加以论述。具备罪责构成要素的，可以推定罪责的成立；但若存在责任无能力、违法性认识错误和期待不可能等事由的，则否定罪责的成立。对于罪责排除事由以及客观上的罪体排除事由，只在刑法总论中加以讨论，刑法各论对具体犯罪的讨论，只论及客观上的罪体构成要素与主观上的罪责构成要素。同样，对于控方来说，只要证明罪体构成要素与罪责构成要素即可，罪体排除事由与罪责排除事由的证明责任由辩方承担。这样，就可以实现思想上的经济性和诉讼上的便利性这

---

① 参见陈兴良：《本体刑法学》，331～365 页，北京，商务印书馆，2001。

② 参见陈兴良：《规范刑法学》（上册），2 版，107 页，北京，中国人民大学出版社，2008。

两种价值，我以为是可取的。正是在这个意义上，期待不可能是一种辩护理由，以此确定期待可能性的体系性地位，也可以消除对期待可能性会削弱刑法的一般预防功能的忧虑，同时给在法规范的沉重压迫下的国民一个喘息机会。

当然，期待可能性能否成为一般性的归责事由，或者说，期待不可能能否成为一般性的责任排除事由，对此我国刑法学界还是存在不同观点的，较为有力的见解认为期待可能性是积极的归责要素，例如冯军教授指出：

> 的确，如果存在责任能力和故意或过失，通常就存在期待可能性，因为行为环境和行为人状况的异常性到底不是普遍存在的。但是，并不能因此而把期待可能性理解为例外的责任要素或消极的责任要素，而应该理解为是与责任能力、事实性认识、违法性认识一样的普遍的或积极的责任要素，因为期待可能性在刑事归责中发挥着完全独立的机能。①

这一观点强调了期待可能性在主观归责中的重要性，并且把它当作一种积极的归责要素来对待。对此，也有见解把期待可能性当作消极的归责要素，即责任排除事由。例如张明楷教授指出：

> 期待可能性虽然是责任要素，但是，由于一般人在行为时具有期待可能性，故并非在任何案件中都要积极证明行为人具有期待可能性，只是在例外情况下，才需要判断行为人是否缺乏期待可能性，所以，本书将缺乏期待可能性作为责任阻却事由。②

这一论述将期待可能性看作是一种例外的情况，只是在极为稀有的案件中以缺乏期待可能性为由，排除犯罪的成立。当然，更为极端的立场是反对把期待可能性作为一般性罪责判断指标，而将之作为起调解作用的刑法原则，在“极为稀有的特殊案件中”作为刑罚恕免事由予以使用。具体来说，就是在损害同等价值生命法益的紧急避险中有限度地使用期待可能性理论。③ 应该说，这种观点对期

① 冯军：《刑事责任论》，253 页，北京，法律出版社，1996。

② 张明楷：《刑法学》，3 版，274～275 页，北京，法律出版社，2007。

③ 参见刘艳红：《调节性刑罚恕免事由：期待可能性理论的功能定位》，载《中国法学》，2009 (4)。

待可能性理论抱着一种十分谨慎的态度，担忧该理论的广泛适用会损害刑法的安定性。

我认为，期待可能性是一种主观归责要素，这是应当予以肯定的。至于是积极与正面的归责要素，还是消极与反面的责任排除要素，并无根本区分，而只是一个体系安排问题。但如果完全否认期待可能性在有责性要件中的体系性地位，仅仅把它视为是一种例外地适用于稀有且特殊的案件的恕免事由，则是对期待可能性的一种过于消极的态度，我以为并不可取。应该指出，我国刑法对期待可能性虽然没有明文规定，但期待不能性是一种免责事由，它具有开放性，并不会因为刑法没有规定而影响其适用，这并不违反罪刑法定主义。在我国刑法中，具有入罪功能的开放的构成要件都可以存在，我们为什么对具有出罪功能的开放的免责事由如此惧怕呢？至于刑法的安定性问题，主要是指通过罪刑法定原则避免将法无明文规定的行为入罪，而将法有明文规定的行为，因为缺乏期待可能性而出罪，这并不会损害刑法的安定性。当然，我也认为期待可能性不能被滥用。在绝大多数案件中，只要存在责任能力、故意或过失，以及违法性认识，就存在期待可能性。但这与把期待可能性看作是一种归责事由，并不矛盾。期待不能性作为一种责任排除事由的存在，为辩护留下了一定的空间，这对于刑事责任的合理化具有重要意义。

三、期待可能性的司法适用

期待可能性是指在行为当时的具体情况下，能期待行为人作出合法行为的可能性。这里的合法行为，通常也称为适法行为。当然，更确切地说，也可以表述为期待行为人不实施一定的犯罪行为的可能性。换言之，期待适法行为的可能性也就是不期待犯罪行为的可能性。

应当指出，期待可能性的理论传入我国刑法学界的时间虽然不长，但我国学者普遍接受了期待可能性的思想。因为在我国目前刑罚较为严苛的情况下，期待可能性思想对于在某些情况下使刑罚得以轻缓化，具有一定的意义。事实上，在我国司法解释中，某些规定已经体现了期待可能性的思想；或者说，我们可以采用期待可能性的思想来为某些司法解释的规定提供理论根据。例如，1986 年 3 月 24 日最高人民检察院《关于〈人民检察院直接受理的法纪检察案件立案标准的规定（试行）〉中一些问题的说明》第 9 条规定：

> 由于以下几种情况而重婚的，可以认定不构成重婚罪：1. 对主动解除或经劝说、批评教育后解除非法婚姻关系的；2. 因自然灾害、被拐卖或者其他客观原因而流落外地，为生活所迫而与他人结婚的；3. 因强迫、包办婚姻或因遭受虐待，与原配偶没有感情，无法继续维持夫妻生活而外逃，由于生活无着，又与他人结婚的；4. 因配偶长期外出下落不明，造成家庭生活严重困难，又与他人结婚的。

此外，1999 年 10 月 27 日最高人民法院《全国法院维护农村稳定刑事审判工作座谈会纪要》在关于拐卖妇女、儿童犯罪案件的处理意见中规定：

> 对那些迫于生活困难、受重男轻女思想影响而出卖亲生子女或收养子女的，可不作为犯罪处理。

在以上司法解释的规定中，当事人的行为都已经完全符合了我国刑法规定的重婚罪和拐卖儿童罪的构成要件，不存在违法性阻却事由，而且主观上也具有重婚和拐卖儿童的故意。在一般情况下，这些行为都应当被作为犯罪追究刑事责任。那么，司法机关为什么对这些情形不作为犯罪论处呢？从司法解释提供的理由来看，主要是为生活所迫、生活无着、生活困难等客观原因。而这些原因之所以能够成为不作为犯罪处理的理由，就因为在上述情况下，不能期待当事人实施合法行为，换言之，缺乏期待可能性。由此可见，期待可能性的思想是为我国司法解释所接受的。当然，上述情形是以司法解释的形式明确规定下来的。我认为，即使刑法或者司法解释没有明文规定，在一个具体案件中，也可以把期待不可能作为一种超法规的责任阻却事由，排除行为人的刑事责任。当然，我们应当正确地掌握期待可能性的适用条件。

在期待可能性的司法适用中，存在以下问题值得研究：

（一）期待可能性的征表

期待可能性之存在与否，需要根据一定的依据加以判断，这种依据就是期待可能性的征表。对于期待可能性的征表，存在两种不同的理解，由此形成广义的期待可能性与狭义的期待可能性。[①] 广义的期待可能性，是指自行为者所为行为之内部的以及外部的一切事情观察，可以期待该犯罪行为者不为犯罪行为，而为其他适法行为。而狭义的期待可能性，是指自行为时之四周的外部事情观察，可以期待其不为犯罪行为，而为其他的适法行为。在此，涉及期待可能性的征表是指内部的与外部的一切事情还是仅指外部的事情的界定。这里首先需要明确的是何谓内部的事情与外部的事情。一般来说，所谓内部与外部是指主观与客观之分。内部事情是指行为人的主观心理事实，外部事情是指行为时的客观事实。从期待可能性理论的产生来看，其征表是指行为时的客观事实或曰外部事情，例如弗兰克所说的附随情状。这种附随情状当然是客观的，并且相对于行为人的心理来说是外部的事情。因此，外部事情成为期待可能性的征表是不存在争议的。关键在于内部事情，也就是行为人的主观心理事实能否成为期待可能性的征表，例如行为人的责任能力是否为期待可能性的判断根据，对此存在各种不同的观点，我国学者曾经作过归纳，认为主要存在以下各种学说[②]：

（1）内外关联论，认为责任能力等其他责任要素与期待可能性，是分别属于责任内部的和外部的两方面的要素，它们共同构成责任统一体。

（2）例外—原则性关联论，认为在责任判断中，责任能力与期待可能性属于

① 参见童德华：《刑法中的期待可能性论》，19 页以下，北京，中国政法大学出版社，2004。
② 参见童德华：《刑法中的期待可能性论》，135 页以下，北京，中国政法大学出版社，2004。

原则型与例外型两种表现。

(3) 无界限关联论，认为在实践中期待可能性与责任能力之间难以被区别开，所以它们之间没有界限。

对于上述各种观点，我赞同内外关联论，主张要将责任能力与期待可能性加以界分。责任能力是行为人认识或者控制自己行为的能力，这种能力是否存在，对于责任之有无当然是有重大关系的。刑法对有责任能力与无责任能力以及部分责任能力的法律效果作了明确规定，因此不再对其进行实质判断，而是进行规范的一般性的判断。就此而言，责任能力不能成为期待可能性的征表。期待可能性是在具有责任能力的前提下根据行为时的客观状态所进行的具体判断，这是一种外部的判断，当然不同于责任能力的判断。与此相同，也应当把期待可能性与认识可能性加以区分。关于认识可能性，尤其是违法性认识可能性与期待可能性的关系，我国学者有专门介绍。[①] 德国学者把期待可能性与认识可能性严格区别开来，日本学者认为两者之间有联系，只是就其联系的紧密程度，相关认识却有所不同。这里的区别与联系，似乎存在对立，其实不然。区别不否认联系，联系也是以区分为前提的。因此，泛泛地论述期待可能性与认识可能性的区别与联系有时会造成误解。但是，在认识可能性是否为期待可能性判断的征表这一问题下考察认识可能性与期待可能性的关系，思路就会明确得多。我的回答是否定的，这种否定恰恰是建立在认识可能性与期待可能性的区分之上的。认识可能性的主体是行为人，而期待可能性的判断主体是司法者。认识可能性属于认识要素，而期待可能性属于意志要素。没有认识可能性当然不能对其有期待可能性，但不能由此认为认识可能性是期待可能性的征表。实际上，期待可能性是在行为人具备认识可能性基础之上，根据行为当时的客观情状对其是否具有违法性意志的一种判断。根据以上分析，我认为期待可能性的征表只能是外部的事情而不包括内部的事情，因而只能承认狭义的期待可能性的概念。那种将期待可能性作过于宽泛的理解，将其与

① 参见童德华：《刑法中的期待可能性论》，150 页以下，北京，中国政法大学出版社，2004。

责任能力、认识可能性的判断混为一谈的见解是不足取的。

(二) 期待可能性的性质

期待可能性的征表是客观的外部事情，也就是外部情形的异常性。就此而言，期待可能性的征表具有客观性。但责任是主观的，客观的期待可能性征表何以转化成为主观的责任要素呢？这是一个值得研究的问题。

在此，首先要把期待可能性与期待可能性的判断加以区分。期待可能性之有无，直接关系到责任之有无，在这个意义上说，期待可能性属于责任要素。但期待可能性的有或是无，这是一个判断的结果，其判断根据是附随情状。这种客观的附随情状只不过是期待可能性的征表。因此，我们不能把期待可能性与期待可能性的征表相混同。从期待可能性理论产生过程来看，对于期待可能性的性质存在一个逐渐的认识过程。起初，学者从癖马案中只是发现了某些客观情状对于责任的影响，因而首先论及的是这些附随情状，例如弗兰克就将这种附随情状的正常性作为责任要素，而附随情状的非正常性则是责任阻却事由。但附随情状本身是客观的，它为什么会成为主观责任的要素，对此弗兰克并没有加以明确。关于这个问题，德国学者克尼格斯曼认为附随事情的客观存在并不直接左右责任，只有在它作用于行为人的心理、对行为人的精神产生影响时，才能看成是责任的要素。对此，我国学者冯军作出了正确的评价：

> 克尼格斯曼正确地把握了问题的核心，因为有些附随事情并不直接影响行为人的主观，而责任是对行为人主观的非难。因此，能够成为归责要素的，必须是那些与行为人的主观相关联的东西。[①]

由此可见，客观的附随情状之所以能够决定责任之有无，是因为它对人的主观精神，具体地说是意志选择具有某种制约性。在这个意义上，期待可能性问题

① 冯军：《刑事责任论》，242 页，北京，法律出版社，1996。

就是一个意志自由问题。对此，我在《刑法哲学》一书中曾经指出：期待可能性的有无与大小是意志自由有无与大小的外在尺度。只有在行为人具有意志自由的情况下，才具有期待可能性。否则，就根本谈不上期待可能性。[①]

期待可能性与主观要素有关，但它本身并不是一种主观的事实性存在，而是责任之规范要素。因此，我们应当充分认识到期待可能性的规范性。在心理责任论中，责任要素是纯心理事实，包括故意与过失。期待可能性理论的兴起，使责任的规范要素得以揭示。以往，人们将规范判断局限在客观行为上，遂有违法是客观的这一命题，虽然后来发现了主观的违法要素因而兴起主观违法性论，在一定程度上动摇了违法是客观的这一命题。但这种主观违法要素与期待可能性仍然是两个完全不同的问题。主观违法要素本身仍然是一种心理事实，例如目的犯之目的、倾向犯之倾向等；但期待可能性则是对行为人主观意志的一种评价，这种评价虽然是以心理事实的存在为前提的，但它不能等同于这种心理事实本身。对此，日本学者泷川幸辰指出：

> 责任是评价，这句话如果换个说法，就是责任不是存在于行为人的头脑之中，而是从他人的头脑中提出来的。这也许是一种奇怪的说法，然而从下述情况来看，是没有什么疑问的，“行为人有责任地实施了符合构成要件的违法行为”的判断，是指“在行为人那里有一定的责任事实关系”的判断，不过它同时也包含着对作为非难行为人的事件的这一事实关系的评价，并且依靠法官的价值判断，这一心理性事件被提高到责任概念的地位上来了。[②]

因此，应将事实与评价加以区分。期待可能性是评价性的，因而是规范性的，从而区别于心理性的事实关系。期待可能性既然是评价性的，就有一个评价主体问题。评价主体当然是法官——具体案件的判断者，也是违法行为的非难

① 参见陈兴良：《刑法哲学》，修订 3 版，60 页，北京，中国政法大学出版社，2004。

② ［日］泷川幸辰：《犯罪论序说》，王泰译，67～68 页，北京，法律出版社，2005。

者。就此而言，被告人是处于被判断、被非难的客体的地位上。这就存在一个主体与客体的关系问题。对此，弗兰克指出：

在判断问题上，有必要把判断的主体和判断的客体对立起来，历来，责任都被认为是非难可能性，同时重点只放在非难的客体方面。但是，非难是依据主体评价存在于客体方面的情况才成立的。附带情状对行为人的动机、对行为人的自由有什么影响，这是问题的中心。然而，行为人确实不能重新再成立其他行为（合法行为），这种判断者方面的价值判断又成了问题。所以被主体化了的附带情状转变成了客观意义上东西。①

正因为期待可能性是一种规范评价，使责任的判断成为一种主体的价值评判，苏俄学者称为罪过评价论，并对此进行过批判，斥之为唯心主义。例如苏俄学者指出：

唯心主义的罪过评价理论，是为破坏犯罪构成服务的。根据这种理论，法院对被告人行为的否定评价，和对被告人行为的谴责，被认为是罪过。罪过的评价概念是以新康德主义的“存在”和“当为”的对立为前提的。新康德派刑法学者们否认人的罪过是实际现实世界的确定的事实。按照他们的理论，当法院认为某人的行为应受谴责时，法院就可以以自己否定的评断，创造出该人在实施犯罪中的罪过。主观唯心主义的罪过评价理论，使得资产阶级的法官们可以任意对他们认为危险的人宣布有罪。②

这一批判当然是具有强烈的意识形态色彩的，撇开这一点不谈，即使在逻辑上也是建立在对规范责任论的误读之上的。规范责任论中的评价并非脱离心理事实而是以其为客观前提的。因此，评价并非取代心理事实，而是引入客观的附随状态，使归责评价更为严格。从这个意义上说，以期待可能性为核心的规范责任

① 转引自［日］泷川幸辰：《犯罪论序说》，王泰译，71页，北京，法律出版社，2005。

② ［苏］A. A. 皮昂特科夫斯基：《社会主义法制的巩固与犯罪构成学说的基本问题》，孔钊译，载《苏维埃刑法论文选译》，第1辑，77页，北京，中国人民大学出版社，1955。

论恰恰更有利于对被告人的权利保障。它存在的消极作用仅仅在于，如果被滥用则有可能侵蚀法规范的确定性。

（三）期待可能性的标准

期待可能性是一种判断，这种判断必须依据一定的标准，唯有如此才能避免期待可能性被滥用。关于期待可能性的标准，历来就是一个存在争议的问题。我国学者认为，在期待可能性标准问题上，首先存在着立足于客观情形的标准学说与立足于人的各种标准学说之分。[①] 前者认为期待可能性的标准不是人，而是行为时的客观情形，尤其是类型化的客观情形；而后者则认为期待可能性的判断标准只能是人，因为只有人才是期待可能性的判断客体。

我认为，所谓期待可能性的客观情形标准的观点，实际上是混淆了期待可能性的征表与期待可能性的标准这两个问题。期待可能性的征表当然是客观的附随情状，对于判断有无期待可能性具有重大意义。而期待可能性的标准是指在一定条件下，这种客观的附随情状对于行为人是否具有影响，从而确定期待可能性之有无的标准。一定的客观附随情状的存在，当然是期待可能性判断的第一步，但据此还不足以认定期待可能性之有无。因为这种客观的附随情状对每个人的影响是不同的，因而期待可能性的有无也可能具有不同的结果。在这种情况下，就出现了以什么人为标准判断期待可能性的问题。

期待可能性的标准是人而非客观情形，那么是什么人呢？在这一问题上存在以下三种观点的分歧[②]：

> 一是行为人标准说，认为以行为人本人的能力为标准，在该具体的行为情况之下，能够决定期待其他适法行为是否可能。二是平均人标准

① 参见童德华：《刑法中的期待可能性论》，89 页以下，北京，中国政法大学出版社，2004。

② 参见马克昌：《比较刑法原理——外国刑法学总论》，506 页以下，武汉，武汉大学出版社，2002。

说，认为通常人处于行为当时的行为人的地位，该通常人是否有实施适法行为的可能性。三是国家标准说，认为行为的期待可能性的有无，不是以被期待的方面，是以期待方面的国家或法律秩序为标准，因此应当根据国家或法律秩序期待什么、期待怎样的程度来决定。

在上述三说中，我赞同行为人标准说。国家标准说没有考虑到被判断的具体情状，具有明显的国家主义立场，无益于期待可能性的正确判断。而一般人标准说虽然从判断者的视角转到了被判断者，但平均人是一个类型化的概念，作为判断标准在掌握上有一定难度，而且它也同样没有顾及行为人的个人特征。只有行为人标准说站在行为人的立场上，设身处地考虑其作出意志选择的可能性，从而使归责更合乎情理。正因为在期待可能性的判断中采用行为人标准说，使期待可能性的判断成为一种个别判断，并且能够顾及行为人的具体情状，纠正刑法的僵硬性，使之具有人情味。正如日本学者大塚仁指出：

> 期待可能性的理论，其意向本来在于对行为人人性的脆弱给予法的救助，判断其存否的标准也自然必须从行为人自身的立场去寻找。刑法中的责任是就所实施的符合构成要件的违法的行为对行为人进行的人格性非难，所以，像关于责任故意和责任过失已经说明的，必须站在行为人个人的立场上来考虑。期待可能性的判断也应该以行为人为标准。①

诚哉斯言。

（四）期待可能性的错误

期待可能性的错误，是对期待可能性征表的认识错误。在刑法理论上，期待可能性的错误是指决定行为人的期待可能性的认知因素所发生的主观表象与现实

---

① ［日］大塚仁：《刑法概说（总论）》，3版，冯军译，406页，北京，中国人民大学出版社，2003。

情形的不一致。[①] 这里的现实情形，实际上是指期待可能性的征表，这是一种客观的附随情形。行为人对期待可能性的征表发生错误认识，足以影响期待可能性的存在，对于确定责任的有无也具有重要意义。

期待可能性的错误究竟属于何种性质，这在刑法理论上也是存在争议的。在传统刑法理论中，刑法中的认识错误可以分为事实认识错误与法律认识错误。在这一界分中，期待可能性错误显然不属于法律认识错误，但归入事实认识错误也存在牵强之处。因为这里的事实是指构成要件的事实，而期待可能性的征表当然不可归入构成要件事实。况且，期待可能性错误中既有事实认识错误又有法律认识错误，因而在事实认识错误与法律认识错误的二元区分中无法归类。现在，大陆法系刑法理论中将错误区分为构成要件的错误、违法性的错误和期待可能性错误，分别对应于构成要件该当性、违法性和有责性。由此可见，期待可能性的错误作为一种单独的错误类型加以研究是可取的。

期待可能性的错误可以分为积极错误与消极错误，这是日本学者佐伯千仞的分法，具有一定的代表性。[②] 所谓积极错误，是指不存在期待可能性的征表却误认为其存在。消极错误，是指存在期待可能性的征表却误认为其不存在。期待可能性错误，无论是积极错误还是消极错误，又可以分为事实认识错误与法律认识错误。根据佐伯千仞的观点，首先，积极的错误是关于事实的误信时，存在故意，但是，从行为人的精神状态来看缺乏期待可能性，如果在陷入错误上存在过失，就可以认为是过失犯。另外，在法律错误的场合，行为人的精神状态不是迫切的，在法律上可以忽略。其次，关于消极的错误，事实的错误和法律的错误原则上都不发生问题。但是，法律规定着不允许反证的责任阻

① 参见童德华：《刑法中的期待可能性论》，282页，北京，中国政法大学出版社，2004。

② 参见［日］大塚仁：《刑法概说（总论）》，3版，冯军译，407页，北京，中国人民大学出版社，2003。关于期待可能性错误类型的其他观点，参见童德华：《刑法中的期待可能性论》，284页以下，北京，中国政法大学出版社，2004。

却事由时，就阻却责任。[①] 这种讨论有些烦琐，并且与责任阻却事由是否存在的法律规定有关，在我国刑法中这种讨论尚无理论上的迫切性。

思考题：

试论期待可能性的体系性地位。

参考书目：

1. 童德华. 刑法中的期待可能性论. 北京：中国政法大学出版社，2004

2. 刘远主编. 期待可能性. 北京：北京大学出版社，2009

① 参见［日］大塚仁：《刑法概说（总论）》，3版，冯军译，407～408页，北京，中国人民大学出版社，2003。

第16章 未遂犯论

未遂犯是一种犯罪的未完成形态，同时也是一种构成要件的修正形式。本章拟对未遂犯进行法理探讨，从而为未遂犯的定罪处罚提供根据。

一、未遂犯概述

刑法是以处罚既遂犯为原则的，刑法分则关于具体犯罪的规定是以既遂犯为标本的，这是未遂犯作为刑法总则规定的一种犯罪特殊形态存在的逻辑前提。

关于刑法分则是否以既遂犯为标本，在我国刑法学界存在犯罪既遂模式说与犯罪成立模式说之争。对此，我国学者指出：

> 犯罪既遂模式，是在刑法分则条文中只规定犯罪既遂的构成要件，与分则罪状相对应的法定刑是犯罪既遂形态的法定刑，至于犯罪的未完成形态，则在总则中规定其构成的基本规格，再结合分则规定的行为界定各未完成形态的构成要件。
>
> 犯罪成立模式，是指刑法分则条文的规定中，不仅包含着既遂形态

的犯罪构成，而且也包含着未完成形态的犯罪构成；与此相适应，与刑法分则罪状的规定相对应的法定刑，也是不仅适用于既遂的犯罪形态，而且适用于犯罪的未完成形态。①

那么，上述犯罪既遂模式说与犯罪成立模式说区别何在呢？我认为，上述两说的区别在于：犯罪既遂模式说认为刑法分则对某一具体犯罪的规定，是对该罪既遂形态的规定，其法定刑也是对犯罪既遂设置的。相对于犯罪既遂的规定，犯罪未遂属于刑法总则的修正性的特别规定，这里的修正既包括对构成要件的修正又包括对法定刑的修正。而犯罪成立模式则认为，刑法分则对某一具体犯罪的规定既包括了对犯罪既遂的规定，同时也包括了对犯罪未遂，甚至犯罪预备和中止等犯罪未完成形态的规定。因此，上述两说在对刑法分则的理解上是存在重大差别的。应当指出，大陆法系国家刑法典采用的都是犯罪既遂模式。例如意大利学者指出：

当犯罪完全实现刑法分则的犯罪构成要件时，即“既遂”（consumato）的犯罪。

有关犯罪未遂的规定，在刑法体系中具有从属的性质，因为它的适用必须以存在相应犯罪规范为前提（同时，这种只属于重罪的刑法制度，不能适用于有关轻罪的规定）。刑法总则有关犯罪未遂的规定，实际上具有“成倍增加”刑法分则中犯罪规范的作用，由于有了犯罪未遂的规定，每一个有关重罪的规定，实际上都增加了一个与之相应的未遂形式。通过这种结合，刑法实际上将故意犯罪的可罚性，提前到犯罪既遂以前的行为。②

根据以上论述，意大利刑法采用的是犯罪既遂模式说，而未遂规定具有从属性与扩张性。这里的从属性，是指犯罪未遂是以犯罪既遂的规定为前提的，后者

---

① 李洁：《犯罪既遂形态研究》，63～64页，长春，吉林人民出版社，1999。

② ［意］杜里奥·帕多瓦尼：《意大利刑法学原理》（注评版），陈忠林译评，261、262～263页，北京，中国人民大学出版社，2004。

从属于前者，在没有前者的情况下，后者不能成立。这里的扩张性，是指刑法总则关于未遂的规定是一种刑罚扩张事由，它将故意犯罪的处罚范围从既遂扩张到未遂，因而具有意大利学者所说的成倍增加刑法分则中犯罪规范的作用。

实际上，我国采犯罪成立模式说的张明楷教授也并不否认大陆法系刑法是采犯罪既遂说的，但张明楷教授又认为，犯罪构成以既遂为模式的观点，是以当分则有明文规定时才处罚未遂犯的立法例作为根据的，我国没有这样的立法例，因而不能采用以这样的立法体例为根据的观点。[①] 这里所谓当分则有明文规定时才处罚未遂犯的立法例，是指在刑法总则规定犯罪未遂的概念，某一具体犯罪的未遂只有在刑法分则条文中作出“前款之罪未遂亦罚”这样的特别规定时才处罚。而我国刑法总则对犯罪未遂作了一般性的处罚规定，在刑法分则中未另作规定，因而不能采犯罪既遂模式说。我认为，这一说法是不能成立的。的确，某些大陆法系国家刑法典的犯罪未遂处罚范围是由刑法分则特别规定的，例如《日本刑法典》第 44 条规定：

> 处罚未遂的情形，由各本条（分则条文）规定。

在这种情况下，分则的犯罪类型原则上规定的是既遂类型，对此，并无争议。但《意大利刑法典》在刑法分则也并未对未遂的处罚作特别规定，而只是在刑法总则中规定对重罪的未遂加以处罚，但这也并不能否认《意大利刑法典》是采犯罪既遂模式说的。由此可见，刑法分则是否对处罚具体犯罪的未遂作特别规定，这只是一个未遂处罚范围的立法方式问题，它与刑法分则是否采犯罪既遂模式说是无关的。因此，我赞同犯罪既遂模式说。只有从犯罪既遂模式说出发，才能为未遂犯的处罚提供逻辑前提。

未遂犯相对于既遂犯而言，是未能完成犯罪。那么，未遂犯为什么应当受到刑罚处罚呢？这就是未遂犯的处罚根据问题。在刑法理论上，存在刑法主观主义与刑法客观主义之争，由此形成了主观的未遂论与客观的未遂论，以及试图在主

---

① 参见张明楷：《犯罪论原理》，467 页，武汉，武汉大学出版社，1991。

观的未遂论与客观的未遂论之间采取一种折中立场的未遂论。

> 主观的未遂论的基本观点是，未遂犯的处罚根据在于显示出犯罪人的性格危险性的、与法相敌对的犯罪意思；如果某种行为将这种犯罪意思表现在外部，则未遂犯的意思与既遂犯的意思没有差异；既然如此，未遂犯就应与既遂犯受到同等处罚。
>
> 客观的未遂论的基本观点是，未遂犯的处罚根据在于发生构成要件结果的客观危险性或者法益侵害的客观危险性；即使认定存在犯罪意思，但如果没有发生结果的客观危险性，则不能作为未遂犯予以处罚。
>
> 折中的未遂论认为，未遂犯的处罚根据首先是实现犯罪的现实危险性，其次必须考虑行为人的主观内容。①

以上三种未遂论，分别站在刑法主观主义、刑法客观主义与折中主义的立场上，为未遂犯的处罚根据提供法理论证。刑法主观主义、刑法客观主义与折中主义，是在刑法根本立场上的分歧，它必然影响到对犯罪处罚根据的认识。例如刑法主观主义认为行为人的人身危险性才是刑法评价的重点，也是刑事可罚性的根据。而在行为人的人身危险性上，未遂与既遂相比，并无根本区别。因为未遂是因为存在客观障碍而未能达致既遂，在这种情况下，主观的未遂论主张未遂与既遂采同等处罚主义。从刑法主观主义的立场出发，以上结论是合乎其逻辑的。但对于没有完成犯罪的未遂与既遂加以同等处罚，是否符合刑法公正性的一般原则呢？我认为是明显不符的。而刑法客观主义认为行为的法益侵害性是刑法评价的重点，因为在未遂与既遂的情况下行为的法益侵害程度不同，因此应当对未遂采减轻处罚主义。如果对未遂与既遂采同等处罚主义，未遂与既遂的区分就变得毫无意义。只有对未遂与既遂采不同处罚原则，未遂与既遂的区分才是有意义的。从这个意义上说，客观的未遂论是更为可取的。客观的未遂论是以行为的法益侵害的危险性作为未遂犯处罚根据的，但在如何判断未遂犯的法益侵害的危险性

① 张明楷：《未遂犯论》，34～35、38页，北京，法律出版社，1997。

上，又存在形式的客观说、实质的客观说与综合的危险说之分。

> 形式的客观说认为，发生构成要件结果的现实危险性或者实现犯罪的现实危险性是未遂犯的处罚根据；而是否具有上述现实危险，则应以各刑罚法规规定的构成要件为基准进行形式上的判断。
>
> 实质的客观说认为，对法益侵害的客观的危险是未遂犯的处罚根据；而是否具有上述危险，则应从实质上进行判断。这种实质的客观说内部又可分为行为危险说与危险结果说。行为危险说认为作为未遂犯处罚根据的危险是“行为的危险”（行为的属性），即行为所具有的侵害法益的危险性；危险的有无应以行为时的情况为基础进行事前判断，而不考虑事后的因素。危险结果说认为作为未遂犯处罚根据的危险是“作为结果的危险”，即行为所造成的危险状态；危险的有无应以客观情况为基础进行事后的判断。
>
> 综合的危险说认为，行为的危险与作为结果的危险是未遂犯的处罚根据。刑法是保护法益的，只有当行为具有侵害法益的客观危险（作为结果的危险）时，才可能作为犯罪处罚；但作为结果的危险是以行为的危险为前提的，因为如果没有行为的危险，就没有未遂犯的实行行为。因此，一方面要区分行为的危险与作为结果的危险，另一方面成立未遂犯又同时要求具有二者。如果虽有作为结果的危险，但行为不符合构成要件、不具有行为的危险时，则不能作为未遂犯处罚。[①]

上述形式的客观说、实质的客观说与综合的危险说在将侵害法益的客观危险性作为未遂犯的处罚根据这一点上是相同的，但对于如何判断这种客观危险性，则存有形式判断与实质判断以及综合判断之分。形式判断强调这种客观危险是一种定型的、规范的危险，因此只要行为具有构成要件该当性，其客观危险自然存在。在这种情况下，只要对行为是否具备构成要件进行形式上的判断即可。而实

① 张明楷：《未遂犯论》，35～37 页，北京，法律出版社，1997。

质判断则主张对法益侵害的危险作个别的、具体的判断。其中，行为的危险是一种事前的判断，而结果的危险是一种事后的判断。至于综合的危险说，它是以形式的客观说为前提的，但并不能由此认为它是对形式的客观说与实质的客观说的综合，因为实质的客观说也同样是以形式的客观说为前提的。毋宁说，综合的危险说是对实质的客观说中行为的危险说与结果的危险说的一种综合。

至于折中的未遂论，同时把客观的危险性与犯罪人的人身危险性作为未遂犯的处罚根据。从表面上来看，貌似全面，但其摇摆于刑法客观主义与刑法主观主义之间，并不可取。

《日本刑法典》第 43 条规定：

> 已经着手实行犯罪而未遂的，可以减轻刑罚，但基于自己的意志中止犯罪的，应当减轻或者免除处罚。

在以上规定中，包含了障碍未遂与中止未遂。从刑法规定来看，对障碍未遂采得减主义，对中止未遂采必减主义。因此，日本刑法关于未遂的规定，不采未遂与既遂同等处罚的主观的未遂论，而是采客观的未遂论。

在未遂犯的处罚根据问题上，德国的理论是围绕客观理论、主观理论与第三种理论（折中理论）展开的。其中客观理论认为：

> 未遂的可罚性仅存在于对构成要件保护的行为客体的危害之中（客观理论）。根据该理论，未遂的可罚性的根据不是存在于行为人的意思之中，而是存在于即将实现构成要件该当的结果的危险之中。因此，未遂因结果不法的发生具有高度盖然性而应受到处罚。该盖然性原则上随着开始实施，且只有在未遂行为情况下才能被肯定，客观理论限制了与预备行为相对的未遂行为的可罚性，否定了绝对不能犯未遂的可罚性。此外，由于欠缺结果不法，客观理论认为应当减轻处罚。①

① ［德］汉斯·海因里希·耶赛克、托马斯·魏根特：《德国刑法教科书》，徐久生译，612 页，北京，中国法制出版社，2001。

应该指出，上述未遂犯的客观理论与前述客观的未遂论，在基本立场上是相同的。但德国学者认为纯客观理论与纯主观理论都已经过时，目前在德国占统治地位的是实现的对法律的敌对意识（客观—主观理论）。而在这一理论的基础上又形成了所谓第三种理论或折中理论，它以客观—主观理论为前提，又与构成未遂可罚性根据的附加的要素结合在一起。德国学者指出：

> 根据该理论，未遂的处罚根据存在于违背行为规范及其所表现的意思；只有当公众对法秩序有效性的信赖受到动摇，法安定性的情感和法和平受到影响时（印象理论，Eindruckstheorie），犯罪行为的可罚性才能被肯定。此外，未遂的可罚性还以行为人的危险性为根据，此时，应当注意被保护的行为客体的危险性存在于行为意志之中（行为人理论）。其他诸理论均以各种不同的方法与未遂的客观要素与主观要素相结合。折中理论在区别预备和未遂时，将主客观标准相结合，对不能犯未遂不予处罚和可以减轻刑罚。①

以上所谓第三种理论，尤其以印象理论具有较大影响。这些理论不同于客观主义与主观主义，而是在判断中引入了刑罚目的的考量，尤其是积极的一般预防主义。②

我国刑法第 23 条对犯罪未遂作了以下规定：

> 已经着手实行犯罪，由于犯罪分子意志以外的原因而未得逞的，是犯罪未遂。

这一未遂相当于德日刑法中的障碍未遂，我国刑法第 24 条规定的中止犯则相当于德日刑法中的中止未遂。我国刑法学界关于未遂的处罚根据，占主流地位的观点还是所谓的主客观统一说，例如我国学者提出了“未遂犯负刑事责任的科

---

① ［德］汉斯·海因里希·耶赛克、托马斯·魏根特：《德国刑法教科书》，徐久生译，613～614 页，北京，中国法制出版社，2001。

② 参见［德］冈特·施特拉滕韦特、洛塔尔·库伦：《刑法总论Ⅰ——犯罪论》，杨萌译，255 页，北京，法律出版社，2006。

学依据：主客观相统一的刑事责任理论”的命题，从主客观相统一的犯罪构成出发，论证未遂犯承担刑事责任的根据。① 相对于苏俄学者把未遂看作是具备犯罪构成的其他一切因素，而缺少结果这一个因素的理论②，上述观点已经有所进步，尤其是引入了修正的构成要件理论，对未遂的犯罪构成加以说明。然而，主客观相统一这样一种抽象而空泛的用语并没有正确地揭示未遂犯的可罚性根据。对此，正如我国学者指出的：

> 未遂犯的处罚根据是主客观相统一的观点是值得怀疑的，因为未遂犯主观上是要实现罪过内容的，而客观上是罪过指向的结果未得逞。既然主观所指向的东西在客观上未得逞，哪有什么主观与客观的统一？③

随着德日刑法学在我国的引入，越来越多的学者抛弃了主客观相统一这样一些苏俄刑法学的话语，而是在客观的未遂论、主观的未遂论与折中的未遂论这样一种理论框架内，讨论未遂犯的可罚性根据问题。例如，我国学者张明楷教授明确主张客观的未遂论。④ 我国还有学者主张折中的未遂论，认为我国现行刑法对未遂犯的处罚是兼顾其主客观两个方面，但偏重于主观方面。⑤ 我个人赞同客观的未遂论，认为只有从客观的法益侵害危险性出发，才能揭示未遂犯的处罚根据。

未遂犯不同于一般的犯罪，尤其是不同于既遂犯。相对于既遂犯来说，未遂犯是一种犯罪的未完成形态。但未遂犯之所以应当受到刑事处罚，主要还是因为未遂犯具有法益侵害的危险性。从这个意义上说，未遂犯是一种危险犯。这里的危险，当然是客观上的危险而不是主观上的危险。而且对于这种客观的危险应当作实质判断而不是仅作形式判断。在这个意义上，我赞成实质的客观说。而在行

---

① 参见赵秉志：《犯罪未遂形态研究》，2版，56页，北京，中国人民大学出版社，2008。

② 参见［苏］A. H. 特拉伊宁：《犯罪构成的一般学说》，王作富等译，249页，北京，中国人民大学出版社，1958。

③ 张永红：《未遂犯研究》，55页，北京，法律出版社，2008。

④ 参见张明楷：《刑法的基本立场》，203页，北京，中国法制出版社，2002。

⑤ 参见张永红：《未遂犯研究》，61页，北京，法律出版社，2008。

为危险说与结果危险说中，我又主张结果危险说。这里的结果危险说，是指具有造成结果发生的危险。正如我国学者黎宏指出：

作为未遂犯的成立要件的危险，不是指作为行为属性的抽象危险，而是指作为行为结果的侵害法益的具体危险。①

因此，只有把未遂犯定位为危险犯，并且是具体危险犯，才能为未遂犯提供处罚根据，也才能为未遂犯的成立要件的判断提供法理根据。

二、着手

着手是指着手实行犯罪，这是未遂的标志，也是未遂与预备的根本区分之所在。在刑法理论上，一般认为是贝卡利亚率先提出了着手的概念，并将其作为刑事可罚的起点。② 此后，1810 年《法国刑法典》和 1871 年《德国刑法典》都采用了着手一词。值得注意的是，我国刑法第 23 条关于犯罪未遂的规定，也采用了“已经着手实行犯罪”这样的表述。当然，由于我国刑法第 22 条规定了对预备犯的处罚，因此，这里的着手不是刑事可罚行为的起点，而是犯罪实行行为的起点，并且是犯罪的预备行为与犯罪的实行行为相区分的标志。

如前所述，着手是指犯罪的实行行为的着手。因此，着手本身不是一个独立的犯罪阶段，而只是实行行为的起点。在这个意义上说，着手的判断是以犯罪的实行行为为内容的。对于犯罪的实行行为的理解，在很大程度上制约着对着手的判断。例如，在本书第 6 章实行行为论中，我已经对间接正犯的实行行为、原因上自由行为的实行行为进行了讨论。因为在上述两种情况下，都存在两种行为，例如在间接正犯中存在利用行为与被利用行为，在原因上自由行为中存在原因行

① 黎宏：《刑法总论问题思考》，445 页，北京，中国人民大学出版社，2007。

② 参见［意］贝卡利亚：《论犯罪与刑罚》，黄风译，40 页，北京，中国大百科全书出版社，1993。但在该中译本中，已经没有着手一词。

为与结果行为。那么，在这两种行为中，哪一种行为是实行行为？抑或，这两种行为同时都是实行行为（复合行为说）？对于这一问题的回答，直接关系到对间接正犯与原因上自由行为的着手的判断。在某种程度上甚至可以把上述两个问题，即间接正犯与原因上自由行为的实行行为和间接正犯与原因上自由行为的着手视为同一个问题。

在实行着手的判断上，存在主观说与客观说之争，此外还存在折中说。这一争论与在未遂犯处罚根据上的争论是有着直接关联性的，但关注的侧重点又有所不同。关于主观说，日本学者指出：

> 主观说（犯罪征表说）立足于前述主观主义，认为犯罪的处罚根据不在于行为的危险，而在于行为人的危险，而该行为人的危险就是犯罪的意思。为此，只要存在犯罪的意思就本可以作为未遂来处罚，但由于意思本身无法认识，因而当该意思表现于外部而处于认识可能之时即可。该说认为，当出于杀人的目的而准备毒药之时，或者出于入室盗窃的目的而购买切割玻璃用的工具之时，由于杀人或者盗窃的意思已经表现于外部，因而可认定为未遂。①

从以上对主观说的描述来看，主观说也不是将着手标准完全委之于主观犯意。因为主观犯意是看不见、摸不着的。因此，即使是主观说，也要求当主观犯意表露于外达致可以认识之际，方为着手。例如，主张主观说的日本学者牧野英一以“犯意遂行明了”作为着手的标志。② 当然，犯罪的预备行为也可以用以表明犯意，例如基于杀人意图而购买凶器，这一购买凶器行为足以表明行为人主观上具有杀人犯意。那么，能否把购买凶器这一明显的预备行为称为实行的着手呢？如果答案是肯定的，那么，主观说确实存在着预备与实行的界限不分，将未遂犯的处罚范围扩张到预备的缺陷。由于主观说存在根本性缺陷，因而在德日刑

① ［日］西田典之：《日本刑法总论》，刘明祥、王昭武译，243页，北京，中国人民大学出版社，2007。

② 参见［日］牧野英一：《日本刑法通义》，陈承泽译，李克非点校，64页，北京，中国政法大学出版社，2003。

法学界均已经不再采用，其只有学术史的意义。

关于客观说，存在形式的客观说与实质的客观说之分。对此，日本学者指出：

> 形式的客观说认为，只要开始实施该当于构成要件的行为之一部分，即为实行的着手。其由来在于，由于第 43 条规定“着手实行”，因而必须存在“实行行为”的开始，而所谓实行行为，是指该当于构成要件的行为。①

以上形式的客观说对着手作的是客观的、形式的判断。这也是一种抽象的危险说的观点，即只要行为人开始实施构成要件的行为，该行为本身就具有法益侵害的抽象危险。形式的客观说是以形式的实行行为论为前提的，古典派的犯罪论体系主张对实行行为作形式判断，因而只要形式上开始实施实行行为，就应当认为是实行的着手。例如贝林指出：

> 为了能够讨论人的行为，即该行为充足了一个特定的构成要件，也即为了在人的行为中能够发现关键性构成要件的相关犯罪，从而能够对该行为人以该犯罪的正犯论处，如果该行为人的活动与构成要件之间仅仅只能表现为一般性的（因果的或其他的）联系，还不充足。人的活动更多的还必须能够按照本来的语意而被标志为类型的活动，即该活动是以相关构成要件为核心的，且采用了表现该构成要件特征的行为动词(Zeitwort)，如刑法第 211 条的行为动词为“杀害”，第 242 条的行为动词为“取走”，等等。②

以上对预备与实行的区分，显然是从形式的实行行为观念出发的。形式的客观说为实行的着手判断提供了一个客观的、类型性的标准，这是可取的。我国学

① ［日］西田典之：《日本刑法总论》，刘明祥、王昭武译，243 页，北京，中国人民大学出版社，2007。

② ［德］恩施特·贝林：《构成要件理论》，王安异译，73 页，北京，中国人民公安大学出版社，2006。

者在阐述形式的客观说的理论根据时指出：

> 主张这种观点（指形式的客观说——引者注）的人强调罪刑法定原则和形式的犯罪论。根据罪刑法定原则的要求，行为只有符合刑罚法规所规定的构成要件时才可能构成犯罪；构成要件是犯罪的定型，凡是符合构成要件的行为就是实行行为，构成要件符合性的判断只能是一种形式的、抽象的、定型的判断，否则就可能有损构成要件的自由保障机能、违背罪刑法定原则；刑法规定的“着手实行犯罪”正是指实施了符合构成要件的一部分行为，故对着手的判断只能以构成要件为标准。这也是形式的客观说的理论根据。①

形式的客观说虽然具有形式上的合理性，但也存在实质上的不合理性，即可能导致着手过于提早或者过于推迟。更多的恐怕还是使着手提早，因为根据形式的客观说，只要开始实施构成要件的行为，无须再作具体的危险判断，即可认定为实行的着手，其结果可能将某些虽然已经开始实施构成要件的行为但对结果发生尚未发生具体危险的情形认定为着手。

日本学者对实质的客观说作了以下介绍，指出：

> 在结果无价值论看来，未遂犯也是一种结果犯。也就是，只有在实行行为造成了既遂结果发生的具体性危险之时（危险犯的未遂则是产生既遂的危险之时），才具有作为未遂犯的可罚性。②

实质的客观说是以实质的实行行为论为前提的。实质的实行行为论主张对实行行为进行具体危险的判断，只有当具有既遂结果发生的具体危险时才能认定为实行的着手。在实质的客观说中还存在实质的行为说与结果说之分。③ 这些学说都与危险的判断根据和标准相关。实质的客观说，只有在以形式的实行行为为前

---

① 张明楷：《未遂犯论》，57页，北京，法律出版社，1997。

② ［日］西田典之：《日本刑法总论》，刘明祥、王昭武译，244页，北京，中国人民大学出版社，2007。

③ 参见张明楷：《未遂犯论》，61页，北京，法律出版社，1997。

提的基础上，再对实行行为的具体危险进行判断，才是合理的。如果不受形式的实行行为限制，而作实质判断，则可能会使未遂的范围扩张。

形式的客观说与实质的客观说，在大多数情况下对实行着手的结论都是相同的。只有在某些特殊的犯罪形态中，两者之间的分歧才能显现出来。例如，日本学者西田典之以隔离犯为例进行了阐述，指出：

> 例如，妻子计划毒死丈夫，将毒药混入丈夫的威士忌之中，丈夫可能在第二天，也可能在1周之后，还可能在半年之后喝该威士忌。但不管丈夫何时喝威士忌，只有在丈夫正要喝混有毒药的威士忌之时，才发生杀人的具体性危险，在此之前只能认为是杀人预备行为。诚如形式性客观说所言，将毒药混入威士忌，妻子的自然行为即告结束，从该行为可以发现妻子存在杀人这一反规范性意思。但是，因为如此便肯定作为未遂处罚根据的行为无价值，进而肯定成立未遂犯，这种观点与已被否定的主观说实质上并无不同。结果无价值论认为，应从未遂结果的发生中寻求未遂犯的处罚根据，因而本案的实行的着手时期在于，丈夫马上就要饮用威士忌之时。当然，处罚对象仍为妻子将毒药混入威士忌这一投毒行为，只是实行的着手时期是出现了结果发生的危险之时。前面已经谈到，所谓实行行为，是与未遂结果具有相当因果关系的行为；所谓处罚对象行为，是在已经发生未遂结果之时，往前追溯而得出的实行行为。①

上述在隔离犯的情况下，对着手作具体危险的实质判断，我认为是可取的。在隔离犯中，妻子投放毒物的行为是形式上的实行行为，但在没有既遂结果发生的具体危险的情况下，它不是实行行为而是预备行为，只有当这种具体危险发生时，它才是实行行为的着手。

---

①［日］西田典之：《日本刑法总论》，刘明祥、王昭武译，244～245页，北京，中国人民大学出版社，2007。

至于折中说，是对主观说与客观说的折中，因而认为在判断实行的着手的时候，不仅要考虑主观要素而且要考虑客观要素。其中，以主观说为基础的折中说被称为主观的客观说或主观的折中说；以客观说为基础的折中说被称为客观的折中说。[①] 折中说只不过是主观说与客观说的变种，在具体判断上并不足取。

关于实行的着手，我国刑法学界传统观点仍然是主客观相统一说，这是在未遂犯处罚根据上的主客观统一说在实行的着手问题上的引申。例如我国学者指出：

> 着手体现了具体犯罪构成主客观要件的统一。着手同时具备主客观两个基本特征：主观上，行为人实行犯罪的意思已经通过客观实行行为的开始充分表现出来，而不同于在此之前预备实行犯罪的意志。客观上，行为人已开始直接实施具体犯罪构成客观方面的行为，这种行为已不再属于为犯罪的实行创造便利的预备犯罪的性质，而是实行犯罪的性质，这种行为已使刑法所保护的具体客体（法益）初步受到危害或面临实际存在的威胁。在有犯罪对象的场合，这种行为已直接指向犯罪对象。如果不出现行为人意志以外原因的阻碍或行为人的自动中止犯罪，这种行为就会继续进行下去，直到犯罪的完成即既遂的达到；在既遂包含犯罪结果的犯罪中，还会有犯罪结果合乎规律的发生。这两个主客观基本特征的结合，从犯罪构成的整体上反映了着手行为的社会危害性及其程度，也给认定着手行为提供了一般标准。[②]

以上对着手判断的主客观统一说的论述，看似全面：既阐述了着手行为的主观特征，又阐述了着手行为的客观特征。问题在于：主客观统一说是相对于什么而言的？难道存在在着手行为界定上只要客观不要主观的客观说或者只要主观不

① 参见张明楷：《未遂犯论》，63页，北京，法律出版社，1997。

② 赵秉志：《犯罪未遂形态研究》，2版，85～86页，北京，中国人民大学出版社，2008。

要客观的主观说吗？事实上并不存在。德日刑法学中的客观说与主观说，都不是只要客观不要主观或者只要主观不要客观，而是说：在判断实行的着手的时候，到底是以客观上的危险性为根据，还是以主观上的犯罪意思为根据。即使是折中说，也在主观与客观这两个要素中有所侧重。因此，主客观统一说在具体判断中，与德日刑法学中的客观说并无不同，甚至在很大程度上采用的是形式的客观说。

案例16—1 黄斌等抢劫案①

1998年3月的一天，被告人黄斌邀被告人舒修银去外地抢劫他人钱财，并一同精心策划，准备了杀猪刀、绳子、地图等作案工具，从芷江侗族自治县流窜到贵州省铜仁市伺机作案，并在该市购买了准备作案用的手套两双。3月20日晚7时许，黄斌、舒修银在铜仁汽车站以100元的价钱骗租一辆车号为贵D30306的豪华夏利出租车前往湖南省新晃侗族自治县，准备在僻静处抢劫司机吴某夫妇驾驶的出租车。当车行至新晃后，黄斌、舒修银仍感到没有机会下手，又以50元的价钱要求司机前往新晃县波洲镇。当车行至波洲镇时，由于司机夫妇警觉，向波洲镇政府报案，黄斌、舒修银的抢劫未能着手实行。

对于本案，人民法院认定被告人黄斌、舒修银构成抢劫（预备）罪。本案的裁判理由指出：

> 是否已经着手实行犯罪，是犯罪预备和犯罪未遂的本质区别。倘若行为人已经着手实行犯罪，那就不可能再有犯罪预备的问题了。判断是否着手，刑法理论上向有客观说和主观说的纷争。如有的客观说者认为，着手是犯罪实行行为的开始，只有当行为人已开始实行某种犯罪法

① 参见最高人民法院编：《刑事审判参考》，第22辑，10页以下，北京，法律出版社，2001。

定构成要件的行为才是着手；有的主观说者认为，凡是根据行为人的行为能够明显识别其犯罪意图时，就可以认定为犯罪着手。理论上的争论，其意无非是想为司法认定犯罪着手提供一个整齐划一的标准。我们认为，由于各罪的实行行为千差万别，因而，各罪的“着手”也各有不同，力图总结出一个通用标准，用意虽好，但难免会以偏概全。司法实践中，判断是否“着手”，还是应根据具体案件的具体情况，结合刑法条文的有关规定，具体分析、认定。具体到抢劫案件而言，由于抢劫罪的成立，必须以行为人已实施了暴力、威胁等法定的犯罪方法为要件，因此，只有行为人已开始了实施上述特定的方法行为，才能视为犯罪着手。本案中，两被告人虽与欲抢劫的对象同在一车，并具有随时实行抢劫犯罪的条件和可能，但自始至终毕竟尚未开始实施暴力、威胁等方法行为。因而，应当说，被告人的行为仍停留在预备阶段，还不是抢劫罪的着手。①

上述裁判理由，虽然认为着手的判断没有统一的标准，但从其对本案的分析来看，采用的是客观说，而且是形式的客观说。根据裁判理由，本案被告人的行为之所以被认定为没有着手实行，是因为还没有开始实施抢劫罪的法定方法行为。换言之，只要被告人开始实施抢劫罪的法定方法行为，就是抢劫罪的着手实行。在这一分析中，也完全没有采用主客观统一说。

近些年来，随着德日刑法学传入我国，我国越来越多的学者逐渐抛弃主客观统一说，采用实质的客观说，例如张明楷教授认为我国刑法理论应当以实质的观点(实质的客观说)，即根据法益侵害说界定实行行为和认定着手，摈弃形式主义与主观主义的观点。② 对此，我是赞同的。但应当指出，实质的客观说应当以形式的实行行为为前提，在形式判断的基础上再进行实质判断，以此限制未遂的范围。

① 最高人民法院编：《刑事审判参考》，第22辑，13页，北京，法律出版社，2001。

② 参见张明楷：《刑法的基本立场》，220页，北京，中国法制出版社，2002。

三、未得逞

未得逞是指犯罪未得逞，它是未遂与既遂的根本区分之所在，对于认定未遂犯具有重要意义。犯罪未得逞是我国刑法的表述，这一表述本身具有较为浓厚的主观色彩。而在德日刑法学中，采用的是没有实现犯罪或者没有达到既遂这样一些较为中性的表述。关于未完成犯罪这一未遂的特征，在德日刑法学中讨论较为简单，似乎并没有太大的分歧。例如日本学者指出：

> 没有实现犯罪，即没有达到犯罪的完成。在这一点上，未遂犯与达到完成的犯罪即既遂犯（Vollendung；consommation；consummation）相区别。关于没有达到完成的犯罪，有两种情形，一种情形是行为人已经着手了实行行为还没有终了，另一种情形是实行行为虽然终了但是没有产生所预期的构成要件性结果。前者称为着手未遂（未终了未遂）（unbeendigter Versuch；unbeendeter Versuch；unvollendeter Versuch；délit tenté），后者称为实行未遂（终了未遂、欠效犯）（beendigter Versuch；beendeter Versuch；vollendeter Versuch；délit manqué）。[①]

我认为，在德日刑法学界对未完成犯罪这一未遂特征之所以争议不大，主要是因为在法条上未采用像我国刑法规定的“未得逞”这样主观色彩浓厚的用语，另外，也与德日刑法学中既遂的标准明确有关。

我国刑法学界关于犯罪未得逞，主要存在犯罪结果说、犯罪目的说和犯罪构成要件说之争。犯罪结果说认为犯罪未得逞是指犯罪行为没有产生法律规定的犯罪结果，犯罪目的说认为犯罪未得逞是指犯罪行为没有实现行为人预期的犯罪目的。以上两种观点，分别是客观说与主观说，但其不合理之处显而易见，在司法

① ［日］大塚仁：《刑法概说（总论）》，3 版，冯军译，216 页，北京，中国人民大学出版社，2003。

实践中也未实际采用。因此，我国通说是犯罪构成要件说，也称为构成要件齐备说。例如我国学者指出：

> 犯罪未遂形态中的“犯罪未得逞”，就是犯罪行为没有齐备具体犯罪构成的全部要件，而犯罪既遂形态则是齐备了犯罪构成的全部要件。因此，犯罪构成要件是否全部具备是犯罪既遂形态与犯罪未遂形态相区别的标志。具体犯罪构成要件的完备与否，其显著标志是看刑法分则具体犯罪构成所规定和要求的客观要件的完备与否。[①]

以上观点对于界定犯罪未得逞是具有重要意义的。因为，犯罪是否得逞并不是一个犯罪目的是否实现的问题，也不是一个犯罪结果是否发生的问题，而是一个构成要件是否齐备的问题：构成要件没有齐备就是未遂，构成要件齐备就是既遂。当然，在我国通说中，还存在一个问题需要讨论：到底是犯罪构成要件不齐备还是构成要件不齐备？这里涉及犯罪构成要件与构成要件之间的区别。构成要件是刑法分则规定的某一犯罪成立的客观要素，个别情况下包含主观违法要素。而我国目前所说的犯罪构成要件是指犯罪成立条件总和，并且往往与构成要件混为一谈。我认为，作为未遂与既遂相区分的标志是构成要件不齐备而不是犯罪构成要件不齐备。未遂只是在构成要件论中考虑的问题，它本身与责任无关。因此，一个没有达到法定刑事责任年龄的人杀人，也同样存在未遂的问题。至于故意与过失等责任要素只是与限定未遂范围有关，与未遂成立条件无关。

关于未得逞的讨论，我国刑法学界通常将其分为结果犯与行为犯加以讨论：结果犯是结果未发生，行为犯是行为未完成。这一点与贝林区分为实质犯与形式犯加以讨论，在性质上是相同的。例如贝林指出：

> 具有法定构成要件特征的终极事实没有出现，使得某种行为不符合法定构成要件，这种行为就可以考虑适用未遂犯的观念。即：
>
> （1）行为人虽然结束了为引起符合构成要件结果的身体运动，但该

① 赵秉志：《犯罪未遂形态研究》，2版，109～110页，北京，中国人民大学出版社，2008。

结果并未出现（如向他人射击，而未击中的行为），这就是所谓实行终了的未遂；

（2）就该身体运动已实现构成要件（在形式犯中）或已是引起因果关系（在实质犯中）而言，该身体运动本身并未顺利进行下去（如在打击的中途，行为人因抽筋而手臂瘫软），这就是所谓的未实行终了的未遂。①

一般来说，结果犯（实质犯）的是否得逞因为标准较为确定因而容易认定。但在行为犯（形式犯）的情况下，究竟行为实行到何种程度才视为未得逞，标准相对含糊因而不易认定。

案例 16—2　黄云诈骗、潘落华等贩卖毒品案②

2000 年 9 月中旬，被告人黄云购得 10.2 克扑热息痛药粉，并分成 24 小包，冒充毒品海洛因，然后联系一姓任买主（在逃），约定在东山区富榕宾馆前交易。接着，黄云又联系被告人潘落华、宋开树等人协助贩卖毒品，并告诉他们要贩卖的毒品是海洛因。9 月 28 日晚，黄云将 23 包“毒品海洛因”拿给潘落华，并叫其到富榕宾馆附近等候，自己伙同宋开树带一小包样品与买主交易，双方约定以每克 400 元的价格成交，当准备向潘落华拿“毒品”时，被公安人员抓获。

人民法院经审理认为，被告人黄云以非法占有为目的，虚构事实，骗取他人财物，数额较大，后因意志以外的原因未得逞，其行为构成诈骗罪（未遂）。被告人潘落华、宋开树协助他人贩卖毒品海洛因，因意志以外的原因未得逞，其行为构成贩卖毒品罪（未遂）。

对于本案，法院认为黄云的行为属于行为未实行终了的未遂和能犯未遂，潘

① ［德］恩施特·贝林：《构成要件理论》，王安异译，170 页，北京，中国人民公安大学出版社，2006。

② 参见国家法官学院、中国人民大学法学院编：《中国审判案例要览》（2002 年刑事审判案例卷），64 页以下，北京，中国人民大学出版社，2003。

落华、宋开树的行为属于行为未实行终了的未遂和犯罪对象不能犯未遂。裁判理由指出：

根据刑法理论和司法实践，可将犯罪未遂分为两类：(1) 以犯罪行为是否实行终结为标准，可分为实行终了的未遂和未实行终了的未遂。即犯罪分子已经完全实行了自己认为必要的行为是实行终了，否则为未实行终了。(2) 以犯罪行为实际能否构成既遂为标准，可分为能犯未遂和不能犯未遂。能犯未遂是指犯罪分子有实际可能完成犯罪，但其意志以外的原因使行为没有得逞。不能犯未遂是指犯罪分子因对事实认识错误，而使犯罪行为不可能达到既遂。不能犯未遂又可分为工具不能犯未遂和对象不能犯未遂。工具不能犯未遂是指犯罪分子由于使用了不可能完成犯罪以实现其犯罪意图的工具而不能使犯罪达到既遂。对象不能犯未遂是指犯罪分子由于侵害的对象并不存在或者由于其固有的属性而不能使犯罪达到既遂。本案中，黄云、潘落华、宋开树为着各自的目的，将“毒品”样品拿给对方看并约定了价格，当准备正式交易时，便被抓获，这个过程体现了他们已经着手实施犯罪，但由于意志以外的原因导致他们的行为未能得逞，是行为未实行终了的未遂。对于黄云，如果不是被抓获，那么他就有可能交易成功，从而完成其诈骗的全部犯罪行为，所以其行为属于能犯未遂。而潘落华、宋开树由于将假毒品当成真毒品，对犯罪对象认识错误，即使他们贩卖毒品的犯罪行为实行终了，也不可能达到既遂，故他们的行为属于不能犯未遂中的犯罪对象不能犯未遂。[①]

在上述案件中，涉及不能犯未遂问题，对此将在后文探讨。从犯罪未得逞这一特征来说，由于“毒品”交易行为未完成即在现场被抓获，因而认定为行为未实行终了。应当说，上述裁判理由的阐述是正确的。

---

① 国家法官学院、中国人民大学法学院编：《中国审判案例要览》(2002年刑事审判案例卷)，67页，北京，中国人民大学出版社，2003。

一般来说，所谓未得逞是以构成要件是否齐备作为标准的。但是，不同的构成要件的齐备标准可能是不同的，尤其是对于一些特殊的构成要件类型的齐备问题，需要专门加以研究。

1. 择一性行为的构成要件的齐备标准

我国刑法中的犯罪，从行为的角度来说，存在单行为犯与复行为犯之分，前者如故意杀人罪，后者如抢劫罪。对于单行为犯与复行为犯来说，必须完全具备法定的行为要素，在要求结果的情况下，还必须具备结果要素，才能视为构成要件的齐备。但在某些情况下，刑法对某种犯罪的行为作了择一性的规定，在这种犯罪中，只要具备行为之一的，就应当视为构成要件已经齐备。例如，我国刑法第 240 条第 2 款规定："拐卖妇女、儿童是指以出卖为目的，有拐骗、绑架、收买、贩卖、接送、中转妇女、儿童的行为之一的。"那么如何理解"行为之一"的规定呢？对此，我国学者指出：

> 拐卖妇女、儿童罪的既遂，应以行为人是否实施了拐骗、绑架、收买、贩卖、接收、中转妇女、儿童其中一种行为为标准，而不以被拐卖的妇女、儿童已经出卖为标准。①

这一观点，对于拐卖妇女、儿童的共同犯罪是适用的，尤其是在拐卖妇女、儿童的犯罪集团中，行为人对于实施拐卖妇女、儿童进行了行为上的分工，行为人只要实施了行为之一的，就应当构成拐卖妇女、儿童罪的既遂，而不以被拐卖的妇女、儿童是否被出卖为既遂的标准。那么，在单独犯罪的情况下，行为人以出卖为目的实施刑法第 240 条第 2 款所规定的拐卖妇女、儿童罪的行为之一，但未及出卖就被抓获，是构成拐卖妇女、儿童罪的未遂还是既遂？在此，不仅涉及对本罪之构成要件行为具有择一性这一行为特征的理解，而且还涉及对本罪之主观违法要素的理解。从刑法规定来看，立法者将本罪设置为目的犯，对于构成本罪来说，当行为人实施拐骗、绑架、接收、中转行为时，只要行为人主观上具有

---

① 周道鸾、张军主编：《刑法罪名精释》，3 版，442 页，北京，人民法院出版社，2007。

出卖的目的即可，而并不需要在客观上实施了出卖行为。只有在行为人以贩卖行为构成本罪的情况下，才不仅要求主观上具有出卖的目的，而且在客观上也必须实施了出卖行为。由此可见，对于拐卖妇女、儿童罪来说，由于刑法对其客观行为规定为择一性行为，对其主观上规定为目的犯，因而在认定构成要件是否齐备的时候，并不要求行为人实施全部的构成要件行为，而只要实施其中之一即可。

2. 复合性行为的构成要件的齐备标准

在某些犯罪中，刑法所规定的构成要件行为具有复合的性质。应当指出，这里的复合，并不是指复行为犯。因为复行为犯是在法律条文中有明文规定的，只有当复数的行为都具备，才能视为该罪的构成要件齐备。而在某些犯罪中，对于其行为从法条规定上来看，似乎只是单一的行为，但这一行为本身又可以进一步分解为不同的要素。例如，我国刑法规定的以贩卖为行为方式的犯罪，为数不少。那么，如何理解这里的贩卖行为呢？就一般的理解而言，贩卖是指出卖行为，这是没有问题的。问题在于，贩卖是否包括以出卖为目的的购买行为。如果贩卖不包括以出卖为目的的购买，则以出卖为目的的购买就是贩卖的预备行为。反之，如果贩卖包括以出卖为目的的购买，则该购买行为就是贩卖行为的组成部分。我国刑法学界的通说认为，贩卖行为包含了以出卖为目的的购买。例如，我国学者论及贩卖毒品罪时认为，行为人以贩卖为目的，非法收买毒品的也属于贩卖毒品的行为，应以贩卖毒品罪论处。① 那么，行为人只实施了以出卖为目的的收买行为，而未及实施出卖行为，是属于构成要件的齐备呢还是构成要件不齐备？对此，我国刑法理论认为，贩毒分子已购入毒品，但未出卖就被查获的，属于贩卖毒品罪的未遂。② 由此可见，以出卖为目的的购买，对于贩卖毒品罪来说，在有些情况下只有出卖行为即可构成贩卖，但在另外一些情况下则具有购买行为才能构成贩卖。在后一种情况下，仍然需要全部实施了以出卖为目的的购买和出卖行

① 参见周道鸾、张军主编：《刑法罪名精释》，3版，710页，北京，人民法院出版社，2007。

② 参见王作富主编：《刑法分则实务研究》（下），3版，1625页，北京，中国方正出版社，2007。

为以后，才能认为构成要件齐备。但在司法实践中，对于这一问题在理解上还是存在一些分歧。例如，我国刑法第 227 条第 2 款规定的倒卖车票罪，这里的倒卖是指先购入后出售的行为。[①] 由此可见，倒卖与贩卖的行为构造是基本相同的。那么，行为人实施了以出卖为目的的购买车票的行为，倒卖车票罪的构成要件是否齐备了呢？按照以上理解，构成要件没有齐备，应该是倒卖车票罪的未遂。但北京铁路运输中级人民法院制定的《关于审理倒卖车票案件适用法律问题的意见》却规定，以牟利为目的的购票行为，构成倒卖车票罪既遂。[②] 显然，这一规定是对倒卖车票罪的构成要件齐备作了扩张解释，是否妥当，尚有研究的必要。

3. 并列性行为的构成要件的齐备标准

我国刑法规定的某些犯罪，从行为特征来看，存在并列的行为。例如，我国刑法第 221 条规定的损害商业信誉、商品声誉罪，其行为表现为“捏造并散布虚伪事实”。因此，捏造和散布是本罪的行为要素。两者同时具备，才能视为本罪的构成要件齐备。如果只实施了捏造行为，尚未来得及散布，则本罪的构成要件不齐备。对此，应该是较为明确的。当然，在有些犯罪中，也可能存在争议。例如，我国刑法第 384 条规定的挪用公款罪，从文字来看，挪用是由挪和用这两个行为构成的。因此，我国司法实践中存在着对所谓挪而未用的行为是否认定为挪用公款罪的未遂的讨论。[③] 这里的挪而未用，是指行为人已经将公款置于本人的控制之下，但尚未具体使用。对于这种情况，我国刑法学界的通说还是认为属于挪用公款罪的既遂而不是未遂。之所以会把所谓挪而未用的情况误解为未遂，主要是对挪用的错误理解所致。我认为，挪用并不是挪和用，而是指改变公款的用途。因此，挪用的本质是挪而不是用。这里的用是用途之用，而不是归个人使用之用。在挪用公款罪中，归个人使用也不是指构成要件的行为，而是主观的违法

---

① 参见张明楷：《刑法学》，3 版，632 页，北京，法律出版社，2007。

② 参见《新京报》，2010-01-15，A16 版。

③ 参见王作富主编：《刑法分则实务研究》（下），3 版，1778～1779 页，北京，中国方正出版社，2007。

要素，即意图归个人使用而改变公款的用途。只有这样，我们才能正确地把握挪用公款罪的构成要件的齐备标准。

四、意志以外的原因

犯罪未得逞是由于犯罪分子意志以外的原因，这是犯罪未遂与犯罪中止的区别之所在。因此，意志以外的原因导致犯罪未完成与犯罪分子自动放弃犯罪处于一种互相对立与排斥的地位。因此，德日刑法学中区分障碍未遂与中止未遂的任意性，可以作为认定意志以外原因的一个切入点。关于任意性的判断，在德日刑法学中存在以下各种学说：

> （1）主观说，或称旧主观说，认为由于外部有障碍而没有达到既遂的是未遂犯，基于行为人自由的意思决定而没有达到既遂的是中止犯。按照此说，即使外部没有障碍，如认为有而停止时，是未遂犯；相反，即使外部有障碍如认为没有而停止时，是中止犯。因为此说根据行为人的主观情况决定有无任意性，所以称为主观说。
>
> （2）限定主观说，又称规范的主观说，该说认为以全然抛掷犯罪之意思而防止其结果者，为中止犯，其他为未遂犯。由此可见，限定主观说判断的基准是看行为人放弃犯罪是否基于广义的后悔，行为人若不是基于广义的后悔放弃犯罪的就是未遂犯，反之则为中止犯。
>
> （3）客观说，主张犯罪没有完成的原因，应根据社会的一般观念进行客观评价，如果该原因在一般经验上对行为人的意思产生强制性影响，而行为人放弃犯罪的是未遂犯，否则，是中止犯。因为是以客观的评价为标准，所以称为客观说。
>
> （4）折中说，主张认定是否基于任意性时，必须考察行为人对外部事实是如何认识的，再根据客观标准判断行为人的认识，探讨外部事实

对行为人的意志是否产生了强制性影响，如果产生强制性影响的是未遂犯，反之则为中止犯。[①]

在判断任意性的以上各说中，最重要的是主观说与客观说之争。主观说将任意性完全看作是一个行为人意志决定的问题，而客观说则根据社会一般经验法则对任意性加以判断。从主观说与客观说相比较而言，主观说所认定的任意性较为宽泛，而客观说认定的任意性则较为狭小。我国刑法将犯罪分子的意志作为判断是否具有任意性的标准。一般认为，在犯罪分子自认为犯罪能够进行下去，即使犯罪在客观上不能进行下去的情况下，只要放弃犯罪的，应当认定为中止犯而不是未遂犯。就此而言，我国刑法是采主观说的，例如我国学者周光权教授指出：

> 如果考虑到中止立法的刑事政策鼓励功能，也考虑到中止犯责任减少的实际情况，对于中止自动性的判断，坚持主观说基本上就是合理的。即行为人认识到他可能将已经开始的犯罪进行到底，而决定停止，就可以成立中止。[②]

在司法实践中，正确地判断中止的任意性，对于区分未遂犯与中止犯具有重要意义。

案例 16—3　王元帅、邵文喜抢劫、故意杀人案[③]

2002 年 6 月 6 日，被告人王元帅主谋并纠集被告人邵文喜预谋实施抢劫。当日 10 时许，二人携带事先准备好的橡胶锤、绳子等作案工具，在北京市密云县鼓楼南大街骗租杨某某（女，29 岁）驾驶的松花江牌小型客车。当车行至北京市怀柔区大水峪村路段时，经王元帅示意，邵文喜用橡胶锤猛击杨某某头部数下，王元帅用手掐杨某某颈部，致其昏迷。二人抢得杨某某驾驶的汽车及诺基亚牌 8210 型移动电话机 1 部、寻呼机 1 个等物品，共计价值人民币42 000元。

---

① 张永江：《未遂犯研究》，137～139 页，北京，法律出版社，2008。

② 陈兴良、周光权：《刑法学的现代展开》，354 页，北京，中国人民大学出版社，2006。

③ 参见最高人民法院编：《刑事审判参考》，第 32 辑，24 页以下，北京，法律出版社，2002。

王元帅与邵文喜见被害人杨某某昏迷不醒，遂谋划用挖坑掩埋的方法将杨某某杀死灭口。杨某某佯装昏迷，趁王元帅寻找作案工具，不在现场之机，哀求邵文喜放其逃走。邵文喜同意掩埋杨时挖浅坑、少埋土，并告知掩埋时将杨某某的脸朝下。王元帅返回后，邵文喜未将杨某某已清醒的情况告诉王。当日 23 时许，二人将杨某某运至北京市密云县金叵罗村朱家裕南山的土水渠处。邵文喜挖了一个浅坑，并向王元帅称其一人埋即可，便按与杨某某的事先约定将杨掩埋。王元帅、邵文喜离开后，杨某某爬出获救。经鉴定，杨某所受损伤为轻伤（上限）。

北京市第二中级人民法院认为：被告人王元帅、邵文喜以非法占有为目的，使用暴力抢劫他人财物，均已构成抢劫罪；二人在结伙抢劫致被害人受伤后，为了灭口共同实施了将被害人掩埋的行为，均已构成故意杀人罪。二人虽然杀人未遂，但王元帅所犯罪行情节严重，社会危害性极大，不足以从轻处罚。考虑到邵文喜在故意杀人过程中的具体作用等情节，对其所犯故意杀人罪酌予从轻处罚。二人均系累犯，应当从重处罚。故判决：被告人王元帅犯故意杀人罪，判处死刑，剥夺政治权利终身；犯抢劫罪，判处无期徒刑，剥夺政治权利终身，并处没收个人全部财产；决定执行死刑，剥夺政治权利终身，并处没收个人全部财产。被告人邵文喜犯故意杀人罪，判处无期徒刑，剥夺政治权利终身；犯抢劫罪，判处有期徒刑十五年，剥夺政治权利三年，并处罚金人民币三万元；决定执行无期徒刑，剥夺政治权利终身，并处罚金人民币三万元。

一审宣判后，王元帅不服，提出上诉。

北京市高级人民法院经二审审理认为：原审被告人邵文喜的行为构成故意杀人罪的犯罪中止，应对其减轻处罚。故改判邵犯故意杀人罪，判处有期徒刑七年，剥夺政治权利一年，犯抢劫罪，判处有期徒刑十五年，剥夺政治权利三年，并处罚金人民币三万元；决定执行有期徒刑二十年，剥夺政治权利四年，并处罚金人民币三万元；驳回王元帅的上诉，维持原判。

关于本案中的故意杀人罪，一审对二被告人均以未遂论处，二审则认为邵文喜的行为构成中止，王元帅的行为构成未遂。对于这一判决结果，裁判理由指出：

本案被告人王元帅与邵文喜预谋抢劫后杀人灭口，在犯罪过程中，二人将被害人打昏并决定采用挖坑掩埋的方法杀人灭口。被害人苏醒后，乘王元帅不在现场之机，哀求邵文喜留其性命，并要求邵文喜挖浅坑、少埋土。邵文喜同意，因害怕王元帅，邵要求被害人与其配合。为了掩埋时不堵住被害人的口鼻，让被害人能够呼吸，以便事后逃走，邵文喜又告诉被害人掩埋时会将其身体翻转为面朝下的姿势。王元帅回到现场后，被害人继续佯装昏迷，邵文喜未将被害人已经苏醒的情况告诉王，并挖了一个深 30 厘米的浅坑。其向王元帅提出自己埋人即可，后一人将被害人脸朝下、手垫在脸部埋进坑里。被害人在二人离开后，爬出土坑获救。

根据以上情节可以看出，在当时的环境、条件下，邵文喜能够完成犯罪，但其从主观上自动、彻底地打消了原有的杀人灭口的犯罪意图。因惧怕王元帅，邵文喜未敢当场放被害人逃跑，而是采取浅埋等方法给被害人制造逃脱的机会，其从客观上也未实行致被害人死亡的行为。邵文喜主观故意的变化及所采取的措施与被害人未死而得以逃脱有直接的因果关系，邵文喜有效地防止了犯罪结果的发生，其行为属于自动有效防止犯罪结果发生的犯罪中止。邵文喜在犯罪开始时曾用橡胶锤将被害人打昏，给被害人的身体已经造成损害，根据我国刑法的规定，对于中止犯，造成损害的，应当减轻处罚，故对邵文喜减轻处罚是正确的。

相形之下，王元帅所犯故意杀人罪的犯罪形态显然有所不同。王元帅杀人灭口意志坚定，其主观故意自始至终未发生变化，被害人未死、逃脱完全是其意志以外的原因造成的，王元帅构成故意杀人罪犯罪行为实行终了的未遂。[①]

① 最高人民法院编：《刑事审判参考》，第 32 辑，26～27 页，北京，法律出版社，2002。

以上裁判理由强调了邵文喜在杀人行为能够进行下去的情况下，因为被害人的哀求而自动防止犯罪结果的发生，这一裁判体现了主观说。

五、不能犯

不能犯是相对于能犯而言的，是指因认识错误而不能构成犯罪既遂的情形。这里的不能，是指不具有构成犯罪既遂的客观可能性。

在理解不能犯的时候，首先需要将不能犯与事实欠缺这两个概念加以厘清。事实欠缺是德日刑法理论上的一个概念，又称为欠缺事实、构成要件的欠缺，是指行为人虽然实施了类似于实现构成要件的行为，但由于缺少构成要件要素的一部分，而否定构成要件的实现的情形。事实的欠缺可以分为主体的事实欠缺、客体的事实欠缺、行为状态的事实的欠缺、手段的事实的欠缺等。

关于事实的欠缺与不能犯的关系，在刑法理论上存在以下四种观点：一是等同于不能犯的观点，二是等同于幻觉犯的观点，三是具有独立意义的观点，四是区别对待的观点。[①] 从上述各种观点来看，等同说是可取的。因为事实的欠缺与不能犯的概念在内涵上是相重合的，只不过描述了同一现象的不同侧面：事实的欠缺是从原因角度来说的，之所以不能达到犯罪既遂，是因为构成要件要素事实的欠缺。而不能犯是从结果角度来说的，正因为欠缺构成要件要素的事实，才不可能达到犯罪既遂。因此，我们可以把事实的欠缺与不能犯相等同。

当然，这里还要把事实的欠缺，实际上也就是不能犯与事实认识错误加以区分。因为事实的欠缺通常也是因为对事实发生错误认识而引起的，在广义上也可以把事实的欠缺看作是事实认识错误。但狭义上的事实认识错误应当不包括事实

① 参见张德友：《不能犯——刑事上的法外空间》，137页以下，长春，吉林人民出版社，2002。

的欠缺。[1] 我国传统刑法教科书是持广义的事实认识错误的观点的，因而将事实的欠缺混同于事实认识错误，导致在事实认识错误和未遂犯中重复地讨论不能犯问题。例如在对象的错误中，包括具体的犯罪对象不存在，行为人误以为存在而实施犯罪行为的情形，以及在工具的错误中包括行为人误把白糖、碱面等当作砒霜等毒药去杀人，误用空枪、坏枪、臭弹去射杀人，从而未能发生致人死亡的结果的情形。[2] 目前在我国刑法学界，采狭义的事实认识错误的学者越来越多，在事实认识错误中只讨论同一构成要件的事实认识错误（具体的事实认识错误）与不同构成要件的事实认识错误（抽象的事实认识错误），而不能犯则在未遂犯中加以讨论。在这种情况下，就有必要对事实认识错误与事实的欠缺，其实也就是不能犯加以区分。关于这种区分，我国学者刘明祥教授指出：

> 由于事实的欠缺是以行为人主观上的认识错误为条件的，因而与事实的错误极为相似，二者主要区别在于，事实的错误通常表现为某种犯罪事实本来存在而行为人误以为不存在，或者把本来是重的犯罪事实误认为轻的犯罪事实，事实的欠缺则正好相反，符合构成要件的事实本来不存在而行为人误以为存在。[3]

在以上关于事实的欠缺与不能犯的等同还是不等同的观点中，存在所谓区别对待说。这里的区别对待，是指将犯罪的主体、方法以及行为状况的事实的欠缺与客体的事实的欠缺加以区别：前者属于不能犯，后者构成未遂犯。[4] 这种观点主要为日本学者大塚仁教授等所主张，它涉及不能犯与未遂犯的关系，因而有必要对这一问题加以深入研究。

在不能犯与未遂犯区分的最初的客观论与主观论的对立，发生在 19 世纪德

① 关于广义与狭义上的事实认识错误的区分，参见刘明祥：《刑法中的错误论》，79 页，北京，中国检察出版社，1996。

② 参见高铭暄、马克昌主编：《刑法学》，126 页，北京，北京大学出版社、高等教育出版社，2000。

③ 刘明祥：《错误论》，20 页，中国法律出版社、日本成文堂，1996。

④ 参见张明楷：《未遂犯论》，310～311 页，北京，法律出版社，1997。

国学者费尔巴哈与冯·布利之间。根据德国学者李斯特教授的叙述，我们可以还原这段历史：

在19世纪，费尔巴哈（Feuerbach，1808年教科书第4版）冷静地提出了该问题（指不能犯未遂——引者注）；其后，关于不能犯未遂处罚问题的争论又变得热烈起来了。费尔巴哈只想处罚危险的犯罪未遂行为，因此，他要求行为——根据其外在特征——与行为人所追求的结果之间存在因果关系。他的这一要求导致区分手段不能犯（Untauglichkeit des Mittels）和客体不能犯（Untauglichkeit des Objekts），并将之进一步区分为绝对的和相对的手段不能犯，或绝对的和相对的客体不能犯。该观点的主张者认为，应处罚相对不能犯，而不处罚绝对不能犯；该观点反对者则主张，无论是绝对不能犯还是相对不能犯均应处罚之。其后，各种观点出现了引人注目的根本性转变。自1872年起，冯·布利在发表了一系列论文之后成为主观理论的新的创始人。主观理论认为，特定的已实行的行为在造成特定的结果方面，要么只能是能犯的未遂，要么只能是不能犯未遂，也就是说，要么有因果关系，要么没有因果关系，而不存在或多或少的因果关系。缺少客观构成要件的未遂的本质特征，存在于行为人的意志的体现上；而行为人这种意志的体现以同样的方式也存在于所谓的不能犯未遂中。①

从费尔巴哈的客观主义到布利的主观主义，这是在未遂犯与不能犯关系问题上的一个转折。根据费尔巴哈的观点，相对不能是未遂犯——不能犯未遂，而绝对不能是不能犯，即在未遂犯之外还存在不能犯。然而根据布利的观点，则不能犯都是未遂犯，未遂犯之外不存在不能犯，从而使不能犯与未遂犯这两个概念完全相等。布利的观点在刑法理论上被称为纯粹主观说，当然，即使是纯粹的主观

① ［德］李斯特：《德国刑法教科书》，修订译本，徐久生译，340～341页，北京，法律出版社，2006。

说也认为迷信犯不可罚，在这个意义上还是例外地承认了不能犯。

在主观说中，除纯粹主观说以外，还有主观的危险说。主观的危险说又称为抽象的危险说，它属于主观说的范畴，但又不同于完全不考虑危险的纯粹主观说。日本学者大塚仁教授指出：

> 主观的危险说认为，以行为当时行为人认识了的事情为基础，从客观的见地判断有无危险，如果按照行为人的预期进行计划，一般认为会实现犯罪时，就承认有抽象的危险（abstrakte Gefahr），即对法秩序的危险（Gefahr für die Rechtsordnung），成立未遂犯，但是，认为不能实现犯罪时，就是不能犯。例如，以杀人的目的使他人吃了砂糖，认为砂糖是氰化钾时，是杀人罪的未遂，但是，如果认为砂糖具有杀伤力，就是不能犯。①

主观的危险说虽然提出了危险这一概念，以此作为区分未遂犯与不能犯的实体标准，然而在危险的判断上，主观的危险说又完全是从以行为人主观上如何认识为根据出发的，因而仍然属于主观说的范畴。但危险概念的提出，对于未遂犯与不能犯的区分还是具有实质意义的。正是在主观的危险说以后，德国学者李斯特提出了客观的危险说。李斯特对其学说作了以下论述：

> 意思活动的危险性，亦即其导致结果发生的客观特征，对刑法上的未遂概念具有重要意义。由此可认为，不危险的（“绝对不能犯”）未遂犯并非刑法意义上的未遂犯，而是一个幻觉犯（Wahnverbrechen），由此不处罚。②

那么，如何判断这里的危险呢？李斯特提出了事后判断的方法。这里的事后判断，其实就是客观判断，即根据行为时的犯罪手段的情况，并借助于行为人对事实的认识加以判断，这与单纯地根据行为人对危险的认识加以判断的主观的危

---

① ［日］大塚仁：《刑法概说（总论）》，3 版，冯军译，228 页，北京，中国人民大学出版社，2003。

② ［德］李斯特：《德国刑法教科书》，修订译本，徐久生译，342～343 页，北京，法律出版社，2006。

险说是完全不同的。正因为根据客观的危险说，危险的判断是以客观事实为标准的，因而具有个别性判断的性质，应当遵循具体案件具体分析的判断方法。对此，李斯特作了以下示范性的判断：

> 如果行为人想以砒霜杀人，但使用了过小的剂量，则对评判人而言该问题具有下列含义：使用此等剂量在行为时就可以辨认之情况下，是否能够证明发生死亡的较大可能性。如果行为人由于疏忽大意使用白糖，则同样的问题也相应地适用于白糖，而且——这是每个客观理论所坚持的——即使当行为人错误地认为，他使用的是砒霜的情况下，亦如此。在第一种情况下，死亡危险是存在的，可认为存在未遂犯；后一种情况则不同，它不存在未遂犯问题。如果行为人用未装子弹的手枪瞄准他人，意图射杀之，或者行为人使用杀伤力不够强的武器，属于此的一般可辨认的事实，只是使用射击武器本身，不包括偶然未装子弹或该枪支的杀伤力不够大；因为这后两种情况只是在其后的事情经过之后才被发现的。因此，可以认为在这两种情况下，同样存在未遂犯问题。使用超自然的（祈求他人死亡，施魔力杀人等）永远不构成应处罚的未遂犯，根据以上所述就无需再作进一步的论述了。[①]

应该说，李斯特的客观的危险说为区分未遂犯与不能犯提供了一个大致可行的理论框架，此后，又不断得以完善。目前德国刑法学界采用的是寻求主观说与客观说折中的印象说。

印象说为德国学者迈兹格所创，这种观点认为危险说原则上是正确的，在此基础上，基于刑法的一般预防目的的考虑，印象说又认为未遂的可罚根据在于“行为印象动摇了法益的安全性”。因此，迈兹格将危险说与印象说直接联系起来，从而使印象说成为危险说中的一种学说。印象说所重视的是行为者对法的敌

① ［德］李斯特：《德国刑法教科书》，修订译本，徐久生译，344～345页，北京，法律出版社，2006。

视意思（法敌对性），当行为人的行为给外部以开始可罚的行为的印象时，换言之，给予侵害法秩序的印象时，就存在“危险”，就成立未遂。[①] 尽管印象说是以法益的精神化为基础的，其影响主要限于德国，但这种理论还是在一定程度上深化了危险说，无论是主观的危险说还是客观的危险说，因而具有积极意义。

在日本刑法理论中，占通说地位的是具体的危险说。具体的危险说是在客观的危险说的基础上发展起来的，大体上属于客观说的范畴。具体的危险说在判断危险是否存在的时候，引入了一般人的观念常识。例如日本学者大谷实指出：

> 不能犯中有无危险性的判断，应以行为人特别认识到的事实以及一般人能够认识到的事实为基础，以行为时为基准，从一般人的立场出发在认为具有发生构成要件结果的现实危险的场合，就是未遂犯；没有的场合，就是不能犯。[②]

上述对具体危险的判断，与对相当因果关系的判断是极为相似的。正如我国学者所说，德日刑法理论之所以肯定因果关系说与具体危险说之间的关系，其根本原因就在于，始终把因果关系论中的“可能性”概念作为可罚未遂犯中的“危险性”概念的核心和基础。[③] 在这种情况下，具体的危险说虽然可以追溯到李斯特，但其判断标准已经不同于客观的危险说，客观的危险说中的危险是指结果发生的物理意义上的可能性，而具体的危险说中的危险则是结果发生的规范或者价值意义上的可能性。当然，客观的危险说与具体的危险说同属于客观说，这也是不可否认的。

应该指出，不能犯理论在德国和日本之间还是存在较大差别的，主要在于：

---

① 参见陈家林：《德国的不能犯理论及对我国的启示》，载陈兴良主编：《刑事法评论》，第 20 卷，461 页，北京，北京大学出版社，2007。

② ［日］大谷实：《刑法讲义总论》，新版 2 版，黎宏译，343 页，北京，中国人民大学出版社，2008。

③ 参见郑军男：《不能未遂犯研究》，293 页，北京，中国检察出版社，2005。

德国刑法学界承认不能犯未遂的概念，将具有危险性的不能犯，不论以何种标准判断，视为是未遂犯的一种类型，只有不具有危险性的不能犯才是与未遂犯对应意义上不可罚的不能犯。这与《德国刑法典》的规定有关，该法典第 22 条规定了未遂犯，其后，第 23 条第 3 款又对不能犯未遂作了规定：

行为人由于对犯罪对象和手段的认识错误，其行为根本不能实行终了的，法院可免除其刑罚，或酌情减轻其刑罚。

德国学者评论这一规定时指出：

第 23 条第 3 款在系统上的真正效果也就是，恰恰没有如客观论所希望的那样，将不能犯未遂规定为不受处罚。这条规定其实要求得出相反结论，即撇开严重无知这一疑难情况不谈，未遂的可罚性并不取决于它的危险性。确切地说，法律基本上采纳了主观的未遂理论，这不仅是帝国最高法院在这场争论中从一开始就选择的立场，也是理论界经过数十年的抵抗后，最终在很大程度上同意的观点。①

因此，不能犯未遂是为《德国刑法典》明确规定的一种未遂犯的类型，从危险性判断来看，德国似乎倾向于主观的危险说。在这种情况下，德国刑法中的未遂犯（包括不能犯未遂）范围较为广泛，不可罚的不能犯的范围较小。

在日本刑法中，对不能犯未遂未作规定，因此刑法理论将不能犯与未遂犯加以区分，认为行为构成未遂犯，单在形式上符合构成要件还不够，未实施完毕的行为还必须具有引起构成要件结果发生的现实危险，没有这种危险的行为就是不能犯。换句话说，不能犯是行为人基于实现犯罪的意思实施了行为，但该行为在其性质上，是不可能引起结果发生的行为。② 根据这一定义，不能犯是以行为不具有发生法益侵害结果的具体性危险为本质的。由于日本刑法学界通说采用的是

① ［德］冈特·施特拉腾韦特、洛塔尔·库伦：《刑法总论——犯罪论》，杨萌译，267 页，北京，法律出版社，2006。

② 参见［日］大谷实：《刑法讲义总论》，新版 2 版，黎宏译，338～339 页，北京，中国人民大学出版社，2008。

具体的危险说，因此相对而言，日本刑法中的不能犯比德国刑法中的不可罚的不能犯的范围要更宽泛一些，并且日本刑法理论上也不存在不能犯未遂的概念。尽管如此，在德日司法判例中，不能犯与未遂犯的区别可能并没有我们想象的那么大。

我国刑法学中的不能犯理论来自于苏俄，是以不能犯未遂形式出现的，而这一理论与德国不能犯理论又有较大的相关性。苏俄刑法学把不能犯未遂分为工具的不能犯未遂与客体的不能犯未遂。苏俄学者指出：

> 不能犯的未遂，照一般常例，应依其他一切未遂犯之理由论罪。不能犯的未遂是社会危险行为，因为犯罪者自觉地期望达成犯罪的结果，并且使用了对社会主义法律秩序具有实际危险性的那些工具。如果某人以为他人之钱囊中有贵重物品，伸手窃取，虽未达到目的，然此种行为无论对社会主义法律秩序，或对公民的个人财产来说，都表现了实际的危险性。只因为某种偶然的情况（该人的贵重物品适不在该处；而置于另一囊中），才使犯罪者未能实现其犯罪之意图。只有在犯罪主体极端无知与迷信，将其犯罪的阴谋置于实际上绝对不能实现的错误的因果关系假定之上的时候，才可以承认在其不能犯的未遂中，未包含犯罪意图实现之实际可能。此种不能的未遂不适合于未遂之一般概念，因此，亦不能负刑事责任。①

以上关于不能犯未遂的理论几乎原封不动地被引入我国刑法教科书。在不能犯中，除迷信犯不可罚以外，其他不能犯均可罚。由于直接采用不能犯未遂一词，不能犯这一概念亦无存在余地。在以上论述中，苏俄学者还是强调了不能犯未遂中的实际的危险性，这与社会危害性理论是契合的，只是没有提供危险性的具体判断标准与方法，因而不同于德国刑法理论。

---

① ［苏］苏联司法部全苏法学研究所编：《苏联刑法总论》（下卷），彭仲文译，436页，上海，大东书局，1950。

我国在相当长一个时期内，都是采用苏俄刑法学中的不能犯未遂理论的。近年来，随着日本不能犯理论在我国的引入，我国学者开始质疑不能犯未遂的通说，其中以张明楷教授为代表。张明楷教授是以客观的未遂论为根据，对我国不能犯未遂的通说进行反思的，观点如下：

> 首先，上述通说没有考虑行为在客观上是否侵犯了法益，导致客观上完全不可能侵犯法益的行为也成立犯罪未遂。
>
> 其次，通说没有坚持主客观相统一的原则，导致主观归罪。因为抽象的危险说不是根据行为的客观事实判断该行为有无侵害法益的危险，而是根据行为人的认识内容判断有无危险。只要行为人对实行行为有认识（有故意），不管客观上有无实行行为，都认为有危险，但这实际上属于主观归罪。
>
> 再次，与上述两者相联系，通说必然扩大刑法的处罚范围。这主要表现在，客观上完全没有危险性的行为，仅因为行为人的认识错误就作为犯罪来处罚。
>
> 最后，通说也存在自相矛盾之处。

通过以上论述，张明楷教授得出以下结论：

> 为了坚持主客观相统一的原则，为了贯彻客观的未遂论，笔者主张，只有当行为人主观上具有罪过，其客观上实施的行为具有侵害法益的危险时，才能认定为犯罪未遂，行为人主观上具有犯意，其客观行为没有侵害合法权益的任何危险时，就应认定为不可罚的不能犯。至于客观行为是否具有侵害法益的危险，则应以行为时存在的所有客观事实为基础，站在行为时的立场，根据客观的因果法则进行判断。①

张明楷教授将我国通说归结为抽象的危险说，站在客观的危险说的立场上对此进行了批判。我国学者周光权教授则认为我国的通说实际上是纯粹主观说，

① 张明楷：《刑法的基本立场》，243～247页，北京，中国法制出版社，2002。

指出：

> 仅仅以行为人主观上的危险性为判断依据来认定犯罪未遂和犯罪成立，采取了从主观到客观的思考方法，有主观归罪之嫌，是刑法主观主义的集中体现，是应当受到批评的刑法学立场。[①]

周光权教授赞成具体的危险说，以此作为区分不可能与未遂的判断标准。值得特别关注的是赵秉志教授在不能犯未遂问题上的立场转变。在其早期著作中，赵秉志教授是采通说的观点的，认为不能犯未遂是指犯罪人因事实认识错误而不可能完成犯罪、不可能达到既遂的犯罪未遂。[②] 在这一关于不能犯未遂的概念中，把不能犯未遂的原因描述为事实认识错误，这就有将事实的欠缺与事实认识错误混同之嫌，尤其是没有指出行为人是具有危险而构成犯罪未遂，因而在逻辑上把没有具体危险的不能犯也包括进去，在不能犯未遂的判断上实际上是采纯粹的主观说。在上述著作的第2版中，赵秉志教授转而赞同具体危险说，指出：

> 笔者以前也曾赞同通说的观点，认为所有因认识错误而致不能达到犯罪既遂的行为，原则上均应成立不能犯未遂并按照未遂犯予以处罚。现在看来，有必要对此观点予以反思。正如批评通说的学者所指出的，通说观点将由于认识错误而客观上不能达到犯罪既遂的行为一概认为属于可罚的未遂犯，对某些一般人看来并无任何侵害法益的危险性的行为也按照未遂予以处罚，在一定程度上的确存在主观归罪的倾向，容易造成处罚范围的不当扩大。应当明确的是，刑法上处罚未遂犯的根据，不在于未遂犯存在主观恶意，而主要在于未遂犯具有侵害法益的危险性。所谓犯罪的实行行为，也必须是具有导致法益侵害的危险性的行为。对这种侵害法益的危险究竟应当如何理解，虽然刑法理论上尚存争议，但是像中国刑法理论通说中那样几乎完全以行为人的主观认识作为判断危险性的根

---

① 周光权：《刑法总论》，272页，北京，中国人民大学出版社，2007。

② 参见赵秉志：《犯罪未遂的理论与实践》，173页，北京，中国人民大学出版社，1987。

据，则明显不够妥当。因此，笔者认为，应当通过对侵害法益之危险性的界定来排除部分由于认识错误而客观上不能达到犯罪既遂之行为的可罚性，而不应像通说那样对此类行为的可罚性予以普遍的承认。①

尽管我国刑法关于不能犯未遂的理论存在一个从抽象的危险说或者纯粹的主观说向客观的危险说或者具体的危险说的转变，一时之间，客观的危险说与具体的危险说大有取代抽象的危险说之势。但也有个别学者明确地站出来为我国现行不能犯理论辩护，指出：

具体的危险说与客观的危险说不是十全十美的学说，而学者们对抽象的危险说的批评并不正确。恰恰相反，抽象的危险说在理论上存在着诸多的优点。②

这种敢于挑战潮流的学术勇气是值得嘉许的。但我认为，抽象的危险说除了标准统一这一优点，具体的危险说除了标准不统一这一缺点以外，两相比较，还是具体的危险说更为可取。根据抽象的危险说，在不能犯中，除迷信犯以外，无论是否具有法益侵害结果发生的客观危险性，都一概作为未遂犯处罚。而根据具体的危险说，在不能犯中，只有那些存在具体危险的情形才能作为未遂犯处罚，没有具体危险的情形则是不能犯，不具有可罚性。这样，就使那些形式上具备未遂犯的特征，但实质上不具有危险性的不能犯从未遂犯中予以排除，将未遂犯看作是具体的危险犯，从而贯彻客观的未遂论，我以为是正确的观点。

案例 16—4　陈新故意杀人案③

1982 年 4 月 10 日下午，被告人陈新上厕所时把女儿放在外面靠篱笆站着。陈在厕所听到女儿哭声，出来见她扑倒在地，便将其抱起，发现其脸上、嘴上都

① 赵秉志：《犯罪未遂形态研究》，2 版，193 页，北京，中国人民大学出版社，2008。

② 陈家林：《为我国现行不能犯理论辩护》，载《法律科学》，2008（4）。

③ 参见朱荣华、夏吉先：《我们对误认尸体为活人加以杀害如何定罪的看法》，载《法学》，1983（9）。

是鸡屎，于是怀疑是站在女儿身边的杨红（男，4 岁）推倒的，陈便抓住杨红的左肩使劲“一推一转”，将杨推倒在地，头部碰到石头上，杨扑下去脚蹬了几下。陈将女儿脸擦干后转身一看，杨仍扑在地上，就将杨抱起，发现地上、石头上都是血，并听见杨的喉咙里像打鼾一样响了一声，且脸色苍白，四肢瘫软，不哭不哼，陈害怕承担刑事责任，就将杨抱进自己的猪屋，然后将地上有血的石头、树叶扔进厕所，用铁锹铲净地上的血土。陈第二次进猪屋时，见杨仍躺着未动，即解散一捆稻草盖在其身上，尔后出屋张望，见无人影，又第三次进猪屋。这时，陈好像见覆盖的稻草动了一下，怕杨活了，顺手拾起一块大石头向杨的头部砸去，并用一块石磨压在杨的身上。三天后陈将杨的尸体转移到河边涵洞里，后尸体被水冲了出来而侦查破案。经法医鉴定，杨红头部被砸伤痕系死后伤，陈用石头砸之前，杨已死亡。

对于上述案件，按照传统关于不能犯未遂的通说，陈新用石头砸已经死亡的杨红的行为构成故意杀人未遂，是不能犯未遂。因为通说采抽象的危险说，其论证方法为：主观上具有杀人故意，客观上具有杀人行为，如果对事实不发生认识错误，那么犯罪结果就会发生。[①] 显然，这种观点并没有对危险加以判断，现在，我国有些学者已经主张客观的危险说与具体的危险说，这里的客观危险或者具体危险如何判断，则仍然存在不同见解。例如张明楷教授以陈新在实施砸石头的行为时，杨红是否还具有活着的可能性为标准加以区分，指出：

> 在杨红已经死亡的情况下，上述客观行为就不是剥夺其生命的杀人行为。剥夺生命的杀人行为以存在生命为前提，既然杨红已经死亡，不再具有生命，针对杨红的行为就不可能成为剥夺生命的行为，没有侵害法益的危险性，当然就不能认定为故意杀人罪。如果陈新在实施砸石头的行为时，杨红还具有活着的可能性，或者说有存在生命的可能性，则

① 参见朱荣华、夏吉先：《我们对误认尸体为活人加以杀害如何定罪的看法》，载《法学》，1983 (9)。

陈新的行为具有剥夺他人生命的可能性，则可能认定为故意杀人未遂。[①]

上述观点，是以是否存在活着的可能性为基础进行判断的，这种活着的可能性是客观的、事后的判断。按照这一思路，则不能犯范围较宽而未遂犯范围较窄。张明楷教授的这种观点，被认为是客观的危险说。

我国学者黎宏教授则站在具体的危险说的立场上分析本案，认为对于陈新案不能以杨红活着的可能性这一事实为根据进行判断，而应当以一般人和行为人是否相信杨红可能还活着为标准，指出：

> 在这种行为人实施杀人行为的当时，一般人和行为人本人都相信被害人可能还活着的情况下，行为人出于杀人的故意而实施了足以剥夺他人生命的行为，显然完全符合故意杀人罪的构成要件，故应成立故意杀人罪。只是由于从事后的判定来看，在行为人实施足以剥夺他人生命之行为的当时，被害人已经死亡，即出现了被告人意志以外的、不可能实现故意杀人罪的犯罪结果的原因，所以，陈新的行为构成故意杀人罪的不能犯未遂。[②]

根据这一观点，被害人是否可能活着不是一种事后判断的客观事实，而是在当时一般人和行为人的主观认识。也就是说，不能犯是由于认识错误引起的，例如在陈新故意杀人案中，陈新对杨红是否死亡发生了错误认识：误死为活。但是，在当时这种错误认识是否不可避免？如果错误认识是不可避免的，即一般人都认为杨红已经死亡，即使行为人认为杨红还活着，则其行为仍属于不能犯。如果错误认识是可以避免的，即一般人和行为人都认为杨红可能活着，则其行为属于未遂犯。

我认为，以上两种观点都试图对事实认识错误所引起的不能犯未遂加以限制，以是否具有某种危险作为区分不能犯与未遂犯的标准。但是在具体的判断标

① 张明楷：《刑法的基本立场》，248～249页，北京，中国法制出版社，2002。

② 黎宏：《从一案例看未遂犯和不能犯的区别》，载《中国刑事法杂志》，2001（3）。

准上又不完全相同：客观的危险说以是否存在存活的客观可能性为标准进行客观的与事后的判断；而具体的危险说则以一般人与行为人在当时认为可能存活为标准进行具体判断。就这两种观点而言，我赞同客观的危险说。以存活的可能性作为一种客观事实加以判断，标准更为明确。

思考题：

试论能犯与不能犯的区分。

参考书目：

1. 李洁. 犯罪既遂形态研究. 长春：吉林大学出版社，1999
2. 张明楷. 未遂犯论. 北京：法律出版社，1997
3. 张德发. 不能犯——刑事上的法外空间. 长春：吉林人民出版社，2002
4. 陈家林. 不能犯初论. 北京：中国人民公安大学出版社，2005
5. 郑军男. 不能未遂犯研究. 北京：中国检察出版社，2005
6. 张永江. 未遂犯研究. 北京：法律出版社，2008
7. 赵秉志. 犯罪未遂形态研究. 2 版. 北京：中国人民大学出版社，2008

第 17 章

共犯论

共犯是刑法学中的一个重要的理论问题，而且是一个极为复杂的理论问题，以至于被某些日本学者称为“绝望的一章”（高桥则夫语）或者“迷茫的一章”（中山敬一语）。可以说，共犯论的错综复杂正是三阶层的犯罪论体系的博大精深的集中体现。本章以共犯与正犯的关系为中心，对共犯论的相关问题进行探讨。

一、共犯与正犯的区分

在刑法理论上，对于共犯存在最广义、广义与狭义的理解。最广义的共犯是指共同犯罪，包括共同故意犯罪与共同过失犯罪。广义上的共犯是指共同正犯、教唆犯与帮助犯。狭义上的共犯是指教唆犯与帮助犯。从各国刑法的规定来看，《日本刑法典》第 11 章规定的是共犯，包括了共同正犯、教唆犯与帮助犯，因而是广义上的共犯。《德国刑法典》第 2 章第 3 节规定的是正犯与共犯，正犯中包括单独正犯与共同正犯，共犯是指教唆犯与帮助犯，因而是狭义上的共犯。

我国刑法第 25 条分两款对共同犯罪作了以下规定：

共同犯罪是指二人以上共同故意犯罪。

二人以上共同过失犯罪，不以共同犯罪论处；应当负刑事责任的，按照他们所犯的罪分别处罚。

应当指出，我国刑法总则并没有出现共犯的概念，只在共同犯罪人的刑事责任规定中涉及教唆犯。但在刑法分则及有关司法解释中，较多地使用共犯一词。例如刑法第 382 条第 3 款规定：

与前两款所列人员勾结，伙同贪污的，以共犯论处。

这里的共犯应当是指教唆犯与帮助犯。由此可见，在我国刑法中共犯与正犯的区分也是存在的。

共犯是相对于正犯而言的。那么，什么是正犯呢？正犯是指实施了刑法分则规定的构成要件行为，即实行行为的人，也称为实行犯。在此，存在一个逻辑前提，即刑法分则规定的犯罪都是正犯，而共犯是没有实施构成要件行为的人。因此，对于正犯与共犯必须从构成要件理论上加以理解。对此，德国学者指出：

共犯理论（Teilnahmelehre）是构成要件理论的一部分。一方面，正犯是自己实现犯罪行为全部构成要件要素之人（第 25 条第 1 款规定的第一种情况），但是，正犯概念并没有被限制在亲自犯罪的单独正犯上，而且还包括正犯利用他人作为“犯罪工具”（Werkzeug）的情况。因此，“通过他人实施犯罪的”，同样依正犯论处（第 25 条第 1 款规定的第二种情况，是间接正犯［mittelbare Taeterschaft］）。此外，还有这样一种可能性：数名相互有关之人均作为正犯实施犯罪行为（共同正犯，Mittaeterschaft）。因此，第 25 条第 2 款是这样规定的：“数人共同实施犯罪的，均依正犯论处。”此外，还可能有数名彼此无关之人均作为正犯参与实施同一犯罪行为的情况发生（同时正犯，Nebentaeterschaft）。如果说正犯是自己实施构成要件该当的行为或通过他人实施构成要件该当的行为或作为共同犯罪参与此等构成要件该当行为的，教唆犯和帮助犯则处于构成之外。它们有特别之刑法规定：教唆犯是指“故

> 意教唆他人实施故意违法行为”之人（第26条）；帮助犯是指“对他人故意实施的违法行为故意予以帮助”之人（第27条）。因此，教唆犯和帮助犯的可罚性的前提条件，部分地产生于相关之构成要件，其次产生于与分则中的构成要件有关的总则中的补充规定。[①]

在以上论述中，德国学者以《德国刑法典》为依据，为我们描绘了以正犯与共犯相区分为中心线索的共犯理论的基本框架。而正犯与共犯的区分又是以构成要件为判断标准的：凡是实行了构成要件行为的人就是正犯，而没有实行构成要件行为，只是对正犯进行教唆或者帮助的人就是共犯。这种以正犯与共犯相区分的共犯理论，称为二元制。

应当指出，共犯理论是以一定国家刑法关于共犯的规定为前提的，属于解释论的范畴。应该说，正犯与共犯相区分的二元制经过上百年的发展，已经形成迷宫般的理论体系，对于刑法关于共犯规定具有较强的解释力。但是，二元制也存在一些问题，例如在正犯与共犯区分上的形式—客观标准，虽然有利于定罪但在量刑上存在偏差，而且这一理论体系还存在过于烦琐等缺陷。为此，在德日刑法学中出现了对正犯与共犯不加区分的单一制，又称为单一正犯体系。单一制的基本出发点，是在参与形式上不区分为正犯与共犯。因此，共同犯罪被称为犯罪参与，认为参与形式只是一个构成要件该当性的问题，参与形式与行为不法及参与责任应当加以区分。换言之，只是在三阶层犯罪论体系的第一阶层，即将参与形式定位为构成要件的问题。例如，我国台湾地区学者指出：

> 在单一行为人（即正犯，下同——引者注）体系中，目前通说认为，应对于行为人在概念上予以区隔，且此种区隔，应于构成要件层面即应存在，此种区分并不会影响到行为人单一的体制，而有助于因概念上之区分，而使得确认个别之行为不法更加明确，同时也使得责任个别

① ［德］汉斯·海因里希·耶赛克、托马斯·魏根特：《德国刑法教科书》，徐久生译，775～776页，北京，中国法制出版社，2001。

化的构思，在单一行为人体系中，更加落实。①

由此可见，单一制是以三阶层的犯罪论体系为前提的，在构成要件中根据条件说，确认各种参与形式具有同等价值。只是在违法性与有责性这两个阶层，再考虑参与程度等问题。可以说，在一点上单一制与二元制是相同的，即都是以三阶层的犯罪论体系为理论框架的。例如主张二元制的日本学者大塚仁教授就把共犯作为被修正的构成要件的内容，在构成要件中加以论述。② 当然，单一制与二元制相比，根本的区别在于对构成要件行为的理解。二元制主张的是限制的正犯论，而单一制主张的是扩张的正犯论，对此，日本学者指出：

> 以构成要件论为基础，出现了限制的正犯概念和扩张的正犯概念。限制的正犯概念（限缩的正犯概念）(restriktiver Täterbegriff；restriktiver Täterschaftsbegriff)，是认为只有以自己的手直接实现了构成要件的人才是正犯的立场，其初期的见解是努力用某种理由只把间接正犯纳入正犯的范畴，其以后的学说则想把相当于间接正犯的情形纳入共犯的范畴。在这个意义上，其以后的学说也可以称为扩张的共犯论。另一方面，扩张的正犯概念（extensiver Täterbegriff；extensiver Täterschaftsbegriff)，是认为给犯罪的实现提供了某种条件的人都实施了符合构成要件的实行行为，都是正犯的立场。③

在以上限制的正犯论与扩张的正犯论两种观点中，限制的正犯论强调正犯行为的亲手性，将正犯等同于亲手犯，因而不能将间接正犯纳入正犯范畴，而只能将间接正犯视为共犯。而扩张的正犯论则认为只要与犯罪的实现具有条件关系者，均为正犯，从而把教唆、帮助等共犯也归结为正犯，取消了正犯与共犯的区分。对此，日本学者作出了以下评论：

---

① 柯耀程：《变动中的刑法思想》，194页，北京，中国政法大学出版社，2003。

② 参见［日］大塚仁：《刑法概说（总论）》，3版，冯军译，234页以下，北京，中国人民大学出版社，2003。

③ ［日］大塚仁：《刑法概说（总论）》，3版，冯军译，238页，北京，中国人民大学出版社，2003。

> 限制的正犯概念忘记了符合构成要件的实行行为这一观念所具有的规范意义，相反，扩张的正犯概念则忽视了实行行为的定型性意义，必须说都是不妥当的。如上所述，实行行为中既包括了不作为等，也包括了基于间接正犯的情形，而且，应该认为刑法中的教唆犯、从犯的规定预想的是在社会观念上与正犯属于不同类型的行为，认为两者实质上是同一的，就违反了我们的法感觉。应该说，限制的正犯概念过于狭窄，而扩张的正犯概念过于宽广。①

日本学者在以上论述中，强调了实行行为的规范性与类型性。根据规范性的特征，实行行为并不见得必须亲手实施，只要对犯罪具有支配关系的，就应当属于正犯。根据德国学者罗克辛的犯罪支配说，正犯可以分为三种：

> 一是直接正犯，直接正犯的行为人亲自实施了构成要件所规定的行为，因而具有行为支配（Handlungsherrschaft）。
>
> 二是间接正犯，间接正犯的行为人虽未亲自实施构成要件行为，但利用自己的意志力量支配了犯罪的因果流程，因而具有意志支配（Willensherrschaft）。
>
> 三是共同正犯，共同正犯的行为人通过和其他犯罪人的分工合作，机能性地支配了犯罪，因而具有机能的犯罪支配（funktionelle Tatherrschaft）。②

应该说，犯罪支配说在一定程度上克服了限制的正犯论的偏颇，从规范的角度充实了正犯的概念，也为正犯与共犯的区分提供了理论根据。

那么，实行行为的类型性如何理解呢？实行行为是一种类型。共犯，即非实行行为也同样是一种类型，为什么对正犯与共犯不加区分的扩张正犯概念，就违反了实行行为的类型性特征呢？这个问题，对于二元制的论证是十分重要的。在

---

① ［日］大塚仁：《刑法概说（总论）》，3版，冯军译，239页，北京，中国人民大学出版社，2003。

② 何庆仁：《德国刑法学中的义务犯理论》，载陈兴良主编：《刑事法评论》，第24卷，242页，北京，北京大学出版社，2009。

二元制的观念中，共犯对于正犯的从属性，即共犯的犯罪性来自于正犯，这是一个基本的逻辑前提。当然，共犯从属性原则本身并不是证明的根据（Beweisgrund），而是证明的对象（Beweisthema）。换言之，共犯从属性原则本身的正当性就是有待证明的，并不能作为论证其他问题的先验的根据。[①] 现在的问题是：如何证明刑法分则规定的是实行行为即正犯行为，而共犯行为（教唆行为或者帮助行为）只有具有对正犯的从属性才能按照刑法分则的条文定罪？这里的问题是：共犯能否在性质上与正犯等同？日本学者小野清一郎在批驳牧野英一关于"教唆犯及帮助犯在实体上是与正犯相同的东西"时指出：

> 自己去"杀人"的行为，与教唆他人去杀人的行为和"帮助他人杀人"的行为，是有区别的——伦理性的、类型性的区别，这不仅仅限于一些实定法形式上的区别，就是在日常生活用语的惯例中，在国民及社会的观念中，也有明显的区别。最终，这又是伦理和道义的评价上的差别。[②]

在此，小野清一郎是为正犯与共犯的区分提供伦理和道义上的根据。当然，仅此还是不够的。我们还应当从规范上加以论证。也就是说，还要看刑法对于正犯与共犯是如何界定的。例如，《德国刑法典》第25条关于正犯的规定：

> 一、自己实施犯罪，或通过他人实施犯罪的，依正犯论处。
>
> 二、数人共同实施犯罪的，均依正犯论处（共同正犯）。

从这一定义可以看出，上述规定中的犯罪是指刑法分则规定的具体犯罪，因而正犯（包括直接正犯、间接正犯和共同正犯）都是实施了刑法分则具体犯罪的人，正犯行为是刑法分则具体犯罪的构成要件该当的行为。《德国刑法典》第26条（教唆犯）与第27条（帮助犯）规定，教唆犯与帮助犯都是对他人故意实施违法行为予以教唆或者故意予以帮助的人。因此，教唆行为与帮助行为是不具有

① 参见江溯：《单一正犯体系研究》，载陈兴良主编：《刑事法评论》，第24卷，425页，北京，北京大学出版社，2004。

② ［日］小野清一郎：《犯罪构成要件理论》，王泰译，162页，北京，中国人民公安大学出版社，2004。

刑法分则具体犯罪的构成要件该当性的行为，这就是正犯行为与共犯行为在规范性质上的区别。正因为如此，德国学者指出：

> 德国刑法因此没有接受统一正犯原则，而是区分共犯的不同形式。这一立场体现在德国刑法中。第25条～第27条的规定明确地表明了拒绝统一正犯的概念。①

日本刑法也是如此。《日本刑法典》第60条对共同正犯作了以下规定：

> 二人以上共同实行犯罪的，都是正犯。

这一定义中的犯罪，是指刑法分则规定的具体犯罪，因而正犯行为是具有刑法分则具体犯罪的构成要件该当性的行为。而《日本刑法典》第61条（教唆）与第62条（帮助）规定：教唆犯或者从犯（即帮助犯）是教唆或者帮助他人实行犯罪，因而教唆与帮助等共犯行为不是刑法分则具体犯罪的构成要件该当的行为。正是基于这一规定，日本学者指出：

> 共犯概念不过是实定法的产物而已。刑法第61条、第62条不过是在正犯中，将教唆犯和帮助犯进行限定处罚的规定而已。所以，共犯是缩小刑罚事由。②

以上论述中论及共犯概念是实定法的产物，正是从规范的意义上界定共犯。至于共犯是刑罚缩小事由的提法，我怀疑是笔误或者误译。因为上述关于正犯与共犯相区分的观点，是限制的正犯论的立场，与之对应的是把共犯看作是刑罚扩张事由。而单一正犯概念是扩张正犯论的立场，与之对应的是把共犯看作是刑罚限制事由。③

从刑法规定来看，《意大利刑法典》是十分特殊的。1930年制定的《意大利

---

① ［德］汉斯·海因里希·耶赛克、托马斯·魏根特：《德国刑法教科书》，徐久生译，778～779页，北京，中国法制出版社，2001。

② ［日］大谷实：《刑法讲义总论》，新版2版，黎宏译，362页，北京，中国人民大学出版社，2008。

③ 参见［日］大塚仁：《刑法概说（总论）》，3版，冯军译，239页，北京，中国人民大学出版社，2003。

刑法典》被公认为是第一个单一制的立法例。[①] 根据有关学者介绍：意大利 1889 年《刑法典》曾按传统理论把共同犯罪分为“主要参与”和“次要参与”，称前者为“共犯”（correita），对这种情况一般适用法律为所犯罪行规定的刑罚；而称后者为“伙同”（complicita），对其一般实行减轻处罚。同时还把共同犯罪区分为“物质的”和“精神的”，称精神的共同犯罪为“教唆”。现行的《意大利刑法典》抛弃了这种传统的区分标准，并根据“因果效力”的理论，对所有参与犯罪的人适用平等责任的标准，该刑法典第 110 条规定：

当数人共同实施同一犯罪时，对于他们当中的每一个人，均处以法律为该犯罪规定的刑罚。

但是，可以根据不同的情节，减轻或增加刑罚。尽管现行法典采用了新的标准，意大利刑法理论依然把参与共同犯罪的人区分为：实施犯（实施分则规定的犯罪行为的人）、参与犯（本身并未实施犯罪行为）和共同实施犯（与他人一起实施部分或全部犯罪行为的人），并且把精神共犯分为怂恿犯（只限于增强他人已有的犯罪意念）和指使犯（使他人产生以前不曾有的犯罪意念）。[②] 应该说，《意大利刑法典》第 110 条关于共同犯罪的规定，确实没有对正犯与共犯再加以区分。因此，刑法分则条文是只规定了正犯行为，还是也包括共犯行为，就提供了各种解释的可能性，而不存在任何法律上的障碍。这一点，是与德日刑法关于正犯与共犯的规定完全不同的。但是，为什么在这样一种法律语境中，意大利刑法学界主流观点还是把刑法分则规定的行为界定为正犯行为，而与共犯行为相区别呢？对此，意大利学者指出：

在“扩张的正犯理论”看来，认定“正犯”（l'autore）的根据，不是行为侵害某种利益的特殊方式，而是行为对法律保护的特定利益的危

① 参见江溯：《犯罪参与体系研究——以单一正犯体系为视角》，133 页以下，北京，中国人民公安大学出版社，2009。

② 参见黄风：《意大利刑法引论》，载《意大利刑法典》，黄风译，23 页，北京，中国政法大学出版社，1998。

> 害。于是，法律规定的犯罪构成要件，就被解释为仅仅具有说明刑法保护的是何种利益的作用。而不能用构成要件来限制法律规范的适用范围。例如，一个人不论是教唆他人盗窃，还是借给他人盗窃所用的必要工具，与实际实施了盗窃行为的人一样，都是盗窃犯。
>
> 按此观点，有关共同犯罪的法律规定，实质上是取消“幕后”(retrostante) 主体的正犯资格，因而它们是限制，而不是扩大了可罚性行为的范围。这种理论在精神上与自由民主的刑法制度是完全相悖的。我们的刑法制度，是以罪刑法定原则为基础的刑法制度，这种制度要求在认定正犯问题上，必须以“限制的（正犯）概念”(la concezione restrittiva) 为指导。按照这种理论，只有那些实施了具备构成要件行为的人，才属于法律规定的“正犯”。要处罚那些实施了非典型行为的行为人，就必须援引专门的法律规定，即有关共同犯罪的法律规定。①

在此，意大利学者引入了价值判断，由此而对《意大利刑法典》关于共同犯罪的规定得出限制正犯论而非扩张正犯论的教义学结论，从而拒绝了单一制。

在我国刑法第 25 条关于“共同犯罪是指二人以上共同故意犯罪”的规定中，这里的犯罪是指正犯，还是也包括共犯？恕我寡闻，我还没见到对这个问题的任何回答。如果把这里的犯罪理解为正犯之罪，即刑法分则规定的具体犯罪，则上述共同犯罪的概念就等同于共同正犯的概念而不能在逻辑上涵括共犯。但如果把这里的犯罪理解为包括共犯，则又与教唆犯是教唆他人犯罪的概念矛盾，因为教唆犯定义中的犯罪显然是不包括教唆本身的。这里的问题在于，我国刑法关于共同犯罪的概念只从主观上将共同犯罪限于共同故意犯罪，但并没有从客观上提供共同犯罪的参与形式。我认为，我国刑法第 25 条关于共同犯罪定义中的犯罪，当然是指刑法分则所规定的犯罪，而共同犯罪包括共同故意实行犯罪、组织犯

---

① ［意］杜里奥·帕多瓦尼：《意大利刑法学原理》（注评版），陈忠林译评，280～281 页，北京，中国人民大学出版社，2004。

罪、教唆犯罪和帮助犯罪。这样理解我国刑法关于共同犯罪的概念，才能根据参与形式不同，将正犯与共犯都涵摄在共同犯罪的概念之内。显然，我国刑法关于共同犯罪的定义性规定，与《意大利刑法典》第 110 条的规定是极为类似的，而与对共同犯罪未作概念性规定的德日刑法典是有所不同的。在这种情况下，我国刑法关于共同犯罪的规定，为单一制提供了一定的想象空间。例如，我国学者指出：

> 通过对以上两种体系（指二元制与单一制）的述评从而进一步指出，共同犯罪中各个共同犯罪行为人由于相互利用对方的行为作为自己行为的一部分而成为独立存在的行为。共同实施犯罪行为的人皆为正犯。这才是共同犯罪的本质所在。在此基础上，各个行为人主观罪过的内容决定了正犯的性质和成立范围。在这种共犯人的体系中，正犯的确定并不意味着就确定了其责任的大小，其责任大小应当依据其在共同犯罪中的作用大小来加以确定。笔者有理由认为，只有回到本文的立场即坚持通过各个共同犯罪人的“行为—罪过—作用大小”的路径才可能真正探求到共同犯罪的本质，也才可能真正解决各个共同犯罪行为人的罪责根据。当然，从这一角度来看，单一正犯体系相较于“正犯·共犯”分离体系更具有前瞻性和合理性。①

当然，上述学者的见解也只能是一种可能性而已，要真正采用单一制来理解我国刑法中的共同犯罪，我认为还是存在重大的解释论上的障碍。因为我国刑法第 25 条关于共同犯罪的规定虽然为单一制提供了法律语境，但我国刑法关于共同犯罪人的分类，在主犯、从犯、胁从犯的作用与分类法以外，还对教唆犯专门作了规定。根据我国刑法第 29 条的规定，教唆犯是指教唆他人犯罪的犯罪分子。这一规定，为正犯与共犯的区分提供了法律根据。也就是说，刑法分则规定的具体犯罪行为是正犯行为，在逻辑上并不包括教唆等共犯行为在内。共犯行为只有

---

① 陈世伟：《论共犯的二重性》，135～136 页，北京，中国检察出版社，2008。

按照刑法总则规定结合相关的刑法分则规定才能定罪，这就是共犯对于正犯在定罪上的从属性。因此，我并不认为在我国刑法中具有采纳单一制的可能性。

更为重要的是，弃二元制而采单一制的主要原因还是在于以下两点：一是正犯与共犯区分上的困难，二是简单地以是否参与刑法分则构成要件行为的实行作为正犯与共犯的区分标准，难以体现各共同犯罪人在共同犯罪中的作用，尤其是难以使那些虽未实行犯罪但在共同犯罪中起主导作用的行为人受到严厉处罚。

为解决上述问题，德日传统刑法学的基本思路是逐渐地突破关于正犯与共犯相区分的形式一客观的标准，而实质地扩张正犯的概念。例如日本学者创立了共谋共同正犯的概念，共谋共同正犯是以草野豹一郎的共同意思主体论为理论根据的，认为二人以上异心别体的个人通过共谋实施一定的犯罪，形成一种作为超个人的社会性存在的共同意思主体，由此可以将部分构成成员所实施的行为认作该共同意思主体的行为，因而全体构成成员均为共同正犯。这种学说，在一定程度上混淆了实行与共谋的区别，是一种团体责任论，是和现代刑法中的个人责任原则不相容的。[①] 尽管如此，在日本司法判例中都广泛地承认共谋共同正犯。[②] 而在德国刑法学中，罗克辛的功能性支配理论，也为正犯扩张至未实行者提供了理论根据。例如德国学者指出：

> 行为支配不局限于亲自实施构成要件该当的行为的情形。整个计划的实施使角色分工或为必要或者符合目的，此等角色分工还给具体的参与人分配法定构成要件以外的行为，使得行为的实施依赖于以这种方式确定的合作。[③]

可以说，上述理论在一定程度上克服了区分制的弊端，使得采用单一制缺乏

---

① 参见［日］小野清一郎：《犯罪构成要件理论》，王泰译，167页，北京，中国人民公安大学出版社，2004。

② 参见［日］西田典之：《日本刑法总论》，刘明祥、王昭武译，266页，北京，中国人民大学出版社，2007。

③ ［德］汉斯·海因里希·耶赛克、托马斯·魏根特：《德国刑法教科书》，徐久生译，825页，北京，中国法制出版社，2001。

必要性。而在我国刑法中，上述二元制的弊端可以说由于组织犯这一概念的确立，而得到了很大程度的缓解。从某种意义上说，组织犯这一概念是苏俄及我国刑法关于共犯规定中的唯一亮点。

组织犯的概念最早出自1952年《阿尔巴尼亚刑法典》，该刑法典第13条第3款规定：

> 组织犯罪团伙、领导犯罪团体、制订犯罪计划或者指挥实施犯罪的人，是组织犯。

这一规定将组织犯罪的人从共犯中独立出来予以并列，突出了其在共同犯罪中的作用。1960年《苏俄刑法典》对共同犯罪人改采四分法，增加了组织犯的规定。[①] 现行《俄罗斯联邦刑法典》第33条第3款对组织犯作了规定：

> 组织犯罪的实施或领导犯罪的实行的人，以及成立有组织的集团或犯罪团伙（犯罪组织）或领导这些集团或团体的人，是组织犯。

俄罗斯学者指出：

> 如果组织犯组织了犯罪并领导了犯罪的实施，但自己不参加直接完成犯罪的客观方面，则他的行为应依照刑法典第33条和刑法典分则中规定实行犯责任的相应条款定罪。[②]

由此可见，在俄罗斯刑法中，组织犯属于共犯而非正犯。在处罚上，俄罗斯刑法典规定按照每个共同犯罪人实际参与实施犯罪的性质和程度对共同犯罪人进行处刑。而一般地说，组织犯是最危险的，应担负最大的责任。

我国刑法虽然未在条文中将组织犯单列为一种共同犯罪人，但刑法第26条第1款关于主犯的规定中涵括组织犯，即组织、领导犯罪集团进行犯罪活动的人。对此，我国刑法第26条第3款规定：

> 对组织、领导犯罪集团的首要分子，按照集团所犯的全部罪行

---

① 参见陈兴良：《共同犯罪论》，47页，北京，中国社会科学出版社，1992。

② ［俄］斯库拉托夫、列别捷夫主编：《俄罗斯联邦刑法典释义》（上册），黄道秀译，79页，北京，中国政法大学出版社，2000。

处罚。

这一规定，被认为是体现了对组织犯的严厉处罚。在这种情况下，在对有关正犯与共犯的规定中，已经渗透了作用因素，因而正犯与共犯相区分的二元制所具有的形式性所带来的弊端更容易消弭。在我看来，在我国目前实质刑法观念十分强烈的情况下，采用以形式一客观为基础的正犯与共犯相区分的二元制，可以消解我国刑法关于共同犯罪规定的实质性，从而更能够在共同犯罪的定罪量刑中体现罪刑法定的精神。在这个意义上，我认为应该对单一制持一种排拒的态度。

虽然我国刑法对于共同犯罪的规定，从字面表述上来看，并没有采用正犯与共犯相区分的二元制，但我们还是可以从我国刑法规定中分解出正犯与共犯，并以此作为基本线索对我国刑法规定作解释论的阐述。

二、共犯与正犯的关系

在确定了共犯与正犯区分的基础上，我们将进一步讨论共犯与正犯之间的关系，这个问题对于正确地理解共犯的犯罪性具有重要意义。在刑法理论上，关于共犯与正犯的关系主要存在共犯的从属性与共犯的独立性之争。对此，日本学者小野清一郎指出：

> 关于共犯的从属性和独立性，一直争论不休。对从属性和独立性，必须从各种意义、各种程度上去考虑，这是M.E. 迈耶尔以来人们的普遍认识。问题的根本点在于，教唆犯或帮助犯是否与正犯（单独的或共同的）的性质完全相同。这不仅是个解释论的问题，而且也是个先于法律的、存在论性质的即实体逻辑性质的问题。[①]

① ［日］小野清一郎：《犯罪构成要件理论》，王泰译，161～162页，北京，中国人民公安大学出版社，2004。

在此，小野清一郎提出了一个令人深思的问题：共犯与正犯在实体上是否相同？如果在实体上是相同的，则共犯独立性说是具有实体根据的。如果在实体上是不同的，则共犯独立性说是不能成立的，必须承认共犯对于正犯的从属性。我认为，共犯与正犯在实体上是否相同，这个问题本身是相对的：即在什么意义上相同，又在什么意义上不同，同与不同的标准是什么？例如牧野英一认为犯罪的实体在于危险性或侵害性，在这一点上教唆犯及帮助犯在实体上是与正犯相同的东西。[①]

在行为具有危险性或侵害性这一点上，共犯与正犯当然是相同的，这显然是一种实质判断方法。如果按照这一观点，杀人与放火在具有危险性或侵害性这一点上也是相同的。那么杀人与放火是否也成为实体上相同的东西呢？答案是否定的。我认为，牧野英一混淆了性质上相同与实体上相同之间的界限。性质是对事物进行实质判断而得出的结果，属于价值论范畴。而实体是对事物进行形式性、类型性判断而得出的结果，属于存在论范畴。尽管共犯与正犯在危险性或侵害性这一点上是相同的，但从实体的类型性上来说，共犯与正犯是不同的。而这一类型说，就是构成要件，它是区分共犯与正犯的关键之所在。对此，小野清一郎指出：

> 正犯是作为符合分则的构成要件的实行行为人而可罚的。相反，教唆和帮助都不是构成要件的实行，教唆犯是诱发其实行的，帮助犯是提供条件使其实行变得容易的，他们都是作为为其结果的发生提供条件者而当罚的，都具备可罚性的行为。在共犯是实现了分则（特殊）的构成要件事实的统一观念形象范围内，教唆犯和帮助犯的内容当然地要以某种构成要件为基础来决定。在这个意义上，即使独立地考虑它们，也必须根据特定的（基本的）构成要件来确定它们的内容。这种意义的概念

① 参见［日］小野清一郎：《犯罪构成要件理论》，王泰译，162 页，北京，中国人民公安大学出版社，2004。

性质的从属性是无论如何也不能否定的。[①]

如果说共犯独立性说是一种主观主义的共犯理论，那么共犯从属性说就是一种客观主义的共犯理论。共犯从属性说是目前德日刑法学中的通说，而共犯独立性说则基本上已无人问津。因此，德日刑法学主要围绕从属性问题展开讨论。从属性问题不是与独立性对应意义上要不要的问题，而是在确认从属性的前提下，从属到什么程度的问题，即从属性程度。德日学者称这个问题为追究共犯责任的连接点，指出：

> 共犯（教唆犯和帮助犯）是以依赖于故意之正犯的存在而存在的（从属性），因为只有实施了正犯行为，第26条和第27条规定的不法构成要件才得以实现。这就产生了这样一个问题，即正犯行为必须具有什么样的特征，才能够成为追究共犯责任的适当的连接点（Anknuepfungspunkt）。[②]

关于从属性程度的问题，德国学者麦耶曾经提出以下四种从属形态：

> 第一是最小从属形态（minimal-akzessorische Form），即认为只要正犯符合构成要件就够了；第二是限制从属形态（limitiert-akzessorische Form），即认为需要正犯符合构成要件并且是违法的；第三是极端从属形态（extrem-akzessorische Form），即认为需要正犯具有构成要件符合性、违法性和责任；第四是夸张从属形态（hyper-akzessorische Form），认为正犯除了具备构成要件符合性、违法性和责任之外，进而必须具备一定的可罚条件。[③]

在以上四种从属形式中，前三种从属形式分别对应于三阶层的犯罪论体系，

---

① ［日］小野清一郎：《犯罪构成要件理论》，王泰译，163～164页，北京，中国人民公安大学出版社，2004。

② ［德］汉斯·海因里希·耶赛克、托马斯·魏根特：《德国刑法教科书》，徐久生译，792页，北京，中国法制出版社，2001。

③ 转引自［日］大塚仁：《刑法概说（总论）》，3版，冯军译，244页，北京，中国人民大学出版社，2003。

即最小从属形式对应于构成要件该当性，限制从属形式对应于违法性，极端从属形式对应于有责性。由此可见，共犯从属性程度是以三阶层的犯罪论体系为前提展开论述的。

从总体上看，从属性程度存在一个逐渐地从极端到最小的放宽过程，其结果是扩张共犯范围。例如在德国刑法中，1943 年以前一直适用严格的从属性原则，根据该原则，主行为正犯必须实施了“应受处罚”的行为，即应受处罚的所有要素都必须具备的行为，个人的阻却刑罚事由和诉讼条件除外。1943 年 5 月 29 日，德国刑法设立第 50 条第 1 款，该条款规定，每一个共犯应当“不考虑其他正犯的责任，以自己的责任受处罚”。这是增加了限制的从属性，以便弥补可能的应受处罚性的漏洞。1975 年刑法改革以后，德国刑法与判例规定：教唆犯和帮助犯以故意实施的违法的正犯行为为前提条件，这是明确地采用限制从属形态。①

在日本，虽然刑法没有修改，但对刑法的理解发生了变化，从而使从属性形式也发生改变。《日本刑法典》第 61 条对教唆犯作了以下规定：

> 教唆他人使之实行犯罪的，判处正犯的刑罚。

在第二次世界大战前日本的通说以刑法上述规定中的“犯罪”一语为根据，采用了极端从属形式。但在此后，重视该条的“使之实行”这一点而支持限制从属形式的立场成为通说。对此，日本学者指出：

> 采用限制从属形态是妥当的。因为，例如，即使是没有达到刑事责任年龄的少年，不少也在相当程度上具有规范意识，充分理解着自己的行为的犯罪意义，应该认为，对这种人进行利用的行为不是间接正犯，毋宁说是教唆犯。因此，作为成立狭义的共犯的前提，一般不能要求正犯者存在责任。本来，责任是相对行为人进行的人格性非难，总是应该对各行为人进行具体的判断，从属于正犯者的责任论及教唆者·从属者的责任，是

① 参见［德］汉斯·海因里希·耶赛克、托马斯·魏根特：《德国刑法教科书》，徐久生译，792～793 页，北京，中国法制出版社，2001。

> 不合理的。而且，例如，利用了正当防卫行为·紧急避难行为等行为人的合法行为实现犯罪时，可以承认行为人自己对规范的直接违反，应该认为是间接正犯。不能认为存在相对于正犯者的缺乏违法性的行为的教唆犯·从犯。而且，正犯者的行为当然必须是符合构成要件的。利用了被利用者缺乏构成要件符合性的行为时，已作阐述，利用者可以成立间接正犯。这样，应该说，作为成立教唆犯·从犯的前提，正犯者的行为是符合构成要件的、违法的，就够了，并不需要正犯者存在责任。①

当然，在日本学者中也有主张虽然限制从属性说基本正确，但又认为原则上还是最小从属性说正确的观点，例如西田典之教授。② 由此可见，在从属性程度上，越来越向最小限度的从属形式方向发展。

德日刑法采用限制从属形式，这与间接正犯的范围有关。因为间接正犯本身就是为弥补采用极端从属形态而产生的刑事处罚上的漏洞而创设的一个法教义学概念。改采限制从属形式以后，间接正犯的范围有所限缩，但该概念的存在仍然具有合理性。

值得注意的是，在日本刑法学界，当共犯从属性说取代共犯独立性说成为通说以后，平野龙一教授对极端从属性说、限制从属性说、最小从属性说等关于从属性程度的分类提出了批评，认为这种整理方式将本应属于复线条的共犯从属性问题简单地用单线条来整理，容易引起歧义，因而提出了将从属性问题分为实行从属性、要素从属性和罪名从属性，并且主张这分别属于不同理论层次的相互独立的问题。③ 目前平野龙一的这一关于从属性的分类学说，已为日本学者广为接受。

---

① ［日］大塚仁：《刑法概说（总论）》，3版，冯军译，245～246页，北京，中国人民大学出版社，2003。

② 参见［日］西田典之：《日本刑法总论》，刘明祥、王昭武译，326～327页，北京，中国人民大学出版社，2007。

③ 参见［日］西田典之：《日本刑法总论》，刘明祥、王昭武译，318页，译者注①，北京，中国人民大学出版社，2007。

（一）实行从属性

实行从属性是一个涉及从属性的有无问题，即要求当正犯着手犯罪实行时，共犯才能成立。日本刑法学界关于实行从属性问题集中在教唆的未遂以及预备犯的教唆犯是否可罚上，因为在上述情况下，被教唆犯均未着手实行犯罪，因而没有实行从属性。如果主张上述情形可罚，那就是实行独立性。实行从属性又可以进一步分为实质说与形式说，两种学说均主张教唆的未遂不可罚。[①] 我国刑法第 29 条第 2 款明文规定：

> 如果被教唆的人没有犯被教唆的罪，对于教唆犯，可以从轻或者减轻处罚。

根据上述规定，教唆犯的未遂犯、预备犯的教唆犯都是可罚的，因而并没有采用实行从属说。这一点对于我国刑法中正犯与共犯的关系具有何种影响，是值得讨论的。

（二）要素从属性

要素从属性是一个从属性程度问题，即极端从属、限制从属还是最小从属。对此，日本刑法学界的通说是限制从属。值得注意的是，日本学者在论及限制从属性说时，提出了这样一个命题：

> 违法连带作用，责任个别作用。[②]

这实际上是说，违法评价是一般的，因而具有连带性；而责任评价是具体

① 参见［日］西田典之：《日本刑法总论》，刘明祥、王昭武译，320 页，北京，中国人民大学出版社，2007。

② ［日］西田典之：《日本刑法总论》，刘明祥、王昭武译，326 页，北京，中国人民大学出版社，2007。

的，因而具有个别性。所以，限制从属性说以正犯具有构成要件该当、违法作为共犯成立的条件，是强调了各参与者之间违法的连带作用。在这个意义上说，违法的连带性为限制从属性说提供了理论根据。

（三）罪名的从属性

罪名从属性涉及共犯是否必须和正犯的罪名相同的问题，因而是一个犯罪共同还是行为共同的问题。犯罪共同说认为共犯是数人共犯一罪之关系，因而必然主张罪名相同，即具有罪名从属性。而行为共同说则认为共犯仅仅是一种实现犯罪的方法类型，各参与者为了实现自己的犯罪，通过利用他人而扩张自己行为的因果性影响力的范围，因而共犯不必罪名相同，即否定罪名从属性。目前日本的通说是部分犯罪共同说，即便是不同的犯罪，在构成要件相互重合的限度之内仍可成立共犯。因此，在这种部分犯罪共同说中，罪名从属性是受到否定的。例如，甲教唆乙去盗窃，乙在盗窃过程中转化为抢劫。对此，甲定盗窃罪，乙定抢劫罪，两者之间并不存在罪名从属性，但根据部分犯罪共同说，在盗窃罪的限度内成立共犯。

我国刑法学中关于共犯与正犯的关系，是一个十分复杂的问题，正如我在前面指出的，这个问题与我国刑法第 29 条第 2 款的规定有关。在我国刑法学界，对于共犯与正犯的关系，存在一种曾经具有广泛影响的观点，这就是从属性与独立性的二重性说。这一观点是伍柳村教授在论及教唆犯时首先提出来的，指出：

> 教唆犯的犯罪意图既然必须通过被教唆人的决意，并且去实施他所教唆的犯罪行为，才能发生危害结果或者达到犯罪目的，否则，是不可能发生危害结果或者达到犯罪目的的；所以，就教唆犯与被教唆人的关系来讲，教唆犯处于从属地位，教唆犯具有从属性。但是，教唆犯给予他人以犯罪意图这一行为，它与单个人犯罪的犯意表示，其危害性是不相同的。单个人犯罪的犯意表示还没有发生社会关系，只是个人犯罪意

思活动的流露而已，所以不能认为犯罪；而在共同犯罪中，教唆犯的教唆行为则是教唆犯与被教唆人已经发生了人与人之间的社会关系，而且在这种社会关系中，又已显示出教唆他人犯罪这一行为本身对社会危害的严重程度。无论被教唆人是否去实行犯罪，教唆行为本身都应该认为犯罪，当然在处罚时也必须考虑被教唆人已否决了被教唆的罪这一事实。所以，从这个意义上来说，教唆犯在共犯中处于相对的独立地位，教唆犯又具有相对的独立性。①

在以上论述中，从属性是从教唆犯与被教唆人之间的自然关系而言的，即没有被教唆人的犯罪行为，教唆犯的犯罪意图就不可能实现。例如，教唆杀人，人是被教唆人杀的，在这个意义上，教唆犯具有对被教唆人的从属性。但相对独立性是以刑法第 29 条第 2 款处罚教唆未遂为法理根据的：在被教唆人没有犯罪的情况下，教唆犯也应受刑事处罚，因而教唆犯具有相对独立性，由此形成二重性说。马克昌教授也赞同二重性说，但又对二重性结合我国刑法规定作了具体解读，指出：

从属性通常包括犯罪的从属性与处罚的从属性两个方面。前者是指教唆犯因教唆实施犯罪而构成，被教唆人未实施犯罪，教唆犯即不成立。被教唆人犯罪既遂、未遂或预备，教唆犯也是犯罪既遂、未遂或预备。后者指对教唆犯依照实行犯的刑罚来处罚。刑法规定的教唆犯完全符合上述情况的，就是具有从属性，不符合或不完全符合上述情况的，就是具有独立性或一定的独立性。据此，我们认为我国刑法规定的教唆犯，确实具有两重性，但独立性是主要的。具体言之，刑法第 26 条（指 1979 年刑法，现行刑法是第 29 条——引者注）第 1 款规定的教唆犯，只有在被教唆人实施犯罪时才能成立。这时教唆人与被教唆人构成共同犯罪关系，被教唆人实施的犯罪行为是犯罪预备、未遂或既遂，教

① 伍柳村：《试论教唆犯的二重性》，载《法学研究》，1982（1）。

唆犯也是犯罪预备、未遂或既遂，这就是教唆犯犯罪的从属性。但这一款规定的教唆犯的刑事责任，则是依其在共同犯罪中的作用处罚，而不是依照实行犯的刑罚处罚，这就是教唆犯处罚的独立性。第 26 条第 2 款规定的教唆犯，是被教唆人没有犯被教唆之罪的情况。在这种情况下，教唆犯与被教唆人根本不成立共同犯罪关系，刑法却仍然对之规定了刑事责任。这里的教唆犯既无犯罪的从属性，也无刑罚的从属性，亦即只有独立性。①

马克昌教授结合我国刑法规定分析教唆犯的二重性，尤其是在强调我国刑法规定处罚教唆未遂的情况下，表明我国刑法中的教唆犯更多地具有独立性。就此而言，马克昌教授对刑法第 29 条第 2 款的理解与伍柳村教授是一致的。

我也从教唆犯的未遂切入，对二重性说进行了论证。我的论证思路是：在被教唆人没有犯所教唆罪的情况下，教唆犯以犯罪预备论处的预备说是共犯从属性理论的观点，而教唆犯以犯罪既遂论处的既遂说是共犯独立性理论的观点，教唆犯以犯罪未遂论处的未遂说则体现了教唆犯的从属性与独立性的二重性。② 由此可见，不同于上述学者，我是想采用二重性说对教唆的未遂加以法理论证。

二重性说试图在共犯的从属性与独立性之间采取一种折中的学术立场。问题在于：共犯的从属性与独立性能否统一。如果共犯的从属性与独立性是互不相容的，则这种统一就是虚妄的。对于二重性说，张明楷教授提出了尖锐的批评，认为二重性说是一种不可思议的学说。③ 对共犯与正犯的关系分别存在独立性说与从属性说两种观点，这两种观点都否定二重性说。其中，余淦才教授较早地批评二重性说，认为在一部刑法里，要么采取独立性说，即完全以教唆人所教唆之罪作为定罪基础；要么采取从属性说，即完全以被教唆人所实施之罪作为定罪基础。很难想象，在一部刑法里可以合二为一，或说具有所谓二重性。对教唆犯的

---

① 马克昌：《论教唆犯》，载《法律学习与研究》，1987（5）。

② 参见陈兴良：《论教唆犯的未遂》，载《法学研究》，1984（2）。

③ 参见张明楷：《刑法的基本立场》，305 页以下，北京，中国法制出版社，2002。

独立性，余淦才教授作了以下论证：

> 根据刑法第 26 条（指 1979 年刑法，现行刑法是第 29 条——引者注）第 2 款规定："如果被教唆的人没有犯被教唆的罪，对于教唆犯，可以从轻或减轻处罚。"这里，教唆犯不具有从属性，大概没有人会提出异议。根据刑法第 26 条第 1 款规定："教唆他人犯罪的，应当按照他在共同犯罪中所起的作用处罚。"从文字表面看，处罚根据明明是指他在共同犯罪中所起的作用，这种作用，无疑是指教唆犯的作用，而不是指实行犯的作用，教唆人是被处罚的独立主体，而没有丝毫从属于被教唆人的含义。[①]

对于独立性说，张明楷教授也持反对态度，认为这是一种缺乏实质根据的观点。张明楷教授主张从属性说，认为坚持教唆犯从属性说，就使罪刑法定主义得以坚持，构成要件的机能得以维护，教唆犯的处罚界限得以明确。当然，我们讨论共犯从属性、独立性或者二重性，都不是应然意义上的法理探讨，而是一种法教义学的分析，即讨论我国刑法规定到底是采从属性说、独立性说还是二重性说。因此，这种教义学讨论不能回避法律规定。那么，张明楷教授是如何解释我国刑法第 29 条第 2 款的规定的呢？张明楷教授指出：

> 可以认为，刑法第 29 条第 2 款规定的是未遂犯的教唆犯，即可以将其中的"被教唆的人没有犯被教唆的罪"解释为"被教唆的人没有犯被教唆的既遂犯"或"被教唆的人没有犯罪既遂"。详言之，该款的基本含义是，如果被教唆的人着手实行犯罪后，由于意志以外的原因未得逞（未遂）或者自动放弃犯罪或有效地防止结果发生（中止），对于教唆犯，可以从轻或者减轻处罚。这一解释不仅维持了教唆的从属性，使教唆犯的处罚根据明确、得当，而且在解释论上具有根据。[②]

---

① 余淦才：《试论教唆犯的刑事责任》，载《安徽大学学报》（哲学社会科学版），1983（2）。

② 张明楷：《刑法学》，3 版，342 页，北京，法律出版社，2007。

如果上述解释能够成立，从属性说的立场是可以维持的。但恰恰是这一解释本身并不具有根据。对于我国刑法第 29 条第 2 款的“被教唆的人没有犯被教唆的罪”，我国立法机关的解释是：

> 所谓“被教唆人没有犯被教唆的罪”包括两种情况：一是教唆犯的教唆，对被教唆人没有起到促成犯意、实施犯罪的作用，被教唆人既没有实施教唆犯教唆的犯罪，也没有实施其他犯罪，其教唆行为没有造成直接的犯罪结果；二是被教唆人没有犯所教唆的罪，而犯了其他罪。不论哪一种情况，都是教唆犯罪，应当承担刑事责任。①

显然，这里的“被教唆人没有犯被教唆的罪”是指失效的教唆，即教唆犯的未遂犯而不是未遂犯的教唆犯。

共犯的从属性与独立性，抑或二重性之争，我认为还是要回到对从属性与独立性的判断标准上来，只有标准明确才能消除分歧。关于从属性与独立性的区分标准，张明楷教授曾经指出：

> 区分从属性与独立性的实质标准是：处罚教唆犯与帮助犯的根据是教唆、帮助行为引起了法益侵害的危险性还是教唆者、帮助者的反社会性格？②

根据以上论述，凡是主张处罚教唆犯与帮助犯的根据是教唆、帮助行为引起了法益侵害的危险性的，是从属性说；凡是主张处罚教唆犯与帮助犯的根据是教唆者、帮助者的反社会性格的，是独立性说。但这一标准过于抽象，正如张明楷教授所说是实质标准，所以我认为还是难以准确地区分从属性与独立性。区分从属性与独立性，还是应当采形式标准，即以是否要求正犯的构成要件行为为标准，这也就是所谓实行的从属性。凡是要求共犯的成立以正犯行为为前提的，就是从属性说；凡是不要求共犯的成立以正犯行为为前提的，就是独立性说。正如

---

① 全国人大常委会法制工作委员会刑法室编：《中华人民共和国刑法条文说明、立法理由及相关规定》，42 页，北京，北京大学出版社，2009。

② 张明楷：《刑法的基本立场》，320 页，北京，中国法制出版社，2002。

我国台湾地区学者陈子平教授指出：

关于共犯从属性与独立性之意义，应该以“实行从属性与独立性”（从属性之有无）以及“要素从属性”（从属性之程度）加以理解。亦即，首先应检讨者，及共犯之成立、处罚，是否以正犯已着手时犯罪之实行或者以已有正犯主行为之存在为必要（实行从属性问题），此问题，即涉及共犯独立性说与共犯从属性说之对立；其次则是检讨，于采共犯从属性说之立场下，共犯之成立，固然以正犯实行（正犯行为）为必要，但该正犯行为以具备何种犯罪要件为必要（要素从属性问题），此问题，向来有“极端从属性”（又称“严格从属性”，即以正犯行为具备构成要件该当性、违法性与有责性为必要）、“限制从属性”（即以正犯行为具备构成要件该当性及违法性为已足）与“最小限制从属性”（即以正犯行为具备构成要件该当性为已足）之对立。[①]

以上实行从属性与要素从属性两个问题，具有逻辑上的位阶关系：因为前者是从属性有无的问题，后者是从属性程度的问题；后者必然以前者为前置性条件。按照以上从属性与独立性的标准来衡量，我国刑法第 29 条第 2 款明文规定处罚教唆犯的未遂犯，即没有正犯的共犯，因而不存在实行从属性。换言之，从我国刑法第 29 条第 2 款规定不得不得出我国刑法采共犯独立性说的结论。

既然我国刑法采共犯独立性说，因而本来对于要素从属性问题没有讨论的必要，但这里应当指出，共犯从属性程度是以三阶层的犯罪论体系为逻辑前提的，即只有在三阶层的犯罪论体系中才能区分出从属性程度来。而在四要件的犯罪构成体系中，四要件之间并不存在逻辑上的位阶关系，因而无法区分从属性程度，其结果是在某些情况下，实际上采用了极端从属形态，因而扩张了间接正犯的范

① 陈子平：《论共犯之独立性与从属性》，载陈兴良主编：《刑事法评论》，第 21 卷，7 页，北京，北京大学出版社，2007。

围却限缩了共犯的范围。例如教唆不满 14 周岁的人杀人的，在我国刑法中被教唆人因为没有达到法定的刑事责任年龄而不构成犯罪，因此教唆者应以间接正犯论处。而在日本刑法中，如果被教唆人具有认识与控制能力，即使其没有达到法定刑事责任年龄，教唆者亦构成共同正犯。在这一点上，可以看出三阶层的犯罪论体系与四要件的犯罪构成体系在共犯问题上出现的体系性差异。

三、共犯的处罚根据

共犯的处罚根据问题是一个与共犯从属性问题密切相关的问题，以至于往往被人看作同一个问题。确实，共犯从属性说也是在为共犯的处罚提供根据。但是，这两个问题的视角还是有所不同的。共犯从属性特别是要素从属性的问题，就是在以正犯为分析客体时，正犯具备哪些条件共犯才能成立、受到处罚。与此相对应，共犯的处罚根据则是指从共犯一侧来看共犯为什么要受到处罚。这样，共犯的处罚根据的议论与共犯的从属性形式问题之间就紧密地联系在一起。[①] 因此，共犯的处罚根据是以共犯为本位的一种探讨，并且它也是以三阶层的犯罪论体系为逻辑前提而展开的。在刑法理论上，一般认为在共犯处罚根据问题上，存在以下三种学说：

（一）责任共犯论

责任共犯论是一种较为古老的共犯理论，它将责任作为共犯与正犯之间关系的联结要素。日本学者指出：

> 责任共犯论认为，共犯的处罚根据在于使得他人陷入了刑罚与

① 参见杨金彪：《共犯的处罚根据》，28 页，北京，中国人民公安大学出版社，2008。

刑法之中。也就是说，该说从行为人创造出了具有刑事责任的犯罪者这一点中探求处罚根据，因而称为责任共犯论。①

我在前面已经引述过“违法连带作用，责任个别作用”的命题，强调责任的个别性。但如果按照责任共犯论，共犯之间因责任而连带，那就否认了责任的个别性。对此，德国学者指出：

根据旧的罪责共犯理论，共犯之所以受处罚，是因为他使得正犯有罪责和受处罚，此外，他还共同实施了犯罪行为（peccat in se et alium pessare facit）。该理论现今已站不住脚了，因为它是与第 29 条相抵触的。②

这里的第 29 条，是指《德国刑法典》第 29 条，该条规定：

数人共同犯罪的，各依自己的罪责受处罚，而对他人的处罚如何，对其无影响。

该法条被认为是规定了对共犯处罚的独立性。德国学者所说的责任共犯论与第 29 条相矛盾，是指第 29 条规定在对共犯处罚的时候，责任是各依自己行为分别进行考察的，对其他共犯的处罚并无影响。而责任共犯论则是将共犯关系建立在正犯的有责性之上，因而两者是矛盾的。

责任共犯论之所以强调正犯的有责性对于共犯的处罚所具有的重要性，就是受到可罚性借用论或者犯罪性借用论的影响。在刑法理论上，存在犯罪性借用说与犯罪性固有说之争。犯罪性借用说认为，共犯的犯罪性来自于正犯，因而只有当正犯构成犯罪时，共犯才具有犯罪性，似乎共犯的犯罪性是从正犯那里“借用”的。当然，这里的“借用”是一种形象的说法。而犯罪性固有说则认为共犯的犯罪性是其自身行为所固有的，并非从正犯那里借用而来。因此，责任共犯论与极端从属说属于同一理论体系③，它们都要求在正犯具有构成要件该当性、违

① ［日］西田典之：《日本刑法总论》，刘明祥、王昭武译，275 页，北京，中国人民大学出版社，2007。

② ［德］汉斯·海因里希·耶赛克、托马斯·魏根特：《德国刑法教科书》，徐久生译，829 页，北京，中国法制出版社，2001。

③ 参见［日］西田典之：《日本刑法总论》，刘明祥、王昭武译，276 页，北京，中国人民大学出版社，2007。

法性与有责性的情况下，共犯才能依附于正犯而成立。

应当指出，从责任共犯论的上述含义来看，责任共犯论是对共犯处罚范围严格加以限制的一种理论，这种限制本身是否合适，当然还是可以讨论的。但我国学者认为，在解释论结论上却表现出与此相反的倾向，即导致共犯处罚范围过于扩大。[①] 这种扩大是解释论造成的，责任共犯论本身对此应负何种责任，这是值得研究的。

（二）违法共犯论

违法共犯论把违法性作为共犯与正犯之间的联结要素。日本学者指出：

> 违法共犯论认为，共犯的处罚根据在于使正犯实施了该当于构成要件的违法行为。该说主张，正犯行为只要具有违法性即可，不一定要具有有责性，因而称之为违法共犯论。[②]

违法共犯论是以正犯实施具有构成要件该当且违法的行为作为共犯处罚的根据。因而这一理论相当于共犯从属性说中的限制从属形式。在德国，违法共犯论被称为不法参与论，它对应于罪责参与论，被认为是一种正确的共犯处罚根据论。例如德国学者指出：

> 对共犯进行处罚的理由原则上只可能是，教唆犯及帮助犯参与了正犯实施的不法［不法参与论（Unrechtsteilnahmetheorie）］。共犯本身并没有实现《刑法典》分则部分所规定的构成要件，而是违反了从分则部分推导出来并规定在第 26、27 条中的，禁止唆使或者帮助他人实施犯罪行为的规定。共犯的不法内容因而受所参与行为的不法的首要影响。[③]

---

① 参见杨金彪：《共犯的处罚根据》，42 页，北京，中国人民公安大学出版社，2008。

② ［日］西田典之：《日本刑法总论》，刘明祥、王昭武译，276 页，北京，中国人民大学出版社，2007。

③ ［德］冈特·施特拉滕韦特、洛塔尔·库伦：《刑法总论 I——犯罪论》，5 版，杨萌译，325 页，北京，法律出版社，2006。

以上论述所涉及的《德国刑法典》第 26、27 条分别是对教唆犯与帮助犯的规定。其中第 26 条（教唆犯）规定：

故意教唆他人故意实施违法行为的是教唆犯，对教唆犯的处罚与正犯相同。

第 27 条（帮助犯）规定：

对他人故意实施的违法行为故意予以帮助的，是帮助犯。

在以上规定中，无论是教唆犯还是帮助犯，都只有在正犯“故意实施违法行为”的情况下才能成立，因而德国主张违法共犯论似乎是具有法律根据的。相比之下，日本刑法规定正犯构成犯罪，共犯才能成立，因为《日本刑法典》第 61 条（教唆）规定：

教唆他人实行犯罪的，判处正犯的刑罚。

第 62 条（帮助）规定：

帮助正犯的，是从犯。

因此，根据《日本刑法典》采用责任共犯论是具有法律根据的。但日本学者一般不采责任共犯论而采违法共犯论。例如，日本学者大塚仁指出：

作为教唆犯·从犯的处罚根据，在形式上需要教唆者·帮助者的行为符合教唆犯·从犯的被修正的犯罪构成要件，是违法的，以及教唆者·帮助者具有责任。这不外乎是实定刑法的解释问题。而且，作为实质的根据，关于教唆犯，需要唆使被教唆者，使其产生实行犯罪的决意，而且，由其实行而引起了违法的事态；关于从犯，需要实施对正犯者的实行进行援助的行为，而且，由其援助使正犯的实行变得容易了。它们之间必须存在因果关系。所以，在属于被教唆者、被帮助者的正犯者那里，具有核心意义的是，由其实行行为产生了对刑法所保护的法益的侵害（危险），因而受到处罚；在教唆者·帮助者那里，由其教唆行为、帮助行为引起正犯者实施对法益的侵害（危险），虽然是间接的，但是，提供了重要的原因，这可以说是其受到处罚的根据。另外，因为应该对各行为人具体地论及其责任，所以，只要正犯者的行为符合构成要件，是违法的，就够了，不应该将正犯者也具有了责任作为处罚教唆犯·从犯的要件。这样，与德国刑法不同，虽然在我国刑法典中看不到有妨碍采用所谓责任共犯说的条文制约，但是，我认为，与上述基于共犯的限制从属形态相关联，关于狭义共犯的处罚根据，根据不法共犯说的立场来理解是妥当的。①

在日本刑法学界，虽然违法共犯论是通说，但也有学者对违法共犯论进行批评，认为违法共犯论与责任共犯论一样，在个别情况下无法适用。例如西田典之通过以下两个例子加以说明②：

一是根据日本《未成年人饮酒禁止法》第1条第3款规定，对于销售者明知对方是未成年人仍卖给对方的行为，构成犯罪。如果在未成年人的请求下，店主将酒类卖给该未成年人，则店主构成上述犯罪。对于这种情况，按照责任共犯论、违法共犯论，要求店主卖酒的未成年人当然构成该罪的教唆犯。因为他实施了使店主犯罪的行为，但根据立法本意，未成年人显然不能构成该罪。如此一来，认为让他人陷入犯罪，或者，让他人实施违法行为者均构成共犯的责任共犯论、违法共犯论，显然无法适用上述情况，进而归于瓦解。

二是流氓请求外科医师实施麻醉以后为其断指。自伤行为本身并不具有可罚性，如果切断其手指的医师构成伤害罪，那么，请求医师切断其手指的流氓是否作为伤害罪的教唆犯也具有可罚性呢？按照责任共犯论、违法共犯论的观点，只能认定构成教唆犯。但是，自残行为不可罚，请他人代为切断自己的手指的行为却构成伤害罪的教唆犯，这种结

① ［日］大塚仁：《刑法概说（总论）》，3版，冯军译，247～248页，北京，中国人民大学出版社，2003。

② 参见［日］西田典之：《日本刑法总论》，刘明祥、王昭武译，276～277页，北京，中国人民大学出版社，2007。

论无论如何难言正确。

基于以上情况，西田典之得出结论，认为不能将责任共犯论、违法共犯论作为共犯的处罚根据的理论基础。[①] 应当指出，西田典之的以上说法是有一定道理的。但问题在于：能否以此否定违法共犯论？

西田典之是主张因果共犯论的，那么，因果共犯论是否就能够避免以上问题呢？对此，西田典之指出：

> 因果共犯论认为，之所以应处罚共犯，就在于其与他人所引起的法益侵害之间具有因果性，这又称为惹起说。也就是，所谓共犯，是指以其他犯罪参与者为媒介而间接地实施了法益侵害行为者。为此，遭受侵害的法益必须对共犯本身而言也属于应加以保护的法益。因此，前述未成年人或流氓并不成立共犯。[②]

西田典之是从法益保护的角度认为根据因果共犯论，以上两种情况不成立共犯，因而肯定因果共犯论。但对未成年人不构成共犯的问题也可以根据单向的对向犯的法理而予以出罪，而对流氓行为可以根据缺乏法益的要保护性的违法阻却事由而予以出罪。共犯处罚根据论的目的在于限制共犯范围，采因果共犯论比违法共犯论，其共犯范围更大。因为根据违法共犯论，正犯不仅要具有构成要件该当性，而且还要具有违法性，共犯才能成立。而根据因果共犯论，则正犯只要具有构成要件该当性，共犯就能成立。

（三）因果共犯论

因果共犯论，是把构成要件该当性中的因果性作为正犯与共犯的联结要素，它又称为引起说，我国也有学者译为惹起说。在引起说中，又可以分为纯粹引起

---

① 参见［日］西田典之：《日本刑法总论》，刘明祥、王昭武译，277 页，北京，中国人民大学出版社，2007。

② ［日］西田典之：《日本刑法总论》，刘明祥、王昭武译，277 页，北京，中国人民大学出版社，2007。

说、修正引起说和折中引起说。对此，我国学者指出：

纯粹引起说在共犯自身侵害了刑法分则保护的法益上寻求共犯的处罚根据，主张共犯不法完全独立于正犯不法。这种见解原则上肯定违法的相对性，即个别地把握违法性。纯粹引起说既肯定“没有正犯的共犯”，即使没有正犯不法共犯也可能是违法的；也肯定“没有共犯的正犯”，即使存在正犯不法也可能不存在共犯不法。①

显然，以上意义上的因果共犯论，实际上与共犯独立性说没有两样，因为它承认“没有正犯的共犯”，从而彻底否定了共犯对正犯的从属性。

修正引起说（从属性志向引起说）在共犯加担正犯的法益侵害上寻求共犯的处罚根据，主张共犯不法是从正犯不法导致的。这种见解原则上否定违法的相对性，把违法的连带性坚持到底。修正引起说否定“没有正犯的共犯”，即如果不存在正犯不法就不存在共犯不法，而且否定“没有共犯的正犯”，即如果存在正犯不法就存在共犯不法。②

修正的引起说明显不同于纯粹引起说，强调了共犯对于正犯的从属性，这种从属性是一种不法的从属性，正犯的法益侵害是共犯的处罚根据。当然，修正的引起说对于正犯是否必须具有构成要件该当性与违法性，共犯才能成立这一点，并不明确，而是强调正犯具有法益侵害性，因而也并不妥当。

折中引起说（混合引起说、从属的法益侵害说）在共犯从属地侵害构成要件保护的法益上探求共犯的处罚根据，主张共犯不法部分从属于正犯，部分独立于正犯不法。这种见解对违法的相对性部分地予以肯定、部分地予以否定。换言之，折中引起说一方面否定“没有正犯的共犯”，即没有正犯不法就不存在共犯不法，另一方面肯定“没有共犯的正犯”，即使存在正犯不法也可能没有共犯不法。③

---

① 杨金彪：《共犯的处罚根据》，81页，北京，中国人民公安大学出版社，2008。

②③ 杨金彪：《共犯的处罚根据》，82页，北京，中国人民公安大学出版社，2008。

上述折中引起说，之所以称折中说，就是纯粹引起说与修正引起说之间的调和。对于这种观点，日本学者西田典之称之为构成要件性引起说，指出：

共犯的处罚根据就在于惹起了构成要件违法性，或者说，惹起了由构成要件这一框架所框定的违法性，而并非仅仅只要惹起了法益侵害意义上的违法性即可。没有构成要件该当性便没有共犯处罚。确切的表述是，某参与者的行为满足了构成要件，这才是共犯的处罚根据。有人主张应称为混合惹起说，为了更符合其实质，本书称之为构成要件性惹起说。①

如果要求正犯具有构成要件性违法性，则折中引起说与违法共犯论似乎并无根本区别。当然，违法共犯论强调违法的连带性，而折中引起说则部分地承认违法的连带性，部分地承认违法的相对性，在这一点上与违法共犯论是存在区别的。当然，如果把责任共犯论理解为不以构成要件为前提的堕落论，而把违法共犯论定义为与引起结果无关的行为无价值引起说，则上述两种共犯处罚根据理论都是不可取的。但如果把责任共犯论理解为与极端限制从属形式相当的理论，把违法共犯论理解为与限制从属形式相当的理论，把因果共犯论理解为与最小限度的从属形式相当的理论，则违法共犯论是可取的。我国目前的多数说，是折中引起说。不可否认，德日刑法学中有关理论过于复杂烦琐，我们理解起来是较为困难的。

苏俄及我国刑法学中并没有自成体系的共犯处罚根据论，对此，特拉伊宁曾经作过以下经典的论述：

共同犯罪并不改变刑事责任公认的根据，它并没有创造一种新的连带责任；不论是单人的活动或是在共同犯罪时的活动，刑事责任都是以具备两个永远是同样必要的构成要素——罪过和因果关系——为前提

① ［日］西田典之：《日本刑法总论》，刘明祥、王昭武译，278页，北京，中国人民大学出版社，2007。

的。共同犯罪只是创造了责任的特殊形式。因为它是活动——几个人实施同一个犯罪的活动——的特别危险的形式。因此，共同犯罪可以一般地确定为：几个人共同参加实施同一个犯罪，其中每个人都应该和犯罪的结果有因果联系和罪过联系。①

如果从德日刑法学的理论视角来分析，则我国刑法关于共犯的处罚根据说类似于责任共犯论，即极端从属形式说。与此同时，正如我在前面所分析的，从处罚教唆未遂，即“没有正犯的共犯”来说，又似乎是采取纯粹引起说，即共犯独立性说，两者处于一种矛盾之中。正如我国有学者指出的：

由于我国刑法学关于教唆犯的处罚根据很大程度上坚持了责任共犯说，甚至比责任共犯说走得更远，那么同样会产生责任共犯说带来的问题。责任共犯说最大的问题在于：不适当地扩大了共犯的处罚范围。但是，如果按照我国刑法学关于教唆犯的成立条件，教唆犯的处罚范围则更加没有限制。譬如，在德国刑法上，未遂教唆已经成为不可罚的，这在理论上几乎没有争议。但是在我国刑法学上，即使是狭义的教唆未遂都是可罚的，更不用说未遂教唆了，显然过于扩大了教唆犯的处罚范围。②

对于责任共犯论是否扩大了共犯的处罚范围，还是值得研究的，这取决于如何理解责任共犯论。就我国刑法而言，采责任共犯论的结果，恰恰是使共犯的成立范围过于狭窄。例如在教唆未满 14 周岁的人杀人的情况下，未满 14 周岁的人实施了杀人行为，因为其没有达到法定刑事责任年龄不负刑事责任，教唆者不成立教唆犯，而以间接正犯论处。而根据我国刑法第 29 条第 2 款的规定，被教唆的人没有犯被教唆的罪，对教唆犯应当定罪，这又扩张了共犯的处罚范围。对于后者来说，当然是由刑法规定造成的，通过解释论是难以消解的。对于前者来

① ［苏］A. H. 特拉伊宁：《犯罪构成的一般学说》，王作富等译，237 页，北京，中国人民大学出版社，1958。

② 杨金彪：《共犯的处罚根据》，93 页，北京，中国人民公安大学出版社，2008。

说，则是由于我国目前通行的四要件的犯罪构成体系缺乏阶层性造成的。共犯对于正犯的从属性，是建立在犯罪论体系所具有的阶层性的基础之上的。四要件的犯罪构成体系，因为不存在阶层性，共犯的从属性也就无从谈起。因此，只有采用三阶层的犯罪论体系才能废弃责任共犯论，改采违法共犯论或者因果共犯论，对共犯的处罚根据从正犯的角度作出更为合理的论证。

四、共犯的司法认定

共犯不同于正犯，正犯是以刑法分则规定的构成要件为根据的，尽管对于构成要件在解释论上仍然会存在分歧，但大体上还是可以认定的。而共犯是刑法总则规定的，属于修正的构成要件，不似正犯那样具有明确的认定标准。因此，在共犯的司法认定中存在一些疑难问题需要从法理上加以研究。

（一）身份犯的共犯

身份犯的共犯是指身份与共犯之间的关系，这是共犯中的一个重要问题，德日刑法对此都有明确规定。例如《德国刑法典》第 14 条第 1 款对特定之个人特征作了规定，指特定之个人身份、关系或情况。根据这一规定，法律规定以特定之个人身份、关系或情况（特定之个人特征）为可罚性之基础的犯罪，就是身份犯。因此，特定之个人特征，就是指刑法上的身份。《德国刑法典》第 28 条（特定的个人特征）第 1 款规定：

> 正犯的刑罚取决于特定的个人特征（第 14 条第 1 款），共犯（教唆犯或帮助犯）缺少此等特征的，依第 49 条第 1 款减轻处罚。

根据这一规定，没有身份的人可以成为身份犯（正犯）的共犯（教唆犯或帮助犯），但对于身份犯的共犯可以减轻处罚。而《日本刑法典》第 65 条（身份犯的共犯）第1款规定：

> 对于因犯罪人身份而构成的犯罪行为进行加功的人，虽不具有这种身份的，也是共犯。

由此可见，日本刑法承认身份犯的共犯，并为身份犯的共犯的认定提供了法律根据。我国刑法总则关于共同犯罪的规定，并没有涉及共犯与身份问题，但在刑法分则条文中对此作了个别性规定。例如刑法第382条（贪污罪）第3款规定：

> 与前两款所列人员勾结，伙同贪污的，以共犯论处。

因为贪污罪是身份犯，因而这一规定是关于身份犯的共犯的规定。这一规定，正如张明楷教授所言，属于注意规定而非法律拟制。①

身份犯的共犯之法理，对于共犯来说是具有重要意义的，这种意义我以为体现在以下三个方面：

1. 划定共犯的范围

身份犯是具有特定身份的人才能构成的犯罪，不具有特定身份的人不能构成。当然这是构成性身份，而不包括加减性身份。没有特定身份的人为什么不能构成身份犯之罪呢？主要是因为没有身份的人对于身份犯所保护的法益不具有侵害可能性，而这种侵害可能性分为规范可能性与事实可能性。② 前者如受贿罪，其保护法益是职务行为廉洁性，非国家工作人员不具有侵害职务行为廉洁性的规范可能性。后者如强奸罪，其保护法益是女性的性自主权，即未经同意不得与之性交的权利，而女性不可能与女性性交，因而女性不具有侵害女性的性自主权的事实可能性。我国刑法中的性交，是指男女之间性器官的结合；并且，我国刑法中的强奸亦是指男性对女性的强制性交。因此，同性之间的强奸、女性对男性的强奸都不包含在我国刑法规定的强奸罪范围之中。

---

① 参见张明楷：《刑法分则的解释原理》，277页，北京，中国人民大学出版社，2004。

② 参见［日］西田典之：《日本刑法总论》，刘明祥、王昭武译，336页，北京，中国人民大学出版社，2007。

如上所述，没有身份的人不能构成身份犯，显然，这是指身份犯的正犯，而且是直接正犯，不包括间接正犯。因为没有身份的人是可以构成身份犯的间接正犯的。此外，没有身份的人能否构成身份犯的共同正犯，在刑法理论上是存在争议的。例如，女子与男子共同对被害妇女进行强奸，女子采取暴力、胁迫等手段，男子则强行与被害妇女发生性关系。在这种情况下，女子是否与男子构成强奸罪的共同正犯呢？对此，日本最高法院的判例是肯定的。① 我对此持有异议，认为女子属于事中帮助，构成强奸罪的共犯而非共同正犯。那么，没有身份的人能否构成身份犯的共犯呢？身份犯的共犯之法理就是要回答这一问题，从而为共犯的成立范围划定一个明确的界限。关于身份犯的共犯背后的法理根据，是违法的连带性作用说，即违法具有连带性。

2. 厘清共犯的行为

在身份犯的共犯的情况下，没有身份的人是不可能实施身份犯的实行行为的，在某些情况下，即使形式上实施了身份犯的构成要件行为，但该行为只有当具有身份的人实施时才是实行行为，没有身份的人实施时就不是实行行为而可能是帮助行为。例如受贿罪中的收受行为，只有当国家工作人员实施时，才是受贿罪的实行行为，当国家工作人员亲属实施时就是帮助行为，属于“代为收受”的性质。按照这一逻辑，在强奸罪中，暴力、胁迫等手段行为，只有当男子，而且是具有奸淫目的的男子实施时，才是强奸罪的实行行为。当主观上没有奸淫目的的男子或者事实上不可能奸淫的女子实施时，就是一种帮助行为，属于事中帮助。

身份犯的共犯之法理有助于厘清正犯行为与共犯行为的关系。在刑法中，某些犯罪虽然没有明文规定主体的特定身份，但从实行行为上可以推断出其主体的身份，因而属于隐性的身份犯，以区分于显性的身份犯。例如《日本刑法典》第

① 参见［日］西田典之：《日本刑法总论》，刘明祥、王昭武译，336 页，北京，中国人民大学出版社，2007。

252条第1款（单纯侵占罪）规定的罪状就是“侵占自己所占有的他人之物”，其中并未对主体的身份加以规定。但在刑法理论上均认为本罪的主体限于他人之物的占有人以及受公务机关的命令保管自己之物的保管人，因此，本罪属于真正的身份犯。[①] 在这种情况下，非他人财物的保管人参与将他人财物予以侵占的，也不是正犯而是共犯。例如，甲受委托为乙从银行取款9万元，甲取款以后起意占有，遂与丙商议，丙同意。然后甲和丙伪造9万元款被他人抢劫的假现场，并向公安机关报假案，意图占有9万元。在本案中，甲是9万元的保管人，其占有行为属于侵占罪的实行行为。而丙不具有特定身份，其虽然参与将甲代为保管的他人财物占为已有的行为，但在性质上属于帮助行为。

3. 提供分析的工具

身份犯的共犯是一种法理上的分析工具，对于法律以及司法解释都具有一定的理论意义。我国刑法总则中虽然没有明文规定身份犯的共犯，但在刑法分则和有关司法解释中都涉及身份犯的共犯的规定。例如2000年6月30日最高人民法院《关于审理贪污、职务侵占案件如何认定共同犯罪几个问题的解释》（以下简称《解释》）就审理贪污或者职务侵占犯罪案件如何认定共同犯罪问题作了以下解释：

> 第1条　行为人与国家工作人员勾结，利用国家工作人员的职务便利，共同侵吞、窃取、骗取或者以其他手段非法占有公共财物的，以贪污罪共犯论处。

这一规定基本上重复了刑法第382条第3款的内容，只不过这里的“行为人”包括公司、企业或者其他单位的人员，这些人员虽然也有身份，但在与国家工作人员共同实施的贪污犯罪中，并未利用其职务便利，因而对这些人应以贪污罪的共犯论处。

---

① 参见［日］西田典之：《日本刑法总论》，刘明祥、王昭武译，175页，北京，中国人民大学出版社，2007。

第 2 条　行为人与公司、企业或者其他单位的人员勾结，利用公司、企业或者其他单位人员的职务便利，共同将该单位财物非法占为己有，数额较大的，以职务侵占罪共犯论处。

这一规定涉及职务侵占罪的共犯，其中上述条文中的“行为人”，也包括国家工作人员，因为没有利用国家工作人员的职务上的便利，而是利用了公司、企业或者其他单位的人员的职务便利，因而对这些人应以职务侵占罪的共犯论处。

第 3 条　公司、企业或者其他单位中，不具有国家工作人员身份的人与国家工作人员勾结，分别利用各自的职务便利，共同将本单位财物非法占为已有的，按照主犯的犯罪性质定罪。

在以上司法解释中，争议最大的就是上述规定，因为这一规定重申了按照主犯的犯罪性质定罪的原则。之所以称“重申”，是因为在 1985 年的有关司法解释中就曾经出现过这一原则。以上规定涉及的实际是不同身份的人的共同犯罪，在刑法理论上是不同身份犯的共同正犯。对于不同身份犯的共同正犯，在采用部分犯罪共同说的情况下，应当在承认共犯关系的条件下分别定罪。但由于我国在司法实践中采用完全的犯罪共同说，因而对于这种具有不同身份的共同正犯，采取按照主犯的犯罪性质定罪的原则。而主犯是一个量刑的概念，以量刑的概念解决定罪问题，从逻辑上来说，这不能不说是一种本末倒置。由此可见，在较为复杂的共犯关系中，如何科学地运用身份犯的共犯之法理进行分析，具有重要的理论意义。

（二）片面的共犯

片面的共犯是相对于全面的共犯而言的，全面的共犯是双方的共犯，而片面的共犯是单方的共犯。片面的共犯，通常是指片面的帮助犯，即在正犯不知情的情况下，行为人对正犯提供了帮助，对此，被帮助者以正犯论处，而帮助者则以片面的共犯论处。

在德日刑法学中，关于是否承认片面的共犯是存在争议的，主要存在以下三种观点：(1) 全面否定片面的共犯；(2) 否定片面共同正犯，肯定片面帮助犯；(3) 全面肯定片面的共犯。[①] 是否定还是肯定片面的共犯，与对共犯的处罚根据的理解有关。其中，以心理因果性作为共犯处罚根据的观点通常会得出否认片面的共犯的结论，而以物理性作为共犯处罚根据的观点通常会得出肯定片面的共犯的结论。至于是否承认片面的共同正犯，则与对实行行为的认识有关。通常所举的片面的共同正犯的例子是甲欲杀乙，以 5 分毒药投入乙的食物中，而丙也欲杀乙，得知甲已投 5 分毒物，但 5 分毒物不能毒死乙，只有 10 分毒物才能毒死乙。在这种情况下，丙在乙的食物中投下 5 分毒物。乙食用甲、丙所投毒物以后，不治身亡。在这个案件中，甲并不知丙的后续投毒行为，其 5 分毒药不足以致乙死亡，因而对其应以杀人罪的未遂论处。而丙的行为如何定性呢？如果单独来看，丙的 5 分毒药也不足以致乙死亡，只有根据共同正犯的“部分行为全体责任”原则，对丙才能以杀人罪的既遂论处。但在这种情况下，丙是利用甲已经投放毒物而没有足额投放毒物的行为，因而对其以单独正犯论处也可以定罪，所以没有必要采用片面的共同正犯的概念。而在片面的帮助犯的情况下，因为不能构成间接正犯，所以如果不承认片面的共犯的概念，则对其不能处罚。在这种情况下，有必要承认片面的帮助犯的概念。

我国刑法规定共同犯罪的构成必须以共同犯罪故意为主观要件，而共同犯罪故意又以共同犯罪人认识到自己与他人互相配合共同实施犯罪为认识因素，在这种情况下，当然是不承认片面的共犯的概念的。例如我国传统教科书指出：

> 我们认为，片面教唆犯和片面实行犯是不可能发生的，而单方面帮助他人犯罪，他人不知道的情况，在社会生活中是客观存在的，问题是如何处理才好。由于毕竟是帮助他人犯罪，比较起来，还是以从犯处理

---

① 参见［日］西田典之：《日本刑法总论》，刘明祥、王昭武译，292 页，北京，中国人民大学出版社，2007。

为宜。[①]

在以上论述中，并没有明确地说明是否承认片面的帮助犯，而只是说以从犯处理为宜。从犯是一个量刑的概念，而片面的帮助犯是否成立是一个定罪的问题，由此可见以上论述对片面的共犯采取了一种极为模糊的态度。

我认为，共同犯罪虽然是一个整体性的概念，从整体上分析，共同犯罪故意与共同犯罪行为的概念都是可以成立的。但共同犯罪人是个别的，因此对共同犯罪还要作具体分析，例如共同正犯的故意与行为、教唆犯的故意与行为以及帮助犯的故意与行为等。在认定片面的共犯时，应当采取的就是这种个别性的分析视角。在片面的帮助犯的情况下，行为人在客观上实施了对正犯的帮助行为，主观上是明知正犯在实行犯罪而提供帮助，具有帮助故意，因而完全符合帮助犯的构成要件，应当承认片面的帮助犯。

（三）片面对向犯的共犯

对向犯，也称对合犯，是必要共犯的一种，而必要共犯是由刑法分则规定的共犯，不同于刑法总则规定的任意的共犯。因此，对向犯不属于狭义上的共犯。但是，在片面的对向犯中，存在着共犯的特殊问题，因而有必要加以研究。

在刑法理论上，对向犯可以分为三种情形：一是对于参与者予以同等处罚的类型，例如重婚罪，对重婚者与相婚者处以同一之罪。二是对于参与者予以不同处罚的类型，例如受贿罪与行贿罪，虽是彼此俱罪之赃，但所处罪名不同。三是片面的对向犯，即对于显然可以预见的对向犯参与行为不予处罚（缺乏处罚规定）的类型，例如刑法规定处罚贩卖淫秽物品罪，对于购买者并未明文规定处罚。在这种情况下就提出了一个问题：对于这种对向性行为，究竟是由于缺乏明文的处罚而不具有可罚性呢，还是当然适用总则的共犯规定而具有可罚性？对于

① 高铭暄、马克昌主编：《刑法学》，171 页，北京，北京大学出版社、高等教育出版社，2000。

这个问题，在刑法理论上存在以下三种观点①：

> 1. 立法者意思说
>
> 立法者意思说认为，在具有对向犯性质的a、b这两种行为中，当法律仅将a行为作为犯罪定型加以规定时——对于当然可以定型性地预见到的b行为，是因为立法当时认为可以不予考虑——应解释为是出于不将b行为作为犯罪这一宗旨。
>
> 2. 实质说
>
> 实质说认为，必要性共犯之所以不具有可罚性，其实质性根据首先在于，其处于被害人的地位。实质性根据之二在于，有些情况下参与者并无责任。
>
> 3. 实质说与立法者意思说的并用
>
> 如果采取上述实质说，认为必要性共犯的不可罚根据在于缺乏违法性或责任，那么，参与行为是否当然可以预想到或者参与行为是否超过了通常性的框架，这已不再是问题。可以说，连一直以来所理解的必要性共犯这一概念甚至也不再需要。确实可以说，实质说基本指出了正确的方向，但并不能以此为理由，完全否定立法者意思说这一意义上的必要性共犯概念的存在必要性。

在以上三种观点中，当然第三种观点是较为全面的，但从主要理由上来看，还是基于对立法者意思的推断，即使是实质说也是为立法者意思的推断提供根据的。

我国学者提出法益考量是排除片面对向犯可罚性的正确路径的命题，指出：

> 排除片面对向犯的可罚性，不用从形式上的理由（立法者的意思）着手，而应着眼于具体犯罪构成要件所保护的法益，根据混合惹起说，应以行为是否存在构成要件上的法益侵害，是否该当共犯

① 参见［日］西田典之：《日本刑法总论》，刘明祥、王昭武译，309页以下，北京，中国人民大学出版社，2007。

的犯罪类型性来加以解决。[①]

从片面的对向犯的实际立法例来看，例如我国刑法第 363 条规定的贩卖淫秽物品罪，其贩卖是指销售淫秽物品的行为，包括发行、批发、零售、倒卖等。[②]从实际情况来看，有贩卖者必然有购买者，刑法分则只将贩卖淫秽物品行为规定为犯罪而未将购买淫秽物品行为规定为犯罪，就此而言，购买淫秽物品行为是不为罪的。那么，对于购买淫秽物品行为能否按照刑法总则关于共犯的规定论处呢？如果从共犯的构成要件上来说，购买行为或者是贩卖行为的唆使者或者是贩卖行为的帮助者，其共犯的构成要件在形式上似乎是符合的。当然，从实质上，例如在被害人同意的场合否定存在法益侵害等，虽然具有一定合理性，但我还是认为从立法者意思上予以否定更为直接。这里涉及刑法分则与刑法总则直接规范的逻辑关系。刑法总则关于共犯的规定是对刑法分则具体犯罪的规定的补充，但它必然以刑法分则存在补充必要性与可能性为前提。如果刑法分则对某种情形已经不再作为犯罪来处理，那么刑法总则的补充就存在规范上的障碍。换言之，就对行为人定罪而言，刑法分则的规定之于刑法总则的规定是处于优越地位的。而在片面对向犯的情况下，立法者对其对向行为参与者不予处罚的意思已经十分明显，没有必要再从共犯的构成要件上寻找根据。

（四）中立的帮助行为

中立的帮助行为，也称为日常性行为，是指在外观上的无害行为，例如日常生活行为、业务行为等，但在客观上对正犯行为、结果起到促进作用的情形。例如明知他人杀人还要把刀卖给杀人犯，或者明知他人犯罪后欲潜逃而把 10 万元

① 林文俊：《论片面对向犯的出路路径——以法益侵害为视角》，载《政治与法律》，2009（12）。

② 参见全国人大常委会法制工作委员会刑法室编：《中华人民共和国刑法条文说明、立法理由及相关规定》，735 页，北京，北京大学出版社，2009。

借款归还给逃犯。在这种情况下，行为人的卖刀行为或者还债行为是否构成共犯？就前者而言，涉及的是帮助犯，就后者而言，涉及的是正犯。

关于中立的帮助行为是否构成犯罪，在刑法理论上存在各种学说，尤其以德国学说最为复杂。根据我国学者介绍，德国存在以下三种主要学说[①]：

> 1. 主观说
>
> 主观说认为应将基于不确定故意的日常行为从可罚的帮助行为中排除。如果存在确定故意，可以成立帮助犯。
>
> 2. 客观说
>
> 客观说从帮助犯的客观构成要件的角度进行把握。具体包括两种进路：一是从帮助行为这一客观要件对中立帮助行为的可罚范围进行限定；二是从帮助行为与正犯行为、结果之间的客观归责关系的角度进行限定。客观说内部大致分为社会相当性说、职业相当性说、利益衡量说、违法性阻却事由说、义务违反说、客观归责论。
>
> 3. 折中说
>
> 折中说以罗克辛为代表。罗克辛虽然与判例同样重视主观要素，但同时积极提倡客观归责论。

在中立的帮助行为的可罚性的范围问题上，虽然存在各种学说，但还是要回到帮助犯的构成要件上来，我们需要对帮助犯的构成要件进行反思。主观说是以中立的帮助行为已经具备帮助犯的客观构成要件为前提的，仅仅从故意的形式上加以限制。而客观说则对中立的帮助行为的客观构成要件进行实质审查，那些认为中立的帮助行为一概入罪的观点，是受到形式的构成要件论的影响的结果。客观说对帮助犯的构成要件行为进行实质判断，其中客观归责论以是否制造法所不允许的风险作为判断根据。如果中立的帮助行为并不具有法益侵害性，则不能构成帮助犯。

---

① 参见陈洪兵：《中立的帮助行为》，载《中外法学》，2008（6）。

此外，我国刑法还将某些非犯罪的帮助行为规定为正犯，即所谓帮助行为正犯化。例如我国刑法第 354 条规定的容留他人吸毒罪。这里的容留是指提供场所，明知他人吸毒而提供场所，当然构成本罪。但在运营的出租车上吸毒的，对司机是否以容留他人吸毒罪论处，也同样存在一个中立的帮助行为的处罚范围问题，是值得研究的。

中立的帮助行为涉及帮助行为的处罚范围。我国目前对帮助犯的处罚范围还是较为宽泛的。只有引入中立的帮助行为的法教义学原理，才能对中立的帮助行为处罚范围加以合理限制。

思考题：

论正犯与共犯的区分。

参考书目：

1. 陈兴良. 共同犯罪论. 2 版. 北京：中国人民大学出版社，2006

2. 马克昌，莫洪宪主编. 中日共同犯罪比较研究. 武汉：武汉大学出版社，2003

3. 陈家林. 共同正犯论. 武汉：武汉大学出版社，2004

4. 田鹏辉. 片面共犯研究. 北京：中国检察出版社，2005

5. 杨金彪. 共犯的处罚根据. 北京：中国人民公安大学出版社，2008

6. 陈世伟. 论共犯的二重性. 北京：中国检察出版社，2008

7. 江溯. 犯罪参与体系研究——以单一正犯体系为视角. 北京：中国人民公安大学出版社，2010

8. 陈洪兵. 共犯论思考. 北京：人民法院出版社，2009

9. [日] 高桥则夫. 共犯体系和共犯理论. 冯军，毛乃纯译. 北京：中国人民大学出版社，2010

第 18 章
竞合论

刑法中的竞合论，我国目前一般称为罪数论，它关系到定罪与量刑。正如意大利学者所言，罪数问题是各种刑法制度的交合点。[①] 罪数是刑法学体系中理论性最强的一个问题，尤其是在我国刑法未对罪数问题作出具体规定的情况下，如何构建罪数论体系，确实是一个值得探讨的问题。本章拟引入大陆法系刑法理论中关于刑法竞合的学说，结合我国的刑事立法与刑事司法加以阐述。

一、从罪数论到竞合论

罪数是指一罪与数罪的区分，它是数罪并罚制度的前提。罪数既是一个规范问题，又是一个理论问题。在某种程度上说，它更是一个理论问题，尤其是在刑法对此没有明文规定的情况下。当然，罪数即使作为一个理论问题，它仍然是以

---

① 参见［意］杜里奥·帕多瓦尼：《意大利刑法学原理》（注评版），陈忠林译评，359 页，北京，中国人民大学出版社，2004。

一定的法律规范为其语境的。从罪数论到竞合论的转换，并非法律规定的变化所导致，而是刑法理论的发展使然。

(一) 各国刑法的比较

我国刑法与外国刑法相比，在罪数论问题上，存在着一个重大差别，就是我国刑法未对各种罪数形态本身作出规定，只是对数罪并罚制度作出了规定，因而我国的罪数形态是对刑法规定的犯罪现象的某种理论概括。例如我国刑法第 89 条第 1 款规定：

> 追诉期限从犯罪之日起计算；犯罪行为有连续或者继续状态的，从犯罪行为终了之日起计算。

在刑法理论上，我们将这里的“犯罪行为有连续状态的”，称为连续犯；将“犯罪行为有继续状态的”，称为继续犯。但是，这并非刑法对连续犯与继续犯的概念性界定以及处理原则的规定，而是对追诉时效的规定。相比之下，我国刑法对未遂犯、共犯都有明确的法律规定，为刑法理论研究提供了法律基础。

尤其值得指出的是，大陆法系国家刑法大多对罪数问题作出了具体规定，并在此基础上构建了罪数理论体系。例如《德国刑法典》在第三章“犯罪的法律后果”中，专设第三节“触犯数法规的量刑”，专门对一罪与数罪作了规定。其中，第 52 条对一罪作了以下规定：

> (1) 同一犯罪行为触犯数个刑法法规，或数个犯罪行为触犯同一刑法法规的，只判处一个刑罚。
>
> (2) 触犯数个刑法法规的，依规定刑罚最重的法规为准。所判刑罚不得轻于数法规中任何一个可适用法规的刑罚。

第 53 条第 1 项对数罪作了以下规定：

> 因犯数罪同时受审判，因而被判处数个有期自由刑或罚金刑的，应宣告总和刑。

在此，《德国刑法典》是在刑法关于数罪并罚的制度中，对一罪与数罪加以规定的。因此，罪数区分作为数罪并罚的前提，在《德国刑法典》中属于刑罚的范畴。但在德国刑法教科书中，罪数问题却被纳入犯罪论而不归属于刑罚论，因此数罪并罚也是在罪数论中作为数罪的法律后果而论述的。根据德国刑法规定，德国学者以“一行为触犯数个刑罚法规”和“数行为触犯同一刑罚法规”为前提展开其罪数理论，而行为单数与行为复数是这一理论的前提。在此基础上，德国学者提出了刑法竞合的概念，包括以下三种竞合：

> （1）想象竞合（Idealkonkurrenz），即指一行为数次违反同一刑法法规或者数次触犯同一刑法法规的情形。（2）实质竞合（Realkonkurrenz），即指行为人实施了数个独立的将在同一诉讼程序中受审判的犯罪的情形。（3）法条竞合（Gesetzeskonkurrenz），即数个刑法法规只是表面上相竞合，但实际上是一个刑法法规排除了其他刑法法规的情形。①

尽管这一理论是根据德国刑法规定而展开的，但它大大地简化了传统的罪数理论，尤其是改变了罪数理论的体系性框架，因而具有一定的启迪性。

《意大利刑法典》在第三章犯罪中专设第三节数罪，其中第71条至第80条对数罪并罚作了规定，第81条对形式竞合和连续犯罪作了规定：

> 对于以单一的作为或者不作为触犯不同的法律条款或者实施违反同一法律条款的数项侵害行为的人，按照对最严重的侵害行为本应科处的刑罚处罚，并且可在3倍的幅度内增加刑罚。
>
> 如果某人为执行同一犯罪计划，以数个作为或者不作为，造成包括在不同的时间中造成对同一或不同法律条款的数项触犯，依照第1款规定的方式处罚。

① ［德］汉斯·海因里希·耶赛克、托马斯·魏根特：《德国刑法教科书》，徐久生译，860页，北京，法律出版社，2001。

值得注意的是，《意大利刑法典》不是在第三章犯罪中而是在第一章刑事法律中专门对法条竞合作了规定，第 15 条由数项刑事法律或者同一法律的数项规定调整的问题规定：

> 当数项刑事法律或者同一法律的数项规定调整某一相同的问题时，特别法律或法律的特别规定变通一般法律或者法律的一般规定，但另有规定者除外。

因此，正如我国学者指出的：

> 意大利刑法理论一般主张把数罪（数罪竞合）问题同“规范的表面竞合或冲突”区别开来，后者是指同时存在数个表面看来可适用于同一事实的罪状条款的情况。对于这种法规竞合情况，不适用并罚制度，而是根据《意大利刑法典》第 15 条关于特别规定变通一般规定的原则处理。①

由此可见，在意大利刑法理论中，狭义上的罪数问题是指犯罪竞合，包括实质竞合与形式竞合，我国学者亦译为实质数罪与形式数罪。所谓实质竞合，是指行为人用多个行为触犯了多个刑法法规；而形式竞合则是指行为人实施的一个行为触犯了多个刑法法规。② 广义上的罪数包括法条竞合，《意大利刑法典》之所以将法条竞合作为法律适用问题加以规定，而未将其规定在罪数中，根据意大利学者的解释，其原因在于：

> 从抽象教条的角度讲，法条竞合的理论应属于更为广泛的刑法适用范围的问题。因为，这实际上要解决的是某一法条的适用范围因其他法条的存在而受到限制的问题。③

由于罪数理论既涉及犯罪论又涉及刑罚论，放在哪一部分都会使其受到肢解

---

① 黄风：《意大利刑法引论》，载《意大利刑法典》，25 页，北京，中国政法大学出版社，1998。

② 参见［意］杜里奥·帕多瓦尼：《意大利刑法学原理》（注评版），陈忠林译评，357 页，北京，中国人民大学出版社，2004。

③ ［意］杜里奥·帕多瓦尼：《意大利刑法学原理》（注评版），陈忠林译评，359 页，北京，中国人民大学出版社，2004。

并难以避免重复。在这种情况下，意大利刑法学家将罪数问题作为犯罪论与刑罚论之外的问题独立地加以讨论，可谓别出心裁。不过，如果按照这种逻辑，那么未遂犯与共犯都涉及定罪与量刑两个方面，似乎也都应像罪数理论那样独立于犯罪论与刑罚论。因此，这一对罪数在刑法体系中地位的安排是存在缺陷的。

《日本刑法典》第9章规定了并合罪，指的是实质数罪，因而是指数罪并罚的规定。但第54条对想象竞合和牵连犯作了规定：

> 一个行为同时触犯二个以上的罪名，或者作为犯罪的手段或者结果的行为触犯其他罪名的，按照其最重的刑罚处断。

第55条是对连续犯的规定，但现已删除。在日本刑法理论中，罪数也是作为犯罪论的内容专门加以讨论的。在日本刑法教科书中，罪数论除讨论一罪与数罪的区分标准以外，一般讨论本来的一罪、科刑上的一罪和并合罪。本来的一罪中涉及法条竞合，科刑的一罪涉及想象竞合和牵连犯，并合罪就是指实质数罪。[①] 因此，日本的罪数论大体上与德国、意大利刑法理论中讨论的范围相当。

在苏俄刑法中就未对罪数问题作出专门规定，而只有数罪并罚的规定，例如《苏俄刑法典》第40条规定：

> 如果犯罪人被认为犯有本法典分则不同条文所规定的两个或两个以上的罪行，而且对其中任何一个都没有处刑时，法院应先就每个罪行分别处罚，然后采取以较重的刑罚吸收较轻刑罚的方法，或者在规定着较重刑罚的条文所规定的限度内，把判处的各刑全部或部分合并，最后确定总和的刑罚。

这一规定明确地将数罪并罚的适用范围限制在异种数罪（“本法典分则不同条文所规定的两个或两个以上的罪行”）之内，从而排除了对同种数罪的并罚，这将对罪数理论带来深刻的影响。在苏俄刑法教科书中，罪数被称为多罪，我国

① 参见［日］大塚仁：《刑法概说（总论）》，3版，冯军译，414页以下，北京，中国人民大学出版社，2003。

学者也有译为复数犯罪[①]，是指同一个人犯了几个按照刑法规定都是独立犯罪的违法行为。[②] 苏俄刑法中的多罪可以分为以下两种：再次犯罪（再犯、累犯）和犯罪合并。由此可见，建立在对苏俄刑法规定的解释基础上的苏俄罪数理论是相对贫乏的。

（二）罪数论的反思

我国刑法未对罪数问题作出专门规定，只是在刑罚适用一章中规定了数罪并罚制度。1979 年刑法颁行初期出版的刑法教科书，囿于对刑法典的解释，并未在犯罪论中设专章讨论罪数问题，即使在数罪并罚中讨论数罪，也只作简单论述，尤其是在学理上将同种数罪排斥在数罪并罚适用范围之外。当时的刑法教科书指出：

> 从建国以来的刑事立法和审判实践来看，对于判决宣告前犯同种的数罪，一般是作为该种犯罪的从重情节加以处罚，而不按数罪并罚处理。[③]

对罪数问题较为详细的研究，也是放在数罪并罚中，作为非数罪并罚的几类情况加以讨论的，罪数问题涉及以下三类情况：

> 一是一行为在刑法上规定为一罪或处理时作为一罪的情况，包括继续犯、想象竞合犯；二是数行为而在刑法上规定为一罪的情况，包括惯犯、结合犯；三是数行为而在处理时作为一罪的情况，包括连续犯、牵连犯、吸收犯。[④]

---

① 参见赵微：《俄罗斯联邦刑法》，156 页，北京，法律出版社，2003。

② 参见［苏］H. A. 别利亚耶夫、M. N. 科瓦廖夫：《苏维埃刑法总论》，马改秀、张广贤译，248 页，北京，群众出版社，1987。

③ 杨春洗等：《刑法总论》，257 页，北京，北京大学出版社，1981。

④ 高铭暄主编：《刑法学》，修订本，276 页以下，北京，法律出版社，1984。

及至20世纪80年代后期的刑法教科书，才在犯罪论中设专章讨论罪数问题，指出：

> 一罪与数罪属于犯罪的单复数问题，它是犯罪的形态之一。我们之所以把这个问题放在犯罪论里加以研究，就因为它首先是一种犯罪的现象形态。①

随着罪数论研究的深入，我国亦出版了罪数论的专著，例如顾肖荣：《刑法中的一罪与数罪问题》（学林出版社1986年版）、吴振兴：《罪数形态论》（中国检察出版社1996年版）等。但是，从目前我国罪数论研究的现状来看，理论与法律脱节的现象较为严重，因而需要对我国目前的罪数理论进行反思。

一罪与数罪的区分被认为是罪数理论的核心内容，因而我国学者关于罪数的讨论都是从一罪与数罪的区分标准着手的。也就是说，我国刑法理论中讨论的是犯罪的单数与复数，但在德国刑法理论中，除讨论行为单数与行为复数以外，还讨论法条单数与法条复数。在行为之单复与法条之单复之间存在着以下对应关系：（1）一行为触犯一法条；（2）一行为触犯数法条；（3）数行为触犯数法条；（4）数行为触犯一法条。一行为触犯一法条是单纯一罪，数行为触犯数法条是异种数罪，数行为触犯一法条是同种数罪，因其典型而无须专门讨论。在一行为触犯数法条中，又可以分为想象竞合与法条竞合两种情形。由此可见，只有把法条的因素考虑进来，才能从本质上对罪数现象加以正确把握。而我国目前单纯地考虑罪之单复数，存在不周延之处，按照这种逻辑，法条竞合问题往往不能得到合理兼顾。

我认为，我国同种数罪不并罚的制度设计，对我国刑法和刑法理论带来的影响是十分巨大的。由于同种数罪不并罚，使数罪并罚制度的适用大受限制。为此，就必须相应地提高法定刑。因为，在同种数罪并罚的情况下，刑法分则对某一犯罪规定的法定刑，是针对一罪而规定的。如果数次犯同一之罪，则应当通过

① 王作富主编：《中国刑法适用》，195页，北京，中国人民公安大学出版社，1987。

对同种数罪的并罚而使之受到更为严厉的处罚。但在我国目前同种数罪不并罚的情况下，在对某一具体犯罪设置法定刑的时候，就不仅要考虑犯一罪的情形，而且要考虑犯同种数罪的情形，因而不得不设置较重的法定刑。在这种情况下，无形当中使我国刑法分则的法定刑加重。此外，在目前同种数罪不并罚的情况下，某些罪数形态概念丧失了其存在的价值或者实质意义大打折扣。因而，我国刑法中同种数罪不并罚的制度设计还带来了对罪数理论的重大冲击。例如，我国较为权威的刑法理论著作里，罪数形态中包括以下一罪的犯罪形态。① 下面逐一加以说明：

1. 继续犯

继续犯是一个行为的持续性问题，属于一行为触犯一罪名的单纯一罪，它与追诉时效的起算有关，与罪数无关，将继续犯纳入罪数论研究有所不当，它可以放在行为形态或者追诉时效理论中考察。

2. 想象竞合犯

想象竞合犯是一行为触犯数法条。在想象竞合的情况下，究竟是定一罪还是定数罪容易发生争议，属于罪数论应当研究的问题，并且也是各国刑法罪数理论所研究的内容。

3. 结合犯

结合犯是原为刑法上的数罪而被规定为一罪的形态，这是一个法律规定问题，属于法条竞合现象。而且，我国刑法中并不存在典型的结合犯，因而结合犯仅有知识论价值，而在法律适用上并无意义。

4. 惯犯

惯犯是指以某种犯罪为常业，或以犯罪所得为主要生活来源或腐化生活来源，在较长时间内反复多次实施同种犯罪行为，刑法明文规定对其作为一罪论处的情形。惯犯可以分为犯罪学上的惯犯与刑法学上的惯犯。我国刑法中没有关于

① 参见高铭暄主编：《刑法学原理》，第 2 卷，505 页以下，北京，中国人民大学出版社，1993。

惯犯的规定，因而不存在刑法学上的惯犯。而且惯犯之纳入罪数理论研究，是以同种数罪并罚为前提的，惯犯具有限制同种数罪并罚之功能。当然，由于刑法已规定为一罪则在司法上并无选择之余地，我国刑法对同种数罪并不并罚，因而惯犯对于罪数区分并无意义。在我国刑法中即使规定惯犯，也应在刑法总则中作为法定从重处罚制度加以规定。

5. 连续犯

连续犯是指行为人基于同一的或者概括的犯罪故意，连续多次实施数个性质相同的犯罪行为，触犯同一罪名的情形。因此，连续犯是多次触犯同一法条，属于行为复数但法条单数。连续犯实际上是同种数罪，在同种数罪并罚的情况下，连续犯具有限制并罚范围之功能，即德国学者所说的避免强制对所有具体的行为进行确认和避免强制适用实质竞合的有关规定。[①] 从连续犯概念的产生来看，连续犯的概念最先是由中世纪的法律实践家提出来的。由于当时对犯罪竞合实行极其严厉的并科制度（例如，对盗窃罪数罪并罚就可处死刑），他们试图通过对各种犯罪实质竞合的研究，概括出一些不应该实行并科的情况，连续犯的概念应运而生。[②] 但在我国刑法不实行同种数罪并罚的情况下，连续犯概念可以说毫无法律上的意义。因为在我国，多次触犯同一法条的行为即使不认定为连续犯，而视为同种数罪，也不存在并罚问题。在同种数罪中区分连续犯与非连续犯又有何价值可言？更何况连续犯的连续性的界定本身就十分费力，因而日本刑法取消连续犯的规定也就不足为奇。

6. 牵连犯

牵连犯是指行为人为实施某种犯罪，而其手段行为或者结果行为又触犯其他罪名的情形。牵连犯本身是实质数罪，但由于目的行为与手段行为以及原因行为

① 参见［德］汉斯·海因里希·耶赛克、托马斯·魏根特：《德国刑法教科书》，徐久生译，868页，北京，中国法制出版社，2001。

② 参见［意］杜里奥·帕多瓦尼：《意大利刑法学原理》（注评版），陈忠林译评，370页，北京，中国人民大学出版社，2004。

与结果行为之间存在牵连关系，从而区别是非牵连犯的异种数罪，为限制数罪并罚的范围，规定对牵连犯不实行数罪并罚。但我国刑法中，牵连犯存在着从不并罚到并罚的发展趋势，刑法与司法解释中规定了某些并罚的牵连犯。在这种情况下，牵连犯的价值也大打折扣。可以想见，一旦牵连犯都实行并罚，牵连犯存在的法律意义也就丧失殆尽，那也将是牵连犯的概念没落之时。就此而言，牵连犯目前在我国刑法中还有部分价值，但意义已经十分有限。

7. 吸收犯

吸收犯是指行为人实施数个犯罪行为，因其所符合的构成要件之间具有某种依附与被依附关系，从而导致其中一个犯罪被另一犯罪所吸收，只对吸收之罪论处的情形。吸收犯是我国刑法中所特有的一个概念，在外国刑法中较为罕见。吸收犯与牵连犯之间存在交叉，两个概念有时不好区分，因此吸收犯的命运与牵连犯的大体相同。

（三）竞合论的建构

除上述概念之外，在有关论著中还涉及接续犯、徐行犯、结果加重犯、转化犯等概念，这些概念作为知识论存在是有其意义的，但对于罪数区分来说则意义不大。尤其在我国同种数罪不并罚的情况下更是如此。

经过以上辨析，在刑法中真正属于罪数论的也只有想象竞合、法条竞合和实质竞合这样一些基本概念，因此可以在刑法竞合论的框架内加以讨论。我国台湾地区学者在论及刑法竞合论（Konkurrenzlehre）时，指出：

> 刑法竞合论（Konkurrenzlehre）向来都是刑法问题中，最复杂且棘手的部分，不论其在定位上有所争议，且在竞合问题的内容，也是意见分歧，究竟竞合论所处理的问题，系“罪数”的问题，或是“行为数”的问题？在见解上仍旧分歧。我们向来均将竞合论问题，视为“罪数”决定的问题，从而所发展出的架构，则完全属于判断罪数的问题，

即决定“一罪（Verbrechenseinheit）”与“数罪（Verbrechensmehrheit）”的理论体系。[①]

此言极是。我们看到，我国台湾地区学者林山田教授的刑法教科书将罪数论改为竞合论，在论及这一变动时林山田教授在《刑法通论》增修6版中指出：

本书在竞合论之论述直至第三版，均承袭“国内”传统学说与实务之见解，从一罪与数罪之概念着手，认为一罪有：单纯一罪、包括一罪（含结合犯、双行为犯、常业犯、继续犯与接续犯）与处断上一罪（含想象竞合、牵连犯与连续犯），而数罪则指实质竞合之数罪并罚。至第四版虽引进竞合论中行为单数与行为复数之概念，但为顾及跟刑法实务之配合，在论述体系上除扩张法律竞合（法律单数）与不罚之前行为与后行为之部分外，大体依然维持原来之旧体系，致未能贯彻竞合论之体系，以解决“国内”刑法学说与刑法实务之乱象与问题。为了除上述之弊，本书在本版（第六版）之论述即以竞合论之内涵为主，首先论述行为单数与行为复数（第二节）、法律单数（第三节）；以及不罚之前行为与不罚之后行为（第四节）；其次，再论述属于犯罪单数之想象竞合（第五节）与现行法特有之牵连犯（第六节），以及现行法规定之连续犯（第七节）。最后，论述属于犯罪复数之实质竞合（第八节），检讨“国内”学说与判例之吸收与吸收犯（第九节），并提出竞合论之判断体系。[②]

但林山田教授的这一竞合论体系中，为顾及其刑法规定，仍包含了牵连犯、连续犯等并不属于竞合犯的内容。按照林山田教授的理想体系，竞合论应首先对行为人之行为单数与行为复数加以区隔，行为单数中分为不纯正竞合（法条竞合）与纯正竞合（想象竞合）。法条竞合是法律单数而想象竞合是犯罪

① 柯耀程：《变动中的刑法思想》，270～271页，北京，中国政法大学出版社，2003。

② 林山田：《刑法通论》（下册），增订6版，570～571页，台北，1998。以上论述，在《刑法通论》增订10版中已被删除。

单数。行为复数分为不纯正竞合（不罚之前行为与不罚之后行为）与纯正竞合（实质竞合），实质竞合是犯罪复数。应该说，这一竞合论体系内在逻辑是十分清晰的。

关于竞合论，我国学者也开始有所涉足。例如我国学者刘士心博士出版了《竞合犯研究》（中国检察出版社2005年版）一书，虽然该书所称竞合犯，只包括大陆法系刑法理论中的形式竞合（法条竞合与想象竞合），不包括实质竞合，但这一研究对于推动我国罪数论向竞合论转变是具有积极意义的，对此应当予以肯定。

我对于罪数理论一直十分关注，但基本上是在单复数罪的意义上讨论的，未能跳出罪数论的旧窠。在《本体刑法学》（商务印书馆2001年版）一书中，我将犯罪分为单数犯罪与复数犯罪，在单数犯罪中将犯罪分为单纯的一罪（包括继续犯、接续犯、徐行犯）；法定的一罪（包括转化犯、惯犯、结果加重犯、结合犯）；处断的一罪（包括想象竞合犯、连续犯、牵连犯、吸收犯）。在复数犯罪中将犯罪分为同种数罪与异种数罪。[①] 这一分类法虽然从罪数罪素判断到法律规定判断，再到法律适用判断，具有一定的内在逻辑性，但其中涉及的概念大多具有知识价值而缺乏法律意义。《规范刑法学》（中国政法大学出版社2003年版）一书也沿袭了上述分类法。如果说，作为超法规的《本体刑法学》一书采用更多与现行刑法无关的知识性概念还有其合理性，那么，在《规范刑法学》一书中采用这种与规范无关的分类法就有所缺憾。因此，我认为，在教义刑法学的视域中，更应引入竞合论。

在讨论竞合论的时候，我们首先应当正确地界定竞合的概念。竞合，在汉语中是争相符合之意，“竞”为竞争，“合”为符合。在英文中指Concurrence，在德文中指Konkurrenz，本意是同时发生、出现或竞争。我国台湾地区学者指出：

> 刑法所称竞合者，系指行为实现多数刑法规范，而各规范均确实存

① 参见陈兴良：《本体刑法学》，581页以下，北京，商务印书馆，2001。

在，为使得法律的评价标准得以确实适用，以决定罪刑关系，就所实现之规范间，取适当之法律效果，在结构上，复数之规范确实被侵害，而由于个别规范间法定之法律效果，无法也不能单纯地加以结合，乃至于欠缺具体之制裁效果，为求取具体之法律效果，必须从所实现规范，审酌一足以反映被实现规范之非价内容的法律效果，此一求取过程即为竞合论之核心任务。①

因此，竞合是以实现数个刑法规范，即同时符合数个构成要件为前提的。所竞合者，乃构成要件也。只有从构成要件的角度入手，才能真正把握竞合的实质。

二、法条竞合

法条竞合，又称法规竞合，是法律中的一种较为常见的现象，无论在刑法中还是在民法中都存在法条竞合现象。刑法关乎生杀予夺，因而刑法中的法条竞合与公民的权利之保障存在重要关系。因此，对法条竞合的研究，刑法较之民法更为深入。

（一）法条竞合概述

如前所述，在大陆法系刑法理论中，传统的罪数论正在逐渐演变为竞合论，并且主要讨论三种竞合形态，这就是想象竞合、法条竞合和实质竞合。在竞合论中，法条竞合是讨论的重点之一，尤其是法条竞合和想象竞合的关系，更是讨论的难点之一。

① 柯耀程：《参与与竞合》，154页，台北，元照出版公司，2009。

当然，对于法条竞合的称谓并非不存在争议。德国刑法学界现在越来越倾向于把法条竞合称为法条单一，认为只有想象竞合和实质竞合，法条竞合是非真正的竞合或假性竞合。根据犯罪的单数和复数的区分，德国学者将德国刑法典关于行为的规定区分为以下三种情形：一是行为单数，即一行为触犯数法规，这是想象竞合。二是行为复数，即数行为在同一个诉讼程序中触犯数法规，这是实质竞合。三是法条单一，即一行为表面上符合数法规，但只能适用其中的一个法规，其他的法规不得适用。德国学者指出：

> 由于只适用这一主要的刑法法规，且被排除的法律并不出现在有罪判决中，用“法条单一”（Gesetzeseinheit）来替代传统的、但误导性的表述“法规竞合”（Gesetzeskonkurrenz），看起来似乎是适当的。[①]

在法条竞合的情况下，一行为同时该当数法条所规定的构成要件。在这个意义上，法条竞合并非法条单一，同时亦是法条复数。例如盗窃罪之规定与盗窃枪支罪之规定，两个规定之间存在着法条竞合关系。在行为人实施盗窃枪支行为时，形成法条竞合。在这种法条竞合的情况下，当然涉及数法条之间的关系。所谓法条单一，是就在竞合的数法条中选择其一适用，其他法条被排除意义上而言的。如果就此而称为法条单一，那么想象竞合又何尝不是法条单一呢？想象竞合也是择其重罪处罚之，最终同样仅适用一个法条。由此可见，将法条竞合改称为法条单一，反而增添了理解上的困难。因此，我认为法条竞合的概念已经约定俗成，被刑法学界所普遍接受，以不改变为宜。

我国古代刑法理论中并不存在法条竞合的概念，法条竞合是从大陆法系国家引入的理论。我国古代刑法虽无竞合的概念，但有俱发的概念。《唐律·名例律》规定：

> 诸二罪以上俱发，以重者论。

---

① ［德］汉斯·海因里希·耶赛克、托马斯·魏根特：《德国刑法教科书》，徐久生译，892～893页，北京，中国法制出版社，2001。

这里的俱发，指的是一人犯有数罪，在这种情况下实行重刑吸收轻刑的原则。日本旧刑法（1880 年公布、1882 年 1 月 1 日施行）称“数罪俱发”，这里的“俱发”一词即来自《唐律》。日本新刑法（1907 年公布，即日本现行刑法）改俱发罪为并合罪，遂有并合一词。日本改正刑法草案将并合罪改为竞合犯，但该草案并未通过。从俱发到并合，并到竞合，这些概念之间的关联性隐约可见。

中华民国初年的《暂行新刑律》称俱发罪，1928 年民国刑法改称并合罪，由于当时刑法制定聘请日本东京大学冈田朝太郎为顾问[①]，因而日本刑法的影响是不言而喻的。我国现在使用的法条竞合概念，从何时产生已经无从考证。但在 1913 年商务印书馆出版的日本著名刑法学家牧野英一的《日本刑法通义》一书中已有法条竞合一语。该书是我国学者陈承泽根据《日本刑法通义》1908 年日文版翻译的。该书在论及并合罪时指出：

> 并合罪者，现行法之数罪俱发也，并合确定判决以前之数罪而对之科一个之法律效果（即刑罚）之谓也。[②]

日本旧刑法第 54 条对想象竞合犯、牵连犯、第 55 条对连续犯，作为并合罪之例外。为与想象竞合及并合罪相区分，牧野英一论及法条竞合时，指出：

> 法条竞合者，同一行为，虽然二个法条，其法条非互相独立，其一当然为他所吸收者也。别之为二：其一为特别法与普通法之关系，特别法常排除普通法（按即谓先普通法而适用）。[③]

这是在我国刑法文献中看到的较早的关于法条竞合的论述。及至 20 世纪 30 年代，我国法条竞合理论已经相当发达，例如陈瑾昆在《刑法总则讲义》（该书 1934 年由北京好望书店出版发行）一书中，就对法条竞合作了相当完整的论述，

---

① 参见谢振民：《中华民国立法史》（下册），888 页，北京，中国政法大学出版社，2000。

② ［日］牧野英一：《日本刑法通义》，陈承泽译，李克非点校，69 页，北京，中国政法大学出版社，2003。

③ ［日］牧野英一：《日本刑法通义》，陈承泽译，李克非点校，69、74 页，北京，中国政法大学出版社，2003。

指出：

> 法条竞合（Gesetzeskonkurrenz），又称曰外观上之法条竞合。即谓一个行为虽与数个刑罚法规定之要件相当，而因该各法规相互之关系，应排除他法规只适用一法规之时也。此只法条之竞合，非犯罪之竞合，故仍为一罪，而非数罪，不应并合论罪，尤其与想象竞合犯相区别之。①

该书还对法条竞合的四种情形，即特别关系、补充关系、吸收关系、择一关系作了较为详细的论述。

我国目前关于法条竞合的理论，基本上是在继承大陆法系刑法理论关于法条竞合概念的基础上发展起来的，因为在苏俄刑法理论中，只是特拉伊宁、库德里亚夫采夫等刑法学家在犯罪构成论中对法条竞合有所涉及，但并没有建立起法条竞合的一般理论。例如特拉伊宁在论及一般构成和特殊构成时指出：

> 一般构成和特殊构成的特点，在于这些构成实质上是相同的，但它们概括着同样一些犯罪的类和种。这种特点，对于正确定罪来说，有着巨大的政治意义。②

特拉伊宁论述了一般构成与特殊构成的两种形式：一是在具有两个规范——一个规定着类的构成；另一个规定着特殊的、种的构成——时，犯罪行为永远无条件地不应当依照一般规范，而应当依照特殊规范定罪。特殊构成，对于类的构成说来，是所谓占优势的。因此，类的构成似乎是为了在特殊构成没有概括的场合留作后备用的。这种情形，实际上是指法条竞合中的普通法与特别法的竞合。二是某一特殊构成，实际上包含着另一犯罪的构成因素，这时一般构成和特殊构成的相互关系与上面所讲的相同。这种情形，则是指法条竞合中的部分法与整体法的竞合。由于在特拉伊宁的犯罪构成体系中，没有涉及罪数论，因而法条竞合也并没有在罪数论中讨论，而是作为犯罪构成的一种特殊形式加以讨论，并且没

① 陈瑾昆：《刑法总则讲义》，246 页，北京，中国方正出版社，2004。

② ［苏］A. H. 特拉伊宁：《犯罪构成的一般学说》，王作富等译，204 页，北京，中国人民大学出版社，1958。

有采用法条竞合这个概念。

我国刑法学中的法条竞合理论，主要是从德日刑法理论中引入的，并且结合我国的刑法规定进行了研究，形成了一定的理论框架。当然，在我国刑法理论上，关于法条竞合的概念虽然还存在争议，但法条竞合的概念已经被我国司法实践所接受。

案例 18—1 孟祥国等侵犯著作权案①

被告人孟祥国等人自 2000 年 3 月至 2001 年 2 月间为牟取非法利益，在明知无复制、发行等权利的情况下，未经许可复制、发行外语教育出版社享有专有出版权的《大学英语》系列教材、高等教育出版社享有出版权的《中专英语综合教程》、《高等教育》等教材共计 22 万余册，非法经营数额达人民币 272 万余元。

对于本案，北京市通州区人民法院以侵犯著作权罪对上述孟祥国等被告人定罪处罚。但在司法实践中，对于盗印他人享有专有出版权的图书、构成犯罪的行为，仍然存在是定侵犯著作权罪还是定非法经营罪的争论。例如在本案的审理过程中，就有一种观点认为，被告人孟祥国不是有关教材的出版者，其他两个被告人身为印刷业务的从业人员对此也是明知的，却为了牟取非法利益，违反《出版管理条例》第 32 条第 3 款关于“印刷或者复制单位不得接受非出版单位和个人的委托印刷报纸、期刊、图书或者复制音像制品、电子出版物，不得擅自印刷、发行报纸、期刊、图书或者复制、发行音像制品、电子出版物”的规定，接受个人的委托，违法印刷有关教材，不仅侵犯了外语教育出版社和高等教育出版社的著作权，还严重扰乱了出版物市场管理秩序，情节特别严重，其行为同时触犯了刑法第 217 条和第 225 条的规定，根据最高人民法院、最高人民检察院《关于办理生产、销售伪劣商品刑事案件具体应用法律若干问题的解释》第 10 条关于

① 参见最高人民法院编：《刑事审判参考》，第 33 辑，20～22 页，北京，法律出版社，2003。

“实施生产、销售伪劣商品犯罪，同时构成侵犯知识产权、非法经营等其他犯罪的，依照处罚较重的规定定罪处罚”的规定，应当依照处罚较重的非法经营罪定罪处罚。对此，本案的裁判理由明确指出：

> 以非法出版物为犯罪对象的非法经营罪与侵犯著作权罪之间属于普通法条与特别法条之间的法条竞合关系。所谓法条竞合，是指行为人实施一个犯罪行为同时触犯数个法律条文，仅选择适用一个法条定罪处罚的情形。在普通法条与特别法条发生竞合的情况下，适用特别法条对行为人定罪处罚是法律适用的一般原则，其根据在于：特别法条的规定已被包含于普通法条之中，触犯特别法条的行为必然同时触犯普通法条，当立法机关在已经规定了普通法条，能够对行为人的犯罪行为进行刑法评价的情况下，又规定特别法条，说明立法者认为适用普通法条不足以对行为人的行为进行全面、恰当的评价，故需要适用特别法条对行为人的行为进行特别评价。故一般应当适用特别法条对行为人定罪处罚。否则，必将使特别法条的规定处于虚置，这也不符合立法本意。当然，特别法条优于普通法条的原则也有例外，那就是当立法机关认为适用特别法条不能对某一行为作出全面、恰当的评价时，在立法中特别规定普通法条与特别法条发生竞合的需要适用普通法条。如刑法第一百四十九条第二款规定：“生产、销售本节第一百四十一条至一百四十八条所列产品，构成各该条规定的犯罪，同时又构成本节第一百四十条规定之罪的，依照处罚较重的规定定罪处罚”，因此，当刑法第一百四十条生产、销售伪劣产品罪与第一百四十一条至一百四十八条生产、销售特别伪劣产品犯罪之间发生竞合时，不适用特别法条优于普通法条的法律适用原则，而应适用重法条优于轻法条的法律适用原则，按照处罚较重的法条定罪处罚。就以非法出版物为犯罪对象的非法经营罪与侵犯著作权罪而言，刑法第二百二十五条是普通法条，第二百一十七条是特别法条，在刑法没有作出特别规定的情况下，应当采用特别法条优于普通法条的适

用原则，以侵犯著作权罪定罪处罚。《最高人民法院关于审理非法出版物刑事案件具体应用法律若干问题的解释》第十一条的规定也肯定了这一原则，即“违反国家规定，出版、印刷、复制、发行本解释第一条至第十条规定以外的其他严重危害社会秩序和扰乱市场秩序的非法出版物，情节严重的，依照刑法第二百二十五条第（三）项的规定，以非法经营罪定罪处罚”。也就是说，对于以非法出版物为犯罪对象的犯罪行为，只有在没有特别法条可以适用的情况下，才能适用刑法第二百二十五条，以非法经营罪定罪处罚。①

这一裁判理由正确地运用法条竞合理论，解决了以营利为目的出版他人享有专有出版权的图书的行为到底是定非法经营罪还是侵犯著作权罪的问题。由此可见，法条竞合的理论已经被我国司法实践所接受，并用于处理一些较为疑难的案件。

（二）法条竞合的类型

在法条竞合的理论中，关于法条竞合的类型是一个争议较大的问题，争议的实质还是如何理解法条竞合的性质问题。关于法条竞合类型的争议，主要集中在交叉关系的法条竞合是否存在这个问题上。对此，我国刑法学界存在两种观点：

第一种观点认为交叉关系也存在法条竞合。因此，法条竞合包括以下两种情形：（1）两个法条之间具有包含关系，即一个法条的全部内容为另一个法条内容的一部分；（2）两个法条之间具有交叉关系，即两个法条各自一部的构成互为交叉重叠。②

第二种观点认为交叉关系不存在法条竞合。根据这种观点，只有一个条文的全部内容包含于另一个条文的内容之中时，即两个法条之间具

① 最高人民法院编：《刑事审判参考》，第33辑，23～24页，北京，法律出版社，2003。

② 马克昌主编：《犯罪通论》，3版，630页，武汉，武汉大学出版社，1999。

有包含关系时，才能将之视为法条竞合。一个法条内容的一部分是另一法条内容的一部分时，不是法条竞合，而是想象竞合。①

上述第二种观点涉及法条竞合与想象竞合的关系，对此将在下文探讨。在此，我仅就涉及法条竞合类型划分的一些基本理论问题加以讨论。

1. 从属关系的法条竞合

在讨论从属关系的法条竞合的时候，首先涉及形式逻辑中的内涵与外延问题。因为法条竞合表现为罪名概念的竞合，而罪名概念作为一种特殊类型的概念，同样存在着内涵与外延之分。那么，罪名概念的内涵、外延与确定法条竞合的类型到底存在什么关系呢？对于这个问题，以往在我国刑法学界关于法条竞合的讨论中重视不够，因而造成了一些逻辑混乱。对于这个问题，我国学者已经有所认识，指出：

> 按照逻辑学原理，任何概念都包含内涵与外延两个方面的逻辑特征，内涵是概念对事物本质的反映，外延是概念对事物范围的反映。罪名是关于犯罪的概念，其内涵是犯罪构成的具体内容，如主体身份、罪过内容、行为方式、对象范围、客体性质等；其外延是犯罪构成所适用的犯罪事实范围，现实中发生的所有这种犯罪行为构成这种犯罪的外延。罪名的内涵与外延呈反变关系，构成要件内容越丰富，外延越小，构成要件越简单，外延越大。我国刑法学界关于法条竞合的分类虽然观点纷呈，但大多没有指明其所称之包容、从属、交叉等是指犯罪的内涵还是外延，这就必然造成类型含义的模糊与理论上的混乱。②

对于这一观点，我是十分赞同的。在讨论法条竞合类型的时候，首先要对罪名概念的内涵与外延加以区分。换言之，罪名概念之间既存在内涵上的竞合又存在外延上的竞合。以论者所涉及的包含关系而言，我国有学者指出：

---

① 高铭暄主编：《中国刑法学》，217～218页，北京，中国人民大学出版社，1989。

② 刘士心：《竞合犯研究》，96页，北京，中国检察出版社，2005。

> 这种竞合，以两个法条犯罪构成性质的同一性为前提，对犯罪构成的一个或数个要件进行外延范围量的比较，范围大的包含范围小的，就形成了两个法条的犯罪构成包含的重合关系，即所谓一法条的全部内容为他一法条的内容的一部分。[①]

在这一论述中，论者将所谓包含关系理解为是一种外延关系而未涉及内涵关系。这种所谓包含关系，实际上是刑法理论上所称的特别关系。德国学者指出：

> 如果一个刑法规定具备了另一个刑法规定的所有要素，且它只能通过具有将案件事实以特殊的观点来理解的其他要素而与该刑法规定相区别的，即存在特别关系。在特别关系情况下，也就产生了从属的逻辑上的依赖关系，因为实现特有犯罪构成要件的每一个行为，还同时实现一般犯罪的构成要件，否则的话不构成特别关系。[②]

在此，德国学者虽然也未提及这种从属的逻辑上的依赖关系是外延关系还是内涵关系，但由于作者在论及吸收关系时，指的是“一个构成要件该当行为的不法内容和罪责内容包含了另一行为或另一构成要件，以至于在一个法律观点下的判决已经完全表明了整体行为的非价”。显然，这种吸收关系是构成要件之间的内涵关系，由此可以得出结论：特别关系是构成要件之间的外延关系。因此，如果将包含关系的法条竞合仅限于外延关系而将内涵关系排除在外，显然是人为地缩小了法条竞合的范围。

我认为，包含关系应理解为是一种逻辑上的从属关系，也就是种属关系。这种从属关系又可以分为两种：外延上的从属关系与内涵上的从属关系。

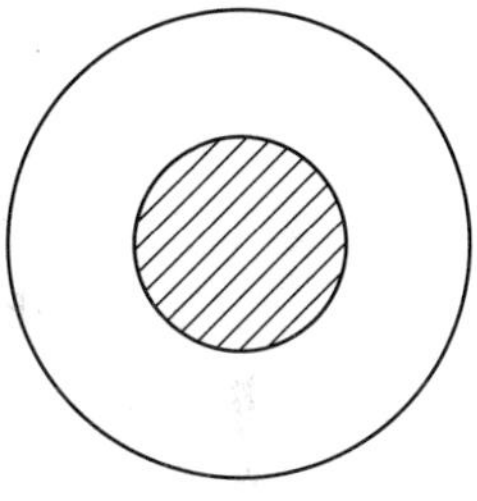

图 18—1　独立竞合

（1）外延上的从属关系：独立竞合（见图 18—1）

外延上的从属关系是指一个犯罪构成要件的外延是另

① 马克昌主编：《犯罪通论》，3 版，630 页，武汉，武汉大学出版社，1999。

② ［德］汉斯·海因里希·耶赛克、托马斯·魏根特：《德国刑法教科书》，徐久生译，894 页，北京，中国法制出版社，2001。

一个犯罪构成要件的外延的一部分。例如我国刑法关于生产、销售伪劣商品罪的规定：刑法第 140 条规定的生产、销售伪劣产品罪与刑法第 141 条至第 148 条规定的犯罪是一般与特殊的关系，这是一种外延上的从属关系。从法律上来说，假药、劣药等都是伪劣产品，这是一种外延上的从属关系，对于具有外延上的从属关系的情形，以法条竞合论处并无争议。这种外延上的从属关系构成的法条竞合，在刑法理论上是指特别法与普通法的竞合，这也是一种最为常见的法条竞合形式。

（2）内涵上的从属关系：包容竞合（见图 18—2）

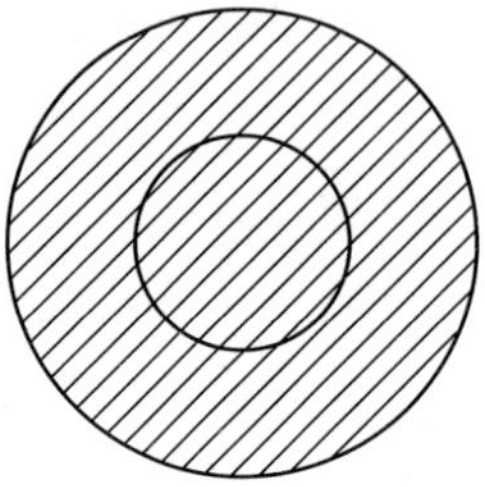

图 18—2　包容竞合

内涵上的从属关系是指一个犯罪构成要件的内涵是另一个犯罪构成要件的内涵的一部分。例如我国刑法第 232 条规定了故意杀人罪，但刑法第 239 条规定的绑架罪中包含“杀害被绑架人”的内容。这里的“杀害被绑架人”，是指在劫持被绑架人后，由于勒索财物或者其他目的没有实现以及其他原因，故意将被绑架人杀害的行为。由此可见，在绑架罪的构成要件中，包含故意杀人罪的内容，这是一种内涵上的包含而非外延上的包含。在德日刑法理论中，这种内涵上的从属关系被称为吸收关系（Konsumtion），其适用于一个行为的数个构成要件中，禁止构成要件比其他构成要件具有完全性时，完全法拒绝不完全法（Lex consumens derogat legi consumptae）。[①] 我则将这种法条竞合称为包容竞合，即整体法与部分法的竞合。

应当指出，无论是外延上的从属关系还是内涵上的从属关系，都离不开对刑法规定的犯罪构成要件的具体分析，因而它必然以对刑法的解释为其前提。例如我国刑法中的盗窃罪与盗窃枪支罪之间存在普通法与特别法的竞合关系，因为刑法规定盗窃罪的客体是公私财物，对财物的外延没有限制，枪支也可以包括在财

① 参见［日］大塚仁：《刑法概说（总论）》，3 版，冯军译，419 页，北京，中国人民大学出版社，2003。

物概念之中。但我国刑法中的受贿罪与非国家工作人员受贿罪之间就不存在普通法与特别法的竞合关系。因为受贿罪的主体限于国家工作人员，因而它与非国家工作人员受贿罪不存在外延上的从属关系而是一种并列关系。又如，故意杀人罪与绑架罪之间是部分法与整体法之间的竞合关系，因为刑法第 239 条关于绑架罪的规定中包含了杀害被绑架人的内容。但放火罪与故意杀人罪之间是否也存在部分法与整体法的竞合关系呢？我国学者在论及交叉形式的重叠关系可以形成法条竞合时，将交叉的重合与非重合的交叉相对比，并将放火罪与故意杀人罪的关系理解为非重合的交叉，因而两者之间不能形成法条竞合。我国学者指出：

> 交叉的重合，是甲法条所规定的犯罪，在犯罪构成交叉重叠时，是乙法条所规定的犯罪。非重合的交叉，是甲法条所规定的犯罪，不论是什么构成条件的交叉，都不是乙法条所规定的犯罪，例如放火与杀人，其法条关系只能是：放火罪不是杀人罪，或者说，杀人罪不是放火罪。故在放火罪与杀人罪之间不能形成法条竞合。[①]

关于故意杀人罪与放火罪的关系如果泛泛而论，的确是没有关系的。在此，我们要对放火罪的构成要件作具体分析。根据刑法第 115 条的规定，放火罪的实害犯之实害结果是指："致人重伤、死亡或者使公私财产遭受重大损失。"那么，这里的致人死亡是否包括故意杀人呢？这里涉及对于采用放火的方法烧死他人的行为如何定罪的问题，对此有的观点认为只能定故意杀人罪，不能定放火罪。理由是，1979 年刑法第 105 条（1997 年刑法第 114 条）破坏的对象是各种财物，不包括人，1979 年刑法第 106 条（1997 年刑法 115 条）虽然包含放火"致人死亡"，但这是指过失致人死亡，不包含故意杀人。对此，我国权威刑法教科书明确指出：

> 对此类案件的处理，不可一概而论。如果其放火行为不足以危害公共安全，应以故意杀人罪论处；如果其放火行为危害公共安全，例如在

① 马克昌主编：《犯罪通论》，3 版，635 页，武汉，武汉大学出版社，1999。

> 居民楼里对某户放火，则应以放火罪论处。因为，虽然行为人主观上是企图烧死某个人，但客观上是对建筑物放火，符合（1979 年）刑法第 105 条（1997 年刑法第 114 条）的规定，并且严重危害公共安全。至于说（1979 年）刑法第 106 条（1997 年刑法第 115 条）“致人死亡”不包含故意杀人，也是没有根据的。因为，事实上实施放火、爆炸、投毒的人，对于可能发生人身伤亡的结果，很难说不在他的意料之中的。[①]

上述论断虽然针对的是 1979 年刑法，但其基本观点为我国刑法学界所公认，放火罪包含故意杀人罪的内容是我国刑法学界的通说。在这种情况下，故意杀人罪就成为放火罪的一部分，两者之间部分法与整体法之间的竞合关系昭然若揭。

2. 交叉关系的法条竞合

交叉关系的法条竞合是指两个犯罪的构成要件之间或者外延或者内涵上的部分重合的情形。交叉关系的法条竞合之区别于从属关系的法条竞合，就在于后者的外延与内涵处于完全的包含之中，而前者只是部分的外延与内涵之间发生重合。因此，无论是从属关系的法条竞合还是交叉关系的法条竞合，在构成要件重合这一点上都是相同的，无非是全部重合与部分重合的区分而已。

相对于从属关系的法条竞合，交叉关系的法条竞合是较为复杂的，也不易理解。但在司法实践中，这种交叉关系的法条竞合也是被法院所承认的。

案例 18—2　梁其珍招摇撞骗案[②]

被告人梁其珍，化名梁坚辉，男，1972 年 10 月 2 日生，汉族，初中文化，农民，1997 年 2 月因犯诈骗罪被判处有期徒刑三年，1999 年 10 月减刑释放。安徽省合肥市包河区人民检察院以被告人梁其珍犯招摇撞骗罪向合肥市包河区人民

---

① 高铭暄主编：《中国刑法学》，375 页，北京，中国人民大学出版社，1989。

② 参见最高人民法院编：《刑事审判参考》，第 34 辑，34～35 页，北京，法律出版社，2003。

法院提起公诉。合肥市包河区人民法院经公开审理查明：2001年11月，被告人梁其珍与王某相识，梁谎称自己是安徽省公安厅刑警队重案组组长，骗得王与其恋爱并租房同居。其间，梁又先后对王谎称自己任省公安厅厅长助理、池州市公安局副局长等职。为骗取王及其家人、亲戚的信任，梁其珍先后伪造了安徽省公安厅文件、通知、荣誉证书、审查登记表；印刷了职务为池州市公安局副局长的名片和刑警执法证；购买了仿真玩具手枪等；2001年10月至2002年8月梁多次从合肥、池州等地公安机关盗取数件警服、警帽、持枪证以及相关材料；多次租用京GD6798号出租车，冒充是省公安厅为其配备。在骗取王某及其家人、亲戚的信任后，2002年4月至2002年8月期间梁以种种谎言骗得王家及亲戚现金39 750元，并挥霍。2002年5月，梁其珍又冒充安徽省公安厅刑警，骗取另一受害人张某与其恋爱并发生性关系。后以请人吃饭为由，骗取张现金500元。2002年8月初，梁其珍冒充池州市公安局副局长前往潜山县，骗取了该县人大、公安局有关领导的信任，陪同其游玩。包河区人民法院审理后认为：被告人梁其珍伪造公安机关的文件、印章，盗取警服、警帽，多次冒充人民警察招摇撞骗，骗取多名受害人钱款40 250元，并骗得了其他非法利益，严重妨害了国家机关的正常管理活动，侵犯了公民的合法权益，情节严重，其行为已构成招摇撞骗罪。梁冒充人民警察招摇撞骗，且系累犯，依法均应从重处罚。依照《中华人民共和国刑法》第二百七十九条、第六十四条、第六十五条第一款之规定，判决：一、被告人梁其珍犯招摇撞骗罪，判处有期徒刑十年；二、追缴被告人梁其珍违法所得人民币40 250元；三、没收作案工具玩具手枪一把及伪造的文件等。一审宣判后，被告人梁其珍不服，提出上诉。在二审审理期间，梁其珍申请撤回上诉，法院裁定予以准许。

在本案的裁判理由中，作者认为诈骗罪与招摇撞骗罪之间存在交叉关系的法条竞合，并对法条竞合的类型作了以下阐述：

具体何谓法条之间的竞合关系，或者说法条竞合可以表现为哪些形态，这在刑法理论上一直久有争论。对此，我们的基本观点是：(1) 法条竞合中数法条之间的竞合关系，不仅可以表现为包容竞合（即数法条所规定的犯罪构成要件在外延上存在包容与被包容的关系），也可表现为交叉竞合（即数法条所规定的犯罪构成要件在外延上存在部分交叉、重叠关系）；交叉竞合客观存在，如刑法第二百五十四条（报复陷害罪）与第二百五十五条（打击报复会计、统计人员罪）之间、第二百六十六条（诈骗罪）与第二百七十九条（招摇撞骗罪）之间、第二百七十五条（故意毁坏财物罪）与第二百七十六条（破坏生产经营罪）之间以及第二百七十五条（故意毁坏财物罪）与第二百九十九条（侮辱国旗、国徽罪）之间等等，均存在交叉关系；否认交叉竞合的存在，不符合立法实际；将交叉竞合排除在法条竞合之外，一方面势必将导致此类法律现象在理论研究上无所归属，另一方面也不利于相关案件的正确处理。(2) 有学者提出，法条竞合包括独立竞合（指一个罪名概念的外延为另一个罪名概念的外延的一部分，而犯罪行为正适合于这一部分的情形）、包容竞合（指一个罪名概念的外延是另一个罪名概念的外延的一部分，但犯罪构成的内容已超出外延窄的罪名概念的情形）、交叉竞合（指两个罪名概念之间各有一部分外延相互重合）和偏一竞合（指两个法条交叉重合，但犯罪已经超出重合范围的情形）四种形态。此种观点是否能够更为科学准确地反映法条之间的竞合关系，并为我国的立法与司法实践所运用，尚有待进一步研究和实践。①

对于上述观点，我大体上是赞同的。当然，对于交叉关系的法条竞合再作进一步的划分，我认为还是必要的，但在司法实务部门看来，也许过于烦琐，这也是可以理解的。交叉关系的法条竞合同样存在外延交叉与内涵交叉这两种情形，下面分别加以论述：

---

① 最高人民法院编：《刑事审判参考》，第 34 辑，36～37 页，北京，法律出版社，2003。

(1) 外延上的交叉关系：交互竞合（见图 18—3）

外延上的交叉关系构成的法条竞合，称为交互竞合，是指两个罪名概念之间各有一部分外延互相重合，这在大陆法系刑法理论中被称为择一关系。上述诈骗罪与招摇撞骗罪之间的竞合就是一种交互竞合。之所以承认在诈骗罪与招摇撞骗罪之间存在交互竞合的关系，主要是因为我国刑法规定的招摇撞骗罪，在其构成要件的内容上包含了骗取财物。因此，在冒充国家工作人员的身份骗取财物这一点上，诈骗罪与招摇撞骗罪之间存在外延上的竞合关系。

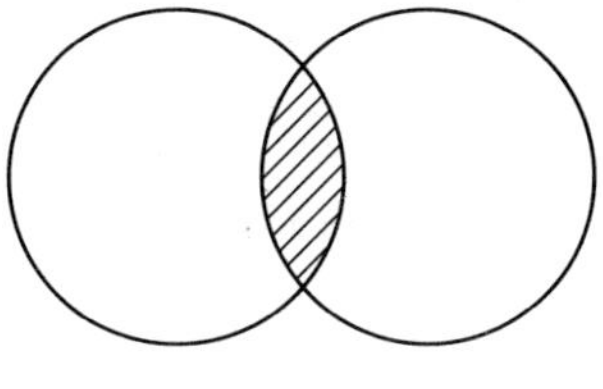

图 18—3　交互竞合

值得注意的是，现在我国刑法学界有些学者通过将财物排除在招摇撞骗罪的构成要件之外而否定两罪之间的法条竞合关系。例如我国学者指出：

> 诈骗罪骗取的对象只限于公私财物，并且要求财物达到一定的数额，侵害的是公私财物合法财产利益；招摇撞骗罪骗取的对象主要不是财产，而是财产以外的其他利益，如地位、待遇等，侵害的主要是国家机关的威信和形象。如果行为人冒充国家机关工作人员为了骗取财物，应当以诈骗罪处罚。[①]

在上述论断中，作者采用了“主要不是”这样的表述，有些模棱两可。张明楷教授则指出：

> 在冒充国家机关工作人员招摇撞骗的过程中，偶然骗取少量财物的，不影响本罪的认定，但本罪不包括骗取数额巨大财物的情况。[②]

按照这种观点，在招摇撞骗骗取财物数额较大限度内，承认诈骗罪与招摇撞骗罪的法条竞合关系，按照“本法另有规定的，依照规定”，以招摇撞骗罪论处。但如果招摇撞骗骗取财物数额巨大以及数额特别巨大的，则不承认其成立招摇撞

① 胡康生、郎胜主编：《中华人民共和国刑法释义》，3 版，431 页，北京，法律出版社，2006。

② 张明楷：《刑法学》，3 版，757 页，北京，法律出版社，2007。

骗罪，应径行以诈骗罪论处。因此，招摇撞骗罪只包括骗取数额较大的财物，但不包括骗取数额巨大或者数额特别巨大的财物，以此解决诈骗罪与招摇撞骗罪之间的刑罚协调问题。周光权教授则更直接主张对招摇撞骗罪，限缩解释为假冒国家机关工作人员的身份骗取爱情、职位、荣誉、资格等，原则上不包括骗取数额巨大的财物的情形，指出：

> 冒充国家机关工作人员骗取少量财物的，可以认为行为对财产法益的损害很小，而对国家机关的威信和正常秩序危害极大，与诈骗罪的实行行为并不相当，只成立招摇撞骗罪。但在骗取数额巨大财物的场合，应当直接定诈骗罪。如此处理，在适用刑法第 279 条的规定时不会遇到障碍，也不会与刑法第 266 条的规定相冲突。同时，防止司法上对最终侵害财产权的行为根据是否有冒充国家机关工作人员的情节适用不同的罪名，使得罪刑相适应原则能够得到贯彻。[①]

在我看来，这种观点还不够彻底。如果通过立法解释或者司法解释，直接将财物（无论是数额较大或是巨大或是特别巨大）都从招摇撞骗罪的客体中排除出去，在这种情况下，冒充国家机关工作人员招摇撞骗财物的行为，既触犯诈骗罪又触犯招摇撞骗罪，就属于想象竞合，应按照从一重处断的原则处理。但在目前司法实践中，还是认为招摇撞骗罪的客体中是包括数额较大或者巨大或者特别巨大的财物的，因而是在法条竞合的框架下考虑其法律适用问题。

（2）内涵上的交叉关系：偏一竞合（见图 18—4）

内涵上的交叉关系构成的法条竞合，称为偏一竞合，是指两个罪名概念的内涵交叉重合，但实际竞合的内容已经超出所重合的范围的情形，这在大陆法系刑法理论中被称为补充关系。补充关系的概念逻辑结构，德国通说认为是干涉性或交错关系。德国学者指出：

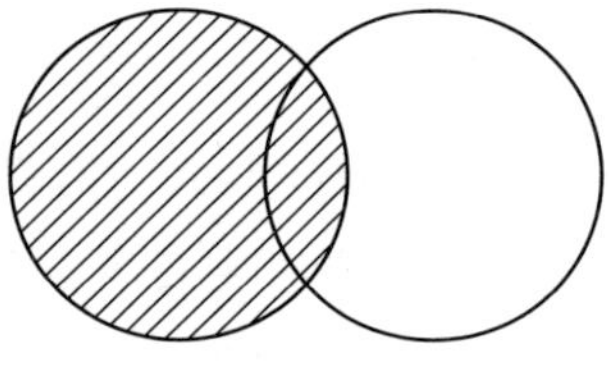

图 18—4　偏一竞合

① 陈兴良、周光权：《刑法学的现代展开》，650 页，北京，中国人民大学出版社，2006。

所谓的干涉性系指，如果两个概念之间的关系是，A 概念中的事物，部分可以在 B 概念中出现，部分不能在 B 概念中出现，对于 B 概念而言，B 概念中之事物，部分可以在 A 概念中出现，部分不可以在 A 概念中出现，则两个概念间存在着干涉性。①

偏一竞合相对于交互竞合来说，理解起来更加困难一些。我们通常所举的例子是拐骗儿童罪与拐卖儿童罪之间的关系。拐骗儿童罪是指不以出卖为目的，拐骗不满 14 周岁的未成年人，脱离家庭或者监护人的行为。而拐卖儿童罪是指以出卖为目的，有拐骗、绑架、收买、贩卖、接送、中转儿童的行为之一的情形。如果行为人以出卖为目的，拐骗儿童，拐骗以后由他人出卖，其本人并没有实施贩卖儿童行为的，根据我国刑法的规定，该行为人构成拐卖儿童罪的既遂。在这种情况下，从客观上来看，行为人实施了拐骗儿童的行为，它与拐骗儿童罪的区分就在于主观目的的不同：不以出卖为目的的构成拐骗儿童罪，而以出卖为目的的构成拐卖儿童罪。但就拐骗行为而言，两者之间存在竞合关系，这个意义上的竞合，还是独立竞合。如果行为人在以出卖为目的拐骗儿童以后又贩卖的，则构成拐卖儿童罪，虽然该行为人同时实施了拐骗儿童与贩卖儿童这两个行为，但根据我国刑法的规定，只能以一罪论。就该罪而言，以出卖为目的的拐骗儿童行为符合拐骗儿童罪的构成要件，但在此基础上，行为人又进一步实施了贩卖行为，因而超出了拐骗儿童罪的构成要件，完全符合了拐卖儿童罪的构成要件，构成内涵上的交叉关系，属于偏一竞合。这里所谓偏一，就是指犯罪的内涵已经超出拐骗儿童罪，而完全符合拐卖儿童罪的构成要件。

（三）法条竞合的处理

对法条竞合进行研究的目的，是在对法条竞合进行教义学解释的基础上，科

① 转引自陈志辉：《刑法上的法条竞合》，56 页，台北，1998。

学地提出法条竞合的适用原则。法条竞合作为一种法律竞合，在所竞合的数法条中，只有一法条可适用，其他法条应予排除。从法条竞合的现象来看，一行为该当两个以上法条，这就存在一个如何适用法条，也就是如何定罪的问题。法条竞合适用法律的根据是禁止重复评价，即在互相竞合的数法条中，选择优位法适用。因此，我们可以把禁止重复评价看作是法条竞合只能适用其中一法条而排除另一法条的理论根据。

法条竞合具有以下适用原则：

1. 独立竞合的适用原则：特别法优于普通法

独立竞合的两个法条之间存在特殊关系，即特殊法与普通法的竞合。在这种情况下，特殊法是优位法，应根据特别法优于普通法的原则适用特别法，排斥普通法。例如，我国刑法第 266 条关于诈骗罪的条款中，就有“本法另有规定的，依照规定”的内容。表明在诈骗罪与其他特殊诈骗罪发生法条竞合的情况下，应以其他特殊诈骗罪论处。当然，在刑法有明文规定的情况下，应当适用重法优于轻法的原则。例如，我国刑法第 149 条第 2 款规定：

> 生产、销售本节第一百四十一条至第一百四十八条所列产品，构成各该条规定的犯罪，同时又构成本节第一百四十条规定之罪的，依照处罚较重的规定定罪处罚。

这就是我国刑法在普通法与特别法竞合的情况下，适用重法优于轻法原则的特别规定。有此特别规定的，不适用特别法优于普通法原则，而应适用重法优于轻法原则。我认为，这是一个特别规定，因而它只适用于该特殊情形，而不能推而广之适用于其他特别法与普通法竞合的场合。

2. 包容竞合的适用原则：整体法优于部分法

包容竞合的两个法条之间存在吸收关系，即整体法与部分法的竞合。在这种情况下，整体法是优位法，应根据整体法优于部分法的原则适用整体法，排斥部分法。例如，我国刑法第 233 条关于过失致人死亡罪的条文中，就有“本法另有规定的，依照规定”的内容，而在刑法第 133 条规定的交通肇事罪的构成要件中包括过失致人死亡的内容。在这种情况下，交通肇事罪的规定是整体法，过失致人死亡罪的规定是部分法，应按照整体法优于部分法的原则，以交通肇事罪论处。

3. 交互竞合的适用原则：重法优于轻法

交互竞合的两个法条之间存在择一关系。在这种情况下，重法是优位法，应根据重法优于轻法的原则适用重法，排斥轻法。至于何为重法，何为轻法，应根据案件的具体情况确定。例如我国刑法第279条规定的招摇撞骗罪与第266条规定的诈骗罪之间存在交互竞合，虽然法条也有“刑法另有规定的，依照规定”的内容，但我认为这是对诈骗罪与特殊诈骗罪之间的独立竞合的法条适用原则，并不适用于诈骗罪与招摇撞骗罪之间的竞合。对于交互竞合，仍然应当按照重法优于轻法的原则处理。

4. 偏一竞合的适用原则：基本法优于补充法

偏一竞合的两个法条之间存在补充关系，即基本法与补充法的竞合。在这种情况下，基本法是优位法，应根据基本法优于补充法的原则适用基本法，排斥补充法。例如，在拐卖儿童罪与拐骗儿童罪发生竞合的情况下，拐卖儿童罪体现了对儿童的补充保护。在行为符合拐骗儿童罪的情况下，应以拐骗儿童罪论处。如果行为已经超出拐骗儿童罪的范围，符合拐卖儿童罪的构成要件的，则应按照基本法优于补充法的原则，以拐卖儿童罪论处。

5. 关于重法优于轻法的探讨

如上所述，在交互竞合的情况下，应当采用重法优于轻法的原则，对此是没有争议的。关于重法优于轻法原则的争议在于是否能够适用于独立竞合，即特别法与普通法的竞合，这是一个需要专门加以探讨的问题。

关于这个问题，在我国刑法学界是一直存在争议的，主要存在肯定说与否定说之争。[①] 我认为，这是一个关涉罪刑法定主义的问题，应当加以重视。从特别法与普通法的竞合关系来看，立法者之所以在普通法之外设立特别法，主要是为了使

---

① 参见刘士心：《竞合论研究》，106页以下，北京，中国检察出版社，2005。

特别法规定的行为得到妥善的处理。从特别法规定的目的来看，主要有两种情况：

第一是特别法规定的行为较之普通法规定的行为更为严重，规定特别法是为了使之受到更为严厉的刑罚处罚。在这种情况下，立法者通常对特别法规定了重法。因此，适用特别法的结果是适用了重法。

第二是特别法规定的行为较之普通法规定的行为更为轻微，规定特别法是为了使之受到更为轻缓的处罚。

在上述两种情况下，适用特别法，无论是适用了重法还是适用了轻法，都是符合立法意图的。至于说，在某些情况下按照特别法优于普通法的原则，对行为人适用了轻法，难以实现罪刑均衡原则，因此应当适用重法。我认为，这一理由是不能成立的。因为，罪刑均衡原则具有立法与司法两个维度。在司法活动中所能做的只是司法上的罪刑均衡。在某些情况下，由于立法原因而难以实现罪刑均衡原则，不能通过改变法律适用原则的方式追求所谓罪刑均衡，否则就会有悖于罪刑法定主义。例如，奸淫幼女构成的强奸罪与嫖宿幼女罪之间，存在特别法与普通法之间的法条竞合关系。按照特别法优于普通法的原则，嫖宿幼女的，虽然也完全符合奸淫幼女的特征，但仍然应当以嫖宿幼女罪论处。但张明楷教授认为，法律虽然没有明文规定按普通法条规定定罪量刑，但对此也没有作出禁止性规定，而且按特别条款定罪不能做到罪刑相适应时，按照重法优于轻法的原则定罪量刑。因此，张明楷教授指出：

> 当嫖宿幼女行为具备刑法第 236 条第 3 款的加重情节之一时，也是如此。因为刑法第 360 条第 2 款这一特别规定的法定刑，明显低于刑法第 236 条第 3 款这一普通条款的法定刑，而且，根据案件的情况，适用第 236 条明显不符合罪刑相适应原则；刑法第 236 条没有禁止适用普通条款，或者说没有指明必须适用特别条款（没有“本法另有规定的，依照规定”的规定）。①

① 张明楷：《嫖宿幼女罪与奸淫幼女型强奸罪的关系》，载《人民检察》，2009（17）。

按照这一观点，对具有强奸罪的加重处罚事由之一的嫖宿幼女行为，应当认定为强奸罪。我认为，强奸罪的加重处罚事由是为强奸罪而规定的，只有在基本构成符合强奸罪的情况下才能适用加重事由。因此，不能以按照特别法定罪难以实现罪刑均衡原则为由，改而适用普通法的加重构成。不仅对于嫖宿幼女罪如此，对于其他犯罪也是如此。

三、想象竞合

想象竞合，又称为犯罪竞合，指一行为触犯数罪名的情形。从客观上来说，想象竞合是行为单数而非行为复数，这是成立想象竞合的前提。这里的行为既可以是作为也可以是不作为。正如意大利学者指出：

> 在形式的异种数罪竞合中，从根本上说，一个单独的行为是指可同时作为多个犯罪构成的构成要件的行为，即能使不同犯罪构成相互重合的行为。这种行为表现为由主体实施的一系列有内在联系的举动（即作为），或主体没有履行自己承担的多重法律义务（即不作为）。①

从主观上来说，想象竞合既可以是故意犯之间的竞合，也可以是过失犯之间的竞合，或者是故意犯与过失犯之间的竞合。② 这要根据各国刑法的规定加以认定。以上客观与主观两个方面的情形，是就想象竞合的事实结构而论。触犯数罪名，则是想象竞合的法律特征。这里的数罪名，既可以是同种类的罪名也可以是异种类的罪名。前者称为同种类的想象竞合，后者称为异种类的想象竞合。从逻辑上说，上述区分是能够成立的。

在我国刑法理论中往往讨论同种类想象竞合是否属于想象竞合的问题，我以

① ［意］杜里奥·帕多瓦尼：《意大利刑法学原理》（注评版），陈忠林译评，367页，北京，中国人民大学出版社，2004。

② 参见刘士心：《竞合犯研究》，135～136页，北京，中国检察出版社，2005。

为这种讨论不是逻辑意义上的，而是法律意义上的。在刑法对同种数罪实行并罚的情况下，同种类的想象竞合的概念是有意义的，可以排除并罚之适用。但在对同种数罪不实行并罚的情况下，同种类的想象竞合概念是无意义的，因为实质的同种数罪都不并罚，更何况想象的同种数罪。当然，这里的有意义与无意义，是就区分一罪与数罪而言的。至于在量刑上，同种类的想象竞合当然是有意义的，因为同种类的想象竞合应当比照单一罪从重处罚。

想象竞合认定中的最大问题就是其与法条竞合的区分问题，这不仅是重点问题，而且是难点之所在。法条竞合与想象竞合都是竞合，但这两种竞合是有所不同的。在刑法理论上，也有一种观点将法条竞合与想象竞合分别称为假性竞合与真实竞合。例如我国台湾地区学者指出：

> 唯在若干情况下，单一行为所实现的构成要件，疑似有数个，但在最终适用时，仅有单一一个构成要件被完全适用，其他被疑似该当的构成要件则被除斥，无法取得适用的效力，此种情况，在表象上似乎与竞合论的问题无异，均为复数构成要件存在的情形，然而，在竞合论中，所有被实现之构成要件，在适用上均有其具体之效力存在，此所谓具体适用的效力，乃在于反映可罚性之法律效果的作用，对于评价对象均有具体适用之影响而言，故而被视为真实之竞合；而虽疑似有复数构成要件存在，但最终仅有一个构成要件，取得最终适用之效力者，其他存在之构成要件，仅是被疑似该当而已，在具体适用上，则被排除于评价范围之外，对于评价客体的评价，并无任何之影响力可言。其所形成的复数构成要件实现，仅是一种思维上的表象而已，在具体适用关系上，该复数构成要件的实现，并非真实存在，或可视其根本即未被实现，其所形成疑似复数构成要件实现的情形，仅是一种假性的竞合关系而已，故称其为假性竞合。[1]

---

[1] 柯耀程：《刑法竞合论》，91～92 页，北京，中国人民大学出版社，2008。

真实竞合与假性竞合的分类对于区分想象竞合与法条竞合当然是具有一定参考价值的，但这种区分基本上是以罪数论为立场的，因为只有想象竞合才与罪数有关，因而是一种真实竞合，而法条竞合实际上与罪数无关，因而是一种假性竞合。我认为，想象竞合与法条竞合的区别并不在于竞合之真假，而在于竞合的内容之差异：想象竞合是行为竞合，而法条竞合是评价竞合。关于法条竞合与想象竞合之区分，存在各种不同的观点。

第一种观点是以侵害法益作为法条竞合与想象竞合的区分标准。例如我国台湾地区学者指出：

> 法条竞合与想象竞合，在犯罪认识上，虽均为数罪，唯在犯罪评价上，则前者为一罪，后者为数罪。至于在犯罪评价上所以有此差异，其核心点，即在于其所侵害法益之个数（或次数）不同。亦即法条竞合，仅系对一个法益予以一次性之侵害，而想象竞合，则系侵害数个法益。因此，唯有依其所侵害法益之个数（或次数）为标准，始能将法条竞合与想象竞合明确加以区别。①

这种观点试图以侵害法益的个数或者次数作为区分法条竞合与想象竞合的标准，但我认为似有过于简单之嫌。即使在台湾地区刑法学界也有学者对此提出质疑，认为想象竞合着重在数罪名的触犯，而非数法益的侵害，即使数罪名所保护者为同一法益，也无碍于想象竞合之成立。② 对此批评，我是赞同的。

第二种观点是以触犯一个法条是否必然触犯另一法条，作为法条竞合与想象竞合的区分标准。例如我国学者指出：

> 触犯一个法条便必然触犯另一法条时，属于法条竞合；触犯一个法条并不必然触犯另一法条时，属于想象竞合犯。例如，军人故意泄露军事秘密触犯刑法第 432 条时，必然触犯第 398 条，因而这两个法条之间

① 甘添贵：《罪数理论之研究》，52～53 页，北京，中国人民大学出版社，2008。

② 参见陈志辉：《刑法上的法条竞合》，24 页以下、201 页，台北，1998。

具有竞合关系。再如，行为人交通肇事触犯第 133 条时，并不必然触犯第 233 条，因为并非任何交通肇事必然导致他人死亡。行为人因交通肇事致人死亡时，便属于想象竞合犯，适用从一重罪论处的原则。①

当然，论者本人也意识到这一区分标准存在一些法律上难以解决的问题，因而这一区分法条竞合与想象竞合的标准只是一种"或许"的标准。我认为，这一区分标准本身十分明确，具有可操作性。但它的问题是只承认绝对的法条竞合而否定了相对的法条竞合，最终结果是只承认特别法与普通法的竞合，其他类型的法条竞合，尤其是交叉竞合完全不被承认，使法条竞合的范围大为限缩。绝对的法条竞合又称为无条件的法条竞合，也就是触犯一个法条必然触犯另一法条。只有特别法与普通法的竞合才属于此种情形。相对的法条竞合又称为有条件的法条竞合，也就是触犯一个法条并不必然触犯另一法条。部分法与整体法的竞合以及交叉竞合都属于此种情形。因此，这种标准也是不能成立的。

第三种观点是以行为与评价的区分为标准，分别将想象竞合与法条竞合称为行为竞合与评价竞合。例如我国学者指出：

法条竞合是一种评价竞合，即在对同一法益的同一侵犯过程之中的犯罪竞合形态。而想象竞合是一种行为竞合，即外观同一的行为，同时侵犯多个客体的犯罪竞合形态。由于评价的竞合都是发生在对同一法益的同一次侵犯过程之中，因而评价竞合中的行为都只有一个刑法意义。这一特征，是区分评价的竞合与行为的竞合的重要分水岭。行为的竞合也可能表现为相同的自然行为实现了复数的犯罪构成，但其本质是在相同的自然行为的外观下，同时存在着对多个法益的侵犯过程。②

对于这种行为与评价相区别的观点，我认为基本思想是正确的，但将评价竞合与行为竞合都归属于犯罪竞合，我以为不确切。只有想象竞合是犯罪竞合，是

① 张明楷：《刑法分则的解释原理》，285 页，北京，中国人民大学出版社，2004。

② 庄劲：《犯罪竞合：罪数分析的结构与体系》，99、186 页，北京，法律出版社，2006。

罪数问题。而法条竞合是法律竞合，不是一个罪数问题，而是法条适用问题。

我认为，法条竞合的本质是法律所规定的构成要件的竞合，这里的竞合是指构成要件的竞合，既包括完全竞合，也包括部分竞合。这种法律所规定的犯罪构成要件的重合是可以脱离具体行为而进行分析的，这是一种法条现象与法条形态。但想象竞合是一行为触犯数罪名，而这些罪名之间不存在逻辑上的从属或者交叉关系，因而是行为的竞合或者罪名的竞合。这是一种犯罪现象与犯罪形态，是构成事实的竞合而非构成要件的竞合。根据以上观点区分法条竞合与想象竞合，我以为是可取的。根据这种标准区分法条竞合与想象竞合，由于我国立法上的原因，法条竞合现象较多，而想象竞合存在的空间则大为缩小。那么，法条竞合与想象竞合区分的目的是什么呢？对此，我国学者指出：

> 法条竞合处理原则的目的，主要是为了防止对行为的双重评价，而想象竞合犯处理原则的目的，主要是为了防止对行为的双重处罚。严格地说，法条竞合时，不能认定行为触犯了数个罪名，只能认定行为触犯了所应适用的法条的罪名；而想象竞合犯时，应当认定行为触犯了数个罪名，只是按照一个重罪（定罪）处罚而已。正因为如此，法条竞合时仍属单纯一罪，而想象竞合犯则为科刑上一罪。单纯一罪与科刑上一罪的区别，意味着在排除其他因素的情况下，想象竞合犯的法益侵害性应当重于法条竞合的情形。①

对于这一观点我完全赞同，由此也可以看出某一种情形解释为法条竞合比解释为想象竞合对行为人是更为有利的。在这种情况下，根据一定的标准扩张法条竞合的范围而限缩想象竞合的范围具有实质上的合理性。

在我看来，想象竞合与法条竞合的根本区分，应从事实与法律的关系入手。想象竞合是一种犯罪竞合，因而是一个事实问题。而法条竞合是一种法律竞合，因而是一个法律问题。确切地说，当一行为触犯的两个法条之间存在罪

① 张明楷：《刑法分则的解释原理》，286～287页，北京，中国人民大学出版社，2004。

名之间的从属或者交叉的逻辑关系时，为法条竞合；如果不存在这种逻辑关系，则为想象竞合。关键问题在于：对某一行为是否在法律上有规定时应当正确地加以界定？

四、实质竞合

实质竞合，也就是实质数罪或称为实际数罪，与作为形式数罪的想象竞合相对应。① 德国学者指出：

> 如果行为人实施了数个独立的将在同一个诉讼程序中受审判的犯罪，即存在实质竞合。实质竞合（Realkonkurrenz）的先决条件首先是存在数个行为，其次存在同时受审判的可能性。②

值得注意的是，日本刑法理论中，将实质竞合称为并合罪，指没有经过裁判的数罪。并合罪也被称为和观念竞合相对的实在竞合。③ 由于实质竞合是以并罚为前提的，因此在德日刑法理论中，都以讨论实质竞合如何处理为主，相当于我国刑法理论中的数罪并罚。

在我国刑法理论中，数罪并罚制度是在刑罚论中讨论的，因而在罪数论中的实质竞合实际上是对数罪的讨论。例如我国学者在数罪的类型中讨论实质数罪与想象数罪、异种数罪与同种数罪、并罚数罪与非并罚数罪、判决宣告以前的数罪与刑罚执行期间的数罪。④ 在这些数罪的分类中，对于想象竞合已经单列一类讨

---

① 参见黄风：《意大利刑法引论》，载《意大利刑法典》，24～25 页，北京，中国政法大学出版社，1998。

② ［德］汉斯·海因里希·耶赛克、托马斯·魏根特：《德国刑法教科书》，徐久生译，884～885 页，北京，中国法制出版社，2001。

③ 参见［日］大谷实：《刑法讲义总论》，新版 2 版，黎宏译，451 页，北京，中国人民大学出版社，2008。

④ 参见高铭暄、马克昌主编：《刑法学》，204～206 页，北京，北京大学出版社、高等教育出版社，2000。

论，在实质竞合讨论中当然不再涉及。

在我国刑法中，同种数罪是不并罚的，因而对其讨论也无意义。至于判决宣告以前的数罪与刑罚执行期间的数罪也主要与并罚制度有关，其在竞合论中讨论没有必要。唯有并罚数罪与非并罚数罪的讨论是有价值的，一般情况下的同种数罪、处断一罪中的牵连犯、吸收犯等，都是非并罚数罪。牵连犯、吸收犯在我国刑法理论中被认为本来是数罪，因其形态上的特殊性，在运用刑罚上按一罪处理，称为处断的一罪，不实行数罪并罚。[①] 如果这样的话，牵连犯就应当在数罪中讨论而不是在一罪中讨论。由于实质竞合是并罚的数罪，它是以数罪为前提的，因而在实质竞合中讨论牵连犯也是符合逻辑的。在我国刑法中，法律和司法解释规定有些牵连犯并罚，有些牵连犯不并罚，对于法律和司法解释没有规定的牵连犯则刑法理论通说认为不并罚，而是采用从一重罪从重处断的原则。因此，我认为牵连犯可以成为实质竞合中讨论的内容。当然，如果将来法律规定牵连犯一概并罚，那么牵连犯就成为实质竞合，对其讨论的意义也就不复存在。

思考题：

法条竞合与想象竞合如何区分?

参考书目：

1. 吴振兴. 罪数形态论. 修订版. 北京：中国检察出版社，2006
2. 刘士心. 竞合论研究. 北京：中国检察出版社，2005
3. 庄劲. 犯罪竞合：罪数分析的结构与体系. 北京：法律出版社，2006
4. 柯耀程. 刑法竞合论. 北京：中国人民大学出版社，2008
5. 张爱晓. 犯罪竞合基础理论研究. 北京：中国人民公安大学出版社，2011

① 参见高铭暄、马克昌主编：《刑法学》，205 页，北京，北京大学出版社、高等教育出版社，2000。

附录Ⅰ

参阅书目[①]

1. ［美］卡多佐. 法律的生长. 刘培峰译. 贵阳：贵州人民出版社，2003

2. ［德］马克斯·韦伯. 社会科学方法论. 杨富斌译. 北京：华夏出版社，1999

3. ［日］大谷实. 刑法讲义总论. 新版2版. 黎宏译. 北京：中国人民大学出版社，2008

4. 陈兴良. 刑法知识论. 北京：中国人民大学出版社，2007

5. ［美］伯尔曼. 法律与宗教. 梁治平译. 北京：三联书店，1991

6. 朱采真. 现代法学通论. 上海：世界书局，1935

7. 张明楷. 刑法格言的展开. 2版. 北京：法律出版社，2003

8. ［奥］凯尔森. 纯粹法理论. 张书友译. 北京：中国法制出版社，2008

9. ［德］阿尔图·考夫曼，温弗里德·哈斯穆尔主编. 当代法哲学和法律理论导论. 郑永流译. 北京：法律出版社，2002

① 参阅书名按照参引顺序排列，本书各章所附的书目在此不再罗列，特此说明。

10. 梁根林主编. 犯罪论体系. 北京：北京大学出版社，2007

11. ［德］克劳斯·罗克辛. 德国刑法学总论. 第1卷. 王世洲译. 北京：法律出版社，2005

12. ［日］平野龙一. 刑法的基础. 东京：东京大学出版社，1966

13. ［德］汉斯·海因里希·耶赛克，托马斯·魏根特. 德国刑法教科书. 徐久生译. 北京：中国法制出版社，2001

14. 许玉秀. 当代刑法思潮. 北京：中国民主法制出版社，2005

15. ［德］考夫曼. 法律哲学. 刘幸义等译. 北京：法律出版社，2004

16. ［德］韦伯. 经济与社会. 下卷. 林荣远译. 北京：商务印书馆，1997

17. 储槐植. 美国刑法. 2版. 北京：北京大学出版社，1996

18. ［意］杜里奥·帕多瓦尼. 意大利刑法学原理. 注评版. 陈忠林译评. 北京：中国人民大学出版社，2004

19. 李海东. 刑法原理入门（犯罪论基础）. 北京：法律出版社，1998

20. 孔颖达疏. 左传·昭公六年

21. 徐国栋. 民法基本原则解释——成文法局限性的克服. 增订本. 北京：中国政法大学出版社，2004

22. 郑泽善. 刑法总论争议问题比较研究Ⅰ. 北京：人民出版社，2008

23. 徐育安. 刑法上类推禁止的生与死. 台北：元照出版公司，1998

24. ［法］卡斯东·斯特法尼等. 法国刑法总论精义. 罗结珍译. 北京：中国政法大学出版社，1998

25. 高其才. 中国习惯法论. 长沙：湖南出版社，1995

26. 杜宇. 重拾一种被放逐的知识传统——刑法视域中“习惯法”的初步考察. 北京：北京大学出版社，2005

27. 孙晓红. 法的溯及力问题研究. 北京：中国法制出版社，2008

28. 陈兴良，周光权. 刑法学的现代展开. 北京：中国人民大学出版社，2006

29. 何秉松主编. 刑法教科书（2000年修订·上卷）. 北京：中国法制出版

社，2000

30. 曲新久. 刑法学. 2版. 北京：中国政法大学出版社，2009

31. 周少华. 刑法理性与规范技术——刑法功能的发生机理. 北京：中国法制出版社，2007

32. 胡康生，郎胜主编. 中华人民共和国刑法释义. 3版. 北京：法律出版社，2006

33. 张军等. 刑法纵横谈（总则部分）. 修订版. 北京：北京大学出版社，2008

34. 林维. 刑法解释的权力分析. 北京：中国人民公安大学出版社，2006

35. 周加海. 自首制度研究. 北京：中国人民公安大学出版社，2004

36. 司法部国家司法考试中心组编. 2008年国家司法考试试题解析. 北京：法律出版社，2008

37. 最高人民法院编. 刑事审判参考. 第38辑. 北京：法律出版社，2004

38. 张文等. 人格刑法学导论. 北京：法律出版社，2005

39. [日] 大塚仁. 刑法概说（总论）. 3版. 冯军译. 北京：中国人民大学出版社，2003

40. 李居全. 犯罪概念论. 北京：中国社会科学出版社，2000

41. [德] 李斯特. 德国刑法教科书. 修订译本. 徐久生译. 北京：法律出版社，2006

42. [日] 大塚仁. 犯罪论的基本问题. 冯军译. 北京：中国政法大学出版社，1993

43. 赵敦华. 现代西方哲学新编. 北京：北京大学出版社，2001

44. 陈仲庚等. 人格心理学. 沈阳：辽宁人民出版社，1986

45. [美] 道格拉斯·N·胡萨克. 刑法哲学. 谢望原等译. 北京：中国人民公安大学出版社，1994

46. 洪福增. 刑法理论之基础. 台北：三民书局，1977

47. [日] 木村龟二主编. 刑法学词典. 顾肖荣，郑树周译校. 上海：上海翻译出版公司，1991

48. [法] 孟德斯鸠. 论法的精神（上册）. 张雁深译. 北京：商务印书馆，1961

49. [意] 贝卡利亚. 论犯罪与刑罚. 黄风译. 北京：中国大百科全书出版社，1993

50. 马克思恩格斯全集. 2 版. 第 1 卷. 北京：人民出版社，1995

51. 林山田. 刑法通论（上册）. 增订 10 版. 北京：北京大学出版社，2012

52. 冯军主编. 比较刑法研究. 北京：中国人民大学出版社，2007

53. 林东茂. 一个知识论上的刑法学思考. 增订版. 北京：中国人民大学出版社，2009

54. 何秉松，[俄] 科米萨罗夫，科罗别耶夫主编. 中国与俄罗斯犯罪构成理论比较研究. 北京：法律出版社，2008

55. 樊凤林主编. 犯罪构成论. 北京：法律出版社，1987

56. 苏维埃刑法论文选译. 第 1 辑. 北京：中国人民大学出版社，1955

57. 周光权. 刑法总论. 北京：中国人民大学出版社，2007

58. [美] 乔治·弗莱彻. 反思刑法. 邓子滨译. 北京：华夏出版社，2008

59. [苏] A. A. 皮昂特科夫斯基等. 苏联刑法科学史. 曹子丹等译. 北京：法律出版社，1984

60. 赵秉志等. 全国刑法硕士论文荟萃（1981 届—1988 届）. 北京：中国人民公安大学出版社，1989

61. 刘宪权主编. 刑法学研究. 第 4 卷. 北京：北京大学出版社，2007

62. [日] 西田典之. 日本刑法总论. 刘明祥，王昭武译. 北京：中国人民大学出版社，2007

63. 陈兴良. 刑法哲学. 修订 3 版. 北京：中国政法大学出版社，2004

64. 最高人民法院编. 刑事审判参考. 第 55 辑. 北京：法律出版社，2007

65. 黎宏. 刑法总论问题思考. 北京：中国人民大学出版社，2007

66. 孙伟平. 事实与价值. 北京：中国社会科学出版社，2000

67. 卢方主编. 经济、财产犯罪案例精选. 上海：上海人民出版社，2008

68. 郗朝俊. 刑法原理. 上海：商务印书馆，1930

69. 张明楷. 刑法学. 3 版. 北京：法律出版社，2007

70. 李海东主编. 日本刑法学者（下）. 中国法律出版社，日本成文堂，1999

71. 王作富主编. 刑法分则实务研究（下）. 3 版. 北京：中国方正出版社，2007

72. 周光权. 刑法各论讲义. 北京：清华大学出版社，2003

73. 周道鸾，张军主编. 刑法罪名精释. 3 版. 北京：人民法院出版社，2007

74. 最高人民法院编. 刑事审判参考. 第 17 辑. 北京：法律出版社，2001

75. 王晨. 诈骗犯罪研究. 北京：人民法院出版社，2003

76. 张明楷. 诈骗罪与金融诈骗罪研究. 北京：清华大学出版社，2006

77. 柯耀程. 变动中的刑法思想. 北京：中国政法大学出版社，2003

78. [日] 川端博. 刑法总论二十五讲. 余振华译. 北京：中国政法大学出版社，2003

79. 高铭暄主编. 刑法学原理. 第 1 卷. 北京：中国人民大学出版社，1993

80. 陈兴良. 刑法适用总论. 2 版 . 上卷. 北京：中国人民大学出版社，2006

81. 陈兴良. 规范刑法学（上册）. 2 版. 北京：中国人民大学出版社，2008

82. 张明楷. 刑法的基本立场. 北京：中国法制出版社，2002

83. 张明楷. 犯罪论原理. 武汉：武汉大学出版社，1991

84. 最高人民法院编. 刑事审判参考. 第 16 辑. 北京：法律出版社，2001

85. 黄常仁. 间接正犯与正犯后正犯. 台北：汉兴书局有限公司，1998

86. 宋炳庸. 法律行为基础理论研究. 北京：法律出版社，2008

87. 王作富. 中国刑法研究. 北京：中国人民大学出版社，1988

88. 叶慧娟. 见危不助犯罪化的边缘性审视. 北京：中国人民公安大学出版

社，2008

89. 陈兴良主编. 刑事法评论. 第13卷. 北京：中国政法大学出版社，2003

90. 陈兴良. 规范刑法学（下册）. 2版. 北京：中国人民大学出版社，2008

91. 全国人大常委会法制工作委员会刑法室编. 中华人民共和国刑法条文说明、立法理由及相关规定. 北京：北京大学出版社，2009

92. 最高人民法院中国应用法学研究所编. 人民法院案例选（2004年刑事专辑）. 北京：人民法院出版社，2005

93. 中国高级法官培训中心，中国人民大学法学院编. 中国审判案例要览（1996年刑事审判案例卷）. 北京：中国人民大学出版社，1997

94. 陈兴良. 判例刑法学（上卷）. 北京：中国人民大学出版社，2009

95. 李武林等主编. 欧洲哲学范畴史. 济南：山东人民出版社，1985

96. ［古希腊］亚里士多德. 尼各马科伦理学. 苗力田译. 北京：中国社会科学出版社，1990

97. ［德］黑格尔. 法哲学原理. 范扬，张企泰译. 北京：商务印书馆，1961

98. ［韩］韩相敦. 传统社会杀伤罪研究. 沈阳：辽宁民族出版社，1996

99. ［英］鲁珀特·克罗斯，菲利普·A·琼斯. 英国刑法导论. 赵秉志等译. 北京：中国人民大学出版社，1991

100. ［英］J.C. 史密斯，B. 霍根. 英国刑法. 马清升等译. 北京：法律出版社，2000

101. 许玉秀. 主观与客观之间——主观理论与客观归责. 北京：法律出版社，2008

102. ［英］哈特，托尼·奥诺尔. 法律中的因果关系. 张绍谦，孙战国译. 北京：中国政法大学出版社，2005

103. 韩强. 法律因果关系理论研究——以学说史为素材. 北京：北京大学出版社，2008

104. 黄荣坚. 基础刑法学（上）. 3版. 北京：中国人民大学出版社，2009

105. 陈兴良. 本体刑法学. 北京：商务印书馆，2001；第 2 版. 北京：中国人民大学出版社，2011

106. 高铭暄，马克昌主编. 刑法学. 北京：北京大学出版社，高等教育出版社，2000

107. ［苏］H. A. 别利亚耶夫，M. Л. 科瓦廖夫主编. 苏维埃刑法总论. 马改秀，张广贤译. 北京：群众出版社，1987

108. 马克昌主编. 近代西方刑法学说史. 北京：中国人民公安大学出版社，2008

109. 刘志远. 二重性视角下的刑法规范. 北京：中国方正出版社，2003

110. ［日］曾根威彦. 刑法学基础. 黎宏译. 北京：法律出版社，2005

111. ［日］前田雅英. 刑法总论讲义. 4 版. 东京：东京大学出版社，2006

112. 张明楷. 法益初论. 修订版. 北京：中国政法大学出版社，2003

113. 周光权. 刑法学的向度. 北京：中国政法大学出版社，2004

114. ［德］格吕恩特·雅科布斯. 行为 责任 刑法——机能性描述. 冯军译. 北京：中国政法大学出版社，1997

115. 李翔. 情节犯研究. 上海：上海交通大学出版社，2006

116. 唐世月. 数额犯论. 北京：法律出版社，2005

117. ［日］福田平，大塚仁. 日本刑法总论讲义. 李乔等译. 沈阳：辽宁出版社，1986

118. ［日］野村稔. 刑法总论. 全理其，何力译. 北京：法律出版社，2001

119. ［德］约翰内斯·韦赛尔斯. 德国刑法总论. 李昌珂译. 北京：法律出版社，2008

120. 陈兴良主编. 刑事法判解. 第 1 卷. 北京：法律出版社，1999

121. 高格. 正当防卫与紧急避险. 福州：福建人民出版社，1985

122. 刘明祥. 紧急避险研究. 北京：中国政法大学出版社，1998

123. 韩忠谟. 刑法原理. 北京：北京大学出版社，2009

124. ［苏］苏联司法部全苏法学研究所编. 苏联刑法总论（下卷）. 彭仲文译. 上海：大东书局，1950

125. ［德］康德. 法的形而上学原理——权利的科学. 沈叔平译. 北京：商务印书馆，1991

126. 陈兴良. 刑法的人性基础. 2版. 北京：中国人民大学出版社，2006

127. 徐向东编. 意志自由与道德责任. 南京：江苏人民出版社，2006

128. 黄风. 贝卡利亚及其刑法思想. 北京：中国政法大学出版社，1987

129. ［美］乔治·B·沃尔德等. 理论犯罪学. 5版. 方鹏译. 北京：中国政法大学出版社，2005

130. ［日］泷川幸辰. 犯罪论序说. 王泰译. 北京：法律出版社，2005

131. 李文建. 罪责概念之研究——非难的实质基础. 台北，1998

132. 许玉秀，陈志辉合编. 不移不惑献身法与正义——许迺曼教授刑事法论文选译. 台北，2006

133. ［俄］斯库拉托夫，列别捷夫主编. 俄罗斯联邦刑法典释义（上册）. 黄道秀译. 北京：中国政法大学出版社，2000

134. 陈家林. 外国刑法通论. 北京：中国人民公安大学出版社，2009

135. ［德］乌尔里希·贝克. 世界风险社会. 吴英姿等译. 南京：南京大学出版社，2004

136. 郑健才. 刑法总则. 台北，1985

137. 赵秉志主编. 主客观相统一：刑法现代化的坐标——以奸淫幼女型强奸罪为视角. 北京：中国人民公安大学出版社，2004

138. 于志刚. 刑法总则的扩张解释. 北京：中国法制出版社，2009

139. 陈兴良主编. 刑法学. 2版. 上海：复旦大学出版社，2009

140. 高铭暄主编. 新型经济犯罪研究. 北京：中国方正出版社，2000

141. 史卫忠. 行为犯研究. 北京：中国方正出版社，2002

142. 最高人民法院编. 刑事审判参考. 第2辑. 北京：法律出版社，1999

143. [英] 边沁. 道德与立法原理导论. 时殷弘译. 北京：商务印书馆，2000

144. 最高人民法院编. 刑事审判参考. 第27辑. 北京：法律出版社，2002

145. 刘树德. 实践刑法学·总则. 北京：中国法制出版社，2009

146. [奥] 弗洛伊德. 精神分析引论. 高觉敷译. 北京：商务印书馆，1984

147. 车文博. 西方心理学史. 杭州：浙江教育出版社，1998

148. 中国人民大学哲学系逻辑教研室编. 形式逻辑. 北京：中国人民大学出版社，1980

149. [日] 藤木英雄. 公害犯罪. 丛选功等译. 北京：中国政法大学出版社，1992

150. 马克昌. 比较刑法原理——外国刑法学总论. 武汉：武汉大学出版社，2002

151. 陈兴良. 口授刑法学. 北京：中国人民大学出版社，2007

152. 贾宇. 罪与刑的思辨. 北京：法律出版社，2002

153. 邓子滨. 刑事法中的推定. 北京：中国人民公安大学出版社，2003

154. [俄] Н. Ф. 库兹涅佐娃，И. М. 佳日科娃. 俄罗斯刑法教程（总论）. 上卷·犯罪论. 黄道秀译. 北京：中国法制出版社，2002

155. 何秉松. 犯罪构成系统论. 北京：中国法制出版社，1995

156. 高铭暄主编. 中国刑法学. 北京：中国人民大学出版社，1989

157. [爱尔兰] J. M. 凯利. 西方法律思想简史. 王笑红译. 北京：法律出版社，2002

158. 陈忠林. 意大利刑法纲要. 北京：中国人民大学出版社，1999

159. 马克昌主编. 犯罪通论. 3版. 武汉：武汉大学出版社，1999

160. [意] 加罗法洛. 犯罪学. 耿伟，王新译. 北京：中国大百科全书出版社，1996

161. 高仰止. 刑法总则之理论与实用. 3版. 台北：五南图书出版公司，1986

162. ［日］牧野英一. 日本刑法通义. 陈承泽译. 李克非点校. 北京：中国政法大学出版社，2003

163. 最高人民法院编. 刑事审判参考. 第22辑. 北京：法律出版社，2001

164. 国家法官学院，中国人民大学法学院编. 中国审判案例要览（2002年刑事审判案例卷）. 北京：中国人民大学出版社，2003

165. 最高人民法院编. 刑事审判参考. 第32辑. 北京：法律出版社，2002

166. 赵微. 俄罗斯联邦刑法. 北京：法律出版社，2003

167. 杨春洗等. 刑法总论. 北京：北京大学出版社，1981

168. 高铭暄主编. 刑法学. 修订本. 北京：法律出版社，1984

169. 王作富主编. 中国刑法适用. 北京：中国人民公安大学出版社，1987

170. 高铭暄主编. 刑法学原理. 第2卷. 北京：中国人民大学出版社，1993

171. 柯耀程. 参与与竞合. 台北：元照出版公司，2009

172. 谢振民. 中华民国立法史（下册）. 北京：中国政法大学出版社，2000

173. 陈瑾昆. 刑法总则讲义. 北京：中国方正出版社，2004

174. 最高人民法院编. 刑事审判参考. 第33辑. 北京：法律出版社，2003

175. 最高人民法院编. 刑事审判参考. 第34辑. 北京：法律出版社，2003

附录Ⅱ

案例索引

附录Ⅲ

名词索引

后　　记

2009年7月下旬，中国政法大学中欧法学院院长方流芳教授邀请我在2009年9月至2010年1月间，为中欧法学院的2008级和2009级的法律硕士讲授刑法课程，我接受了邀请。虽然经常为硕士生讲授刑法课程，但我并没有一份定型的体系性的刑法讲稿，而是根据本人的最新研究成果，临时组织授课内容，为中欧法学院的法律硕士讲课，按照教学要求需要提供课程大纲和阅读材料。为此，我把授课内容罗列了一个讲授大纲，并着手备课。就在此时，我突然想到：何不以此为契机撰写一部适合于研究生教学的刑法体系书呢？经过一番准备，开始动笔。在这种情况下，备课与写书合二为一：基本上按照18周的教学时间将本书设计为18章，由此开始了紧张的写作，并按照授课的节奏推进。由于授课对象明确，我以讲述者的姿态沉浸在创作状态。到本学期末，我终于按时完成了刑法体系书的写作。可以想见，如果没有授课的催促，我的写作计划可能还会推延。

本书是以讲述者的身份来写的，我试图对刑法教义学的基本原理进行通俗性的阐述。因为听课对象是经过本科学习的研究生，因而我把本书的内容确定为前沿性理论，而不是刑法教科书的一般性内容。尤其是由于我国的刑法知识正处在一个转型过程中，我尽力以德日三阶层的犯罪论体系作为中心线索进行讲授，因而本书的内容限于犯罪论，并不包括刑罚论。为适宜于作为课堂讲授的稿本，我采取了一种较为口语化的叙述，条理尽可能清晰一些，段落也尽可能地短一些。同时，引述的资料、法条和案例（包括真实案例和教学案例）也尽量明显地标出。每章还附有思考题与参考书目，以便学生自学。

在为本书确定书名的时候，颇为踌躇。最终将《教义刑法学》确定为书名，实际上“教义刑法学”是“教义学的刑法学”的简称。应当指出，教义刑法学这一概念在我国刑法学界并不十分通用，反而是刑法教义学的概念使用较为普遍。但考虑到与我已经出版的《本体刑法学》（商务印书馆 2001 年版）、《规范刑法学》（中国政法大学出版社 2003 年第 1 版，中国人民大学出版社 2008 年第 2 版）、《口授刑法学》（中国人民大学出版社 2007 年版）和《判例刑法学》（中国人民大学出版社 2009 年版）等著作的书名在形式上相对称，我还是将本书定名为《教义刑法学》。

在本书即将出版之际，我首先要感谢中国政法大学中欧法学院方流芳院长和陈颖芳助教，感谢中欧法学院选修 2009－2010 学年上学期刑法课程的全体法律硕士，本书是这一教学活动的副产品。同时我还要感谢我的博士生马寅翔、秦化真，硕士生徐凌波、李世阳，他/她们辛劳地将我的手稿转化为电子版，使成书的进度大为加快。

《教义刑法学》是我对刑法的一种全新感悟，也是我在刑法理论的跋涉进程中留下的又一个足迹。读者若能从我的《本体刑法学》、《规范刑法学》、《口授刑法学》和《判例刑法学》，再到这本《教义刑法学》，发现我一脉相承的刑法学术的演变线索，则幸甚矣。

是为后记。

陈兴良

谨识于北京海淀锦秋知春寓所

2010 年 1 月 12 日

图书在版编目（CIP）数据

教义刑法学/陈兴良著．—3 版．—北京：中国人民大学出版社，2017.10
（陈兴良刑法学）
ISBN 978-7-300-24875-2

Ⅰ.①教… Ⅱ.①陈… Ⅲ.①刑法-法的理论 Ⅳ.①D914.01

中国版本图书馆 CIP 数据核字（2017）第 199911 号

陈兴良刑法学
教义刑法学（第三版）
陈兴良 著
Jiaoyi Xingfaxue

出版发行	中国人民大学出版社		
社　　址	北京中关村大街 31 号	**邮政编码**	100080
电　　话	010－62511242（总编室）		010－62511770（质管部）
	010－82501766（自营网店）		010－62514148（明德书店）
	010－62511173（销售部）		010－62515275（盗版举报）
网　　址	http://www.crup.com.cn		
经　　销	新华书店		
印　　刷	涿州市星河印刷有限公司	**版　　次**	2010 年 6 月第 1 版
开　　本	720 mm×1000 mm　1/16		2017 年 10 月第 3 版
印　　张	50.75 插页 4	**印　　次**	2025 年 11 月第 6 次印刷
字　　数	720 000	**定　　价**	198.00 元

版权所有　侵权必究　　印装差错　负责调换